한국사의 이해

윤 경 호 저

청목출판사

머리말

오늘날 우리 사회에서는 세계화란 명목아래 자연과학에 대한 관심은 높아지는 데 반해서 인문과학은 점차로 소외되면서 민족사에 대한 관심조차도 약해져 가고 있는 것 같아서 매우 안타깝다.

한국사는 온갖 어려움 속에서 꿋꿋하게 민족을 지탱시켜 준 정신적 지주로써 우리 민족이 살아온 삶의 발자취이며, 뿌리이기 때문에 오히려 더욱 강조되어야 한다고 생각한다.

역사를 공부하는 목적은 과거에 대한 이해를 통해 현재를 바로 이해하고 미래를 올바르게 설계하는데 있다고 볼 수 있을 것이다. 그렇기 때문에 우리는 우리의 역사를 보다 넓고 깊게 이해해야 하며 사실(史實)의 단순한 암기보다는 그 역사적 연관 관계를 정확하게 이해해야 하는 입장이 되어야 하는 것이다.

그러므로 민족사에 대한 인식의 방향은 다음과 같은 분명한 바탕 위에서 설정되어야 한다. **첫째, 민족사는 주체적으로 이해하여야 한다.** 즉 민족사는 우리 자신의 모습이고 우리 자신의 문제이며 민족 주체성의 근원이기 때문이다. 아울러 민족사의 발전 과정이 지니는 특수성을 세계사의 보편성 속에서 주체적으로 파악하는 일이 중요하다.

둘째, 민족사는 발전적으로 이해하여야 한다. 민족사가 현재 우리의 삶을 낳게 한 뿌리이며 또 미래를 준비해 준다고 할 때, 그것은 발전성을 토대로 하지 않으면 안 되기 때문이다. 역사를 발전적 관점에서 인식함으로써 비로소 역사 발전에 능동적으로 참여할 수 있게 될 것이다.

셋째, 민족사는 구조적으로 이해하여야 한다. 민족사는 우리 민족이 쌓아온 정치 · 경제 · 사회 · 문화의 모든 업적을 포괄한다. 따라서, 민족사의 종합적인 이해를 위해서는 각 분야에 대한 구조적인 접근이 선행되어야 할 것이다.

이러한 관점을 가지고 한국사의 이해에 접근한다면 분명한 성과가 있으리라 생각한다.

이 교재의 부족하고 미비한 점은 계속해서 수정 보완하면서 체계있는 책으로 키워 나갔으면 하는 바람이다.

끝으로 본서의 출간을 위해서 헌신적으로 도와준 나의 사랑하는 가족들과 청목출판사 유성열 사장님과 편집진 여러분들께도 깊이 감사를 드린다.

2012년 2월

저자

차 례

제1장

한국사의 바른 이해

인공위성 우리별 1호 발사
(1992년 8월 11일 08시 08분 남미 기아나쿠루 우주센터)

제1절 역사학습의 목적

Digest

1. **역사학습의 목적** : 과거의 사실을 바르게 인식하는 것은 물론 문제해결의 능력을 키워 현재의 삶에 효과적으로 대처하려는 데에 있다.
2. **한국사의 심층적 이해** : 우리는 같은 시대의 여러 사실을 횡적으로 연관시켜 이해하고, 종적으로 변화하는 역사의 모습을 발전적으로 인식함으로써 역사적 사고력을 한 단계 높일 수 있어야 한다. 역사학습은 과거 사실의 단순한 이해로 끝나는 것이 아니라, 현대를 살아가는 우리에게 도움이 되는 것이어야 한다. 이런 점에서 역사를 '과거와 현재의 대화'라고 규정하기도 한다.
3. **한국사 학습의 궁극적 목적** : 우리 역사의 발전적 측면을 추적하여 민족과 민족문화의 참모습을 확인하는 한편, 우리의 역사적 전통을 발전적으로 현재 생활을 계승하려는 데 그 목적이 있다.

제1항 역사와 역사학

1. 역사의 의미

역사라는 말은 「사실로서의 역사」와 「기록으로서의 역사」라는 두 측면의 의미를 가진 것으로 정의되고 있다.

(1) 사실로서의 역사(객관적 의미의 역사)-랑케(L. V. Ranke)

객관적 사실, 즉 시간적으로 현재에 이르기까지 일어났던 모든 과거 사건을 의미한다. 이러한 의미에서 역사는 바닷가의 모래알같이 수많은 과거 사건들의 집합체가 된다. 독일어로 역사를 의미하는 Geschichte는 Geschehen(일어나다)이라는 동사가 명사화한 것으로 '일어난 일', 즉 과거의 사실을 나타내는 어원을 가진 말이다.

(2) 기록으로서의 역사(주관적 의미의 역사)-카(E. H. Carr)

과거의 사실을 토대로 역사가가 이를 조사하고 연구하여 주관적으로 재구성한 것이다. 이 과정에서는 필연적으로 역사가의 가치관과 같은 주관적 요소가 개입하게 되며, 이 경우 역사라는 말은 기록된 자료 또는 역사서와 같은 의미가 된다. 영어의 History는 그리스어 Historia(찾아서 안다)에 연유한 것으로 기록된 사실을 나타내는 어원을 가진 말이다.

사실로서의 역사(history as past)	기록으로서의 역사(history as historiography)
· 과거에 있었던 사실 · 객관적 의미의 역사 · 과거의 모든 사건이 대상이 됨	· 조사되어 기록된 과거 · 주관적 의미의 역사 · 일반적으로 학습하는 역사 · 역사가들이 선정하여 연구한 사실에 한정

2. 역사학과 역사가

(1) 역사학

역사를 연구하는 학문을 역사학이라 하는데, 역사학은 자연현상을 대상으로 하는 자연과학과는 달리, 다양한 개성과 이성을 지닌 인간의 삶을 대상으로 하는 학문이다.

(2) 역사가

역사연구에 종사하는 전문가를 역사가라 하는데, 역사가는 사료(역사적 사실을 입증해 줄 자료)를 가지고 과거의 역사를 탐구하고, 그 결과를 그 자신의 사관(史觀)에 입각하여 서술한다.

제2항 과거와 현재의 대화

1. 역사학습의 목적과 기능

(1) 역사학습의 두 가지 측면

① **역사 그 자체를 배움** : 과거의 사실을 바르게 이해하는 것

② **역사를 통해 배움** : 역사학습을 통해서 현재에 사는 우리들의 인간적 성숙을 돕는 것이어야 한다.

(2) 역사학습의 기능

현대 교육에서는 모든 교과활동이 지식이자 기능의 교과이기를 요구한다. 따라서 역사학습은 과거의 사실을 바르게 이해하는 동시에, 스스로의 노력으로 역사적 문제를 인식하고 사고하여 해결할 수 있는 능력을 키우는 것이어야 한다.

(3) 역사학습의 성과

우리 조상들이 이루어 놓은 역사를 바르게 이해할 수 있고, 여러 가지 역경을 슬기와 노력으로 극복한 조상들의 역사적 능력을 확인할 수 있으며, 진취적 자세로 새로운 민족사의 창조에 임할 수 있게 되는 것이다.

2. 과거와 현재의 대화

(1) 영국의 카(Carr. E. H)

영국의 카는 역사를 '과거와 현재의 대화'라고 표현하였다.

(2) 역사학습

역사학습은 과거 세계와 현재 인간의 대화에 의한 만남의 광장이다. 우연한 만

남이 아니라, 역사적 실천을 목적으로 하는 만남인 것이다.

(3) 역사학습의 궁극적 목적

과거 사실로서의 역사를 바르게 이해하는 데에서 출발하나, 궁극적으로는 현재를 살고 있는 우리들의 성장을 기약하는 것이다.

제2절 한국사와 세계사

Digest

1. **한국사와 주변 민족 · 주변 문화와의 관계** : 어떤 민족이건 주변 민족 · 문화와 관계없이 발전해 온 예는 없다. 주변으로부터의 자극과 도전을 받으며 새로움을 찾고, 자기 발전을 위하여 노력을 하는 가운데 그 민족의 역사적 발전이 있었던 것이다. 이는 우리 역사도 마찬가지였다. 만주와 한반도에 터전을 잡고 전개된 한국사는 오늘의 모습으로 진전되기까지 주변 민족, 주변 사회와 여러 형태로 긴밀한 관계를 가지면서 발전해 왔다.
2. **한국사의 올바른 이해** : 올바른 역사의식을 가지고 우리 역사를 객관적으로 이해하며, 우리 역사 뿐만 아니라 주변 민족, 주변 사회의 역사도 바르게 이해해야 한다. 우리가 세계사에 비추어 우리 역사의 보편성과 특수성을 제대로 인식할 때 한국사의 참모습을 이해할 수 있을 것이다.

제 1 항 한국사의 이해

1. 한국사의 이해

(1) 한국사의 특수성과 보편성

① 한국사의 이해는 한국인의 역사적 삶의 특수성을 인식하고 그 가치를 깨우

치는 것이어야 한다.

② 모든 민족의 역사에는 보편적인 면과 함께 특수성이 있는데 특수성이 그 민족의 역사적 성격의 핵이 되는 것이다.

(2) 세계사와의 연관

한국사의 특수성을 이해하기 위해서는 세계사적 보편성에 대한 관심과 이해가 필요하다.

2. 한국사의 인식

(1) 한국사는 한국인의 역사

① 한국인은 국토의 자연환경을 효과적으로 활용하며 삶을 계승하여 왔고, 변화・발전을 추구하며 특성 있는 역사를 이룩하여 왔다.

② 이웃 나라・민족과 긴밀하게 접촉, 여러 문화를 수용하면서 민족문화를 발전시켜 왔다.

(2) 한국사의 주인공은 한국인

한국사는 한국인의 역사적 능력으로 전개되어 온 역사이므로 한국사의 인식은 한국인에 초점을 맞추어야 한다.

제2항 우리 문화의 전통

1. 우리 문화의 특징

우리 문화는 다른 어느 민족의 그것과도 구별되는 특수성을 지니고 있으면서도 보편적 가치를 추구해 온 문화이다.

2. 우리 문화의 형성과정

(1) 선사시대

아시아의 북방문화와 연계되는 문화를 이룩하였다.

(2) 고대사회

① 중국을 통해 한자, 유학, 불교를 수용하였으나, 민족의 슬기와 창의력을 바탕으로 독자적인 고대문화를 발전시켰다.

② 우리 조상들은 중국을 통해 한자 · 유학 · 불교 · 율령 등을 수용하였으나 민족의 슬기 · 창의력을 바탕으로 독특한 삼국문화를 이룩하였다.

(3) 고려시대

불교를 정신적 이념으로 채택하였다.

(4) 조선시대

유교적 가치를 중요시하는 문화활동을 하였다.

3. 민족문화의 발전

(1) 특수성과 보편성의 조화

전통문화의 고수와 그것만의 신장으로 되는 것이 아니라, 튼튼한 전통문화의 기반 위에서 선진적 외래문화를 주체적으로 수용하여 새로운 문화발전을 이루어 낼 수 있는가의 여부에 달려 있다.

(2) 우리의 과제

우리는 민족적 특수성을 유지하면서도 세계사적 보편성을 추구하여 특수와 보편의 조화 위에서 새로운 민족문화를 발전시켜야 한다.

제 3 항 한국사와 세계사

1. 한국사와 주변 민족과의 관계

(1) 고 대

중국 대륙이나 일본 열도와 긴밀히 교류하며 독자적인 문화를 이룩한 이후 북방유목민들과 격돌을 거듭하면서 그들의 문화도 수용하였다.

(2) 통일신라시대

중국, 인도와 활발한 교류를 가지면서 외래문화를 받아들였다.

(3) 고려시대

이슬람 문화권과도 접촉하였는데, 이는 직접적으로는 고려를 찾아온 아라비아 상인을 통하였고, 간접적으로는 원나라를 통해서 아라비아 과학을 수용하는 형태로 전개되었다.

(4) 조선시대

① 유럽세계의 서양문화와는 이른바 대항해시대 이후 서유럽국가들의 동양진출이 활발해지면서 유럽세계의 서양문화가 한반도에도 그 영향을 끼쳤다.

② 우리나라는 침략성을 경계하며 대항하기도 하였으나, 결국 19세기 후반에 이르러서는 개항을 하여 세계사의 조류에 합류하였다.

(5) 현 대

20세기에 들어와 한민족은 일본의 식민지 지배를 받기도 하였으나, 광복 후 오늘날에는 어느 민족보다도 활발한 국제관계와 적극적인 해외진출로 그 역할을 증대시키고 있다.

2. 한국사의 바른 인식

(1) 한국사의 특수성과 보편성

한민족은 고대로부터 그 시대 나름의 국제관계를 가지고 개별적 민족사를 전개해 왔고 보편적인 세계사와 관련되어 왔다. 따라서 한국사를 바르게 인식하기 위해서는 우리 땅에서 전개된 역사만이 아니라, 보다 넓은 차원에서 세계사 및 주변 국가와의 연관성도 고찰하여야 한다.

(2) 한국사의 탐구

세계사와 연관된 한국사의 인식, 세계사에 조감되는 한국사의 모습을 탐구하여야 한다.

제 4 항 세계화 시대의 역사학습

1. 변화에의 대응과 정체성의 유지

변화에 효과적으로 대응하며 정체성(正體性)을 계속 유지하는 사회는 발전하나, 그렇지 못한 사회는 퇴보하거나 심하면 존재조차 말살당하게 된다. 격변의 역사에 효과적으로 대응하기 위해서는, 민족주체성을 확인하기 위한 국사학습과 더불어 세계사의 바른 이해와 세계사 속의 민족사를 인식하기 위한 역사학습이 강조된다.

2. 시련과 극복

우리 겨레는 한때 세계사의 조류에 현명하게 대응하지 못해 식민지 생활의 시련을 겪어야 했으나, 광복 후 민족의 총체적 노력으로 국력이 급속히 신장되었고,

국제적으로 주목받는 나라로 성장하였다.

3. 세계화 시대의 역사의식

(1) 민족주체성의 견지(대내적)

격변의 역사에 효과적으로 대응하기 위해서는 민족주체성을 견지해야 한다.

(2) 개방적 민족주의와 진취적 역사정신의 필요(대외적)

외부세계의 변화에 적극적으로 대응하기 위해서 개방적 민족주의 의식이 필요하며, 인류평화와 복리증진에 적극 기여하기 위해 진취적 역사정신이 필요하다.

4. 세계화 시대의 역사학습

우리 역사의 정체성과 우리 민족의 역사적 능력을 확인하고, 세계사를 바로 인식하여 발전된 미래세계 창조에 노력해야 한다.

제2장

선사시대의 문화와 국가의 형성

제 1 절　선사시대의 전개

제 2 절　국가의 형성

신석기시대 움집의 복원 모습(서울 암사동)

단원개관

1. 우리나라의 역사는 뗀석기를 사용하고 무리생활을 하였던 구석기시대부터 시작되었다.
2. 신석기시대에는 빗살무늬토기의 제작과 아울러 농경을 시작함으로써 부족단위의 정착생활을 하게 되었다.
3. 청동기시대에는 지배계급이 출현하여 국가가 형성되었는데, 고조선은 이 때 성립되었다. 고조선은 점차 정치적, 문화적 중심지 역할을 하면서 세력을 확장하여 만주와 한반도 일대를 지배하였다.
4. 철기가 널리 보급되어 농업생산이 증대되고, 사회변화가 촉진되어 문화생활도 다양해져 갔다. 이러한 토대 위에서 각지에서 여러 나라가 형성되어 성장하였다.

최근출제경향

◈ 단원별 출제 Point

1. 신석기 · 청동기 · 철기시대의 사회상과 유물의 종류, 특징
2. 고조선의 변천, 문화기반, 사회생활, 문헌상의 기록
3. 초기 여러 국가의 발전사항과 풍습 등의 특징

◈ 최근 경향

본 단원은 출제빈도상으로 볼 때 그리 높은 비중을 차지하고 있는 단원은 아니지만 꾸준히 1~2문제씩 출제되고 있으며 최근 들어서는 신석기 · 청동기시대의 특징, 고조선의 세력범위, 고구려와 부여의 특색 비교 등을 묻는 문제가 출제된 바 있다.

우리나라	연 대	다른 나라
구석기시대	70만년 전	베이징 원인
신석기시대	B.C. 8000	
	B.C. 2500	양사오, 조몽문화
(B.C. 2333) 고조선의 건국	B.C. 2300	룽산문화
	B.C. 2200	하(夏)
		은(殷)
청동기시대(B.C.2000-B.C.1500년경)	B.C. 1000	주(周)
초기 철기시대	B.C. 300	
	B.C. 200	(B.C. 206) 한(漢)의 건국
(B.C.194) 위만의 집권		
(B.C.108) 고조선의 멸망	B.C. 100	

제1절 선사시대의 전개

Digest

1. **역사 발전의 과정** : 선사시대의 인류는 세계 여러 지역에서 자연환경에 따라 다양한 문화를 형성하면서 역사를 이루어 갔다. 우리 나라의 역사도 구석기 시대에서 신석기 시대, 청동기 시대, 철기 시대의 단계를 거치면서 발전하였다. 이러한 발전 과정에서 우리 민족은 시대에 따라 다양한 도구를 사용하여 생활을 개선해 나갔다.
2. **구석기 시대** : 뗀석기를 사용하여 채집과 사냥으로 식량을 마련하였고, 이리저리 떠돌아다니면서 무리 생활을 하였다.
3. **신석기 시대** : 간석기를 사용하여 식량을 생산하였고, 토기를 제작하여 식량을 저장하였다. 이 시대에는 주로 강가나 바닷가에 움집을 짓고 정착생활을 하면서 씨족을 중심으로 부족사회를 이루었다.

제 1 항 선사시대의 세계

1. 인류의 기원

(1) 인류의 출현

지구상에는 약 300만~350만년 전부터 최초의 인류라고 불리는 오스트랄로피테쿠스가 출현하였으며, 약 200만년 전에는 호모하빌리스가 나타났는데, 이들의 화석은 아프리카의 남부와 동부에서 발견되고 있다.

오스트랄로피테쿠스는 두뇌의 용적이 현생 인류의 3분의 1 정도였으나, 직립보행을 하여 두 손으로 조잡한 도구를 사용할 수 있었다. 인류의 구석기문화가 시작된 것은 호모하빌리스 및 호모에렉투스의 활동으로부터이다.

(2) 구석기시대

① 전 기

㉠ 인류의 구석기문화가 시작되는 것은 호모하빌리스(도구제작 사용인) 및 호모에렉투스(곧선 사람)의 활동으로부터이다.

㉡ 자바인과 베이징인이 이에 속하였으며, 이들은 불을 사용하고 사냥과 채집을 하며 살았다.

② 중 기

㉠ 호모사피엔스(슬기 사람)에 속하는 네안데르탈인이 나타났다.

㉡ 여러 종류의 석기를 만들어 사용하였으며, 시체를 매장하는 풍습도 가지고 있었다.

③ 후 기

㉠ 약 4만년 전부터 진정한 의미의 현생인류인 호모사피엔스사피엔스(슬기슬기 사람)가 구석기시대의 후기에 출현하였다.

㉡ 두뇌용적을 비롯한 체질상의 특징이 오늘날의 인류와 거의 같으며, 현생인류에 속하는 여러 인종들의 직계조상으로 추정되고 있다.

㉢ 유럽의 현생인류인 크로마뇽인은 프랑스 남부와 에스파냐 북부 일대에 훌륭한 동굴벽화를 많이 남겼다.

2. 신석기문화와 청동기문명의 탄생

(1) 신석기문화

① **시작** : B.C. 1만년경에 빙하기가 끝나고 후빙기가 시작되면서 인류의 생활은 환경의 변화에 적응하여 또 다시 바뀌었다. 이에 구석기시대가 끝나고, 과도기인 중석기 시대를 거쳐 점차 신석기시대가 전개되었다.

② **특징** : 신석기문화는 농경과 목축의 시작, 간석기와 토기의 사용, 정착생활과 촌락 공동체의 형성 등을 특징으로 하였다.

③ **신석기혁명** : 중동지방의 '비옥한 초승달지대' 및 중국, 동남아시아 등지에서 B.C. 8000년경에 시작된 것으로 추정되며, 이후 신석기 농경문화는 세계 각 지역으로 확산되었다.

구석기시대 사람들이 식량 채집생활을 영위한 것과는 달리, 신석기시대 사람들은 농경과 목축을 시작하여 식량생산의 경제활동을 전개함으로써 인류의 생활양식은 크게 변하였다. 이를 신석기혁명이라고 한다.

(2) 청동기문화

① **4대 문명의 탄생** : B.C. 3000년경, 메소포타미아의 티그리스강과 유프라테스강, 이집트의 나일강, 인도의 인더스강, 중국의 황하유역에서 문명이 탄생하였다.

② **특징** : 농경의 발달과 도시의 출현, 청동기의 사용, 계급의 형성, 문자의 사용, 국가의 형성 등의 발전이 급속히 이룩되었다.

이로써 인류는 선사시대를 지나 역사시대로 접어들게 되었다.

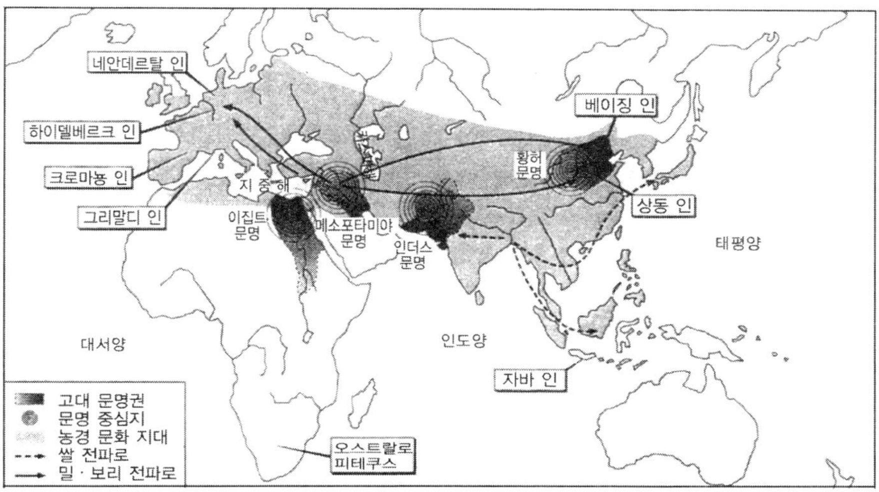

문명의 발생

제2항 한국의 선사문화

1. 민족의 기원

(1) 민족문화의 특징

① 동아시아에서는 선사시대에 여러 민족이 문화의 꽃을 피웠는데, 그 중에서도 우리 민족은 독특한 문화를 이루고 있었다. 또한 우리 민족은, 오래 전부터 하나의 민족단위를 형성하고, 농경생활을 바탕으로 하여 독자적인 문화를 이룩하였다.

② 인종상으로는 황인종에 속하고, 언어학상으로는 알타이어계에 속한다.

선사시대의 문화권

(2) 민족의 분포

우리 조상들은 대체로 **요서, 만주, 한반도**를 중심으로 한 동북 아시아에 넓게 분포되어 있었으며, **동방문화권**을 형성하였다.

(3) 민족의 형성

우리나라에 사람이 살기 시작한 것은 구석기시대부터이며, 신석기시대에서 청동기시대를 거치는 과정에서 민족의 기틀이 이루어지게 되었다.

2. 구석기시대의 유물과 유적

(1) 구석기시대의 구분

구석기시대는 석기를 다듬는 정도에 따라 전기, 중기, 후기로 나뉜다.

(2) 구석기시대의 시작

① **구석기시대의 시작** : 우리 민족의 생활터전인 만주와 한반도에 인류가 살기 시작한 것은 구석기시대부터였고 그 연대는 약 **70만년 전부터**였다.

② **구석기인의 화석** : 최근 새롭게 발굴된 덕천 승리산동굴, 충북 단양 상시동굴에서는 호모에렉투스(곧선 사람)와 호모사피엔스사피엔스(슬기슬기 사람)의 두 가지 특징을 함께 지닌 사람 화석이 발굴되었고, 청원 두루봉동굴과 평양 만달리동굴에서는 호모사피엔스사피엔스의 머리뼈 화석이 발굴되어 구석기인들의 존재를 확인해 주고 있다.

(3) 구석기시대의 유물

사람과 포유동물의 뼈, 화석, 석기류 등이 출토되면서 구석기시대의 자연환경과 생활상이 밝혀지게 되었다.

① **동물의 뼈 출토** : 털코끼리, 큰뿔사슴, 코뿔소, 쥐, 토끼 등의 뼈가 출토되었다.

② **인골의 발견** : 덕천 승리산에서 어금니 2개와 단양 상시동굴에서 머리뼈 등이 발견되었다. 이들은 네안데르탈인(슬기 사람)의 특징을 보여준다.

(4) 구석기시대의 유적지

구석기 유적지에서 석기들과 함께 사람과 동물의 뼈화석, 동물 뼈로 만든 도구 등이 출토되어 구석기시대의 생활상이 밝혀지게 되었다.

구 분	유 적 지	출 토 내 용
전 기	단양 금굴(충북)	약 70만년 전에 형성(가장 오래된 유적)
	연천 전곡리(경기)	주먹도끼 출토 → 서남아시아 계통
	상원 검은모루동굴(평남)	포유류 동물화석의 출토
중 기	웅기 굴포리(함북)	맘모스 화석의 출토
	양구 상무룡리(강원)	
	제천 점말동굴(충북)	사람의 얼굴을 새긴 코뿔소뼈의 출토
후 기	공주 석장리(충남)	전기 구석기에서 후기 구석기까지 계속된 유적
	단양 수양개(충북)	석기 제작지의 발견

〈기 타〉

① **덕천 승리산 동굴 · 단양 상시동굴** : 호모에렉투스(곧선 사람)와 호모사피엔스사피엔스(슬기슬기 사람)의 특징을 함께 지닌 네안데르탈인(슬기 사람)의 사람 화석이 발견되었다.

② **청원 두루봉동굴 · 평양 만달리동굴** : 호모사피엔스 사피엔스의 머리뼈 화석이 발견되었다.

③ 요령성 금우산동굴, 제천 창내, 길림성 석문산촌동굴, 제주 빌레못동굴 등

3. 구석기시대의 생활

(1) 경제생활

① **자연경제** : 아직 농경법을 알지 못하였으며 동물의 뼈나 뿔로 만든 뼈도구와 뗀석기를 가지고 동물을 사냥하거나 나무 열매와 뿌리를 채집하여 식생활을 하는 수렵 · 어로 · 채집단계였다.

② **사용도구** : 뗀석기를 제작하는 기술이 발달함에 따라 사냥도구(주먹도끼, 찍개, 찌르개), 조리도구(긁개, 밀개), 공구(새기개) 등 용도가 뚜렷한 작은 석기들을 만들어 사용하였다.

(2) 주거생활

주로 동굴에서 살거나 강가에 **막집**을 짓고 살았다. 구석기시대 후기의 집자리에는 기둥자리, 담자리 및 불땐자리가 남아 있다. 규모는 대략 3, 4명에서 10명이 살았을 정도의 크기이다.

(3) 사회생활

① 무리를 이루어 큰 사냥감을 찾아다니며 무리생활을 하였다. 무리 가운데 경험이 많고 지혜로운 사람이 지도자가 되었으나, 권력을 가지지는 못하였으며 모든 사람이 **평등한 공동체**적 생활을 하였다.

② 불과 언어를 사용하였다.

(4) 예술활동

① **예술품** : 공주 석장리와 단양 수양개에서 석회암이나 동물의 뼈, 뿔 등을 이용한 고래와 물고기 등을 새긴 조각품이 발견되었다.

② **의미** : 사냥감의 번성을 비는 **주술적 의미**가 깃들인 것으로 보인다.

4. 중석기시대

(1) 시 기

구석기시대에서 신석기시대로 넘어가는 과도기적 단계라고 할 수 있다.

(2) 사용도구

① **잔석기(細石器)** : 한 개 내지 여러 개의 석기를 나무나 뼈에 꽂아서 톱이나 낫처럼 이용한 **이음도구**(복합도구)이다.

② **활** : 큰 짐승 대신에 토끼, 여우, 새 등 작고 빠른 짐승을 잡기 위하여 활을 사용하였다.

(3) 유적지

① **북한지역** : **웅기 부포리**와 **평양 만달리** 유적
② **남한지역** : **통영 상노대도** 조개더미의 최하층이나 **홍천 하화계리** 유적

(4) 경제생활

구석기시대 끝 무렵이 되면 빙하기가 지나고 다시 기후가 따뜻해지면서, 사람들은 새로운 자연환경에 적응하는 생활방법을 찾으려 노력하였다. 또한 따뜻한 기후로 식물들이 번성하게 되면서 이 시기 사람들은 식물의 채취와 물고기잡이를 많이 하게 되었다.

Side Check

유럽에서는 구석기 시대에서 신석기 시대로 넘어가는 과도기적인 단계를 중석기 시대로 부르고 있다. 그러나 우리 나라에서 중석기 시대를 설정하는 것인 아직 문제로 남아 있다.

5. 신석기시대의 유물과 유적

(1) 시 기

우리 나라의 신석기 시대는 **기원전 8000년경**부터 시작되었다.

(2) 유 물

신석기시대의 주요한 유물은 **간석기(磨製石器)**와 **토기**이다.

① **간석기(마제석기)** : 돌을 갈아서 여러 가지 형태와 용도를 가진 석기를 만들어 사용했다. 주요 간석기 유물로서는 석추(어로용), 돌화살촉(석촉), 돌창(석창), 맷돌(연석), 가락바퀴(직조용) 등이 있었다.

② **토기** : 토기는 주로 음식물을 조리 또는 저장하기 위해 진흙을 불에 구워서 만들었다. 형태와 문양에 따라 전기 · 중기 · 후기로 나누어지며, 중기 · 후기의 토

기가 신석기시대의 주류를 이루었다. 토기의 사용은 농경생활이 시작되었음을 보여주는 것이다.

토기명	특징 및 유적지
이른 민무늬토기	· 최초의 토기로 그릇이 작고, 밑이 도토리 모양으로 둥글게 되어 있다. · 유적 : 함북 웅기 서포항, 강원 양양 오산리, 부산 동삼동 등
덧무늬토기	· 그릇 표면에 덧살을 덧붙인 것으로 주발모양의 밑이 둥글게 되어 있다. · 유적 : 부산 동삼동 등
빗살무늬토기	· 신석기시대의 대표적 토기로 전국 각지에 널리 분포되어 있다. · 도토리나 달걀모양의 뾰족 밑 또는 둥근 밑 모양을 하고 있다. · 북방계통(시베리아 · 몽고)의 영향을 받았다. · 유적 : 황해도 봉산 지탑리, 서울 암사동, 경남 김해 수가리 등
기 타	· 번개무늬토기, 물결무늬토기 등

③ **가락바퀴(紡錘車) · 뼈바늘(骨針)** : 원시적 수공업생산이 이루어져 의복 · 그물 등을 만드는 직조기술이 시작되었음을 알 수 있다.

④ **토묘** : 신석기시대의 일반적 무덤양식으로 흙을 파고 관없이 매장하였다.

6. 신석기시대의 생활

(1) 경제생활

① **농경생활의 시작** : 신석기시대 후기에 이르러서 시작되었다.

㉠ **재배작물** : 조 · 피 · 수수 등

㉡ **유적** : 봉산 지탑리와 평양의 남경유적에서는 탄화된 좁쌀이 발견되어 잡곡류가 경작되었음을 알 수 있다.

㉢ **농기구** : 돌괭이, 돌삽, 돌보습, 돌낫 등이 있으며 현재 남아 있지는 않으나, 주변 중국이나 일본의 경우를 보면 나무로 만든 농기구가 사용되었을 가능성도 있다.

② **사냥과 어로의 계속**

㉠ 농경기술이 발달하면서 사냥과 물고기잡이가 경제생활에서 차지하는 비중은 줄어들었지만, 여전히 식량의 큰 몫을 차지하였다. 사냥은 주로 활이나 창을 이용하여 사슴류와 멧돼지 등을 잡았다.

㉡ 물고기잡이에는 여러 가지 크기의 그물과 작살, 돌이나 뼈로 만든 낚시 등을 이용하였다. 통나무배를 타고 먼 바다에 나가서 물고기나 바다 짐승을 잡기도 하였다.

③ **원시적 수공업** : **가락바퀴**나 **뼈바늘**이 출토되는 것으로 보아 직조술의 시작과 의복이나 그물을 만들어 썼음을 알 수 있다.

(2) 주거생활

① **주거지** : 도구의 발달과 농경의 시작으로 **해안**과 **강변**지역에 정착하게 되면서 주거생활도 개선되어 **움집**이 일반화되었다.

② **움집의 구조** : 바닥은 원형이나 모가 둥근 방형이며, 중앙에 취사와 난방을 위한 화덕이 위치하고 있다. 햇빛을 많이 받는 남쪽으로 출입문을 내었으며, 화덕이나 출입문 옆에는 저장 구덩이를 만들어 식량이나 도구를 저장하였다. 그 규모는 대개 4~5명 정도가 살기에 적당한 크기였다.

(3) 사회생활

신석기시대에는 부족사회를 이루고 있었다. 부족은 혈연을 바탕으로 한 씨족을 기본 구성단위로 하였다. 이들 씨족은 여럿이 모여 이루어진 사회로 각각 폐쇄적인 독립사회를 이루고 있었고, 점차 다른 씨족과의 **족외혼**(族外婚)을 통하여 부족을 이루었다. 그러나 부족사회 역시 아직은 지배, 피지배의 관계가 발생하지 않은 **평등사회**였다.

(4) 종교생활(원시신앙)

① 농경과 정착생활을 하게 되면서 인간은 자연의 섭리를 생각하게 되었다.
② 자연에 대한 경외심에서 신앙이 발생하였기 때문에 종류도 다양하였다.

종 류	내 용
애니미즘 (자연숭배)	해, 구름, 비, 천둥, 산, 땅 등 자연물에 영혼이 있다고 믿는 정령신앙에서 유래된 것으로, 그 중에서도 태양과 물에 대한 숭배가 으뜸이었다. 동침신전앙와장(東枕伸殿仰臥葬)은 태양숭배의 한 전형이었다.
샤머니즘	삼라만상 가운데 악신과 선신이 있는 것으로 믿고 주술(呪術)로서 악신을 물리친다는 일종의 무격신앙(巫覡信仰)이며, 현재까지도 민간에 뿌리깊게 전승해 오고 있다.
토테미즘	자기 씨족의 기원을 동·식물에 연결시키는 신앙으로 단군신화의 곰, 호랑이, 박혁거세의 말, 석탈해의 까치, 김알지의 닭, 동명성왕의 개구리 등이 있다.
영혼불멸사상	육신은 죽어도 영혼은 없어지지 않는다는 생각은 순장(殉葬)과 부장(副葬)의 풍습을 낳았다.
조상숭배	자기들의 시조신이 부족을 보호해 준다고 믿고 숭배하는 원시종교이다.
기타	특정 사물을 기피하는 금기(Taboo), 토우, 호신부의 지참 등이 있었다.

(5) 예술활동

신석기시대의 예술도 주술적 신앙과 밀접한 관련이 있으며, 예술품으로는 흙으로 빚어 구운 얼굴 모습, 동물의 모양을 새긴 조각품, 조개 껍데기 가면, 조가비로 만든 치레걸이, 짐승의 뼈나 이빨로 만든 장신구 등이 있었다.

Side Check

◈ 신석기문화의 특징

1. 바닷가나 강가에서 생활 → 후기에는 내륙지방으로 진출
2. 간석기와 토기(이른 민무늬토기 → 덧무늬토기 → 빗살무늬토기)
3. 농경·정착생활 시작
4. 직조술의 시작(가락바퀴, 뼈바늘)
5. 움집의 일반화
6. 부족사회 → 족외혼
7. 원시신앙 발생(애니미즘, 토테미즘)

제2절 국가의 형성

Digest

1. **계급과 국가형성** : 청동기의 사용과 농사의 발달로 평등하였던 부족사회는 무너지고 사유재산이 축적되고 계급이 발생하였다. 그리하여 부와 권력을 가진 군장이 출현하여 주변 지역을 아우르면서 국가를 이룩하였다. 고조선은 이 시기에 성립된 최초의 국가였다.
2. **여러 나라의 성립** : 철기의 보급과 함께 만주와 한반도 각지에 부여, 고구려, 옥저, 동예, 삼한 등 여러 나라가 성립되었다. 이들 여러 나라들은 철기를 사용하여 농업을 발전시키고, 주변지역을 정복하여 점차 삼국형성의 기반을 갖추게 되었다.

제 1 항 청동기, 철기시대

1. 청동기의 보급

(1) 전래 시기

신석기시대 말인 B.C. 2000년경에 중국의 요령, 길림, 러시아의 아무르 강과 연해주 지역에서 들어온 덧띠새김무늬 토기 문화가 앞선 빗살무늬 토기문화와 약 500년간 공존하다가 점차 청동기 시대로 넘어간다. 이 때가 **B.C. 2000년경**에서 **B.C. 1500년경**으로 한반도 청동기 시대가 본격화된다.

(2) 사회적 변화

생산경제가 더욱 발달하고 분업이 이루어지면서 **사유재산제도**와 **계급**이 나타나게 되었다.

(3) 특 징

구리에 **아연**이 합금되어 있고, **비파형 동검**이 많이 출토되고 있으며, **동물형 문양**이 많이 나타나고 있는 점으로 보아 **북방계통의 영향**을 많이 받았다.

(4) 유 적

요령성, 길림성 지방을 포함하는 만주지역으로부터 한반도에 걸쳐 널리 분포되어 있다.

(5) 유 물

고인돌, 돌무지무덤, 돌널무덤 등에서 출토되고 있다.

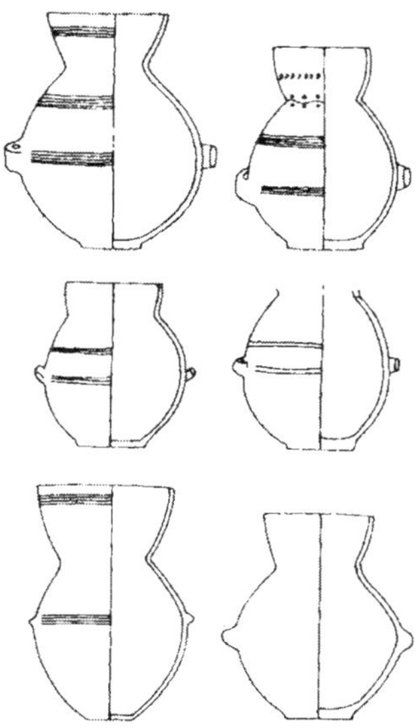

미송리식 토기그림

① **청동기** : 비파형 동검(만주지역으로부터 한반도 전역에 걸쳐 분포), 거친무늬거울, 화살촉

② **석기** : 반달돌칼, 바퀴날도끼

③ **토기** : 미송리식 토기, 민무늬토기(청동기시대의 대표적 토기로 밑바닥이 판판한 원통모양의 화분형과 밑바닥이 좁은 팽이형이 기본형, 빛깔은 적갈색)

2. 철기의 사용

(1) 전래시기

B. C. 5세기경부터 중국에서 전래된 철기가 쓰이면서 초기 철기시대가 시작되었는데 이 시기에는 용도는 다르지만 청동기와 철기가 함께 사용되었다.

(2) 유 물

철제무기와 철제연모의 사용으로 종래 사용해 오던 청동기는 의기(儀器)화하였다.

① **명도전, 반량전, 오수전** : 철기와 함께 사용된 중국의 화폐로 당시의 중국과 활발한 교역관계를 보여준다.

② **한자의 사용** : 경남 창원 **다호리유적**에서는 청동기, 철기유물과 함께 **붓**이 발견되어 이 시기에 우리나라에서도 한자가 사용되고 있었음을 알 수 있다.

③ **널무덤(토광묘)** : 땅을 파고 목판을 매장하는 무덤양식으로 부장품을 통해 **청동기문화와 철기문화가 복합**되기 시작한 것을 알 수 있다.

(3) 독자적인 청동기문화

① **형태의 변화** : 비파형 동검은 한국식 동검인 **세형동검**으로, 거친무늬거울은 **잔무늬거울**로 그 형태가 변하여 갔다.

② **거푸집** : 청동제품을 제작하던 틀로서 전국의 여러 유적에서 발견되고 있는데, 이는 한반도에서 청동기문화의 토착화와 독자적인 문화의 성립을 의미한다.

(4) 토 기

민무늬토기 외에 붉은 간토기, 덧띠토기, 검은 간토기 등이 사용되었다.

3. 청동기, 철기시대의 생활

(1) 경제생활

① 농기구

㉠ **간석기의 다양화** : 신석기시대부터 주요한 생산도구로 사용되던 간석기가 매우 다양해지고 기능도 개선되었으며, 이에 따라 생산경제도 더욱 발달하였다.

㉡ **종류** : 돌도끼나 홈자귀, 괭이, 그리고 나무로 만든 농기구로 땅을 개간하여 곡식을 심고 가을에는 **반달돌칼**로 이삭을 잘라 추수를 하였다.

㉢ **특징** : 간석기와 철제농기구가 사용되었으나 청동제농기구는 없었다.

② 농경의 발달

㉠ **벼농사의 시작** : 조, 보리, 콩, 수수 등 밭농사가 중심이지만 일부 저습지에서는 **벼농사**가 이루어졌다.

㉡ **결과** : 사냥이나 물고기잡이도 여전히 행해졌으나, 농경의 발달로 점차 그 비중이 낮아지고 돼지, 소, 말 등 가축의 사육이 이전보다 늘어났다.

(2) 주거생활

① 집자리 유적은 우리나라 전역에서 발견되는데 전통적인 **배산임수**(背山臨水)의 취락여건을 갖춘 것으로, 오늘날 농촌의 자연취락과 비슷한 모습을 보여준다.

② 집자리의 형태는 직사각형 움집에서 점차 **지상 가옥**으로 바뀌어 갔다.

③ 한 지역에 많은 가족이 밀집되어 읍락군(邑落群)을 형성하면서 살았으며 가족수는 4~8명 정도이고 부부를 중심으로 한 가족용으로 만들어진 것이다.

(3) 사회변화

① **남녀의 역할분화** : 여성은 주로 집안일을 담당하게 되었고, 남성은 농경, 전쟁과 같은 바깥 일에 종사하게 되었다.

② **계급의 분화** : 생산의 증가에 따른 잉여생산물의 축적과 사적 소유로 인해 빈부의 차와 계급의 분화가 촉진되었다.

③ **무덤의 형태** : 청동기 시대에는 **고인돌**과 **돌널무덤** 등이 만들어졌고, 철기시대에는 **널무덤**과 **독무덤** 등이 만들어졌다. 그 중에서 계급사회의 발생을 보여주는 대표적인 무덤이 고인돌이다. 고인돌은 우리나라 전역에 걸쳐 분포되어 있으며 당시 지배층의 정치권력과 경제력을 잘 반영해 주고 있다.

④ **선민사상의 대두** : 경제력이나 정치권력에서 우세한 부족들은 스스로 하늘의 자손이라고 자처하고 주변 부족을 통합하거나 정복하고 공납을 요구하였다.

⑤ **군장(족장)의 등장** : 청동이나 철로 된 금속제무기의 사용으로 정복활동이 활발해짐으로써 지배자와 피지배자의 분화가 더욱 심화되어 평등사회는 **계급사회**로 바뀌어 갔고, 권력과 경제력을 가진 지배자가 나타났는데, 이런 지배자를

군장이라고 한다.

4. 청동기, 철기시대의 예술

(1) 종교적 · 정치적 요구와 밀착

제사장이나 군장의 칼, 거울, 방패 등의 청동제품이나 토제품, 바위 그림 등에 반영되어 있다.

(2) 주술적 의미

청동제의기들은 말이나 호랑이, 사슴, 사람의 손모양 등을 사실적으로 조각하거나 기하학적 무늬를 정교하게 새겨 놓았고, 토우 역시 장식용도 외에 풍요를 기원하는 주술적 의미를 가지고 있었다.

(3) 바위 그림

① **울산의 반구대 바위 그림** : 거북, 사슴, 호랑이, 새 등의 동물과 작살이 꽂힌 고래, 그물에 걸린 동물, 우리 안의 동물 등 여러 가지의 그림이 새겨져 있는데, 이것은 사냥과 물고기잡이의 성공과 풍성한 수확을 비는 염원의 표현으로 보인다.

② **고령의 바위 그림** : 동심원, 십자형, 삼각형 등의 기하학 무늬가 새겨져 있는데, 동심원은 태양을 상징하는 것으로 다른 농업사회에서의 태양숭배와 같이 풍요를 비는 의미를 가지고 있다.

Side Check

신석기문화		청동기문화
B.C. 8000년경		B.C. 2000년경~B.C. 1500년경
부족사회(혈연 기반), 모계사회		군장사회(지역중심), 부계사회
평등사회	→	계급사회
토지와 재산 공유(자급자족)		토지와 재산사유(경제교류)
빗살무늬토기		민무늬토기
원시신앙		선민사상

제2항 고조선의 건국

1. 단군과 고조선

(1) 고조선의 성립

① **군장세력의 대두** : 금속무기를 사용하는 강력한 부족세력이 등장함에 따라 이전의 부족공동체는 붕괴되고 세력이 강한 군장들이 주변을 정복, 통합하여 군장국가(君長國家)를 건설하였다. 우리나라에서 가장 먼저 나타난 군장국가가 바로 고조선이다.

② **고조선의 세력범위** : 고조선은 단군왕검(檀君王儉)이 B.C. 2333년에 만주 요령지방을 중심으로 건국하였고 점차 한반도 북부에까지 그 영향력을 미쳤다(고조선의 후기중심지는 평양이다). 이와 같은 사실은 **비파형 동검**이나 **고인돌**의 출토지역을 바탕으로 설정될 수 있다.

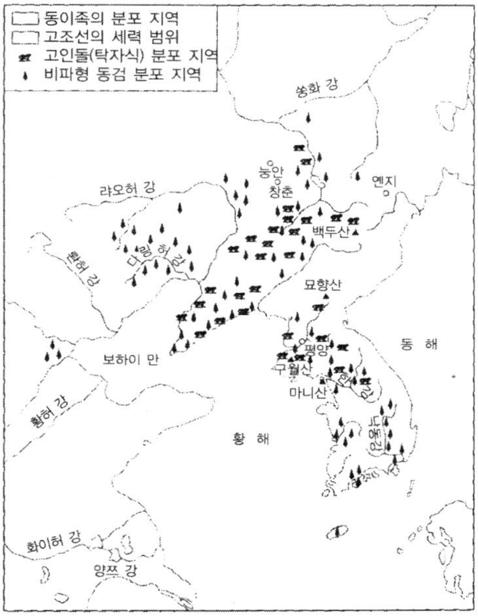

고조선의 세력범위

(2) 단군의 건국기록

① 일연의 삼국유사는 천제 환인(桓因)의 아들 환웅(桓雄)이 곰인 웅녀와 혼인하여 단군왕검을 낳았고 단군이 아사달에 도읍하여 국호를 조선(朝鮮)이라고 하였다고 전한다.

② 단군은 제정일치의 지배자로서, 고조선의 성장과 더불어 주변의 부족을 통

합하고 지배하기 위해 자신들의 조상을 하늘에 연결시켰다. 즉 각 부족 고유의 신앙체계를 총괄하면서 주변 부족을 지배하고자 하였던 것이다.

③ 단군의 건국기록 내용

㉠ 농업중심사회 : 풍백(風伯), 운사(雲師), 우사(雨師)

㉡ 제정일치사회 : 단군(제사장) 왕검(정치적 군장)

㉢ 토테미즘사회 : 곰 토템, 호랑이 토템사상

㉣ 사유재산의 성립과 계급의 분화 : 8조법의 법률내용 중 채무 불이행자는 돈 50만전으로 변제하거나 곡물로써 보상한다는 내용으로 보아 사유재산과 계급의 분화가 발생했음을 알 수 있다.

㉤ 새로운 사회질서의 성립 : 신석기 말~청동기시대로 발전하는 과정이었음

㉥ 기타 : 자연숭배사상(태양숭배, 천신사상), 불교·도교사상, 모계사회, 선민사상

④ **역사적 의의** : 우리나라의 독자적인 건국과정과 "널리 인간을 이롭게 한다"(弘益人間)는 건국이념은 우리 민족의 전통과 문화의 정신적 지주가 되었다.

Side Check

1. 단군의 건국에 관한 기록은 삼국유사, 제왕운기, 응제시주, 세종실록지리지, 동국여지승람 등에 나타나고 있다. 천신의 아들이 내려와 건국하였다고 하는 단군 건국의 기록은 우리나라 건국과정에 대한 역사적 사실과 홍익인간의 이념을 밝혀주고 있다. 이것은 또 고려, 조선, 근대를 거치면서 나라가 어려운 처지에 있을 때마다 우리 민족의 전통과 문화의 정신적 지주가 되어 왔다.
2. 고조선의 세력범위는 청동기시대를 특징짓는 유물인 비파형 동검이나 고인돌 등이 나오는 지역과 거의 일치하고 있다. 한편, 동이족의 분포는 고대의 한민족이라 할 수 있는 예, 맥, 부여, 고구려, 북옥저, 읍루 등을 아우르는 지역으로 추정되고 있다.

(3) 고조선의 발전

① **초기의 발전** : 고조선은 왕검성을 중심으로 독자적인 문화를 이룩하면서 착실하게 발전하여 당시 중국의 전국 7웅 중의 하나인 연(燕)과 대적할 정도로 성장하여 동방의 중심세력이 되었다.

② **왕위의 세습과 조직화** : B. C. 3세기경 부왕(否王), 준왕(準王)과 같은 강력한 왕이 등장하여 왕위가 세습되면서 그 밑으로 상(相), 대부(大夫), 장군(將軍) 등을 둘 정도로 조직화되었다.

③ **고조선의 쇠퇴** : B. C. 4세기말 요동으로 침입하는 '연'의 세력에 밀리면서 쇠약해지기 시작하였다. 연의 침략은 진개에 의해 크게 진전되었는데 그는 요동지방을 점령하고 그곳에 요동군을 설치하였다.

Side Check

◈ 기자조선 · 기자동래설(箕子朝鮮 · 箕子東來說)
중국의 사서인 「사기」(史記), 「한서지리지」(漢書地理志), 김부식의 「삼국사기」(三國史記)에서는 중국 주(周)나라 무왕(武王)의 혈족인 기자(箕子)를 조선왕에 책봉하여 동래(東來)하였다는 역사적 기록을 놓고 여러 설이 있다.

1. 사회 내부에서 등장한 새로운 지배세력으로 보아 이를 한씨(韓氏)조선이라는 견해
2. 동이족(東夷族)의 이동과정에서 기자로 상징되는 어떤 부족이 중심이 되어 정치세력을 잡았다는 견해
3. 이승휴의 「제왕운기」(帝王韻記)에는 기자조선을 후(後)조선이라 하고, 준왕 때 망했다는 기록 등이 있다.

2. 위만의 집권

(1) 위만조선의 성립

진 · 한 교체기에 한 차례의 유이민집단이 이주하여 왔는데, 그 가운데 위만(衛滿)은 1,000여명을 이끌고 고조선으로 입국하였다. 위만은 처음에 준왕으로부터 고조선의 서쪽 변경 거주를 허락받았으며, 그 뒤에는 준왕의 신임을 받아 서쪽 변경의 수비책임을 수행하였다. 위만은 이것을 기반으로 세력을 기른 다음 수도인 왕검성에 쳐들어가 준왕을 몰아내고 스스로 즉위하였다(B. C. 194).

Side Check

> ◈ 위만 조선의 의미
> 위만은 고조선으로 들어올 때에 상투를 틀고 고조선의 옷을 입고 있었다. 그리고 왕이 된 뒤에도 나라 이름을 그대로 조선이라 하였고, 그의 정권에는 토착민 출신이 높은 지위에 오른 경우도 많았다. 따라서 위만의 고조선은 단군의 고조선을 계승한 것으로 볼 수 있다.

(2) 위만조선의 발전

① **경제적 발전** : 위만왕조는 철기문화를 본격적으로 수용함으로써 농업과 무기생산을 중심으로 한 수공업이 더욱 성하게 되었고 그에 따라 상업과 무역(특히, 중계무역)도 발전하였다.

② **정복사업** :고조선은 경제적 발전을 기반으로 중앙 정치조직을 갖춘 강력한 국가로 성장하였으며, 우세한 무력을 바탕으로 정복사업을 전개하여 광대한 영토를 차지하였다.

③ **중계무역** : 위만조선은 중국과 삼한 사이의 지리적 이점을 이용하여 예(濊)나 진(辰)이 중국 한(漢)나라와 직접 교역하는 것을 막고, 중계무역의 이득을 독점하려 하였다. 이러한 경제적, 군사적 발전을 기반으로 고조선은 한과 대립하게 되었다.

(3) 고조선의 멸망

① **한무제(漢武帝)의 침공과 멸망** : 고조선의 성장에 불안을 느낀 한나라 무제는 대규모 침공을 시도하였으나 대패하였고, 이후 약 1년에 걸쳐 한의 군대에 완강하게 대항하였으나, 마침내 왕검성이 함락되어 멸망하였다(B. C. 108). 그 자리에 한의 직할 통치구인 사군(四郡)을 설치하였다.

② **한사군의 존속과 멸망** : 한사군은 B. C. 108년부터 A. D. 313년 약 400여년간 한반도를 지배하면서 한반도의 토착세력의 발전을 억제해 왔고, 4세기 초 고구려의 미천왕이 낙랑・대방군을 멸망시킴으로써 한반도에서 사라졌다.

3. 고조선의 사회

(1) 8조법

① 고조선 사회를 유지하기 위한 율법으로 8가지 항목인 8조의 법이 있었으나 현재는 「한서지리지」에 3조항만이 전하고 있다.

② 8조의 법의 내용

㉠ 相殺以當時償殺 : 사람을 죽인 자는 사형에 처한다.

㉡ 相傷以穀償 : 사람을 상해한 자는 곡물로써 배상한다.

㉢ 相盜者男沒入爲其家奴, 女子爲婢, 欲自贖者 人五十萬 : 남의 물건을 훔친 자로 남자의 경우는 그 집의 노(奴)로, 여자의 경우는 비(婢)로 한다. 만약 속죄하려는 자는 돈 50만을 내야 한다.

이외에도 범죄행위를 수치로 여기고, 여자의 정절을 중하게 여겼다고 하는 데에서 가부장적(家父長的) 가족제도가 확립되었음도 알 수 있다.

(2) 고조선의 사회상

① 생명과 사유재산에 대한 보호 중시 → 보복법

② 권력과 경제력의 차이에 따른 가부장제적 가족제도 → 관습법

③ 재산의 사유화에 따른 규제형벌과 노비제도 발생

④ 남성위주의 철저한 가부장제 사회로 부인들은 정신(貞信)하여 음란하지 않았다고 한다.

(3) 한군현의 설치와 사회변화

한군현의 억압과 수탈에 대하여 토착민들이 이주하거나 단결하여 대항하자, 한군현인들은 법 조항을 60여조로 늘려 자신들의 생명과 수탈한 재산을 보호하려 하였으며 풍속도 각박해졌다.

제3항 여러 나라의 성장

철기문화가 보급되면서 철제농기구의 사용에 따라 농업생산력이 증대되고 기존의 부족공동체가 완전히 해체되어 보다 큰 규모의 친족공동체가 성립되었다. 친족공동체의 장들 가운데 우세한 자가 족장이 되어 새로운 형태의 소국이 각지에서 생겨나게 되고 이들이 서로 통합하여 연맹왕국을 결성하니 부여, 고구려, 동예, 옥저, 한강 이남에는 삼한이 나타나게 되었다.

1. 부여(夫餘)

(1) 성 립

만주 길림시 일대를 중심으로 송화(쑹화)강 유역의 평야 지대를 중심으로 성장하였다.

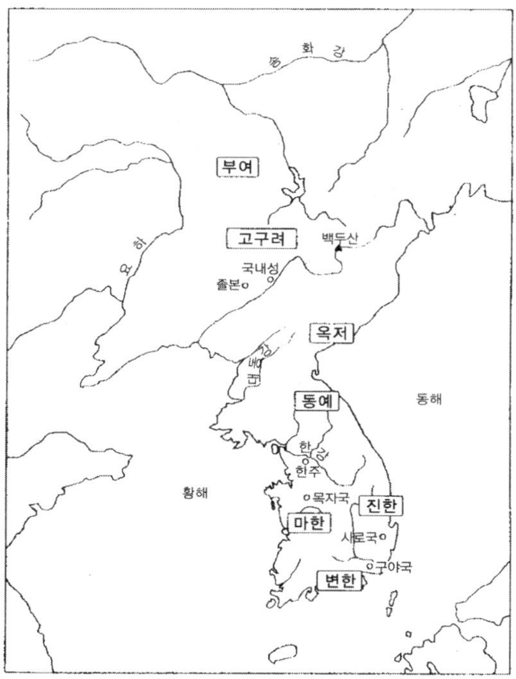

여러 나라의 성장

(2) 발 전

1세기 초에 왕호를 사용하였으며 중국과 교류관계를 맺는 등 발전된 국가의 모습을 보였다.

(3) 정 치

① **왕권의 미약** : 부족연맹장격인 왕을 선거하였으나 왕권은 미약하였다. 왕 아래 가(加), 대사자(大使者), 사자(使者) 등을 두었다.

② **제가회의** : 마가(馬加), 우가(牛

加), 저가(豬加), 구가(狗加)라 불리는 부족장들이 모여 국가대사를 결정하였다.

③ **사출도(四出道)** : 수도를 중심으로 한 행정구역으로 제가들이 대사 · 대사자 · 사자를 두어 직접 통치하였다.

(4) 사 회

① 지배층 : 왕 및 제가

② 피지배층 : 일반백성(下戶), 노비(말단 피지배층)

㊟ : 백성은 조세와 부역의 의무를 졌다.

(5) 법속-4조목이 전해짐

① 살인자는 사형에 처하고, 그 가족은 노비로 삼는다.

② 남의 물건을 훔친 자는 물건값의 12배를 배상한다(1책 12법).

③ 간음한 자는 사형에 처한다.

④ 투기가 심한 부인은 사형에 처하되 그 시체를 서울 남쪽 산 위에 버려서 썩게 한다. 단, 그 여자의 집에서 시체를 가져가려고 할 때에는 소와 말을 바쳐야 한다.

(6) 경 제

주요 경제기반은 농업과 목축업이었고, 특산물로서 **말, 주옥, 모피** 등이 산출되었다.

(7) 풍 속

매장풍습으로는 **순장**(殉葬)제도가 있었고 소를 죽여 길흉을 보는 점복(牛蹄占法)과 형이 죽으면 동생이 형수를 아내로 맞는 **형사취수**(兄死娶嫂), 그리고 제천행사는 12월에 거행되었던 **영고**의 풍습이 있었으며 **은력**(殷曆)을 사용하였다.

(8) 쇠 망

부여는 남북으로 선비족과 고구려에 접하고 있어서 3세기 말 선비족의 침략으로 쇠퇴하였고 5세기 말에 고구려에 편입되었다.

(9) 역사적 의의

부여는 고구려에 흡수 통합되었지만, 고구려 · 백제의 건국세력이 부여의 한 계통임을 자처하였고 건국신화도 같은 원형이기 때문에 역사적 의의는 크다.

2. 고구려(高句麗)

(1) 성 립

압록강 지류인 동가강 유역의 졸본(환인) 지방에 부여에서 남하한 주몽이 건국하였다(B. C. 37).

(2) 발 전

고구려는 한사군의 하나였던 현도군을 몰아내고(B. C. 75), 5부족 연맹체를 토대로 발전하였다. 2세기 태조왕 때 수도를 통구(通溝)로 옮기고 왕위의 형제상속과 영토확장의 일환으로써 옥저를 정복하였다. 또 요동방면으로 진출하기 시작하였다.

(3) 정 치

① **5부족 중심** : 소노부, 순노부, 계루부, 절노부, 관노부의 5부족을 중심으로 정치가 행해졌으며, 왕은 처음에는 소노부에서 나오다가 후에 **계루부**로 교체되었다.

② **관직** : 중앙에 수상격인 **상가, 대로, 패자** 등이 있었고 지방에는 부족장인 대가(大加), 사자(使者), 조의(皁衣), 선인(先人) 등을 두고 다스렸다.

③ **고추가(古雛加)** : 전 왕족인 소노부와 왕비족인 절노부의 부족장에게 고추가의 칭호를 부여하였다.

(4) 사회와 경제

① **사회의 구성** : 지배계급은 왕족과 각 부의 대가일족(大加一族)으로 좌식(座食)하고 피지배계급은 하호와 노예로 구성되었다. 지배계급은 자신의 집에 **부경**

(桴京)이라는 개인창고가 있었다.

② **약탈경제** : 고구려 경제는 약탈경제였기 때문에 인접 나라의 **공물**(곡식과 소금)을 거둬들였고 특산물로 **맥궁**이라는 화살이 있었다.

(5) 법 제

법제는 매우 엄격하였고 대체로 부여의 법제와 비슷하였다.

(6) 풍 속

① **제천행사** : 10월에 **동맹**(東盟)이 있었다.

② **혼인풍습** : **데릴사위제**(일종의 奉仕婚)가 행해졌다.

③ **조상신 숭배** : 건국 시조인 주몽과 그 어머니 유화부인을 조상신으로 섬겼다.

3. 옥저(沃沮)와 동예(東濊)

(1) 성 립

한반도의 동북부(강원 일부와 함경도 일대)에 위치한 옥저와 동예는 폐쇄적이고 후진적인 지역이었으며 선진문화 수용의 어려움과 함께 고구려의 압박으로 인해 크게 발전하지 못하였다.

(2) 정 치

왕이 없고 각 읍락을 **읍군**(邑君), **삼로**(三老)라는 군장이 다스렸다. 그러나 이들은 통합된 더 큰 정치세력인 연맹왕국 단계까지는 발전하지 못하였다.

(3) 옥저의 경제와 풍습

① **경제** : 옥저는 어물과 소금 등 해산물이 풍부하고 토지가 비옥하여 농사가 잘 되었으나 고구려의 압력으로 소금, 어물 등 해산물을 공납으로 바쳐야 했다.

② **풍속** : 결혼풍습으로는 일종의 매매혼인 **민며느리제**가 있었고 매장풍습으로는 가족이 죽으면 시체를 가매장하였다가 나중에 그 뼈를 추려서 가족공동의 무

덤인 목곽에 안치하는 **골장제**의 풍습이 있었고, 죽은 자의 양식으로 쌀을 담은 항아리를 매달아 놓기도 하였다.

(4) 동예의 경제와 풍속

① **경제** : 동예 역시 토지가 비옥하고 해산물이 풍부하여 농경, 어로 등 경제생활이 윤택하였다. 누에를 쳐서 명주를 짜고 삼베를 짜는 등의 방직기술이 발달하였으며 특산물로는 **단궁**이라는 활과 **과하마**(조랑말), **반어피**(바다표범 가죽) 등이 유명하였다.

② **풍속** : 매년 10월에 **무천**이라는 제천행사를 열었으며, 결혼의 풍습으로는 **족외혼**을 엄격하게 지켰다. 또한 다른 부족의 생활권을 침범하면 노비와 소, 말로 변상하게 하는 **책화**(責禍)의 풍습이 있었다.

4. 삼한(三韓)

(1) 성 립

한강 이남의 진(辰)은 B.C. 2세기경 고조선의 방해로 중국과의 교통이 저지되기도 하였지만, 고조선 사회의 변동에 따라 대거 남하해 온 이주민에 의해 새로운 문화가 보급되어 토착문화와 융합되면서 사회가 더욱 발전하여 마한, 진한, 변한의 연맹체가 성립되었다.

㉾ 삼한의 발전에 따라 한강유역, 경주지방, 낙동강 하류지역 등지에서 백제, 신라, 가야 등의 여러 나라가 성립할 수 있는 여건이 조성되었다.

(2) 정 치

① **삼한의 맹주국** : 삼한의 맹주국은 **목지국**(目支國)으로서 진왕(辰王)이 다스렸다.

Side Check

> ◈ 목지국(目支國)
> 처음에 성환과 직산지역을 중심으로 발달하였으나, 백제의 성장과 지배 영역의 확대에 따라 남쪽으로 옮겨 예산, 익산지역을 거쳐 나주 부근에 자리잡았을 것으로 추정된다. 목지국이 언제 망했는지는 알 수 없으나, 근초고왕이 마한을 병합하는 4세기 후반까지 존속하였을 것으로 생각된다.

② **삼한의 지배세력** : 삼한의 지배세력은 토지와 물 관리권을 가진 자로서 **신지**(臣智) · **견지**(遣智)라고 불리는 대족장과 **읍차**(邑借) · **부례**(不例)라는 소부족장들이 있었다.

③ **제정분리사회** : 삼한사회는 제정분리사회(祭政分離社會)로서 제사는 천군(天君)이라는 자가 자신의 영지인 **소도**(蘇塗)를 지배했다. 이 지역을 둔 이유는 신구문화 충돌과 사회적 갈등을 완화시키는 역할을 하였기 때문이다.

(3) 삼한의 경제와 산업

① **수전농업 발달** : 삼한의 경제는 철기를 바탕으로 수전농업이 발달하였으며 밭갈이에 가축을 사용하였다. 벼농사의 일반적인 보급으로 김제 벽골제, 제천 의림지, 밀양 수산제, 상주 공검지, 의성 대제지 등의 저수지를 만들었다.

② **철의 생산** : 삼한 가운데 변한은 철의 생산이 활발하여 인근의 마한, 진한은 물론 낙랑과 일본에까지 수출하였다.

(4) 풍 습

① **제천행사** : 5월 **수릿날**(단오로 발전)과 10월의 **계절제**(상달제로 바뀜)가 있어서 온 나라 사람들이 모두 모여 노래와 춤을 즐겼다.

② **장례** : 장례에 있어서는 큰 새의 날개를 사용하여 **후장**(厚葬)을 치렀으며 영혼불멸 사상을 가지고 있었다.

③ **두레** : 원시공동체적 유풍인 두레가 있어서 공동작업을 하였다.

(5) 삼한의 주거지와 분묘

① 삼한의 주거지는 초기에 움집, 귀틀집이었던 것이 점차 기둥을 세우는 초가집으로 바뀌었다.

② 삼한의 분묘는 철기시대의 분묘형태인 **널무덤**(토광묘)과 **독무덤**(옹관묘)이 유행하였으며 경남 의창 다호리의 널 덧널무덤(토광목곽분)에서는 철제농구, 청동검, 붓(한자 사용) 등의 유물이 출토되었다.

(6) 사회변동

① 철기문화의 발전으로 한강유역에서는 백제국이 커지면서 마한지역을 통합해 갔다.

② 낙동강유역에서는 가야국이, 그 동쪽에서는 사로국이 성장하여 중앙집권국가의 기틀을 마련하면서 각각 가야연맹체와 신라 성립의 기틀을 마련해 갔다.

구분 / 삼한	위 치	소국가수	중심국가	발 전
마 한	대전·익산지역→경기, 충청, 전라도	54개국	목지국	백제
진 한	대구, 경주지역	12개국	사로국	신라
변 한	김해, 마산지역	12개국	구야국	가야연맹

Side Check

◈ 여러 나라의 비교

구분 \ 나라	부 여	고구려	옥 저	동 예	삼 한
위치	송화강 유역	동가강 유역 (졸본→통구)	함흥평야	원산만 강원 북부	한강 이남
국가 형태	연맹왕국 (5부족연맹체)	연맹왕국 (5부족연맹체)	군장국가 (연맹체를 형성하지 못함)		연맹왕국 (진왕, 마한왕)
군장	마가, 우가, 저가, 구가→대사자, 사자	상가, 고추가, 대로, 패자→사자, 조의, 선인	삼로, 읍군		신지, 견지, 읍차, 부례
경제	반농반목 말, 모피, 주옥	약탈경제(부경) 맥궁	해산물(어·염) 5곡	방직기술의 발달 과하마, 단궁, 반어피	벼농사의 발달 (저수지의 축조) 철의 수출(변한)
제천 행사	영고(12월)	동맹(10월)		무천(10월)	수릿날(5월) 계절제(10월)
장례	순장		두벌묻기 (세골장)		돌무덤, 돌널무덤, 돌무지무덤
결혼 풍속	일부다처제 (형사취수)	데릴사위제 (예서제)	민며느리제 (예부제)	족외혼	군혼
법률·기타	1책 12법 4출도, 은력 점복(우제점법)	1책 12법 점복		책화(씨족사회의 유풍)	두레 제정분리(소도) 귀틀집, 초가집

Side Check

위만 조선이 있었던 기원전 2세기경에 남쪽에는 진(辰)이 있었으며, 여기에서 마한, 변한, 진한의 삼한이 형성된 것으로 보인다. 이후 기원전 1세기경에는 고구려, 백제, 신라의 삼국과 더불어 부여, 동예, 옥저 등이 공존하고 있었다. 부여 및 마한의 목지국은 왕을 칭할 정도로 연맹 왕국 단계에 이르렀다. 이후, 동예, 옥저, 삼한의 소국들은 연맹 왕국 단계에 이르지 못하고 고구려, 백제, 신라, 가야로 통합되었다. 이 시대를 고고학에서는 철기시대 후기(기원 1~300년)라고도 한다.

Focus Diagram

■ 선사문화의 전개 ■

구석기 문화
(약 70만년 전부터)

유 적 지

함북 웅기 굴포리
평남 덕천 승리산
충북 청원 두루봉
경기도 연천 전곡리
충북 제천 점말동굴
제주도 빌레못 동굴
평남 상원 검은모루동굴
충남 공주 석장리
충북 단양 수양개

경 제 활 동

자연경제 : 수렵, 어로, 채집
도　　구 : 뗀석기, 골각기

사 회 생 활

가족단위의 무리사회, 평등한 공동체적 생활, 동굴, 막집

예 술 활 동

석상, 조각, 그림
주술적 의미

중석기 문화

잔석기 시대
활의 고안

웅기 부포리 · 평양 만달리 · 통영 상노대도 조개무지 · 홍천 하화계리 유적

신석기 문화
(약 B.C. 8000년경)

유적 · 유물

웅기 굴포리
양양 오산리
부산 동삼동
서울 암사동
봉산 지탑리
하남시 미사동
이른민무늬토기
↓
덧무늬토기
↓
빗살무늬토기

경제 · 신앙

농경 – 조, 피, 수수
농기구 – 돌괭이, 돌삽
원시수공업 – 직조 (가락바퀴, 뼈바늘)
애니미즘, 조상숭배, 샤머니즘, 토테미즘

사 회 생 활

부족사회
족 외 혼
평등사회
강가, 해안가
움집

종 교 생 활

토우(흙으로 빚어 구운 얼굴 모습),
조개껍데기 가면,
조각물, 장신구

■ 국가의 형성 ■

◈ 청동기 · 철기 문화(B. C. 5C경)

청동기시대(B. C. 2000년경~B. C. 1500년경)	철기시대(B. C. 5C부터)
반달돌칼, 바퀴날 도끼 등의 석기 비파형 동검, 거친무늬 거울 미송리식 토기, 민무늬토기 ① 사유재산과 계급발생(고인돌, 선민사상) ② 석기의 다양화, 농경의 발달 ③ 유물→민무늬토기, 반달형 돌칼, 비파형 동검 ④ 예술품→청동제 제사의기, 토우	철제농기구 세형동검, 잔무늬거울, 거푸집 덧띠토기, 검은 간토기, 붉은 간토기 ① 경제기반 확대 ② 중국과의 교역, 한자의 이용 ③ B. C. 194 이후 철기의 본격적인 수입으로 농업 · 수공업 발달

◈ 고조선(B. C. 2333~B. C. 108)

단군신화
- 고조선 성립이라는 역사적 사실 반영, 제정일치의 농경사회
- 삼국유사(고려후기, 일연 : 최초), 제왕운기(이승휴), 세종실록지리지, 응제시주(권람), 동국여지승람(노사신)

8조법
- 살인자 처형→생명 중시
- 절도자 · 노비, 50만전 배상 ─ 계급사회
- 상해자 곡물로서 배상 ─ 계급사회

※ 부인의 순결성 강조→가부장제 사회

◈ 여러 나라의 성장

나라	위치	정치	경제	행사	풍속 · 기타
부여	만주 송화강	5부족연맹 · 사출도	반농반목	영고12월)	순장, 1책12법
고구려	압록강	5부족연맹 · 왕 · 대가	약탈경제(부경)	동맹(10월)	데릴사위제
옥저 동예	함흥 원산만	읍군 · 삼로	소금 · 해산물 단궁 · 과하마 · 반어피	무천(10월)	민며느리제 족외혼 · 책화
삼한	한강 이남	진왕(목지국) 제정분리, 천군, 소도	벼농사, 변한은 낙랑, 일본으로 철 수출	단오(5월) 계절제(10월)	두레, 초가지붕

제3장

고대사회의 발전

광개토대왕릉비(중국 길림성 집안시)

단원개관

1. 삼국시대는 우리나라 역사에서 중앙집권국가가 성립하여 발전한 시기이다. 고구려, 백제, 신라는 작은 국가로 출발하여 정복활동을 통해 주변 여러 나라를 지속적으로 통합하면서 국왕중심의 중앙집권국가로 발전하는데 성공하였다.
2. 삼국은 각기 독자적인 문화기반 위에 상호친선과 대립을 거듭하면서 화려한 고대문화를 꽃피웠다. 그러나 7세기에 이르러 삼국은 항쟁의 주도권을 잡은 신라에 의해 통일되었다. 이로써 민족문화의 동질적 기반이 확립되어 갔다.
3. 삼국통일 이후, 만주지역에서는 고구려의 전통을 계승한 발해가 독자적인 세력을 이루며 성장함으로써 삼국시대에 뒤이어 남북국의 형세가 전개되었다.

최근출제경향

♧ 단원별 출제 Point

1. 삼국의 국가체제의 정비와 발전과정 검토 · 비교
2. 삼국의 대외(일본 · 중국)관계
3. 삼국시대의 사회(골품제 및 6두품의 동향)
4. 분묘 양식
5. 삼국과 통일신라 예술의 특성과 내용
6. 삼국과 통일신라시대의 불교의 성격과 역할

♧ 최근 경향

출제빈도가 비교적 높은 단원으로서 고대사회의 특징과 삼국간 정치 사회체제의 공통점과 차이점 등의 비교와 대외관계 그리고 삼국의 성립과정에서부터 발전 · 통합, 남북국시대로 이어지는 민족의 주체성에 입각한 흐름을 묻는 문제들이 자주 출제되고 있다.

우리나라	연대	다른 나라
(B.C. 57) 신라의 건국	B.C. 50	
(B.C. 37) 고구려의 건국		(B.C. 27) 로마 제정의 시작
(B.C. 18) 백제의 건국		
	200	(220) 중국, 삼국시대 시작
(372) 고구려, 불교 공인, 태학 설치	300	(313) 로마, 크리스트교 공인
		(375) 게르만족 대이동 개시
(427) 고구려, 평양천도	400	(439) 중국, 남북조 성립
		(476) 서로마 제국의 멸망
(520) 신라, 율령반포	500	
(538) 백제, 사비천도		(589) 수, 중국 통일
(660) 백제의 멸망	600	(618) 당의 건국
(668) 고구려의 멸망		(622) 헤지라
(676) 신라의 삼국통일		(645) 일본, 다이카 개신
(698) 발해의 건국		
(828) 청해진의 설치	800	(800) 카롤루스 대제의 서로마 제국 부활

제1절 고대사회의 형성

Digest

1. **중앙집권국가의 형성** : 고구려, 백제, 신라 삼국은 연맹왕국의 단계를 거쳐 중앙집권국가로 발전한 나라들이다. 중앙집권국가는 부족장을 귀족으로 흡수하였으며, 국왕을 중심으로 한 일원적인 통치체제를 갖추어 확대된 영역을 확실하게 지배하게 되었다.
2. **영토 확장** : 이들 국가의 성장과정에서는 정복과 통합에 의한 끊임없는 영토의 확장이 있었으며, 그것은 왕권의 성장, 정치조직 체제의 정비에 의하여 뒷받침되었다.
3. **삼국의 발전** : 삼국 중에서 고구려는 압록강유역에서 가장 먼저 성장하였고, 백제는 마한지역에서, 신라는 진한지역에서 각각 발전하였다.
4. **가야의 성장** : 변한지역에서 성장한 가야의 여러 나라는 연맹왕국의 단계에서 더 이상 국가적 통합을 이루지 못한 채 주변 국가의 압력에 시달리다가 마침내 신라에 의해 차례로 병합되고 말았다.

제 1 항 고대의 세계

1. 동양의 고대

(1) 중심지

동양 고대문화의 중심지는 중국, 인도, 그리고 오늘날의 중동지역인 오리엔트였다.

(2) 중 국

동아시아 문화권의 중심이 된 중국문화는 황하유역에서 시작되었다.

① **은(殷)왕조시대** : 청동기문화가 발달하고 갑골문자가 사용되었다.

② **주(周)왕조시대** : 봉건제도가 실시되었으며 장자상속제가 확립되었다.

③ **춘추전국시대** : 철제농기구가 사용되고 봉건제도가 붕괴되었으며 제자백가가 출현하여 유가, 도가 등 중국사상의 원류가 형성되었다.

④ **진(秦)** : 진은 중국 최초의 통일제국으로서 군현제도를 실시하여 황제 중심의 중앙집권적 통치체제를 확립하였다.

⑤ **한(漢)** : 유학을 관학화하고, 유교주의적 중국문화의 기틀을 이 시기에 이르러 확립하였다.

⑥ **위 · 진 · 남북조시대(220~589)** : 문벌귀족사회의 발전, 불교의 융성, 귀족문화의 발달을 특징으로 한다.

⑦ **수(隋)** : 6세기 말에 중국을 재통일하였고 과거제를 처음 실시하였다.

⑧ **당(唐)** : 당은 한자, 유교, 불교, 율령체제 등을 중심으로 성립한 동아시아 문화권의 중심에 서 있었으며, 한국, 일본, 베트남 등도 여기에 포함되었다.

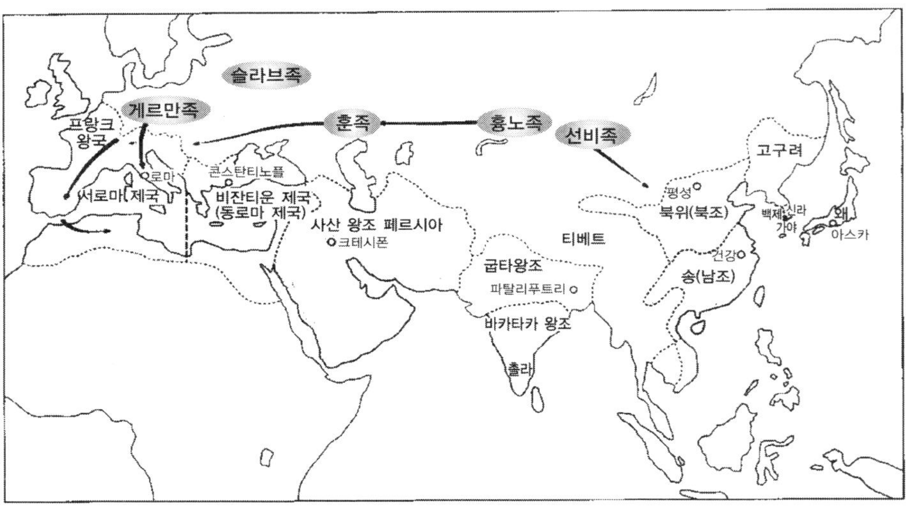

4, 5세기의 세계

(3) 인 도

① **인더스문명** : 드라비다족이 청동기문명인 인더스문명을 일으켰다.

② **아리아인** : 철기문화를 보급시키고 브라만교와 카스트제도를 확립하였다.

③ **불교 성립(B. C. 5C)** : 마우리아왕조 때에는 소승불교가 발전(동남아시아로 전파)하였으며, 쿠샨왕조 때에는 대승불교가 발전(간다라 미술과 함께 중국, 한국, 일본으로 확산)하였다.

④ **굽타왕조시대(320~520)** : 인도의 민족종교인 힌두교가 성립·발전하였으며 인도의 고전문화가 완성되었다.

(4) 오리엔트 지방

오리엔트 지방에서는 세계 최초의 문명인 메소포타미아문명과 이집트문명이 발달하였다.

① **오리엔트 세계 통일** : 아시리아와 페르시아(B. C. 6세기 재통일)가 오리엔트 세계를 통일하였다.

② **페르시아제국** : 강력한 전제국가로서 고대 그리스 세계와 충돌하였으며, 알렉산더 대왕에게 정복당하였다. 한때 사산조 페르시아가 번영(226~642)하였다.

③ **헬레니즘문화 발달** : 알렉산더의 동방 원정 이후 헬레니즘문화가 발달하였다.

④ **동부 지중해 연안** : 헤브라이인들은 유일신 신앙의 유대교를 확립하였고, 이를 바탕으로 크리스트교가 성립하여 서양문화 발전에 큰 영향을 끼쳤다.

⑤ **아라비아반도** : 7세기에 이슬람교가 출현하여 이슬람문화권이 형성되어 갔다.

2. 서양의 고대

(1) 계 보

에게문명 → 그리스문명 → 헬리니즘문명 → 로마문명으로 이어져 갔다.

(2) 그리스문명

오리엔트의 전제국가와는 달리 자유시민 중심의 폴리스(도시국가)를 바탕으로 성장하였다.

① **아테네** : 왕정 → 귀족정치 → 금권정치 → 참주정치 → 민주정치로 발전되어 갔다.

② **스파르타** : 소수의 시민이 다수의 선주민을 정복하여 이들을 폴리스 공유의 농업 노예로 만들어 지배, 엄격한 군국주의 정치를 실시하였다.

③ **번영** : 그리스는 페르시아전쟁에서 승리한 후 아테네를 중심으로 크게 번영하였으며 페리클레스 시대에 아테네의 민주정치가 완성되었다.

④ **몰락** : B.C. 5세기 말 펠로폰네소스전쟁을 계기로 쇠퇴, 이후 마케도니아의 지배를 받았다.

(3) 헬레니즘문명

① **시기** : B.C. 4세기 말 알렉산더대왕의 동방원정 이후 3세기 동안 헬레니즘 시대가 전개되었다.

② **특색** : 헬레니즘문명은 그리스문화와 오리엔트문화의 융합, 세계 동포주의와 개인주의를 특색으로 한다.

③ **몰락** : 제국이 분열되어 로마문화에 흡수되었다.

(4) 로마문명

① **변천** : 로마는 도시국가로 출발하여 이탈리아반도를 통일한 후 포에니전쟁에서 승리함으로써 지중해 세계를 지배하였다.

② **정치** : 공화정이 발달하였으나 내란의 1세기라는 위기를 겪은 후 B.C. 1세기 말 아우구스투스에 의해 제정이 수립되었다. 이후 약 200년 동안 평화시대가 도래하였다.

③ **쇠퇴** : 군인황제시대의 혼란, 콘스탄티누스황제의 중흥 노력 실패, 4세기 말에 동·서 로마제국의 양분, 게르만족의 대이동으로 서로마제국은 멸망(476)하였다.

④ **문화** : 로마는 서양 고대문화를 완성(그리스문화와 헬레니즘문화 등을 종합)하였으며 실용적이고 현실적인 특성의 문화를 발전시켰다. 그리고 제국의 효과적인 통치를 위하여 법률(로마법)이 발달하였다.

⑤ **서양문화의 2대 조류** : 로마문화에 계승된 그리스의 인간 중심의 정신, 로마제국 시대에 세계 종교로 성장한 크리스트교는 서양문화의 밑바닥을 흐르는 2대 조류가 되었다.

제2항 한국의 고대사회

1. 고대사회의 성장

(1) 고대사회의 성립과정

① **연맹왕국의 성립** : 철기문화를 바탕으로 성립된 연맹왕국은 군장국가가 발전한 국가형태로서 국왕이 출현하는 등 자기 부족에 대한 지배권을 행사하였으므로 집권국가로서는 일정한 한계점을 가지고 있었다.

② **중앙집권국가로의 발전** : 고구려, 백제, 신라의 삼국은 연맹왕국 단계를 거쳐 국왕의 권위가 강화되고 부족적 전통이 약화되면서 강력한 중앙집권국가로 발전하여 갔다. 이들 국가는 시기적으로 차이는 있지만 정치면에서 왕권강화·통치제도 및 법률 정비, 군사면에서는 정복사업, 사상면에서는 새로운 종교(불교)의 수용, 사회면에서는 엄격한 신분제 사회, 그리고 경제면에서는 귀족 중심의 경제질서가 확립되었다.

(2) 민족 자주성의 확립

강력한 정치력을 기반으로 한 삼국시대의 국가는 민족문화의 기틀을 마련하였고 중국 세력에 대항하여 민족의 자주성을 확립시켜 나갔다.

(3) 고대사회의 성격

① **국왕의 지위 강화** : 고대사회가 성립되면서 종래의 지방부족장 세력은 중앙에 통합되어 갔다.

② **신분, 정치제도의 확립** : 삼국시대의 신분제도와 정치제도는 중앙집권적 지배체제에 따라 정비되었다.

③ **율령반포** : 왕권의 확대에 따라 율령의 반포를 통한 체제 정비작업이 추진되었다.

④ **영토확장** : 대외적으로 끊임없이 정복활동을 펴면서 영토를 확장시켜 갔다.

⑤ **불교의 수용** : 정치체제의 중앙집권화에 발맞춰 사상의 통일을 꾀하기 위해 불교를 수용하였다.

2. 초기의 고구려

(1) 고구려(高句麗)의 건국(B. C. 37)

고구려는 졸본지방에서 출발하여 주변국가를 통합하면서 성장하였다. 기원 전후에 도읍을 압록강에서 통구지방에 있는 **국내성**으로 천도하면서 발전하기 시작하였다.

(2) 대외발전

1세기 후반 태조왕 때 이르러 주변지역에 대한 정복과 통합이 보다 활발하게 전개되면서 현저한 대외적 발전이 이루어졌다. 만주지방으로 세력을 확대하고 함경도지방의 옥저를 정복하는 동시에 낙랑에 대해서도 자주 압력을 가하였다.

(3) 중앙집권체제의 정비

대외적인 발전을 통해 왕권이 성장하면서 계루부 고씨에 의한 왕위의 독점적 세습이 이루어졌으며, 집권적인 관료체제가 정비되기 시작하면서 중앙집권체제로의 전환이 이루어졌다.

3. 초기의 백제

(1) 백제(百濟)의 건국(B. C. 18)

한강 유역의 토착 세력과 고구려 계통의 유이민 세력의 결합으로 성립되었는데(B. C. 18) 우수한 철기문화를 보유한 유이민 집단이 지배층을 형성하였다. 백제는 한강 유역으로 세력을 확장하려던 한의 군현을 막아 내면서 성장하였다. 사서(史書)의 기록에는 고구려 주몽의 아들 온조가 남하하여 하남 위례성에 도읍을 정하고 백제를 세웠다고 전해진다.

(2) 중앙집권국가의 기틀 확립

백제는 3세기 중엽인 고이왕 때 이르러 점차 고대왕국으로 발전하였는데 고이왕은 한성을 중심으로 한군현과 경쟁하면서 내부체제를 정비하여 정치면에서는 **16관등**과 **6좌평**제도를 확립하고, 형제 왕위상속을 통해 왕권의 질서를 강화하였다. 또 한강유역을 통합하고 **율령**을 마련하여 국가통치의 규율을 마련하여 고대국가 발전에로의 기틀을 확립하였다.

4. 초기의 신라

(1) 신라의 건국

진한 소국의 하나인 사로국에서 출발하였는데, 경주 지역의 토착민 집단과 유이민 집단이 결합해 건국되었다(B. C. 57). 이후 동해안으로 들어온 석탈해 집단이 등장하면서 박, 석, 김의 3성이 교대로 왕위를 차지하였다. 유력 집단의 우두머리는 이사금(왕)으로 추대하였고, 주요 집단은 독자적인 세력 기반을 유지하고 있었다.

(2) 중앙집권국가로의 발전

주변의 여러 나라를 정복하면서 경북지방 일대의 큰나라로 성장한 신라는 4세기 후반에 이르러 낙동강유역까지 영토를 확장하여 내부적으로 체제정비의 단행을 통해 중앙집권국가로 발전하였으며 김씨에 의한 왕위계승권이 확립되었다.

Side Check

◈ 신라 왕호의 변천

왕 호	시 기	의 미
거서간	1대 박혁거세	추장, 군장
차차웅	2대 남해	제주, 무당 등으로 해석
이사금	3대 유리	연장자, 계승자
마립간	17대 내물	대수장, 통치자의 뜻
왕	22대 지증	중국식의 지배자
불교식 왕명	23대 법흥	왕명을 불교식으로 사용
중국식 시호	29대 무열	중국식 시호 사용

5. 가야연맹(伽倻聯盟)

(1) 성 장

삼국이 국가 조직을 정비할 무렵, 낙동강유역에 위치하고 있던 변한은 2, 3세기를 전후하여 김해의 금관가야가 중심이 되어 연맹 왕국으로 발전하였다.

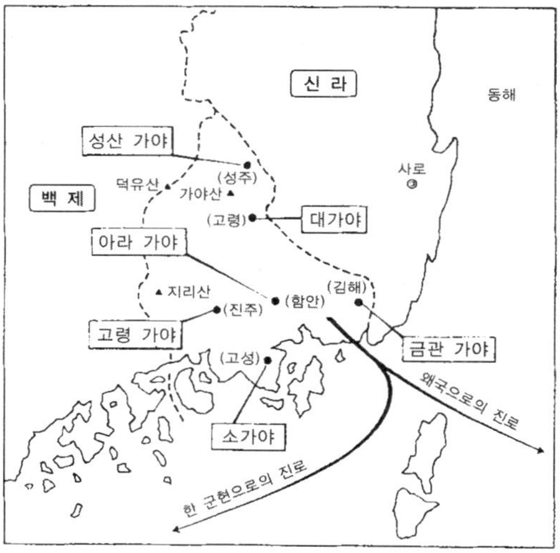

가야 연맹의 위치

(2) 발 전

① **철의 수출과 중계무역** : 가야연맹은 농경문화를 기반으로 철의 수출과 중계무역을 통해 부를 자랑하였다.

② **고대국가로의 발전 실패** : 5세기경 고구려와 신라의 압력으로 큰 타격을 받고 더 이상 고대국가로서 발전하지 못하였다.

③ **신라의 통합** : 5세기 이후 고령지방의 대가야(大伽倻)가 가야연맹체의 맹주

로서 이끌어 갔지만 신라에 의해 통합되었다〔532년 법흥왕이 **금관가야**(金官伽倻)를 통합하고 562년에 진흥왕이 **대가야**를 병합했다〕.

(3) 가야의 문화

① **문화전파** : 가야는 정치적인 발전은 미약했으나 한군현 및 일본과 교역하면서 수준 높은 문화와 토기를 일본에 전하여 일본의 **스에키**(須惠器)토기에 직접적인 영향을 주었다.

② **고분** : 고령 지산동, 부산 복천동, 함안 말산리, 창녕 계남리고분에서 금동관, 철제도구, 토기 등이 발굴되었다.

Side Check

> ◈ 임나일본부설(任那日本府說)
>
> 일제가 식민통치의 일환으로서 「일본서기」에 근거를 둔 한반도지배론이며 우리의 역사를 날조한 것이다. 즉 369년~562년까지 가야지방을 일본이 정벌하여 임나일본부를 설치하고 조공을 받았다는 학설이다. 오늘날 이러한 식민사관은 극복되었으며 그 근거는 다음과 같다.
>
> ㉠ 「삼국사기」 등 우리측 사료에는 기록이 없고,
> ㉡ 지나치게 백제 사실만이 많은 「일본서기」의 편찬과정에서 나온 허구성,
> ㉢ 일본측 사료인 「고사기」에는 일체 언급이 없고,
> ㉣ 그들이 200년을 지배했다는 임나지방에 그들의 유물과 유적이 하나도 없다는 것이다.
>
> 최근에는 오히려 일본열도경영설이 제기되고 있다.

제2절 고대의 정치적 발전

Digest

1. **삼국의 발전** : 고구려, 백제, 신라 삼국은 상호 협력하거나 견제하면서 국가발전을 지속하였다.
2. **고구려** : 만주지역과 한반도 북부에 걸치는 강대한 국가로 성장하여, 수·당을 비롯한 외세의 침입을 막는 방파제 구실을 하였다.
3. **백제** : 남중국과 일본지역으로 진출하는 등 활발한 대외활동을 벌였다.
4. **신라** : 뒤늦게 성장하였지만, 삼국간의 항쟁에서 마지막 주도권을 장악하였다. 신라는 당과 연합하여 백제, 고구려를 무너뜨린 다음, 다시 한반도에서 당의 세력을 무력으로 몰아냄으로써 삼국을 통일하는데 성공하였다.
5. **통일신라** : 영토의 확장과 함께 왕권의 전제화가 이루어지면서 전성기를 맞이하였다.
6. **발해** : 만주의 동부지역을 거점으로 건국, 고구려의 전통을 계승함으로써 통일신라와 함께 남북국의 형세를 이루게 되었다.

제 1 항 중앙집권화의 진전

1. 고구려의 발전

(1) 고국천왕(故國川王, 179~197)

고구려의 중앙집권과 왕권강화에 새로운 진전을 가져왔던 고국천왕은 우선 왕위의 **부자상속제**를 확립하는 한편, 5부족연맹을 **5부**로 행정구역화하고 빈민구제를 통한 양인확보책으로서 을파소(乙巴素)가 마련한 **진대법**(賑貸法)을 실시했다.

Side Check

> **진대법**
> 고국천왕이 을파소 등을 기용하여 왕 16년(194)에 실시한 일종의 빈민구제법이다. 이것은 귀족들의 고리대금업으로 인한 폐단을 막고, 평민들의 노비화를 막으려는 것이었다. 이 제도는 고려시대 흑창, 의창이나 조선시대 환곡, 사창과 유사한 제도이다.

(2) 동천왕(東川王, 227~248)

중국에서 위(魏), 촉(蜀), 오(吳)의 삼국시대가 전개되고 있던 시기에 고구려는 오(吳)나라와 통교하면서 화북의 위를 견제하였다. 이 때 고구려는 중국과의 교통요충지인 서안평(西安平)을 공격하다가 위(魏)나라 관구검의 역습을 받아 국가적 위기를 초래하였다.

(3) 미천왕(美川王, 300~331)

미천왕은 삼국을 통일한 진(晉)의 동진을 막고자 **서안평을 선제 점령**하고(311) 그 여세를 몰아 낙랑(樂浪)을 쳐서 한반도 내에서의 중국세력을 몰아내었다(313). 이로써 고조선의 멸망(B. C. 108) 이후 421년간 지속되었던 한군현의 지배가 끝난 것이다.

(4) 고국원왕(故國原王, 331~371)

만리장성의 이북에 있던 다섯 오랑캐(흉노, 선비, 갈, 저, 강)가 대거 내침하여 오자 그 결과 화북일대는 5호(胡)16국(國)시대가 전개되고 진이 남천하여 동진(東晋)을 건국하여 병존하는 이른바 남북조시대(南北朝時代)가 전개되었다. 고구려는 북쪽으로는 5호의 일족인 선비족의 침공과 남쪽으로는 백제 근초고왕의 침공을 받아 왕이 전사하는 등 수난을 맞게 되었다.

Side Check

◈ 고구려의 정치적 발전과정

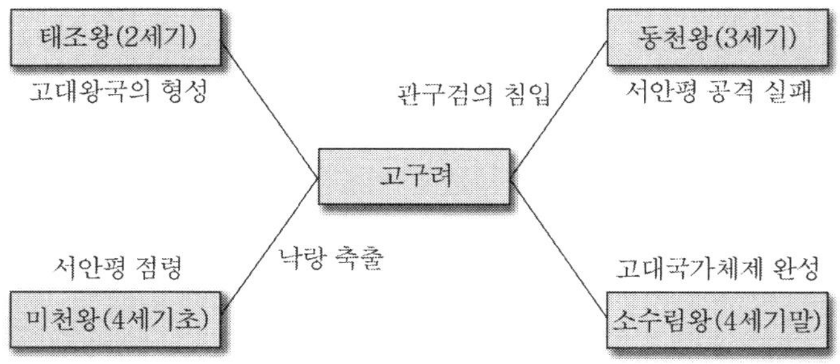

(5) 소수림왕(小獸林王, 371~384)

제17대 소수림왕은 잇단 시련을 딛고 국가체제를 개혁 · 정비하는 등 중앙집권 국가체제를 완성하였다.

① **불교(佛敎) 수용** : 북중국 전진(前秦)으로부터 불교를 받아들여(372) 사상 통일에 공헌하였다.

② **태학(太學) 설치** : 관리양성을 위해 우리나라 최초의 중앙국립대학을 설치하였다.

③ **율령(律令) 반포** : 국가의 제반행정 및 법규일반을 완성하였다.

(6) 광개토대왕(廣開土大王, 391~413)

고구려 최대의 정복 군주로서 소수림왕의 내정에 힘입어 고구려 영토의 대략적인 윤곽을 잡았다.

① **한강 이북 차지** : 백제를 압박해 한강유역 이북을 차지하였다.

② **신라 원조** : 신라의 내물왕을 도와 신라와 가야에 침입한 왜군을 격퇴하였다(광개토대왕릉비에 전함).

③ **요동지방 확보** : 숙신을 정복하여 만주 일대를 석권하고 후연을 쳐서 요동지방을 확보하였다.

④ **연호 사용** : 영락(永樂)이라는 우리나라 최초의 연호를 사용하였다.

(7) 장수왕(長壽王, 413~491)

고구려는 북위가 화북을 통일함으로써 서쪽 방면으로 진출하는 것이 어렵게 되자 정책을 바꾸어 **남진정책**(南進政策)을 쓰기 시작하였다.

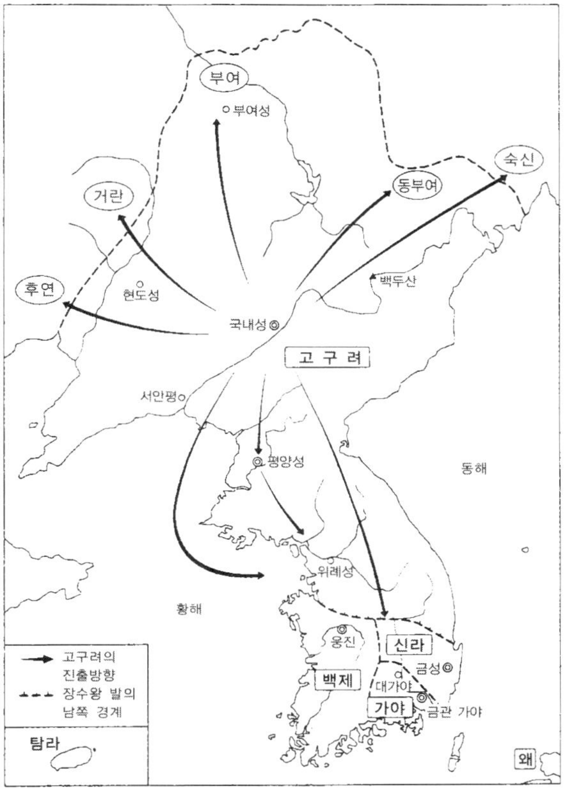

고구려의 전성(5세기 장수왕 때)

① **평양천도** : 수도를 국내성에서 평양으로 옮기고(427), 백제를 공략하여 한강유역을 완전히 점령하였다(475). 그 공을 기념하기 위해 장수왕은 **중원고구려비**(中原高句麗碑)를 세웠다.

② **외교관계의 다변화** : 고구려가 만주와 한반도를 석권함에 따라 외교관계도 남북조 및 몽고지역의 유연(柔然)과 관계를 맺는 등 국제관계에 유연하게 대처하였다.

③ **학교설립** : 소수림왕 때 건립한 태학 이외에 지방 청소년을 대상으로 무예와 한학을 교육시키기 위하여 우리나라 최초의 사학(私學)인 **경당**을 설치하였다.

Side Check

◈ 광개토대왕릉 비문(廣開土大王陵 碑文)
414년(장수왕 2년)에 부왕인 광개토대왕의 업적을 적은 비문으로 고구려 건국설화와 광개토대왕의 정복활동 등을 기록하였다. 일제시대 때 일본이 비문의 일부를 개작하여 역사적 논란을 불러일으켰다. 예서체로 기록됨(1802字)

「而倭以辛卯年來渡 海破百殘 □□ 新羅 以爲臣民」
즉, 우리측은 신묘년에 왜가 침입해 오니 바다를 건너가 깨뜨렸다고 해석하고 있는 반면, 일본은 왜군이 바다를 건너와 백제·신라를 격파하였다고 설명하여 남선경영설(南鮮經營說)의 근거로 삼고 있다.

(8) 문자왕(文咨王, 491~519)

속국인 동부여(東扶餘)를 고구려 영내로 편입시킴으로써 고구려 역사상 최대의 영토를 보유하게 되었다.

2. 백제의 발전

(1) 근초고왕(近肖古王, 346~375)

백제는 3세기 고이왕의 고대국가체제의 정비를 기반으로 일대 영토확보에 나섰으며, 바로 이 시기가 백제 최고의 전성기였다.

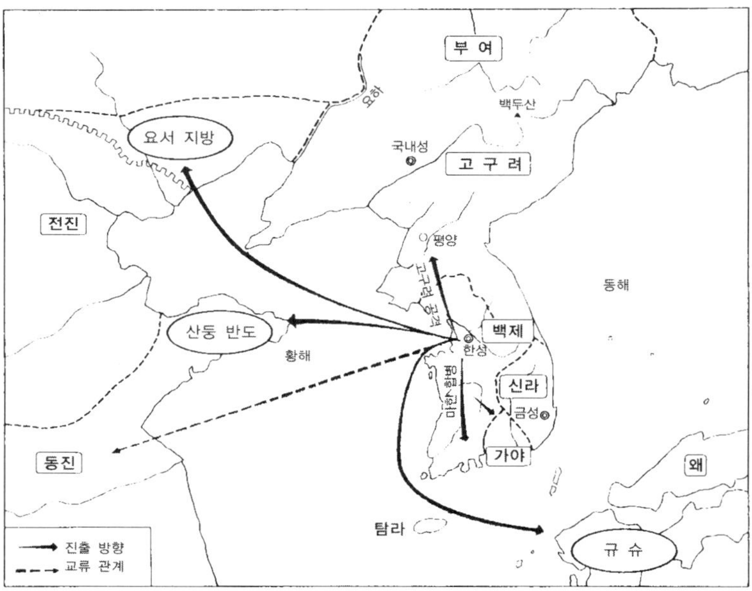

백제의 발전(4세기 근초고왕 때)

① **정복사업** : 남으로는 **마한(馬韓)**을 완전 병합하고 북으로는 고구려와 격전하여 고국원왕을 패사시켰으며 또 서쪽으로 진출하여 가야연맹에 대한 지배권을 행사하는 등 활발한 정복사업을 펼쳤다.

② **영토확장** : 백제는 경기, 충청, 전라도와 낙동강 중류지역, 강원, 황해 일부를 포함하는 넓은 영토를 차지하였다.

③ **고대 상업세력권 개척** : 백제는 중국의 **요서지방**을 점령하고 **산둥**, **일본**에까지 진출하여 중국, 왜, 한반도를 연결하는 중심세력이 되었다.

④ **왕위상속** : 왕위세습은 형제상속에서 **부자상속**으로 전환하였다.

⑤ **국사편찬** : 박사 고흥으로 하여금 백제의 국사인 「서기(書記)」를 편찬하게 하였다.

(2) 문주왕(文周王, 475~477)

고구려의 침공으로 부왕인 개로왕이 고구려 장수왕에게 죽임을 당하고 수도 한성이 점령 당하자 웅진(공주)으로 천도(475)하고 체제 정비를 도모하다 해씨(解氏)의 반란으로 살해되었다. 웅진천도 이후 백제는 왕권이 약화되고, 국력의 쇠퇴와 더불어 정치적 불안에 시달리게 되었다.

(3) 무령왕(武寧王, 501~523)

사회가 안정되고 국력이 다시 회복된 것은 동성왕에서 무령왕에 이르는 때였다. 무령왕은 지방에 **22담로(擔魯)**라는 특별행정구역을 설정하고 왕자와 왕족을 봉하여 지방에 대한 통제를 강화하였다. 그리고 중국 남조의 **양**과 통교하면서 백제 중흥의 기틀을 마련하였다.

Side Check

> ◈ 무령왕릉
> 1971년 공주 송산리고분에서 발견되었다. 연꽃무늬의 벽돌로 쌓은 전축분으로서 금관식과 지석, 석수(石獸), 토지매지권, 청동제품, 양나라 동전 등이 출토되었다. 고분의 양식과 출토된 동전 등으로 미루어 볼 때 당시 중국의 남조(양나라)와 밀접한 교류가 있었음을 짐작할 수 있다.

(4) 성왕(聖王, 523~554) : 백제 중흥의 시도

① **사비천도** : 528년에 사비(泗沘 : 부여)로 천도하고 국호를 **남부여**(南夫餘)라고 하였다.

② **제도의 정비** : 중앙과 지방을 5부, 5방의 행정구역으로 정비하고 중앙행정제도를 개편하여 22부 **중앙관서**를 신설하였다.

③ **불교의 진흥** : 겸익을 등용하여 불교의 융성을 꾀하였다.

④ **문화의 전파** : 양나라의 승려 노리사치계(奴唎斯致契)가 일본에 불교를 전래하였다.

⑤ **나 · 제동맹 결렬** : 성왕은 빼앗겼던 한강유역을 회복하기 위해 신라와 연합하여 한강유역 확보에 성공하였으나 신라의 배신으로 한강유역 회복에 실패하고 전사하자(554), 나 · 제동맹은 결렬되었으며, 고대 상업세력권도 무너지는 등 백제의 중흥은 실패로 끝났다.

3. 신라의 발전

(1) 지증왕(智證王, 500~514)

① **한화정책** : 국호를 신라(新羅)로 고치고 왕호도 마립간에서 왕(王)으로 고쳤다.

② **지방제도의 정비** : 수도의 행정구역을 정리하고, 지방의 주 · 군을 정비하였으며, 아울러 주에 **군주**(君主)를 파견하여 다스리게 함으로써 지방제도를 군사제도와 병행하여 정비하였다.

③ **풍속 교정** : 이전부터 내려오던 순장풍습을 금지하고 상복법을 제정하는 등 적극적인 한화정책을 추구하였다.

④ **동시전 설치** : **우경**(牛耕)을 권장하고 시장관리 감독청인 동시전(東市典)을 설치하였다.

⑤ **울릉도 정벌** : 이사부로 하여금 **우산국**(于山國)을 정벌하게 하였다.

(2) 법흥왕(法興王, 514~540) : 중앙집권체제의 완비

① **제도의 정비** : **병부**(兵部, 517)를 설치하고 **상대등** 제도를 마련했다. 또 **율령**의 반포와 백관의 공복을 제정하였다(530).

② **불교 공인** : 이차돈의 순교와 승려 원표의 활약으로 527년에 불교가 공인되었다.

③ **금관가야 정복** : 금관가야를 정복하고 낙동강까지 영토를 확장하였다(532).

④ **연호의 사용** : 건원(建元)이라는 독자적인 연호를 사용, 자주성을 표현하였다.

Side Check

◈ 신라의 영토 확장 기념비

1. **울진 봉평 신라비** : 신라 최고(524)의 비석으로 관등제의 성립이 법흥왕 대의 율령 반포에 의해 확정되었으리라는 추정을 뒷받침해 준다.
2. **단양 적성비** : 진흥왕 때 남한강 상류 진출 기념비로 6세기 전반 관등제 성립의 자료가 된다.
3. **진흥왕 순수비** : 진흥왕 4대 순수비라 함은 북한산비, 창녕비, 황초령비와 마운령비를 일컬으며, 그 용도는 국토를 확장하고 국위를 선양하기 위해서 그가 점령·개척한 변방을 신하와 더불어 순행하면서 그 기념으로 세운 척경비이다.

(3) 진흥왕(眞興王, 540~576) : 전성기의 군주

신라의 대내외 팽창을 도모했던 정복 군주로서 영토를 확장하고 불교를 통한 사상 통일을 꾀하는 한편, 문물을 정비하여 삼국통일의 기반을 확립하였다.

① **한강유역 확보** : 단양의 **적성**을 점령하여 한강상류를 확보하고 백제와의 한강유역 주도권 다툼에서 승리하였다. 이로써 신라는 비로소 중국과 교통할 수 있었으며 한강유역의 인적·물적 자원을 획득할 수 있었다(단양 적성비, 북한산비).

② **대가야 정복(562)** : 6가야 중 마지막으로 대가야를 정복하여 낙동강 유역을 완전히 점령하였다(창녕비 건립).

③ **원산만 진출** : 고구려를 공격하여 북으로 함경도까지 영토 확장을 꾀하였다.

④ **국사 편찬** : 거칠부(居柒夫)에게 명하여 「**국사**(國史)」를 편찬하게 하였다.

⑤ **화랑도 승인** : 귀족 청년단체인 화랑도(花郎徒)를 승인하여 국가 제도화하였다.

⑥ **불교 장려** : 불교를 장려하여 황룡사, 홍륜사의 사찰을 건립하였다.

(4) 진평왕(眞平王, 579~632)

법흥왕 때 마련한 중앙관서에 이어 위화부(인사 담당), 조부(재정 담당), 선부(배 담당), 예부(교육, 의례 담당), 영객부(사신 접대 담당)를 설치하고 수나라 및 당나라와 외교관계를 맺었다.

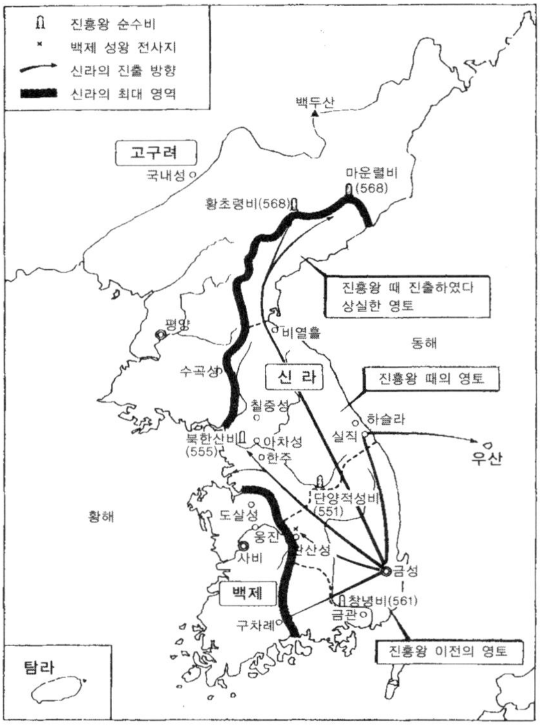

신라의 영토확장(6세기 진흥왕 때)

(5) 선덕여왕(善德女王, 632~647)

친당정책을 펴고 **황룡사 9층탑**을 만들었다.

(6) 진덕여왕(眞德女王, 647~654)

성골의 마지막 왕으로 좌우이방부(사법 담당)를 설치하여 국법 질서를 강화하고 당태종에게 태평송을 지어 바쳤다.

제 2 항 삼국간의 경쟁과 대외관계

1. 삼국간의 경쟁

삼국은 국가 발전과정에서 서로 동맹하여 협조하는 경우도 있었지만, 상호간에 경쟁과 싸움이 계속되기도 하였다. 삼국간의 경쟁은 아래와 같이 5세기, 6세기, 7세기로 구분할 수 있다.

세기	구분	주도권 변천	시 기
4세기		백제가 남 · 북으로 진출 고대 상업세력권의 성립	근초고왕
5세기	제1기	고구려가 주도권을 장악한 약 130년간	소수림왕 이후 광개토대왕, 장수왕, 문자왕
6세기	제2기	신라가 급속히 팽창하여 주도권을 장악한 약 100년간의 시기	법흥왕, 진흥왕 대를 걸치면서 한강유역으로 진출하는 시기
7세기	제3기	신라가 수 · 당과 연결하여 삼국항쟁이 더욱 치열한 시기	수의 통일(589년)부터 고구려 멸망(668년)까지 약 80년간의 시기

(1) 백제와 고구려의 주도권 쟁탈(4세기)

4세기까지는 고구려와 백제가 서로 패권을 다투고 있었는데, 이 때에는 백제가 해상으로 진출하면서 **고대 상업세력권**을 형성하여 고구려와의 싸움에서 우세한 경우가 많았다.

(2) 고구려의 주도권 장악(5세기, 광개토대왕 · 장수왕)

① **광개토대왕의 정복활동** : 주로 요동지방을 비롯한 만주지역을 확보하는 것이었지만, 한편으로는 백제를 공격하여 한강 이남으로 몰아내었다.

② **장수왕의 남하정책** : 장수왕 때에 고구려가 수도를 **평양**으로 옮기면서(427) 백제와 신라에 대한 압박을 본격화하자, **나 · 제동맹**이 이루어지는 등 싸움이 보다 가열되었다.

③ **나 · 제동맹의 체결(433)** : 고구려가 백제의 수도인 한성을 함락하고 한반도의 중부지역까지 장악하게 되자, 위기의식을 느낀 백제 · 신라 양국은 동맹관계를 강화하여 고구려의 세력팽창을 견제하였다. 충주의 **중원고구려비**는 이 시기 고구려의 세력확장을 나타낸 것이다.

(3) 신라의 주도권 장악(6세기, 법흥왕 · 진흥왕)

① **백제 · 신라의 한강 유역 탈환** : 성왕과 진흥왕은 나 · 제동맹군을 이끌고 고구려에 빼앗겼던 한강유역을 수복하는데 성공하였다.

② **신라의 한강유역 독점** : 신라의 진흥왕이 한강 하류에 진출하여 수복 유역을 독점하게 되자, 이로써 120년간(433~553)이나 지속되던 **나 · 제동맹이 결렬**되었다.

③ **신라의 팽창** : 진흥왕은 내침한 백제 성왕을 전사케 하여 한강유역의 중부지방을 확보하였으며 낙동강유역을 완전 병합하고, 그 세력이 함경도지방에까지 이르게 되었다.

(4) 삼국통일 전쟁기(7세기)

7세기에 이르러 삼국간의 경쟁은 통일을 위한 싸움으로 전개되면서, 그 양상이 더욱 치열해졌다. 삼국은 통일을 위한 경쟁을 하면서도 한편으로는 상호간에 문물의 교류를 활발히 전개하였다.

2. 삼국의 외교

(1) 시대 배경

삼국이 발전해 가던 시기의 중국은 위(魏) · 촉(蜀) · 오(吳)의 삼국, 5호 16국 및 남북조의 분열기를 거쳐 수 · 당의 통일 왕조에 이르는 시기였다. 그러므로 삼국시대에는 고구려를 중심으로 중국의 침략 세력에 맞서 항쟁을 계속하였다고 볼 수 있다.

(2) 고구려의 대외관계

① **동천왕(3세기 초)** : 서안평을 공격하다 위장 관구검의 침입을 받았다.

② **미천왕(4세기 초)** : **낙랑군을 축출**함으로써 고조선의 옛 영토를 회복하고 국가 기틀을 마련하였다.

③ **고국원왕(4세기 중엽)** : 전연(前燕)의 침입으로 국가적인 위기를 겪었다.

④ **소수림왕(4세기 후반)** : 전진(前秦)과 수교하고 **불교**를 수용하였다.

⑤ **광개토대왕(4세기 말)** : 후연(後燕)을 격파하고 동아시아의 대제국 건설에 성공하였다.

⑥ **장수왕(5세기)** : 중국의 분열상태를 이용하여 남북조와 외교관계를 수립함으로써 중국세력을 견제하고 동북아시아의 세력균형을 주도하였다.

(3) 백제의 대외관계

① **중국과의 관계** : 4세기 **근초고왕** 무렵에 **요서**(遼西), **산둥**(山東)지방까지를 포괄하는 해상세력을 구축하였다. 5세기 후엽에 백제가 웅진으로 천도한 이후 남조(송・제・양)와 긴밀한 관계를 유지하였다.

② **일본과의 관계** : 다수의 백제인이 일본 큐슈 남부지방에 진출하여 **야마토정권**, **대화정권**에 커다란 영향력을 행사하였다. 백제는 왜를 이용함으로써 신라에 대한 견제를 효율적으로 구사할 수 있었다.

Side Check

> ◈ **칠지도(七枝刀)**
> 현재 일본에 전해오는 철제 칼로 61자의 명문(銘文)이 새겨져 있다. 이것은 백제 근초고왕의 아들 근구수왕이 왕자로 있을 당시인 369년에 일본 사신을 통하여 그들의 왕에게 보낸 칼이다. 일본은 이를 백제 왕자가 일본 천황에게 진상한 것이라 하여 백제지배설을 주장하고 있으나, 이는 백제의 일본 진출을 증명하는 좋은 자료가 되고 있다.

(4) 신라의 대외관계

① **중국과의 관계**: 4세기에는 **고구려**를 통해 북중국의 **전진**(前秦)과 수교하였으며, 5세기에는 백제를 통해 중국 남조의 국가인 **송 · 제**와 수교하였다. 6세기 한강유역의 점유 후에는 직접 중국과 교류하였으며, 7세기에 들어와서는 수 · 당과 연결하여(동서 세력 : 수, 당, 신라), 백제와 고구려(남북 세력 : 돌궐, 고구려, 백제, 왜)를 견제하였다.

② **왜와의 관계**: 신라는 왜와 거리적으로 가장 근접해 있었으나 삼국 중 가장 대립이 심하였다.

Side Check

◈ 대 중국관계와 삼국 상호관계

시기	주도국가	중국의 상황	우호와 대립관계	삼국간의 관계
4세기	백제	5호 16국시대	북방(전진, 고구려, 신라) 對 남방(동진, 백제, 일본)의 대립관계	백제 근초고왕의 고구려 공격
5세기	고구려 (항쟁 제1기)	남북조시대	고구려 對 신라, 백제의 대립관계	장수왕의 남하정책 나 · 제동맹 체결
6세기	신라 (항쟁 제2기)	남북조시대	신라 對 고구려, 백제의 대립관계	진흥왕의 한강유역 진출(나 · 제동맹 결렬)
7세기	신라 (항쟁 제3기 : 삼국의 통일기)	수 · 당	남북(고구려, 돌궐, 백제, 왜) 對 동서세력(수, 당, 신라)의 대립관계	백제(660) · 고구려(668) 멸망

3. 고구려와 수 · 당과의 전쟁

(1) 동아시아와 정세 변화

신라가 한강유역을 차지하자 고구려와 백제는 여 · 제동맹(麗濟同盟)을 결성하여 대응하였다. 이 무렵 중국대륙은 오랜 남북조시대를 마감하고 수(隨)나라에 의해 통일(589)이 되었으며 7세기로 들어서면서 북으로 돌궐과, 남으로 백제와 왜가 고구려의 주도하에 연결되는 이른바 **남북세력**(南北勢力)이 형성되었다. 그 반면에 신라는 중국의 통일 왕조와 외교, 군사동맹을 맺어 대항하는 소위 **동서세력**을 형성하였다.

(2) 고구려의 대수(對隋) 선제공격

고구려가 수나라의 요서지방을 선제공격하자 수나라는 두 차례에 걸쳐 고구려 침공을 감행하였다.

① **수 문제(文帝)의 침입(598)** : 홍수, 질병으로 이렇다 할 전과를 올리지 못하고 퇴각하였다.

② **수 양제(煬帝)의 침입(612)** : 수륙 양군 113만으로 무장하여 침공하여 왔으나 을지문덕(乙支文德)의 **살수대첩**으로 패퇴하였다.

③ **결과** : 고구려는 국가적 위기를 극복하고 위신을 드높였지만, 전쟁으로 국력을 소모하였다. 또 수나라도 고구려 원정의 실패로 몰락하였다.

(3) 당의 건국과 고구려의 대비책

수의 뒤를 이은 唐(618)은 고구려와의 정면 충돌은 피하였으나, 당 태종(太宗)이 집권한 이후부터 고구려에 대한 침략의 야심을 내보이자, 고구려는 **부여성-비사성**에 이르는 **천리장성**을 쌓고 신라 공격을 더욱 강화하였다. 특히 연개소문(淵蓋蘇文)의 집권 이후, 양국의 관계는 더욱 더 긴장되어 갔다.

(4) 고구려와 당나라의 전쟁

당의 야심은 고구려의 요동성 공격으로 시작되었다(645). 요동성을 점령한 당군은 **안시성**(安市城) 공방전에서 성주(城主) 양만춘(楊萬春)과 고구려 군민들과의 60여일간의 사투 끝에 고구려 후위군의 역습을 받고 퇴각하였다. 고구려는 수·당의 연속적인 침입에 많은 국력을 소모했으나, 수·당의 한반도 지배야욕을 봉쇄하고 민족의 위기를 극복, **민족의 방파제** 구실을 하였다.

(5) 고구려의 대중국 전쟁의 의미

고구려가 중국의 통일제국인 수·당의 침략을 잇따라 격퇴한 것은 중국과의 대결을 통한 발전의 한 모습이었으며, 아울러 백제·신라까지 보호하는 민족수호의 의의를 지닌 것이었다.

제 3 항 삼국통일

1. 백제·고구려의 멸망

(1) 삼국간 대외관계의 변화

① **백제·고구려의 연합** : 6세기 진흥왕 때 신라의 비약적인 팽창으로 나·제동맹은 깨어지고 백제와 고구려가 연합하여 신라에 압력을 가하였다(여·제동맹).

② **신라와 수·당과의 연합** : 백제와 고구려의 양면 공격으로 위기에 처하게 된 신라는 수·당과의 연결을 꾀하였다.

(2) 나·당연합군(羅·唐聯合軍)의 결성(660)

백제와 고구려의 양면 공격으로 한강유역 확보에 위협을 느낀 신라는 수·당과의 연결을 도모하였다. 신라는 김춘추(金春秋)를 당에 보내어 당 태종으로부터 나·당 군사동맹의 결성을 확약받고 백제 공략을 준비하고 있었다.

(3) 백제의 멸망(의자왕 20년, 660)

김유신의 신라군은 탄현을 넘어 황산(黃山, 지금은 충남 연산)에서 백제의 계백과 일전을 벌였고, 소정방이 이끄는 당군은 금강 하류를 침입하였다. 마침내 나·당연합군에 의해 사비성이 함락되고 백제는 멸망하였다.

(4) 백제의 부흥운동(660~663)

① 당은 백제 땅에 웅진(熊津), 마한(馬韓), 동명(東明), 금련(金蓮), 덕안(德安) 등 5도독부를 설치, 당의 직할령으로 삼을 태세를 갖추자, 백제의 유장 **흑치상지**(黑齒常之)를 비롯한 의용군 3만여명이 **임존성**(任存城)을 중심으로 200여성을 탈환하고 사비성과 웅진성을 공격하여 당군을 괴롭혔으나, 부흥군 지도부의 내분으로 와해되었다.

② 일본에 있던 왕자 **풍**(豊), 왕족인 **복신**(福信) 그리고 승려 **도침**(道琛)이 **주류성**에서 부흥군을 조직하여 저항했으나. 복신이 도침을 죽이고 풍이 복신을 죽이는 등 내분으로 실패하였다.

(5) 고구려의 멸망(보장왕 27년, 668)

백제를 멸망시킨 여세로 고구려를 침공한 나·당연합군은 고구려 군민의 강렬한 저항으로 실패하였다(661). 그러나 연개소문이 죽고 난 후, 남생(男生), 남건(男建), 연개소문의 아우 연정토(淵淨土) 사이의 내분으로 지도력의 공백을 가져왔다. 이 틈을 타 나·당 연합군은 다시 평양성을 공격하여 고구려를 멸망시켰다.

(6) 고구려의 부흥운동(668~670)

왕족 **안승**(安勝)과 귀족 **검모잠**(劍牟岑)은 한성(漢城)을 중심으로 부흥운동을 전개하였으며, 한때 평양의 탈환에 성공하기도 하였다. 그러나 안승이 검모잠을 살해하고 신라에 투항하였다. 신라는 투항해 온 안승을 금마저(익산)에 있게 하고 **고구려왕**(뒤에 **보덕왕**)으로 임명하여(670) 고구려 유민을 모아 당의 세력을 축출하는데 이용하였다. 이러한 부흥운동은 뒤에 신라의 도움을 받으면서 기세를 떨쳤으나, 결국은 실패로 돌아갔다. 그러나 7세기 말에 이르러 발해가 건국됨으로써 고구려의 전통은 계속될 수 있었다.

Side Check

◈ 보덕국(報德國)
보덕국이란 고구려의 부흥운동을 일으킨 안승에게 문무왕이 왕 10년(670)에 금마저

(益山)에 살게 한 후, 그를 고구려왕에 봉하였다. 후에 보덕국으로 개칭하였으며 통일 후 벽금(碧衿), 적금(赤衿)서당으로 구성하였다. 통일신라의 발전에 따라 보덕국은 폐지되었다.

2. 신라의 통일

(1) 당의 야심

당나라는 백제 땅에 **웅진도독**(熊津都督) 외 4도독부와 고구려 땅에는 평양에 **안동도호부**(安東都護府) 외 8도독부를 설치하였다. 더 나아가 신라 땅에도 **계림도독부**(鷄林都督府)를 두어 한반도의 전영토를 당의 속국으로 만들고자 획책하였다.

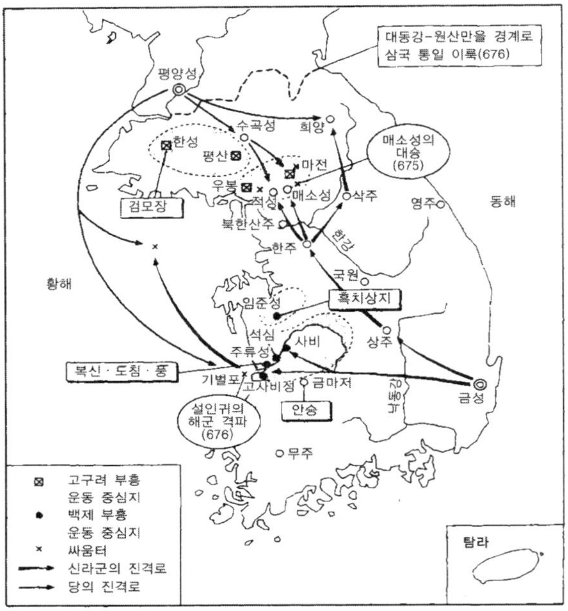

나 · 당 전쟁

(2) 신라의 대당 투쟁

신라는 백제, 고구려계 유민들과 합세하여 당과 정면 대결하였다. 신라는 보덕국을 정점으로 백제지역의 당군을 공격, 사비성을 함락하고 **매소성**(연천)에서 당군을 크게 격파하고 주도권을 장악하였다. 이어서 금강 하구의 기벌포에서 이세적이 이끄는 당군을 괴멸시킴으로써 신라는 **대동강과 원산만을 연결**하는 국경선을 확보하고 삼국통일의 위업을 달성하였다(676).

(3) 삼국통일의 의의와 한계성

① 삼국통일의 의의

㉠ **자주성** : 약 8년간의 전쟁에서 신라가 당의 세력을 무력으로 축출한 사실은

삼국통일의 자주적 성격을 말해 주는 것이다.

㉡ **민족문화의 발전** : 삼국통일은 비로소 통일된 정부, 같은 문화, 같은 사회를 갖는 터전을 마련하였으며 고구려, 백제문화의 전통 수용과 경제적 확충으로 더욱 다양한 민족문화 발전의 기틀을 이룩하게 되었다.

② 삼국통일의 한계성

㉠ **외세의 개입** : 신라가 통일과정에서 외세의 협조를 얻음으로써 민족적으로 엄청난 손실을 입게 되었다.

㉡ **불완전한 통일** : 대동강과 원산만 이남의 통일에 그침으로써 광대한 고구려의 옛 영토를 상실하게 되었다.

제 4 항 통일신라와 발해의 발전

1. 통일신라의 전제왕권

(1) 왕권의 전제화

통일신라는 넓어진 영토를 바탕으로 정치 및 대외관계가 안정되면서 비약적인 발전을 이룩하였는데 이에 따른 중대한 정치적 변화로서 왕권이 전제화되어 갔다.

Side Check

◈ 진골의 등장

제28대 진덕여왕의 뒤를 이어 진골출신인 무열왕(김춘추)계가 왕위를 이어 가게 되었는데 이는 종래 박씨(왕비족)를 어머니로 하던 엄격한 제한에서 벗어나 왕권이 서서히 강화되기 시작하였음을 의미한다.

① **중앙집권적 관료정치** : 통일을 전후해서 **유교정치 이념**이 새로이 도입되었으며, 이는 중앙집권적 관료정치를 촉진하여 왕권의 강화에 이바지하였다.

② **6두품 세력의 대두** : 왕권이 전제화되자 상대등을 위시한 귀족세력은 전대

(前代)에 비하여 그 세력이 상대적으로 약화되었으나 6두품은 신분상의 제약으로 높은 관직을 받기는 힘들었지만 **전제왕권을 뒷받침**하며 중대 이후 점차로 두각을 나타내기 시작하였다.

(2) 무열왕(654~661) : 전제왕권의 강화

진골출신으로서 처음으로 왕위에 올라 백제와 고구려에 대한 전쟁을 수행하는 과정에서 **왕권의 전제화**를 진행시켜 나갔다. 집사부의 장관인 시중의 기능을 강화하고, 귀족 세력의 이익을 대변하던 상대등의 세력을 억제하였다.

(3) 신문왕(681~692) : 전제왕권의 확립

신문왕 대에 들어와 정치제도, 지방조직, 군사제도 등의 정비와 귀족세력의 숙청작업을 통하여 전제왕권이 제도적으로 확립되었다.

① **정치제도** : 집사부 등 14부 설치
② **지방제도** : 9주 5소경으로 정비
③ **군사제도** : 중앙-9서당, 지방-10정 설치
④ **교육제도** : 국학 설치(유교 정치이념의 도입을 위해)
⑤ **토지제도** : 녹읍 폐지, 관료전 지급

(4) 성덕왕(702~737) : 전제왕권의 안정

신라의 전제왕권이 안정되었는데, 이 때에 제작된 **만파식적**은 왕실의 번영과 평화를 상징하는 것이었다.

Side Check

◈ 신라의 시대 구분

구분 \ 왕	박혁거세(1) ~지증왕(22)	법흥왕(23) ~진덕여왕(28)	무열왕(29) ~혜공왕(36)	선덕왕(37) ~경순왕(56)
삼국사기	上代		中代	下代
삼국유사	上古	中古	下古	
골 품	성골(내물계)		진골(무열계)	진골(내물계)
특 징	귀족 연합체제 상대등세력의 강화		전제왕권의 강화 시중세력의 강화	왕권의 약화 상대등세력의 강화

◈ 신문왕의 귀족 숙청
신문왕이 즉위하던 해에 왕의 장인 김흠돌의 모역사건이 있었다. 이 사건에 많은 귀족들이 관련되어 있어서 귀족들에 대한 대대적인 숙청이 행해졌고, 이를 계기로 왕권이 전제화되었다.

◈ 만파식적(萬波息笛)
삼국사기에 만파식적에 관한 설화가 기록되어 있다. 신라 신문왕 때 동해바다 한가운데 조그만 산이 나타나서 가까이 가보니 거기에 대나무가 있는데 낮에는 두 그루, 밤이면 합쳐져서 한 그루가 되는 것이었다. 이것을 천관에게 물으니 이 대나무가 하나가 되었을 때 베어 피리를 만들면 나라에 쓰일 수 있을 것이라고 했다. 그리하여 만든 피리를 말하는데 이것은 호국사상의 염원에서 나타난 것으로 해석이 된다.

2. 신라 하대사회의 동요

(1) 하대의 시작

무열왕 직계 자손들의 전제왕권은 경덕왕 때에 오면서 진골 귀족세력의 반발을 받아 기울기 시작하였다. 혜공왕 때에 와서 귀족들의 반란이 잇따라 일어났고, 혜공왕이 이찬 김지정에게 피살되면서 전제왕권은 막을 내리게 되었다. 상대등 김양상(金良相)이 김지정을 몰아내고 스스로 왕으로 등극하였는데, 이가 바로 37대 **선덕왕**으로 하대를 연 장본인이었다. 이 때부터 하대 약 150여년간 상대등의 권한이 다시 강화되고 골품 질서가 혼란해지고 왕권쟁탈 음모가 꼬리를 물고 일어났다.

(2) 사회의 동요

① **지방 반란** : 선덕왕이 죽자 김경신과 김주원이 왕위를 다투었는데, 김경신이 왕위에 올라 원성왕이 된 반면 김주원은 지방호족이 되었다. 무열왕계 진골인 웅천주도독 **김헌창**(김주원의 아들, 822)과 **김범문**(김주원의 손자, 823)이 난을 일으키다가 제거되었다. 이후에도 지방반란이 잇따라 일어나서, 중앙 정부의 지방에 대한 통제가 크게 약화되었다.

② **아래로부터의 반란** : 진성여왕 이후, 정치와 수취체계의 문란으로 살기가 어

려워진 농민은 귀족, 사원의 노비 또는 초적으로 변화하였고 일부에서는 고구려, 백제 부흥을 내세우면서 반란을 일으켰다.

③ **호족세력의 대두** : 중앙에서 왕위쟁탈전이 심화되자 지방의 호족, 토호 또는 몰락 귀족으로 이루어진 호족들은 징세, 군사, 행정권을 장악함과 동시에 광대한 농장과 사병을 보유함으로써 스스로 **성주, 장군**으로 자처하면서 반독립적 세력을 형성하였다.

④ 6두품 지식인의 개혁운동

㉠ **6두품의 항거** : 최치원, 왕거인 등 6두품 지식인들은 **시무 10조** 등 개혁안을 제시하고 새로운 정치질서 확립을 시도했지만, 배척당하자 나말에 와서 反신라적 세력을 형성하게 되었다.

㉡ **새로운 정치이념 제시** : 6두품은 능력 중심의 과거제도와 유교이념을 제시함으로써, 새로운 시대를 열어갈 수 있는 이념적 기반을 마련하였다.

(3) 기존 지배층의 한계

중앙의 진골 귀족들은 골품제도의 관념에서 벗어나지 못하였으며, 삼국시대의 불교나 화랑도에서 항상 강조되어 오던 국가정신을 망각하고 그들의 특권을 유지하는데 급급하였다. 국가경제의 황폐화로 백성들의 유리화를 촉진하여 신라 사회는 뿌리부터 동요하기 시작하였다.

3. 발해의 성립

(1) 발해 건국의 배경

① **고구려 부흥운동의 지속** : 고구려 멸망 이후, 요동지방을 중심으로 고구려인은 당나라에 저항을 계속하여 마침내 발해가 건국되었다.

② **당의 분열정책** : 당은 **보장왕**을 요동 도독으로 임명하였고, 친당적인 **소고구려국**(小高句麗國)을 세워 민족분열정책을 실시하였다.

③ **동족 의식의 강화** : 당의 민족분열정책은 고구려 유민들의 동족의식을 강화시켰다.

(2) 건국과정

고구려 장군 출신 **대조영**(大祚榮→高王)이 요동지방의 고구려계 유민들과 말갈족을 연합하여 당의 직할 통치구역인 요동도독부를 공격하고 마침내 길림성 돈화시 동모산에서 진(震)국을 세웠다(698). 1년 뒤 국호를 **발해**(渤海)로 고치고 연호를 천통(天統)이라고 칭했다. 역사에서는 대동강~원산만 아래의 통일신라와 그 위쪽의 발해가 공존했던 200여년의 시대를 **남북국시대**(南北國時代)라고 일컫는다.

(3) 발해의 성격과 민족 구성

① 발해는 고구려인의 지도체제로 성립된 나라였으므로 **고구려 계승의식**이 분명하였다. 초기에는 당과 신라에 대한 적대의식이 강하였으나, 차츰 당과는 관계를 개선하여 당의 문물을 적극적으로 수용하고 무역관계도 활발하였다. 또 발해는 신라를 견제하게 위해서 일본과도 관계를 유지하였다.

② 발해의 국민 구성은 지배층으로서 고구려 계통과, 피지배층으로서 말갈족과 일부 거란족이 저변을 이루는 **복합 다민족국가**였다.

Side Check

◈ 발해가 고구려를 계승하였음을 보여주는 근거
1. 발해의 지배층이 고구려인
2. 일본에 보낸 외교문서(고려 또는 고려국왕이라는 명칭 사용)
3. 고구려 문화를 계승함(고분, 석등, 기와, 벽돌, 온돌장치 등)
4. 일본에 파견된 사신의 대부분이 고구려인(고씨)이었다는 사실

4. 발해의 발전

(1) 발해의 영역

발해는 건국 이후 체제가 정비되고 국력이 신장되면서 만주의 대부분과 연해주에 걸치는 넓은 영토를 확보하였다.

(2) 무왕(武王, 719~737)

① **대당 강경책** : 연호를 **인안**(仁安)이라 칭하고 **장문휴**(張文休)를 보내어 당의 등주(登州)를 공격하고 그곳에 **발해관**(渤海官)을 설치할 정도로 강력한 적대정책을 취하였다.

② **영토 확장** : 만주의 대부분과 연해주의 영토를 확보하였다.

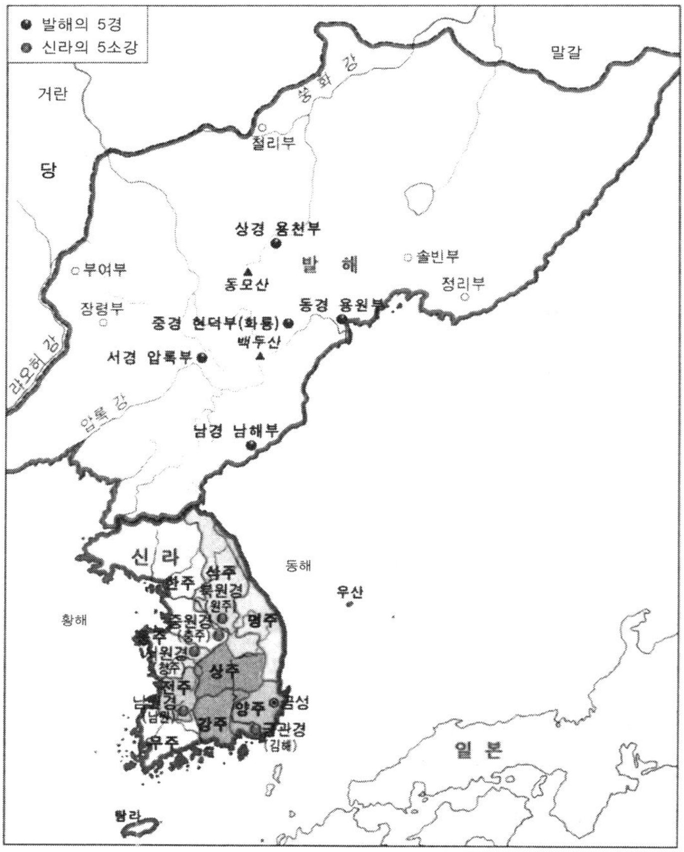

남북국의 형세

(3) 문왕(文王, 737~793)

① **친당 외교** : 지배체제를 정비하고, 당과 우호관계를 유지하는 선상에서 중국

문화를 수입하여 문화를 크게 발전시켰다.

② **수도의 천도** : 수도를 중경(中京)에서 상경(上京)으로 옮겨 국내 지배체제를 더욱 정비하였다.

③ **중앙관제의 확립** : 문왕은 당의 중앙행정조직인 3성 6부제를 도입하여 이원집정적인 3성 6부제를 마련하였고, **주자감**을 설치, 학문 장려에 힘썼다.

(4) 선왕(宣王, 818~830)

① **해동성국(海東盛國)** : 연호를 건흥(建興)이라고 칭하고, 고구려 계통의 문화를 바탕으로 당 문화의 접목이 절정에 달해 당시 발해의 전성시대를 **해동성국**(海東盛國)이라고 지칭할 만큼 문화적 자신감이 가득찼다.

② **지방행정조직** : 영토가 확장되어 만주의 대부분과 연해주에 걸친 광대한 영토를 효과적으로 통치하기 위하여 **5경 15부 62주**의 지방행정제도를 완비하였다.

(5) 왕권의 전제화

① **독자적인 연호 사용** : **인안**(무왕), **대흥**(문왕), **건흥**(선왕) 등 독자적인 연호를 사용하였는데 이것은 대외적으로는 **중국과 대등한 지위**를 나타낸 것이며, 대내적으로는 **왕권의 강대함을 표현**하는 것이기도 하였다.

② **장자상속제의 확립** : 관료조직의 성격 및 왕위계승에서 **장자상속제**가 확립되어 있었던 사실과 관련하여 볼 때 왕권의 전제화가 이루어졌던 것으로 보인다.

5. 발해의 대외관계

(1) 대당 관계

8세기 초 무왕 때에는 흑수부를 치고 산둥지방을 공격하였다. 이로 인하여 당과 신라의 공격을 받았으나 이를 격퇴하면서 국가적 발전을 이룩하였다. 8세기 후반 문왕 이후로는 화친책으로 전환되면서 유학생들이 당의 빈공과에 합격하기도 하고 당의 문물을 수입하고 무역도 매우 활발하였다.

(2) 대일본 관계

당, 신라의 협공을 견제하기 위해 우호적인 관계를 유지하였다(대신라 견제책의 의미).

(3) 대신라 관계

대체로 원만한 관계는 아니었으나 때에 따라 사신이 교환되고 교역도 있었으며, 발해가 국내외적으로 어려움에 처하였을 때에는 신라에 도움을 청하기도 하였다. 발해에서 신라로 왕래하던 **신라도**는 두 나라 사이에 교류가 계속되고 있었음을 알려준다.

Side Check

◈ 발해와 신라와의 관계

관계	연도	내 용
우호	700	대조영이 건국 후 신라에 사신 파견. 신라는 대아찬(5품)을 부여함
적대	732	발해가 당을 공격하자 신라가 발해 공격
우호	790~812	원성왕과 헌강왕 때 발해에 사신 파견
적대	897	爭長事件(사신간의 윗자리 다툼)
적대	906	登弟序列事件(최언위와 오광찬)
우호	911	거란의 침입 때 발해가 신라에 원조 요청

◈ 발해와 신라의 교통로

발해의 상경을 출발하여 동경과 남경을 거쳐 동해안을 따라 신라에 이르던 교통로를 신라도라 한다. 8세기 전반에 개설된 것으로 추정되나, 자주 이용된 것은 8세기 후반 이후 9세기 전반까지였다.

(4) 돌궐과의 관계

발해는 돌궐과 수교하여 우호관계를 유지하였다(대당 견제책의 의미).

(5) 발해의 멸망

발해는 선왕 이후 국세가 기울어져 안으로 정치가 혼란해지고 밖으로 거란의 압력을 받아 위기를 맞게 되었다. 발해의 변방과 내지에서 발해의 통제를 받던 거란족이 강성하면서 말갈족을 동요시켜 발해를 침공, 발해는 228년간 존속한 끝에 926년 15대 왕인 대인선(大諲譔) 때 멸망하였다. 이 때 발해의 왕자인 대광현 등이 무리를 이끌고 고려에 들어왔으며, 고구려 계통의 유민들은 대개 고려로 흡수되었다.

Side Check

◈ 발해사에 관한 문헌

고려말에 이승휴(李承休)는 제왕운기(帝王韻紀)에서 발해 역사를 민족사 안에 편입시키려는 태도를 짤막하게 언급하고 있으며, 그 후 18세기의 실학자들과 20세기 민족사학자들에 의해 우리 역사로 연구되기 시작하였다. 특히 18세기 저작 「발해고」(渤海考)에서 유득공(柳得恭)은 이 시기를 남북국시대로 인식해야 함을 제시하였다.

시 기	저 자	저 서 명
18세기	이종휘	동사
	정약용	아방강역고
19세기	한치윤	해동역사
	서상우	발해강역고
20세기	신채호	조선상고사
	장지연	백두산정계비고

제 5 항 통치조직의 정비

1. 삼국의 정치조직

(1) 중앙집권국가

국왕을 중심으로 하는 일원적인 통치체제를 갖추면서 정복한 영토를 행정구역으로 편제하여 다스렸다.

(2) 관등조직

정치조직에 있어서 기본이 되는 것은 지위의 높낮이를 나타내는 관등조직이었다.

① **고구려** : 대대로 이하 10여 관등

② **백제** : 좌평 이하 16관등

③ **신라** : 이벌찬 이하 17관등

④ 관등에 따라 옷의 색깔을 달리하기도 하였다.

(3) 중앙관제

① **고구려** : 수상인 **대대로**가 국사를 총괄하였다.

② **백제** : **6좌평제**(六佐平制)에 의해 행정업무가 6개 부서로 나누어져 있었는데, 사비천도 이후에 새로 **22부의 중앙관서**를 더 설치하였다.

> **6좌평제도**
> 1. 내신좌평(內臣佐平) : 왕명출납(수상) 2. 내두좌평(來頭佐平) : 재무담당(회계)
> 3. 내법좌평(內法佐平) : 의례담당(제사, 교육) 4. 위사좌평(衛士佐平) : 숙위담당
> 5. 조정좌평(朝廷佐平) : 법무담당 6. 병관좌평(兵官佐平) : 국방담당

③ **신라** : 국가 발전과정에서 필요에 따라 기구를 설치해 나갔는데, 병부 · 창부 · 위화부 · 집사부 등을 두었다. 그리고 중앙관서 이외에 귀족세력을 대표하는 **상대등**이 있어, 귀족회의를 주관하면서 왕권을 견제하였다.

(4) 합의제(합좌제)

합의제는 삼국의 정치가 국왕 중심의 귀족정치였음을 의미한다.

① **고구려** : 제가회의

② **백제** : 정사암회의

③ **신라** : 화백회의(상대등을 의장으로 하는 귀족들의 회의기구로서 4영지에서 국가 중대사를 회의, 결정하였는데 왕권을 견제하는 기능을 가졌다.)

Side Check

◈ 역대 귀족 합의기구

고구려	백제	신라	발해	고려전기	고려후기	조선전기	조선후기
제가회의 (諸加會議)	정사암 (政事巖)	화백회의 (和白會議)	정당성 (政堂省)	도병마사 (都兵馬使)	도평의사사 (都平議使司)	의정부 (議政府)	비변사 (備邊司)

2. 남북국의 정치조직

(1) 통일신라

왕권이 전제화되면서 신라는 정치구조를 강력한 중앙집권체제로 재편하면서, **율령**을 중시하였고, **집사부** 중심의 14개 관청으로 정비하였다.

① **집사부의 기능 강화** : 왕권의 지배를 받는 행정부 성격으로 국가의 기밀 사무를 관장하였다. 따라서 귀족세력을 대표하는 상대등은 세력이 약화되어 간 반면에 왕권을 대변하는 집사부의 **시중**은 그 지위가 더욱 강화되었다. 이러한 행정체제는 신라의 독자적인 성격을 나타내는 것이다.

② **유교 정치이념 수용** : **신문왕** 때 교육기관인 **국학**(國學)이 설립된 것은 유교 정치이념을 바탕으로 한 인재양성을 꾀한 것이라고 하겠다.

③ 민족융합정책

㉠ **고구려·백제관리 흡수** : 고구려 왕족인 **안승**을 **보덕국왕**으로 삼아 우대하였고, 백제와 고구려의 옛 관리 중의 일부는 신라의 지배체제 안에 흡수되었다.

㉡ **9서당 편성** : 중앙군인 **9서당**의 군사조직 중에 신라인 뿐만 아니라 고구려, 백제, 보덕국인, 말갈인까지 포함시켜서 편성한 것도 **민족융합정책**에서 비롯된 것이다.

㉢ **9주 5소경제 실시** : 옛 삼국의 위치를 고려하여 고구려, 백제지역과 신라지역에 **9주 5소경제**를 실시하였다.

④ **관료조직 재정비** : 8세기 후반 진골 귀족세력이 전제왕권을 제약하자, 관청

과 행정구역 이름을 **중국식으로 개혁**하여 중앙집권력을 강화하려 했으나 귀족들의 반발로 인하여 실패하였다.

〈통일신라의 중앙관제와 각 시대별 비교〉

관부	담당업무	발해	고려	조선
집사성	국가 기밀	정당성	중서문하성	의정부
병 부	군사 · 국방	지부	병부	병조
조 부	공물 · 부역	인부	호부	호조
창 부	재정 · 회계			
위화부	관리 임명	충부	이부	이조
예 부	의례 · 교육	의부	예부	예조
영객부	외교 · 사신 접대			
좌이방부	형률(刑律) · 노비	예부	형부	형조
공장부	수공업	신부	공부	공조
예작부	토목 · 영선			
사정부	관리 감찰	중정대	어사대	사헌부
우이방부	형벌 · 노비			
선부	선박 · 해상 교통			
승부	마정(馬政)			

Side Check

통일신라의 왕권강화책

1. 국왕직속기구인 시중세력 강화(상대등세력의 약화)
2. 관제 정비
3. 관료전 지급(녹읍을 폐지하고 관리에게 수조권만 인정)
4. 상수리제도 실시(지방 호족세력을 견제)
5. 갈문왕제도 폐지
6. 국학 설립(유교적 정치이념 도입)

(2) 발 해

① **3성 6부제** : 중앙의 정치 조직은 3성과 6부를 근간으로 편성되었다. 정당성의 장관인 **대내상**이 국정을 총괄하였고, 그 아래에 있는 **좌사정**이 충 · 인 · 의 3

부를, **우사정**이 지·예·신 3부를 각각 나누어 관할하는 **이원적인 통치 체제**를 구성하였다. 당의 제도를 수용하였지만, 그 명칭과 운영은 발해의 독자성을 유지하였다.

② **감찰기구** : 관리들의 비위를 감찰하는 기구로 **중정대**를 두었다.

③ **교육기관** : 최고 교육기관으로 **주자감**을 두었다.

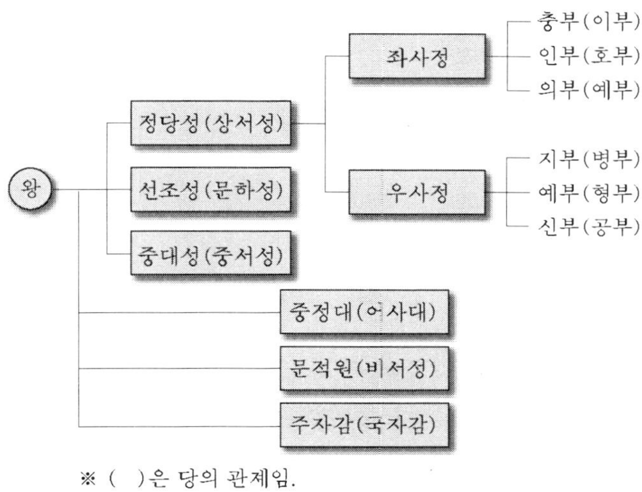

발해의 중앙관제

3. 삼국의 지방통치

(1) 행정·군사조직의 일원화

삼국의 지방행정조직은 왕권 강화와 중앙집권적인 통치조직을 마련하여 지방을 지배하였고, 이에 따라 행정구획이 정비되었으며 대개 **군사적 성격**을 띠고 있었다.

(2) 고구려의 지방행정조직

① **수도** : 수도에는 동, 서, 남, 북, 중이라는 5부 행정체제를 두었고 각 부를 적통대인(嫡通大人)이 다스렸다.

② **지방** : 전국을 5부(동, 서, 남, 북, 내)로 구획하고 각 부를 책임지는 지방관

으로 **욕살**(褥薩)을 파견하였다. 부 밑에 여러 개의 성(城)이 분산되어 말단 행정을 담당하였으며, 성주는 **처려근지**(處閭近支) 또는 **도사**(道使)라고 칭하였다. 또 특수행정구역으로 3**경**(수도인 평양성, 국내성, 한성)제도가 있었다.

(3) 백제의 지방행정조직

① **수도** : 백제의 수도는 고구려와 마찬가지로 5부로 나뉘었다.

② **지방** : 지방을 5**방**으로 구획하였다. 그 방을 다스리는 자를 **방령**(方領)이라고 했고 각 방 밑에는 수개의 군을 두어 말단 행정을 담당하였다. 군의 최고 책임자를 **군장**(郡將)이라고 불렀다. 또한 웅진시대에 이르러 지방 중심지에 **담로**(擔魯)라고 하여 전국에 22개를 설치하고 백제의 왕자와 왕족들을 파견하여 직접 다스리게 하였다.

(4) 신라의 지방행정조직

① **수도** : 경주를 6부로 재편성했다.

② **지방** : 지방은 5**주**로 나누고 주의 장관으로 **군주**(軍主)를 두었고 그 밑에 군(郡), 현(縣)을 두었다. 신라의 특수행정구역으로서 **소경**을 두었는데 중원경(忠州), 동원경(江陵)이 있었으며, 소경의 장관을 **사신**(仕臣)이라고 하였다.

4. 남북국의 지방통치

(1) 통일신라의 지방행정조직

① **지방제도의 정비** : 신라는 통일 이후 늘어난 면적과 주민 수를 새롭게 정비할 필요가 있었다. 기존의 골격을 유지하면서 새로운 지역을 구획 정리하여 신문왕 때 9주 5**소경**제도가 마련되었다.

② **9주(총관→도독)** : 신라 전국을 9**주**로 나누고 주의 장관을 **총관**(뒤의 **도독**)이라 하고 주 아래의 군현에는 태수와 현령이 각각 중앙에서 파견되었다. 그리고 주·군에는 감찰 임무를 가진 **외사정**을 두었다. 군현 아래에는 수십 개의 촌으로 구성되어 있었으며 촌들은 수명의 **촌주**(村主)가 있어 태수나 현령에 공물, 징세,

요역 등을 징발하는 임무를 부여받았고 3년마다 **민정문서**를 작성 보고하기도 하였다.

③ **5소경(사신)** : 수도가 한 곳에 치우친 것을 보완하기 위해 **5소경**을 두었다. 5소경은 금관경(김해), 중원경(충주), 서원경(청주), 북원경(원주), 남원경(남원)을 일컫는다.

④ **기타 통일신라의 지방견제정책**

㉠ **상수리제도** : 토착세력의 세력확장을 억제하기 위해 지방호족의 자제를 서울에 와 있게 하는 제도이다. 상수리들은 중앙과 지방의 연락사무, 공물, 연료 등을 중앙에 조달하는 의무가 있었다.

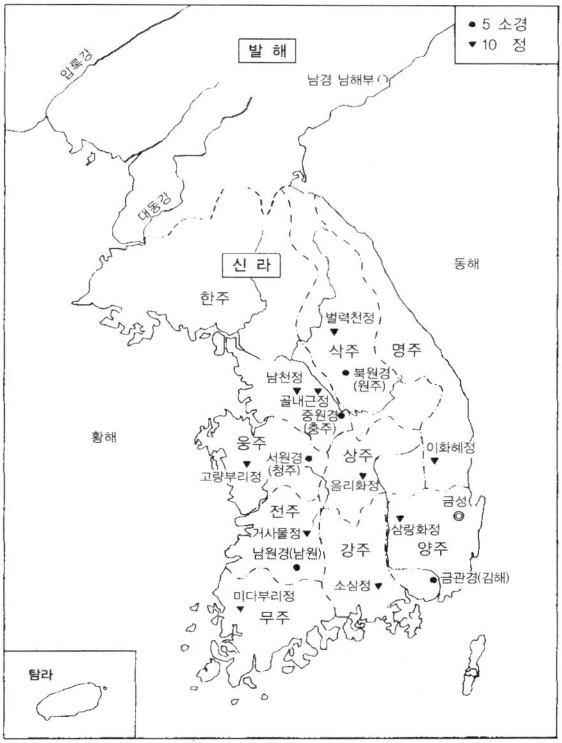

신라의 9주 5소경

㉡ **향 · 부곡의 설치** : 향 · 부곡은 특수한 지방행정의 말단 구역으로서 전쟁포로, 반역자와 그 가족, 범죄자 등으로 구성되어 농업이나 목축에 종사하였다.

Side Check

1. 신라의 지방행정 도해

9주(총관→도독)→군(태수)→현(현령)→촌(촌주)→향 · 부곡

└중앙에서 지방관 파견┘ (주~현) 　　자치제 (촌)

2. 신라 지방행정조직의 특징

┌ 통일 전(5주 2소경) - 군사적 성격이 강함
└ 통일 후(9주 5소경) - 행정적 성격이 강함

(2) 발해의 지방행정조직

① **수도** : 수도 상경(上京)을 비롯한 **5경**은 신라의 5소경과 마찬가지의 성격을 지닌 일종의 직할구역이었다.

② **지방** : 전국을 **15부**(部)로 구획하고 그 산하에 **62주**(州)가 편성되었다. 부의 최고책임자는 도독(都督), 주에는 **자사**(刺史)를 파견하고 주 아래 수개의 현을 두었다.

③ 이들 지역에 파견되는 지방관은 **고구려인**으로 임명하였으나, 지방조직의 말단인 촌락의 촌장은 **말갈인**으로 임명하였다.

Side Check

◈ 삼국과 남북국시대의 지방행정조직

구분	수도	지방행정조직	지방관	특수행정구획
고구려	5부 (적통대인)	5부-성(城)	욕살-처려근지, 도사	3경(평양성, 국내성, 한성)
백제	5부	5방-군	방령-군장	22담로 (왕자, 왕족 파견)
신라	6부	5주-군, 현	군주-태수, 현령	2소경(사신)
통일신라	6부	9주-군, 현, 촌	총관(뒤에 도독)-태수, 현령, 촌주	5소경(사신)
발해	5경	15부-62주-현	도독-자사(刺史)	

5. 군사조직

(1) 삼국의 군사조직

① 특 징

㉠ 국왕이 군사지휘권을 가지고 직접 군대를 이끌었다.

㉡ 지방조직과 밀접한 연관을 가지고 있었다.

㉢ **지방장관**은 해당 지역의 **행정**과 **군사**를 동시에 관할하였다.

② **고구려** : 성주의 책임하에 성주들의 개인 사병으로 편성되어 있었다. 다만 국가는 비상시 군사를 동원할 경우 중앙에서 파견되는 **대모달**(大模達), **말객**(末客) 등의 군관이 파견되어 일시적인 지휘권을 행사하였다.

③ **백제** : 방의 장관인 **방령**이 휘하 군대를 통솔하였다.

④ **신라** : 지방에는 주마다 정이라는 군관구가 설치되어 있었다(6정). 그 외에도 모병에 의해서 **서당**(誓幢)을 편성하여 군사력을 강화하였다.

(2) 통일신라의 군사조직

① **중앙군** : 중앙군의 조직인 **9서당**은 신문왕 때 완성되었는데, 고구려인, 백제인은 물론 말갈족까지 포함시켜 편성하였다(민족융합적 성격).

② **지방군** : **10정**(9주에 각 1정씩을 설치하고 한주에만 2정을 설치)

Side Check

◈고대사회의 통치구조

구분		고구려	백제	신라	통일신라	발해
합의제도		제가회의	정사암회의	화백회의	화백회의	정당성
관등		10여 관등	16관등	17관등	17관등	
중앙관제			6좌평→22부	병부 등 10부	14부	3성 6부
수상		대대로 (3년, 선거)	상좌평 (내신좌평)	상대등	시중	대내상
행정구역	중앙	5부	5부	6부	6부	
	지방	5부(욕살)	5방(방령)	5주(군주)	9주 (총관→도독)	15부(도독)
	특수	3경	22담로	2소경	5소경	5경
군사제도		지방행정조직을 군사조직화			(중앙)9서당 (지방)10정	10위 (지방 : 농병일치제)

(3) 발해의 군사조직

① **중앙군** : 10위를 두어 왕궁과 수도의 경비를 맡겼고, 각 위마다 대장군과 장군을 두어 통솔하였다.

② **지방군** : 지방군은 지방행정 조직에 따라 지방군을 편성하여 지방관이 지휘하게 하였다.

③ 국경의 요충지에는 따로 독립된 부대를 두어 방어하기도 하였다.

Focus Diagram

◆ 고대사회의 형성

1. 고대사회의 성격
- 중앙집권국가
- 불교수용
- 정복활동을 통한 영역국가
- 엄격한 계급사회
- 친족공동체 사회

2. 삼국의 발전

구 분	고대사회형성	고대사회의 완성	율령반포	불교수용	정복군주
고구려	태조왕(2C)	소수림왕(4C)	소수림왕	소수림왕(372)	장수왕(5C)
백 제	고이왕(3C)	근초고왕(4C)	고이왕	침류왕(384)	근초고왕(4C)
신 라	내물왕(4C)	법흥왕(6C)	법흥왕	눌지왕(5C))	진흥왕(6C)

◆ 고대의 정치적 발전

1. 고구려의 영토확장 과정

옥저정복 2C－태조왕 → 서안평공격 3C－동천왕 → 낙랑축출 4C－미천왕 → 요동확보 5C－광개토왕 → 한강유역확보 5C－장수왕

2. 백제의 영토확장 과정

한강유역차지 3C－고이왕 → 해외발전기 4C－근초고왕 → 웅진천도 5C－문주왕 → 사비천도 6C－성왕

3. 신라의 영토확장 과정

울릉도지역 확보 6C 초－지증왕 → 금관(양산 · 거창 · 울주)가야 6C 중엽－법흥왕 → 한강유역, 낙동강 서부, 함경도 6C 중엽－진흥왕

4. 삼국의 항쟁과 중국과의 외교관계

구 분	4C	5C(1기)	6C(2기)	7C(3기)
고구려	낙랑축출(313), 불교, 태학(373), 율령(373)	요동확보, 평양천도, 한강유역 화보		수 · 당과 항쟁, 천리장성, 멸망(668)

구 분	4C	5C(1기)	6C(2기)	7C(3기)
백 제	마한, 요서, 산둥, 일본진출	나·제동맹(433) 결혼동맹(498) 웅진천도(475)	사비천도(538) 관산성전투(553)→ 나·제동맹 결렬	여·제동맹, 신라공격, 나·당연합군 사비성 점령(660)
신 라	김씨왕위 세습 마립간	나제동맹	우경, 율령, 불교 공인, 한강, 낙동강, 함흥평야 진출	나·당동맹(648) 고구려·백제 멸망 →삼국통일(676)
중 국	5호 16국 동 진	북 위 송 - 제	동위 - 북제 서위 - 북주 양 - 진	수 - 당 (589) (618)
동아시아 외교관계	고구려-신라-전진 ↕ 백제-일본-동진	고구려-북위-송·제 ↕ 신라-백제	고구려-백제- 일본-돌궐 ↕ 신라-수	고구려-백제-일본 ↕ 신라-당

5. 고대사회의 정치구조

구 분		고구려	백제	신라	통일신라	발해
중앙관제		10여관등·형 ·사자	16관등·6 좌평·22부	17관등	집사부-14부	3성 6부
귀족회의		제가회의	정사암회의	화백회의		정당성
지방 행정	중앙	5부	5부	6부		5경
	지방	5부(욕살)	5방(방령) →군(5성)	5주(군주)	9주(도독)	15부(도독) 62주(자사)
	특수	3경	22담로	2소경(사신)	5소경(사신)	
수 상		대대로	내신좌평 (상좌평)	상대등	시중(←중시)	대내상
군사제도		대모달·말객	방령·군장	서당·6정	9서당·10정	10위

제3절 고대의 사회와 경제

Digest

1. 고대 사회는 계층 분화를 바탕으로 성립하여 정복전쟁을 치르며 발전하였다. 고대인은 잦은 전쟁을 통하여 상무적인 기풍을 간직하였고, 사회 질서 유지를 위한 법의 적용도 매우 엄격하였다. 고대 사회의 신분은 귀족, 평민, 천민으로 이루어졌으며, 혈통에 따른 신분의 세습이 철저하였다.
2. 혈연과 문화적 동질성을 간직하고 있던 삼국이 통일된 이후 고대 사회는 한층 발전하여 왕권이 강화되고 사회도 안정되었다. 그러나 골품제의 폐쇄성을 극복하지 못한 신라는 중앙 귀족 내부의 갈등이 심화되었다. 골품 제도에 불만을 품은 세력의 이탈로 말미암아 고대 사회는 서서히 무너져 갔다.
3. **삼국의 산업발달** : 농업을 비롯하여 목축업, 어업, 수공업 등이 상당히 발달하였다.
4. **통일신라의 경제** : 통일 이후 기술학의 발달과 함께 경제생활의 진전이 있어, 중국, 일본은 물론 이슬람세계에까지 교역이 확대되었다. 또, 산업이 발달하고 사회가 분화되어 가면서 사회활동도 다양해져 갔다.
5. **발해의 사회와 경제** : 발해의 지배층은 고구려계 사람들로 구성되었으며, 피지배층은 대체로 말갈인이었다. 또한 발해에서는 상업이 크게 흥하지는 않았으나, 시장이 곳곳에 개설되었고, 당과의 평화관계가 성립되면서 무역이 활발하였다.

제 1 항 고대의 사회체계

1. 고대사회의 성격

(1) 엄격한 계급사회

고대사회는 엄격한 계급사회로서 계층상의 차이가 뚜렷하였다.

① **지배계급** : 왕족과 귀족세력이 정치권력을 독점하고 농지, 산림, 목장 등을

소유하는 등 여러 가지 사회적 특권을 누렸다.

② **피지배계급** : 피지배계급으로는 평민과 천민이 있었으며 주로 생산활동에 종사하였다.

㉠ **평민** : 대부분 농민으로서 자유민이었으나, 정치적으로나 사회적으로 많은 제약을 받았다. 인두세와 호세를 부담하는 자영농과 토지를 잃고 몰락한 농민으로 계층 분화

㉡ **천민** : 천민의 대부분인 노비는 왕실과 귀족 및 관청에 예속되어 신분이 자유롭지 못하였다. 전쟁노비, 부채노비, 형벌노비 등이 있었다.

(2) 엄격한 신분제도

지배계급은 평민과 천민 등을 다스리기 위해 각종 정치기구와 신분제도 그리고 율령을 마련하였다. 그 결과 고대 사회인들은 능력에 따른 신분상승 효과는 전혀 기대할 수 없었고 그가 속한 친족의 사회적 위치에 따라 결정되는 친족 중심의 사회였다.

2. 고구려 사회

(1) 지배계층

고구려는 왕족인 **계루부 고씨**와 **5부족 출신의 귀족**들이 지배계층으로서 연합하여 정치를 주도하였다. 군대 지휘는 족장·성주들이 병력을 거느리고 있었으나 국가동원 때는 대모달, 말객 등의 군관이 지휘하였다.

(2) 일반 백성

일반 백성은 대체로 농민들로서 자영농민이 많았으나, 토지를 잃고 몰락한 농민들도 있었다. 농민들이 고리대로 희생되는 자가 많게 되자 2세기 말 고국천왕 때는 을파소로 하여금 춘궁기에는 곡식을 빌려 주고 추수 때에 갚게 하는 **진대법**을 마련하여 구제사업에 나서기도 하였다.

(3) 율령 제정

통치질서와 사회기강을 확립하기 위하여 율령을 제정하였다(4세기 소수림왕).

① 반역자 : 화형이나 참형

② 살인자 · 패전자 : 사형

③ 절도죄 : 12배 배상

④ 소나 말을 죽인 자 : 노비로 삼음

3. 백제 사회

(1) 지배계층

백제의 지배층은 왕족인 **부여씨**와 **8성 귀족**으로 이루어졌다. 왕족 부여씨는 근초고왕 이후 왕비족인 진씨와 제휴하여 왕권을 강화해 갔다.

(2) 일반 백성

대부분이 농민이었으며 천민, 노비도 다수 존재하였다.

(3) 율 령

고구려와 마찬가지로 율령을 제정하여 살인 · 반역 · 패전자는 모두 사형에 처하였고, 절도자는 유형(流刑)에 처해지면서 훔친 물건의 **2배**를 물게 하였다. 그리고 관리가 뇌물을 받거나 국가의 재물을 횡령했을 때에는 3배를 배상하고, 죽을 때까지 금고형에 처하였다. 또 간음한 자도 노비로 삼았다.

4. 신라 사회

(1) 특 징

신라는 고구려, 백제와는 달리 폐쇄적인 신분제도인 **골품제도**를 마련하여 통치기반을 구축하였으며, **화백**(和白), **화랑도**(花郞徒)와 같은 **씨족사회의 전통**을 계승, 발전시켰다.

(2) 골품제도(骨品制度)

① **기원** : 신라가 6부족 연맹사회에서 고대국가로 발전할 시기에 각 지방의 족장세력을 통합, 편제하는 가운데 그 세력의 정도에 따라 4, 5, 6두품의 신분을 주었고 성골과 진골은 모두 왕족이었다. 무열왕 이후로는 진골에서 왕이 나오게 되었다.

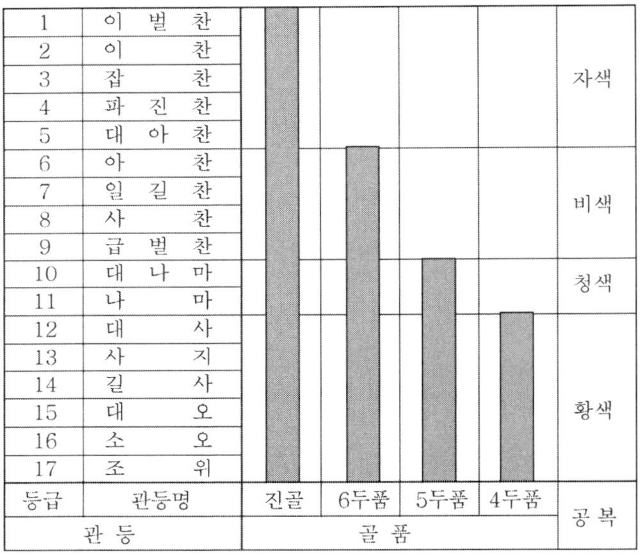

골품과 관등표

② **내 용**

㉠ **성골** : 성골은 부부가 다 왕족이며, 진덕여왕을 마지막으로 성골은 단절되었다.

㉡ **진골** : 왕족이었으나 왕이 될 자격은 없었다. 성골이 소멸된 후 **무열왕** 이후에 왕위를 계승하였다. 진골은 정치, 군사권을 장악하고 **5관등**(이벌찬~대아찬) 이상의 요직을 독점하였다.

㉢ **6두품** : **득난**(得難)이라고도 하는데 큰 족장에게 주었다. **학문**과 **종교** 분야에서 활동이 컸으며 도당 유학생이 주류를 이루었다.

ⓐ 중대 : 왕권과 결합하여 진골귀족에 대항하였다.

ⓑ 하대 : 지방호족, 선종 9산 세력과 결합하여 반신라적 태도를 취하였다.

㉣ **5두품과 4두품** : 중 · 소 족장이 골품으로 편입되면서 받았던 신분으로 지배 신분의 말단을 형성하였다.

③ 기 능

㉠ 골품은 개인 신분 뿐만 아니라 그 친족의 등급도 표시하는 것이 되어, 골품에 따라 거주하는 가옥은 물론 복색이나 수레까지 제한되어 있었다.

㉡ 신라인들의 사회생활과 정치활동의 범위는 골품에 따라 결정되었다.

㉢ 신라의 관등조직은 골품제도와 관련을 맺으면서 편성되었다.

(3) 화백제도(의장 : 상대등)

① **유래** : 사로 6촌의 옛 부족회의인 **남당**(南堂)제도에서 유래하였으며 진덕여왕 때에 와서 화백과 집사부로 분리되었다.

② **구성원** : 진골 이상의 귀족(대등 : 大等)만이 참가할 수 있었다.

③ **화백의 성격** : 신라는 촌락사회에서부터 귀족회의, 중신회의에 이르기까지 공적인 일은 모두 회의에서 결정함으로써 국론통일을 기할 수 있었다. 따라서 화백은 한 사람도 반대자가 없어야 의안이 통과 · 채택되는 **만장일치제도**로 운영되었다.

④ **화백의 역할** : 화백은 각 집단의 부정을 막고 그 집단의 단결을 강화하는 구실을 하였을 뿐 아니라, 왕권의 독주를 견제하는 기능도 가졌다.

⑤ **화백회의의 장소** : 경주 주변의 청송산(東), 피전(西), 오지산(南), 금강산(北)의 4곳을 선정하고 각기 돌아가면서 회의를 개최하였다. 이를 **4영지**(四靈地)라고 하였다.

(4) 화랑도(花郎徒)

① **성립** : 씨족사회의 청소년 집단에서 비롯되었다. 신라가 팽창하던 **진흥왕** 때 국가적 조직으로 확대되어 한층 강화되었다.

② **구성** : 총책임자를 국선(國仙)이라 하고 화랑(3~8명, 이들은 모두 진골 출

신)이 있었고 그 밑에 많은 낭도(6두품 이하)들이 있었다.

③ **기능** : 사회의 중견인물을 양성하는 교육적 기능과 계급간의 대립과 갈등을 조절하고 완화하는 기능도 가지고 있었다.

④ **세속 5계** : 진평왕 때의 원광은 **세속 5계**(世俗五戒)를 가르쳐 높은 의기를 권장하였다.

⑤ **임신서기석(壬申誓記石)** : 신라의 두 화랑도가 3년안에 **시**(詩), **상서**(尙書), **예전**(禮典)을 습득할 것을 맹세한 내용이 적힌 비문이다. 이는 진평왕 612년에 제작되었으며 그 당시 유학이 발전했음을 보여주고 있다.

5. 통일신라 사회

(1) 통일신라 사회의 특성

① **하나의 통일된 정부** : 신라는 고구려와 백제를 통일함으로써 새로운 사회의 발전을 가져올 수 있었고 우리 민족은 이때에 비로소 하나의 통일된 정부 아래 뭉칠 수 있게 되었다.

② **단일의 민족문화 건설** : 삼국은 혈연적인 동질성과 문화적 공통성을 가지고 있었기에 통일 이후 단일의 사회와 문화를 이룰 수 있었다.

③ **국가 경제력 증가** : 통일신라는 확장된 영토와 늘어난 인구를 다스리게 됨으로써 전시대에 비하여 국가의 경제력이 증대되었다.

(2) 신라 중대사회(무열왕~혜공왕)

① **진골의 왕위 계승** : 신라 중대사회는 **왕권이 전제화**되어 갔으며 특히 무열왕 이후 진골 김씨가 왕위를 세습함으로써 진골은 최고의 계급 신분이 되었다.

② **6두품의 대두** : 6두품 귀족은 신분적인 제약에도 불구하고 그들의 학문적·종교적 식견을 통해 국왕의 정치적 조언자가 되었고 실제로 **집사부 시랑** 등의 관직을 맡았으며 전 시대에 비해 활발한 정치적 진출을 보였다.

(3) 신라 하대사회(선덕왕~경순왕)

① **왕권 약화** : 하대로 가면 왕권이 극히 미약해지면서 상대적으로 귀족세력이 강화되었다.

② **6두품의 배제** : 귀족간의 세력 다툼이 잦아지면서 6두품은 그 지위를 보장받지 못하고 도태되었으며 그 결과 **반신라적인 태도**를 취하게 되었다.

③ **지방호족의 대두** : 중앙의 행정력이 약화되자 호족은 광대한 토지와 백성을 지배하였는데, 지방의 **징세권**과 **군사권**을 장악함으로써 지방분권적인 현상이 나타났다. 특히 호족은 새로운 관료제를 만들어 백성들을 통치하기 위한 제도적 기반을 공고히 하였으며, 지방에 학교를 설치하여 학문을 지방에 확산시켰다.

④ **선종의 유행** : 중국에서 유행하던 선종이라는 종파가 신라 사회로 들어와 지방호족 및 6두품 계열의 지지를 받았으며 후에 **고려왕조 건설의 사상적 기반**을 제공하였다.

Side Check

◈ 삼국과 통일신라 사회의 비교

시대 / 분야	삼국시대	통일신라시대
정치	소수 귀족 중심의 연합정치	왕족(진골) 중심의 전제국가
사회	귀족·평민·천민의 신분계층 엄격	신라인을 중심으로 한 귀족·평민·노비로 구분, 천민집단
사상	샤머니즘, 불교, 유교	유교, 불교, 도참사상(하대)

6. 발해 사회

(1) 사회 구성

① **지배계층** : 발해는 고구려의 유민들이 건설한 국가였으므로, 그 지배층은 왕족인 대씨, 귀족인 고씨 등의 **고구려계 사람**들과 **일부의 말갈인**들로 구성되었다.

② **피지배계층** : 대체로 **말갈인**이었다. 이들은 대부분 촌락에 거주하는 농민들이었으며 이들 중의 일부는 노비로 전락하여 귀족에게 예속되기도 하였다.

(2) 사회 성격 ; 이중 구조

상층 사회를 중심으로 당의 제도를 받아들여 지배체제를 이루어 놓았지만, 전통적인 말갈 사회의 내부조직을 그대로 보존하고 있었다.

제 2 항 고대의 경제생활

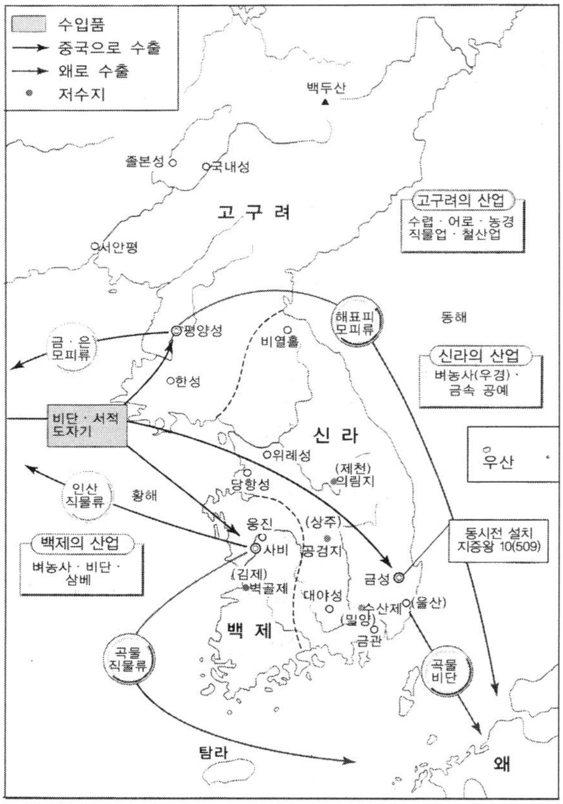

삼국의 경제활동

1. 삼국의 경제생활

(1) 농업중심 경제

삼국이 각기 농업중심 사회였기 때문에 토지에 대한 관심이 높았다. 고대의 토지는 **왕토사상**(王土思想)에 입각하여 국유지였으나, 평민인 자영농민들은 개인적으로 토지를 소유하고 있었다.

(2) 귀족중심 경제

전쟁에 공이 있는 장군이나 귀족들에게는 **식읍**(食邑)이나 **녹읍**(祿邑)의 명목으로 많은 토지와 전쟁포로를 주었고 그 결과 귀족들은 사적으로 토지와 노비를 증가시켰다. 그리하여 이들은 많은 노비를 소유했으며 향락생활을 누릴 수 있었다.

(3) 수취제도

삼국은 중앙집권 체제를 정비하면서 조세 제도를 마련하였다. 조세는 대체로 재산의 정도에 따라 호를 나누어 곡물과 포를 거두었으며, 그 지역의 특산물도 거두었다.

왕궁, 성, 저수지 등을 만드는 데에 노동력이 필요하면 국가에서 15세 이상의 남자들을 동원하였다.

(4) 고리대업

삼국사회에서는 모두 고리대업이 성행하였는데 만약 이를 갚지 못하면 노비가 되었다. 이를 방지하기 위하여 고구려의 고국천왕은 양인확보책으로서 **진대법**을 실시하였다.

Side Check

◈ 삼국의 토지 측량 방법

고구려	경무법	밭이랑을 기준
백 제	두락제	파종량을 기준
신 라	결부법	수확량을 기준(고려, 조선시대까지 계승)

2. 남북국의 경제생활

(1) 통일신라의 경제생활

① **귀족의 경제생활** : 통일을 전후하여 신라의 경제생활은 더욱 귀족중심으로 편제되어 갔다. 통일 후, 신라의 귀족들은 **녹읍**을 소유하고 그곳에 사는 백성들에게서 조세와 공물을 징수하고 노동력을 마음대로 징발하였으며 섬이나 산간지대에 목장을 가지고 가축을 사육하는 한편, 고리대업도 하였다.

한편 왕족과 귀족들은 경주에 호화 주택인 **금입택**(金入宅)과 별장으로서 **사절**

유택(四節遊宅) 등을 지어 향락적이고 사치스러운 생활을 즐겼는데 포석정과 안압지는 이 시대 호화로운 생활을 대변해 주는 대표적 유적지이다.

② **관료전 지급** : 신문왕 7년 귀족들의 세력을 억압하기 위하여 녹읍을 폐지하고 **관료전**을 지급하였으나 경덕왕 때 다시 **녹읍제가 환원**되었다.

③ **정전(丁田)의 지급** : 성덕왕 때 정남에게 지급함으로써 농민에 대한 직접적인 지배를 꾀하였다.

④ **산업의 발달**

㉠ **농업** : 농업과 목축업이 발달되었으며, 흥덕왕 때 김대렴이 당에서 차(茶)의 재배법을 전래하였다.

㉡ **상업** : 통일 이전에 설치되었던 동시(지증왕 때 설치) 외에 **서시**, **남시**가 설치되어 크게 번성하였다.

㉢ **수공업** : 견직물, 마직물의 방직기술과 금·은 세공, 나전칠기 등의 공예품 제조기술이 발달하였다.

⑤ **농민의 생활**

㉠ **촌(村)단위의 편제** : 지방의 농민들은 대략 10호 가량의 혈연집단이 거주하는 자연촌락인 촌에 편입되어 있었다. 촌은 말단 행정구역이었으며, 농민들은 몇 개의 촌을 관할하는 **촌주**를 통하여 국가의 지배를 받고 있었다.

㉡ **신라 민정문서** : 통일 후에는 노동력과 생산자원이 보다 철저하게 편제되어 관리되었다.

㉢ **천민의 생활** : 천민집단의 향·부곡민 및 노비의 노동력도 철저하게 동원되었다. 특히 귀족의 근거지인 경주에는 많은 노비가 있었다.

Side Check

◈ 민정문서(신라 장적, 新羅帳籍)
1. **발견장소** : 일본 동대사 정창원(1933년에 발견)
2. **작성시기** : 8세기 중엽(경덕왕)
3. **조사지역** : 서원경(청주) 부근의 4개 촌락
4. **작성자** : 촌주(지방민 가운데 유력자)가 3년마다 작성
5. **작성목적** : 조세·공물의 징수, 노동력 징발 자료

6. 내용
① 호(戶) : 인정(人丁)의 다과에 따라 9등급으로 편성(9등호제)
② 인구 : 남녀별, 연령별로 6등급으로 편성(여자와 노비도 조사대상에 포함)
③ 토지 : 촌주위답(촌주), 연수유답(정전), 내시령답, 관모답, 마전 등

(2) 발해의 경제생활

9세기에 이르러 농업, 어업, 수공업 등 산업이 크게 발달하였다.

① **농업** : 생산활동의 기본으로 밭농사가 중심이었다. 철제농기구의 사용과 수리시설의 확충으로 재배곡물 수가 증가하였으며, 벼농사도 이루어졌다.

② **수공업** : 제철업의 발달로 금속가공업이 성행하였고, 방직업이나 목재, 피혁의 가공업도 발전하였다.

③ **목축 · 수렵** : 솔빈부에서는 명마가 많이 생산되었으며, 돼지나 소도 사육되었다. 모피, 녹용, 사향 등이 생산되었으며, 옷감으로는 짐승의 털가죽이나 베, 비단이 사용되었다.

④ **어업** : 어업도 발달하였는데 고기잡이 도구가 개량되어 그물을 사용하였을 뿐 아니라 고래잡이도 행하여졌다.

3. 대외무역의 발달

(1) 삼국의 국제무역

삼국의 국제무역은 중계무역을 독점하던 낙랑군이 멸망한 4세기 이후 크게 발달하였다.

① **삼국의 무역대상국** : 고구려는 **남 · 북 중국** 및 유목민인 **북방 민족**들과 무역을 하였고, 백제는 **남중국** 및 **일본**과 무역(고대 상업세력권 형성)을 활발히 하면서 경제가 크게 발달하였으며, 신라는 6세기 초 **한강 하류지역을 확보**하면서 중국과 자유로이 무역을 할 수 있었다.

② **삼국의 무역품** : 삼국의 수출품으로는 마직물, 금 · 은 세공품, 주옥, 삼, 모피류 등이 있었고, 수입품으로는 비단과 장식품(귀족생활과 관련), 책, 약재 등이

있었다.

③ **일본과의 무역** : 일본과의 무역도 크게 성하여, 삼국의 앞선 문물이 일본에 전해졌다.

(2) 통일신라의 대외무역

① **당과의 무역** : 통일 후 당과의 관계가 긴밀해지면서 무역이 번성하였다.

② **무역품**
- 수입품 : 비단, 책, 귀족들의 사치품
- 수출품 : 베, 해표피, 인삼, 금 · 은 세공품

③ **무역로**
- 경기도 남양만 → 산둥반도
- 전남 영암 → 흑산도 → 상하이
- 울산 → 일본 · 당

④ **무역항** : 경주에서 가까운 국제무역항인 **울산**에는 이슬람 상인까지 내왕하게 되었으며, 당의 산물과 서역의 상품들도 수입되었다. **영암**과 **남양만**(당항성)도 무역항으로 번성하였다.

⑤ **신라인의 대당 진출** : 산둥반도와 양쯔강 하류 일대에 신라인의 거주지인 신라방이 생기게 되었고, 신라소, 신라관, 신라원이 세워졌다.

신라방	중국 산둥성에서 강소성의 연안에 이르는 신라인의 집단 거주지
신라소	신라 거류민들을 다스리기 위한 자치적 행정기관
신라관	신라의 사신, 유학생, 귀법승 등을 위한 유숙소
신라원	신라방 내에 설치된 절로서 신라인의 종교생활 장소
법화원	장보고가 사비를 들여 중국에 세운 절

⑥ **일본과의 교역** : 일본은 신라의 삼국통일로 말미암아 신라를 경계하였고, 신라도 일본에 있는 고구려, 백제계 사람들의 동향을 우려하여, 일본과의 경제적 교류는 그전처럼 자유롭지 못하였다. 그러나 8세기에 이르러 양국 간의 정치가 안정되면서 다시 활발해졌다.

⑦ **장보고의 해상활동** : 장보고는 828년 완도에 **청해진**(靑海鎭)을 설치하고 해적소탕에 주력하였을 뿐만 아니라 일본과 당나라 **중계무역**을 도맡아 무역을 독

점, 커다란 정치세력으로 성장하게 되었다. 그가 당나라에 파견하는 상인을 견당매물사(遣唐買物使)라고 하였고, 당에 파견하는 선박을 교관선(交關船)이라고 불렀다.

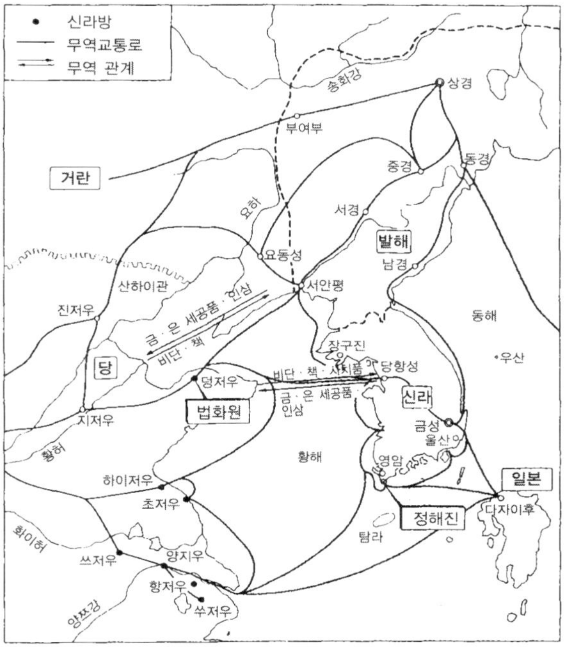

통일신라와 발해의 무역활동도

(3) 발해의 대외무역

① **당과의 무역** : 발해도 당과의 평화관계가 성립되면서 무역이 발달하였다. 당의 덩저우에 **발해관**이 설치되었으며, 발해의 **교관선**이 빈번하게 왕래하였다. 왕실이나 귀족 위주의 공무역이 행해졌으나, 민간무역도 이루어졌다.

② **무역품**
- 수입품 : 비단, 책 등(귀족 수요에 충당)
- 수출품 : 모피, 인삼, 말, 금 · 은 등의 토산물, 불상, 유리잔, 자기 등의 공예품

③ **일본과의 무역** : 발해는 일본과도 무역관계를 맺어 동해의 해로를 개척하였는데, 당시 발해와 일본의 무역규모는 매우 컸으며 활발한 교역활동을 하기도 하

였다.

Focus Diagram

◆ 고대의 사회와 경제

1. 고대의 사회체제

① 사회성격
- 엄격한 신분제 사회(귀족－평민－천민) 골품제 사회
- 율령 제정(법령에 따른 지배 표방)
- 친족공동체 사회(개인의 신분은 친족의 사회적 위치로 결정)

② 사회구성

국 명	내 용
고 구 려	· 고씨(왕족) · 5부 출신 귀족, 농민, 하호, 진대법
백 제	· 부여씨(왕족)와 8성 귀족, 농민 · 천민 · 노비 · 공장 존재
신 라	· 골품제도(관등조직과 친족등급 표시), 화백제도, 화랑제도, 세속오계
통일신라	· 무열왕 이후 진골이 왕위계승, 6두품 세력+호족+선종이 하대를 주도
발 해	· 민족의 2원적 구성, 상층 : 대씨 및 고구려 유민, 하층 : 말갈인

2. 고대의 경제생활

경제생활
- 삼국의 경제생활 — 식읍 · 녹읍 · 조 · 세 · 인두세 · 시장(동시) 설치, 고리대
- 통일신라 · 발해
  - 녹읍→관료전 · 정전→녹읍 부활, 정전, 민정문서, 서시, 남시, 국가→촌장→평민의 명령체계

대외무역
- 삼국시대
  - 고구려 : 남 · 북 중국, 북방민족
  - 백 제 : 남중국 · 일본
  - 신 라 : 초기－고구려, 6세기 이후－중국
- 통일신라
  - 대당무역(신라방) : 울산, 영암, 남양만
  - 무역로 : 영암~상하이, 남양만~산둥반도
  - 장보고 : 청해진(완도), 남 · 서해 해상로 지배
- 발 해 — 당(덩저우에 발해관) 및 일본과 교역

3. 5교의 성립

종 파	중심사찰	창시자
열 반 종	전주 경복사	보 덕
계 율 종	양산 통도사	자 장
법 성 종	경주 분황사	원 효
화 엄 종	영풍 부석사	의 상
법 상 종	김제 금산사	진 표

제4절 고대문화의 발달

Digest

1. **삼국문화의 성격** : 삼국시대에는 불교의 영향으로 문화의 폭이 넓어졌고, 국민 사상이 통합되어 국력을 강화할 수 있었다. 나아가 삼국인은 시가나 음악 뿐만 아니라 고분건축을 통해 새로운 예술의 세계를 열어 나갔다.
2. **통일신라 문화의 발달** : 통일신라는 삼국문화를 종합하는 한편, 당 및 인도나 이슬람과의 교류를 넓혀 감으로써 보다 넓은 기반 위에서 새로운 민족문화의 꽃을 피웠다. 지방행정조직이 발달하고, 각처의 사원들이 지방문화의 중심이 됨에 따라, 지방문화의 수준은 전반적으로 높아졌다. 이러한 특성을 가진 통일기 문화는 고대문화의 완성으로서, 장차 새로운 문화를 발전시킬 수 있는 잠재력과 조건들을 갖추고 있었다.
3. **발해문화의 발달** : 발해는 고구려문화의 기반 위에 당 문화를 받아들여 그 문화가 발달하였지만, 저변에는 소박한 말갈문화가 남아 있는 독특한 문화를 이룩하였다.

제 1 항 고대문화의 성격

1. 삼국문화의 성격

(1) 고대문화의 성격

고대문화는 초기에 민간에서 전해 내려오던 설화나 노래, 그리고 음악 등에서 보이는 소박한 전통이 있었다. 그러나 통일기에 이르러서는 수·당의 수준 높은 문화를 수용·종합하여 세련되고 다채로운 귀족예술을 꽃피웠다. 이 시기 문화의 주종을 이루었던 영역은 사원의 건축이나 불상의 조각과 같은 **불교미술**이었다.

① **서민층 문화의 특징** : 삼국시대의 설화나 노래, 음악 등은 소박한 옛 전통이

많이 남아 있었다.

② **지배층 문화의 특징** : 남북조시대의 중국문화의 영향으로 특히 지배층을 중심으로 세련되고 다채로운 귀족문화가 등장하였다.

③ **불교문화** : 삼국문화의 발전에 중요한 구실을 한 것은 불교로서, **사원의 건축과 불상의 조각**이 활발하게 이루어졌으며, 음악에서도 화려한 면이 가미되었다.

(2) 삼국문화의 특징

각기 다른 특징을 가지고 있었지만, 공통성을 지니면서 서로 영향을 주고 받았기 때문에 뒷날 민족문화를 이루게 되었다.

① **고구려** : 중국과 대결하는 동안, 중국문화에 대한 비판능력을 가질 수 있었기 때문에 외래문화를 개성있게 수용하여 고구려 예술은 **패기**와 **정열**, 생동감과 남성적인 대륙기질이 부각되었다.

② **백제** : 백제는 중국 남조의 문화를 적극 수입할 수 있는 지리적 조건에 힘입어 일찍부터 세련된 문화를 추구하였다. 백제 예술은 **우아**하고 미적 의식이 **세련**된 전형적인 귀족예술인 반면, 지방의 토착문화는 그렇게 발전하지 못하였다.

③ **신라** : 초기에는 **소박**한 부족연맹 전통이 있었으나, 나중에는 고구려, 백제의 영향을 받아 **조화로우면서도 패기**가 있었다. 일상 생활에 쓰이는 신라토기나 토우에서와 같이 전통적인 소박한 모습을 담은 미술품이 있는가 하면, 금동미륵보살 반가사유상과 같은 수준 높은 미술품도 있었다.

2. 통일신라 문화의 성격

(1) 민족문화의 토대 확립

신라는 삼국을 통일한 이후 고구려, 백제의 문화를 융합하고, 종래 신라문화의 폭을 넓힘으로써 민족문화의 토대를 확립하였을 뿐만 아니라 당문화를 중심으로 한 국제문화 조류에 참여하여 고도의 세련된 문화를 발전시켰다.

(2) 신라 중기예술의 특징

① **조형미술 중심** : 이 시대의 중요한 예술형태는 **조형미술**이 중심이었으며 대부분 불교미술을 중심으로 발달하였다.

② **불국토의 이상** : 종교적 정열을 미술에 쏟아, 이 시기 예술세계는 이상과 현실이 조화되고 **통일과 균형의 미**를 통하여 불국토의 이상을 실현하려는 의도를 보여주고 있다.

③ **귀족 중심으로 발달** : 통일기의 예술은 진골귀족 뿐만 아니라 6두품 귀족들의 활동도 활발하였으며, 문화가 중앙에서 지방으로 확산되었다.

(3) 민간문화의 수준 향상

통일신라시대에 이르면, 귀족 위주의 불교가 민간으로 널리 전파되어 국민생활 전반을 자극함으로써 민간문화의 수준도 향상되었다.

Side Check

> ◈ 신라 중대 · 하대의 미술
> 신라 중기의 예술은 교종의 영향을 받아 조형미술이 크게 발달했으나 하대에 와서는 선종의 유행으로 조형미술은 쇠퇴하였다.

3. 발해문화의 성격

(1) 귀족문화의 발달

발해도 독특한 문화기반을 지니고 있었으며, 귀족문화가 발달하여 발해의 수도인 상경은 만주지역의 문화적 중심지가 되었다.

(2) 고구려문화의 영향

발해의 문화 속에는 고구려적인 요소가 강하게 나타나고 있는데 **온돌장치, 기와와 연화문 양식, 돌방무덤**(석실분) 등에서 엿볼 수 있다.

(3) 당문화의 수용

① 문왕 이후 당과 친교관계를 유지함으로써 중국문화를 적극 수용하였다.

② 중앙아시아 지역의 여러 민족과 교류함으로써 그 문화의 내용이 보다 풍부해졌다.

제2항 사상의 발달

1. 원시종교

(1) 민간신앙

삼국시대 민간에서는 여전히 천신, 일월신, 산신, 해(海)신 등의 자연숭배가 뿌리깊게 남아 샤머니즘과 점술이 유행하였다. 또한 왕실이나 지배부족들은 시조에 대한 제사를 담당하면서 그 후계자의 지위를 누렸다.

(2) 원시종교의 한계

고대사회는 이미 초부족적인 상태로 변하였으므로 기존의 원시신앙이 더 이상 사회를 이끌 수 없게 되었다. 이에 보다 큰 사회에 걸맞는 지도사상으로서 등장한 것이 불교였다.

〈삼국의 시조 숭배〉

고구려	동명성왕(고주몽), 유화신
백 제	온조, 비류
신 라	박혁거세, 석탈해, 김알지
가 야	김수로

2. 불교의 수용

(1) 배 경

고대사회는 이미 초부족적인 상태로 변하였으므로, 샤머니즘 등의 원시종교를 가지고서는 확대된 사회를 이끌어 갈 수 없게 되었다. 이에 부족과 부족을 통합할 수 있는 이념을 가진 새로운 종교인 불교가 이를 대신하여 큰 세력을 얻게 되었다.

(2) 전래 시기 및 수용의 의도

① **전래 시기** : 불교는 삼국이 모두 중앙집권국가로서의 체제가 정비될 무렵에 전래되었다.

② **불교 수용의 의도** : 국민 사상의 통일과 왕권강화 목적으로 주로 **왕실**이 주도가 되어 수용하기 시작하였다. 따라서 삼국의 불교는 **호국적**인 성격이 짙었다. 귀족세력과의 타협으로 불교를 공인하였으므로 공인 후에는 왕실과 귀족을 중심으로 발전하였다.

(3) 삼국의 불교 수용과정

① **고구려** : 북중국 전진의 순도가 전래하여 **소수림왕** 때 공인(372)되었다.

② **백제** : 남중국 동진의 마라난타가 전래하여 **침류왕** 때 공인(384)되었다.

③ **신라** : 눌지왕 때(457) 고구려의 묵호자가 전래하였고, **법흥왕** 때 양의 원표가 전래하였으나 공인되지 못하다가 이차돈의 순교로 공인(527)되었다.

(4) 불교의 역할

① **고대문화 발전에 기여** : 불교는 북부 인도에서 발생하여 중앙아시아와 중국을 경유하여 왔기 때문에 서역과 중국문화가 간접적으로 전래되었다. 그러므로 불교의 전래는 우리나라 고대문화 발전에 기여하였다.

② **철학적 인식 가능** : 불교는 종교 자체의 특성상 인간사회의 갈등과 모순에 대

한 철학적 인식을 가능하게 하여 고등 종교로서의 역할을 충실하게 수행하였다.

③ **호국적 성격** : 불교는 국가 번영과 왕실의 안녕을 기원하는 데 이용됨으로써 호국적 성격이 강하였다.

④ **사회윤리와 국가정신 확립에의 기여** : 진평왕 때의 원광은 **세속오계**를 통해 새로운 사회윤리와 국가정신의 확립에 기여하였다.

⑤ **중앙집권화** : 하나의 불법에 귀의하는 같은 신도라는 신념은 국왕을 받드는 같은 신민이라는 개념으로 전이되어 중앙집권화에 기여하였다.

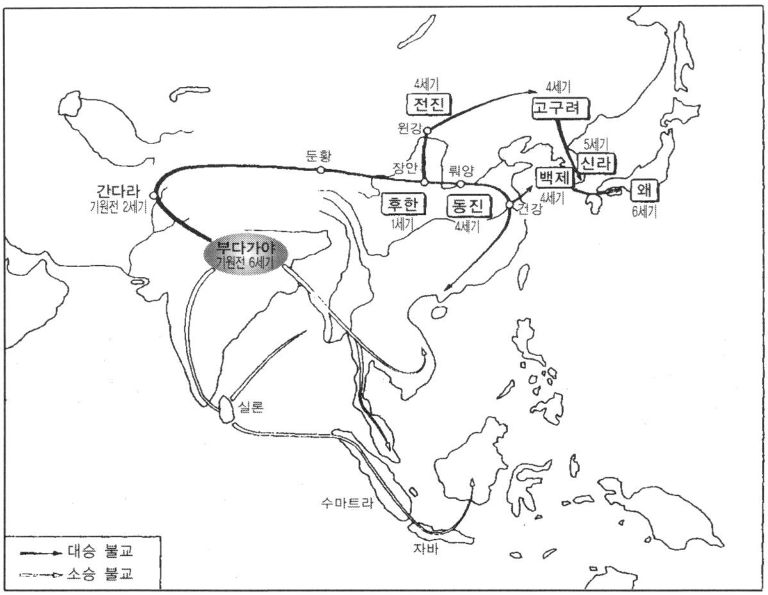

삼국의 불교 전래도

(5) 불교의 발전

① **고구려** : 공(空)에 대해 깊이 이해하려는 **삼론종**이 크게 발달하였다.

㉠ **승랑(僧郞)** : 중국 삼론종의 3대조

㉡ **혜관(慧灌)** : 일본 삼론종의 시조

㉢ **담징(曇徵)** : 일본에 유교, 경전, 지묵, 맷돌 전파

㉣ **혜자(惠慈)** : 일본 쇼토쿠 태자의 스승

㉤ **보덕(普德)** : 도교의 불로장생 사상에 대항하기 위해 백제로 망명하여 열반종 개창(전주 경복사)

② **백제** : 계율을 내세우는 **율종**이 발달하였고, 겸익은 인도에서 율종관계의 불경을 가지고 돌아와서 번역까지 하였다.

㉠ **겸익(謙益)** : 인도에 유학, 율종 확립

㉡ **혜총(惠聰)** : 일본에 율종 전파

㉢ **노리사치계(奴唎斯致契)** : 일본에 불상, 불경을 전해줌

㉣ **관륵(觀勒)** : 일본에 천문, 역법 등을 전파, 일본의 초대 승정

③ **신라** : 불교식 왕명을 사용하였으며, 진흥왕 때에는 고구려의 승려 혜량을 맞아 **국통**(國統)으로 삼고, 그 아래에 **주통**(州統), **군통**(郡統) 등의 승관을 두어 전국의 불교 교단을 관할하게 하였다.

㉠ **혜량(惠亮)** : 고구려에서 망명, 신라의 교단조직 마련, 초대 국통(國統)

㉡ **원광(圓光)** : 세속오계를 정하여 사회윤리와 국가정신을 확립

㉢ **자장(慈藏)** : 계율종 창시, 호국불교의 전통을 확립

(6) 도교의 전래

① **도교(道敎)** : 도교란 춘추시대 노자(老子)의 **도가**와 장자(莊子)의 **노장사상**에서 비롯되었다. 위진 남북조시대에는 참위설과 음양오행설 그리고 불교의 영향 등이 결합되어 번창하였다. 종교적 목표는 현실에 대한 초월과 신선사상이 주요 내용을 이룬다.

② **삼국의 도교** : 도교는 고구려와 백제의 귀족사회에 전래되어 있었으며, 재래의 민간신앙과 결합되어 번성하였다. 고구려는 보장왕 때 **연개소문**이 기존의 불교세력을 누르고자 정책적으로 장려하였다. 그러나 **보덕**은 도교의 불로장생 사상에 대항하기 위해 백제로 망명하여 **열반종**을 개창하였다.

백제의 **산수무늬 벽돌**은 자연과 더불어 살고자 하는 사람들의 생각을 담고 있으며, 백제 **금동 대향로**는 신선들이 사는 이상 세계를 형상으로 표현하였다. 고구려 고분에 그려진 **사신도**는 도교의 방위신을 그린 것으로 죽은 자의 사후 세계를 지켜 주리라는 믿음을 표현하고 있다.

Side Check

◈ 도교 전래의 시대별 정리

고구려	사신도(강서고분), 연개소문의 장려
백 제	사택지적비, 산수문전, 무령왕릉의 지석, 능산리 고분, 금동대향로
신 라	국선도, 풍월도(화랑도)
통일신라	12지신상, 4산 비명
고 려	초제, 도관
조 선	은둔·신선사상, 마니산 초제

3. 불교사상의 발달

(1) 삼국시대 불교의 성격

① **대승불교** : 대승불교와 소승불교가 뒤섞여 전래되었지만 대승불교가 주류를 이루었고, 여러 종파로 나뉘어 사상적 발전을 거듭하였다.

② **샤머니즘적 성격** : 토착신앙을 포섭하면서 보급되었으므로 샤머니즘적 성격을 띠게 되었다.

③ **호국적 성격** : 호국적이며 현세구복적 신앙이었다.

(2) 통일신라기 불교사상의 발달

① **불교에 대한 이해 심화** : 종파적 사상의 이해에서 탈피하여 불교사상 전반에 대한 종합적인 이해체계를 세웠다.

② **불교의 대중화** : **정토신앙**의 보급(원효의 정토종)으로 인하여 종교기반이 크게 확대되었다.

③ **고승들의 활약**

㉠ **원효**(613~686)

ⓐ 불교 이해의 기준 확립 : 『금강삼매경론』, 『대승기신론소』 등 저술

ⓑ 여러 종파의 융합 도모(화쟁사상) : 『십문화쟁론』

ⓒ 불교의 대중화(민중화) : 정토종(나무아미타불 사상)

ⓓ 법성종 창시

㉡ 의상(625~720)

ⓐ 신라 화엄종 창시

ⓑ 『화엄일승법계도』 저술 : 중국과는 다른 독특한 화엄사상의 요체 제시 (하나 속에 우주 만물을 아우르려 함)

ⓒ 전제정치 옹호 : 화엄사상은 전제정치를 뒷받침한 사상으로 이해됨

㉢ **원측**(613~696) : 당의 **유식불교**(唯識佛教)를 연구하며 당에서 활약하였다. 당의 서명사에서 자기 학설을 강의, 현장의 사상을 계승한 규기와 논쟁하여 교리 이해의 우월성을 입증하였다.

㉣ **혜초**(704~?) : 불교의 성지 인도를 방문하여 구법을 구하기 위해 육로로 인도를 다녀왔을 때 쓴 기행문인 『**왕오천축국전**(往五天竺國傳)』의 일부가 중국 서북부 둔황석굴에서 발견되어 인도와 서역지방의 역사 연구에 귀중한 자료가 되고 있다.

(3) 통일신라기 도교와 노장사상의 유행

신라 중엽 이후 귀족문화가 절정에 달하면서 지배층의 생활이 사치와 향락으로 흐르자, 퇴폐적인 것에 반발하는 은둔적인 사상 경향이 생겨 도교와 노장사상이 널리 퍼졌다.

4. 선종의 등장

(1) 전 래

선종은 본래 양나라의 달마(達磨)에 의해 중국에 전해져 중국 사회에 정착되었는데, 우리나라에는 신라의 **통일 전후**에 전래되었으나 신라 중기에는 교종에 눌려 빛을 보지 못하다가 신라 말기에 교종의 전통과 권위에 대항하면서 크게 유행하였다. 다만, 신라 말기에도 여전히 화엄종의 대가들이 활동하고 있었고, 선

승들도 처음에는 대체로 화엄사상을 습득하였다.

(2) 특 징

① **사색의 중시** : 선종은 교종의 기성 사상체계에 의존하지 않고 스스로의 사색을 통한 진리의 깨달음을 중시하였다.

② **수행의 방법** : 이론보다는 **수심**(修心)과 **실천**을 중시하였으며, 개인의 정신세계를 추구하였다.

③ **불립문자(不立文字), 견성오도(見性悟道)** : 문자를 떠나 곧장 마음을 터득할 수 있으며 인간성을 바라보면서 진리를 깨우칠 수 있다고 주장하였다. 선종은 지방에 독자적인 세력을 구축하려는 호족의 취향에 부합되어 **지방호족**들에게서 크게 유행하였다.

(3) 9산의 성립

지방에 본거지를 둔 여러 종파가 성립되었는데, 그 중에서 유력한 것이 9산이었다.

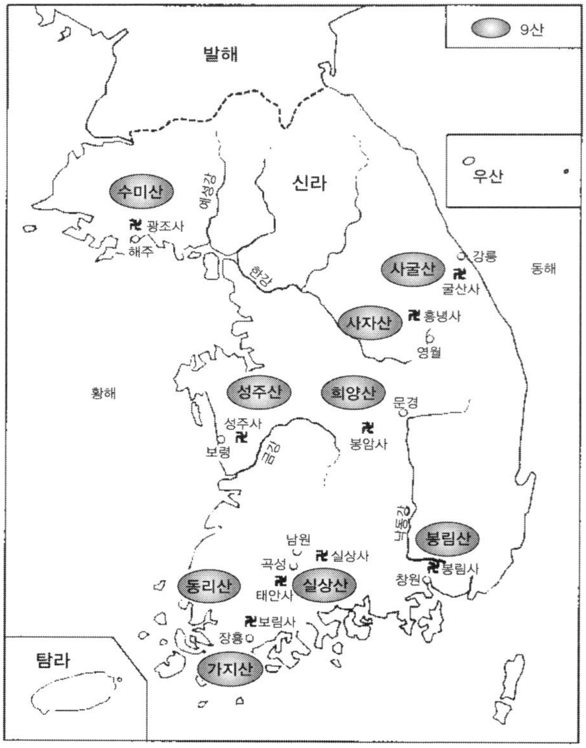

9산 선문

(4) 영 향

① **중국문화의 이해** : 선종은 중국에서 새로운 종교 문화운동의 하나로서 성립된 종파였으므로 중국문화에 대한 이해의 폭을 넓혀 주었다.

② **고려 왕조 개창의 사상적 바탕** : 선종은 6두품 지식인들의 반신라적 경향과 결합하였으며 지방호족과 연결하여 고려 왕조 개창의 사상적 바탕이 되었다.

③ **조형미술의 침체** : 선종은 불교의식을 중시하지 않았으므로 조형미술이 침체되었다.

Side Check

◈ 교종과 선종의 비교

구분 \ 종파	교 종	선 종
성격	의식, 교리(경전) 중심, 전통과 권위 중시	개인의 종교적 각성·참선을 중시, 형식과 권위 부정
지지세력	왕실, 중앙귀족	지방호족, 6두품
분파	5교	9산
유행시기	신라 중대	신라 하대(나말)
영향	• 조형미술(불상, 석탑 등)의 발달 • 귀족권위 강화	• 조형미술의 쇠퇴 • 고려개창의 사상적 기반

5. 발해의 불교

(1) 불교 융성

수도 상경에서 10여개 절터가 발견되었으며, 불상, 석등, 연화무늬 와당 등 불교관계의 유물이 많이 출토되었다.

(2) 고구려 불교 계승

고구려의 불교를 계승하여 **왕실**이나 **귀족** 중심으로 신봉되었다.

(3) 정 소

발해의 명승인 정소는 불법을 널리 선양하였고, 당과 일본에도 왕래하여 이름을 떨쳤다.

제 3 항 학문과 기술의 발달

1. 삼국의 학문과 기술

(1) 삼국의 문자

우리 나라는 철기 시대부터 한자를 도입하여 사용해 왔지만, 이두나 향찰을 만들어 한문의 토착화를 위한 독자적 노력도 기울였다.

- **이두** : 말의 순서는 우리말과 같으면서 대부분 한자로 지어진 단어를 쓰는 방식
- **향찰** : 한자의 뜻과 소리를 빌려 우리말을 적는 방식

(2) 고구려의 한학

① **교육기관** : 소수림왕 2년(372)에 중앙에 **태학**(太學)을 세워 귀족 자제에게 경전과 문학을 가르쳤다. 평양천도(427) 후에는 지방의 사립학교인 **경당**을 세워 평민자제에게 한학과 무술을 가르쳤다.

② **한학** : 경서와 역사서가 주로 읽혀졌으며 **광개토대왕릉 비문**과 **중원 고구려비**가 고구려의 한학 수준을 반영해 주고 있다.

(3) 백제의 한학

① **교육기관** : 일찍부터 한학이 발달하여 5경박사, 의박사, 역박사가 있었으며 한학의 수준이 매우 높았다.

② **한학** : 백제가 북위에 군사 개입을 요청한 개로왕(蓋鹵王)의 **국서**가 위서에 실려 있고, **무령왕릉의 지석**(誌石)과 **사택지적비**(砂宅智積碑) 등에 표기된 수려한 한문체에서 한학의 수준을 엿볼 수 있다.

Side Check

◈ 사택지적비

백제 말기 의자왕 때 사택지적이 법당을 짓고 탑을 세워 그 기념으로 세운 비석이다. 사륙변려체의 세련된 문장으로 이루어졌으며, 인생의 무상함을 개탄한 노장사상이 새겨져 있어 백제에 도교가 전래되었음을 알려 주고 있다.

◈ 삼국의 금석문

광개토대왕 비문	5세기 고구려 장수왕	선돌양식, 고구려 역사, 광개토대왕의 업적
중원 고구려비	5세기 고구려 문자왕	장수왕의 남하정책, 한강유역 점령
영일 냉수리비	6세기 신라 지증왕	신라의 현존 최고(最古)의 비
울진 봉평신라비	6세기 신라 법흥왕	율령반포사실, 지방통치조직 등
영천 청제비	6세기 신라 법흥왕	청제라는 저수지의 축조과정 기록
단양 적성비	6세기 신라 진흥왕	진흥왕대 남한강 상류지역 진출
진흥왕 4순수비	6세기 신라 진흥왕	진흥왕대 척경비
임신 서기석	6세기 신라 진평왕	화랑도와 관계 있는 비, 유교경전 학습
남산 신성비	6세기 신라 진평왕	남산에 신성을 구축하는 과정
사택지적비	7세기 백제 의자왕	백제에 도교가 전래되었음을 알려줌

(4) 신라의 한학

① **교육기관** : 화랑도에서 교육적 기능을 담당하였다.

② **한학** : 신라에서도 한학이 널리 연구되었다. 진흥왕 때의 **4대 순수비**가 유명하고 진평왕 때의 **임신서기석**에서는 신라의 청년들이 유교경전을 공부했다는 사실을 알 수 있다.

(5) 역사서의 편찬

삼국의 국사 편찬은 학문의 보급과 국력이 신장되고 왕권이 강화되는 과정에서 착수되었으며 국가의 위엄과 왕의 권위를 강조하려는 목적에서 편찬되었다.

구 분	연 대	저 자	책 명
고구려	?	?	유기(留記) 100권
	영양왕	이문진	신집(新集) 5권
백 제	근초고왕	고흥	서기(書記)
신 라	진흥왕	거칠부	국사(國史)

(6) 기술학의 발달

한학이 널리 보급되면서 역법, 의학, 공예, 건축 등 과학 · 기술부문에서 상당한 발달을 보였다.

① **천문학** : 천문학은 농업과 관련되어 발달하였다. 첨성대는 현존하는 세계 최고의 천문대이며, 물리학적 지식을 응용하였다.

② **건축** : 건축에 기하학의 원리를 응용하였다.

③ **역법** : 수학을 응용하였다.

④ **공예기술** : 금 · 은 세공, 도금기술이 발달하였다(신라의 금관, 백제의 칠지도). 유리 제조술이 발달하여 구슬, 그릇을 제작하였다.

2. 통일신라의 학문

(1) 학문 범위의 확대

한학과 함께 의학, 병학 등 기술학도 발달하였다.

(2) 통일신라의 한학

통일신라의 한학은 전대에 비해 다양하고 폭이 넓어졌고 활동했던 유명한 한학자들도 많았다. 또한 이 시대는 한학의 발달은 물론이고 기술 분야인 의학, 병학, 역학, 산학, 율학 등 생산과 결부된 기술학이 고루 발달하면서 전반적으로 통일신라의 학문 수준을 높였다.

① **강수** : 무열왕, 문무왕, 신문왕의 3대에 걸친 신라의 대 한학자로서 『**답설인귀서(答薛仁貴書)**』라는 유명한 보고서가 전한다.

② **설총** : 원효의 아들로 6두품 출신이며 이두문(吏讀文)을 정리하고, 『**화왕계**(花王戒)』에서 국왕의 도덕성을 강조하였다.

③ **김대문** : 김대문은 8세기의 대표적인 진골 출신 한학자로서 신라의 역사 및 지리에 관한 저술 편찬을 통해 **주체적이고 신라적인 유학**을 강조하였다(『**계림잡전**』, 『**화랑세기**』, 『**고승전**』, 『**한산기**』 등).

④ **최치원** : 9세기에 활약했던 신라 최고의 유학자로 당나라 관리생활을 하다가 귀국하였다. 문란해져 가는 신라 사회의 새로운 활력과 변화를 주기 위해 **개혁안 10조**를 건의했다가 진골들에게 배척당하자 은둔생활로 일관하였다. 저서로는 『**계원필경**』, 『**제왕연대력**』과 4·6변려체로 씌어진 『**4산 비명**』이 전해지고 있다.

⑤ 이외에도 도당 유학생 출신으로 유명한 학자는 김운경, 김가기 등이 있다.

(3) 통일신라의 유교교육

이 시기의 유교교육의 목적은 정치이념으로서의 관리 양성과 귀족의 교양에 있었다.

① **국학 설립(682)** : 신문왕 때 **국학**을 설치하고 유교를 교육했으며, 경덕왕 때 와서는 **태학감**으로 개칭하였다.

학과	전공과목	필수과목	입학자격	수업연한	교수
1과 2과 3과	예기·주역 좌전·모시 문선·상서	논어와 효경	15~30 전후의 귀족자제	모두 9년간	경학박사와 조교

② **독서삼품과** : 신하 하대에 골품에 의한 관리 등용의 부적실성을 극복하기 위해 유교를 전문으로 수학한 자를 **학문성적을 통해 관리로 등용**하고자 한 제도로서 원성왕 때 실시하였다. 그러나 원성왕 사후 골품제에 젖어 있던 귀족들의 반발로 곧 없어졌으나, 학문을 널리 보급시키는 데에 커다란 구실을 하였다.

품	응 시 과 목
상품(上品)	좌전(左傳), 문선(文選), 예기(禮記)에 능하고 논어·효경이 수준에 오른 자
중품(中品)	곡례, 논어, 효경을 읽은 자로 시험에 합격한 자
하품(下品)	곡례, 효경을 읽은 자로 일정한 시험에 합격한 자

(4) 기술학의 발달

통일신라시대에는 천문 · 수학 · 역학 · 의학 · 병학 등의 기술학이 발달하였다.

① **병학과 천문학** : 김유신의 후손인 **김암**은 병학과 천문학에 조예가 깊었다.

② **의학** : 삼국시대에 수입되었던 중국 의학이 전통 의술과 어우러져 더욱 발달하였다.

③ **목판 인쇄술** : 불국사 3층석탑에서 발견된 **무구정광대다라니경**은 8세기 중엽에 인쇄된 것으로 세계에서 가장 오래된 목판 인쇄물로서 이 시대의 목판 인쇄술의 발달을 짐작할 수 있게 해주는 유물이다.

(5) 풍수지리설

① **전래** : 신라 말기의 승려 **도선**(道詵)은 중국에서 유행하고 있던 풍수지리설(風水地理說)을 들여옴으로써 신라에 전해지게 되었다.

② **내용** : 경험에 의한 인문지리적 지식을 활용하는 학설이며 뒤에 예언적인 **도참사상**과 결부되었다.

③ **영향** : 풍수지리설은 지방호족들의 세력 확장에 이론적 토대를 제공했으며, 송악 도읍지설은 국토의 재편성 주장으로까지 발전하여 선종의 유행과 함께 **신라 정부의 권위를 약화**시키는 구실을 하였다.

3. 발해의 학문

(1) 학문의 발달

발해도 당과 교역이 이루어지면서 당의 문화를 받아들여 일찍부터 학문이 발달하였다. 또, 발해는 **주자감**을 설치하여 귀족 자제들에게 유교경전을 교육하였다. 유학생 중에는 빈공과(賓貢科)에 급제하는 사람이 나왔으며, 이거정 등은 당에서 유학하고 귀국하여 유교 지식인으로 활동하였다.

(2) 한학의 발달

외교문서나 공식기록에는 **한문**을 사용하였다. 묘지나 외교문서를 통하여 한문학이 발달하였음을 알 수 있으며, 외교사신이나 승려 중에는 한시에 능한 사람도 많았다. 현존하는 한시 중에는 양태사나 왕효렴의 작품이 유명하다.

(3) 정혜 · 정효공주 묘지

발해의 한문학 수준을 유감없이 보여주는 비석문이 근래에 발견되었는데 정혜공주 묘지와 정효공주 묘지는 세련된 **4 · 6변려체**로 쓰여져 있어 발해가 한문 사용에 능숙했음을 알 수 있다.

제 4 항　예술의 발달

1. 고구려의 미술

(1) 고 분

고구려의 고분에는 돌무지무덤(積石塚)과 굴식 돌방무덤(橫穴式 石室墳)이 있는데 **굴식 돌방무덤** 내부에는 **벽화**가 있기도 하여 당시의 사회와 문화를 이해하는데 중요한 자료가 되고 있다. 초기에는 주로 돌무지무덤이 만들어졌으나, 점차 굴식 돌방무덤이 주류를 이루었다.

① 초기(석총) : 돌무지무덤(적석총)

장군총은 대표적인 초기의 묘제이며 이 무덤은 화강암을 계단식으로 7층까지 쌓아올린 **석총**으로서 내부에 방이 없으며 **벽화가 없는 것**이 특징이다(종래에는 광개토대왕릉으로 보았으나 근래에는 근처에 있는 대왕릉은 광개토대왕릉으로 보고 장군총은 장수왕릉으로 추정하고 있다).

② 후기(토총) : 굴식 돌방무덤(횡혈식 석실분)

㉠ **강서고분** : 대표적인 토총이며, **굴식 돌방무덤**(횡혈식 석실분)으로 벽화가

나온다. 이 고분에는 **사신도**(四神圖)가 그려져 있는데 청룡, 현무, 주작, 백호 등의 동물이 각각 백, 청, 주홍, 갈색 등의 색깔로 조화를 이루고 있고 정열과 세련미가 넘쳐 흐르는 고구려 벽화의 걸작이다. **도교의 영향**을 받았다.

㉡ **쌍영총** : 토총으로서 널방(현실) 입구 양쪽에 세운 팔각 쌍주나 천정의 구조, 그림으로 나타낸 네 귀퉁이의 기둥, 두공·동량 등에서 **고구려 귀족의 가옥양식**을 보여주고 있다.

㉢ **무용총** : 만주 집안에 있는데 **무용도**와 **수렵도** 및 **행렬의 모습** 등을 보여주고 있다.

㉣ **각저총** : 만주 집안에 있는데 **씨름도**가 발견되었다.

Side Check

◈ 고구려의 고분벽화
고구려의 고분벽화에는 도교의 영향을 받은 사신도 외에 당시의 생활풍속, 가옥, 수렵, 행렬 등의 모습이 그려져 있으며, 서역계통의 영향을 받은 그림도 찾아볼 수 있다.

(2) 불 상

고구려의 불상은 주로 중국 북조의 영향을 받았으나 고구려의 개성이 잘 반영되고 있다. 대표적인 불상으로서는 **연가7년명 금동여래입상**(延嘉七年銘金銅如來立像)이 있다.

(3) 광개토대왕릉비

선돌형태의 자연석에 광개토대왕의 업적을 기록하였는데, 그 글씨체가 기운차고 독특하다.

2. 백제의 미술

백제의 유물, 유적은 많이 파괴되었으나 금동불, 석불, 석탑 등 불교관계의 유물을 비롯하여, 고분 안에 그린 벽화와 기와, 무늬벽돌 등이 출토되고 있다.

(1) 고 분

① **한성시기** : 한성시기의 고분은 **돌무지무덤**(적석총)으로 초기 고구려의 석총과 유사(백제의 지배층이 고구려의 유이민이었다는 증거)이다. 그 대표 유적으로서는 서울 **석촌동 고분**이 있다.

② **웅진시기** : 백제는 웅진으로 천도한 이래 석총양식에서 고구려의 토총과 같은 형태로 바뀌었다. 공주 송산리고분에는 **굴식 돌방무덤**(횡혈식 석실분)과 중국 양나라의 영향을 받아 벽돌로 쌓은 **벽돌무덤**(전축분)이 있다. 웅진시기에는 벽돌무덤이 유행하였는데 대표적인 무덤으로서 **무령왕릉**이 있으며 전반적으로 소박하고 고졸한 맛이 남아 있다.

③ **사비시기** : 사비시기는 귀족예술이 꽃피던 시기이며, 고분도 화려하고 세련되었다. 대표적인 분묘로서는 부여 능산리의 **굴식 돌방무덤**(횡혈식 석실분)이 있는데, 건축기술과 벽화가 세련된 모습을 보여주고 있다.

Side Check

> ◈ 무령왕릉
> 1971년 공주 송산리고분에서 발견된 웅진시기의 벽돌무덤이다. 출토된 유물 중에서는 지석, 도자기, 석수, 금관식, 공예품, 양나라의 동전 등이 있어서 중국 남조와의 문화적 교류를 보여준다.
> 지석(誌石)은 무덤의 주인공을 밝혀주는 것이고 또한 매지권(토지문서)이 있어 도교사상의 유행을 알 수 있다.

(2) 공 예

① 공주 송산리의 무령왕릉이 완전한 형태로 발견되어 금관의 장식 등 우수한 백제 공예품을 볼 수 있게 되었다.

② 최근에 부여 능산리에서 출토된 **백제 금동대향로**(금동용봉봉래산향로)는 도교와 불교의 색채가 강하게 드러난 매우 훌륭한 공예품이다.

(3) 석 불

백제의 불상으로 서산의 마애삼존석불과 공주의 금동보살입상이 있는데, 이들은 엷은 미소를 띤 온화한 아름다움을 지니고 있다.

(4) 석 탑

7세기에 목조탑의 건축양식을 모방한 초기 형식의 석탑으로 **익산 미륵사지석탑**이 있다. 또 균형이 잡힌 아름다움을 나타내는 **부여 정림사지 5층석탑**이 있는데, 이것 역시 목조탑의 형식을 많이 보존하고 있다.

3. 신라의 미술

(1) 특 징

신라의 미술은 문화적 후진성으로 말미암아 초기에는 주로 고구려의 영향을 받았으나 후기로 갈수록 백제문화의 영향을 받으면서 점차 신라의 것으로 완성되었다. 전체적으로 신라예술의 특징은 패기가 넘치고 조화된 아름다움을 나타내기 시작했다.

(2) 건축물

① **황룡사 9층목탑** : 선덕여왕 14년에 자장의 건의에 따라 백제의 건축가 아비지(阿非知)를 초청하여 신라의 안녕을 부처님께 희구하는 의미에서 건립되었다. 이 목조탑은 신라를 대표하는 탑으로서 존속해 오다가 고려말 몽고의 침입 때 소실되었다.

② **분황사 모전석탑** : 선덕여왕 때 만든 **모전탑**(돌을 벽돌처럼 만들어 쌓아올린 석탑)으로 현재는 3층만이 남아 있다.

③ **첨성대** : 하늘을 관측하는 관측대로서, 현존하는 최고의 천문대이다.

(3) 신라의 고분

① 돌무지 덧널무덤 : 돌방무덤(석실분)도 있으나 규모가 큰 것은 **돌무지 덧널무덤**(적석목곽분)이다. 돌무지 덧널무덤은 대개 방이 없으므로 도굴의 위험성이 거의 없어 유물이 보존되어 있는 것이 특징이다.

② 부장품 출토 : 천마총, 금관총 등에서 풍부한 부장품이 출토되었는데 천마도, 금팔찌, 금목걸이, 금귀걸이 등의 출토품들은 세련된 솜씨를 보여주고 있다.

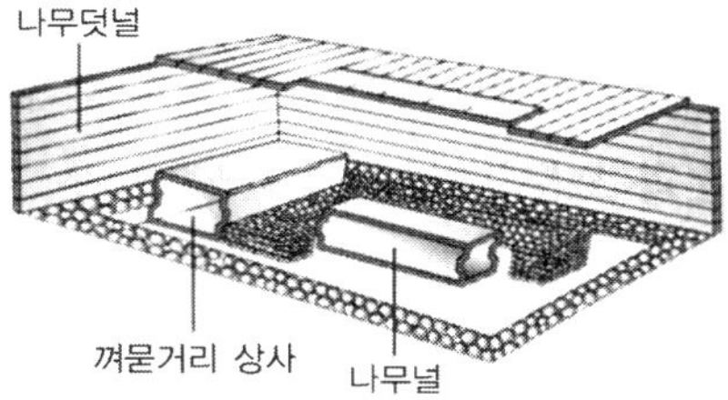

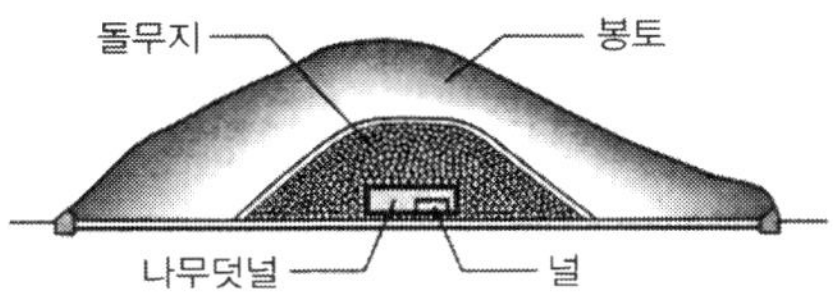

돌무지덧널무덤의 구조와 부분명칭(천마총)

(4) 불 상

탑의 모습이 새겨진 관을 쓴 금동미륵보살 반가사유상에는 정신적인 힘이 나타나 있다.

(5) 그 림

솔거와 같은 뛰어난 화가가 많았지만 작품은 전하지 않고, 돌무지 덧널무덤의 구조상 벽화는 남기기가 어려웠다. 다만, 경북 순흥의 **어숙묘**에서는 신라시대의 벽화가 발견되었다.

4. 통일신라의 미술

(1) 특 징

통일신라시대의 미술은 무르익은 기교의 산물이었다. 특히 이 시대의 미술은 사실적으로 표현하고자 하면서도 실물 그대로 표현한 것이라기보다는 이상적인 미의 세계와 통일된 조화의 세계를 창조하려 하였다.

(2) 건 축

① **안압지** : 신라 경주의 궁성에 만들어 놓은 **인공 연못**으로 여기에서 나온 유물로 당시 궁중생활과 귀족생활의 화려함을 엿볼 수 있다. 특히 정자와 누각의 배치 등 **정원 조경술**이 높은 수준에 이르렀음을 알 수 있다.

② **석굴암** : 통일신라의 대표적인 걸작품은 **석굴암**과 **불국사**이다. 토함산에 위치하고 있는 석굴암은 8세기 중엽 김대성의 건의로 축조되었는데 본존불상을 중심으로 보살상, 나한상, 인왕상 등을 배치하여 불교세계의 이상을 나타내고 있으며, 당시 신라의 건축기술이나 조각 또는 과학기술의 높은 수준을 나타내 주고 있다.

③ **불국사** : 불국사도 8세기 중엽 김대성의 발원으로 건조되었는데 목조건물은 여러 번 중수되다가 임진왜란 때 불타버리고 석가탑과 다보탑, 청운교와 백운교 그리고 범영루만이 남아 있다. 이 절의 건축과 조각품은 신라 불교예술의 높은 수준을 보여주고 있다.

(3) 범 종

통일신라시대에 주조된 범종은 규모나 예술적 가치면에서 세계적이다. 오대산 **상원사의 범종**은 우리나라 최고(最古)의 종이고, 비천상으로 유명한 **성덕대왕 신종**(봉덕사의 종 또는 에밀레종)은 웅장하면서도 조각이 화려하고 특히 소리의 아름다움이 유명하다.

(4) 조 각

태종무열왕릉비의 이수(머릿돌)와 귀부, 성덕대왕릉 둘레돌의 조각에서는 사실적인 미가 돋보이고, 불국사의 석등, 법주사의 쌍사자 석등에서는 박력과 균형미를 느낄 수 있다.

(5) 석 탑

통일신라의 대표적 석탑양식으로는 3층석탑을 들 수 있는데 대담하게 각 층의 폭과 높이를 줄이면서 쌓아올려 독특한 입체미를 나타냈다. 이 시대의 뛰어난 석탑으로는 **감은사지 3층석탑, 불국사 3층석탑, 화엄사 4사자 3층석탑** 등이 있다. 신라 말기에는 석탑에서 다양한 변화가 나타났는데 양양 **진전사지 3층석탑**은 기단과 탑신에 부조로 불상을 새긴 것으로 이름이 나 있다.

(6) 고 분

① **굴식 돌방무덤** : 통일 전의 돌무지 덧널무덤(적석목곽분)에서 **굴식 돌방무덤**(횡혈식 석실분)으로 변하였다.

② **12지신상** : 무덤의 봉토 주위를 둘레돌을 두르고, 그 둘레돌에 **12지신상**을 조각하는 새로운 양식이 나타났는데, 이는 우리나라만의 독특한 묘제이다. 이러한 묘제는 **고려, 조선시대의 왕릉**에까지 계승되었다.

③ **화장법 유행** : 통일기에 와서 **불교의 영향**으로 화장방법이 유행하였다(문무왕의 해중릉).

(7) 서 예

① **김생** : 신라 성덕왕 때의 명필(**왕희지체**)로서 해동필가(海東筆家)의 조종으로 불리어지며, 고려시대에 그의 글씨를 모아 새긴 집자비문(集字碑文)이 전해지고 있다.

Side Check

> ◈ 신품 4현(神品四賢)
> 통일신라시대(김생), 고려시대(유신, 탄연, 최우)

② **김인문** : 무열왕의 차남으로서 화엄사의 화엄사 석경, 여러 사찰의 비문 등이 전해지고 있다.

③ **요극일** : **구양순체**로 유명하다.

(8) 그 림

그림에서는 경주 황남동 천마총에서 나온 **천마도**가 신라의 힘찬 화풍을 잘 보여주고 있다. 화가로는 신라의 솔거를 꼽을 수 있다. 그가 황룡사 벽에 그린 소나무 그림에 날아가던 새들이 앉으려 하였다는 이야기가 전해오고 있다.

5. 발해의 미술

(1) 특 징

발해의 미술은 패기에 넘치던 **고구려 미술을 계승**하여 어느 정도 부드러워지면서도 웅장하고 건실한 기풍을 나타내고 있다.

(2) 건 축

고구려의 영향으로 웅장한 기풍을 지녔다.

① **상경의 유적** : 상경은 당의 수도인 장안성처럼 궁궐을 중심으로 내성과 시가지로 외성을 두르고 동서남 방향으로 큰 길을 내어 그곳으로 궁궐과 일반 시가가 통하였으며 그 길을 따라 주택지와 상가가 형성되었다. 이러한 형식의 도시 구조는 당나라의 수도 **장안성**(長安城)이 대표적인 것인데, 발해도 이러한 **주작대로**(朱雀大路)의 형식을 모방하였다.

② **절터** : 웅대한 금당을 중심으로 작은 건물이 대칭으로 연결되어 있어 사원의 웅장한 면모를 엿볼 수 있게 한다.

(3) 고 분

발해의 대표적 고분으로는 정혜공주묘(육정산 고분군)와 정효공주묘(용두산 고분군)가 있다. 이 중에서 **정혜공주묘**는 굴식 돌방무덤(횡혈식 석실분)으로서 벽은 다듬은 돌로 쌓아 올리고, 천정은 모줄임 구조를 이루고 있어서 고구려 고분양식과 비슷하다. **정효공주묘** 역시 천정의 모줄임 구조로 되어 있어 고구려 요소가 있으며, 특히 벽화가 화려하게 그려져 있는 점이 특징적이다.

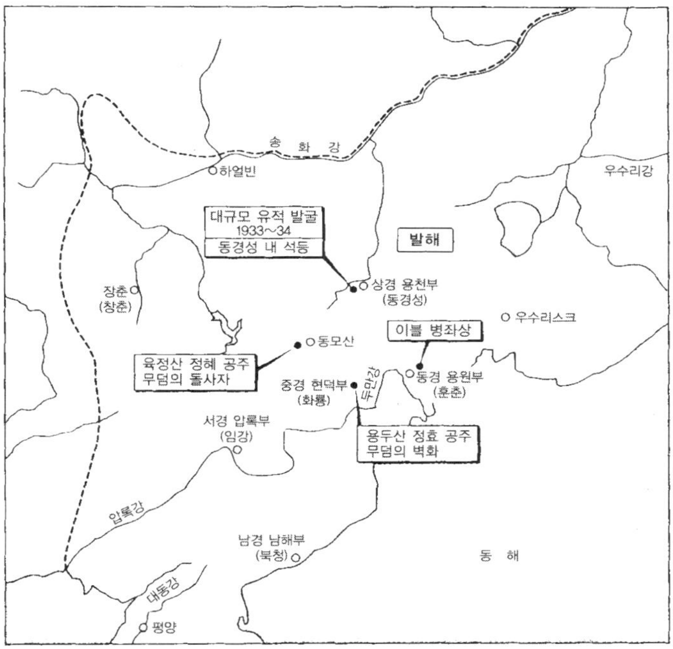

발해의 유적지

(4) 조각과 공예

① **조각** : 불상은 조각 수법이 웅장하면서도 전체적으로 균형이 잘 잡혀 있고, 궁전 및 사원터에서 발견되는 기와와 벽돌 등의 무늬는 소박하고 직선적이다. 특히 **연화무늬의 기와는 고구려 와당**에서 영향을 받았다.

② **석등** : 석등은 8각의 기단 위에 중간이 볼록한 간석이 있고, 간석 아래와 위

에는 연꽃이 조각되어 질박하고 힘찬 느낌을 준다.

③ **자기** : 발해의 자기는 무게가 가볍고 광택이 나는 것으로 당에 수출되기도 하였다. 당시 당나라 사람들은 발해의 도자기를 아주 신비로운 물건으로 생각하였으며 그 제조기술에 경탄하였다.

6. 향가와 음악

(1) 삼국의 향가와 음악

삼국지위지동이전의 기록에 따르면, 우리 민족은 노래를 즐겨 부르고 춤을 좋아했다고 기록되어 있다. 이러한 예술적 재질이 삼국시대에 와서는 중국 음악과 불교 음악의 영향으로 더욱 발달하였다.

① **향가** : 삼국시대의 노래로서 신라의 향가가 대표적이다. 융천사의 「혜성가」와 백제 무왕의 「서동요」가 전한다. 백제는 「정읍사」가 전해오고, 고구려는 유리왕의 「황조가」가 전하고 있다.

② 삼국의 음악

㉠ **고구려** : 왕산악은 거문고를 만들고 많은 노래를 지었다.

㉡ **백제** : 백제의 음악은 고구려와 비슷하였으며, 일본에 전해져서 일본 음악에 많은 영향을 주었다.

㉢ **신라** : 신라에는 대·중·소피리의 **3죽**과 거문고, 가야금, 비파의 **3현**이 있었으며, 대가야 사람 우륵(于勒)이 이를 신라에 전하였다. 대표적인 음악가로는 거문고로 유명한 옥보고(玉寶高), 방아타령의 백결(白結) 등이 있다.

(2) 통일신라의 향가

불교의 영향을 받으면서 크게 발달하였는데, 승려나 화랑들 사이에서 많은 작품들이 나왔다(월명사, 충담사 등).

① **삼대목(三代目)** : 진성여왕(888년) 때의 **대구화상**과 각간 **위홍**이 역대의 향가를 수집하여 편찬한 향가집으로 현재는 전하지 않는다.

② **현존 향가** : 삼국유사에 수록된 14수와 고려 초에 균여가 지은 보현십원가

11수를 합하여 25수가 전한다. 그 내용은 국가의 평안을 빌거나, 부처를 찬양하며, 때로는 죽은 사람을 사모하는 마음을 노래하여 그 시대 사람들의 높은 정신세계를 엿볼 수 있게 해준다.

(3) 발해의 음악

① 발해에서도 음악과 무용이 발달하였다.

② 발해악은 일본으로 전해졌으며, 일본은 악공을 발해에 파견하여 음악을 배워갔다.

③ 발해의 악기는 뒷날 송(宋)의 악기 제작에 영향을 주었다.

제5항 고대문화의 일본전파

1. 삼국문화의 일본 전파

삼국시대에 우리나라 유이민들은 일본 열도에 건너가 선진 기술문화를 전해주어 야마토정권의 탄생 및 일본 고대 **아스카문화**의 기반을 이룩하였다.

(1) 백제문화의 일본 전파

백제는 초창기부터 일본에 여러 문물들을 전해 주면서 상당한 문화적 영향력을 행사하였다.

① **한학의 전파** : 백제의 전성기인 근초고왕 때 **왕인**과 **아직기**가 일본에 파견되어 한학(천자문, 논어)을 전래하였으며, 이후 5경박사를 수시로 파견하여 유교의 충효사상도 보급하였다.

② **기술문화의 전파** : 불상과 함께 화가, 공예가, 건축기술자 등이 일본에 건너가 그 영향으로 5층탑이 세워졌으며 **백제 가람**이라는 건축양식이 생겨났다.

③ **불교 전파(552)** : 성왕 때 양나라의 전도승 **노리사치계**가 일본으로 건너가 불교를 처음으로 전해 주었다.

(2) 고구려문화의 일본 전파

① **혜자** : 고구려의 승려 혜자는 일본 쇼토쿠 태자의 스승이 되었다.

② **담징** : 유교의 5경과 금당벽화 및 종이·먹·맷돌의 제조방법까지 전해 주었다. 다카마쓰(高松)유적의 여인도, 사신도 등은 **고구려계통**의 기마민족 문화의 영향을 받았음을 입증하고 있다.

Side Check

◈ 다카마쓰(高松) 고분
1. 1972년 일본 나라지방에서 발굴되었다.
2. 여인도, 성좌도, 사신도 등의 벽화가 발견되었다.
3. 이는 일본의 고대문화가 고구려계통의 기마민족의 문화의 영향을 많이 받았음을 뒷받침해 주고 있다.

(3) 신라문화의 일본 전파

삼국 중 일본에 비교적 미약한 영향을 주었는데, **조선술**과 **축제술** 등을 전해 주었으며 특히 축제술의 전파로 '한인의 연못'이라는 이름까지 생겨나게 되었다.

(4) 삼국의 불상과 음악의 전파

① **불상** : 현재 일본 각지에 남아 있는 고대 불상 가운데에는 그 형태나 특징으로 보아 삼국의 영향을 받은 것이 많이 있다(일본의 미륵보살반가상).

② **음악** : 삼국의 음악도 일본에 전해져 고구려악, 백제악, 신라악 등의 이름까지 생겨나게 되었으며 일본 음악의 주류를 이루었다.

2. 통일신라 문화의 일본 전파

(1) 일본의 통일신라 문화수용

삼국문화가 일본으로 전파되어 아스카문화를 이룬 이후, 일본은 통일신라 문화

흡수에 적극적이었다. **견당사**(遣唐使)와 더불어 **견신라사**(遣新羅使)를 수시로 보내어 신라문화 수입에 노력하였다.

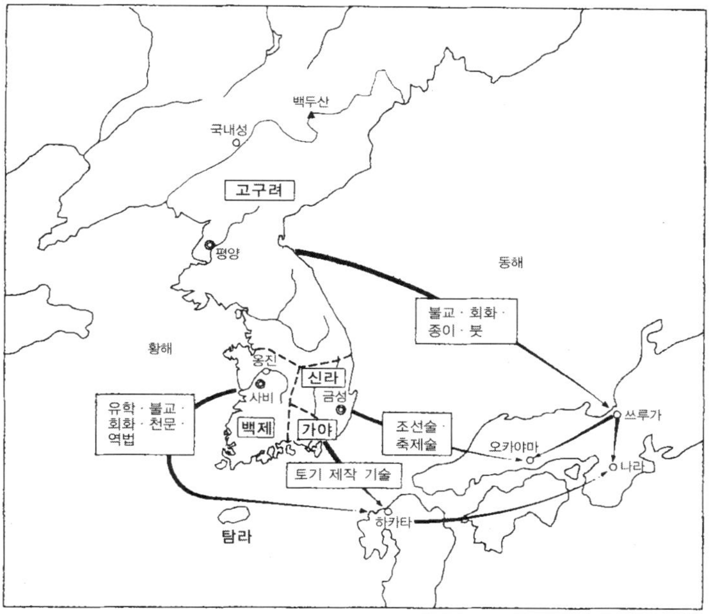

삼국문화의 일본 전파

(2) 정치제도의 전파

통일신라의 관료정치제도가 일본에 전해져 **다이카개신**(大和改新)을 이루는 데 결정적인 역할을 하였다.

(3) 하쿠호문화

신라사 및 유학생들이 대거 신라로 와서 원효, 강수, 설총 등의 불교와 유교문화를 전수받고 돌아가 헤이안시대의 **하쿠호문화**(白鳳文化)를 이룩하였다. 특히, 심상에 의해 전해진 의상의 화엄사상은 일본 화엄종을 크게 일으켰다.

Side Check

◈ 우리 문화의 일본 전파

시대	전파내용	시대	전파내용
선사시대	1. 구석기시대 : 한반도와 일본은 육지로 연결 2. 신석기시대 : 빗살무늬토기 → 일본의 조몽 토기문화 성립 3. 청동기시대 : 일본의 야요이문화 성립, 벼농사·금은 장식 등을 전했음	통일신라	1. 전파 형태 : 일본은 자주 사절(견신라사)을 보내와 발전된 문화를 배워갔음 2. 전파된 문화 : 정치제도, 율령, 불교, 유학, 예술 등 문화 전반 3. 영향 : 일본은 중앙집권국가의 국가적 발전과 문화의 발달을 이룩
삼국시대	1. 삼국문화의 영향으로 일본이 아스카문화를 일으키고 중앙집권국가로 발전 2. 백제 : 유학 전파(아직기·왕인), 학문을 가르침(고안무·단양이), 불교전파(노리사치계), 그림(아좌태자), 음악·역학·의학·농업을 가르쳤음 3. 고구려 : 담징(종이·붓·먹·벼루 만드는 법, 호류사의 벽화), 고구려 고분의 영향(다카마쓰고분) 4. 신라 : 조선술과 축제술을 가르쳤음	고려	○양류관음상 : 혜허의 그림으로 일본에 흘러들어 감, 수많은 고려의 그림이 일본에 전해옴
		조선시대	1. 회화 : 화가들이 건너가 영향을 끼침 2. 성리학 : 이황의 성리학을 배움 3. 도자기 : 임진왜란 때 납치한 도자기 기능공에게 기술을 배움 4. 서적·금속활자 : 일본 문화발전에 결정적 영향 5. 통신사 : 문화의 교류 활발-일본의 학자와 예술인이 우리의 문물을 배움

Focus Diagram

■ 고대문화의 발달 ■

<table>
<tr><th>구분</th><th>고구려</th><th>백제</th><th>신라</th><th>통일신라</th><th>발해</th></tr>
<tr><td rowspan="2">성격</td><td colspan="3">소박(초기) → 세련된 귀족문화</td><td rowspan="2">민족문화기반, 조형미술, 민간문화 향상</td><td rowspan="2">고구려전통 + 당문화 = 독특한 융합문화</td></tr>
<tr><td>패기, 정열</td><td>우아, 세련미</td><td>조화미</td></tr>
<tr><td rowspan="4">불교</td><td colspan="3">중앙집권 뒷받침, 귀족불교</td><td rowspan="4">원효(법성종 개창, 민중불교-정토종, 화쟁사상), 의상(화엄종), 원측(유식불교), 혜초(「왕오천축국전」), 신행(선종)</td><td rowspan="4">고구려 계통의 열반종</td></tr>
<tr><td rowspan="2">삼론종, 보덕(열반종)</td><td>율종(겸익)</td><td>계율종</td></tr>
<tr><td colspan="2">일본에 전파, 불교식 왕명</td></tr>
<tr><td colspan="3">사상적 통일이 없고 토착신앙과 융합되어 샤머니즘적 성격 지님</td></tr>
<tr><td>도교</td><td>연개소문이 장려함, 4신도</td><td>산수문전
사택지적비</td><td>화랑도를 국선도, 풍월도로 부름</td><td>지방호족, 6두품 계열이 신봉</td><td>발해의 정효공주 묘지</td></tr>
<tr><td>교육</td><td>태학 · 경당</td><td>박사 · 조교</td><td>화랑도</td><td>국학 → 태학감 → 국학</td><td>주자감</td></tr>
<tr><td>학술</td><td>「유기」→「신집」(이문진), 광개토대왕릉비 중원고구려비</td><td>「서기」(고흥)
사택지적비</td><td>「국사」
(거칠부)
임신서기석
진흥왕순수비</td><td>독서출신과, 강수(외교문서), 설총(이두), 김대문(독자 학문), 최치원(「계원필경」), 풍수지리설(도선), 다라니경(최고목판)</td><td>발해문자,
한문, 당에 유학생 파견</td></tr>
<tr><td>고분</td><td>석총 → 토총(굴식돌방무덤)</td><td>돌무지무덤(적석총)
굴식돌방무덤(횡혈식 석실분)</td><td>돌무지덧널무덤(적석목곽분)</td><td>화장법, 굴식돌방무덤, 12지신상 조각</td><td>굴식돌방무덤</td></tr>
<tr><td rowspan="2">미술</td><td>강서대묘
-4신도
쌍영총-기사도
우차도
무용총
-무용도
-수렵도
각저총
-씨름도</td><td>미륵사지탑,
정림사지탑,
서산마애삼존석불, 연화운문도</td><td>분황사 석탑, 황룡사 9층목탑, 첨성대, 천마도</td><td rowspan="2">석굴암, 불국사, 독특한 입체미의 3층석탑, 안압지, 성덕대왕 신종, 사실적인 조각, 김생(집자비문), 김충의(그림)</td><td rowspan="2">불상, 기와, 벽돌, 석등, 자기(당에 수출)</td></tr>
<tr><td colspan="3">연가7년명 금동여래입상</td></tr>
<tr><td>일본문화</td><td colspan="3">아스카문화에 영향을 줌</td><td>하쿠호문화에 영향을 줌</td><td></td></tr>
</table>

제4장

중세사회의 발전

팔만대장경

단원개관

1. 고려는 10세기 후반에 유교정치사상에 의한 중앙집권화정책을 추진한 결과로 지방세력들이 중앙정치에 참여하여 관료화하는 동시에 문벌 중심의 귀족사회를 형성하게 되었다.
2. 12세기 전반에 안으로는 점차 보수적인 소수의 문벌귀족이 정권을 독점하고, 밖으로는 북방민족들의 침략과 압력을 받음으로써 집권층 내부의 분열과 사회의 혼란이 나타났다.
3. 13세기 전반 고려는 사회의 동요가 미처 수습되기 전에 몽고의 침략을 받음으로써 40여 년의 끈질긴 투쟁에도 불구하고 몽고의 간섭을 받게 되었다. 이로부터 친원파를 중심으로 한 권문세족이 새로운 지배세력으로 등장하였다.
4. 고려 말에는 이들 권문세족에 대항하는 신진사대부세력이 대두하여 현실의 모순을 극복하고자 노력하였다.

최근출제경향

고려시대 전반에 걸친 문제가 출제되고 있다. 즉, 단편적인 지식을 묻는 문제보다는 고려시대의 전반적인 문화의 성격이라든가 토지제도의 변천 등 포괄적이면서도 깊이 있는 내용을 묻는 문제들이 최근에 빈번히 출제되고 있다.

우리나라	연대	다른 나라
(918) 고려의 건국	900	(907) 당의 멸망, 5대 시작
(936) 고려, 후삼국 통일		(960) 송의 건국
(958) 과거제도 실시		(962) 신성로마제국 성립
(1019) 귀주대첩	1000	
	1100	(1115) 금의 건국
(1126) 이자겸의 난		(1127) 남송 시작
(1135) 묘청의 서경천도운동		
(1170) 무신정변		(1192) 일본, 가마쿠라 막부 성립
	1200	(1206) 칭기즈칸, 몽고 통일
(1231) 몽고의 제1차 침입		(1215) 영국, 대헌장 제정
(1270) 삼별초의 항쟁		(1271) 원 제국 성립
	1300	
		(1338) 일본, 무로마치막부 성립
(1392) 고려의 멸망		(1368) 명의 건국

제1절 중세사회로의 전환

Digest

1. **후삼국의 정립과 고려의 건국** : 후삼국의 분열은 신라사회 내부의 모순의 격화와 호족 및 6두품 세력의 대두를 배경으로 하여 나타났다. 고려를 건국하고 사회를 이끌어 나간 주역은 호족과 6두품 출신의 새로운 세력들이었다. 이들은 혁신적인 선종을 사상적 기반으로 하였고, 특히 새로운 정치 지도이념으로 유교사상을 받아들였다.
2. **중세사회로의 전환** : 고려 사회의 출발은 단순한 왕조교체의 차원을 넘어 중세사회로의 전환을 의미하는 것이었다. 고려 태조 왕건은 후삼국시대의 혼란을 수습한 후 통일국가의 기반을 확충하고 사회의 안정을 위하여 노력하였다. 이에 따라 고려는 고대사회의 모순을 극복하고 새로운 질서를 수립할 수 있었다.

제1항 중세의 세계

1. 동양의 중세

(1) 고려왕조가 발전하던 시기의 중국

당 멸망 후의 5대부터 송, 원을 거쳐 명의 건국초기에 이르는 기간이며, 대체로 북방민족의 활동이 왕성한 시기였다.

(2) 당말 · 5대의 사회변동

① **5대 10국시대(907~960)** : 당 · 송 교체기, 절도사들의 정치 다툼과 미숙한 행정으로 혼란이 계속된 시기였다.

② **사회의 변동** : 문벌귀족사회가 무너지고 신흥지주층(형세호)이 대두하여 이

들이 송대사회를 이끌어 가는 사대부가 되었다.

(3) 송의 통일(960~1279)

① **문치주의(文治主義)의 강화** : 중앙집권적인 황제독재체제를 구축하고, 과거제도가 완성되어 진사출신의 관료들이 우대되었다.

② **국방력의 약화와 북방민족의 침입** : 거란 · 탕구트 · 여진족의 침입이 있었으며 북송은 여진족의 침입으로 멸망하였고(1127), 그 후 재건된 남송은 몽고제국인 원에 의해 멸망하였다(1279).

③ **송대의 경제·문화** : 송대에는 경제와 문화가 크게 발달하였으며, 특히 이 시기에 성립된 성리학은 중국과 그 주변나라에 큰 영향을 끼쳤다.

(4) 몽고제국(1206~1368)

몽고는 아시아의 대부분과 러시아까지 지배하는 세계제국(4한국)으로 발전하였으며, 동 · 서 문화의 교류에 크게 공헌하였다.

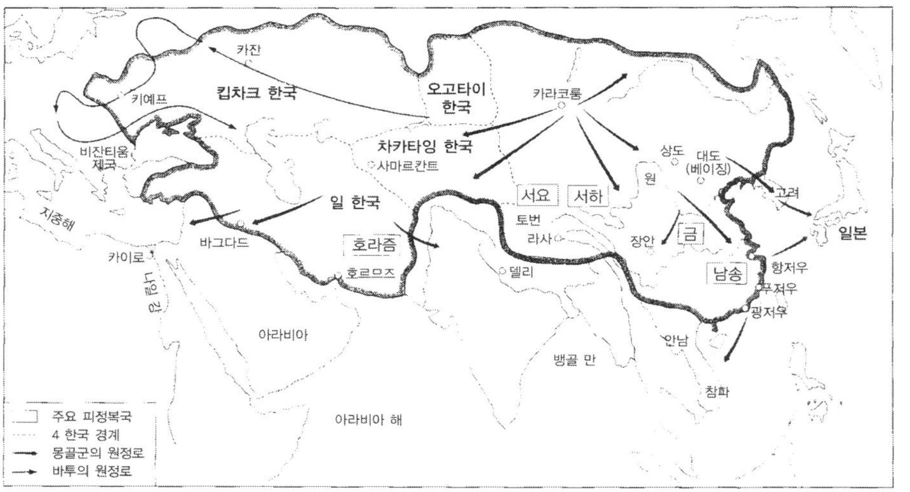

몽골제국의 최대판도

2. 서양의 중세

(1) 서양 중세의 3대 문화권

서유럽문화권(로마 카톨릭 중심), 비잔틴문화권(그리스 정교 중심), 이슬람문화권(이베리아 반도·북아프리카 일대)으로 나누어졌다.

(2) 민족의 대이동과 서유럽세계의 성립

① **프랑크왕국의 발전** : 게르만족의 이동 후 서유럽세계 형성의 중심이 된 나라는 프랑크왕국이었다. 프랑크왕국은 로마교회와 제휴하여 성장하면서 로마교회를 후원하는 세력이 되었다.

② **프랑크왕국의 분열** : 프랑크왕국은 9세기에 분열하여 독일, 프랑스, 이탈리아 3국의 원형이 성립되었다.

(3) 봉건사회의 형성과 교회의 발전

① **봉건제도** : 게르만의 종사제도와 로마의 은대지제도가 결합하여 봉건제도가 성립되었고, 그 경제적 단위는 귀족과 기사들이 소유한 장원이었다. 장원의 경작자인 농민은 대체로 부자유 신분인 농노로서 이들은 장원의 주인인 영주와 토지에 예속되어 있었다.

② **로마 교회의 성장** : 서유럽문화권은 크리스트교 세계를 형성, 로마 카톨릭이 서유럽인들의 정신세계를 지배하였다.

(4) 서유럽 봉건사회의 변화

십자군 원정(1096~1270) 후 중세 봉건사회가 해체되고, 새로운 사회를 지향하는 움직임이 대두하였다.

① **정치** : 봉건 귀족세력이 몰락하고 왕권이 강화되어 중앙집권화가 진전되었다.

② **경제** : 도시와 화폐경제의 발달로 장원이 해체되고 농노가 해방되었다.

③ **종교** : 종교열이 식어가고 교황권도 쇠퇴하였다.

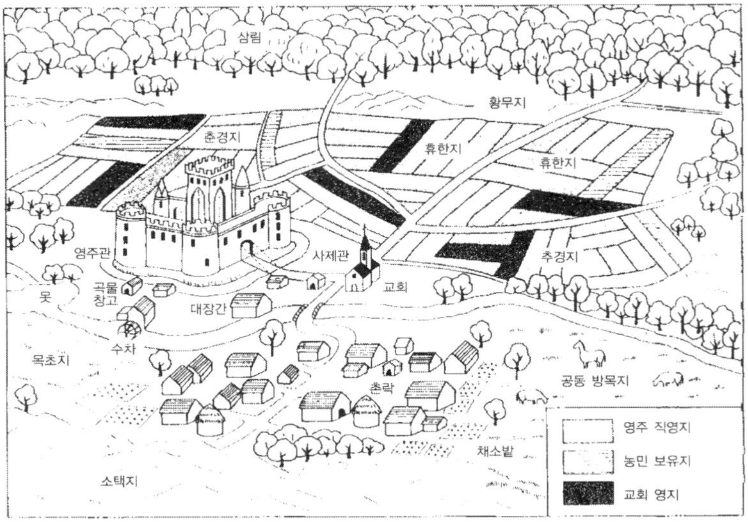

장원 구조도

(5) 비잔틴제국과 그 문화

① **비잔틴(동로마)제국(395~1453)** : 서로마제국이 멸망한 후에도 약 1000년 동안 계속되었다.

② **비잔틴문화** : 비잔틴제국에서는 그리스문화와 헬레니즘문화의 전통이 강하였으며, 그리스정교가 비잔틴문화의 중심을 이루었다. 비잔틴문화는 동유럽 슬라브 사회에 큰 영향을 주었으며, 특히 러시아는 서유럽문화보다 비잔틴문화를 주로 수용하였다.

(6) 이슬람제국의 발전

① **이슬람제국** : 아프리카 북부를 지배한 후, 8세기에는 이베리아반도의 대부분을 차지하였다.

② **재정복 운동** : 한때 이베리아반도에서도 이슬람문화가 발달하였으나, 북부의 크리스트교세력이 강성해져서 마침내 이슬락세력을 추방하였다(1492).

제2항 한국의 중세사회

1. 지방세력의 대두

(1) 배 경

신라는 9세기 말에 이르러 사회적 모순이 크게 드러나기 시작하였다.

① **정치사회의 제모순** : 신라 특유의 신분제도인 골품제도는 신라의 성립에서 멸망까지 그 지배체제를 유지함으로써 신라사회의 기본적인 조직원리로 지탱되어 왔다. 그러나 9세기 말을 전후하여 격동하는 여러 정치, 사회적 현상으로 그 의미가 점차 상실되어 그 본래의 기능을 상실하고 사회발전을 저해하는 역할을 하였다. 더욱이 진골세력은 왕위쟁탈전을 벌임으로써 중앙정부의 권위는 실추되고 지방세력에 대한 통제력도 상실하여 갔다.

② **농민의 봉기** : 이러한 전반적인 모순으로 정치질서는 문란해지고, 지배계급은 불법적으로 농토를 늘려 가면서 농민에 대해서는 가혹하게 수탈하였다. 이로 인하여 농민의 생활은 더욱 궁핍해졌고 유랑하는 무리까지 나타났으며 부패하고 무능한 신라정부에 대한 불만이 커지면서 전국 각지에서 농민들이 봉기하였다.

(2) 호족의 대두

① **호족의 유형** : 신라 말기의 혼란기 속에서 지방세력들은 독자적인 세력을 형성하여 중앙정부에 도전하게 되었는데 이들 세력들이 곧 **호족(豪族)**이다. 이들 호족을 크게 두 가지로 나누어 보면, 첫째는 **토착적인 지방세력이 성장**한 것이고, 둘째는 중앙에서 지방으로 내려간 **진골과 6두품 귀족**들이 호족화된 것이다.

② **호족의 성격**

㉠ **반독립적인 세력형성** : 중앙의 정치질서가 문란해지고 지방의 통제가 약화되자 호족들은 반독립적인 세력을 형성하여 농민들을 직접 지배하기 시작하였다.

㉡ **사병의 보유** : 이들 호족들은 **성주**(城主) 또는 **장군**(將軍)이라 칭하면서 사병을 보유하여 지방의 행정권과 군사권을 장악하였으며 경제적 지배력도 행사하였다.

㉢ **중국 오대와 통교** : 지방의 호족세력은 독자적으로 중국의 5대(五代)와 교류하였다.

㉣ **사회개혁의 방향 제시** : 지방의 호족은 선종과 결합하였으며 사회개혁의 이념으로 유교를 수용, 폐쇄적인 골품사회로부터의 개혁을 시도하였다.

2. 후삼국의 성립

(1) 후삼국의 성립

신라 말기 혼란으로 중앙(新羅)에 대항하는 세력들이 나타나기 시작하였다. 그 대표적인 인물로는 견훤과 궁예로서 이들은 각기 백제와 고구려의 부흥을 내세우며 독자적인 정권을 수립하였다. 이 시기를 후삼국시대라고 한다.

(2) 후백제(900~936)

상주의 농민출신인 **견훤**은 지방의 호족세력과 군사력을 기반으로 완산주(全州)를 중심으로 후백제를 건국(900)하였는데, 지금의 전라도와 충청도 대부분 지역을 장악하였다.

(3) 후고구려(901~918)

신라 왕족출신으로 양길이 이끄는 초적의 무리에 가담하였던 **궁예**는 901년 도읍을 송악으로 하였고, 국호를 후고구려라고 정하였다. 그 후 궁예는 한강유역을 차지하고 조령을 넘어 상주 일대까지 그 세력을 확장하여 후백제보다 먼저 신라로 진출하는 교두보를 마련하였다. 국가기반이 확충되자, 철원으로 수도를 옮기고 국호를 마진으로 고친 후 새로운 정치(9관등제, 국정최고기구인 광평성)를 추구하였는데 신라 6두품 계열이 주도적 역할을 하였다. 국호를 태봉으로 고친 뒤에는 반신라정책을 강화하며, 통일전쟁을 수행하여 나갔다.

(4) 신라의 위축

후백제와 태봉의 세력이 점차 커짐에 따라 신라는 그 영토가 줄어들어 경주 일대를 중심으로 겨우 그 명맥을 유지하게 되었다.

3. 고려의 건국

(1) 왕건(王建)의 등장

① **배경** : 후삼국의 분열과 혼란을 수습한 이는 송악(개성)의 호족출신인 왕건(王建)이었으며 서해안 일대에서 그 세력을 가지고 있던 왕건은 예성강의 해상세력과 힘을 합하여 그 일대의 지배력을 한층 더 강화시켰다.

② **활동사항** : 왕건은 궁예의 부장(部將)으로, 수군을 이끌고 **금성(나주)**지방을 점령하고 후백제를 견제하는 데 큰 공을 세워 시중의 지위에까지 승진하였다.

③ **궁예** : 정치적 기반이 미약하였고, 견훤과 마찬가지로 고대적 전제군주의 틀을 벗어나지 못하였다. 더구나 미륵불을 자칭하며 지나친 불교행사를 벌여 불교계의 반발을 사게 되었고, 성격마저 포악하였으므로 신하들에 의하여 축출되고 말았다.

(2) 고려왕조의 개창

① **고구려의 후계자** : 왕건은 궁예의 실정과 지지세력의 확대를 바탕으로 하여 새 왕조를 개창(918), 고구려의 후계자라는 뜻에서 국호를 **고려**라 부르고 연호를 천수(天授), 도읍을 송악으로 정하였다.

② **골품제의 부정** : 왕건은 국가의 기반을 확고히 하기 위하여 신라말 분열의 주요원인인 골품제도를 부정하였다.

③ **애민(愛民)정책의 실시** : 국가기반 확립의 일환으로서 민심을 수습하기 위해 조세를 가볍게 하였고 양민으로 노비가 된 자들을 해방시켜 주는 등 애민(愛民)정책을 실시하였다.

④ **호족세력 통합** : 반독립적으로 전국에 할거해 있던 호족세력을 회유 및 포섭

하여 세력기반을 강화시키는 등 새왕조의 통합을 더욱 견고히 하였다.

4. 민족의 재통일

(1) 후삼국시대의 국제정세

후삼국의 혼란기에 중국대륙에서는 당이 망하고 5대 10국시대(五代十國時代)의 혼란기가 되었다. 또한 만주지역에서는 거란이 발해를 멸망시키고 흥기하였다(926). 그리고 후백제는 고려를 견제하기 위해서 남중국 특히 오(吳)·월(越)과 긴밀한 관계를 유지하면서, 북으로는 거란과 무역을 하였고 일본과도 교류를 가졌다.

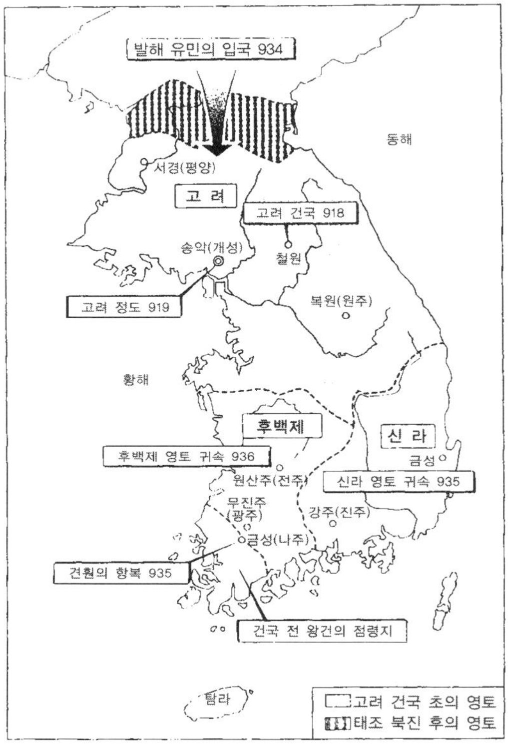

고려의 통일

(2) 태조의 통일정책

① **대내정책** : 고려 태조 왕건은 가혹한 수취체제의 개편과 함께 당시에 상존했던 모순들을 제거하고 민심을 수습하는데 성공하였으며, 지방의 호족세력과의 결속 강화를 통해 세력기반을 다져나갔다.

② **대외정책** : 태조는 **친신라정책**을 표방하였으며 대외적으로 중국 5대의 여러 나라들과 교류를 맺어 고려의 국제적 지위를 확고히 헤 나갔다.

(3) 신라의 병합

태조는 태봉의 외교정책을 바꾸어 친신라정책을 표방하였는데, 신라와 우호적인 관계를 유지하자 이에 위협을 느낀 후백제가 신라를 공격하여 경애왕을 살해하였을 때에도 태조는 신라를 구원하기 위하여 후백제군과 싸웠다.

이에 신라의 경순왕은 국력이 약화되어 국가의 유지가 어렵게 되자, 태조의 회유책을 받아들여 고려에 투항하였다(935).

(4) 후백제의 멸망

안동전투(930)에서 후백제군을 격파한 것을 계기로 고려가 통일의 주도권을 잡게 되자 후백제는 신라에서 후퇴하게 되었고, 운주(홍성)전투에서의 승리와 함께 고려는 후삼국통일의 발판을 마련하게 되었다. 이러한 고려의 민족통일 기반이 조성되는 때 후백제는 신검과 금강 두 아들의 정권 다툼으로 견훤이 김제 금산사에 유폐되는 등 내분이 일어나게 되어 이를 기회로 후백제의 주력군대를 선산(善山)지방에서 대파해 항복을 받아냄으로써 민족의 재통일을 완성하였다(936).

(5) 발해유민의 포섭

거란의 흥기로 발해가 멸망하자 고려는 동족의식으로 발해의 왕자 대광현을 우대하는 등 고구려계통의 유민을 포섭하여 민족융합정책을 적극적으로 추진하게 되었다.

(6) 민족의 재통일

고려는 후삼국 뿐만 아니라 발해의 고구려계 유민들까지 포함한 민족의 재통일을 이룩하였다.

5. 중세사회의 성립

(1) 중세사회로의 전환

수취체제의 시정과 골품제도를 부정하여 새로운 사회의 건설방향을 제시하는 정책을 바탕으로 한 고려의 건국은 고대사회에서 중세사회로의 전환을 의미하는 것이다.

(2) 호족세력의 대두

호족들은 진골귀족 중심의 폐쇄적 사회를 개혁하는데 앞장서서 골품제를 대신하는 새로운 신분체제를 만들어 갔다(문벌귀족사회 형성).

(3) 유교적 정치질서 확립

6두품 계열의 유학자, 지방의 호족세력이 참여하여 골품제의 조직원리와는 다른 유교적 정치이념을 정립시켰다.

① **농민에 대한 수취경감** : 유교 정치이념을 토대로 여러 가지 제도를 마련하고, 특히 농민의 조세부담을 가볍게 하는 등 농민들의 생활을 안정시키고자 하였다.

② **교육 · 과거제도 정비** : 유교적 윤리에 입각한 정치 · 사회 질서를 만들어 나가는 한편, 통치체제의 강화를 위하여 교육과 과거제도를 정비하였다.

(4) 중세문화의 성립

① **문화폭의 확대** : 통일신라의 혈족적 관념, 종교적 제약에서 어느 정도 탈피함으로써 문화의 폭이 확대되었다.

② **문화수준의 향상** : 유교사상의 발달, 불교의 선종 · 교종의 융합, 특히 송 · 원 · 서역문화와 활발한 교류를 통하여 독특한 개성을 가진 문화를 창조하였다.

③ **문화내용의 다양성** : 지방세력이 문화의 주인공으로 등장함으로써 **지방문화**도 발달하고 문화의 내용도 보다 다양해졌다.

(5) 민족의식의 성장

① **민족의식의 형성** : 고대사회의 모순을 극복하고 민족의 재통일을 실현시킨 역사적 경험에서 자신감을 갖게 되었고 이를 토대로 강렬한 **민족의식**이 형성되었다.

② **북진정책과 대외항쟁** : 고려는 고구려의 옛 땅을 회복하기 위하여 **북진정책**을 추진하면서 거란, 몽고 등의 북방민족에 대항하여 끈질긴 항쟁을 펴나갈 수 있었다.

Focus Diagram

◆ 중세사회로의 전환

1. 나말여초의 역사적 흐름

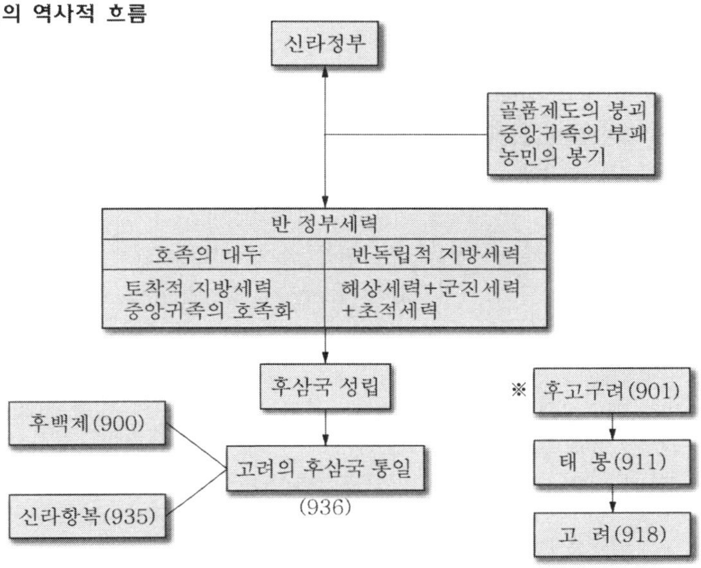

2. 태조의 개혁정책

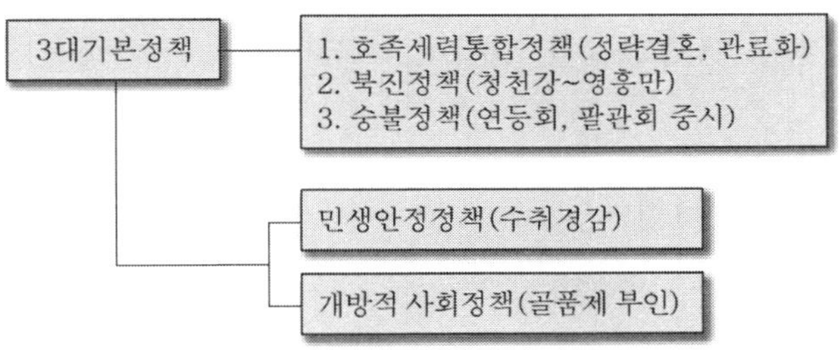

제2절 중세의 정치적 변천

Digest

1. **유교적 통치체제 확립** : 고려시대에는 진골귀족 대신에 호족을 중심으로 한 지배세력이 대두함에 따라 새로운 정치·사회적 질서가 요청되었다. 성종 때에는 유교정치 이념을 토대로 한 중앙집권체제를 마련하였다.
2. **문벌귀족사회의 동요** : 문벌귀족사회가 전개되면서 폐쇄적 정치풍토가 조성되고 사회모순들이 나타나기 시작하였다. 12세기에 들어오면서 귀족들 사이의 대립과 갈등이 심화되었고, 마침내 무신정변이 일어남으로써 고려전기의 문벌귀족사회는 붕괴되었다.
3. **고려의 대외항쟁과 자주성의 회복** : 무신정권은 몽고의 침략을 막아 내지 못하여 전국토가 유린되고 민생은 피폐해졌다. 이에 지방에서 성장한 신진사대부들이 권문세족에 대항하면서 개혁정치를 추구하였다.

제 1 항 정치구조의 정비

1. 태조의 정책

(1) 민생안정정책

태조는 즉위하자마자 취민유도(取民有度)를 내세워 백성에 대한 과도한 수취를 금지하였으며, 공신과 호족들의 횡포를 금하는 조서를 내렸고, 전란 중 억울하게 노비가 된 자를 속량시켜 해방시켰다. 그리고 백성들이 믿는 불교와 풍수지리설을 존중하였으며, 불교와 재래관습을 중시하는 뜻을 보이기 위해 연등회와 팔관회를 성대히 거행함으로써 민심을 얻고자 하였다.

(2) 개혁정치(새로운 사회건설)

① **지방세력의 흡수 · 통합** : 통일국가의 기반확충정책을 지속적으로 추진함으로써 지방세력의 흡수와 통합에 적극적인 자세를 보였다.

② **사심관 · 기인제도 실시** : 호족에 대한 우대와 감시의 차원에서 **사심관제도**와 **기인제도**를 실시하였다.

Side Check

◈ 사심관제도

1. 호족견제정책의 일환으로서 중앙의 고관을 출신지의 사심관으로 임명하고 부호장 이하의 향리를 추천 감독할 수 있는 권한을 부여, 그 지방의 치안유지의 연대책임을 지웠다.
2. 공부조달 및 풍속교정의 임무도 가졌다.
3. 조선시대에는 유향소와 경재소로 계승되었다.
4. 최초의 사심관은 신라 경주 출신의 김부(경순왕)였다.

(3) 북진정책

① **고구려 계승의식** : 태조는 고구려의 계승자라는 뜻에서 국호를 **고려**라 하였고, 국가의 자주성을 강조하기 위해 **천수(天授)**라는 연호를 사용하였다.

② **서경 중시** : 건국 직후부터 북진정책을 추진하여 평양을 **서경**이라 중시하고, 남쪽의 백성을 이주시켜 북진의 기지로 삼았다.

③ **영토의 확장** : 태조 말년에는 청천강에서 영흥만에 이르는 선까지 영토를 넓혔다.

(4) 태조의 유훈

① **훈요 10조(訓要十條)** : 국가기반을 굳건히 하고 북진정책을 지속적으로 추진하기 위하여 자손들에게 훈요 10조를 남겨 당부하였다.

Side Check

◈ **훈요십조** : 태조 26년(943)에 대광 박술희(朴述希)에게 친수한 것으로 대통을 이을 역대 임금의 명심사항을 제시한 것이다.
① 대업은 제불호위(諸佛護衛)에 의하여야 하므로, 사원을 보호 감독할 것(불교 숭상)
② 사원의 창설은 도선(道詵)의 설에 따라 함부로 짓지 말 것(풍수지리설 숭상)
③ 왕위계승은 적자·적손을 원칙으로 하되 마땅하지 아니할 때는 형제상속도 가함(적자·적손 순으로 왕위계승)
④ 거란과 같은 야만국의 풍속을 본받지 말 것(거란 배척)
⑤ 서경은 길지이니 순유(巡留)하여 안녕을 이루게 할 것(서경 중시)
⑥ 연등과 팔관의 주신(主神)을 함부로 가감치 말 것(연등회·팔관회 중시)
⑦ 간언(諫言)을 받아들이고 참언(讒言)을 물리칠 것이며, 부역을 고르게 하여 민심을 얻을 것(간언의 경청과 민심수습)
⑧ 차현(車峴) 이남의 인물은 조정에 등용치 말 것(차현 이남의 인물등용금지)
⑨ 관리의 녹(祿)은 그 직무에 따라 제정하되 함부로 증감치 말 것(녹봉의 균등)
⑩ 경사(經史)를 널리 읽어 옛 일을 거울로 삼을 것(정치에 경사 참조)

◈ **특징** 1. 숭불정책(1조, 6조)
2. 풍수지리설(2조, 5조, 8조)
3. 북진정책(4조, 5조)

② **정계·계백료서 반포** : 신하로서 지켜야 할 규범을 지어서 반포함으로써 왕실의 안정을 도모하였다.

(5) 왕권의 불안

① **호족세력의 왕권견제** : 건국 초부터 국가 기반의 확립을 위하여 끊임없이 노력하였으나 왕권은 불안정하였다(독자적 세력을 가진 호족출신 공신세력이 강하였기 때문).

② **왕규의 난(945)** : 혜종 때 왕위계승을 둘러싸고 **왕규의 난**이 일어났다. 이것은 왕실과 호족세력, 그리고 호족출신의 외척이 서로 얽혀 일어난 정변으로 왕권이 미약한 데서 발생한 사건이었다.

2. 광종의 개혁

(1) 주현공부법 실시

왕권이 안정되지 못한 상황에서 즉위한 광종은 안정적인 조세징수를 목적으로 **주현공부법**(州縣貢賦法)을 실시하였다.

(2) 노비안검법 실시

광종은 왕권의 안정을 위하여 후삼국의 혼란기에 불법적으로 노비가 된 자를 조사하여 양인으로 해방시켜 주는 **노비안검법**(奴婢按檢法)을 실시하여, 공신이나 호족들을 견제하고 양민의 수를 확보하여 국가 수입원을 확대하였다.

(3) 과거제도 실시

광종은 후주(後周)에서 귀화한 쌍기의 건의를 받아들여 **과거제도**를 실시하였다(958). 공신의 자제를 우선적으로 등용하는 종래의 무질서한 관리등용제도를 억제하고 과거제도를 도입함으로써 유학을 익힌 신진인사들을 등용하여 **신구세력의 교체**를 도모하였다.

(4) 공복의 제정

왕권을 중심으로 하는 관료체계의 질서확립을 위해 자(紫)・단(丹)・비(緋)・녹(綠)의 공복을 제정하였다(960).

(5) 독자적인 연호 사용

임금을 황제라 부르고 **광덕**(光德), **준풍**(峻豊) 등의 연호를 사용하여 왕실의 권위와 국가적 자주성을 과시하였고, 개경을 황도(皇都), 서경을 서도(西都)라 하였다.

(6) 제위보 설치

빈민구제기관의 일종인 **제위보**를 설치해 가난한 농민을 구제하였다.

(7) 송과의 수교(962)

송과 외교관계를 수립, 문물을 수입하였다.

(8) 불교의 장려

왕사, 국사제도를 마련하여 혜거를 **국사**로, 탄문을 **왕사**로 삼는 등 불교를 장려하였다.

(9) 개혁정치의 영향

건국 초기의 공신과 호족세력이 크게 약화되고 왕권이 강화될 수 있었으며, 광종의 개혁을 기반으로 성종 때에는 중앙관제를 정비하고 본격적인 지방통치체제를 구축하게 되었다.

3. 유교 정치사상의 채택

(1) 유교 정치사상의 정착

태조 이후 새 국가의 정치적 지도이념으로 자리를 잡아가기 시작한 **유교사상**은 광종을 거쳐 성종 때에 자리를 굳혀 도덕과 윤리의 사상적 기반이 되었다.

성종은 국가의 오랜 폐단을 제거하고 국정을 쇄신하기 위하여 중앙의 5품 이상의 관리들로 하여금 글을 올려 시정에 대하여 비판하고 정책을 건의하도록 하였다

(2) 성종의 중앙집권화정책

① **최승로의 시무 28조 채택** : 최승로는 유교사상에 입각한 시무 28조를 올려 유교의 진흥을 강력히 요구하고, 태조로부터 경종에 이르는 5대조의 치적에 대한

잘잘못을 비판하여 교훈으로 삼도록 하였다. 성종은 최승로의 건의를 받아들여 유교적 정치사상에 입각한 정치를 추진하게 되었다.

② **지방관 파견** : 지방에 **12목**을 설치하여 지방세력의 발호를 막고, 백성들을 보살피게 하였다.

③ **향리제도 마련** : 향리제도를 마련하여 지방세력가들이 농민을 괴롭히는 일이 없도록 하였다.

④ **유학교육 진흥** : 중앙에 **국자감**을 설립하고(992), 지방에는 **경학박사**와 **의학박사**를 파견하여 유학교육의 진흥에도 힘썼다. 아울러 과거제도를 정비하여 유학에 조예가 깊은 인재들이 정치에 참여할 수 있도록 하였다.

⑤ **중앙통치기구 개편** : 당의 제도를 모방한 3성 6부제를 기반으로 하고, 태봉과 신라의 제도를 참작하여 중앙관제를 정비하였고 뒤에 중추원과 삼사를 설치하고, 또 고려 실정에 맞게 **도병마사**와 **식목도감**을 설치함으로써 고려만의 독특한 정치제체를 마련하였다.

4. 중앙의 통치조직

(1) 정비과정

고려의 중앙관제는 성종 때 2성 6부, 중추원, 삼사 등의 중요기구가 설치되었고, 그 후 점차 정비되어 문종 때에 이르러 완성되었다.

(2) 중앙관제

① **2省6部** : 중서문하성(내사문하성)은 2품 이상의 **재신**과 3품 이하의 **낭사**(간관)로 구성되었으며, 수상은 **문하시중**이었다. 재신은 백관을 통솔하고 국가의 중요정책을 의논, 결정하는 기능을 가졌으며, 낭사는 간쟁과 봉박, 서경의 기능을 맡았다. 상서성 밑에는 이 · 병 · 호 · 형 · 예 · 공의 6부를 두어 실제 행정을 담당케 하였는데, 각부의 장관을 **상서**(尙書)라 하였다.

② **중추원(中樞院)** : 중서문하성을 재부, 중추원을 추부라 하여 양자를 합하여 양부(재추)라고도 하는데, 중추원은 군국기무를 관장하는 2품 이상인 **추밀**과 왕

명출납을 맡은 3품의 **승선**으로 구성되었다.

③ **삼사(三司)** : 화폐와 곡식의 출납 및 회계를 맡은 기관이다. 중추원과 함께 송의 제도를 본따 만든 것이었으나 송과는 달리 단순한 회계기관에 불과하였다.

④ **회의기관** : 양부(재추)의 고관인 재신과 추밀이 함께 모여 국가의 중대사를 결정짓는 회의기관으로 **도병마사**와 **식목도감**이 있었는데 이들은 고려 자체의 필요에 의해서 만든 독창적 기관이기도 하였다. 이러한 회의기관의 존재는 고려 귀족정치의 특징을 잘 나타내 주는 것이다.

㉠ **도병마사** : 도병마사는 국방문제와 국가의 중요정책을 협의 결정하였는데, 고려 후기에 이르러 도평의사사로 개칭되면서 국가의 최고기관으로 발전하여 도당(都堂)이라고도 불리었다.

㉡ **식목도감** : 대내적인 법제와 격식문제를 다루던 회의기관이었다.

⑤ **어사대(御史臺)** : 시정의 논의와 관리의 규찰, 탄핵을 담당하였고, 왕권의 견제를 위해 관리의 임명이나 법령의 개폐시에는 어사대와 중서문하성의 낭사로 구성되는 대성(대간)에서 서경(署經)하는 제도가 있었다.

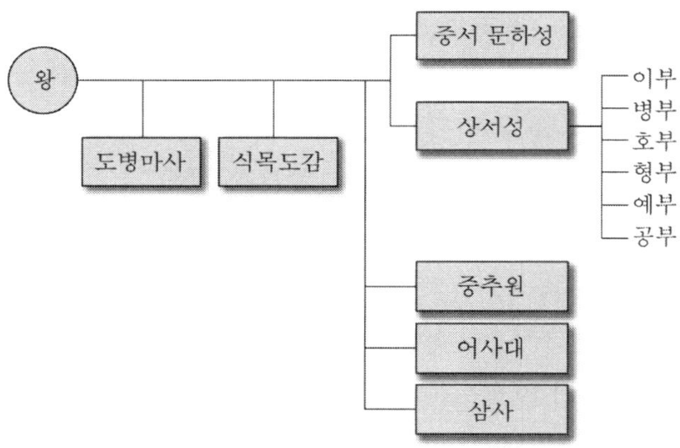

고려의 중앙관제

(3) 고려 정치제도의 특징

① 고려의 정치제도에서는 중앙집권화를 위하여 국왕에게 정부기구를 통할하는 권한을 주었다.

② 정치권력은 귀족들이 독점하고 있는 중서문하성과 중추원의 **재신**과 **추밀**에게 집중시켰다.

③ 대성이 간쟁과 서경의 권한을 가지도록 함으로써 국왕과 귀족 사이에 권력의 조화를 이룰 수 있도록 하였다.

5. 지방의 행정조직

(1) 정비과정

지방의 행정 조직도 성종 초부터 정비되기 시작하였다. 전국을 **5도**와 **양계**, **경기**로 크게 나누고, 그 안에 3경, 4도호부, 8목을 비롯하여 군·현·진 등을 설치하였다.

Side Check

◈ 3경과 도호부

1. 3경
   - 개경 · 서경 · 동경(경주)→뒤에 동경 대신에 남경(서울)
   - 서경에 분사제도 설치(왕이 서경에 머무를 때 정무를 수행하기 위한 제도)
   - 풍수설과 밀접한 관련

2. 도호부 — 군사적 방비의 중심적인 역할을 맡은 곳

(2) 5도 양계

① **5도** : 현종 9년 거란의 재침입에 대비하여 경기를 제외한 서해·교주·양광·경상·전라도에 5도를 두었고, 그 장관은 **안찰사(按察使)**였다.

㉠ **주·군·현** : 주와 군에는 **지사**, 현에는 **현령**을 두어 다스리게 하였으며, 현 밑에는 촌이 있었다. 현까지는 중앙에서 지방관을 파견하는 것이 원칙이었지만, 지방관이 파견되지 않은 속현(屬縣)이 더 많았으며, 이러한 속현은 지방관이 파견된 주현에서 관할하였다. 군현에는 호장, 부호장 등의 **향리**가 말단행정을 담당하였으며 주현 뿐 아니라 속현이나 부곡에도 설치되었다. 이들은 조세, 공물의 징수와 요역 징발의 사무를 맡았다.

㉡ **향・소・부곡** : 특별행정구역으로서 향, 소, 부곡이 있었는데 향・부곡(신라 때 발생)은 농경에 종사하고, 소(고려 때 발생)는 특정공납품을 만들어 바쳤다.

② **양계** : 군사적인 목적으로 행정구역을 편성하였는데 북계(北界)와 동계(東界)를 두었고 장관은 **병마사**(兵馬使)였다. 양계의 중요 군사요지에는 진을 설치하였다.

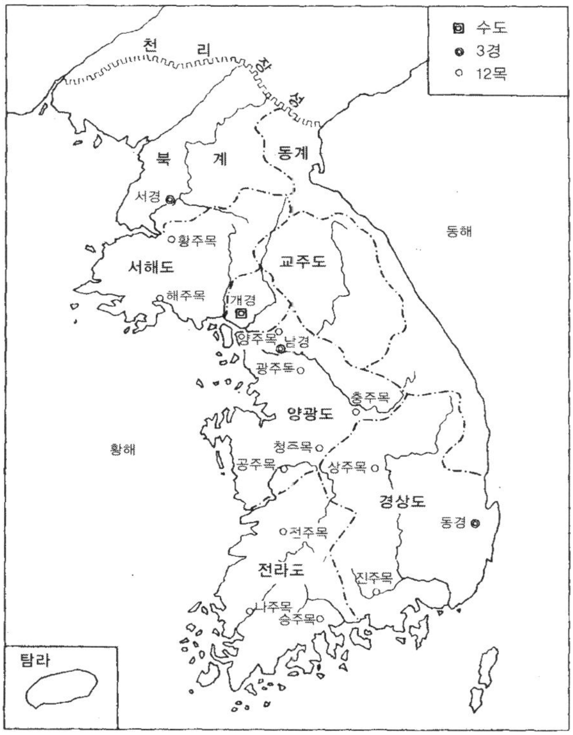

5도 양계

(3) 특별행정구역

특별행정구역인 향・소・부곡은 일반 군현에 비해서 천대받았기 때문에 이곳의 사람들 역시 천대받았다.

① **향・부곡** : 농사를 주로 하는 농민들의 거주지였다.

② **소** : 국가가 필요로 하는 금·은·구리·철 등의 원료와 종이·먹·도자기 등의 공납품을 만들어 바치는 공장들의 집단거주지였다.

③ 속현과 향·부곡·소 등 특별행정구역은 주현을 통하여 간접적으로 중앙정부의 통제를 받고 있었다. 조세나 공물의 징수와 노역 징발 등 실제적인 행정사무는 향리가 담당하였다.

Side Check

◈ 고려의 지방행정 조직

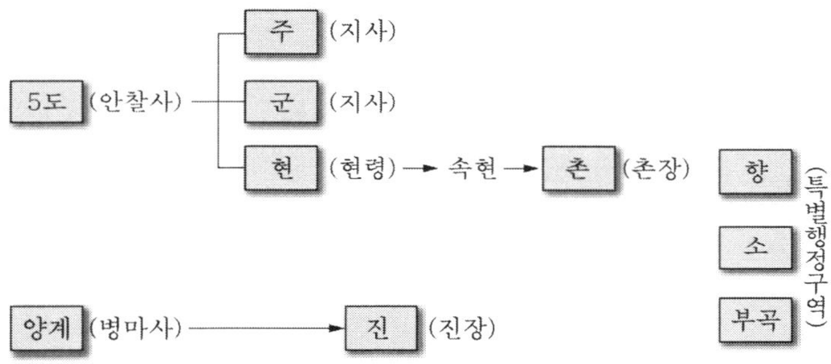

6. 군사조직

고려의 군사조직은 당의 부병제를 모방한 농·병 일치를 원칙으로 하였으며, 중앙군과 지방군의 2원적 조직을 이루었다.

(1) 중앙군과 지방군

① **중앙군(2군 6위)** : 중앙에는 왕의 친위군인 응양군(鷹揚軍), 용호군(龍虎軍)의 2군과 수도경비와 국경방어임무를 맡은 6위를 두었다. 이들 부대에는 상장군, 대장군 등의 무관을 두어 지휘하게 하였다. 2군 6위의 상장군, 대장군으로 구성되는 군사최고회의기구인 **중방**에서 군사문제를 다루었는데, 중방은 무신정변 이후 권력의 중추기구가 되었다.

② **지방군** : 지방에는 주현군과 주진군이 있었다. 주현군은 자기토지를 경작하

면서 지방의 방위와 노역에 동원되었으며, 양계에 배치된 주진군은 초군, 좌군, 우군으로 구성된 상비군으로서 그 최고지휘관을 도령이라 하였다.

(2) 특수부대

① **광군** : 정종 때 거란의 침입을 방어하기 위해 조직된 부대

② **별무반** : 숙종 때 윤관의 주장으로 **여진족**의 정벌을 위해 편성된 군대

③ **연호군(烟戶軍)** : 양인, 천민의 혼합군대

④ **삼별초** : 최씨무인정권의 사병집단화된 부대로 **대몽항쟁**에 있어서 중추적 역할을 담당

⑤ **일품군** : 5도에 설치, 공역(工役)에 동원되는 노동부대

Side Check

◈ 고려의 군사조직

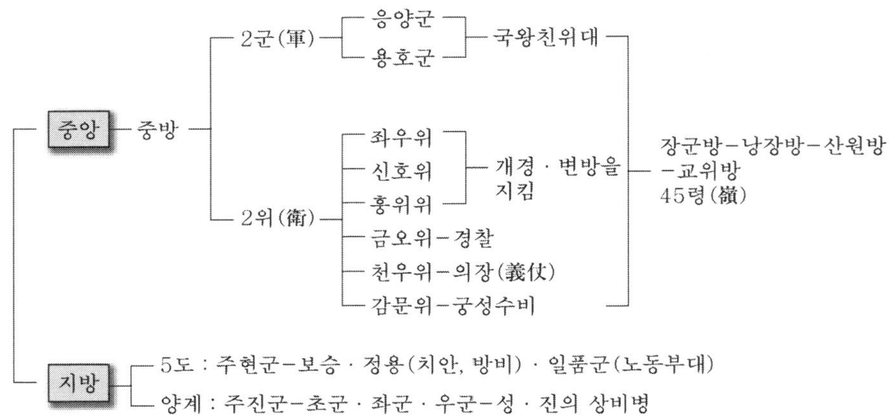

제 2 항 문벌귀족사회의 성립과 동요

1. 문벌귀족사회의 성립

(1) 새로운 지배세력의 형성

① **지방호족 출신** : 종래의 독자적 지위를 상실하고 중앙의 정치무대로 진출하여 중앙관료로 변신하였다.

② **신라 6두품 계통의 유학자들** : 성종의 숭유정책에 힘입어 정치의 주도세력으로 성장하였다.

(2) 문벌귀족사회의 성립

이들 지배세력은 성종 이후 그 기반이 다져져 하나의 사회계층으로 정착하였다. 이들의 자손들도 대를 이어 고위관리가 되어 중앙정치에 참여하면서 문벌을 형성하였으며, 이들 문벌의 자손들은 **과거**나 **음서**를 통하여 관리가 될 수 있는 특권을 누리고 있었다.

2. 문벌귀족사회의 모순

(1) 귀족사회의 모순

문벌귀족사회의 전성기였던 문종 대를 지나 인종 대에 이르는 시기에 귀족사회 내부에서는 점차 모순들이 축적되었다.

① **정치권력의 독점** : 문벌귀족들은 과거와 음서를 통하여 관직을 독점하고, 정치권력을 장악하였다.

② **경제적 특권의 확대** : 관직에 따라 **과전**을 지급받고, 또 **공음전** 및 **사전**(賜田)의 혜택을 받은 데다가 권력을 이용해서 불법적으로 개인이나 국가의 토지를

겸병하였다.

(2) 귀족사회의 내부분열

정치권력의 독점과 경제적 특권의 확대를 둘러싸고 문벌귀족사회 내부에서 분열이 발생하였다. 귀족사회의 모순으로 나타난 내부분열은 전통적 문벌귀족과 지방출신의 신진관료세력 사이의 대립으로 나타났는데, 그 대표적인 사건이 **이자겸의 난**과 **묘청의 서경천도운동**이었다.

3. 이자겸의 난(인종, 1126)

(1) 원인과 배경

① **문벌 중시의 사회적 풍토** : 문벌귀족사회가 전개되면서 문벌귀족들은 왕실과 그들 상호간의 폐쇄적인 혼인관계 및 통혼을 추구하여 자신들의 문벌을 높이고 정권장악을 시도하였다.

② **경원 이씨의 발호** : 당시 대표적인 문벌인 **경원 이씨**(慶源李氏)는 이자연의 딸이 문종의 왕비가 된 이래, 이자연의 손자인 이자겸은 예종과 인종의 계속된 외척으로 그들의 세력을 확대시켜 왕권을 능가하게 될 정도였다.

(2) 경 과

인종은 이자겸의 확대된 세력을 염려하여 그를 제거하려 하였으나, 이자겸은 척준경(拓俊京)과 함께 군대를 이끌고 궁궐로 들어가 인종을 가두고 독살하려고까지 하였다(1126). 그러나 이자겸과 척준경의 불화가 생기자 인종은 척준경을 달래어 이자겸을 제거하였고, 얼마 후 척준경도 정지상의 탄핵으로 축출되었다.

(3) 결 과

① **경원 이씨의 몰락** : 문종 때부터 인종 때까지 7대 80여 년간 전횡을 일삼던 경원 이씨는 완전히 몰락하였다.

② **민심의 동요** : 정치적으로 기강이 해이해진 것은 물론 민심도 크게 동요하

였다.

③ **풍수지리설의 유행** : 전국 각지에서 풍수지리설(風水地理說)이 유행하여 서경천도운동의 원인이 되기도 하였다.

④ **문벌귀족 붕괴의 발단** : 이자겸의 난은 고려전기의 문벌귀족사회가 붕괴되는 발단이 되었다.

4. 묘청의 서경천도운동(인종, 1135)

(1) 원인과 배경

① **서경천도운동** : 이자겸의 난으로 궁궐이 불타고 많은 인명이 살상되자, 민심은 동요하여 **풍수지리설**에 입각한 서경천도의 여론이 일어났다.

② **금국정벌론(金國征伐論)** : 금에 대하여 사대주의 외교정책을 하는 것에 불만을 가진 서경파는 대화궁(大花宮)을 짓고 **금국정벌**과 **칭제건원**을 주장하였으나, 김부식 등 보수적인 개경파는 금과의 충돌이 송에게 이용당하는 것이라 하여 반대하였다.

(2) 결 과

서경파와 개경파의 대립이 계속되어 서경천도가 불가능하게 되자, 묘청은 정지상(鄭知常) 등과 반란을 일으키고 국호를 **대위**(大爲), 연호를 **천개**(天開), 군대를 천견충의군(天遣充義軍)이라 하며 난을 일으켰다(1135). 그러나 김부식이 이끈 관군에게 진압되어 서경천도운동은 실패로 끝나고 말았다.

(3) 영 향

① **숭문경무 풍조의 확대** : 반란이 실패로 돌아가자 김부식을 위시한 개경중심의 보수적인 문신들의 세력기반이 더욱 공고해졌으며 숭문경무의 풍조가 확대되었다.

② **분사제도의 폐지** : 난의 실패로 서경의 위상이 실추되어 성종 때 두었던 분사제도가 폐지되었다.

(4) 성격 및 의의

① **귀족사회의 내부적 모순의 결과** : 묘청의 난은 문벌귀족사회 내부의 분열과 지역세력간의 대립에서 나타난 결과이다.

② **자주적인 전통사상과 보수적 유교정치사상과의 충돌** : 풍수지리설이 결부된 자주적인 전통사상과 보수적 유교정치사상 사이의 충돌에서 빚어진 사건으로서 고구려 계승이념에 대한 이견 등이 복합적으로 얽혀 있었다.

③ **의의** : 이자겸의 난과 묘청의 서경천도운동은 귀족사회의 폐단과 모순을 드러낸 것이었으며, 정권을 장악한 김부식 등 보수적 문벌귀족들은 자신의 세력을 더욱 강화하여 문신위주의 문벌귀족체제를 굳혀 감으로써 마침내 **무신정변**이 일어나는 배경이 되었다.

Side Check

◈ 서경파와 개경파

서경파	개경파	서경파	개경파
신진관료세력	문벌귀족세력	북진주의	사대주의
지방귀족	개경귀족	고구려 계승의식	신라 계승의식
풍수지리, 불교	유교사상	묘청, 정지상, 백수한	김부식, 김인존 등

㉾ 단재 신채호의 묘청의 난에 대한 평가 : 「조선사연구초」에서 '조선 역사상 1천년래 제1대 사건'이라 하여 자주성을 높이 평가하였다.

제 3 항 무신정권시대

1. 무신정변(武臣政變, 1170)

(1) 배경 및 원인

① **숭문천무의 풍조** : 문벌귀족사회에 있어 숭문천무의 풍조는 무신에 대한 상대적 차별과 토지분배의 차별 및 정치적, 경제적 불이익을 가져왔다.

② **군인들의 생활고** : 군인들은 전투와 노역에 시달린 데다가 군인전도 제대로 지급받지 못함으로써 생활고를 겪게 되어 불평과 불만이 쌓이고 있었다.

③ **무신들의 불만 고조** : 의종이 정치를 제대로 하지 못한데다가 의종의 총애를 받던 문신들이 무신들을 멸시하는 등 무인들의 반감이 서서히 고조되어 갔다.

(2) 경 과

정중부(鄭仲夫), 이의방(李義方), 이고(李高) 등 무신들은 의종이 보현원(普賢院)에 놀러갔을 때 문신들의 멸시 등이 직접적인 화근이 되어 정변을 일으켰다. 정변으로 집권한 무신들은 문신을 죽이고, 의종을 폐하여 거제도로 유배시켰으며, 이어 실권이 없는 명종을 즉위시켜 정권을 독점하였다(庚寅의 亂, 1170).

(3) 무신정권의 성립

① **중방정치** : 무신정변으로 문신중심의 정치조직은 그 기능을 상실하고 이를 대신하여 무신들의 최고회의기관인 **중방**(重房)을 중심으로 한 중방정치가 이루어졌다.

② **무신의 집권** : 무신들은 문신들이 지내던 고관요직을 모두 차지하고, 사전과 노비를 늘리고, 사병집단을 두어 권력쟁탈전을 벌였다.

(4) 무신정권의 변화

① **정중부의 중방정치**(1170~1179) : 이고 · 이의방 등을 제거한 정중부는 중방을 통하여 독재권을 행사하였다.

② **경대승의 도방정치**(1179~1183) : 정중부를 제거한 경대승은 자신의 호위를 위한 사병집단인 도방(都房)을 설치하였으나 집권 5년만에 병사하였다.

③ **이의민의 집권**(1183~1196) : 경대승이 병사하자 이의민은 정권을 잡은 후 횡포를 부리다가 최충헌에게 피살되었다.

④ **최충헌의 집권**(1196~1225) : 이의민을 제거한 최충헌은 무신간의 정권쟁탈전을 수습하고 강력한 독재정치를 이룩하여 최씨정권의 기반을 마련하였다.

(5) 의 의

① **문벌귀족사회의 붕괴** : 무신정변이 진행되는 동안 정치적으로는 왕권이 약화되고 문벌귀족사회가 붕괴되어 귀족사회에서 **관료사회**로 전환하는 계기가 되었다.

② **전시과체제의 붕괴** : 경제적으로 전시과체제가 붕괴되어 **사전**과 **농장이 확대**되었다.

③ **신분질서의 동요** : 사회적으로는 **하극상 풍조**가 만연하여 신분질서가 동요되었다.

④ **조계종의 발달 및 패관문학의 발생** : 불교계에서는 **조계종**이 발달하였으며 패관문학과 시조가 발생하는 등 사상과 학문상에도 많은 변화가 있었다.

Side Check

◈ 무신정권의 변천

연대	명종 (1170)	명종 (1179)	명종 (1183)	명종 (1196)	고종 (1219)	고종 (1249)	고종 (1257)	고종 (1258)	원종 (1268~70)
집권자	정중부	경대승	이의민	최충헌	최우	최항	최의	김준	임 연 임유무
정치방법	중방정치	도방정치	중방정치	교정도감 도방	교정도감, 정방, 서방, 삼별초			교정도감 정방	교정도감 정방

2. 사회의 동요

(1) 무신정권에 대한 항거

① **김보당(金甫當)의 난(1173)** : 동북면 병마사였던 김보당은 거제도에서 경주로 의종을 탈출시켜 복위를 꾀하려다가 실패하고, 이 때 정중부는 제2차 문신학살을 자행하였다(癸巳의 亂).

② **조위총(趙位寵)의 난(1174)** : 서경 유수 조위총 등이 자비령 이북 40여 성의 지원을 받아 중앙의 무신들에게 3년간 항거하였으나 실패하였다.

③ **교종(敎宗)의 반발** : 문신과 연결되어 있던 개경의 귀법사, 중광사의 승려들

은 문신귀족과 연결되어 무신들에게 반발하였으나 진압되었다.

(2) 농민과 천민의 난(신분해방운동)

천민과 노비들은 신분해방을 외치며 봉기하였는데 망이·망소이의 난, 전주 관노들의 난 등이 대표적이다.

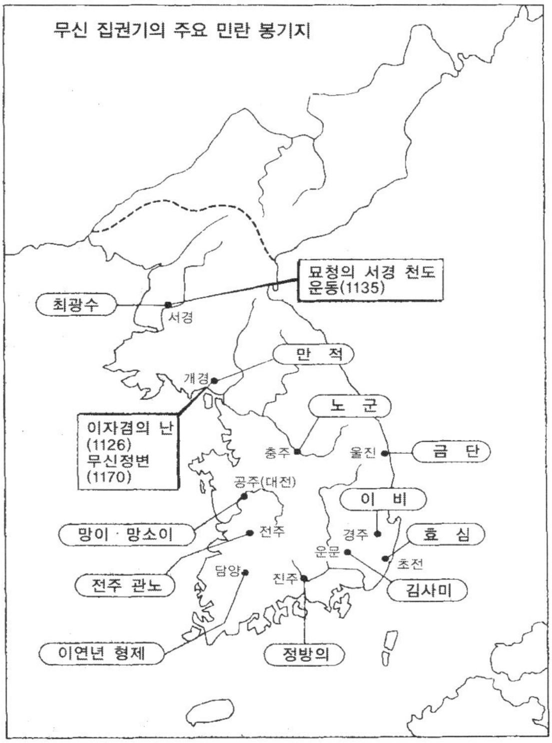

사회의 동요

① **명학소의 난**(1176) : 공주 명학소에서 **망이**(亡伊)·**망소이**(亡所伊)가 신분해방을 목적으로 반란을 일으켜, 중앙으로부터 **충순현**으로 승격시키는 등의 회유를 받았고, 향·소·부곡 해방의 계기가 되었다.

② **김사미와 효심의 난**(1193) : 김사미(金沙彌)는 운문(청도)에서 효심은 초전(울산)에서 유민을 모아 난을 일으켰는데 신라부흥을 내세웠다.

③ **만적의 난**(1198) : 최충헌의 가노(家奴) 만적이 개경에서 노비를 모아 놓고 천민 **신분해방운동**을 벌였으나 사전에 동료의 밀고로 실패하였다.

Side Check

◈ 만적의 선동 연설

만적은 신종 원년(1198), 개경 북산에 공·사노비들을 모아 놓고 "국가에서 경계(庚癸)이래 공경대부는 천예 속에서 많이 일어났다. 장상(將相)이 어찌 씨가 따로 있으랴, 때가 오면 누구나 할 수 있는 것이다.…… 각기 그 주인을 죽이고 천적(賤籍)을 불살라서 삼한으로 하여금 천인이 없게 하면 공경장상(公卿將相)은 우리들이 모두 할 수 있다."라고 외쳤다.

④ **전주관노의 난(1182)** : 전주에서는 관노들이 관군과 합세하여 반란을 일으켰다.
⑤ **이비의 난(1203)** : 이비 · 발좌는 **신라 부흥**을 외치며 동경에서 난을 일으켰다.
⑥ **최광수의 난(1217)** : 서경에서 **고구려 부흥운동**을 전개하였다.
⑦ **이연년의 난(1237)** : 전라도 담양에서 **백제 부흥운동**을 전개하였다.

(3) 결 과

이러한 사회적 동요는 당시 하극상의 풍조와 함께 혼란한 사회상의 반영이라 할 수 있으며 그 결과 중앙의 통제력은 점차 약화되어 갔다.

3. 최씨 정권시대

(1) 최씨 정권의 성립

① **최충헌의 전제정치** : 최충헌은 정권을 잡자 강력한 전제정치로 정권의 안정을 다짐으로써 무신정권 초기의 혼란을 수습하였다.
② **최씨 정권의 기반확립** : 4대(충헌, 우, 항, 의) 60여년간

(2) 최충헌의 집권(1196~1225)

최충헌은 그의 동생 최충수와 함께 이의민을 타도하고 정권을 장악하여 최씨 정권 60년의 막을 열었다.

① **교정도감 · 도방 설치** : 최씨 정권의 최고 집정부의 구실을 한 기관은 **교정도감**(장 : 교정별감)이었다. 최충헌은 또 자신의 신변경호를 위해 도방을 설치하였는데, 이는 삼별초와 함께 최씨 정권을 유지하는 군사적 기반이 되었다.

② **정치개혁 실시** : 토지의 겸병과 승려들의 고리대업 금지, 조세제도의 개혁 등을 주요 내용으로 한 봉사 10조(奉事十條)를 제시하였다.

Side Check

> ❖ 최충헌의 봉사 10조(奉事十條)
> 1. 새(新) 궁궐로 옮길 것
> 2. 용관(冗官 : 쓸데없는 벼슬아치)의 철폐
> 3. 농민으로부터 빼앗은 토지를 돌려줄 것
> 4. 선량한 관리를 임명할 것
> 5. 승려의 고리대업을 금할 것
> 6. 탐관오리를 징벌할 것
> 7. 관리의 사치를 금할 것
> 8. 함부로 사찰을 건립하는 것을 금할 것
> 9. 지방관의 공물진상을 금할 것
> 10. 신하의 간언을 용납할 것

③ **최씨 정권의 경제적 기반** : 최씨 정권을 독자적인 지배기구와 막대한 사병을 유지하기 위하여 진주지방을 식읍으로 차지하였다.

④ **사원의 탄압** : 최씨 정권은 교종세력에 대항하기 위하여 새로이 성립한 선종 계열의 조계종(曹溪宗)을 후원하여 최씨 정권에 대항하는 문신과 승려들을 탄압하였다.

(3) 최우 집권(1225~1249)

① **정방의 설치** : 최충헌의 아들인 최우는 독자적인 인사행정기구인 **정방**을 자기 집에 설치하여 문・무관의 인사권을 장악하였다.

② **문신의 우대** : 최우는 문인들의 숙위기관인 **서방**을 두어 문신을 우대하였는데, 이인로・이규보・최자 등이 활동하였다.

③ **삼별초의 조직** : 방범과 치안을 담당하는 야별초(夜別抄)를 다시 좌・우별초(左・右別抄)로 나누고 대몽항쟁 때 포로로 잡혔다가 되돌아온 자를 모아 신의군(信義軍)을 조직하였다. 좌・우별초, 신의군을 통칭하여 **삼별초**라고 하였다.

④ **강화도 천도** : 대몽항전을 수행하기 위하여 강화도로 천도하였다.

⑤ **8만대장경의 조판** : 불력으로써 국난을 극복하기 위하여 **8만대장경**이 조판되었다.

Side Check

> ◈ 최씨 정권시대(4대 60여년간)
> 1. 정치적 기반 : 교정도감, 정방
> 2. 군사적 기반 : 도방, 삼별초
> 3. 경제적 기반 : 광대한 농장(전시과의 붕괴)

제 4 항 대외관계의 변천

1. 북진정책과 친송정책

고려의 기본적인 외교정책 방향은 **북진정책**과 **친송정책**으로 진행되었다. 광종 때 송과 정식으로 수교한 후 양국은 긴밀한 관계를 유지하였고, 송은 고려와 제휴하여 거란족을 경계하려 하였다.

(1) 고려의 친송정책

광종 때 송과 국교를 체결(962)한 후 거란을 견제하고자 친송정책을 추진하였다. 고려는 주로 선진문화를 흡수하고자 **경제적 · 문화적인 목적**에서 친선관계를 유지한 반면, 송은 북방민족(거란, 여진)에 대항하려는 군사적 · 정치적인 의도에서 친교를 맺게 되었다.

(2) 고려, 송, 거란(요)의 관계

송이 중국을 통일하고 거란과 대치하자, 광종은 송과 제휴하여 거란(요)을 견제하는 정책을 폈으며, 거란은 송과 친교를 맺고 북진정책을 추진하고 있던 고려를 항상 경계하였다. 따라서 북진정책을 추진하는 고려와 국경을 맞대고 있던 거란과의 충돌은 불가피하였다.

(3) 정안국(定安國)의 출현

발해가 망한 뒤 그 유민들이 일찍이 고구려가 흥기하였던 압록강 중류지역에 정안국을 세우고 고려의 북진정책과 거란의 동진정책 사이에서 그 세력을 보존하고자 송과 자주 접촉하였으므로 거란은 한층 자극을 받았다.

2. 거란의 침입과 격퇴

(1) 거란의 고려 침입 배경

거란의 원래 공격목표는 송이었으나, 배후의 견제세력을 없애기 위해 정안국과 고려의 항복을 받으려 하였다. 그래서 거란(요)의 성종은 먼저 정안국을 토벌한 다음, 여러 차례에 걸쳐 고려에 침입하여 왔다.

(2) 제1차 침입(993)

고려의 거란에 대한 강경책과 송과의 수교 등으로 자극을 받은 거란은 국호를 요(遼)라 고치고 정안국을 정벌한 다음 고려의 친송정책을 이유로 성종 때 소손녕이 80만 대군으로 침입해 왔다. 고려는 서희(徐熙)로 하여금 안융진(만주)에서 담판을 하게 하였으며, **서희의 외교 담판**으로 거란군은 고려가 송과의 관계를 끊고 거란을 적대시하지 않는다는 조건으로 철수하였고, 고려는 **강동 6주**(江東六州)를 설치하여 압록강까지 영토를 확장하였다.

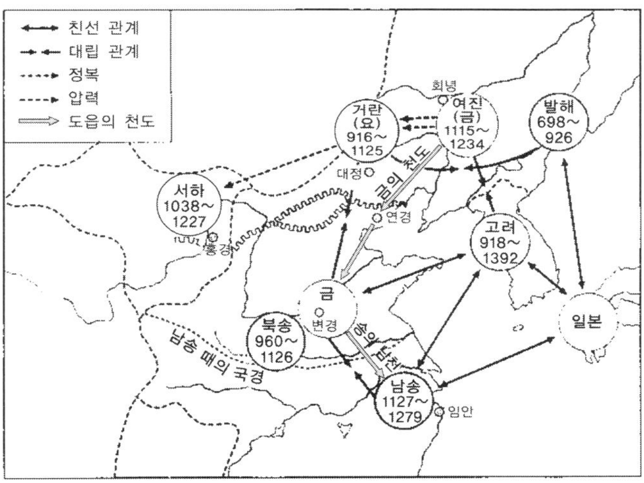

10~12세기 동아시아의 외교관계

(3) 제2차 침입(1010)

고려가 송과의 외교관계를 끊지 않고 요와의 외교관계 수립을 지연시키자, 요의 성종은 40만 대군을 이끌고 **강조의 정변**을 트집잡아 침입해 왔다. 강조가 패하여 개경까지 함락되었으나, **양규** 등이 선전하여 거란군은 더 이상 진격하지 못하였다. 퇴로가 차단될 것을 두려워한 거란의 성종은 고려측이 강화를 요청해 오자, 현종의 친조를 조건으로 물러갔다.

> ◈ 강조(康兆)의 정변
> 성종의 사후 목종이 즉위하였으나 목종의 생모 천추왕후가 섭정하면서 외척인 김치양과 사통해 사생아를 낳았는데, 그를 목종의 후사로 삼으려고 음모를 꾸미자 이에 목종은 대량군 순(詢)을 후사로 삼고자 서북면 도순검사 강조에게 호위를 명했으나 강조는 입경하여 김치양, 천추왕후를 제거하고 목종까지 폐하여 대량군을 즉위시켰는데 이를 강조의 정변이라고 한다.

(4) 제3차 침입(1018)

고려는 2차 침입 때 강화의 조건으로 친조(親朝)를 약속하였으나, 강동 6주의 반환을 거부하는 등 그들의 요구를 이행하지 않자 소배압(蕭排押)을 장수로 하는 10만 거란군이 개경 근처까지 침입해 왔다. 고려의 협공으로 거란은 후퇴하다가 귀주에서 강감찬 장군에게 섬멸당하였다(**귀주대첩**).

(5) 거란 침입의 영향

① **나성의 축조** : 국방강화를 위하여 강감찬의 주장으로 이가도가 개경에 나성을 쌓아 성곽도시로 만들었다.

② **천리장성의 축조** : 덕종 때 유소에 의하여 압록강 어귀에서 동해안의 도련포에 이르는 천리장성을 쌓았다(1044). 이 장성의 축조는 **거란** 뿐만 아니라 **여진**의 침입을 방어하려는 목적도 있었다.

③ **세력의 균형** : 고려와 송과 거란의 3국관계는 균형을 유지해 나갔다.

④ **대장경의 조판** : 불력(佛力)에 의하여 외적을 물리치고자 현종 때 대장경을

착수하여 문종 때 완성하였다(초조대장경). 이 초조대장경은 몽고의 3차 침입 때 소실되었다.

⑤ **7대실록의 편찬** : 현종 대(代)에 태조에서 목종에 이르는 7대실록이 편찬되었으나 현존하지는 않는다.

3. 여진정벌과 동북 9성

(1) 초기의 여진족

숙신 또는 말갈이라 부르던 만주족으로 일찍이 고려와 발해의 지배를 받다가 발해가 망한 후, 부족상태로 할거하면서 고려를 부모국(上國)으로 섬겼다. 고려는 이들을 무마하고자 식량과 포목 등을 주는 한편 귀화를 장려하기도 하였다.

(2) 여진족과의 충돌

만주 하얼빈지방에서 일어난 완옌부의 추장 영가는 11세기 말 숙종 때 북간도 지방을 차지하였고, 12세기 초 우야소 때에는 그 세력을 남으로 함흥까지 뻗쳐 정주에서 고려군과 충돌하였다. 이에 숙종은 여진 정벌군을 파견하였으나, 뜻밖에도 고려군은 패하고 말았다.

(3) 윤관의 여진정벌과 9성축조

① 별무반 편성 : 기병인 여진족의 부대를 보병만으로 막는데 실패한 고려는 숙종 때 기병인 신기군(神騎軍), 승병인 항마군(降魔軍), 보병인 신보군(神步軍) 등으로 구성된 별무반을 조직하였다.

② 동북 9성의 축조 : 예종 때(1107) 윤관은 별무반을 이끌고 함경도 일대의 여진족을 토벌하여 북방으로 쫓아버리고 9성을 쌓았으며 그 결과 고려의 영토는 북방으로 크게 확대되었다.

③ 9성의 환부 : 거처를 잃은 여진족이 계속하여 침입해 왔기 때문에 9성의 수비가 어려웠을 뿐만 아니라, 조공을 바치겠다는 조건으로 9성의 환부를 애원해 왔고, 또 서북에는 거란세력이 있었으므로 고려는 동북의 여진족 토벌에만 전 국

력을 기울일 수 없어 9성을 쌓은 지 1년만에 돌려주고 말았다.

Side Check

◈ 9성의 위치
윤관은 여진족을 내쫓고 그 지역에 함주, 영주, 웅주, 길주, 복주, 공험진, 숭녕진, 통태진, 진양진의 성을 쌓고, 적극적인 영토확장책의 일환으로 사민을 실시하기도 하였다. 9성의 위치에 대해서는 길주 지방설과 두만강 유역설 등이 있다.

(4) 금(金)과의 외교

여진족은 그 후 세력을 강화하여 만주 일대를 장악한 후 국호를 금으로 고치고, 거란과 북송을 차례로 멸망시키고 고려에 군신관계를 강요해 왔고, 이에 고려는 인종 4년(1126)에 금과 사대관계를 맺었다.

(5) 결 과

고려의 북진정책은 사실상 좌절되고 국내적으로 귀족사회의 모순을 심화시켜 이자겸의 난과 묘청의 난이 일어나는 원인이 되기도 하였다.

4. 몽고와의 접촉

(1) 국제정세

최씨 정권이 안정되어갈 무렵, 북쪽의 금에서는 거란족이 내란을 일으켜 대요수국(大遼收國)을 세우고 몽고지방에서는 칭기즈칸이 부족을 통일하여(1206) 만주로 진출하였다. 이 무렵, 금에서는 반란세력 일부가 두만강 유역에 동진국(東眞國)을 세우는 등 만주지역은 어수선하였다.

Side Check

◈ 동진국
거란족의 내란으로 금이 쇠퇴하자, 포선만노가 여진족의 후신으로 동진국을 세웠다.

◈ 거란장
고려가 거란을 토벌한 후 거란 포로들을 각 주와 군에 분송하여 토지를 주어 농사를 짓게 한 거란인들의 집단 거주지를 말한다.

(2) 강동의 역

고종 초에 몽고에 쫓긴 거란족이 고려에 침입하여 제천 방면까지 들어왔으나 김취려(金就礪)에게 대패하여 쫓겨갔다. 그 후 다시 침입해 왔으나 고려 군에게 쫓겨 강동성에서 포위당하였다. 이 때 고려는 거란족을 추격하여 온 몽고군 및 동진국 군대와 연합하여 강동성을 함락하였다(1218). 이를 **강동의 역**(江東의 役)이라 하며 고려와 몽고의 첫 접촉이었다.

5. 몽고와의 전쟁

(1) 몽고의 침입

① **1차 침입(1231)** : 몽고는 거란을 토벌한 대가로 공물을 요구하여 고려는 이를 받아들였으나, 몽고사신 저고여(著古輿)가 국경지대에서 피살 당한 사건을 구실로 몽고의 장수 **살리타**(撒禮塔)가 침입해 왔다. 그러나 의주를 힘겹게 점령한 몽고군은 귀주를 공격하였으나 **박서**가 굳게 지킴으로써 뜻을 이루지 못하고 다른 길로 개경을 포위하자 당황한 무신정권은 몽고의 요청대로 강화를 맺음으로써 몽고군은 물러갔다. 이 때 다루가치가 설치되었다.

② **강화천도** : 몽고가 고려에 무리한 조공을 요구해 오자 고려는 수도를 **강화**로 옮기고 장기 항몽태세를 갖추었다.

③ **2차 침입(1232)** : 강화천도를 구실로 살리타가 다시 침입해 왔으나, 처인성(용인)에서 승장 **김윤후**(金允侯)에게 피살되어 철수하였다.

④ **3차 침입(1235)** : 당올대가 침입하여 전주-대구-경주까지 유린하고, 부인사의 **초조대장경**을 비롯하여 **황룡사 9층탑** 등 귀중한 문화재가 많이 소실되었다.

⑤ **40여년간의 항쟁** : 그 후에도 몽고는 4·5·6·7차에 걸쳐 침입해 왔으며 계속되는 몽고의 침략으로 인해 국토는 황폐화되어 백성들의 생활은 도탄에 빠

지게 되었다. 그럼에도 불구하고 최씨 정권은 농민에 대한 적극적인 보호대책을 서두르기는커녕, 가혹한 수탈로 농촌경제가 파탄할 지경에 이르게 되었다.

⑥ **민중의 대몽항쟁** : 고려가 몽고의 침략을 물리칠 수 있었던 것은 일반 민중들이 침략군에 대항해서 용감히 싸웠기 때문이었다. 특히 사회적으로 천대받던 노비와 천민들까지도 용감히 싸워 관악산, 충주 등지에서 큰 전과를 올렸다.

(2) 최씨 정권의 몰락과 개경의 환도

① **최씨 정권의 몰락** : 강화천도 이후 최우와 최항이 노환으로 죽고, 최항의 아들 최의가 무능한 정치를 계속하다가 문신 **유경**(柳敬)과 무신 **김준**(金俊)에게 피살되어 60여년간 계속된 최씨 정권은 막을 내렸다.

② **개경의 환도** : 고려 정부는 몽고와 강화를 한 다음 원종 때 개경으로 환도, 39년간의 강화도 시대는 끝나게 되었다(1270).

(3) 삼별초의 항전

몽고와의 강화는 굴복을 의미하는 것이었으므로 **배중손**이 이끈 삼별초는 왕족인 승화후 온(承和侯 溫)을 왕으로 추대하고 **강화도**에서 항몽정권을 수립하여 대몽항쟁을 하였다. 또한 진도의 용장성을 근거지로 저항을 계속했으며, 그 일부는 다시 제주도로 가서 **김통정**의 지휘 아래 항쟁을 계속했으나 여・몽 연합군에게 진압되었다(1273). 삼별초의 항전은 고려의 배몽사상과 자주성을 드높였다.

Side Check

◈ 삼별초

1. 삼별초는 최우의 집권시에 처음 설치되었으며 그 명칭은 야별초였다. 그 후 야별초는 좌・우별초로 분리되었고, 후일 몽고로부터 탈출해 온 병사들로 구성된 신의군이 조직되어 삼별초의 한 부대를 이루었다.
2. 삼별초는 처음에는 도적을 잡고, 민란을 진압하며, 도성수비 등을 담당하였으나 점차 권신들의 사병기관으로 성격이 바뀌어 갔으며, 몽고와의 항쟁기에는 몽고 침략을 저지하는 역할을 담당하였다.
3. 그러나 이들의 가장 중요한 임무는 대몽항쟁이었으며 이 과정에서 항몽세력의 대표로 성장해 갔다.

제 5 항 고려의 시련과 자주성의 회복

1. 자주성의 시련

(1) 여 · 원(麗 · 元) 연합군의 일본정벌

① **제1차 원정(충렬왕, 1274)** : 원 세조 쿠빌라이의 세계정복 야욕에 일본이 불응하자 일본정벌을 위해 원은 고려에 군대와 병선을 징발하도록 강요하여, 원의 흔도(忻都), 고려의 김방경의 연합군은 일본의 큐슈를 공격하였으나, 폭풍으로 실패하였다.

② **제2차 정벌(충렬왕, 1281)** : 제2차 원정도 태풍으로 실패하였다. 이 때 원은 **정동행성**(征東行省)을 두고 원정에 필요한 징발사무를 감독케 하였다.

(2) 영토의 일부 상실

① **쌍성총관부** 설치 : 원은 고종 때 철령 이북 땅을 직속령으로 하여 화주에 쌍성총관부(雙城摠管府)를 두고 직접 통치하였으나, **공민왕** 때 무력으로 탈환(1356)하였다.

② **동녕부** : 원은 원종 때 자비령 이북의 땅을 차지하여 서경에 동녕부(東寧府)를 설치하였다. 동녕부와 탐라총관부는 고려의 요청으로 **충렬왕** 때(1290) 반환되었다.

③ **탐라총관부** : 원종 때 삼별초의 난을 진압하고, 일본정벌을 위한 목마장으로 이용하기 위하여 제주도에 설치하였다.

(3) 관제의 격하

고려는 원의 강요에 의해서 2성의 격을 낮추어 **첨의부**로 단일화하였고, 6부를 4사로 통합하였다.

Side Check

◈ 관제의 변경

〈원의 간섭 이전〉		〈원의 간섭 이후〉
2성	중서문하성, 상서성 → 통합	첨의부(僉議府)
6부	이부(吏部), 예부(禮部) → 통합	전리사(典理司)
	호부(戶部)	판도사(版圖司)
	병부(兵部)	군부사(軍簿司)
	형부(刑部)	전법사(典法司)
	공부(工部)	(폐지)
도병마사(都兵馬使)		도평의사사(都評議使司)
중추원(中樞院)		밀직사(密直司)
문하시중(門下侍中)		첨의중찬(僉議中贊)

(4) 왕실 용어의 격하

왕실의 호칭도 격하 변경시켰다. 짐(朕)은 고(孤)로, 폐하(陛下)를 전하(殿下)로, 태자(太子)를 세자(世子)로, 선지(宣旨)를 왕지(王旨)로 부르게 하였으며 왕의 명칭도 조(祖)·종(宗) 대신에 충○왕(忠○王)이라고 부르게 하였다.

(5) 내정의 간섭

① **정동행성** : 일본정벌을 위해 설치한 정동행성을 존속시켜 연락기관으로 삼았다. 오히려 정동행성의 부속기구인 **이문소(理問所)**가 많은 폐단을 일으켰다.

② **순마소(巡馬所)** : 감찰기관으로 개경의 치안을 담당하였다.

③ **다루가치(達魯花赤)** : 다루가치를 지방에 두고 행정을 간섭하고 공물의 징수를 감독하였다.

④ **심양왕(瀋陽王) 제도** : 만주의 고려인 통치를 구실로 고려 왕족을 임명하여 지배권을 준 것이며, 고려를 견제하고 분열·이간을 획책하였다.

(6) 공물의 강요

원은 고려에서 금, 은, 인삼, 포, 자기 등을 비롯하여 농산물, 매 등을 수탈해 갔다. 특히 매(해동청)의 사육과 징발을 위해 **응방**(鷹坊)이라는 기구를 만들었다.

(7) 풍속의 변동

① **몽고풍(蒙古風)** : 고려에서는 몽고식 의복이나 풍속인 변발, 장도, 연지 등이 유행하였다.

② **고려양(高麗樣)** : 몽고의 고려 여자 징발이 심해지자 결혼도감이 생겨났고, 조혼의 풍습이 생기기도 하였다. 이러한 풍속과 아울러 두루마리, 고려병(떡), 생채 등도 유행하였다.

(8) 전통과 주체성의 수호

몽고의 지배로 각 분야에서 많은 손실을 입었으나, 주권국가로서의 위상만을 굳게 지켜 나갔다.

2. 공민왕의 반원 개혁정치

(1) 시대적 배경

원은 14세기 후반에 들어와 각처에서 일어난 한족의 반란으로 쇠약해지고 명(明)이 건국되는 등 어수선한 왕조 교체시기가 전개되었다. 공민왕은 대외적으로는 **원·명 교체기**(元·明交替期)를 이용하여 반원 자주정책을 추진하고 대내적으로는 권문세족들을 억압하여 왕권을 강화하려는 개혁정치를 추진하였다.

(2) 반원 자주정책

① **친원파의 숙청** : 공민왕은 기철을 비롯한 친원세력을 숙청하였다.

② **정동행성 이문소 폐지** : 원의 고려 내정간섭기관인 정동행성 이문소를 폐지하였다.

③ **관제의 복구** : 원의 지배로 변경된 관부를 다시 환원시켰다.

④ **몽고풍의 일소** : 몽고 말, 몽고 의복, 몽고식 풍습을 금지하였다.

⑤ **원의 침입 격퇴** : 최영(崔瑩) 등이 원나라 장수 나하추의 침입을 격퇴하였다.

(3) 영토의 수복

① **쌍성총관부 탈환** : 공민왕은 유인우(柳仁雨)로 하여금 쌍성총관부를 공격하게 하여 이 지역을 회복하였다(1356).

② **요동의 공략** : 요동땅의 수복을 위하여 지용수와 이성계로 하여금 진격하게 하여 이성계는 압록강을 건너 요양을 점령, 원래 우리땅임을 선포했으나 후에 명의 지배하에 들어가고 말았다.

공민왕의 영토수복

(4) 공민왕의 왕권강화책

① **정방의 폐지** : 공민왕은 권문세족의 관직독점으로 이용되고 있던 정방(政房)을 폐지하고 인사권을 이부(吏部)로 돌려주었다.

② **전민변정도감의 설치** : 권문세족과 인연이 먼 **신돈**을 기용하여 **전민변정도감**의 판사로 삼아 권문세족이 빼앗은 토지와 노비를 본래의 소유주에게 넘겨 주거나 양민으로 해방시켰다.

③ **신진사대부의 등용** : 권문세족을 견제하기 위하여 신진사대부(新進士大夫)를 등용하였다.

(5) 결 과

① **개혁의 좌절** : 공민왕의 개혁정치는 원의 압력과 권문세족의 견제 그리고 개

혁추진세력의 미약한 기반으로 인해 좌절되고 말았다.

② **신진사대부의 등장** : 공민왕 때 진출한 신진사대부 세력은 그 후 개혁을 꾸준히 추진하게 되었고 그 과정에서 고려가 멸망하고 조선왕조가 건국되었다.

Side Check

◈ 문벌귀족과 권문세족의 차이점

고려전기를 풍미했던 문벌귀족들은 가문 자체의 권위로 특권을 누렸음에 반해, 고려후기의 권문세족은 정방, 도평의사사, 음서제도를 통해 관직을 독점하고 방대한 농장을 경영하여 정치, 경제의 실력자가 되었다.

◈ 도병마사의 변천

1. 성종 : 국방요지에 병마사 파견
2. 현종 : 이를 통제키 위해 군무협의기구인 도병마사를 둠
   → 임시회의기구로 국방 · 군사담당
3. 고종(무신난 후 최씨 집권기) : 재추합좌기관, 국정전반 담당
4. 충렬왕(몽고간섭기) : 도평의사사로 개칭(왕권 약화), 상설기구화

구분	도병마사	도평의사사
구 성	중서문하성 재신(5)+중추원 추신(7)	70~80명의 재추로 확대, 삼사 포함
기 능	국방 · 군사 담당	국정전반 담당
성 격	귀족적 성격	관료적 성격
상설여부	임시회의 기구	상설기구
변천시기	원 지배하인 충렬왕 때	
▸도평의사사는 고려말에는 도당(都堂)으로 명칭을 변경함		
▸조선의 비변사와 유사함(국방문제 → 국정전반 담당)		

Focus Diagram

◆ 중세의 정치적 변천

1. 고려의 통치구조

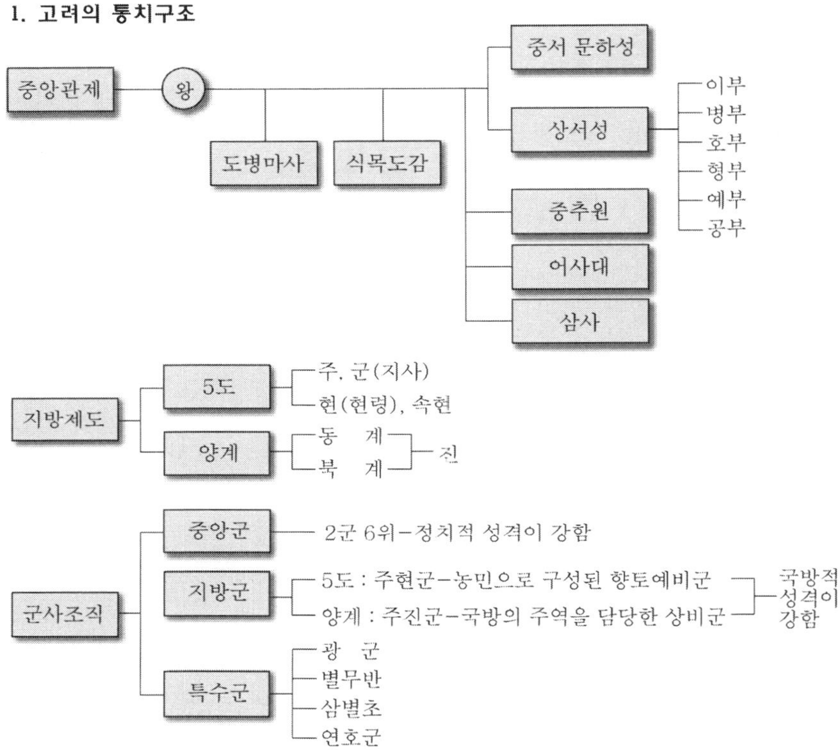

2. 무신정권 변천표(1170~1270)

정중부	경대승	이의민	최충헌	최우	최항	최의	김준	임연	임유무
중방	도방	중방	교정도감	교정도감 · 정방					

3. 대외관계의 변천

<table>
<tr><th>세 기</th><th colspan="4">사 건</th></tr>
<tr><td>10C말~11세기초</td><td>거란족의 3차에 걸친 침입</td><td>1차(993)
강동 6주 확보</td><td>2차(1010)
강조의 정변</td><td>3차(1018)
귀주대첩</td></tr>
<tr><td>12세기</td><td colspan="4">여진의 압력(1104) : 윤관이 별무반 편성→9성 축조(1107)→9성 환부(1108)→금의 사대요구(1115)→고려 수락</td></tr>
<tr><td>13세기
(대몽 40년)</td><td colspan="4">강동의 역(1219, 몽고와의 첫 접촉)→저고여 피살(1225)→6차에 걸친 침입→항복(1270)→삼별초항쟁(1270~1273)</td></tr>
<tr><td>14세기</td><td colspan="2"><table><tr><th colspan="2">홍건적 침입</th></tr><tr><td>1차</td><td>이승경, 이방실(1359)</td></tr><tr><td>2차</td><td>이성계(1361)</td></tr></table></td><td colspan="2"><table><tr><th colspan="3">왜구침입</th></tr><tr><td>최 영</td><td>1376</td><td>홍산</td></tr><tr><td>최무선</td><td>1380</td><td>진포</td></tr><tr><td>이성계</td><td>1380</td><td>황산</td></tr><tr><td>정 지</td><td>1383</td><td>관음포</td></tr><tr><td>박 위</td><td>1389</td><td>쓰시마섬</td></tr></table></td></tr>
</table>

4. 공민왕의 왕권강화 · 반원 자주정책과 실패요인

<table>
<tr><th>왕 권 강 화 정 책</th><th>반 원 자 주 정 책</th></tr>
<tr><td>1. 정방 폐지
2. 전민변정도감 설치
3. 토지의 대대적인 개혁시도 실패</td><td>1. 친원파-기씨일당 숙청
2. 정동행성의 이문소 폐지-도병마사의 부활
3. 관제 복구 4. 쌍성총관부 무력탈환
5. 몽고풍 폐지 6. 요동수복정책</td></tr>
<tr><td colspan="2">실패요인 1. 원의 압력과 권문세족의 횡포
2. 개혁추진세력인 신진사대부층의 정치 · 경제적 기반의 미약</td></tr>
</table>

5. 고려의 안찰사와 조선의 관찰사의 비교

<table>
<tr><th>구 분</th><th>안 찰 사</th><th>관 찰 사</th></tr>
<tr><td>신분</td><td>중앙관</td><td>지방관</td></tr>
<tr><td>상주여부</td><td>임시직</td><td>상주직</td></tr>
<tr><td>상피제</td><td>처음에 적용 안됨</td><td>적용됨</td></tr>
<tr><td>임기</td><td>6개월</td><td>1년</td></tr>
<tr><td>품계</td><td>5~6품의 낮은 신분이지만 대우는 높게 받음</td><td>종2품</td></tr>
<tr><td colspan="3">♣ 안찰사는 국초부터 파견되지 못하고 중기인 예종 · 인종 연간에 파견됨
♣ 계수관 : 안찰사가 파견될 때까지 중앙정부와 지방의 도호부, 목과의 연락을 담당하던 사람</td></tr>
</table>

제3절 중세의 사회와 경제

Digest

1. **사회구조** : 고려시대의 사회신분은 귀족과 중류층, 그리고 양민과 천민으로 구성되어 있었다. 귀족은 왕실과 함께 지배층으로서의 특권을 누리면서 각 분야에서 주도적 역할을 담당하였다. 신분제도는 엄격하였고, 신분 자체는 세습되었으나, 때로는 계층상의 변동도 있었다.
2. **사회시책** : 국민의 대부분을 이루고 있던 양민의 주류는 농민이었다. 따라서 국가에서는 이들의 생활을 안정시키기 위한 사회시책을 마련하기도 하였다.
3. **경제생활** : 전시과체제는 지배층의 경제적 기반을 위해 마련되었으며, 농민은 국가재정의 원천이 되었던 조세, 공납, 역을 분담하였다. 고려는 농업경제를 기반으로 한 사회였기 때문에 상공업은 크게 발달하지 못하였다.

제 1 항 중세의 사회

1. 사회구조의 개편

(1) 고려사회의 특징

① **문벌귀족사회** : 고려의 지배계층인 **문벌귀족**은 가문(家門)과 문벌(門閥)을 중시하여 왕실과 더불어 정치 · 경제 · 사회 등 각 분야에서 특권을 누리고 있었다.

② **개방적 사회** : 고려의 사회는 신라의 진골중심의 사회에서 벗어나 지방호족이나 유교적 지식인들이 새로운 지배계층으로 등장하여 개방적인 사회로 발전하게 되었다.

③ **대가족 단위로 운영** : 귀족에서 양민에 이르기까지 **대가족 단위**로 편제하여 사회운영을 하였다. 따라서 일반 양민도 **성**과 **본관**을 갖게 되었다.

④ **4계층의 신분제사회** : 고려는 신분제사회로서 가문에 따른 신분이 중요시되었다. 그리고 신분은 사회계층을 구분하는 기본요소가 되었다. 사회신분은 **귀족**과 **중류층**, 그리고 **양민**과 **천민**으로 구성되어 있었다.

(2) 신분구조

① **귀족층** : **왕족**을 정점으로 하여 **문무양반**으로 구성되었다. 귀족층은 대체로 5품 이상의 고위관직에 오른 일부 특권층만을 가리키는 것이다(문반중심이며, 음서와 공음전의 혜택이 있다).

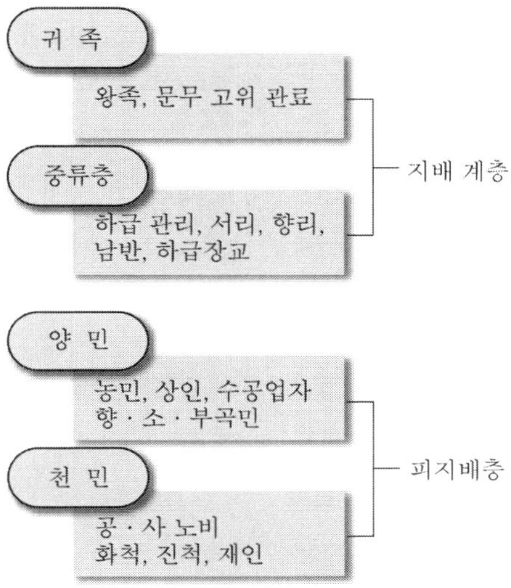

고려의 신분구조

② **중류계층** : 귀족층에 편입되지 못한 **하급관리**, **서리**(중앙관청의 실무관리), **남반**(궁중관리), **향리**(지방행정 실무담당), **하급장교**가 이에 속하였다.

③ **양민** : 양민에는 **백정**(白丁) **농민**과 상공업에 종사하고 있는 사람들이 포함되었는데, **상인**과 **수공업자**는 농민보다 천시되었다. 양민층이 국민의 대부분을 이루었으며, 그 중에서도 백정(직역을 부여받지 못한 농민)이 주류를 이루었다. 양민이면서 군현민과 구별되는 특수행정구역인 **향, 소, 부곡**에 거주한 주민은 더 많은 세금 부담을 지고 있었다. 향이나 부곡에 거주하는 사람은 농업을, 소에 거주하는 사람은 수공업이나 광업품의 생산을 주된 생업으로 하였다. 이 밖에 역과 진의 주민은 각각 육로 교통과 수로 교통에 종사하였다.

④ **천민** : **노비**(가장 천시), **화척**(도살업자), **진척**(뱃사공), **재인**(연예인) 등이 천민에 속하였으며 고려사회의 최하층 계층이었다. 신분은 세습되는 것으로 부모가 노비면 그들의 자식들도 노비가 되었으며, 노비를 부모로 둔 자식은 **종모법**에 의해 어머니 쪽의 소유주에게 귀속되었다. 그리고 노비는 귀족의 재산으로 상속이나 증여, 매매의 대상이 되기도 하였다.

(3) 사회계층(신분)의 변동

고려의 신분제도는 엄격하여 조상의 신분은 세습되었다. 그러나 시대와 정치상황의 변동에 따라 **계층간의 변동**이 부단하게 일어나고 있었다. 따라서 향리의 **문반직** 상승이나 군인이 군공을 쌓아 **무반**으로 출세한 경우도 있었다. 고려후기에는 향·소·부곡의 주민들이 일반 양민과 같은 지위로 승격되어 갔고, 외거노비 중에서 재산을 모아 양민의 신분을 얻은 자도 있었다.

2. 문벌귀족(門閥貴族)

(1) 문벌귀족의 특징

① **권력과 경제력의 확보** : 문벌귀족들은 주요 관직을 독점하면서 권력을 장악하였고, **공음전**과 **과전** 등 토지소유를 통하여 막대한 경제력을 확보하였다.

② **폐쇄적 통혼** : 문벌귀족은 특권적인 신분을 유지하기 위해 귀족들간의 **중첩된 혼인**을 통하여 권력의 기반을 확보하고 더 나아가 최고의 문벌인 왕실과 혼인관계를 맺어 더욱 더 권력에 밀착하려 하였다.

③ **음서제(蔭敍制)** : 문벌귀족의 자제로서 관직에 진출할 수 있는 방법은 과거를 통하여 진출하는 것과 음서에 의하여 관직에 나아가는 등의 두 가지 진출의 기회가 있었다. 이러한 **음서제도**는 **공음전**과 함께 문벌귀족의 중요한 토대가 되었으며, 이를 통한 **문벌귀족세력의 강화**에 중요한 구실을 하게 되었다.

(2) 대표적 문벌귀족

고려전기의 대표적 문벌귀족은 **경원 이씨**로서 문종 때부터 인종 때까지 왕실의 외척이 되어 80여년간 정권을 독점하였다. 이 밖에도 해주 최씨(최충), 경주 김씨(김부식), 파평 윤씨(윤관), 강릉 김씨(김인존) 등도 대표적인 문벌귀족이었다.

(3) 지배세력의 변화

중앙집권적인 정치체계로 인하여 고려의 귀족은 개경에 집결되어 있었다. 그러므로 이들 중 죄를 짓게 되는 경우 귀향하도록 하는 형벌을 내렸는데, 이것은 고려귀족사회의 한 면모를 엿볼 수 있게 한다. 그러나 **무신정변**으로 기존의 문벌귀족은 몰락하고 무신집권기를 거치며 새로운 지배체제가 등장하였는데, 이들이 곧 **권문세족**(權門勢族)이다.

3. 권문세족

(1) 실 체

권문세족은 정방의 인사권을 장악하고 거대한 **농장**을 소유하였던 **고려후기의 지배계층**으로 상호간의 중첩된 혼인관계를 통하여 종적인 가족관계 뿐만 아니라 횡적인 가족관계를 유지하여 권익을 도모하였다. 특히 **첨의부**나 **밀직사** 등의 고위관직을 독점하고 **도평의사사**의 구성원으로서 권력을 장악하였으며, 과거보다는 음서를 통한 관직의 진출로 그 신분을 세습하였다.

Side Check

◈ 음서제도

문무반 5품 이상의 관리이면 그 자손이 과거를 통하지 않고도 관직을 받을 수 있게 한 특수제도인데, 조부는 물론 외조부, 장인 등의 공로에 따라서도 외손과 사위가 음서를 통해 관리가 될 수 있었다.

(2) 형 태

이들 세력들은 고려전기 이래로 세습된 가문과 무신정권시대에 등장한 가문도 있었는데 주로 **원의 세력**을 배경으로 등장한 경우가 많았다.

(3) 권문세족의 횡포

국정의 최고 합의기관인 도평의사사를 장악하고, **불법적으로 토지를 겸병**하여 대토지를 소유하고 **면세·면역**의 특권을 누림으로써 국가 재정의 궁핍화를 초래하였다. 또 왕실과의 혼인관계로 세력을 확대하였다.

(4) 농장의 발달

농장의 소유주는 권문세족으로 이들은 개경에 거주하면서 전국 각지의 토지를 소유하고 있는 **부재지주**였다. 농장은 권둔세족이 보낸 가신에 의하여 관리되고 경작은 전호나 노비가 맡았다. 고려후기로 갈수록 이들 전호는 농장의 지주들에게 투탁(投託)하는 사례가 많이 발생하였다.

4. 신진사대부

(1) 등 장

무신집권기부터 최씨 정권에 참여했으나 이들은 무신들의 부족한 학문과 행정능력을 보완해 주는 구실 밖에는 할 수 없었다. 그러나 무신정권이 붕괴된 후에 더욱 활발하게 중앙정계로 진출하여 점차 세력을 키워 나갔다.

(2) 정치적 특성

유교적 소양을 갖추고 행정실무에도 밝은 학자출신 관료로 **하급관리**나 **향리** 집안에서 배출되었다. 이들은 무신정권 붕괴 후 중앙정계에 활발히 진출하여 세력을 성장시켰으며, 고려말 충선왕의 개혁정치에서 두각을 나타내다가 공민왕 때에 권문세족과 대항할 정도의 커다란 사회세력으로 성장하였다.

(3) 경제적 특성

대부분 **지방의 중소지주** 출신으로서 어느 정도의 경제적 토대를 가지고 있었기 때문에 청렴과 지조를 지켜 나갈 수 있었다. 이들은 불법적인 방법으로 대토지를 소유하고 있던 권문세족에 대항하여 **사전폐지** 등 개혁을 주장하였다.

(4) 학문적 배경

신진사대부들은 **성리학**을 수용함으로써 권문세족의 친원적이고 친불교적인 성향에 대해서 반대하는 입장을 취하였다.

(5) 성 장

신진사대부들은 **충선왕의 개혁정치**에서 한때 두각을 나타내기도 하였다. 그 후 **공민왕** 때에 이르러 비로소 **권문세족과 대항**하여 나갈 수 있을 정도로 성장하였다. 그리고 고려말에 가서는 마침내 이들이 권문세족 중심의 고려왕조를 무너뜨리고 조선을 건국하는 역성혁명(易姓革命)의 주체세력이 되었다.

Side Check

◈ 권문세족과 신진사대부의 비교

구 분	권문세족	신진사대부
출신배경	중앙귀족	향리, 하급관리
정계진출	음서(가문 중시), 도평의사사	과거(능력본위)
경 제	재경 부재지주	재향 중소지주
학 문	훈고학(한 · 당유학)	성리학
외 교	친원세력	친명세력
불 교	옹호	배척
성 향	보수적	진취적

제 2 항 사회시책과 법속

1. 사회시책

고려의 주요 경제기반은 농업으로서 농업의 붕괴는 곧 국가 경제기반의 파탄으로 이어지므로 국가는 농업을 장려하고 사회시책을 펴는 등 여러 가지 제반요소를 마련해 주었다.

(1) 농민보호

토지의 생산력이 낮고 그 부담이 과중하게 되는 농민을 보호하기 위하여 농번기에는 잡역에 동원하지 못하게 하고, 재해발생시에는 조세와 부역을 경감해 주었다. 또한 고리대의 피해를 줄이기 위하여 이자가 원곡과 같은 액수가 되면, 그 이상의 이자는 받지 못하게 하였다.

(2) 농민의 공동 조직

농민은 일상 의례와 공동 노동 등을 통하여 공동체 의식을 다졌다. 공동체 조직의 대표적인 것이 불교의 신앙조직이었던 **향도**였다. 향도는 매향 활동을 하면서 대규모 인력이 동원되는 불상, 석탑을 만들거나 절을 지을 때에도 주도적인 역할을 하였다. 후기에 이르러 자신들의 이익을 위하여 조직되는 향도로 변모되어 마을노역, 혼례와 상장례, 민속신앙과 관련된 마을 제사 등 공동체 생활을 주도하는 농민 조직으로 발전해 갔다.

(3) 토지겸병 억제

귀족들의 토지겸병을 억제, 농민의 토지이`탈과 노비화를 방지하기에 노력하였다.

2. 사회시설

(1) 생활안정시설

① **흑창(黑倉)** : 빈민을 구제하는 기관으로서 양곡을 대여하였다(태조 때 설치).

② **의창(義倉)** : 성종 5년에 흑창을 개칭한 것으로 평시에 곡물을 비축하였다가 흉년에 빈민을 구제하던 의창은 대표적인 **사회구제기관**이었으며 전국 각 주(州)에 설치되었다.

③ **상평창(常平倉)** : 성종 때 개경, 서경, 12목에 설치한 **물가조절기관**이다. 평상시에 쌀을 비축했다가 흉년에 매매하여 물가안정을 도모하였다.

(2) 의료기관

① **동 · 서대비원(東西大悲院)** : 정종 때 국립의료기관으로 **개경에 동 · 서대비원**과 **서경에 대비원**을 설치하여 환자를 치료하고, 빈민을 구휼하게 하였다.

② **혜민국(惠民局)** : 예종 때 설치되어 백성들이 약을 구할 수 있게 하였고 빈민들에게는 약을 무료로 나누어 주었다.

(3) 빈민구제기관

① **제위보** : 광종 때 빈민구제를 위해 설치, 기금을 마련하여 그 이자로 빈민을 구제하였으며 고려 전 시대에 걸쳐 활용되었다.

② **구제도감·구급도감** : 재해에 대비하여 구제도감이나 구급도감 등의 **임시관서**를 설치하고 빈민구제에 힘썼다.

Side Check

◈ 보(寶) : 공공사업 운영을 위한 재단
1. 학　보 : 태조 때 교육의 장려를 위해 설치
2. **광학보** : 정종 때 승려의 면학을 위해 설치
3. **팔관보** : 팔관회 경비조달
4. **제위보** : 빈민구제

3. 법률과 풍습

(1) 법 률

① **관습법 중시** : 고려의 법률은 **당의 법률을 참작**하여 71조로 구성되었다. 이를 보충하는 보조법률이 있었으나, 일상생활에 관계되는 것은 전통적인 **관습법**을 따랐다. 지방관은 중요한 사건만 개경의 상부기관에 올려보내고, 대개는 스스로 처결하였다.

② **형벌** : 형벌에는 태형(笞刑)·장형(杖刑)·도형(徒刑)·유형(流刑)·사형(死刑)의 5종이 있었다. 특히 국가에 대한 반역죄와 불효죄는 중벌로 다스리는 유교윤리를 강조하였다. 반면에 귀양형을 받은 사람이 부모상을 당하였을 때에는 유형지에 도착하기 전에 7일간의 휴가를 주어 부모상을 치를 수 있도록 하였다. 또 70세 이상의 노부모를 두고 봉양할 가족이 없을 때에는 형벌의 집행을 보류

하기도 하였다.

③ **3심제의 실시** : 고려 문종 때에는 사형(死刑)에 대하여 **3심제**(三審制)를 처음으로 실시하였다.

(2) 풍 습

① **혼인** : 결혼은 **일부일처제**를 원칙으로 하였다. 혼인의 연령은 여자는 18세 전후, 남자는 20세 전후가 일반적인 현상이었으며 **고려전기**에는 **근친혼** 내지 **동성혼**이 널리 성행하였으나, 점차 동성끼리 결혼하지 않는 것이 일반화되었다.

② **상장제례** : 상장제례는 국가에서는 유교적 규범에 따라 시행하려 하였으나 민간에서는 대개 토착신앙과 융합된 **불교의 전통의식**과 **도교의 풍속**에 따라 행해지는 경우가 많았다.

③ 불교행사

㉠ **연등회(燃燈會)** : 2월 15일에 행하여진 불교에 관한 제전으로서 국가태안(國家泰安)을 기원하였다.

㉡ **팔관회(八關會)** : 개경에서는 11월 15일, 서경에서는 10월 15일에 행하는 **토착신앙**과 **불교**가 융합된 행사였다.

④ **명절행사** : 정월 초하루(설날), 삼짇날(3월 3일), 단오(5월 5일), 유두(流頭, 6월 15일), 백중(百中, 7월 15일), 한가위(8월 15일) 등이 있었다. 특히 단오 때에는 격구, 그네, 씨름 등을 즐겼다.

4. 재산의 상속과 여성의 지위

(1) 재산의 상속

① **상속의 대상** : 고려 때 상속의 대상이 된 재산은 토지와 노비, 곡물 등이었다. 그 중에서도 가장 중요한 것은 **토지**와 **노비**였다.

② **자녀균분상속** : 일반적으로는 자녀균분상속이 원칙이었지만, 부모의 뜻에 따라 자녀 간에 차이를 두기도 하였다.

(2) 여성의 지위

① **여성의 재가와 재산분배권** : 고려시대에는 여성의 지위가 비교적 높아서 여자도 호주가 될 수 있었고, 호적에서 자녀간에 차별을 두지 않고 **연령순**으로 기록하였으며, 여성의 **재가**가 비교적 자유롭게 이루어졌다. 남편이 먼저 죽으면 **재산의 분배권**을 아내가 가지기도 하였다.

② **가정생활에 있어서 여성의 지위** : 여성의 사회진출에는 제한이 있었지만, 가정생활이나 경제운영에 있어서는 여성의 지위가 남성과 거의 **대등한 위치**에 있었던 것을 알 수 있다.

③ 아들이 없을 때에는 양자를 들이지 않고 딸이 제사를 지냈으며, 상복 제도에서도 친가와 외가의 차이가 크지 않았다. 사위가 처가의 호적에 입적하여 처가에서 생활하는 경우가 적지 않았으며, 사위와 외손자에게까지 음서의 혜택이 있었다. 공을 세운 사람의 부모는 물론 장인과 장모도 함께 상을 받았다.

제 3 항 경제정책과 경제구조

1. 경제정책의 기본방향

(1) 중농정책(重農政策)

고려시대의 주요산업은 농업이었으므로 경제정책의 기본방향도 **중농정책**의 시행에 있었다. 특히, 국가에서는 재정의 토대가 농업에 있었기 때문에 농토에서의 생산력 증대에 관심을 가지고 있었고, 귀족들은 재화의 근거를 토지에 두면서 토지소유에 힘을 쓰게 되었다.

(2) 토지분급의 중시(귀족중심의 경제)

국가에서는 경제구조의 편성과정에서 **귀족사회를 안정적으로 운영**하기 위하여 **토지의 분급**에 주안점을 두었다. 또 국가재정의 확보를 위해 일찍부터 **조세제도**

의 정비와 운영에 힘을 쏟았다.

(3) 상업과 수공업의 부진

국가에서는 정책적으로 농업을 장려하였기 때문에 농업은 전시대에 비하여 발달하였다. 그러나 농업에 의존하는 자급자족적인 경제구조로 인하여 상업과 수공업의 발달은 제약되었다.

2. 토지제도의 정비

(1) 토지제도의 근간

지배층을 중심으로 토지를 분급한 **전시과제도**와 일반 농민이 소유한 **민전**(民田)이 토지제도의 근간을 이루었다.

① **전시과(田柴科)** : 문무관리에게 관등의 높고 낮음에 따라 **18등급**으로 나누어 전지와 시지를 지급하였고, 이들이 퇴직하거나 죽었을 때는 지급받았던 토지를 국가에 반납하였다. 이와 같이 전시과는 관직복무와 직역에 대한 반대급부로 지급된 것이며 토지 그 자체를 준 것이 아니라 토지의 **수조권만 지급**한 것에 불과하다.

② **민전(民田)** : 매매, 상속, 기증, 임대 등이 가능한 사유지로서, 귀족이나 일반 농민의 상속, 매매, 개간을 통하여 형성되었다. 또 소유권이 보장되어 함부로 빼앗을 수 없는 토지였으며, 민전의 소유자는 국가에 일정한 세금을 내야 했다. 대부분의 경작지는 개인 소유지인 민전이었지만, 왕실이나 관청의 소유지도 있었다.

(2) 토지제도의 정비과정

① **역분전(役分田)** : 태조 때 후삼국 통일에 공로를 세운 사람들에게 공훈에 대한 대가로 준 **논공행상적 성격**의 토지였다.

② **시정전시과(始定田柴科)** : 경종 1년(976)에 역분전을 모체로 하여 처음으로 전시과(田柴科)를 설정, 관료체제의 정비에 따라 **관직의 고하**와 **인품**을 고려하여 지급하였다.

③ **개정전시과(改定田柴科)** : 목종 1년(998)에 직산관(현직, 퇴직관리)에게 **18등급**으로 나누어 **전지**와 **시지**를 지급하였는데, **관직**만을 기준으로 정비된 점이 특징적이다. 문신을 우대하였으나 군인전도 지급하였다.

④ **경정전시과(更定田柴科)** : 문종 30년(1076)에 **현직관리**에 한하여 토지를 지급함으로써 전시과체제를 완비하였다. 최고 150결에서 최하 17결까지 지급되었다. 사전은 경기에 한하여 지급하고 공음전시과를 규정하였다.

⑤ **녹과전** : 원종(1271) 때 무신정변으로 전시과체제가 붕괴되면서 원 간섭기에 녹봉의 형식으로 토지를 지급하였는데 권문세족(친원파)의 농장확대를 가져왔다.

⑥ **과전법** : 공양왕(1391) 때 권문세족의 토지를 몰수하여 **신진사대부의 경제적 토대**를 마련하였다.

(3) 토지의 종류

① **과전(科田)** : 전시과의 규정에 따라 문무관리에 차등 지급(세습불가)하였다.

② **공음전(功蔭田)** : 5품 이상의 관리에게 지급한 토지로 **세습이 허용**되었다. 음서제도와 함께 귀족신분을 뒷받침하는 근간이 되었다.

③ **한인전(閑人田)** : 고급관리에게 공음전을 지급한 것에 대응하여 **하급관리의 자제**로서 관직에 오르지 못한 사람에게 지급하였는데, 이것 역시 관인신분의 세습을 위해 마련된 것이었다.

④ **군인전(軍人田)** : 2군 6위의 **중앙군**에게 군역의 대가로 지급되었으며, 군역이 세습됨에 따라 이 토지도 세습되었다.

⑤ **구분전(口分田)** : **하급관리** 및 **군인의 유가족**에게 생활대책으로 지급하였다.

⑥ **내장전(內莊田)** : **왕실경비**를 충당하기 위하여 지급되었고 세습이 인정되었다.

⑦ **공해전(公廨田)** : 중앙과 지방 **관청의 경비충당**을 위해 지급되었다.

⑧ **사원전(寺院田)** : 사원에 지급된 토지로 면세·면역이 되었다.

⑨ **외역전**(향리), **공신전**(공신)

Side Check

> ◈ 영업전(永業田)
> 세습이 가능한 토지를 말하는데 공음전, 공신전, 외역전, 군인전, 내장전 등이 이에 해당한다

3. 수취체제의 확립

(1) 수취체제의 정비

고려는 국가재정의 토대를 농토에 두었기 때문에 토지제도와 연결되어 수취체제가 정비되었으며 국가에 대한 농민들의 부담은 보통 **조세·공납·역**의 3가지로 국가재정의 주요 원천이 되었다.

(2) 종 류

① **조세** : 사유지인 **민전**의 조세율은 수확의 1/10이 원칙이었다. 그러나 이러한 민전을 소유하지 못한 영세농민은 국가와 왕실의 소유지나 귀족들의 사전을 빌려 경작해야만 했는데, **국가소유의 토지**(공전)에 대해서는 수확의 1/4을, **귀족이나 양반관리의 토지**(일반사전)는 수확의 1/2을 지대로 바쳤다.

② **공납** : 공납은 토산물을 현물로 납부하는 제도로 **호구**(戶口)를 기준으로 상공(常貢)·별공(別貢)으로 구분되었다. 이 **공납은 조세보다도 더 큰 부담**이 되었다.

㉠ **상공** : 규정된 일정 품목을 정기적으로 받는 것

㉡ **별공** : 국가의 특수한 수요에 충당하기 위하여 부정기적으로 받는 것

③ **역(役)** : 국가가 노동력을 수취하는 제도로 丁男(16~60세 남자)은 군역이나 요역의 의무를 지녔다. 이 밖에 특수 분야에 종사하는 사람에게는 어염세·상세 등을 징수하였다.

(3) 수취체제의 폐단

귀족사회가 변질되어 가면서 정상적으로 운영되지 못하고, 가혹한 착취수단이

되어 많은 농민들이 유민화되고 농촌사회가 동요하게 되었다.

제 4 항 경제활동의 진전

1. 농 업

(1) 농민경제의 안정추구

고려는 국가경제의 기반을 농업에 두고 있었기 때문에 고려 전 시기를 통하여 농업진흥과 농민경제의 안정을 위한 정책이 시행되었다. 고려전기에는 농민의 유민화, 민전의 상실, 전호로의 몰락 등을 막기 위한 권농정책을 실시하였다.

(2) 농업기술개발

우경에 의한 **심경법**(深境法)이 일반적으로 행해지고, 2년 3작의 **윤작법**이 보급되어 갔다. 한편 가축의 뒷거름이 비료로 사용되어 지력을 향상시키기도 하였다. 논농사도 고려 말에는 직파법 대신에 **이앙법**(모내기)이 남부지방 일부에 보급될 정도로 발전하였다. 재배품종은 주로 **5곡**과 **채소류**였다.

(3) 농업의 발달

고려후기에는 **이암**(李嵒)이 원의 농서인 『**농상집요**(農桑輯要)』를 소개, 보급하여 농업기술의 발달을 뒷받침하였다. 공민왕 때 **문익점**(文益漸)이 **목화씨**를 들여와 종래의 베, 모시를 주로 사용하던 의생활에 대혁신을 가져왔다.

2. 수공업

고려 전기에는 관청수공업과 소 수공업이 중심이었으나, 후기에는 민간수공업과 사원 수공업이 발달하였다.

(1) 관청수공업

관청수공업에서는 국가에서 필요로 하는 무기류와 귀족층의 생활용품인 장식품, 도자기 등을 제조하였다. 특히 공예를 중시하여 기술이 뛰어난 자들에게 녹봉은 물론 토지를 주고 관청수공업에 종사하도록 하였다.

(2) 민간수공업

민간수공업의 경우 가내수공업이 중심이 되었는데 대체로 자급자족을 위한 **생활필수품**의 생산과 관청에 납부하기 위한 **포목류의 생산**이 중심이 되었다.

(3) 소(所)와 사원수공업

수공업에 종사하는 소에서는 공납을 위한 금·은·동·종이·자기 등 특수한 물품을 제조하였다. 이 밖에 불교가 융성함에 따라 제지, 직포 등의 사원수공업도 발달하였다.

3. 상업과 금융

(1) 상 업

고려는 자급자족을 경제의 기본으로 하였기 때문에 상업은 크게 발전하지 못하였다. 다만, 관청의 수요품과 왕실 및 귀족의 생활품을 공급하기 위한 **시전상업**이 비교적 활발했을 뿐이었다. 특히 개경에는 시장과 상점이 세워졌으며 이러한 상행위를 감독하고, 물가를 조절하기 위한 **경시서**(京市署)가 설치 운영되었다.

(2) 화 폐

일반적으로 상거래에서는 **곡식**과 **포**가 주된 교환수단으로 이용되었다. 상업이 크게 발달하지 못하였기 때문에 화폐는 널리 유통되지는 않았다. 다만 성종 때 건원중보, 숙종 때 해동중보·해동통보·삼한통보가 주조되었으나 널리 유통되지 못하였고 귀족들에게 국한되어 사용되었다. 특히 대각국사 **의천**(義天)의 건의로 설치된 주전도감(鑄錢都監)에서 활구(은병) 등 각종 화폐가 주조되어 유통되기도 하였다.

Side Check

◈ 고려의 화폐

종 류	주조 연대	재 료	비 고
건원중보(乾元重寶)	성종(996)	철	최초의 화폐
활구(濶口 : 은병)	숙종(1101)	은	1개당 포 : 100필
해동통보(海東通寶)	숙종(1102)	철 · 동	쌀 : 15~50석
해동중보(海東重寶)	숙종(1102)	철 · 동	별로 사용되지 않았음
삼한통보(三韓通寶)	숙종(1102)	철 · 동	
삼한중보(三韓重寶)	숙종(1102)	철 · 동	
동국통보(東國通寶)	숙종(1102)	철 · 동	
동국중보(東國重寶)	숙종(1102)	철 · 동	
쇄은(碎銀)	충렬왕(1278)	은	
저화(楮貨)	공양왕(1390)	종이	최초의 지폐(紙幣)

(3) 고리대업의 성행

귀족과 **사원**에서는 축적된 부를 바탕으로 **고리대업**을 하였다. 그러나 생활이 곤궁한 농민들은 고리대를 이용하게 되면서 점차 생활이 어려워져 자립할 수 없게 되었다. **장생고**(長生庫)라는 서민금융기관을 통해 사원과 귀족들은 폭리를 취하여 부를 확대해 갔다.

Side Check

◈ 장생고(長生庫)

귀족, 사원 등이 조(組)를 받아 남은 것을 평민들에게 대부하는 일종의 사원에 설치한 서민금융기관이었으나 고리대화하여 불교는 세속화되었으며 이를 본받아 왕실이나 귀족들도 설치하여 부의 집중현상과 폐단이 일어났다.

(4) 보의 발달

고리대업의 성행으로 보(寶)가 발달하였는데 기금을 조성하여 그 이자를 사업 경비로 사용하도록 하였으나 본래의 목적에서 벗어나 이식(利殖)에만 급급하여 농민들에게 막대한 피해를 가져다 주었다. 교육을 위한 학보(學寶), 승려의 면학을 위한 광학보(廣學寶), 불경간행을 위한 경보(經寶), 팔관회 경비를 위한 팔관보(八關寶), 현화사 범종 주조기금을 마련하기 위한 금종보(金鐘寶), 빈민구제를 위한 제위보(濟危寶) 등이 있다.

4. 대외무역

(1) 대외무역의 발달

국내의 상업발달과 문화의 발전으로 송·요·일본 등과 무역이 활발해졌다. 따라서 예성강 어귀의 **벽란도**(碧瀾渡)는 국제무역항으로 번성하였다.

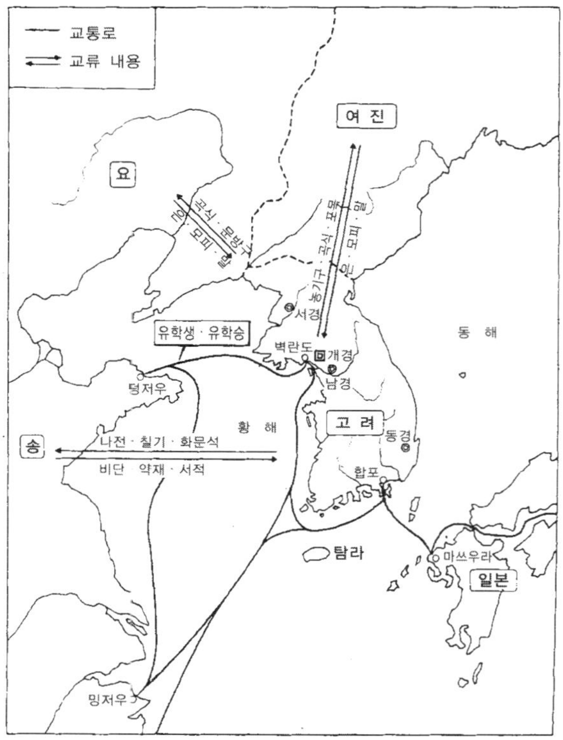

고려의 대외무역

(2) 송과의 교류

대송무역은 고려의 대외무역에서 가장 큰 비중을 차지하였다.

① **교류목적** : 광종 때를 전후하여 본격적인 교류가 시작되어 고려는 송의 우수한 문화를 받아들이는 문화적·경제적 이득을 추구하고, 송은 거란·여진 등을 견제하기 위하여 정치적·군사적

목적으로 교류하였다.

② **수출입 품목**

㉠ **수출품** : 금, 은, 인삼, 종이, 붓, 먹, 부채, 나전칠기, 화문석

㉡ **수입품** : 서적, 비단, 약재, 악기 등

③ **무역로**

㉠ **북송** : 벽란도-옹진-산둥반도-덩저우(登州)

㉡ **남송** : 벽란도-흑산도-밍저우(明州)

(3) 기타 국가와의 교류

① 요(遼) : 거란은 은을 가져와 식량과 문방구, 구리, 철 등을 수입해 갔다.

② 여진족(女眞族) : 은, 모피, 말 등을 가져와 철제농기구, 식량 등을 사갔다.

③ 일본(日本) : 직물류를 가져와 인삼, 불경, 미곡 등을 수입해 갔으며 무역은 제한적으로 이루어졌다.

④ 아라비아(대식국) : 송을 거쳐 고려와 무역하였으며 수은, 산호, 향료 등을 가져왔다. 특히 팔관회 행사 무렵에는 공무역의 성격으로 무역을 하였다. 이들과 무역하면서 고려(Corea)라는 이름이 서방에 알려지게 되었다.

Side Check

◈ 각 시대의 무역항
1. **삼국시대** : 당항성(남양만), 김해
2. **통일신라시대** : 울산항, 당항성, 영암
3. **고려** : 벽란도, 합포(마산)
4. **조선** : 3포(부산포, 염포, 제포)

Focus Diagram

◆ 중세의 사회와 경제

1. 고려사회 지배 · 피지배 계층

〈전기〉 **문벌귀족사회**
가문과 문벌을 중시하는 귀족들이 권력 · 경제력(음서 · 공음전)을 장악하고 중첩된 혼인관계로 연결. 경원이씨, 해주 최씨, 파평 윤씨, 안산 김씨

〈후기〉 **권문세족**
고려후기의 집권세력, 과거보다 음서로 관리 진출, 친원일변도의 이해관계 수립

중간계층 하급관리, 기술관, 서리, 남반, 향리, 하급장교

양 민 일반농민(백정), 상공업자, 향 · 소 · 부곡민

천 민 공 · 사노비, 화척, 진척, 재인

2. 문벌귀족과 권문세족의 비교

문 벌 귀 족	권 문 세 족
고려전기의 지배층	고려후기의 지배층
호족 출신	무신난 이후 성장한 무신의 후예
폐쇄적 통혼(왕실 · 귀족간)	원과 결탁
과거, 음서	주로 음서
공음전 세습	농장세습
귀족적(관직에 집착 않음)	관료적(관직에 집착)
문신 · 유학자	비유학자

3. 고려 정부의 각종 사회시설과 법률

① 빈민구제 기구

기 구	시기	내 용	비 고
의 창 상평창	성종 성종	태조 때의 흑창을 확장-전국 단위의 춘대추납제 · 개경 · 서경 · 12목에 설치-물가조절기구	농민보호 기구
제위보 동 · 서대비원	광종 예종	기금을 만들어 그 이자로 빈민구제, 보의 효시 개경 동 · 서 두곳과 서경에 설치, 환자의 치료, 구휼	의료 및 생활보호제도
혜민국	예종	무료로 시약하는 기관	
구제 · 구급도감	정종	질병치료, 빈민구제를 위해 설치한 임시관청	

② 법률 · 풍습

원 칙	· 대가족 위주의 관습법 위주　형벌은 당률 모방(71조항) · 지방관의 법집행권
형벌의 종류	태－장－도(징역)－유(귀양)－사(사형), 반역죄 · 불효죄는 사형에 처함
혼 인	근친 · 동성혼 금지, 상장제례 : 토착신앙+불교+도교, 연등회, 팔관회

4. 고려시대의 경제구조

경제정책

― 농민보호책, 권농정책

조세체계

- 민전조세율 1/10
- 사전조세율 1/2
- 공전조세율 1/4

토지의 종류

공음전	한인전
구분전	내장전
공해전	사원전
군인전	별사전
외역전	민전

전시과

시정 전시과	전 · 현직 문무관	관품과 인품을 병용
개정 전시과	전 · 현직 문무관	18품 전시과 군인전도 포함
경정 전시과	현직 문무관	공음전시과 규정

산업구조

농 업

- 농업기술개발(심경법, 2년 3작 윤작법) →농업생산력의 발달
- 농상집요－이암
- 목화－문익점

수공업

- 관청수공업(무기류 · 장식물 · 도자기)
- 농촌가내수공업(포목류)
- 소(所) : 수공업(금 · 은 · 동 · 종이 · 자기)

상업과 금융

- 경시서(시전감독)
- 화폐제조(최초 : 건원중보 996)
- 보의 발달(제위보, 학보, 경보, 팔관보, 광학보)

대외무역의 발달

- 예성강 →벽란도
- 북송 : 벽란도 →옹진→산둥 →덩저우
- 남송 : 벽란도 → 흑산도→밍저우

제4절 중세문화의 발달

Digest

1. **유학과 한문학** : 고려시대에는 호족을 비롯한 지방세력들이 중앙의 귀족으로 진출하면서 문화의 주인공으로 등장하였다. 이들은 유교를 새로운 정치사상으로 채용하여 유교적 정치이념을 확립하였다. 따라서, 고려시대에는 유학과 한문학이 발달하였고, 개인문집과 실록 등의 편찬이 활발하였다.
2. **불교의 발달** : 불교는 국가의 보호를 받으면서 크게 융성하였다. 고려중기에는 의천에 의하여 천태종이 성행하였고, 후기에는 지눌에 의하여 조계종이 크게 발전하였다. 또, 대장경의 조판과 사원건축 등 불교문화가 융성하였다. 이리하여 고려시대에는 불교문화와 유교문화가 함께 발전하였다.
3. **과학기술과 예술의 발달** : 고려의 예술은 귀족생활 및 불교미술과 연관된 공예분야가 크게 발달하였다. 한편, 과학기술의 진전으로 금속활자, 인쇄술, 천문, 역법, 무기 제작술 등도 발달하였다.

제 1 항 유학과 한문학

1. 유학의 발달

(1) 배 경

고려시대에는 **유교와 불교가 함께 발전**하였다. 유교는 정치와 관련한 치국의 도로서, 불교는 신앙생활과 관련한 수신의 도로서 서로 보완하는 기능을 수행하면서 유교 문화와 불교 문화가 함께 발전할 수 있었다.

(2) 유학의 진흥

① **태조** : 최언위, 최응, 최지몽 등의 유학자들이 정계로 진출하여 태조를 보필

하였고, 개경과 서경에 학교를 설치하여 유학을 정리하였다.

② **광종** : **과거제도**(科擧制度)를 실시, 유학에 능한 전문관료를 육성하였고, 문한(文翰)기구를 정비하여 왕권강화에 힘을 기울였다.

③ **성종** : 국초의 내사성을 **비서성**으로 개칭하여 왕의 직속으로 두었고, **최승로**의 시무책을 받아들여 유학을 장려하는 과정 속에서 향촌을 주도하던 지방세력가를 중앙관료로 흡수하였다.

(3) 초기 유학의 학풍

고려 초기의 유학자는 **최승로**(崔承老)와 **김심언**(金審言)이 대표적이다. 이들은 사회를 개혁하고 새로운 문화를 창조하는 독자적 능력을 가진 계층으로서 **자주적**이고 **주체적**인 특성을 지니고 있었다.

(4) 중기 이후 유학의 학풍

고려중기 이후에는 초기의 유학학풍이 점차로 보수화되어, 경원 이씨가 집권하자 학풍은 자주적인 유교정신을 강조하기보다는 집권세력의 안전을 도모하는 **보수적** 학풍으로 바뀌었다.

① **최충(崔沖)** : 최충은 문종 때의 대표적인 유학자로서 해동공자(海東孔子)라 하였고, 당시 귀족문벌의 안전을 도모하는 입장에 있었는데, 관직에서 물러난 후에는 **9재학당**이라는 사학을 세워 유학에 힘썼다.

Side Check

> ◈ 최충의 유학
> 한·당의 훈고학적 수준을 벗어나 상당한 철학적 내용이 가미된 것으로 송대 유학에 접근된 수준이라는 견해도 있다.

② **김부식(金富軾)** : 인종 때 활약한 김부식은 고려 중기의 **보수적**이면서 **현실적**인 성격의 유학을 대표하였다. 이 시기의 유학은 시문을 중시하는 귀족 취향의 경향이 강하였고, 유교 경전에 대한 전문적 이해가 깊어져 유교 문화는 더욱 성숙해졌다.

(5) 유학의 위축

한창 번성하던 유학은 무신정변을 전후로 하여 문신귀족이 몰락하자 크게 위축되었다. 또 원 간섭기에는 새로운 유학인 성리학을 수용하였다.

2. 성리학의 전래

(1) 성리학의 특징

성리학은 송의 주희가 완성한 것으로, 종래의 훈고학적 유학과 달리 우주의 근원과 인간의 심성문제를 철학적으로 규명하려는 신유학이었다. 이 성리학은 선종의 철학적인 사변을 유학에 접목한 것으로 오경(五經)보다는 **사서**(四書)를 중시하는 특성을 가졌다.

(2) 성리학의 전래

성리학은 충렬왕 때 **안향**(安珦)에 의해서 고려에 처음 소개되었다. 그 후 백이정(白頤正)이 직접 원에 가서 배워와 이제현, 박충좌 등에게 전수하였고, 고려말에 이색, 정몽주, 정도전, 길재, 권근 등이 발전시켰다. 그 중에서도 정몽주는 '동방 이학의 조(祖)'라는 칭호를 들을 만큼 뛰어난 성리학자였다.

(3) 성리학의 영향

① **초기 성리학의 성격** : 고려에 수용된 초기의 성리학은 형이상학적인 면보다는 일상생활과 관련된 실천적 기능이 강조되었다. 이 때문에 주희의 **소학**(小學)이 존중되고 또 예속을 바로잡기 위하여 **주자가례**(朱子家禮)가 권장되었다.

② **불교의 비판** : 당시의 성리학자(정도전, 이색 등)들은 불교사상 자체가 현실과는 유리된 허황된 것이라 하여 불교 자체를 공박하기도 하였다.

③ **사상계의 전환** : 종래의 훈고학적인 유학이 **철학적**인 유학으로 바뀌어 고려의 정신적 지주였던 불교가 쇠퇴하고 새로운 사상체계인 성리학이 불교를 대신하여 새로운 국가사회의 지도이념으로 부상하게 되었다.

3. 사서의 편찬

고려시대에는 유학이 발달하고 유교적인 역사서술체제가 확립되어 일찍부터 많은 사서가 편찬되었다.

(1) 초기의 역사서(편년체) : 자주적 · 주체적 사관

① **왕조실록** : 목종 이전의 왕조실록은 거란의 침입으로 불타 버렸다.

② **7대실록** : 황주량 등이 중심이 되어 『7대실록』(태조~목종)을 완성하였다.

③ 『고금록』(박인량), 『속편년통재』(홍관)가 편년체 사서로 저술되었으나, 지금은 전하지 않는다.

(2) 중기의 역사서(기전체) : 사대적 · 보수적 사관(유교사관)

『삼국사기』는 고려중기의 대표적 사서로서 인종의 명을 받아 김부식이 편찬하였다. 삼국사기는 고려초에 쓰여진 구삼국사를 기본으로 유교사관에 입각하여 기전체로 서술한 사서이다.

(3) 후기의 역사서 : 자주적 · 주체적 사관

무신정변 이후 몽고의 침입과 사회혼란을 지식인들이 민족적인 자주의식을 바탕으로 전통문화에 대한 올바른 이해의 움직임이 일어났다.

① **삼국유사(三國遺事)** : 충렬왕 때 승려 일연이 저술한 삼국유사는 불교사를 중심으로 고대의 설화나 야사를 수록하여 우리의 고유문화와 전통을 중시하였으며, 단군을 우리 민족의 시조로 보는 자주의식을 나타내고 있다.

② **제왕운기(帝王韻紀)** : 이승휴의 저서인 『제왕운기』는 우리나라 역사를 단군으로부터 서술하면서 우리 역사를 중국사와 대등하게 파악하는 자주성을 나타냈다.

③ **해동고승전(海東高僧傳)** : 각훈이 왕명에 따라 교종의 입장에서 편찬한 불교사이다.

④ **동명왕편(東明王篇)** : 고종 때 이규보의 저술로 **동국이상국집**에 실려 있는데

동명왕을 고구려 건국의 영웅으로 칭송한 일종의 민족서사시이다.

Side Check

◈ 역사의 저술방법

1. **기전체(紀傳體)** : 본기 · 연표 · 지 · 열전 등으로 구분하여 서술하는 정사체(正史體)로 『삼국사기』 · 『고려사』 등이 있다.
2. **편년체(編年體)** : 연 · 월 · 일을 중심으로 기술한 『삼국사절요』 · 『고려사절요』 · 『동국통감』 · 『조선왕조실록』 등이 있다.
3. **기사본말체(紀事本末體)** : 사건의 발단과 결과를 실증사적으로 기술한 것으로 『연려실기술』이 있다.
4. **야사체(野史體)** : 서술체 · 일기체 등이 있으며 『삼국유사』가 대표적이다.

◈ 동명왕편

「햇빛 받아 주몽 낳으니 이 때가 계해년, 골격이 특이하고, 우는 소리 또한 컸다. 처음에 알 낳으니, 보는 이 모두 놀라, 임금은 불길하다고 이것 어찌 인류될꼬. 말우리에 던져두니 모든 말이 밟지 않고, 깊은 산에 버렸더니 온갖 짐승 지켜준다. 어미가 거둬 길러 달포 되니 말을 하되, 파리놈이 는에 덤벼 편안히 잠 못 자오. 활과 살을 지어 주니 백발 백중하는구나……」 〈동국이상국집〉

(4) 성리학적 유교사관의 성립

고려후기에 들어와서는 신진사대부의 성장과 함께 다시 유교의 사관이 발달하였는데 새로운 사학(史學) 경향을 띤 **이제현**의 『사략』 등에서는 유교의 합리주의 사관이 반영되고, 정통의식과 함께 대의명분을 중시하는 성리학적 유교사관이 나타났다.

Side Check

◈ 삼국사기와 삼국유사의 비교

구 분	삼국사기	삼국유사
편찬시기	고려 인종(12C)	고려 충렬왕(13C)
편찬자	김부식	일 연
서술방식	기전체(정사체)	야사체
내용연대	삼국시대	단군~고려시대
사 관	유교사관	불교사관
특 징	신라 중심으로 서술	고조선 건국신화 수록

4. 교육기관

(1) 교육시책

관리를 양성하기 위해 중앙은 물론 지방에도 많은 학교를 세우고 교육을 장려하였다.

(2) 교육기관의 정비

① **태조** : 신라출신의 학자를 등용하고 개경과 서경에 학교를 설립하였다.

② **성종**

㉠ 지방관리의 자제들을 개경에서 교육시켰고, 후기에는 지방 12목에 경학박사와 의학박사를 파견하였다.

㉡ 중앙에 **국자감**을 두어 국자학, 태학, 사문학과 같은 유학부를 비롯하여 율학, 서학, 산학을 교육하였다.

Side Check

◈ 국자감(992)

성종 때 세운 국립종합대학으로 학생의 신분에 따라 교육하는 국자학, 태학, 사문학을 두어 유학과 한학을 배우게 하였으며, 또한 8품 이하 평민의 자제에게는 율학, 서학,

산학 등 기술교육을 가르쳤다. 성종 때는 국자감이던 명칭이 예종 때 국학, 충렬왕 때 성균관으로 변경되었다.

(3) 사학의 발달

고려중기에 이르러 최충의 문헌공도 등 **사학 12도**가 융성하였다. 사학에서 교육을 받은 학생이 과거에서 좋은 성적을 거두자 국자감의 관학 교육은 위축되었다.

(4) 관학진흥책

① **숙종** : 국자감을 강화하고자 **서적포**를 두어 서적출판을 활발히 하였다.

② **예종** : 국학(국자감)에 **7재**라는 전문강좌를 두어 유학교육을 강화하였으며 관학을 부흥시키기 위해 장학재단인 **양현고**(養賢庫)를 설치하였다. 국학의 7재 속에 무학재(강예재)가 설치되어 무예를 교육하였으나, 곧 폐지되었다.

③ **인종** : 개경에 **경사 6학**의 제도를 정비하고 **향교**를 중심으로 지방교육을 강화시켰다.

④ **충렬왕** : 국학을 성균관으로 개칭하고, 공자 사당인 문묘를 새로 건립하여 유교 교육의 진흥에 나섰다.

⑤ **공민왕** : 성균관을 순수한 유교 교육 기관으로 개편하고 유교 교육을 강화하였다.

Side Check

◈ 각 시대의 교육기관

구분	고구려	신라	발해	고려	조선
관학	태학	국학	주자감	국자감(중앙)→국학→성균관 향교(지방)	성균관과 4부학당(중앙) 향교(지방)
사학	경당			9재학당(12도)	서당, 서원(16세기 이후)

5. 과거제도와 음서제도

(1) 과거제도의 성립(958)

광종 때 후주에서 귀화한 쌍기의 건의로 유교 정치이념의 구현과 왕권강화 및 호족 세력을 억누르기 위하여 실시하였다.

① **종류** : 과거제도는 제술과(한문학과 시무책), 명경과(유교경전), 잡과(의학, 천문학, 음양지리)로 나누어졌다.

② **응시자격 및 성격** : 양민이면 누구나 응시할 수 있었지만, 실제로 농민은 응시할 수가 없었다. 시기는 원칙적으로 3년마다 한번씩 실시되었다. 제술과와 명경과는 문신을 선발하고, 잡과는 기술관을 등용하는 것이다.

(2) 과거제도의 특징

유교경전으로 선발하는 명경과보다는 한문학으로 선발하는 **제술과**를 더욱 중시하였으며, 무신을 등용하기 위한 무과는 거의 실시되지 못하였다(조선시대에는 무과가 있었다).

(3) 음서제도(蔭敍制度)

공신 및 고위관료(5품 이상)의 자제들이 과거를 보지 않고 관직에 나가는 제도로서, 승진제도 제한이 없었다. 음서제는 문벌귀족세력의 특권을 보장, 강화하는 것으로 고려가 귀족사회임을 특징적으로 나타내 주는 제도라고 할 수 있다.

6. 문학의 발달

(1) **전기의 문학**(향가와 한문학이 주류를 이룸)

① **향가** : 향가의 대표적인 작가는 광종 때의 **균여**(均如)로서, 그의 전기인 균여전에는 현재 보현십원가 11수가 전해지고 있다. 이 향가는 불교의 찬가로서 신

도들에게 널리 유포되어 불교의 대중화에 공헌하였다.

② **한문학의 발달** : 광종 이후 과거제도가 성립되면서 문치주의 시대가 시작되었고, 과거에 시 · 부 · 경서 등이 주요 시험과목이 되면서 한문학이 성행하였다. 한문학은 귀족사회의 필수적인 교양으로 일상생활에서도 유교경전의 문구가 자연스럽게 사용되었다. 그 결과 고려의 한믄학은 중국의 문학을 모방하는 단계를 지나 **독자적**인 성격을 가지게 되었다.

(2) 중기의 문학

귀족사회의 사치와 향락적인 풍조가 심해진 중기 이후에는 당 · 송의 한문학을 숭상하는 경향이 일어나게 되고, 이러한 문학적 경향은 전통문화와의 괴리를 초래하여, 귀족문화의 **사대성**과 **보수성**이 강화되는 결과를 가져왔다.

(3) 후기의 문학

신진사대부의 등장으로 새로운 경향의 문학(경기체가, 어부가)이 나타났다.

① 국문학

㉠ **경기체가** : 향가의 형식을 계승한 것으로 신진사대부 계층의 생활상을 반영하는 것으로 『한림별곡』, 『관동별곡』, 『죽계별곡』 등의 작품이 있다.

㉡ **시가문학** : 대표적인 것이 『어부가』로서 전원생활의 한가로운 모습을 그려낸 처사적 문학이었다.

㉢ **장가(속요)** : 민중의 노래가 유행하였는데 『청산별곡』, 『쌍화점』 등이 있다.

② **한문학의 발달** : 한문학에도 새로운 경향이 나타나, 수필문학과 설화문학이 유행하였다.

㉠ **수필문학의 등장** : 이인로의 『파한집』, 최자의 『보한집』, 이제현의 『역옹패설』 등이 있었다.

㉡ **설화문학의 등장** : 임춘의 『국순전』, 이규보의 『국선생전』, 이곡의 『죽부인전』 등 사물을 의인화한 설화문학이 등장하였다.

Side Check

◈ 고려 한문학의 변천

초 기	중 기	후 기
독자적인 한문학 →	중국 모방의 보수적인 한문학 →	독자적인 한문학

③ **한시의 발달** : 이인로는 세련된 한시를 지었으며, 이규보는 『**동명왕편**』에서 한문학의 형식에 구애받지 않고 자유로운 문체를 구사함으로써 새로운 문학세계를 추구하였다.

제2항 불교의 발달

1. 불교정책

(1) 불교의 성격

삼국시대부터 불교는 **현세구복적**이며 **호국적**인 성격을 띠고 있었다. 즉, 국가를 보호하고, 국리 민복을 가져다 주는 신앙으로 옹호되었다. 이리하여 불교는 고려초기부터 국가의 보호를 받으면서 크게 발달하였다.

(2) 불교정책

① **태조** : 태조는 **훈요 10조**에서 사원을 세워 불교를 숭상할 것과 연등회와 팔관회의 개최를 당부하여 불교국가로의 방향을 제시하여 숭불정책을 실시하였다.

② **광종** : 광종 때는 **승과제도**를 채용하여 교종선과 선종선을 두고, 급제자에게는 법계를 주었다. 또 국사와 왕사제도를 두어 왕실의 고문역할을 담당케 하고, 귀법사를 창건하여 화엄종의 본찰로 삼으면서 분열된 종파를 수습하려는 노력을 기울였다. 의통(義通)과 제관(諦觀) 등 두 승려가 중국으로 건너가 중국의 천태종(天台宗)을 부흥시키기도 하였다. **의통**은 중국 천태종의 13대 교조가 되었고,

제관은 천태종의 기본교리를 정리한 『천태사교의』라는 명저를 저술하였다.

③ **성종** : 성종 때는 유교 정치사상이 강조되면서 연등회와 팔관회 등이 일시 폐지되는 등 **억불정책**을 펴기도 했다.

④ **현종** : 현종 이후에는 불교가 다시 국가의 보호를 받아 계속 융성하였으며 현화사와 흥왕사 등의 사찰이 건립되었다.

2. 천태종의 성립

(1) 성 립

문벌귀족 체제의 극성기인 11세기 전후에는 보수적이고 귀족적인 법상종이 화엄종과 더불어 발달함으로써 선종은 위축되었다. 이 때 화엄종 출신으로 문종의 넷째 아들인 대각국사 의천이 송에 유학하고 돌아왔다. 그는 흥왕사를 화엄종의 본찰로 삼아 법상종을 비롯한 교종불교의 사상을 융합하고자 노력하였으며 원효의 **화쟁사상**을 토대로 하여 불교사상을 통합하려 하였다. 의천은 교종의 입장에서 선종을 통합하려는 **해동천태종**(海東天台宗)을 창시하였고, 교리는 이론과 실천의 양면을 강조하는 **교관겸수**(敎觀兼修)를 제창하였다.

(2) 발 달

의천은 새로 중건된 흥왕사의 주지가 되어 화엄종의 본찰로 삼고 교세를 크게 번성시키고 천태종의 융성기를 맞이하였다. 그러나 의천의 교·선통합운동은 불완전한 것이어서 그의 사후에 선종은 다시 독립하게 되었다.

3. 조계종의 성립

(1) 고려 불교계의 변화

고려시대 불교계는 교종(敎宗)사상과 선종(禪宗)사상의 대립을 해소하려는 과제를 안고 있었으며, 특히 무신정변 이후 불교계는 **선종의 부흥과 신앙결사운동**

의 새로운 변화가 일어났다.

(2) 조계종의 융성

무신정권 이전에 왕실 및 문신귀족의 비호하에서 성장하였던 교종 중심의 불교가 최씨 정권 아래서는 탄압을 받았고, 그 대신 선종계열의 불교가 최씨 정권의 후원을 받아 융성하였는데 이 때 선종 중심으로 교종을 통합하려는 조계종이 크게 두각을 나타내고 있었다. 거기에다 보조국사 지눌 같은 뛰어난 선승이 나와 선종을 부흥시키고 불교계를 정화하려는 신앙결사운동을 전개한 결과였다.

(3) 지눌의 활동

① **정혜쌍수(定慧雙修)** : 조계종의 지눌은 당시 불교계의 타락을 비판하면서 불교수행에 있어서 핵심적인 요소인 참선·지혜를 함께 닦자(정혜쌍수)는 실천운동을 전개하였다. 그리고 승려 본연의 자세로 돌아가 예불독경과 함께 참선 및 노동에 힘쓰자는 개혁운동을 전개하였다.

② **돈오점수(頓悟漸修)** : 지눌은 정혜쌍수의 바탕이 되는 이론으로 돈오점수를 수행방법으로 제시하였다. 돈오는 인간의 마음이 곧 부처라는 것을 깨닫는 것이며, 점수는 깨달은 뒤에도 꾸준히 수행해야 해탈에 이를 수 있다는 주장이다.

③ **선교일치의 철학체계 이룩** : 지눌은 의천과는 달리 참선을 주로 하는 선종을 중심으로 교종과의 조화를 주장하였다. 이로써 고려불교는 선·교일치의 완성된 철학체계를 이루게 되었다.

(4) 조계종의 발전

조계종은 지눌 이후 뛰어난 계승자들에 의해 계속 발전했는데, **유·불사상의 일치설**을 내세워 유교와 불교의 타협을 기도한 진각국사 **혜심**이 대표적이다.

(5) 조계종의 역할

조계종은 무신정권의 후원을 받으면서 계속적인 발전을 하였다. 좌선 등을 통한 심성의 도야를 강조함으로써 점차 **성리학을 받아들일 수 있는 사상적 터전**을 마련하였다.

(6) 요세(백련 결사)

비슷한 시기에 요세는 백성의 신앙적 욕구를 고려하여 강진 **만덕사(백련사)**에서 백련 결사를 제창하였다. 자신의 행동을 진정으로 참회하는 법화 신앙에 중점을 둔 백련 결사 역시 지방민의 적극적인 호응을 얻었고, **수선사**와 양립하며 고려 후기 불교계를 이끌었다.

(7) 불교의 세속화

원 간섭기에 접어들면서 불교계의 혁신운동은 단절되어, 세속화의 길을 걷게 되었다. 불교의 사원은 권문세족들의 후원으로 막대한 토지와 노비를 소유하게 되었다. 특히 고리대업과 상업에도 참여하여 부패가 심하였는데, 고려말기에는 성리학을 받아들인 신진사대부들에게 비판의 대상이 되기도 하였다.

Side Check

◈ 양종의 비교

천태종	대각국사 의천	교종 중심으로 선종통합	교관겸수, 지관	국청사
조계종	보조국사 지눌	선종 중심으로 교종통합	돈오점수, 정혜쌍수	송광사

4. 대장경의 조판

(1) 대장경 조판의 성격

대장경이란 경(불타의 설법을 결집)・율(교단의 계율을 결집)・논(교리 연구 논문을 모음)의 심장의 불교경전을 총칭하는 말이다. 고려에서 대장경의 조판이 활발하게 진행된 이유는 고려 불교가 **호국불교, 현세구복불교**로서의 성격을 지녔기 때문이었다.

(2) 초조대장경

현종 때(1010) 거란의 침입이 있자 이를 불력으로 물리치기 위하여 70여년에 걸쳐 문종 때 와서 비로소 완성하였다. 총 6,000여권으로 대구 부인사에 보관되어 있다가 몽고군의 침입으로 불에 타 소실되었다. 현재 그 인쇄본의 일부가 남아 있다.

(3) 교장(속장경)

대각국사 의천이 현종 때 조판한 대장경과 송·요·일본 등의 대장경에서 누락된 불경을 다시 보완하여 **신편제종교장총록**(新編諸宗敎藏總錄)이라는 불서를 만들고, 흥왕사에 **교장도감**을 설치하여 완성시켰다. 총 4,760여권으로 10여년에 걸쳐 완성되었으나 몽고 침입 때 소실되었다. 그 인쇄본의 일부가 일본에 보관되어 있고 우리나라에는 조선초에 중수, 간행된 불서목록이 송광사에 전해 오고 있다.

㉾ 의천(義天)이 작성한 「신편제종교장총록」은 당시까지 전해진 대장경의 총목록으로 이 책의 서문은 대장경 총목록이 작성되는 경위를 밝히고 있다.

(4) 팔만대장경

① **조판** : 몽고의 침입(1236~1251)으로 초조대장경과 교장이 불타 없어지자, 몽고의 침입을 불력으로 물리치고자 최씨 정권의 주도 하에 강화도에서 조판하였다. 고종 연간에 조판을 시작하여 15년에 걸쳐 총 81,000여매의 대장경을 완성하였다.

② **의의** : 몽고와의 전쟁 중임에도 불구하고 대장경을 조판할 수 있었던 것은 불교에 대한 고려의 높은 문화의식이 바탕이 되었기 때문이다. 또한 내용의 정확함과 자체의 아름다움, 목판제작의 정교함이 동양의 대장경 중에서 가장 으뜸이다. 현재 합천의 **해인사 경판고**에 보관되어 있다.

제 3 항 도교와 풍수지리사상의 유행

1. 도교의 발달

(1) 도교의 성행

삼국시대에 전래된 도교는 고려시대에 들어와 성행하였지만 불교나 유교에는 크게 미치지 못하였다.

(2) 도교의 성격

도교는 고대의 민간신앙과 신선술을 바탕으로 하고, 거기에 도가사상과 음양·오행의 이론 등이 첨가되어 성립된 종교로서, **불로장생**과 **현세구복**을 추구하는 특징을 가졌다.

(3) 도교의 기능

하늘의 별들과 서낭신, 토지신 등 많은 잡다한 신을 모시면서, 재앙을 물리치고 복을 빌며, 국가의 안녕과 왕실의 번영을 기원하였다.

(4) 도교의 특징

국가적인 도교행사가 자주 베풀어졌으며, 예종 때에는 도교사원인 **도관**이 처음으로 건립되기도 하였다. 그러나 도교사상은 특히 불교적인 요소가 강하였고, 도참사상까지 수용하여 유·불과는 달리 일관성이 결여된 면이 있었다. 또 교단이 성립되지 못함으로써 민간신앙으로 널리 퍼지지 못하였다.

2. 풍수지리설

(1) 특 징

풍수지리설은 산세와 수세를 살펴 도읍, 주택, 능묘 등을 선정하는 일종의 지리학으로서, 지형과 지세에 따라 국가나 개인의 길흉화복이 많은 영향을 받는다는 것이다.

(2) 성 행

풍수지리설은 도선에 의해 크게 선양되었는데, 여기에 예언적이고 신비한 성격의 도참신앙이 가미됨으로써 크게 성행하였다.

(3) 서경길지설

풍수지리설에 의한 서경길지설은 **서경천도**와 **북진정책**의 이론적 근거로서 유교 정치이념의 보수화에 반발하였고, 이자겸의 난 이후에 서경세력과 개경세력의 세력다툼에 있어서 풍수사상의 영향을 받은 수도 천도의 여부가 중요한 정치적 현안이 되었다.

(4) 남경길지설(한양명당설)

고려중기 이후 북진정책의 퇴조로 새로이 등장한 것이 남경(한양)길지설인데, 고려말까지 정치적으로 영향을 끼쳤다.

(5) 서적의 편찬

「도선비기」 등의 서적이 편찬 유포되었고, 예종 때에는 풍수지리설을 집대성한 「해동비록」(박승종 · 김인존 등이 저술, 현존하지 않음)이 편찬되었다.

(6) 잡업(지리업)의 시행

지리업을 통해 지관을 선발하는 등 국가적 관심을 보였다.

제 4 항 과학기술과 예술의 발달

1. 과학과 기술학

(1) 고려의 과학교육

고려시대에서 과학과 기술학은 유학이나 한문학에 비해 비교적 소홀히 취급되었지만, 국자감에서 율학과 서학·산학 등의 **잡학**교육을 하였다. 특히 과거에서 기술관의 등용을 위해 **잡과**를 실시함에 따라 중류층에서 많이 참여하여 과학과 기술학이 발전할 수 있었다. 고려 과학 기술의 발전을 대표하는 것은 천문학, 의학, 인쇄술, 상감기술, 화약, 무기 제조술 등이었다.

(2) 천문학과 역법의 발달

① **천문학** : 고려시대에는 천문학과 역법이 발달하였는데, 그 이유는 농사를 위한 천체운행과 기후관측에 천문학과 역법이 필요하기 때문이었다.

② **사천대(후에 서운관으로 개칭)** : 천문관측과 역법의 계산을 관장하였다.

③ **역법** : 고려초기에는 당의 **선명력**(宣明曆)을, 충선왕 때에는 원의 **수시력**(授時曆)을, 공민왕 때는 명의 **대통력**(大統曆)을 사용하였다.

(3) 인쇄술의 발달

고려에서 가장 크게 발달한 것이 **인쇄술**이다.

① **전기** : 고려전기부터 발달한 **목판인쇄술**은 대장경의 간행으로 꽃을 피웠다.

② **중기 이후** : 여러 가지 책을 소량으로 인쇄할 경우 목판보다는 **활판인쇄**가 더 효과적이었기 때문에 일찍부터 활판인쇄술의 개발에 힘을 기울였다. 이에 중기 이후에는 금속활자가 발명되어 활판인쇄가 발전하였다. 이규보의 「동국이상국집」에 따르면, 1234년에 최윤의가 저술한 「**상정고금예문**」을 인쇄하였다고 서술하고 있다. 이는 서양의 금속활자보다 200여년 앞선 세계 최고의 금속활자본이 될

것이나, 현존하고 있지 않으므로 1377년 간행된 **직지심체요절**이 세계 최고의 금속활자본으로 공인받고 있다.

③ **제지술** : 인쇄술의 발달과 함께 제지술도 발달하였다. 전국적으로 닥나무의 재배를 장려하고, 종이 제조의 전담관서를 설치하여 우수한 종이를 만들었다. 당시 고려에서 만든 종이는 중국에 수출되어 호평을 받았다.

(4) 의학의 발달

국초부터 지방학교에 의학박사를 파견하였고, 중앙의 태의감에서는 의생을 교육하였으며, 이들을 대상으로 의과를 시행하게 하였다. 고려중기의 의학은 당·송 의학의 수준에서 한걸음 더 나아가 우리 실정에 맞는 **자주적인 의학**으로 발달함으로써, **향약구급방**을 비롯해서 많은 의서가 나오게 되었다.

㊟ **향약구급방** : 13세기에 인쇄된 현존하는 우리나라 최고의 의서로 각종 질병에 대한 처방과 국산 약재 180여 종이 소개되어 있다.

(5) 화약무기의 제조와 조선 기술

① 최무선이 화약제조법을 원으로부터 익혀 **화통도감**의 설치를 건의하였고, 이 화통도감에서 화약과 화포를 제작하여 진포에 침입한 왜구를 격퇴시켰다.

② 조선술도 발달하여 대형 범선, 대형·소형 조운선도 등장하였고, 배에 화포를 설치하여 왜구 격퇴에 활용하기도 하였다.

2. 건축과 조각

(1) 고려예술의 특징

귀족사회의 특징이 반영되어 **귀족적**이며 **불교적**인 색채가 강하였다.

㊟ **고려예술의 귀족적 성격** : 자기, 나전칠기 등과 불교의식에 사용되는 불구제작이 증가하였고 세련미가 넘쳤으며 귀족생활을 기반으로 발달하였다. 또한 미술·공예품도 발달하였다.

(2) 건 축

① 건물의 특징

㉠ **외관의 웅대성** : 개경의 만월대나 당시의 사원들은 경사진 지대에 다층식(多層式)으로 지어 외관이 높고 웅대하였다.

㉡ **건축양식** : 주심포 양식과 엔타시스 양식을 사용하여 안정감 있게 만들었다.

② 대표적인 건물

㉠ **초기 건축물** : 개경의 만월대, 현화사, 흥왕사 등의 사찰을 많이 건립하였지만, 모두 불타 버렸다.

㉡ **후기 건축물** : 현존하는 목조건물은 고려후기의 것들인데 이전의 주심포양식에다 다포양식이 새로이 도입되었다.

ⓐ 봉정사 극락전 : 주심포양식으로 된 현존 최고의 목조건물이다.

ⓑ 부석사 무량수전, 수덕사 대웅전 : 대표적인 주심포 양식의 건물로 균형 잡힌 외관과 잘 짜여진 각 부분의 치밀한 배치로 고려 시대 건축의 단아하면서도 세련된 특성을 잘 드러내고 있다.

ⓒ 성불사 응진전 : 원의 영향을 받은 다포양식으로 조선시대의 건축양식에 큰 영향을 주었다.

Side Check

◈ 건축양식

1. **주심포(柱心包)양식** : 지붕의 무게를 바치기 위한 짜임새(포, 두공)가 기둥 위에만 있는 건축양식으로 송의 영향을 받은 것이다. 하중이 기둥에만 전달되므로 배흘림이 강하다(봉정사 극락전, 부석사 무량수전).
2. **다포(多包)양식** : 기둥 위는 물론 기둥과 기둥 사이에도 짜임새가 있는 건축양식으로 원의 영향을 받은 것이다. 하중이 기둥과 벽체에 분산되므로 중후하고 장엄한 모습의 건축구조를 이룬다(석왕사 응진전, 성불사 응진전).
3. **엔타시스 양식** : 둥근 기둥의 가운데 부분을 불룩하게 하여 안정감을 추구한 양식으로 서역의 영향을 받은 것이다.

(3) 석 탑

① **특징** : 고려의 석탑은 신라 양식을 일부 계승하면서도 독자적인 조형 감각을 가미하여 다양한 형태로 제작되었다. 다각 다층탑이 많았고, 안정감은 부족하나 자연스러운 모습을 띠었다. 석탑의 몸체를 받치는 받침이 보편화되었다.

② **대표적 석탑**

㉠ **불일사 5층 석탑(고려초기)** : 신라 양식에서 고려로 넘어가는 과도기

㉡ **월정사 8각 9층석탑(고려전기)** : 고려의 다각 다층석탑 중 대표적 형태, 송의 영향

㉢ **경천사 10층석탑(고려후기)** : 원의 라마예술의 영향, 조선의 원각사 10층석탑에 계승

(4) 승 탑

① **발달** : 승탑은 승려들의 사리나 유골을 안치한 묘탑으로서 고려 조형예술의 중요한 부분이 되었다. 중기 이후 선종의 유행으로 장엄하고 수려한 부도들이 많이 만들어졌다.

② **대표적인 부도** : 구례의 연곡사지 북부도, 공주의 갑사 부도, 여주의 고달사지의 승탑 등이 8각 원당형의 기본양식을 지닌 작품이다. 정토사 홍법국사 실상탑과 법천사 지광국사 현묘탑은 각각 8각 원당형과 평면 사각형으로 특이한 형태의 걸작이다.

(5) 불 상

① **특징** : 고려시대의 불상은 시기와 지역에 따라 독특한 모습을 보여 주었다. 초기에는 광주 춘궁리 철불 같은 대형 철불이 많이 조성되었다.

② **대표적인 불상** : 논산의 **관촉사 석조미륵보살입상**이나 안동 이천동 석불처럼 사람이 많이 다니는 길목에 지역 특색이 잘 드러난 거대한 불상도 조성되었다. 또 **부석사 소조아미타여래좌상**은 고려시대를 대표하는 가장 우수한 불상으로 신라양식을 계승하였다.

3. 공 예

(1) 특 징

고려시대의 미술분야에서 가장 발전한 분야가 **공예부분**이다. 공예는 귀족들의 생활도구와 불교의식에 사용되는 불구(佛具) 등을 중심으로 크게 발전하였다. 그 중에서도 가장 뛰어난 것은 자기공예이다.

(2) 자기공예의 발달

① **신라토기의 전통** : 신라토기의 전통위에 송자기의 영향으로 더욱 발달하였다.

② **10세기 전반기** : 자체적으로 자기를 생산하면서 본격적인 전기를 마련하였다.

③ **11세기경** : 귀족사회의 전성기인 11세기경에는 고려자기의 독특한 미가 나타났다. 중국인들도 고려자기를 천하의 명품이라 칭찬하였다(서긍, 「**고려도경**」)

(3) 청자의 발달

① **초기** : 순수청자(주로 그릇 모양과 선을 강조)

② **12세기 중엽 이후** : 고려의 독특한 기법인 상감법이 개발되어 상감청자가 만들어지게 되었는데, 강화에 도읍한 13세기 중엽까지 상감청자의 전성기를 이루었다. 그러나 원의 간섭기에 들어가면서 퇴락하게 되었다.

③ **특징** : 고려청자는 연한 하늘색인 비색의 아름다움과 함께 그릇의 각종 모양과 장식이 조화를 이루는 우아한 형태를 갖춘데다가 음각과 양각 및 상감법에 의한 독특한 무늬가 어우러져 세련된 아름다움과 고려문화의 독창성을 창출해 내었다.

④ **도요지** : **강진, 부안** 등이 유명하며, 특히 강진에서는 청자초기의 가마터가 발견되어 보존되고 있다.

(4) 금속공예

청동기 바탕에 은으로 장식무늬를 넣은 은입사의 기술이 크게 발달하여, 청동은입사포류수금무늬정병과 향로 같은 걸작품을 남겼다.

(5) 범종과 나전칠기

불교의 발달로 화성의 용주사 종과 해남 대흥사의 탑산사 종이 **신라의 양식을 계승**한 것이며, 나전칠기는 불경을 넣는 경함, 화장품갑, 문방구 등에 자개를 붙여 무늬를 낸 것으로 송에 수출하였다.

4. 서화와 음악

(1) 서 예

① **전기** : 왕희지체와 구양순체가 유행하였고, 대표적인 서예가로는 유신, 탄연, 최우를 들 수 있는데, 이들은 신라의 김생과 함께 **신품 4현**이라고 일컬어졌다.

② **후기** : 원의 조맹부의 송설체가 유행하였는데 이 서체의 특징은 구양순체보다 우아한 서체로서 충선왕 때의 이암(李嵒)이 대표적이다.

③ 시화일치론(詩畵一致論) : **이규보**와 **이제현**이 주장하였으며 회화의 문학화를 지향하였다.

(2) 회 화

도화원이나 화국을 설치하여 화원을 두기도 하였다.

① 전 기

㉠ **이령(李寧)** : 인종 때의 화가로 「예성강도」를 그렸으나 현재 전하지 않는다.

㉡ **이광필(李光弼)** : 이령의 아들로 산수, 인물화에 능했으나 현재 전하는 그림이 없다.

② **후기** : 문인화가 유행하였으나 현재 전해지는 것은 거의 없고, 공민왕이 그렸다는 **천산대렵도**가 있어 당시의 그림에 원대 북화가 영향을 끼쳤음을 알려주고 있다.

③ **불화** : 고려시대에는 불교회화가 성행하였다. 고려후기에 그려진 불화 중 혜허의 **관음보살도**가 일본에 전해 오고 있는데, 섬세하고도 화려하여 불화 중에서

대표적인 걸작으로 꼽히고 있다. 부석사 조사당 벽에 그려진 사천왕상과 보살상도 유명하다. 또, 불교경전을 필사하거나 인쇄할 때, 맨 앞장에 그 경전의 내용을 알기 쉽게 그림으로 설명한 사경화도 유행하였다.

(3) 음 악

국가의례나 풍속교화와 관련하여 국가의 관심과 지원으로 발달하게 되었다.

① **향악(속악)** : 우리나라 고유의 음악으로 동동, 한림별곡, 대동강 등의 곡이 남아 있다. 악기로는 거문고, 비파, 가야금, 대금, 장고 등이 있다.

② **아악** : 송(宋)에서 수입된 중국 고전음악인 대성악이 궁중음악으로 발전하여 **아악**이라고 일컬어지게 되었는데 오늘날까지도 격조 높은 **전통음악**으로 전해지고 있다. 아악의 전래는 고려 음악의 수준을 한 차원 높였다고 할 수 있다.

③ **당악** : 송의 속악으로 문종 때에 전래되어 향악과 함께 연주되면서 고려음악의 발전에 영향을 끼쳤다.

Focus Diagram

◆ 중세문화의 발달

1. 유학의 학파와 한문학

- 유학의 발달
  - 유학의 학풍
    - 10C 말~11C 전반
      - 자주적이며 주체적인 학풍
      - 김심언, 최승로, 최량
    - 11C 중기~13C 중엽
      - 집권세력의 안전만을 도모하는 보수적 성격
      - 최충(해동공자), 김부식
  - 성리학 전래
    - · 우주의 근원과 인간의 심성문제를 철학적으로 규명
    - · 선종불교의 철학적 사변관을 유학과 접목
    - · 5경보다 4서를 중시
    - · 실천적 기능 강조
- 계 보
  - 안향(소개) – 백이정(원에서 습득)
    - 이제현
      - 정도전, 권근, 조준 : 강경혁명파(현실주의자)
      - 이색(목은), 정몽주(포은), 길재(야은), 이숭인(도은) : 온건개혁파(명분론자)
    - 박충좌

2. 역사학

전기	유교적 역사서술
	「7대 실록」, 「고금록」(박인량), 삼국사기(김부식)
후기	자주적 사관
	「삼국유사」(일연) 「제왕운기」(이승휴) 「동명왕편」(이규보)
	성리학적 사관
	「사략」(이제현) – 유교의 합리주의적 사관, 정통, 대의명분 중시

	구 분	기술방법	대표적인 사서
역사기술형태	기전체	본기, 지, 열전 등으로 구분	「삼국사기」 「고려사」
	편년체	연, 월, 일별로 역사기술	「삼국사절요」, 「삼국사절요」, 「조선왕조실록」, 「동국통감」,
	기사본말체	시건중심으로 서술	「연려실기술」
	강목체	강(大綱), 목(細目)	「동사강목」

3. 삼국사기와 삼국유사의 비교

삼 국 사 기	삼 국 유 사
고려 인종(1145) 때 관찬 귀족사회 전성기에 저술 북진정책을 좌절시킨 사관 유교 · 보수적 신라 정토사관 현존 최고의 사서 기전체	충렬왕(1281) 때 사찬 원 지배하에 저술 자주사관 불교적 고조선 정토사관 단군신화, 향가 수록 기사본말체(야사체)

4. 천태종과 조계종

종 파	지 도 자	발생시기	주 장	교 리	발 전
천태종	대각국사 의천	11C후반	교관겸수	교종(本)+선종(附)	왕실(문벌) 귀족 후원
조계종	보조국사 지눌	12C말	정혜쌍수 돈오점수	선종(本)+교종(附)	최씨정권후원

3. 과학기술과 예술

분 야	전 기	후 기
대장경	· 초조대장경(현종~문종)거란격퇴 대구부인사보관→소실, 일부현존	· 팔만대장경→몽고격퇴 염원(4700여권) · 해인사 보관
금속활자		· 상정고금예문(1234)→200여년 빠름 (동국이상국집) · 직지심경(1377)→세계 최고
건축	· 만월대 등의 궁전 · 현화사 · 흥왕사	· 봉정사 극락전(안동) : 현존 최고 건축 · 부석사 무량수전(영주) : 주심포 양식 · 성불사 응진전(사리원) : 다포 양식
석탑	· 안정감 부족, 다양한 형식 · 불일사 5층석탑 · 월정사 8각 9층석탑(宋)	· 경천사 10층석탑(원 영향)
서예	· 왕희지체와 구양순체 유행 · 신품4현 : 김생, 유신, 탄연, 최우	· 송설체 유행 · 이암이 대표
회화	· 왕실과 귀족의 취미생활 · 도화원, 화국－전문그림기관 · 이령, 이광필	· 문인화 유행(元代) · 천산대렵도(현존) · 혜허의 관음보살도(일본소장)

제5장

근세사회의 발달

제 1 절 근세사회로의 전환
제 2 절 근세의 정치적 변화
제 3 절 근세의 사회와 경제
제 4 절 근세문화의 발달

훈민정음

단원개관

1. 고려에서 조선사회로의 전환은 단순한 왕조교체가 아니라 정치, 경제, 사회, 문화 등 여러 방면에 걸친 커다란 진전이었다.
2. 15세기에는 왕권을 중심으로 하는 국가질서가 강화되고, 양반관료 중심의 지배체제가 정비되면서 국가재정이 충실해졌다. 또, 민생의 안정과 권농정책의 적극적인 추진으로 인구와 농지가 증가하면서 국력이 신장되었다. 정치적 안정과 사회·경제적 기반 위에서, 민족의식의 각성과 실용적인 학문의 숭상으로 민족문화가 크게 창달되었다.
3. 16세기에는 사림의 세력이 강화되어, 정치, 경제, 사회, 문화면에서 그들의 역할이 증대되었다. 그러나 임진왜란, 병자호란 등 외침을 잇따라 겪게 되어, 그 동안의 발전이 큰 타격을 받았다.

최근출제경향

근세사회의 성격, 조선왕조 창건의 주요세력과 그 사상, 조선의 통치체제 성격과 그 내용, 사림의 학풍·붕당정치·향촌자치기구 및 향약, 이기론의 사상계보와 흐름, 조선초기 대외정책의 기본방향과 양난의 전개, 각 신분의 사회적 지위와 권리의무관계, 토지·조세제도의 내용과 그 변천, 산업구조의 특징과 사회계층의 사회적 지위와의 관계, 15~16세기 성리학의 흐름과 경향, 15세기 편찬사업의 내용과 목적

우리나라	연대	다른 나라
(1392) 조선의 건국		
(1394) 한양 천도		
	1400	(1405) 정화의 남해 원정
(1437) 6진 설치		(1429) 잔 다르크, 영국군 격파
(1446) 훈민정음 반포		(1453) 비잔틴제국의 멸망
(1469) 경국대전 완성		(1492) 콜럼버스, 아메리카항로 발견
(1510) 3포왜란	1500	(1517) 루터의 종교개혁
(1543) 백운동서원 건립		(1519~1522) 마젤란, 세계일주
(1555) 을묘왜변		(1598) 프랑스, 낭트칙령 발표
(1592) 임진왜란		
	1600	(1600) 영국, 동인도회사 설립
(1623) 인조반정		(1616) 후금의 건국
(1636) 병자호란		(1644) 명의 멸망

제1절 근세사회로의 전환

Digest

1. **조선왕조 창건** : 고려말 정치 · 사회적 혼란과 이민족의 침입이 계속되는 가운데, 새로운 사회를 지향하는 신진사대부와 신흥무인세력이 대두하였다. 이들은 위화도회군을 계기로 정권을 장악한 다음, 토지개혁을 기반으로 새 왕조를 창건하였다.
2. **정치개혁** : 새 왕조는 국호를 조선으로 하고, 수도를 한양으로 옮겨 국가의 면모를 일신하였다. 그리고 보국안민을 목표로 하여 유교적 정치이념에 입각한 통치체제를 확립하였다.
3. **근세사회의 시작** : 조선왕조의 개혁정치로 고려말기의 여러 가지 모순이 시정되고, 정치참여의 폭이 확대되었다. 그리고 개인의 능력이 존중되었으며, 정치체제와 사회제도가 보다 합리적으로 개편되었다. 이로써, 조선전기의 사회는 한 단계 진전된 새로운 사회로 전환되어 갔다.

제 1 항 근세의 세계

1. 서양의 근세

(1) 서양 근세의 새로운 운동

① 조선왕조가 성립되어 발전하고 있는 동안, 서양에서는 중세봉건사회가 무너지고 새로운 근대사회와 근대문화가 싹트기 시작하였다.

② 새로운 사회와 문화운동은 르네상스, 신항로의 개척과 유럽세계의 확대, 종교개혁 등으로 나타났다.

(2) 르네상스

① 르네상스는 14, 15세기에 이탈리아를 중심으로 전개되었고, 16세기에는 알프스 이북의 유럽 각지에 널리 퍼졌다.

② 르네상스는 그리스, 로마의 고전문화의 부흥을 통한 새로운 문화운동이었으며 또한 인간주의적·현세적인 근대문화의 창조운동이기도 하였다.

(3) 유럽세계의 확대

① 포르투갈과 에스파냐를 중심으로 시작된 신항로 개척과 신대륙의 발견으로 이루어졌다.

② 포르투갈은 동양무역을 독점하였고, 에스파냐는 신대륙에 광대한 식민지를 개척하였다.

③ 네덜란드, 영국, 프랑스 등도 해외로 진출하였다.

④ 유럽 경제는 비약적으로 발전하여 상업혁명이 일어나고 자본주의가 발전하기 시작하였다.

⑤ 각국의 절대왕정들은 중상주의정책을 적극적으로 추진하였다.

(4) 종교개혁

① 16세기 독일에서 시작된 종교개혁은 루터파, 칼뱅파, 영국 국교회 등의 프로테스탄트 교회를 성립시켰으며, 이로서 중세 크리스트교세계의 통일이 파괴되었다.

② 종교개혁운동은 사회개혁운동, 민족주의운동 등과 연결되어 전개되었으므로 그 파급 영향이 매우 컸다.

③ 카톨릭교회의 개혁운동으로 예수회가 창설되었고, 예수회 선교사들이 동양과 신대륙에서 활동하여 로마카톨릭이 널리 전파되기도 하였다.

2. 동양의 근세

(1) 명(明)의 흥망(1368~1644)

① **건국** : 14세기 후반에 성립된 중국의 명은 정복왕조인 원을 무너뜨리고 한족의 왕조를 재건하였다(1368).

② **전성기** : 15세기 초 성조 영락제 시대에 전성기를 맞이하였으며, 이 시기에 정화는 남해원정(1405~1433)으로 인도양과 아프리카 동해안에까지 명의 국위를 선양하였다.

③ **쇠퇴** : 북쪽으로는 몽고족의 침입과 남쪽으로는 왜구의 약탈(북로남왜), 16세기 말 임진왜란에의 출병으로 명의 국력은 더욱 쇠약해졌고, 17세기에는 여진족이 세운 청(淸)이 명을 대신하여 중국을 지배하게 되었다.

(2) 서남아시아

이슬람 세력이 강성하고 이슬람국가들의 번영이 지속하였다.

① **오스만투르크제국(1299~1922)** : 서아시아, 아프리카, 유럽의 3대륙에 걸친 제국으로 발전하였다.

② 중앙아시아의 티무르제국, 이란지방의 사파비왕조도 한때 번성하였다.

③ **인도의 무굴제국(1526~1858)** : 인도문화와 이슬람문화가 융합되어 발전하였다.

④ **이슬람세력의 동남아시아 진출** : 오늘날 인도네시아와 말레이시아 일대에 이슬람교가 성행하게 되었다.

⑤ **서양세력의 동양 진출(16세기 이후)** : 서양세력이 동양에 진출하여 침략의 거점을 마련하였다. 이에 인도를 비롯한 남아시아와 동남아시아 일대는 점차 서양세력의 영향을 받게 되었다.

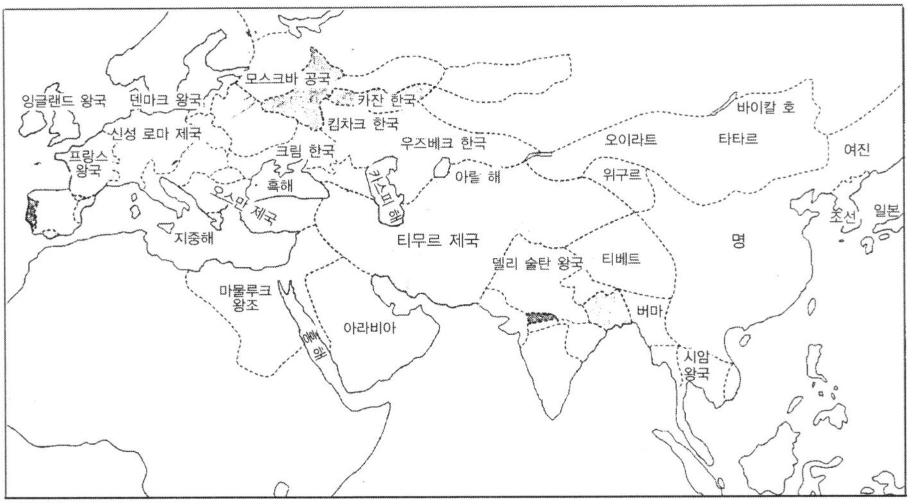

15, 16세기의 세계

제 2 항　한국의 근세사회

1. 신진사대부의 성장

(1) 신진사대부의 등장

무인정권에 의하여 문벌귀족정치가 붕괴된 이후에 새로운 관료층인 사대부가 등장하였다.

① **권문세족 비판** : 충선왕 이래 관계에 진출한 신진사대부는 권문세족의 횡포를 비판하면서 새로운 관료층으로 등장하였다.

② **경제적 기반** : 경제적으로는 지방의 중소지주층이었다.

③ **신분** : 향리 출신이 많았다.

④ **학문적 소양** : **성리학**이라는 학문적 소양을 갖추고 정치적 실무에 능한 학자적 관료였다.

⑤ **중앙에의 진출** : 이들 신진사대부는 음서를 통하기보다는 **과거**를 통해 중앙

관리로 진출하였다.

(2) 신진사대부의 경제적 기반

연고지에 소규모의 농장을 가지고 있는 **중소지주**이거나 자영농민들로서, 스스로의 노력에 의해 토지를 개간하거나 혹은 구매하여 농장을 가지게 된 사람들이다. 이들의 농장은 전호나 노비를 써서 경영하거나 직접 경작을 하는 경우도 있었다.

(3) 신진사대부의 성장

충선왕을 전후하여 중앙정계에 진출하기 시작한 신진사대부들은 공민왕 때를 전후하여 과거제도와 교육제도가 정비되면서 중앙으로의 진출이 더욱 가속화되었다. 특히 고려말에는 이성계를 중심으로 한 **신흥무인세력**과 손을 잡으면서 사회적 불안과 국가적 문제를 해결하고자 하였다.

(4) 신진사대부의 성향

사대부와 무인세력은 변방 출신의 중간계층으로서 구질서와 권문세족의 횡포를 정면으로 비판하는 **진취적인 성향**을 지녔다.

2. 위화도 회군

(1) 무인세력의 성장

고려말 남해안에 자주 출몰하는 **왜구**와 북방의 **홍건적**을 격퇴하는 과정에서 무인세력들이 성장하여 새로운 정치적 세력으로 성장하였다.

① **홍건적(紅巾賊)의 침입** : 원이 쇠약해진 틈을 타서 한족이 흥기하자 백련교도(白蓮敎徒)의 비밀 결사조직인 홍건적이 압록강을 넘어 두 차례에 걸쳐 침입하였다. 공민왕 8년(1359)과 공민왕 10년(1361)에 각각 홍건적의 침입으로 개경이 함락되고 공민왕이 안동으로 피난가는 상황까지 일어났다. 그러나 1차 침입 때는 이승경과 이방실 등이 격퇴시키고, 2차 침입 때는 이성계·정세운·안우 등

이 격퇴하였다.

② **왜구의 침입** : 왜구는 남해안 일대를 침입하여 노략질을 일삼아 해안지방이 황폐화되기에 이르렀다. 이 때 최영(崔瑩)과 이성계 등이 홍산(鴻山, 1376)과 황산(黃山, 1380)에서 남해안에 준동하고 있던 왜구를 격퇴시키기도 하였다.

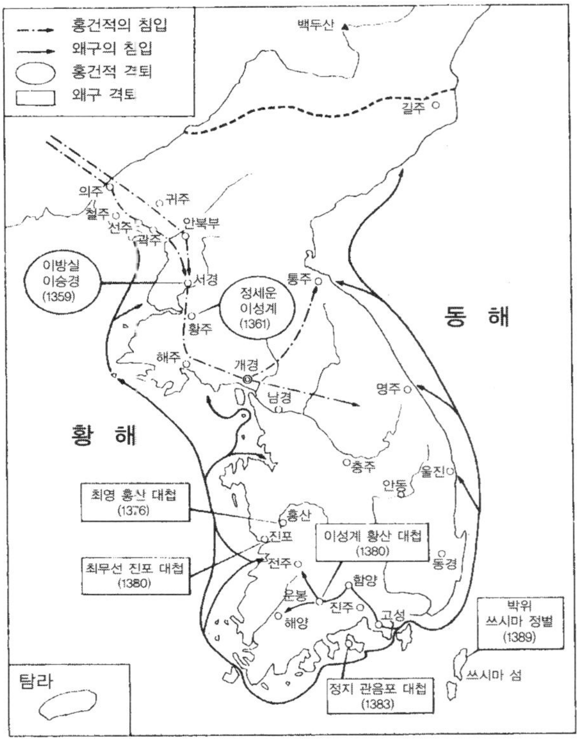

홍건적과 왜구의 격퇴

③ **무인세력의 대두** : 고려는 홍건적과 왜구의 침입을 김일(金逸), 정몽주(鄭夢周), 안길상(安吉祥) 등을 일본에 파견하는 등 외교적으로 막아보려고 하였으나 여의치 않자 적극적으로 토벌하기 시작하였다. 이 때 등장한 세력들이 **최영과 이성계** 등의 무인세력들로서 이들은 국민들로부터 두터운 신망을 얻게 되었다.

(2) 요동정벌 계획

① **외교정책의 대립** : 우왕 때 **친원파**(최영 · 이인임)와 **친명파**(이성계 · 정몽주)로 대립하였다. 친원노선(親元路線)을 취했던 사람들은 대부분 구귀족층, 대농장주였고, 친명파는 신진군부세력과 신진사대부들이었다.

② **명(明)의 철령위(鐵嶺衛) 통고** : 우왕 때 명의 사신이 피살되는 사건이 발생하자 명은 그에 대한 보복정책의 일환으로 과거 원나라의 직할령이었던 쌍성총관부 땅을 명의 영토로 한다고 통보해 왔다.

③ **요동정벌론의 대립** : 친원파인 우왕과 최영 등은 강력한 응징책인 요동정벌론을 주장하고, 친명파인 이성계일파 등은 요동정벌을 반대하였다.

(3) 위화도 회군(1388)

최영을 중심으로 한 세력들의 주장으로 요동정벌을 단행하였으나 이성계 등은 **4불가론**을 내세워 압록강가인 위화도에서 회군하여 반대파인 최영 등을 제거하고 정치적 실권을 잡아 새 왕조 개창을 위한 기반을 확고히 하고 명과의 관계를 개선시켰다.

Side Check

◈ **이성계의 4불가론(四不可論)**
1. 소국이 대국을 공격함은 불가하다(以小逆大其不可)
2. 여름에 군사를 일으킴은 불가능하다(夏月發兵其不可)
3. 시기는 장마철이라 활이 녹고, 대군이 질병에 걸릴 수 있다(時方署雨弩弓解膠大軍疾疫)
4. 거국적으로 원정할 경우 왜구의 침입 우려가 있다(擧國遠征倭乘其虛)

3. 전제개혁

(1) 과전법의 실시(1391)

① **전제개혁의 추진** : 지금껏 신진사대부들에 의하여 주장되면서도 실천에 옮겨지지 못하던 전제개혁이 정도전(鄭道傳), 조준(趙浚) 등에 의해 구체화되기 시작했다.

② **급전도감(給田都監)의 설치** : 창왕 때 전국의 농토를 다시 측량하고 토지개혁을 위한 전담기구로 급전도감을 설치하였다. 공양왕 2년에 공사전적(公私田籍)을 소각하여 권문세족의 경제적 기반을 무너뜨렸다.

③ **과전법(科田法)의 공포** : 구귀족의 농장을 몰수하여 공전(公田)에 편입하고, 과전(科田)은 **경기지방에 한하여 지급**하였다(1392). 전시과체제와 달리 토지는

18관등에 따라 지급하되, 시지(柴地)는 지급하지 않았다.

(2) 과전법 공포의 의의

① **불만세력의 무마** : 구세력과 전직관리에게도 토지를 지급하여 전제개혁으로 인한 불만세력을 무마하기도 하였으며 사망한 관료의 자식(휼양전)과 아내(수신전)에게도 토지를 지급하는 등 사대부를 우대하는 조치를 실시하였다.

② **새왕조 개창의 지지기반 확립** : 피폐한 농민생활을 개선시키며, 국방에 필요한 재원을 확보하여 새왕조 개창의 지지기반을 널리 확립하려 하였다.

③ **농민들의 입지 강화** : 과전법에서는 농민에 대하여 여러 가지 유리한 조건을 제시하고 있는데 이는 농민들의 지지를 확보하려는 한편, 고려말 계속되던 내우외환에 대처해 싸운 농민들의 투쟁의 결과가 반영된 것이라고 할 수 있다.

(3) 과전법 실시의 결과

국가의 재정이 확충되고 신진관료들의 경제기반이 마련되었으며, 피폐한 농민들의 생활을 개선시켜 주었다.

4. 조선의 건국

(1) 고려말기 정치상황

고려말기 권문세족의 발호와 도평의사사가 귀족의 이권 보장기구로 변질됨으로써 중앙집권체제가 약화되었고 왕권도 일부세력들에 의해 좌지우지되었다.

① **공민왕의 개혁실패** : 공민왕은 승려 및 신진사대부와의 제휴를 통하여 개혁을 시도하였으나 권문세족의 방해로 성과를 거두지 못하였다. 특히 우왕을 전후하여 사대부세력들은 더욱 위축되었다.

② **사대부의 분열** : 신진사대부들도 개혁의 방향에 따라 크게 두 세력으로 분열되었다. 고려왕조를 중심으로 점진적인 개혁을 주장하는 이색(李穡)·정몽주(鄭夢周)·이숭인(李崇仁) 등의 **온건개혁파**와 왕조의 개창으로 역성혁명을 주장하는 정도전(鄭道傳)·조준(趙浚) 등의 **급진개혁파**로 나눌 수 있다. 이들 급진개혁

파는 이성계와 손을 잡아 왕조교체의 기틀을 마련하였다.

Side Check

◈ 사대부의 분열

온건개혁파(사학파→사림파)	급진개혁파(관학파→훈구파)
정몽주·이색·길재	정도전·조준·남은
다수파	소수파
정치경륜·경제적 우세	열세
점진적 개혁 주장(不事二君)	급진적 개혁 주장(易姓革命)
군사세력을 갖지 못함	신흥무인세력+농민군사

㊟ **역성혁명(易姓革命)**: 유교에서의 군주는 천명(天命)의 대행자로서 덕치(德治)를 통해 백성을 다스려야 한다. 따라서 민심을 잃은 군주는 천명을 잃은 것이므로 민심을 얻은 다른 덕 있는 자에게 왕위를 넘겨주어야 하는데 이를 역성혁명이라 한다. 급진개혁파 사대부들은 이러한 역성혁명사상으로 새로운 왕조개창을 정당화하였다.

(2) 조선왕조 개창

정도전 등의 급진개혁파는 **위화도 회군**을 계기로 권문세족과 정몽주를 비롯한 온건개혁파 사대부들을 제거하고 이성계를 왕으로 추대하여 새왕조를 개창하였다(1392).

(3) 새왕조의 정책

① **고려왕조의 구질서 일신**: 새왕조는 국호를 **조선**으로 고치고, 수도를 **한양**으로 옮기면서 고려왕조의 구질서를 일신하려 하였다.

② 제도의 정비

㉠ **중앙집권적**으로 제도를 개혁하여 농민에 대한 지방 토호들의 횡포를 제거하였다.

㉡ 과거제도를 정비하여 **관료체제**의 기반을 갖추었다.

③ **대외정책**: 명과 일본에 대해서 **실리추구의 능동적 외교관계**를 설정하였는

데 그것은 당시 국제사회에 대한 정치적 안목과 명분론에서 비롯된 것이었다.

Side Check

◈ 사대교린(事大交隣)

1. **사대** : 본래 동아시아의 보편적인 국제관계를 표시하는 것으로, 강대국인 중국 주변의 여러 나라가 명분상 중국의 연호를 쓰고 중국 황제의 책봉을 받는 것을 전제로 하여 중국과 조공관계를 맺는 것을 말한다.
2. **교린** : 일본과 여진에 대한 평화적인 회유정책을 써서 상호 우호관계를 유지하는 외교정책을 말한다.

5. 근세사회의 전개

(1) 정치면

① 왕권 중심으로 권력구조를 바꾸고 **중앙집권적**으로 제도를 개편함으로써 **관료체제**의 기틀을 마련하였다.

② 정비된 중앙집권체제의 원만한 운영을 위해 **왕권과 신권의 조화**에 노력하면서 **모범적인 유교정치**를 추구하였다.

(2) 사회 · 경제면

① 양민의 수가 증가하고, 양민의 권익이 보다 신장되었다.

② 자영농의 수도 전보다 더 늘어났고, 농민의 경작권이 보장되었다.

③ 과거 제도가 정비되면서 능력이 보다 존중되었다.

(3) 문화면

① 교육의 기회가 확대되었다.

② 민족적 자각을 일깨우는 정신문화와 국민생활에 기여하는 기술문화를 크게 진작시켜 민족문화의 확고한 기반을 마련하였다.

(4) 근세사회로의 전환

이와 같이 조선사회는 고려에 비하여 보다 더 진전된 사회로 발전하고 있었다. 조선 전기의 사회를 근세 사회로 규정하는 이유가 바로 여기에 있다.

제2절 근세의 정치적 변화

Digest

1. **유교적 이념의 전개** : 조선왕조는 유교 정치이념을 내세워, 왕권 중심의 중앙집권적 통치체제를 이룩하였다. 대내적으로 수취제도를 개선하여 서민들의 사회·경제적 지위를 향상시키고, 교육의 기회를 넓히며, 관리선발제도를 정비하였다. 대외적으로는 신장된 국력을 바탕으로 영토를 확장하고, 신축성 있는 외교정책을 펴나갔다.
2. **사회변화와 사림의 집권** : 15세기 말부터 조선사회에는 여러 가지 면에서 변화가 일어났다. 양반 사대부들에 의한 토지겸병과 농장의 확대는 농민의 부담을 가중시켜 경제의 피폐를 가져왔다. 이에 사회병폐의 해결과 왕조의 안정을 위한 성리학적 이상 정치를 내세우는 사림의 진출이 현저하였다. 사림은 훈구파와 정치적 갈등으로 몇 차례의 사화를 겪었으나, 16세기 후반에는 사림이 집권하면서 붕당정치가 전개되었다.

제 1 항 정치체계의 확립

1. 집권체제의 정비

(1) 태조의 정책

① 개국공신인 정도전은 조선경국전, 경제문감 등을 저술하여 **민본적 통치규범**을 마련하는 한편, 고려왕조의 이념적 바탕이 되었던 불교를 불씨잡변을 통하여

비판하고 새왕조의 통치이념으로 확립시켰다.

② 새왕조는 국호를 조선으로 고쳐 고조선의 후계자임을 자처하고, 도읍을 한양으로 옮겼다. 그리고 군사체제를 정비하고 국방력을 강화하였다.

(2) 태종의 정책

① **국왕 중심의 통치체제 정비** : 6조 **직계제**를 채택하였으며, 언론기관인 사간원을 독립시켜 대신들을 견제하였다.

② **국가기반 안정과 군사력 강화** : 양전 사업과 호구 파악에 노력을 기울였으며, **호패법**을 실시하였고, 사원의 토지를 몰수하고, 억울한 노비를 조사하여 해방시켰다. 아울러 사병을 없애 왕이 군사 지휘권을 장악하면서 친위 군사를 늘렸다.

(3) 세종의 정책

① **유교 정치의 실현(왕권과 신권의 조화)** : 궁중 안에 정책연구 기관으로 **집현전**을 두었고, 정치체제는 의정부에서 정책을 심의하는 **의정부 서사제**를 실시하였으며, 국가 행사를 유교식으로 거행하고 주자가례를 시행하였다.

② **유교적 민본 사상의 실현** : 왕도 정치를 내세워 유교적 민본 사상을 실현하려 하였고, 유능한 인재를 널리 발굴하였으며, 청백리 재상을 등용하여 깨끗한 정치를 실현하려 하였다.

③ 국토가 확장되어 오늘날과 같은 국경선이 확정되었으며, **한글의 창제**로 민족문화가 꽃피었다.

Side Check

1. **6조직계제** : 6조에서 의정부를 거치지 않고 곧바로 사안을 국왕에게 올려 재가를 받아 시행하는 제도로서 의정부의 기능을 약화시키고 왕권을 강화시키는 역할을 하였다.
2. **의정부 서사제** : 6조에서 올라오는 모든 일을 영의정 · 좌의정 · 우의정이 중심이 되는 의정부에서 논의한 다음 합의된 사항을 국왕에게 올려 결재를 받는 형식으로 신권이 강할 때 실시되었다.

(4) 유교적 법치국가의 확립

① 어린 단종이 즉위하면서 정치기강이 흔들리고 양반관료의 귀족화 현상이 나타났다. 그러나 뒤이어 등장한 세조는 왕권을 다시 강화하였으며, 조정의 권신과 지방세력을 억제하면서 중앙집권정책과 부국강병정책을 추진하였다.

② 성종 때에는 조선왕조의 통치규범인 경국대전이 완성됨으로써 집권체제가 정비되었고 유교적 법치국가의 면모가 갖추어지게 되었다.

2. 유교적 통치이념

(1) 왕도정치(王道政治)

조선은 유교의 덕치주의와 민본사상을 바탕으로 왕도정치를 구현하는데 그 이상을 두어 중앙집권적 양반관료체제를 이루었다. 왕도정치는 도덕과 윤리를 바탕으로 하며, 사회질서를 중시하였다.

(2) 성리학의 역할

① **외교관계** : 명분론이 강조된 성리학의 **존화양이**(尊華攘夷)사상을 내세워, 평화추구의 친선정책을 기본외교정책으로 삼았다. 그리하여 국제적 긴장관계를 완화하고자 하였다.

② **사상정책** : 사상적으로는 불교, 도교, 토속신앙을 포함하는 종교적 생활까지도 유교사상으로 흡수하고자 하였다. 그러나 현실적인 면에서 고려 이래 사회 관습상의 잔재로 이상적인 유교이론을 수용하는 데에는 거리감이 있었다. 서민사회에서는 불교, 도교, 토속신앙 등이 그대로 잔존하였다.

③ **사회면** : 양반 중심의 지배질서와 종법사상이 응용된 가족제도를 기본으로 하는 성리학은 양천(良賤)과 반상(班常)이 엄격히 구분되며, 가부장 중심의 가족제도가 보편화되어 **친족관념의 강화**를 가져왔고 신분에 따른 직역의 법제화가 이루어졌다.

④ **경제면** : 성리학은 지배층의 농민지배를 긍정하는 **지주전호제**를 관철하고자

하였으며, 지배층이 농업경영에 참여하여 주인과 종의 관계를 군신관계처럼 **종적**(縱的) 질서로 편제하려 하였다.

(3) 언론과 학문 중시

① **언론제도의 목적** : 유교적 통치이념에 입각하여 군주의 독재와 관료의 횡포를 견제하고, 신민의 여론을 반영할 수 있는 제도를 시행하였다.

② **어진정치의 실현** : **경연**(經筵)과 **서연**(書筵)제도를 마련하여 국왕과 세자의 학덕을 배양하고, **상소제도**(上疏制度)와 **구언제도**(求言制度)를 실시하여 여론을 반영하고 언론정치를 주도하였다.

(4) 성리학의 정치적 정착

16세기 사림의 성장과 더불어 성리학은 정치사상으로 확고히 정착하게 되었다. 특히 **예학**(禮學)의 발달로 국가정책 차원에서 옹호되었을 뿐만 아니라 사림의 차원에서도 강조되었다.

3. 중앙의 정치조직

(1) 기본체제

① 왕도정치를 구현하는데 그 이상을 두었고, 경국대전(經國大典)을 기본법전으로 채택 중앙집권화를 추진해 나갔다.

② 도평의사사가 의정부로 개편되면서 모든 권력이 왕권을 중심으로 세분되었으며 행정권은 **의정부**로, 군사권은 **삼군부**로, 간쟁권은 **3사**로, 재정권은 **호조**로, 왕명출납권은 **승정원**으로 각각 이관되면서 조선의 기본 정치체제의 골격이 이루어졌다.

③ 관리는 문반과 무반의 양반으로 구성되었고, **30등급(18품 30계)**으로 나뉘었다.

(2) 중앙조직

① **의정부(議政府)** : 최고 관부로서 재상의 합의를 통해서 정책을 결정하였다. 재상권과 합의제의 발달은 우리나라 정치제도의 특색있는 전통으로, 최고결정권은 국왕에게 있지만 재상의 합의를 거치는 것을 원칙으로 하였다.

② **6조(六曹)** : 6조와 그에 딸린 속관은 직능별로 행정을 분담하였고, 고급행정 관원은 정책결정에도 참여하여 기능적 분화와 통일성을 조화시켰다. 장은 판서(判書), 차관은 참판(參判)이었다.

③ **언론감찰기관** : 정책결정 및 집행과정의 착오와 부정을 막기 위한 간쟁과 감찰기관으로서 사간원(司諫院)과 사헌부(司憲府)를 두었다. 이를 **양사**(兩司) 또는 **대간**(臺諫)이라 불렀다. 대간은 서경(署經)이라 하여 임명된 관리의 신분, 경력 등을 조사하여 그 가부를 승인하는 역할도 하였다.

④ **학술기관** : 정책결정과 행정에 학문적인 뒷받침을 하기 위해서 **홍문관**(弘文館)과 **예문관**(藝文館) 및 **춘추관**(春秋館)을 두고, 국왕과 대신이 한자리에 모여 학술 및 정책토론을 하는 경연제도도 있었다.

⑤ **왕권강화를 위한 기관** : 왕의 직속비서기관인 **승정원**(承政院)과 왕의 특명에 의하여 죄인을 다스리는 **의금부**(義禁府)가 있었다.

⑥ **한성부** : 수도의 치안과 행정을 담당하였으며 그 책임자는 판윤이라 하였다.

⑦ 기타 기관

㉠ 포도청 : 상민 · 평민의 범죄를 다스림

㉡ 교서관 : 인쇄소

㉢ 승문원 : 외교문서 작성

㉣ 예문관 : 왕의 교서작성

㉤ 상서원 : 옥새 · 마패 담당

㉥ 장예원 : 노비문서와 소송을 담당

Side Check

◈ **조선의 중앙관제도**

- 왕
  - 의정부
    - 영의정(정1품)
    - 좌의정(정1품)
    - 우의정(정1품)
    - 6조 (판서 : 정2품, 참판 : 종2품, 참의 : 정3품)
      - 이조 : 문관의 인사 · 공훈 · 상작(賞爵)
      - 호조 : 호구 · 조세 · 어염 · 광산 · 조운
      - 예조 : 제사 · 의식 · 학교 · 과거 · 외교 등
      - 병조 : 무관의 인사 · 국방 · 우역(郵驛) · 봉수(烽燧) 등
      - 형조 : 법률 · 소송 · 노비 등
      - 공조 : 토목 · 영선 · 도량형 · 파발
  - 승정원(承政院) (도승지) : 왕명출납
  - 의금부(義禁府) (판 사) : 왕명특별재판소
  - 사헌부(司憲府) (대사헌) : 백관 규찰, 서경 담당 ─ 삼사
  - 사간원(司諫院) (대사간) : 간쟁, 서경 담당 ─ 삼사
  - 홍문관(弘文館) (대제학) : 문필기관, 왕의 고문 역할 ─ 삼사
  - 춘추관(春秋館) (지 사) : 시정의 기록, 역사 편찬(조선왕조실록)
  - 포도청(捕盜廳) (대 장) : 상민 · 평민의 범죄 다스림
  - 한성부(漢城府) (판 윤) : 수도(한양)의 행정 담당

◈ **왕권 견제기능** : 의정부(議政府→備邊司), 삼사(三司 : 사간원, 사헌부, 홍문관), 서경, 상소, 구언, 경연, 서연

◈ **고려와 조선의 관제 비교**

고 려	조 선	고 려	조 선
도평의사사	의정부	순마소	의금부
중추원	승정원	사심관	향청(유향소)
어사대	사헌부		

◈ **학술기관**

- 경연 : 고려 때 시작하여 조선시대에 활성화된 제도로서 국왕과 대신이 모여 학문과 정책을 토론하였다.
- 서연 : 세자의 학력배양을 위한 특별강좌이다.
- 구언 : 천재지변 때 국왕이 해결책을 적극적으로 신하들에게 요구했던 제도이다.
- 대간 : 사헌부와 사간원이 정책결정과 집행과정의 착오와 부정을 막기 위한 감찰과 간쟁을 말한다.

4. 지방의 행정조직

(1) 특 징

① 인구와 토지를 기준으로 하여 재정비하였으며 중앙집권체제를 강화해 나갔다.

② 향·소·부곡 등이 점차 소멸되었으며 속군·속현 제도가 없어졌다.

③ 모든 군현에 수령을 파견하였으며 결과적으로 **향리의 세력이 축소되었다.**

④ 전국을 8도로 나누고 그 아래에 부(府)·목(牧)·군(郡)·현(縣)을 두었다.

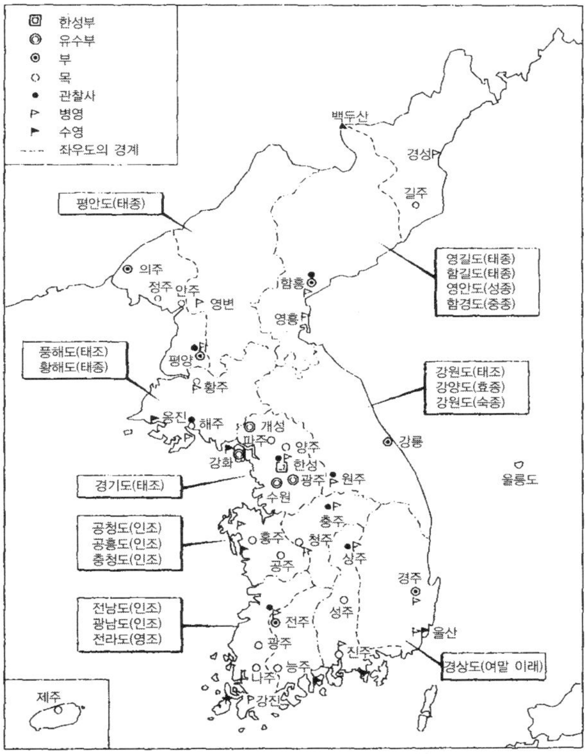

조선의 8도

(2) 관찰사(監司 : 從二品)

각 도에는 행정·군사 및 사법권을 행사하는 관찰사를 두었는데, 그 임기는 360일이며 순찰사와 감찰관의 임무를 함께 수행하였으며 상피제가 실시되었다.

㊟ **상피제** : 지방관이 출신지에 임명될 수 없고 가까운 친척이 같은 관청에 근무할 수 없다는 지방관 파견의 제1원칙이다.

(3) 수령(守令 : 牧民官)

각 군현의 주민을 다스리는 지방관으로서 조세와 공물의 징수가 주된 임무였다. 그 실무적인 사무는 향리들이 맡아 보았으며 모든 지방행정단위에는 중앙의 6조에 대응하는 6방의 조직이 갖추어졌다.

Side Check

◈ 수령의 7대 의무

1. 농업장려(盛農桑)	2. 교육의 진흥(興學校)	3. 향리 부정방지(息奸猾)
4. 호구의 확보(增戶口)	5. 부역의 균등(均賦役)	6. 소송의 간결(簡詞訟)
7. 군정(軍政)의 만전(修軍政)		

(4) 면 · 리 · 통

군현 아래의 단위로서 향촌주민 중에서 그 책임자를 선임하여 수령의 정령을 집행하였으며 국가의 통치권이 향촌의 말단까지 미칠 수 있게 하였다.

(5) 특수지방조직

조선의 지방조직은 양반 중심의 향촌사회를 확립하고자 고려의 사심관제를 경재소(京在所)와 유향소(留鄕所)로 발전시켰다.

① **유향소** : 지방자치기구의 일종으로 향촌의 덕망있는 인사들로 구성되어, 군현의 수령을 보좌하는 자문기구였다. 이들의 주 임무는 풍속의 교정, 정령의 시달, 향리의 규찰 등을 수행하였다.

② **경재소** : 지방관청의 서울 출장소로 전국 각지의 유향소와 중앙정부 사이의 연락기능을 담당하였으며 이로서 정부와 향촌을 직접 연결시켜 향촌자치를 허용하는 한편 중앙집권을 효율적으로 강화시켜 나갔다.

㊟ **경주인(京主人 또는 京邸吏)** : 경주인들은 공부(貢賦)의 중앙조달, 연료공급 뿐만 아니라 방납(防納)의 폐까지 가져왔다.

③ **영저리(營邸吏)** : 지방향리들을 감영소재지에 있게 하고 각 도의 군 · 현의 지방유력자 또는 수령과의 연락체계를 담당하였다.

(6) 중앙집권체제의 강화

① **의의** : 백성에 대한 국가의 지배력의 확대를 의미하는 한편, 지방세력가의 임의적인 지배에서 벗어나게 되었음을 뜻한다.

② **향촌자치제의 확립** : 고려시대에 광범하게 존재했던 속현과 특수행정단위인 향·소·부곡이 점차 소멸되고, 인구의 증가와 자연촌락의 성장에 따라 면·리제도가 정착 향촌자치제가 확립되어 갔다.

Side Check

◈ 향리의 지위 하락
1. 향리의 기능이 축소되어 수령 밑에 예속
2. 토지나 보수를 받지 못함
3. 과거응시에 제한
4. 양반으로서의 신분상승 제한 → 중인계층 형성

5. 군역제도와 군사조직

(1) 군역제도

① **원칙** : 군역은 양인개병과 농병일치(農兵一致)를 원칙으로 하였다. 즉 16세 이상에서 60세에 이르는 양인 장정들은 의무적으로 군역을 담당하여 현역 군인인 정군(正軍)이 되거나 군인의 비용을 충당하는 보인(保人 : 봉족)이 되어야 했다. 이는 양인인 농민이 자유인으로서 가지는 권리에 대한 대가이기도 하였다.

② **군역의 면제** : 현직 관료와 학생, 향리 등은 군역을 면제받았으나, 종친과 외척, 공신이나 고급관료의 자제는 고급 특수군에 편입되어 군역을 대신하였다.

(2) 군사조직

① **중앙군** : 5위(五衛)를 기간부대로 하여 중앙군은 궁궐 수비와 서울 방어를 담당하였다. 이 구성원은 정군(正軍)을 비롯하여 시험에 의하여 선발된 **갑사**(甲

士), 왕족과 공신의 자제, 고급관리의 자제들로 구성된 **특수병**들로 편성되었다. 갑사와 특수병은 고급군인으로서 복무연한에 따라 **품계**(品階)와 **녹봉**(祿俸)을 받았다.

② **지방군** : 영진군(營鎭軍)

㉠ **육군 · 수군** : 관찰사 아래에 육군과 수군을 두고 병마절도사(兵馬節度使)와 수군절도사(水軍節度使)를 파견하였다.

㉡ **진수군(鎭守軍)** : 각 지방의 영진에 소속된 군인을 말하며 그 중에 정병인 진군(鎭軍)과 노동부대인 수성군(守城軍) 그리고 수군인 선군(船軍)으로 구별되었다.

㉢ 지방군은 의무병역으로 징발된 정병들이지만, 복무연한에 따라 품계를 받기도 하였으며, 중앙군과 교류가 이루어지기도 하였다.

③ **방위체제** : 세조 이후에는 전국 군현을 지역단위의 방위체제로 편성하는 **진관체제**(鎭管體制)로 개편되었다.

④ **잡색군** : 예비군의 일종으로 **전직관료, 서리, 향리, 교생, 노비** 등이 참여하여(정규 군역자인 농민은 제외) 평상시는 본업에 종사하면서 유사시 향토방위를 담당하였다.

⑤ **조선의 군사력 강화** : 조선초기에는 개병제가 잘 지켜져 정규군이 15만에서 30만명 정도였다. 그 외 보인과 잡색군을 합치면 80만에서 100만명 정도의 군사력이 있었다. 이러한 군사력을 바탕으로 쓰시마정벌과 4군 6진을 개척하였다. 국방력 강화를 위해 **호적제도**와 **호패제도**를 강화하였다.

Side Check

◈ 조선의 군제(軍制)

- 중앙
  - 중추원(中樞院) : 문무당상관으로 구성된 형식적인 서반직의 최고자문기관
  - 5위도총부
    - 의흥위 : 서울의 중부, 개성, 경기, 강원일대
    - 용양위 : 서울 동부, 경상도
    - 호분위 : 서울 서부, 평안도
    - 충좌위 : 서울 남부, 전라도
    - 충무위 : 서울 북부, 함경도
  - 내금위 : 궁성을 지키고 국왕을 호위
  - 훈련원 : 군사훈련과 무관시험을 관장
- 지방 — 도(道)
  - 병영(병마절도사 : 兵使) ┐
  - 수영(수군절도사 : 水使) ┘ 진 · 포 · 보
  - 군관 : 절도사(節度使) · 첨절제사(僉制使) · 우후(虞侯) · 만호(萬戶)

6. 교통과 통신

(1) 교통 · 통신기관

교통 · 통신기관으로는 **역**과 **원**이 있었다. 전국의 주요 도로에는 500여 개의 역을 설치하고 역에는 역마를 두어, 관청의 공문전달과 공납물 수송을 담당하게 하였다.

공무여행자에게는 역마를 이용할 수 있는 마패가 발급되었다. 고급관리는 지방관아에 부설된 객사를 이용하였고, 일반인은 주막을 이용하였다.

(2) 봉수제(烽燧制)

군사통신제도로 전국에 620여 개의 봉수대가 있었고 긴급통신에 이용되었다.

(3) 조운제(漕運制)

조세로 징수한 곡식과 삼베 등을 해상으로 운송하는 제도이다.

(4) 파발제(擺撥制)

선조 이후 공문전달을 위해 설치하였으며 보발(步撥)과 기발(騎撥)이 있었다.

(5) 교통수단

사람의 운송에는 주로 마필과 가마가 쓰였고, 화물 운송수단으로 육로에는 우마가 끄는 수레가, 수로에는 판선(목선)이 이용되었다. 현물로 징수한 세미의 수송은 수로를 이용하였는데, 하천과 해안 요지의 **조창**에서 이를 모아 중앙의 **경창**으로 운송하였다.

7. 교육과 과거제도

(1) 교육제도

① 특 징

㉠ **양반 중심의 교육** : 교육제도는 관리양성 또는 과거준비를 위한 것으로 양반자제를 중심으로 이루어졌다.

㉡ **교육기회의 확대** : 교육기관이 증설되었으며 교육의 기회도 고려에 비하여 훨씬 확대되었다.

㉢ **유학교육의 숭상** : 문관 양성을 위한 유학교육만이 숭상되었고 기술학인 잡학은 천시되었으며 무관을 위한 교육시설은 거의 없었다.

② **교육기관** : 중앙에는 **성균관**과 **4부 학당**을, 지방에는 **향교**(鄕校)를 두어 교육을 담당하였는데 각 군현의 인구에 비례하여 정원이 책정되어 전국의 학생정원은 대략 1만 6천명 정도였다.

③ **교육과정** : 초등교육기관인 **서당**(書堂)에서 한문의 기초를 익히거나 **4학**이나 **향교**에 진학하여 소과(小科)에 응시하였으며, 합격자는 생원, 진사가 되어 **성균관**에 들어갈 자격을 얻었다. 이들은 문과(文科)에 응시할 수 있었다.

④ **학생의 특전** : 학생은 군역이 면제되는 특전이 있었으나, 학업과 농사일을 겸하는 경우가 많았다.

⑤ **기술교육** : 의학은 전의감, 역학은 사역원, 천문·지리는 관상감, 산학은 호조, 율학은 형조에서 교육을 담당하였다. 외국어인 중국어는 만포·의주, 여진어는 북청에서 일본어는 제포와 감포에서 각각 교육하였다.

Side Check

> ◈ 성균관의 구조
> **명륜당** : 유학을 강의하는 곳
> **문묘** : 공자를 모시는 곳
> ○○**재** : 기숙사
> **비천당** : 과거 시험장소
>
> ◈ **청금록** : 성균관, 향교, 서원에 있던 유생들의 명부

(2) 관리등용제도

① **특징** : 조선시대의 관리는 주로 **과거**와 **음서**, **천거**를 통하여 선발되었다.

② **응시자격** : 천인을 제외하고는 특별한 제한이 없었으나, 문과의 경우 탐관오리의 아들, 재가한 여자의 아들과 손자, 서얼에게는 응시를 제한하였다. 그러나 교육의 기회가 양반에게 독점되어 있었으므로 양인층이 합격하는 예는 많지 않았다.

③ **시행원칙** : 정기시험은 3년마다 시행되는 **식년시**(式年試)가 있었으며, 부정기시험으로 **증광시**(增廣試), **별시**(別試), **알성시**(謁聖試), **백일장**(白日場) 등이 있었다.

④ 과거의 종류

㉠ 문 과

ⓐ 생진과(生進科 : 小科 : 司馬試) : 생원과와 진사과를 합칭한 말로 절차는 초시(初試)와 복시(複試)로 시험을 보아 합격자에게 백패(白牌)를 주었다. 초시에서 700명, 복시에서 각 100명씩 선발하였다. 이들 합격자는 성균관에 입학할 수 있는 자격이 주어졌으며, 고등문관시험인 대과(大科)에 응시할 수 있었다.

ⓑ 대과(大科) : 생진과 합격생과 성균관 유학생들이 응시하여 초시에서 100명을 선발하고 복시에서 33명을 선발하였으며, 전시(殿試)에서 1등과 33

등의 순위결정이 이루어졌다.

㉡ **무과** : 무과는 초시, 복시, 전시로 구분하여 시험을 치렀으며 무예시험의 합격자들은 선달(先達)이라 하여 등용되었다. 최종 선발 인원은 28명이었다.

㉢ **잡과** : 잡과에는 역과, 율과, 의과, 음양과 등의 4분야로 사역원, 형조, 전의감, 관상감의 기술관을 선발하였다. 잡과도 3년마다 치러지는데, 분야별로 정원이 있었다.

㉠참 무과와 잡과의 응시자는 주로 서얼과 중간계층에서 시험을 보았다.

⑤ 기타 : **음서**(2품 이상의 자제), 하급관리 선발시험에는 **취재**(取才), 서리 선발시험에는 **이과**(吏科)가 있었다. 또 고관의 추천을 받아 간단한 시험을 치른 후 관직에 등용되는 **천거제**(추천제도)도 있었다.

⑥ 인사 관리 제도

㉠ 권력의 집중과 부정을 막기 위하여 상피제를 마련하였다.

㉡ 인사의 공정성을 확보하기 위하여 5품이하 관리의 등용에는 서경을 거치도록 하였다.

㉢ 고관이 하급관리의 근무 성적을 평가하여 승진 또는 좌천의 지표로 삼았다.

제 2 항 사림의 대두와 붕당정치

1. 사림의 대두

(1) 사림의 등장

15세기 중반 이후 중소 지주적인 배경을 가지고 성리학에 투철한 지방 사족이 영남과 기호 지방을 중심으로 성장하였다. 이들을 사림(士林)이라 부른다.

(2) 사림의 연원과 형성

사림의 연원은 고려말 정몽주, 길재 등에서 찾을 수 있다. 특히 길재는 그의 고향인 선산에서 은거하면서 많은 제자를 배출하였는데 성종 때 이르러 김종직을 전후하여 그 수가 많이 늘었다. 이들은 영남일대에서 점차 큰 지방세력으로 성장하여 그 뒤 기호지방에까지 확대되었다.

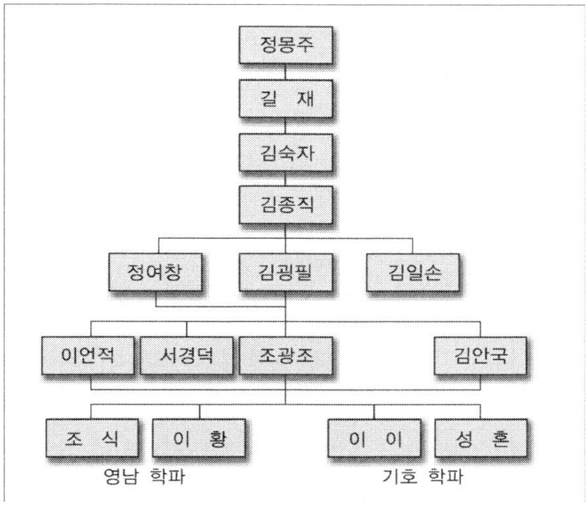

사림파의 계보

(3) 사림의 출신배경

① **가계** : 고려말기의 향리계층으로 과거나 군공으로 신분이 상승된 지방의 중소지주계층이다.

② **기반** : 이들 계층은 조상 전래의 사회·경제적 기반과 성리학적 소양을 발판으로 향촌사회의 지지기반을 마련하였다. 또한 절의와 명분을 중시하여 세조의 왕위 찬탈을 불의로 간주하였다.

(4) 사림의 학풍

사림은 **경학**(經學)을 중시하고 인간 심성을 연구하는 성리학이 주류를 이루었고, 성리학 이외의 학문은 이단시하여 배격하였으며 중앙집권체제보다는 **향촌자치**를 주장하였다. 또한 도덕과 의리를 중시하고, 학술과 언론을 바탕으로 **왕도정치**를 추구하였다.

(5) 사림의 정계진출

왕권이 강화되었던 조선초기에는 그 뜻을 펼칠 수 없었으나 15세기말 경 성리학이 조선왕조의 지도이념으로 자리를 굳히고 향촌사회에까지 영향을 끼치게 되자 중앙정계로 진출하여 3사에서 주로 언론과 문필직을 담당하였다. 그들은 새로운 정치명분과 폭넓은 지지세력, 사림 스스로의 사회·경제적 기반을 통해 나름대로의 정치력을 발휘하며 훈구세력과 대립하기 시작하였다.

2. 사림의 정치적 성장

사림들은 성리학이 조선왕조의 정치이념으로 뿌리내리고 향촌사회에서도 그 영향을 미치자 성종 때를 전후하여 중앙으로 본격적인 진출을 모색하였다.

(1) 훈구세력과의 갈등

훈구세력의 일방적인 독주를 막고, 그들의 정권 독점을 견제하기 위해 참신한 인재인 사림세력들이 중앙정계에 진출하게 되었다. 이렇게 사림세력이 진출하자 당시 실권을 장악하고 있던 훈구세력들과 첨예하게 대립되었다. 훈구세력들이 지배하던 당시의 사회적 모순이 나타나고 자신들이 농장을 더욱 확대함과 동시에 사림들의 정치적·사회적·경제적 기반을 침해하였다. 이에 사림들은 훈구세력들이 지배하던 당시를 비판하고 나서면서 이들 두 세력, 즉 훈구세력과 사림세력들은 학문적, 정치적으로 대립하게 되었다.

Side Check

◈ 훈구파와 사림파의 비교

구분	활약시기	대표자	성 격
훈구파	15세기	신숙주 서거정 윤필상	·민생의 안정 및 부국강병, 중앙집권 주장 ·사장(詞章) 위주, 편찬사업, 정치참여 ·불교 및 도교의 포용
사림파	16세기	김종직 김일손 조광조	·왕도정치를 추구하고 도덕과 의리 강조 ·경학(經學) 위주, 언론개방 강조 ·향약·서원과 관련이 깊고 향촌의 자치 강조

(2) 사대 사화(四大士禍)

① **무오사화(戊午士禍 : 연산군 4년, 1498)** : 세조를 비방한 김종직의 **조의제문**(弔義帝文)을 김일손이 사초(史草)에 기록한 것을 트집잡아 이극돈, 유자광 등 훈구파가 김일손 등의 사림파를 제거하였다.

② **갑자사화(甲子士禍 : 연산군 10년, 1504)** : 궁중파인 임사홍, 신수근 등은 연산

군의 생모 **윤비폐출사건**을 들추어서 연산군을 충동하여 윤필상, 한명회 등의 훈구파가 사림파의 잔존세력을 제거하였다.

Side Check

◈ 사화발생의 직접적인 원인
1. 성리학의 폐단
2. 사회경제제도의 모순
3. 연산군(燕山君)의 실정(失政)
4. 신구학파(新舊學派)의 대립

③ **조광조(趙光祖)의 혁신정치** : 연산군의 실정으로 무오사화, 갑자사화가 일어나자 사림들은 커다란 화를 입었다. **중종 반정**(中宗反正)을 계기로 등용된 사림파들은 조광조를 중심으로 그들의 이상정치를 실현하고자 하였다.

㉠ **현량과(賢良科) 실시** : 왕도정치를 실현하기 위하여 인물중심으로 사림을 등용하였고, 삭훈문제를 내세워 훈구파를 제거하는데 적극성을 가졌다.

㉡ **소격서 폐지** : 종교행사를 폐지하고 공납제도의 모순을 시정하고자 하였다.

㉢ **향약**을 전국적으로 실시하여 소학교육을 장려하고 향촌자치와 성리학적 윤리를 강화하고자 하였다.

④ **기묘사화(己卯士禍 : 중종 14년, 1519)** : 조광조의 일련의 혁신정치는 백성들의 여망과 부합되었지만 반대파인 훈구세력의 반발도 적지 않았다. 이에 남곤 등의 훈구세력이 조광조의 **삭훈문제**와 **혁신정치**에 불만을 품고 조광조 등 사림파를 제거하였다.

⑤ **을사사화(乙巳士禍 : 명종 원년, 1545)** : 명종의 **외척**인 윤원형 일파와 인종의 외척인 윤임 세력들간의 대립으로, 이 때 윤임과 사림파가 제거되었다.

⑥ **사화가 미친 영향** : 관기(官紀)의 문란과 토지제도의 문란, 서원의 발달과 붕당의 근원을 제공하는 결과를 초래하였다.

3. 서원(書院)과 향약(鄕約)

(1) 서 원

① **서원** : 단순한 교육만을 맡은 사학의 서재(書齋)는 고려말부터 있었으나 선현을 봉사하는 사묘를 겸한 서원은 중종 때 풍기군수 주세붕이 세운 **백운동서원**(1543)이 그 기원이 되며 이황의 건의로 **소수서원**으로 사액(賜額)이 되어 국가로부터 서적과 토지·노비 등을 받아 경제적 기반을 확립하였다.

② **기능** : 개성있는 학문을 발달시킴으로써 지방유학자들의 사회적 위상을 높이고, 선현을 봉사하는 사묘의 기능을 가지고 있었으며 서원을 중심으로 학파 또는 정치적·사회적 결속을 강화시켜 때로는 중앙의 성균관과도 학문적으로 대등하다는 긍지를 가지게 되었다.

③ **사림세력의 기반** : 되풀이되는 사화 속에서 사림들은 심한 타격을 거듭 받았지만 향촌에 확고한 사회적 기반을 가지고 있는 이들 세력은 **서원**과 **향약**(鄕約)을 토대로 발전하였다.

④ **서원의 발전** : 서원은 서적, 노비, 토지를 지급받을 뿐만 아니라 면세, 면역의 특권을 받았다. 이를 **사액서원**(賜額書院)이라고 부르며 조선시대의 서원의 1/3이 사액서원이 되었다.

⑤ **서원의 영향**

㉠ **긍정적** : 서원의 확산은 성리학을 깊이 있게 발전시키고 학문과 교육을 지방으로 확대하는 긍정적인 측면이 있었다.

㉡ **부정적** : 사화를 통해 탄압을 받았던 사림들은 서원을 중심으로 학파 또는 정치·사회적 결속을 강화하여 양반의 지위를 보장받고, 국가의 각종 부담에서 면제되었다.

(2) 향 약

① **향약의 기원과 발전** : 서원과 함께 지방에 있어서 사림들의 지위를 강화시켜 준 것은 향약으로서 이는 조선초기부터 군현을 단위로 한 향촌자치조직인 **유향**

소의 조직과 권농을 규정한 **향규**(鄕規), 그리고 재난과 어려운 일을 당했을 때 상부상조하는 각종 **계**(契)가 존재하고 있었다. 16세기 사림들은 이러한 전통적인 향촌규약을 계승하고 여기에 유교질서에 입각한 삼강오륜의 의미를 가미하여 향촌교화의 규약으로 발전시켰다.

② **향약의 4대 덕목** : 향약은 지역에 따라 그 성격이 조금씩 달랐으나 공통적으로 강조하고 있는 덕목은 좋은 일은 서로 권장하고(**德業相勸**), 잘못한 일은 서로 꾸짖으며(**過失相規**), 올바른 예속을 서로 나누고(**禮俗相交**), 재난과 어려움을 서로 돕자는 것(**患難相恤**)이었다.

③ **향약의 보급** : 중종 때 **조광조**는 중국 송나라 때 실시했던 여씨향약을 시행하고자 했으나, 기묘사화로 좌절되었다. 그 뒤 **이황**이 예안향약(1556)을, **이이**가 서원향약(1571), 해주향약(1577)을 시행하였으며, 사림세력이 중앙정계에 자리잡던 16세기 후반부터 전국적으로 널리 보급되었다.

④ **향약의 조직** : 지방의 유력한 사림이 향약의 간부인 **약정**(約正)에 임명되었고 회장격으로 **도약정**(都約正), 부회장격으로 **부약정**(副約正), 간사격으로 **직월**(直月) 등으로 구성하였다. 이들은 해당 지역의 양반, 중인, 농민 그리고 노비까지도 향촌질서로서 규율하였고 그것을 어긴 자는 추방시킬 수도 있었다.

⑤ **향약보급의 결과** : 사림들은 농민에 대하여 지방관보다도 더 강한 지배력을 행사하면서 그들의 사회적 기반을 굳혀갔다.

4. 붕당의 출현

(1) 시대적 배경

① **사림의 주도권 장악** : 여러 차례의 사화에도 불구하고, 서원 및 향약을 바탕으로 향촌에 뿌리를 깊이 내렸던 사림들은, 그 세력을 확장하여 16세기 후반에 들어와서는 중앙의 정치무대에서 주도권을 장악하게 되었다.

② **관직의 제한** : 정치에 참여하려는 양반의 수는 증가하는데 반하여, 관직과 경제적 특권은 한정되어 있었기 때문에 이를 획득하기 위한 양반 상호간의 대립과 반목이 불가피하게 되었다.

③ **양반 신분의 모순** : 양반들은 농, 공, 상업 등 생업에는 종사하지 않고 평생을 학업에 정진하여 과거를 통해 관직에 나아가려 하였기 때문에 정치, 경제적으로 균형을 이룬 양반사회를 유지한다는 것은 어려운 일이었다.

(2) 붕당정치의 시작

① **동 · 서 분당(1575)** : 사림세력이 급격히 성장하여 마침내 인사의 권한을 가졌던 이조전랑(吏曹銓郞)의 자리를 두고 김효원(金孝元)과 심의겸(沈義謙)이 다투었는데 김효원을 지지하는 무리는 **동인**이 되었고 심의겸을 지지하는 쪽은 **서인**이 되었다.

② **남 · 북 분당(1591)** : 세자책봉문제로 정철이 논죄를 당할 때, 그 처벌문제로 동인들 간에 **남인**과 **북인**으로 분당되었다.

(3) 붕당정치의 긍정적 측면

① 붕당정치는 처음에는 학문과 이념의 차이에서 출발하였으므로, 그 폐단이 크지 않았다.

② 오히려 정치의 활성화와 정치참여의 폭을 넓히는데 기여하였다.

③ 또 정치세력간의 상호비판적 견제의 기능도 가졌다.

(4) 붕당정치의 부정적 측면

① 세월이 흐를수록 붕당정치는 국민복리보다는 당파의 이익을 앞세웠다.

② 초기의 이념보다는 학벌, 문벌, 지연과 연결되어 국가 사회발전에 지장을 주기도 하였다.

(5) 붕당의 토대와 전개

붕당은 왕권이 약화되고 정치기강이 문란해지면서 그 대립과 분열이 더욱 더 격화되었다.

① 붕당의 경제적인 토대는 각 지방의 농장이었다.

② 또한 붕당은 인적 결합으로서 각 지방의 서원과 그 족당을 중심으로 한 사제관계와 혈연의 결속이었으며 붕당정치는 이러한 농장과 족당 및 학파를 기반

으로 언론을 통하여 전개되었다.

제 3 항 조선초기의 대외관계

1. 명나라와의 관계

(1) 조선초기의 대명관계

국초에 조선은 요동지방과 여진문제 등으로 이해가 엇갈리면서 대중국관계가 긴장되었으나 **태종** 때부터 관계가 호전되면서 문화교류가 활발히 진행되었으며, 명과 친선관계를 유지하여 왕권과 국가안정을 도모하고자 하였다.

(2) 대명사절

① 조선은 명나라에 일년에 수 차의 정기사절을 파견하였고 그 밖에도 수시로 사절을 파견하였다.

정기사절	부정기 사절	접 대
정조사(正朝使) : 정월 초 인사 성절사(聖節使) : 명 황제 생일 천추사(千秋使) : 황후(태자) 생일 동지사(冬至使) : 동지에 보냄	사은사(謝恩使) 주청사(奏請使) 진하사(進賀使) 진위사(進僞使)	영은문(迎恩門) : 영접문 모화관(慕華館) : 영접소 태평관(太平館) : 유숙소

② 정기사절단은 주목적이 명나라에 대한 정치적 우호의 표시였으며 사절단 일행을 따라 상인들이 동행하였기 때문에 문화의 수입과 함께 **조공(朝貢)무역**이 이루어졌다.

Side Check

◈ 사대외교정책의 이유

1. 조선왕조의 개국으로 국제적 승인을 통한 왕권안정과 국토확장에 따른 마찰회피
2. 조공을 통한 문화적·경제적 실리의 도모, 국제간의 평화추구
3. 의례적·형식적 외교수단이었지 주권과 자주성이 상실된 것은 아니었다.

(3) 대명무역

① **무역품** : 조선은 명나라에 종이, 마필, 인삼, 화문석 등을 수출하였고 명나라의 견직물, 서적, 약재, 문방구, 도자기 등을 수입하였다.

② **폐해** : 조 · 명간의 무역은 조선사회에 폐단을 가져오기도 하였는데, 명의 과다한 금 · 은의 요구를 피하기 위해 국내의 금 · 은광을 거의 폐쇄하기도 하였고 사치스러운 견직물의 수입으로 국내수공업이 위축되기도 하였다.

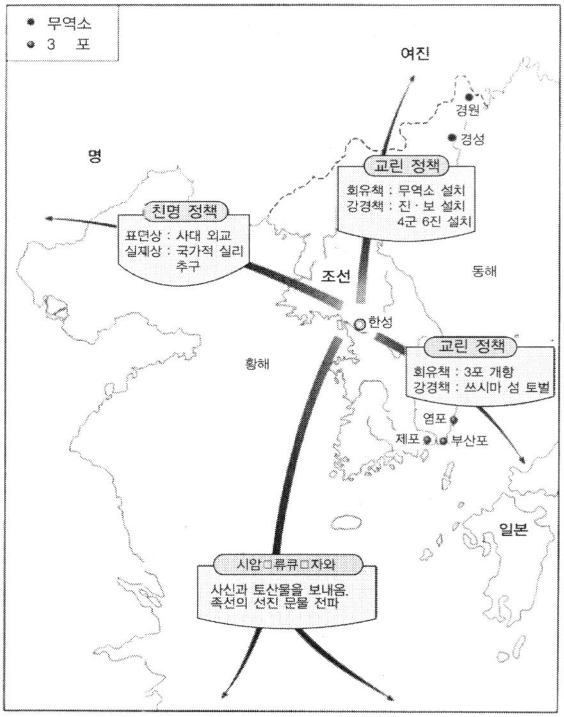

조선초기의 대외관계

(4) 대명관계의 변화

친선을 유지하면서 실리추구와 국토확장을 둘러싸고 대립하기도 하였으나, 16세기 이후에는 지나친 친명정책으로 흐르는 경향이 나타나기도 하였다.

2. 여진과의 관계

(1) 여진족의 상태

여진족(야인)은 고려시대에 금을 세워 중국의 일부를 지배한 일도 있었으나 몽고족에게 패망한 뒤로는 통일국가를 이루지 못한 상태에서 만주지방을 근거로 하여 부족단위로 나뉘어 거주하고 있었는데 특히 압록강과 두만강 연안의 여진족이 생필품이나 농기구 같은 생산도구를 구하기 위해 소란을 일으키기도 하였다.

(2) 조선정부의 대책–화전(和戰) 양면정책

① 회유정책 : 국경무역(무역소)과 조공무역(북평관)을 허가하고 조선인으로 귀화를 장려하였다.

② 강경책 : 국경지대에 많은 진, 보를 설치하여 방비를 강화하고 대규모 원정군을 파견하여 여진족의 근거지를 토벌하기도 하였다.

(3) 국토의 수복

① **세종(4군 6진의 개척)** : 조선정부는 세종 때 최윤덕, 이천 등에게 압록강 일대를 개척하게 하여 4군(郡)을 설치하였고 김종서(金宗瑞)로 하여금 두만강 일대를 개척하게 하여 6진(鎭)을 두었다. 이로써 조선의 국경은 압록강~두만강을 잇게 되었다.

② **성종** : 신숙주, 윤필상 등이 압록강・두만강 이북의 여진족을 토벌하였다.

Side Check

◈ 4군과 6진

1. **6진(六鎭)** : 경흥, 종성, 온성, 회령, 부령, 경원이며 1434~1449년까지 영토확장 사업이 계속되었다.
2. **4군(四郡)** : 자성, 무창, 우예, 여연

(4) 조선정부의 향후 대책

국경선이 확장됨에 따라 태종~중종 때에 **사민정책**(徙民政策)을 적극적으로 실시하여 남방의 수만 호를 이주시켰다. 그리고 **토관제도**(土官制度)를 통하여 민심을 수습하였다.

Side Check

◈ 토관제도

함경도, 평안도지방의 토착민에게 주었던 특수한 관직제도이다. 서북인들의 호족적인

기질과 반역의 기운이 있어 그 회유책의 일환으로 토관제도를 마련하였다.

❖ 야인(野人)과의 교역물품

1. **수출품** : 의복, 식량, 금·은 세공품, 농기구, 소금
2. **수입품** : 말, 녹피

3. 일본 및 동남아시아와의 관계

(1) 대 일본관계

① 강경책

㉠ **국방력 강화** : 고려말에 빈번했던 왜구의 노략질은 조선초기에까지 이어져 조선은 이를 물리치기 위하여 병선을 건조하고 화약·무기를 개량하는 등 수군을 강화하였다.

㉡ **쓰시마섬 정벌** : 세종 때 **이종무**는 200여척의 함대로 왜구의 소굴인 **쓰시마**섬을 정벌하였다.

㉢ **왜구의 감소** : 조선의 국력과 국방력이 향상되는 한편, 일본내의 정치적 혼란이 수습되면서 왜구의 침략은 현저히 줄어들었다.

② **회유책** : 조선은 對일본관계에 있어서 강경책만을 고수하지 않고 교린정책을 취하여 회유책으로서는 조공무역을 허락하여 제한된 무역을 실시하였다. 세종 8년에는 3포(부산포, 염포, 제포)를 **개항**하여 일본인이 조선과 교역할 수 있도록 하였다.

㊟ 일본은 구리, 유황, 향료, 약재 등을 조선으로 가져왔고 조선의 쌀, 무명, 삼베, 서적, 공예품 등을 가져왔다.

Side Check

❖ 계해약조(癸亥約條 : 세종 25, 1443)

3포 개항 후 지나치게 교역량이 늘어나자 무역을 제한하는 조치를 취하여 세견선(歲遣船)은 50척, 세사미두는 200석으로 제한하였다.

(2) 대 동남아관계

조선 초에는 류큐, 시암, 자와(자바) 등 동남아시아의 여러 나라와도 교류하였다. 이들 나라는 조공 또는 진상의 형식으로 기호품을 중심으로 한 각종 토산품을 가져와서 옷, 옷감, 문방구 등을 회사품으로 가져갔다. 특히 류큐와의 교역이 활발하였는데, 불경, 유교경전, 범종, 부채 등을 전해주어 류큐의 문화 발전에 기여하기도 하였다.

제 4 항 왜란과 호란

1. 임진왜란의 발발(1592. 4~1598. 9)

(1) 왜란 직전의 일본과의 관계

① 16세기로 들어서면서 사회적 혼란이 가중되고 국방력이 점차 약화되자 중종 때 3포왜란(三浦倭亂), 사량진왜변(蛇梁津倭變) 등 왜구의 소란이 자주 일어났고 급기야 명종 때 을묘왜변(乙卯倭變)을 끝으로 일본과 관계가 단절되었다.

㉠ **삼포왜란(三浦倭亂, 中宗 5년, 1510년)** : 삼포에 거주하는 왜인이 정부의 감시에 불만을 품고 폭동을 일으켜 부산첨사 이우증(李友曾)을 죽이고 난을 일으켰다. 이를 계기로 일본과 국교를 단절시켰다가 **임신약조**(壬申約條)를 체결하였다. 또한 임시관청으로 비변사가 설치되었다.

㊟ **임신약조의 내용** : ① 일인의 3포 거주 금지, ② 3포 중 제포만 개항, ③ 세견선 25척, 세사미두 100석

㉡ **사량진왜변(중종 39년, 1544)** : 일본인이 사량진을 침범, 약탈하자 정부는 단교조치하였다가 보다 강화된 벌칙조항인 **정미조약**(丁未條約)을 체결하였다.

Side Check

> ◈ 정미조약(丁未條約)의 내용
> 1. 세견선(歲遣船) 25척 중 큰 배는 9척, 중간 배는 8척, 작은 배도 8척으로 제한한다.
> 2. 기타 위약시에는 벌칙을 부가한다.

㉢ **을묘왜변(명종 10년, 1555)** : 전남 해남에 왜선 70척이 습격, 영암까지 침공한 사건이 터지자 조선은 일본과 완전 국교단절조치를 취하고 **비변사**를 상설기구화하여 군국기무를 담당하게 하였다.

② 조선정부는 1510년 삼포왜란을 계기르 군국의 사무를 맡은 새로운 기관인 비변사를 두어 왜구문제를 전담하도록 하였다. 그러나 조선정부는 그 이상의 강구조치를 하지 않은 채 토지의 집중과 관직독점에 얽힌 분쟁, 향락생활로 일관하였으며 적극적인 대책을 강구하지는 못하였다.

Side Check

> ◈ 왜란 직전의 대 일본관계
> 쓰시마 정벌 → 3포 개항 → 계해약조 → 3포왜란 → 임신약조 → 사량진왜변 → 정미약조 → 을묘왜변 → 국교단절

(2) 일본의 급변

일본은 오랜 전국시대의 혼란을 토요토미 히데요시(豊神秀吉)가 통일하고, 정권을 안정시키기 위하여 불평세력의 관심을 밖으로 쏠리게 하고 자신의 정복욕을 채우기 위하여 조선과 명에 대한 침략준비를 하였다.

(3) 왜군의 조선침공

① **부산진과 동래성 함락(1592. 4)** : 왜군은 약 15만 대군으로 부산포에 상륙, 부산진첨사 정발(鄭撥)과 동래성의 송상현을 전사시키고 세 갈래로 나누어 한양을 향해 북상하였다.

② **왜군의 한양 점령** : 이에 조선정부는 상주 저지선을 **이일**(李鎰)에게, 충주 저지선을 **신립**(申砬)에게 맡겼으나 중과부적으로 이겨내지 못하자 선조와 신하들은 의주로 몽진하였고 왜군은 한양을 점령하였다.

③ **왜군의 북상** : 코니시 유키나가(小西行長)는 양산·대구·상주·조령(鳥嶺)을 넘고, 가토오 키요마사(加藤淸正)는 경주·영천을 넘고, 구로다(墨田長政)는 김해·성주를 넘어 북진하였다.

④ **조·명 연합군의 평양 탈환** : 왜군은 계속 북상하여 평양을 점령하고 평안도와 함경도로 진격하여 들어갔다. 이에 조선정부는 명나라에 구원을 요청하고 명은 이여송 등 5만명을 조선전에 투입하였다. 곧 조·명 연합군(朝·明聯合軍)은 평양을 탈환하였다.

2. 수군의 승리-이순신의 활약

(1) 수륙병진작전

왜군은 육군이 북상하면 수군이 남해와 황해에서 물자를 조달하면서 육군과 합세한다는 수륙병진작전(水陸竝進作戰)을 구사했다.

(2) 전란의 대비

임진왜란이 일어나기 전에 전라좌수사로 부임한 이순신은 거북선을 건조하고 전함과 무기를 개발·설치하는 등 다가올 전란에 대비하고 있었다.

(3) 1차 승리

이순신은 **옥포**(玉浦)에서 첫 승리를 거두고 계속해서 사천(泗川), 당포(唐浦), 당항포(唐項浦) 등지에서 대승을 거두었다. 특히 사천해전에서는 거북선을 처음 사용하였다.

(4) 한산도대첩

왜군은 해상권 장악의 계기를 한산도(閑山島)해전에 걸고 전 함대를 집결하여 조선수군에 대항하였으나 이순신 함대의 유인작전에 말려 한산도 앞바다에서 대패하였다. 이것이 바로 임진왜란의 3대첩 중의 하나인 한산도대첩이었으며 제해권 장악의 계기가 되었다.

(5) 제해권의 확보

수군의 연전연승으로 남해의 제해권과 호남의 곡창지대를 방어할 수 있었다. 왜군의 보급로 차단으로 수륙병진작전은 수포로 돌아가게 되었다.

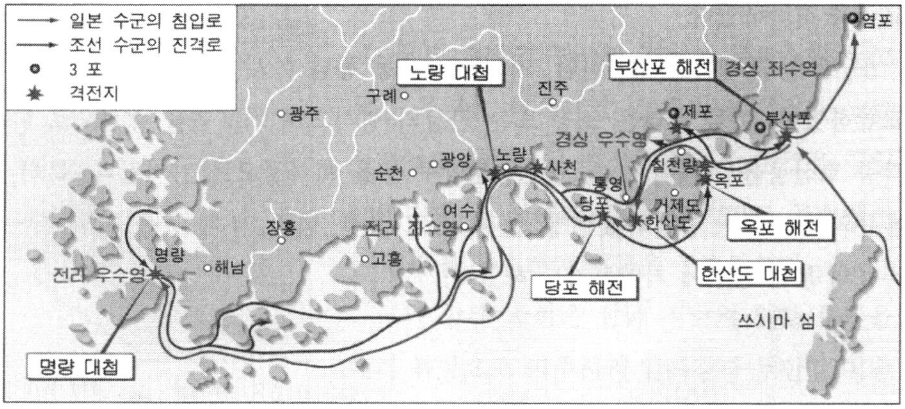

임진왜란의 해전도

Side Check

◈ 임진왜란 3대첩

전투명		일자	개 요
한산도대첩		1592. 7	이순신 함대가 일본제독 와키사카(脇坂安治)가 지휘하는 왜함대 73척을 전멸시켰다. 이 싸움으로 조선해군이 제해권을 장악했다.
행주대첩		1593. 2	1593년 경기도 행주에서 전라도 순찰사인 권율(權慄)은 왜군의 침공을 격퇴하여 왜군의 재차 북상을 막았다.
진주대첩	1차	1592. 10	왜장 하시바(羽柴藤元)가 이끄는 왜병 3만명은 진주성을 공격하다 진주성주 김시민의 분전으로 패하였다.
	2차	1593. 6	일본군은 카토·쿠로다의 5만명이 재차 진주성을 공격, 혈전을 펼쳐 왜·조선군 할 것 없이 6만이 사망할 정도로 치열하였다.

3. 의병의 항쟁

(1) 구국의병의 개시

해전에서의 잇단 승리와 때를 같이 하여 육전의 양상도 달라지기 시작하였는데 전국 각지의 백성들이 자발적으로 부대를 조직하여 향토방위를 위해 일어섰다. 이들을 의병(義兵)이라고 부른다.

(2) 의병의 구성

농민이 주축을 이루고, 전직관리와 사림양반, 그리고 승려가 조직하고 지도하였다. 전쟁이 장기화되면서 상당수가 관군으로 편입되었다.

(3) 의병의 전술

의병은 향토의 지리와 조건을 최대한으로 이용하여 유격전을 펼쳤다. 그 결과 왜군의 후위를 교란하여 큰 성과를 거두었다.

(4) 대표적인 의병부대

① **곽재우** : 경상도 의령에서 거병한 곽재우는 진주성 혈전에 참가하여 혁혁한 전공을 세웠다.

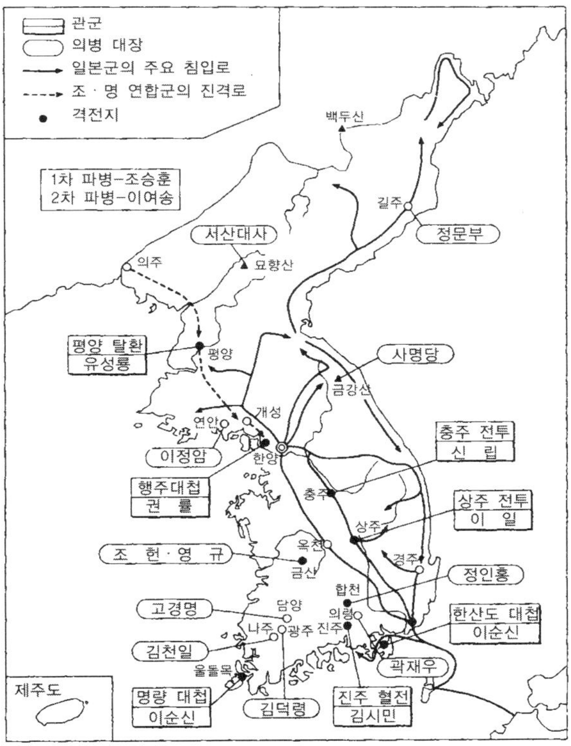

관군과 의병의 활동

② **정인홍** : 경상도 합천에서 의병을 모집하여 성주에서 왜군을 격퇴하였다.

③ **조헌** : 충청도 옥천(沃川)에서 거병하여 금산에서 전사하였다.

④ **고경명** : 전라도 장흥에서 거병하여 금산에서 조헌과 함께 전사하였다.

⑤ **김천일** : 전라도 나주에서 수원·강화에서 적을 격퇴하고 2차 진주혈전에서 전사하였다.

⑥ **정문부** : 함경도 경성에서 거병하여 길주(吉州)를 수복하였다.

⑦ **김덕령** : 전라도 담양에서 거병하여 남원에서 활약하였다.

⑧ **서산대사(휴정)** : 묘향산에서 거병하여 평양, 개성, 한성 등에서 활약하였다.

⑨ **사명당(유정)** : 금강산에서 거병하여 평양탈환 전투에서 활약하였고, 일본에 건나가서 포로를 송환케 하였다.

⑩ **영규·처영** : 영규는 호서지방에서, 처영은 호남지방에서 활약한 승병장이었다.

(5) 의병의 조직화

전란이 장기화되면서 왜군에 대한 반격작전은 한층 강화되기 시작하였는데, 즉 지금까지 산발적으로 일어나던 의병부대를 정비하여 관군에 편입시킴으로써 관군의 전투능력은 크게 강화되었고 작전이 보다 조직성을 띠게 되었다.

4. 왜란의 극복

(1) 왜군의 후퇴

전황의 역전으로 육상과 해상의 모든 전선에서 조선군이 주도권을 장악하게 되었고, 명군의 개입으로 왜군은 후퇴하기 시작했다.

(2) 왜군의 휴전제의

왜군은 조·명 연합군의 공세를 늦추고 전열을 가다듬기 위해 휴전을 제의하였다. 이에 왜장 코니시와 명장 심유경 사이에 휴전이 성립되고 전세는 소강상태로 들어갔다.

(3) 정유재란(丁酉再亂)

일본은 3년간의 소강상태를 이용하여 전열을 가다듬고 재차 침공해 오기 시작했다. 이것이 바로 정유재란이었다(1597).

(4) 원균의 패퇴

이 시기 이순신이 원균(元均)에게 내몰려 파직당하여 수군 내에 커다란 균열이 나타나게 되었는데, 원균이 삼도수군통제사가 되어 조선함대를 지휘하였으나 왜군은 이 틈을 타서 조선수군을 공격, 칠전도와 고성 앞바다에 괴멸시켰다.

(5) 조선의 반격

① **육군** : 도원수(都元帥) 권율이 명의 원군과 합동하여 직산에서 적의 북상을 막고 남쪽으로 내몰았다.

② **수군** : 이순신이 재기용되어 왜군을 **명량**으로 유인, 공격하여 일대 타격을 입혔다.

(6) 왜군의 패주

육지와 바다에서 또 다시 패전한 왜군은 침략의 주범인 토요토미 히데요시가 사망했다는 소식을 듣고 퇴각하기 시작했다. 이순신은 퇴각하는 왜선 수백척을 노량 앞바다에서 최후의 일격을 가했고 그 자신도 이 해전에서 최후를 마쳤으며 이로써 7년간에 걸친 전란은 막을 내리게 되었다.

5. 왜란의 영향

(1) 승리의 요인

① **잠재역량의 우월** : 우리 민족이 지닌 잠재적 역량이 우월했기 때문이었다.

② **국민의 총력전** : 우리나라의 국민들은 신분의 귀천이나 남녀노소를 막론하고 문화적인 우월감에 가득차 있어서 자발적인 전투의식을 가지고 있었다.

③ **무기와 전술의 우수성** : 전쟁이 장기화됨에 따라 각 지방의 자연조건에 맞는

무기와 전술을 융통성 있게 구사할 수 있는 능력이 강화되었고, 대포와 함선제조 기술도 단연 일본의 그것보다 우수했다.

Side Check

◈ 임진왜란 중 무기기술의 향상
1. 비격진천뢰(飛擊震天雷) : 이장손(李長孫)이 발명하여 박의장(朴毅長)이 경주 탈환 전투에서 사용하였다.
2. 화차(火車) : 변이중(邊以中)이 제조하여 행주대첩에서 사용하였다.

(2) 왜란의 국내적 영향

① **농촌의 황폐화** : 국내적으로 오랜 전쟁으로 인구가 격감되고 농촌이 크게 황폐해졌다.

② **재정의 궁핍** : 식량의 부족과 국가재정의 궁핍으로 인한 임시방편으로서 **공명첩**이 발급되었다.

③ **민란의 발생** : 이몽학(李夢鶴)의 난과 같은 민란이 도처에 발생하였다.

④ **토지대장과 호적의 소실** : 토지대장과 호적이 소실되어 조세 및 요역의 징발과 신분의 구분이 곤란해졌다.

⑤ **신분의 동요** : 호적대장과 노비문서의 소실, 납속책·공명첩과 속오군의 등장으로 신분의 구별이 모호해졌다.

⑥ **문화재의 소실** : 경복궁, 불국사, 그리고 전주사고를 제외한 사고(史庫)가 소실되었다.

Side Check

◈ 이몽학의 난
선조 29년(1596) 충청도 홍산에서 동갑계회(同甲契會)를 만들고 반란을 일으켰다. 임천·송산·대흥 등을 점령하였으나 홍가신(洪可臣) 등에게 토벌되었다.
◈ 일본에 잡혀간 도자기 기술자
이상평을 비롯한 도자기 기술자들은 일본에 끌려가 일본 도자기의 발달에 결정적으로 기여하였다. 이에 임진왜란을 도자기 전쟁이라고도 한다.

(3) 왜란의 국제적 영향

① **여진족의 성장** : 국제적으로는 조선과 명이 전쟁에 지친 틈을 타 북방의 여진족이 급속하게 성장하였다.

② **일본문화에의 영향** : 문화적으로 후진국이었던 일본은 우리나라에서 활자, 서적, 그림 등의 문화재를 약탈하고 학자와 기술자(인쇄공과 도자기공)를 납치해 갔다. 이와 함께 조선의 **성리학**(이황계열의 주리철학)도 전해져 일본문화의 발전에 큰 영향을 끼쳤다.

6. 광해군의 중립외교

(1) 광해군의 내정개혁

① **북인정권의 성립** : 선조의 뒤를 이어 광해군이 즉위하고 **북인정권**(北人政權)이 성립하였다. 이들은 내정과 외교에서 정치역량을 발휘하였다.

② **전후 복구사업의 실시** : 우선 양안과 호적을 새로 작성하여 국역 기반을 확충함과 동시에 성곽과 무기를 수리하고 군사훈련을 실시하는 등 국방에 힘을 기울였다.

③ **5대 사고의 정리** : 허준으로 하여금 『**동의보감**』(東醫寶鑑)을 편찬하게 하고, 임진난으로 3대 사고가 불타고 유일하게 남은 전주사고본(全州史庫本)을 다시 필사하여 5대 사고로 정리하였다.

④ **대동법의 실시** : 이원익의 주장으로 경기도에서 처음으로 실시되었다.

(2) 광해군의 외교정책–중립외교(中立外交)

① **후금(後金)의 건국** : 여진족이 누루하치를 중심으로 후금(後金, 1616)을 세우고 명을 위협하자 명은 조선에 공동출병을 제안하였다. 광해군은 임진왜란 때 도움을 받았기 때문에 명의 요청을 거절할 수 없었고 막강한 전력을 가진 후금과 대적하기도 어려웠다.

② 이에 광해군은 **강홍립**(姜弘立)으로 하여금 출병하게 한 다음 전황을 잘 파

악하여 신중하게 대처할 것을 당부하여 후금과는 큰 마찰을 빚지 않았다.

(3) 인조반정

광해군의 외교정책과 전후 복구사업은 안정을 이루는 데 크게 기여하였으나 명분을 중시하는 일부 사림들의 지지를 얻지 못하였다. 이에 광해군과 북인정권은 왕권의 안정을 기하기 위해 인목대비(仁穆大妃)를 폐위시키자 **서인**이 **주도**한 반정으로 광해군은 재위 15년만에 축출되고 능양군(綾陽君)이 인조(仁祖)로 등극하였다(1623).

7. 호란과 그 영향

(1) 인조와 서인정권의 외교정책

이들은 종래의 중립외교정책을 버리고 **친명배금정책**(親明背金政策)을 뚜렷이 하였다.

(2) 정묘호란(丁卯胡亂, 1627)

① **배경** : 이러한 외교정책의 변화 속에 후금을 자극하는 두 가지 사건이 발생하였는데, 즉 후금이 차지한 요동지역을 빼앗기 위해 명나라 장군 **모문룡**(毛文龍)이 평안도 철산 앞바다의 가도(假島)에 주둔하게 되자 후금은 극도로 긴장하였다. 또한 조선내에서는 반정공신들에게 대한 처우에 불만을 가진 **이괄**(李适)이 난(1624)을 일으켰다.

② **경과** : 이를 구실로 후금이 군대를 동원하여 압록강을 넘어 쳐들어왔다. 후금군은 의주, 정주, 선천, 곽산 그리고 황해도 황주에 이르렀고 정봉수(鄭鳳壽), 이립(李立) 등은 의병을 조직하여 **용골산성**과 **의주**지방에서 의병활동을 벌였다.

③ **결과** : 후금은 조선과 형제의 맹약(盟約)을 확약받고 후금-명과의 관계에서 엄중중립을 지킨다는 조건으로 철병하였다.

(3) 병자호란(丙子胡亂, 1636)

① **배경** : 후금은 곧 이어 국호를 청(淸)이라고 고치고 황제를 칭하면서 조선에게 **군신관계**(君臣關係)를 맺을 것을 강요하였다.

② **주화론과 척화론의 대립** : 이 문제에 대한 대책은 청(淸)과 대적을 해서라도 명과의 사대관계를 옹호해야 한다는 척화파(斥和派)와 명분보다는 현실을 직시해야 하며 전란을 피하고 재건 복구사업에 치중해야 한다고 주장한 주화파(主和派)로 나뉘어졌으나 결국 척화파의 주장이 관철되어 청과의 일전이 불가피했다.

③ **경과** : 1636년에 청 태종 누루하치가 직접 대병을 이끌고 서울을 점령하자 인조는 남한산성으로, 소현·봉림대군은 강화도로 대피하였으나 강화도에서 두 왕자가 체포되고 인조도 45일간 버티다가 **삼전도**(三田渡)에서 항복선언을 하였으며 주화파인 **최명길**을 내세워 강화조약을 체결하였다.

④ **결과** : 이로써 청과 군신관계가 맺어짐과 동시에 명과의 국교단절, 봉림·소현 왕자의 볼모, 척화파의 처형이 단행되었다.

(4) 호란의 영향

① **청에 대한 반감 고조** : 전쟁의 피폐와 잔혹한 강화조건에 대해 반감이 갈수록 고조되어 갔다.

② **북벌론 등장** : 특히 인조가 죽고 뒤를 이은 **효종**(孝宗)은 청에 대한 치욕을 씻고자 임경업(林慶業), 송시열(宋時烈), 송준길(宋浚吉) 등과 함께 북벌(北伐)을 계획하였다.

8. 북벌론과 나선정벌

(1) 북벌론(北伐論)

① **북벌론** : 문화가 높은 우리나라가 문화가 낮은 오랑캐에게 당한 수치를 씻고 임진왜란 때 우리를 도와준 명에 대한 의리를 지키기 위하여 청을 정벌하자는 것이다.

② **북벌운동의 추진** : **어영청**(御營廳)을 주무관청으로 삼아 대대적인 병력 확보와 신무기 개발에 나섰으며 여기에 중심인물로는 송시열, 송준길, 이완, 임경업 등이 있었다.

③ **북벌의 실패와 북학운동** : 효종이 10년 만에 죽자 이 계획은 수포로 돌아가고 집중된 병력은 서인의 군사적 기반으로 변하였으며, 사대부 일각에서는 청의 우수한 문물을 적극 수용해야 한다는 이른바 북학운동(北學運動)의 대두로 말미암아 점차 쇠퇴하였다.

(2) 나선정벌

시베리아지방으로 동진하던 러시아의 움직임에 신경이 곤두선 청은 나선탐험대를 흑룡강 이북으로 내쫓고자 조선에 원병을 요청하였다. 이에 조선은 **변급**(제1차 정벌대 : 1654)과 **신유**(제2차 정벌대 : 1658)를 보내어 격퇴하였다. 이 나선정벌에서의 승리는 조선총수병(銃手兵)의 실력을 입증한 것이다.

Side Check

◈ 광해군의 개혁정치

구 분	내 용
정 치	북인계열 등용(사림정치 비판)
경 제	양전사업, 호적정리, 대동법 실시르 산업의 부흥
사 상	정통 성리학(명분론, 이황) 비판, 서경덕 · 조식의 학풍 중시
군 사	무기보수, 군사훈련 등으로 국방강화
문 화	동의보감 편찬, 5대사고 정비로 문화부흥
외 교	실리적 중립외교(부차전투)

◈ 주화파와 척화파의 논쟁

주 화 파	척 화 파
초기 양명학자(최명길)	정통 성리학자(김상헌, 홍익한, 윤집, 오달제)
국익중시하는 현실론, 친청외교	화이론적 명분론, 친명외교

Focus Diagram

◆ 근세사회로의 전환

1. 신진사대부의 대두

권문세족
- 친원기득세력
- 음서 출신
- 부재대지주=대농장 소유
- 친원파
- 왕권 약화
- 부정 · 부패 · 불교와 결탁

사 대 부 → **제 휴** ← **신흥무인세력**

사 대 부
- 과거진출, 학자적 관료
- 재향중소지주
- 친명파
- 성리학 수용
- 왕권 강화
- 경제평등, 진취적 성향
- 부패척결 · 불교비판

신흥무인세력
- 재지 중소지주층 출신의 중하급 무인
- 군내 승진체계 개선 요구
- 무인에 대한 대우 개선
- 이성계를 중심으로 뭉침

2. 조선왕조 창출과정

요동정벌(1388) → 위화도회군(1388) → 창왕옹립(1388) → 공양왕(1389~1392)

요동정벌(1388)
- 명의 철령위 통고
- 우왕과 최영이 요동 정벌을 계획 · 단행

이성계의 4불가론

以小逆大不可(이소역대불가) : 소국이 대국을 거역함은 불가능

夏月發兵不可(하월발병불가) : 농사철의 군사 동원은 불가능

擧國遠征倭乘其虛(거국원정왜승기허) : 거국적인 원정으로 왜국의 침입 우려

時方暑雨弩弓解膠大軍疾疫(시방서우노궁해교대군질역) : 우기이기 때문에 활이 녹쓸고 질병에 걸릴 가능성이 있어 불가능

공양왕(1389~1392) (성씨 문제)
- 창왕이 왕씨가 아니고 신씨이므로 고려의 대통을 이을 수 없다는 이성계의 주장

→ 급전도감(1390) → 과전법 공포(1391) → 이성계 즉위(1392)

과전법 공포(1391): 농민의 영구 경작권을 보장하고 수조율을 1/10로 하였으며 병작반수를 법적으로 금지－농민의 적극적 지지

이성계 즉위(1392): 유교에서의 군주는 천명의 대행자이므로 덕치로서 백성을 이끌어야 하나 군주가 덕치를 펼치지 못하면 물러나고 유덕자가 천명을 이어받아 통치해야 한다는 역성혁명의 기조로 이성계가 등극 조선왕조를 열었다.

◆근세의 정치적 변화

1. 근세사회의 성격

정 치	왕권 중심의 중앙집권적 관료체제, 왕권 · 신권의 조화(의정부 기능)
사회 · 경제	양민의 증가와 지위향상, 능력존중
문 화	정신문화와 기술문화의 병진, 민족문화의 확고한 기반

2. 성리학적 정치사상

성리학적 정치사상

성리학의 명분론	
사상정책	불교 · 도교 · 토속신앙 배척
경제정책	지주 · 전호제 관철
외교정책	친명사대 · 교린정책 (존화양이 정책)
사회정책	양반 중심 지배질서 · 대가족제도

정 치 사 상
- 왕도정치구현
- 숭유억불정책
- 언론과 학문중시

3. 서원과 향약

사림의 세력기반

- 서 원
  - 효시 — 1543년 풍기군수 주세붕이 안향의 고향에 백운동서원 건립
  - 기능 — ㉠ 양반자제의 교육, ㉡ 선현의 제사, ㉢ 학문의 연구
  - 사액 — 이황의 건의(1548)로 백운동서원→소수서원(국가로부터 서적 · 토지 · 노비 등을 지원받음)
  - 의의 — ㉠ 성리학의 발전, ㉡ 학문과 교육의 지방적인 확대 / ㉢ 양반의 지위보장, 국가의 각종 부담에서 면제 받음
  - 폐단 — 면역의 특권, 서원의 토지 확대
- 향 약
  - 성립 — 전통적 규약+계+삼강오륜
  - 실시 — 조광조, 제도화 실패 / 이황 : 예안향약(안동), 이이 : 해주향약, 서원향약(청주)
  - 조직 — 농민, 노비까지 참여 / 회장 : 도약정, 부회장 : 부약정, 간부 : 직월
  - 결과 — 사림들은 일반 향촌 농민을 지배 / 지방행정력의 약화를 가져왔다.

4. **붕당정치**
   - 계기
     - ① 사림세력 확대
     - ② 양반의 수 증가
     - ③ 관직과 토지의 한정－양반상호간 대립
     - ④ 양반신분의 모순－생산과 유리
   - 과정 — 이조전랑
     - 심의겸 → 서인(西人)
     - 김효원 → 동인(東人)
   - 기반
     - 경제적 토대
     - 인적 토대

붕당의 영향
- 긍정
  - ① 학문과 이념의 차이에서 출발, 폐단이 없었다.
  - ② 정치의 활성화＋정치참여의 폭 넓히는데 기여
  - ③ 상호비판과 견제의 기능
- 부정
  - ① 자기 당파의 이익만 앞세움
  - ② 학벌, 문벌, 지방의식과 연결되어 국가발전에 막대한 지장을 초래

5. 조선초기의 대외관계

사대(事大)정책 — **교린(交隣)정책**

명(明), 청(淸)
- 사신(임시 · 정기)파견
- 조공무역
  - 수출품 : 마필, 인삼, 화문석
  - 수입품 : 견직물, 서적, 도자기
- 조칙에 따른 왕위 계승

여 진
- 회유책 : 귀순, 무역소와 북평관
- 강경책 : 진 · 보 설치, 여진토벌(4군 6진)

일 본
- 3포개항(부산포, 염포, 제포)
- 계해약조(세견선 50척, 세사미두 200석)
- 3포왜란
- 임신약조(세견선 25척, 세사미두 100석)
- 사량진왜변
- 정미약조
- 을묘왜변－(비변사의 상설기관화)

제3절 근세의 사회와 경제

Digest

1. **사회개혁 추진** : 조선의 지배층은 유교적 민본주의를 토대로 사회개혁을 추진하였다. 그들은 전통적인 불교와 도교 및 무속 등 잡다한 토속신앙과 관습을 유교적인 의례로 개혁하는 한편, 양반 중심의 엄격한 신분제도와 가부장적 가족제도를 발전시켜 나갔다.
2. **경제정책과 활동** : 농본주의를 표방한 조선사회에서는 모든 산업시책을 농업위주로 추진하였다. 따라서, 초기의 상공업은 국가의 통제 아래 억제되어 있었다. 그러나 16세기부터는 농업의 발달과 함께 상공업도 비교적 자유로운 활동이 전개됨으로써, 수공업과 상업 및 대외무역이 점차 발달하였다.

제 1 항 사회구조와 향촌사회

1. 유교적 민본주의

(1) 위민적 민본주의

조선이 지배층이 공부한 학문은 성리학이었다. 그들은 농촌사회를 안정시킬 수 있는 대책과 명분을 성리학에서 찾았는데, 그것이 이른바 위민(爲民)을 강조한 민본주의 사상이다.

유학은 시대의 흐름과 함께 그 사회에 적절한 형태로 변형되었다. 성리학에서는 도덕적 내용만이 아니라, 생산활동에서의 역할분담, 지배층과 피지배층의 화합 등을 강조하였다.

(2) 엄격한 신분사회

지배층은 그들이 장악한 정치권력과 경제적 이권을 양보하면서까지 피지배층을 위한 민본사상을 주장한 것은 아니었다. 그들은 유교적 질서 안에서 지배자와 피지배자간의 역할분담과 피지배층 보호의 논리를 찾고 있었다.

2. 신분제도

조선시대의 사회신분은 법제적으로 크게 **양인**(良人)과 **천민**(賤民)으로 나누어져 있었다.

(1) 양 인

양인은 과거응시, 관료로의 진출이 허용되는 자유민으로서 조세, 국역 등의 의무를 지녔으며 양반, 중인, 상민으로 크게 나누어져 있었다.

① **양반** : 양반은 원래 15세기만 하더라도 문반(文班)과 무반(武班)을 아울러 부르는 명칭이었는데, 뒤에 사족(士族)을 의미하는 말로 변하였다. 양반은 토지와 노비를 소유한 지주가 대부분이었으며, 과거 · 군공 등을 통하여 국가의 고급 관직을 차지하였다.

② **중인** : 넓은 의미로는 양반과 상민의 중간 신분 계층을 뜻하고, 좁은 의미로는 기술관만을 의미한다. 중앙과 지방에 있는 관청의 서리와 향리 및 기술관은 직역을 세습하고, 같은 신분 안에서 혼인하였으며, 관청에서 가까운 곳에 거주하였다. 중인은 양반에게서 멸시와 하대를 받았으나 대개 전문기술이나 행정실무를 담당하였다.

③ **상민** : 상민계층은 평민, 양민이라고도 부르며, 대부분이 농민이고 일부가 장인(匠人), 상인을 이루었다. 특히 **농민**은 원칙적으로 출세에 법적 제한을 받지 않았지만 교육의 기회가 거의 없었으므로 관료로의 진출은 거의 불가능했다. 또한, 이들은 조세, 역, 공납 등의 무거운 의무를 지고 있었다.

㉠ **공장(工匠)** : 장인들은 관영이나 민영의 수공업에 종사하였고 정부의 각종

물품조달을 담당함으로써 양인의 의무를 다하였다.

㉡ **상인(商人)** : 국가의 통제하에 상거래에 종사하였고 정부의 물품조달을 담당함으로써 국민의 의무를 다하였다. 조선의 상인은 농본억상정책(農本抑商政策)의 영향으로 농민보다 천시되었으며 시전상인(市廛商人)과 육의전(六矣廛), 지방에는 보부상(褓負商)이 있었다.

㉢ **신량역천(身良役賤)** : 신분상으로는 양인이지만 천역에 종사함으로써 천민과 다름없는 지위에 놓여 있는 계층을 말한다. 조예(문관청의 사령), 나장(무관청의 사령), 일수(역의 조역), 조군(조운선의 사공), 수군(해군), 봉수군(봉수대수직자), 역보(역졸) 등이 칠반천역(七般賤役)의 중심이 되었다.

(2) 천민(賤民)

천민은 비자유민으로 개인이나 국가에 소속되어 천역을 담당하였으며, 천민의 대부분을 차지하는 것은 노비였다.

① 노비는 소유형태에 따라 공(公), 사(私)노비로 구분되었는데, 사노비는 상전에 의하여 재물처럼 취급되어 매매, 상속, 증여되기도 하였다. 또한 노비는 예속도에 따라 **입역노비**(率居奴婢)와 **납공노비**(外居奴婢)로 구분하였는데, 전자는 관부의 노역이나 주인집의 잡역에 종사하여야 하며, 후자는 관부나 주인으로부터 독립적으로 생활을 영위하면서 일정한 신공을 바칠 의무가 있었다.

② 한편, 각종 천한 직종에 종사하는 천민이 있었는데, 조선시대에는 이를 **칠종천역**(七種賤役)이라고 불렀다. 칠종천역으로는 백정(白丁), 광대, 무당, 기생(妓生), 진척(津尺), 역정(驛丁), 승려가 있었다.

③ 부모가 한쪽이라도 노비이면 그 자식은 노비가 되었다. 노비가 양인과 결혼하는 것은 원칙적으로 금지되어 있었으나 양반들의 노비증식책에 따라 공공연히 인정되었다.

(3) 신분이동

조선시대의 신분은 아주 고정된 것은 아니었지만, 신분간의 이동이 그리 자유로운 것도 아니었다.

① **신분의 하강** : 양반이 반역죄, 강상죄(綱常罪 : 조상・주인 모독제)로 노비가 되거나 몰락하여 중인 또는 상민이 되기도 하였다.

② **신분의 상승** : 중인, 상민, 노비가 과거나 군공으로 양반이 되기도 하였다.

3. 가족제도

(1) 가부장적 가족제도

조선사회의 기본 단위는 가부장적 가족이고 가장을 중심으로 하는 사회가 형성, 운영되었던 전형적인 봉건사회였다. 가부장적 가족제도를 통해 생활규범과 의식은 모두 유교적 질서에 의해 엄격하게 통제되었다.

(2) 장자 중심의 가족윤리

가장의 권리는 고려 때보다 더욱 강화되었으며 인륜을 파괴하는 강상죄는 반역죄와 같이 엄중하게 다루어졌으며, 부모에 대한 효행이나 남편에 대한 부인의 정절을 크게 장려하였다.

가장은 조상의 제사를 주재하면서 가정을 관리하는 전권(全權)을 가지고 있었으며 이러한 **가부장적 가족사회**는 가족단위의 사회안정을 정립하려는 성리학적 배려라고 할 수 있다.

성리학적 가족윤리가 보급됨으로써, 남자가 여자 집에 장가들어 살거나, 균분상속제에 따라 자녀들이 돌아가며 부모를 섬기기도 하던 것이 장자 중심의 상속제도로 변화되어 갔다.

(3) 결혼제도

① **혼인** : 남녀 모두 조혼을 하였다. 법적인 결혼연령은 남자의 경우는 15세, 여자는 14세 이상이면 가능했다. 그러나 실제로 민간에서는 남녀 모두가 20세 전후에 혼인하는 것이 일반적이었으며 엄격한 족외혼이 행해졌다.

② **재가의 금지** : 조선시대에는 여자의 재가를 원칙적으로 금하였다. 태종 때 제정된 **재가금지법**이 있었고 여성의 재혼이 법적으로 허용된 때는 갑오개혁

(1894) 이후였다. 재가한 여자의 자식은 원칙적으로 과거 응시기회가 주어지지 않았다.

③ **남존여비사상** : 여자의 법률적 행위와 외출도 엄격히 제한되었다.

④ **적서의 차별** : 처와 첩의 소생에 따른 적서의 차별도 엄격하였으며, 같은 첩의 자식이라도 어머니의 신분에 따라 신분, 재산상속 등에 차등이 있었다.

4. 사회시설

(1) 배 경

조선은 유교적인 민본주의와 농본정책을 표방하여 여러 교화사업과 농민생활의 안정책을 실시하였다. 그러나 농민들은 무거운 조세와 부역의 부담을 지고 있었고 관리 또는 양반 지주들로부터 가혹한 수탈을 당하여 전호(佃戶) 내지는 노비가 되거나 유랑민이 되기도 하였다. 이렇듯 농민의 몰락은 조선정부의 국역기반을 크게 훼손하였으므로 이에 조선정부는 농민의 생활을 안정시키기 위해 여러 가지 대책을 강구하지 않을 수 없었다.

(2) 시 책

국가는 양반지주들의 토지겸병을 억제하고 농민이 토지로부터 이탈하는 것을 막기 위해 농번기에는 국가동원을 자제하고 재해를 당한 농민에게 조세감면 혜택을 주었다. 또 구체적으로는 의창, 상평창 등의 기존 기구를 확대하여 **환곡제**(還穀制)를 실시하였다.

(3) 환곡제도

춘궁기에 빈민에게 양식과 종자를 대여하고 가을에 원곡만 환수하던 종래의 의창이 있었으나 의창이 **상평창**으로 통합됨으로써, 이 제도는 환곡제로 대치되었다. 환곡이란 원곡과 모곡(10%의 이자)을 거둬들이는 것을 일컫는다.

(4) 사창제 운영

의창, 상평창은 국가에서 운영하였지만 사창(社倉)의 진휼책은 주민자치적으로 운영되었다. 사창은 향약과 함께 향촌사회를 안정시키기 위하여 지방의 양반지주층에 의하여 운영된 것으로 각종 재난에 대비하였다.

(5) 각종 의료시설

조선정부의 빈민구제기관으로는 혜민국(惠民局), 동・서대비원(東西大悲院), 제생원(濟生院), 동・서활인서(東西活人署) 등이 있었다. 혜민국과 동・서대비원은 수도권 안의 서민환자의 구제와 약재판매를 담당하였고 제생원은 지방민의 구호와 진료를 맡았으며 특히, 동・서활인서에서는 여행자, 유랑자의 수용과 구휼을 담당하였다.

(6) 사회시설의 한계

이들 사회시설은 당시 농민문제에 대한 근본대책일 수 없었고, 농민의 유망(流亡)방지를 위한 **미봉책**에 불과하였고, 오히려 **오가작통법**, **호패법** 등으로 농민통제에 그 주안점을 두었다.

5. 법 률

(1) 형 법

조선의 법률은 통치질서에 있었기 때문에 가장 중시된 것은 형법(刑法)이었다. 형법은 경국대전의 형전으로 정비되었으나 매우 간결해서 실제로는 고려 이래의 관습법과 **대명률**에 의존하였다. 조선시대의 범죄 중 가장 중한 것은 반역죄와 강상죄였는데, 이 범죄자는 당사자는 물론 부모, 형제, 처자까지 함께 처벌하는 **연좌법**(連坐法)이 적용되었다. 또한 범죄가 발생한 군・현은 호칭이 강등되고, 수령이 파면당하기도 하였다.

형벌은 태형(笞刑), 장형(丈刑), 도형(徒刑), 유형(流刑), 사형(死刑) 등 5종으로 나누어졌다.

(2) 민 법

민사에 관한 사항은 제반 소송의 재판권을 가지고 있는 관찰사와 수령 등 지방관이 처리하였다. 초기에는 노비와 관련된 소송이 많았으나, 나중에는 남의 묘지에다 자기 조상의 묘를 쓰는 데에서 발생하는 산송이 주류를 이루었다.

Side Check

◈ 대명률(大明律)
명의 기본 법전으로 태·장·도·유·사의 5형 형벌 체제인 당률(唐律)을 계승하면서 자자(刺字 : 글자로 문신을 새기는 일)와 능지처사와 같은 극형을 추가하였다.

(3) 상 속

상속에 관해서는 종법과 조상의 제사 및 노비상속이 중요시되어 그에 대한 법규가 정비되었으며 물권의 관념과 토지의 소유권도 고려시대에 비하여 현저히 발달하였다.

(4) 사법기관

사법기관은 행정기관과 분명히 구분되지는 않았으나 법을 관장했던 기관으로는 중앙에 사헌부, 의금부, 형조, 한성부, 장예원 등이 있었다. 지방에는 관찰사와 수령이 사법권을 가졌다.

① **형조** : 사법행정의 감독기관으로 2심 재판기관이었다.

② **의금부** : 왕명에 따라 왕족, 양반 등의 국사범이나 반역죄 및 강상죄를 처벌하는 곳이다.

③ **포도청** : 일반인의 치안과 각종 형사·민사사건을 담당하였다.

④ **한성부** : 서울시의 행정은 물론 토지·가옥에 관한 물권소송 등을 맡아 처리하였다.

⑤ **장예원** : 노비의 장부와 그 소송을 맡아 처리하였다.

⑥ **금부삼복법** : 사형과 같은 중대 범죄는 3심제를 채택하였다.

⑦ 3법사 : 형조, 사헌부, 한성부

6. 향촌사회

(1) 면 · 리제도의 개편

조선시대의 향촌사회는 고려시대에 비하여 새로운 양상으로 바뀌었다. 고려시대의 향, 소, 부곡이 자연촌의 성장과 함께 면(面) · 리(里)제도로 개편되었다.

(2) 지역의 구분

각 고을마다 읍내와 4면 및 수개의 리로 편성되었다.

① 읍내 : 읍내에는 관청이 있고 소도시적 규모를 갖추었으며, 향리, 관속, 수공업자, 상인 등이 거주하는 전형적인 행정촌이었다.

② 4면 : 대개 읍을 중심으로 동서남북의 4면으로 구획되고 각 면 밑에는 여러개의 리 · 동이 있었다.

③ 자연촌의 형성 : 각 리 · 동은 수십 호의 자연촌으로 형성되어 있었다. 촌락에는 반촌, 민촌의 구분이 있기도 하였지만, 대개 두서너 씨족이 인척관계를 맺고 있었으며, 양반, 평민, 천민이 섞여 살았다. 농민의 이주는 자유롭지 못했고, 양반들은 자녀균분상속제에 따라 외가, 처가가 있는 곳으로 이주하여 사는 경우가 많았다.

(2) 특수마을

주민의 신분과 지역에 따라 특수한 마을이 형성되었다. 즉, 교통기관인 역, 진, 원에는 역촌(驛村), 진촌(津村), 원촌(院村)이 형성되었고, 어장과 포구에는 어촌(漁村)이, 수공업 생산지역은 점촌(點村)이 발달하였다.

(4) 촌락공동체 조직

향촌에는 예로부터 자치적인 촌락 공동체 조직인 **향도**(香徒)와 각종 결사조직인 **계**(契) 및 공동노동체인 **두레** 등이 있었다. 사림의 성장과 예학의 발달로 촌락공동체 조직은 16세기 후반 이후로는 향약으로 대치되고 동족부락이 도처에 형성되었다. 특히, 향도는 촌민이 모두 모여 음주가무를 즐겼으며, 상장(喪葬)을 서로 돕는 중요한 역할을 하였다. 그러나 사림은 민간신앙이나 풍습을 음사로 단정하여 금하고자 했다.

(5) 종법적 가족제도

가부장제를 바탕으로 한 친족체제를 대종(大種)과 소종(小種)으로 나누었고, 양반의 자제 중 소실의 자식을 양반사회에서 배제하기 위해 적·서(嫡·庶)로 구분지었다. 또한 동성동본(同姓同本), 이성불양(異性不養), 장자상속(長子相續)과 자녀, 차등상속 및 대가족제도 등을 내용으로 하는 전형적인 유교주의 가족제도였다.

Side Check

◈ 양반의 지위 강화 요소
유향소 : 수령을 보좌하고 향리를 감찰하며 향촌의 풍속을 바로잡음
향안 : 향촌 사회의 지배층인 지방 사족의 명단
향규 : 향회의 운영 규칙
향약 : 향촌 사회의 질서유지와 치안 담당
동계·동약 : 촌락민들에 대한 지배 강화에 이용

제2항 경제정책과 경제구조

1. 경제정책

(1) 조선초기의 경제정책

조선초기에는 국력을 증진시키고 민생을 안정시키는 방향으로 경제구조를 대폭 개편하였다. 유교의 왕도정치사상에서는 민생의 안정을 중요시 하였으며, 농업을 진흥시키고 농민의 조세부담을 줄이는 데 정책의 방향이 맞추어졌다.

(2) 중농정책

① **정책의 방향** : 고려말 신진사대부들은 중농정책을 국가 산업시책의 기본으로 삼아 문란했던 고려시대의 경제질서를 바로잡고자 하였다.

② **결과** : 이러한 중농정책으로 인해 **토지개간**과 **양전사업**이 적극적으로 추진되어 15세기 중엽에는 경지면적이 160여만 결(結)로 상승하였고, 농업생산성을 향상시키는 갖가지의 새로운 농법이 개발되었다.

Side Check

1. **양전사업** : 토지를 측량하는 사업으로서 토지대장인 양안에서 누락된 토지(은결)를 찾아내기 위한 것이다.
2. **새로운 농법** : 이앙법, 이모작, 시비법
3. **토지의 결(結)** : 결은 면적이 아니라 수확량을 가리키는 것이다. 1결→미곡 20석(300두)을 생산하는 토지를 의미하며 160만결이란 미곡을 300두 생산하는 토지가 160만개 있었다는 의미이다.

(3) 상공업 정책

① **국가의 통제** : 물화를 제조·교역하는 수공업과 상업은 국가의 통제하에 놓여 있어 자유로운 활동이 억제되었다.

② **상공업의 부진** : 유교적인 검약생활로 인해 물화의 소비가 많지 않았으며, 교통수단이 미비하고 화폐의 유통이 부진하여 상공업이 그다지 발달하지 못하였다.

③ **교환수단** : 교환경제의 부진에 따라 조선초기에는 화폐의 유통도 활발하지 못하였으며 약간의 저화와 동전이 제조되어 포목 및 미곡과 병용되었다.

④ **16세기 이후의 사회·경제변화** : 이러한 상공업에 대한 국가의 통제정책은 16세기부터 농업의 발달을 비롯한 사회경제적 변화와 함께 해이해졌으며 국내의 상공업과 대외무역은 점차 국가의 통제로부터 벗어나 자유로운 활동을 전개해 갔다.

2. 토지제도

(1) 과전법(科田法)

① **실시의 의의** : 과전법은 고려후기 이래 누적된 토지제도의 모순을 일단 해결한 것이지만, 권문세족이 축적한 토지를 몰수하여 재분배함으로써 조선왕조를 건국한 신진사대부세력의 경제적 기반을 확보하는 것에 보다 더 큰 목적이 있었다.

② **과전법의 내용** : 과전법은 양반관료에게 주는 토지제도로서 전임·현임을 막론하고 **18관품**에 따라 차등있게 수조권을 분급한 제도이며 분급대상지도 **경기도**에 한하고, **1대**(代)에만 수조권의 점유를 인정한다는 것이 원칙이었다.

㊟ 태종 대(代)에 그 일부가 충청·전라·경상 등 하삼도(下三道)에 이급되었다가 세종 대(代)에 다시 경기에 환급되었다.

③ **과전법의 모순** : 받은 사람이 죽으면 국가에 반환하는 것이 원칙이었다. 그러나 그 중 일부가 **수신전, 휼양전**이라는 이름으로 세습되었다.

④ **과전법의 변천** : 토지의 세습으로 신진관료에게 줄 토지가 부족하게 되자 세조는 현직관료에게만 토지를 지급하는 **직전법**(職田法, 1466)을 실시하였다. 이후 국가는 토지제도의 지배권을 더욱 강화하기 위하여 **관수관급제**(官收官給制, 1470)를 실시하기도 하였다. 그나마 16세기 중엽에 이르면, 직전법마저 폐지되고 관리는 국가에서 주는 **녹봉**(祿俸)만을 받게 되어 농민에 대한 관리의 지배권이 사실상 소멸되었다.

⑤ **토지의 종류** : 조선의 토지제도상에서의 모든 토지는 국가가 수조권을 가지는 공전(公田)과 개인에게 수조권을 나누어 준 사전(私田)으로 구분된다.

㉠ **공전(公田)** : 수조권(收租權)이 국가에 있는 토지

ⓐ 내수사전(內需司田) : 왕실 경비에 충당

ⓑ 적전(籍田) : 왕의 친경지

ⓒ 둔전(屯田) : 군대[官屯田]와 관청[國屯田]의 비용 충당

ⓓ 역전(驛田) : 원전(院田)·진전(津田) : 교통기관의 비용에 충당

ⓔ 민전(民田) : 일반 농민이 소유한 토지

㉡ **사전(私田)** : 수조권이 개인 또는 사원에 있는 토지

ⓐ 과전 : 수조권이 1대(代)에 한하는 것이 원칙이나 수신전(守信田) · 휼양전(恤養田)이라는 명목으로 세습되어 갔다.

ⓑ 수신전 : 관리의 미망인에게 지급한 토지

ⓒ 휼양전 : 관리의 유자녀에게 지급한 토지

ⓓ 공신전 : 공신에게 지급한 토지로 세습이 되었다.

ⓔ 공해전(公廨田) · 늠전 : 관청의 경비충당을 위해 지급한 토지

ⓕ 별사전(別賜田) : 준공신에게 지급한 토지로 3대(代)까지 세습

ⓖ 군전(軍田) : 전직 문무관이나 한량에게 지급된 토지

ⓗ 서원전 : 서원에 지급된 토지로 면세 · 면역되었다.

Side Check

1. 소유권 : 국가(토지국유제)　　2. 경작권 : 농민(경작권이 보장됨)

3. 수조권 ┬ 공전 – 국가 · 관청이 갖는다.
　　　　　└ 사전 – 개인 · 사원이 갖는다.

(2) 지주 · 전호제로의 변천

토지생산성이 향상되고 토지의 사유 관념이 확산됨에 따라 토지소유는 양반지주 중심으로 보다 더 편중되어 토지 소유관계에 있어서 지주전호제(地主佃戶制)를 강화시켰다. 그리하여 사적 소유권과 병작반수제(竝作半收制)에 입각한 지주제는 직전제의 소멸과 함께 더욱 확산되었다.

3. 조세제도

(1) 조선의 수취제도

조선의 수취제도는 토지에 부과하는 **조세**, 집집마다 부과하는 **공납**, 호적에 등재된 정남에게 부과하는 **군역**과 **요역** 등이 있었으며, 이것이 국가 재정의 토대를

이루었다.

(2) 전세(田稅)

① **전세** : 전세는 크게 농민이 국가에게 바치는 조(租)와 지주가 국가에 바치는 세(稅)로 구분된다.

② **조(租)** : 조는 농민이 수조권자인 국가에 수확의 1/10(1結當 30斗)을 바치다가, 세종 때에 **전분 6등법**(田分六等法)과 **연분 9등법**(年分九等法)이 실시되어 1결당 최고 20두(斗)에서 최하 4두(斗)까지 차등을 두어 바치게 하였다.

③ **세(稅)** : 조세는 쌀, 콩 등으로 냈다.

④ **관수관급제의 실시** : 성종 때 관수관급제가 실시되면서 조(租)와 세(稅)의 구별이 없어졌다.

(3) 공납(貢納)

각 지방의 토산물을 호(戶)마다 국가나 지방관청에 납부하는 현물세(現物稅)를 공납(貢納)이라 한다. 공납은 관청의 수요를 충당하기 위한 것으로서 농민에게는 전세보다 더 큰 부담이었다. 더욱이 그것이 수납과정에 여러 가지 절차가 까다로워 **방납**(防納) 등 온갖 폐단이 발생했다. 공물(貢物)의 종류는 **상공**(常貢), **별공**(別貢), **진상**(進上) 등이 있었다.

(4) 잉류(仍留)

국경에 가까운 지리적 특성 때문에 평안도와 함경도가 수취한 조세를 감사의 책임하에 군사비와 사신 접대비로 소비했던 제도이다.

(5) 조세의 운송방법

수납된 조세는 한양으로 운송하였는데 전라도 · 충청도 · 황해도는 바닷길로, 강원도는 한강, 경상도는 낙동강과 남한강을 통해 수송되었다. 강가나 바닷가의 적당한 곳에 조창(漕倉 : 수운창과 해운창)을 두었고 한양의 용산과 서강에 있는 경창(京倉)으로 운송하였다.

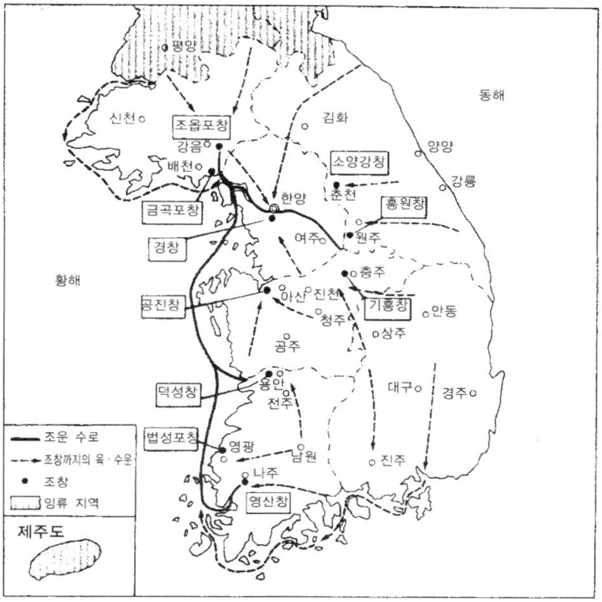

조운도

(6) 역(役)

정남(16세 이상 60세 미만)에게는 역의 의무가 있었다. 역에는 교대로 번상하면서 국방의 의무를 다하는 군역(軍役)과, 경작하는 토지 8결(結)마다 1인씩 차출하며 연 동원일수는 6일 이내로 하는 요역(徭役)이 있었으나, 실제로는 임의로 징발되었다.

(7) 국가의 재정(財政)

국가 재정은 조세, 공물, 역 이외에 염전, 광산, 산림, 어장, 상인, 수공업자 등이 내는 세금으로 마련하였다. 국가는 재정을 군량미나 구휼미로 비축하고 나머지는 왕실 경비, 공공 행사비, 관리의 녹봉, 군량미, 빈민 구제비, 의료비 등으로 지출하였다.

㊟ **횡간(橫看)** : 세조 때 지출을 계산해서 세입을 정하는 일종의 예산안으로 예산제도의 성립을 뜻한다.

4. 농민부담의 가중 - 삼정(三政)의 변천

지주전호제가 일반화되면서 대부분의 농민들은 생산의 2분의 1을 지주에게 바쳐야 하였다.

(1) 방납(防納)의 폐단

농민들은 각 관청의 공납이라는 명목으로 쌀이나 포 또는 각종 특산물을 정부에 바쳤으나 정부는 공납을 전문으로 대행해 주는 방납업자에게 공납을 받고 방납업자는 농민들에게 원래 책정된 공납의 3~4배를 받았다. 이에, 공납을 감당하지 못하고 도망을 하게 되면 그 일족에게 대신 받는 족징이나 이웃에 부과하는 인징이 행해졌다. 이 같은 폐단의 개혁을 위해 이이(李珥)와 유성룡 등은 **대공수미법**(代貢收米法)을 제기하기도 하였다.

(2) 군역(軍役)의 폐단

군역이 요역화되면서 농민들은 군사, 요역을 동시에 고민하지 않을 수 없었다. 특히 보법(2丁을 1보로 삼고 그들로 하여금 정병을 돕도록 하는 보의 제도)의 성립으로 군정의 수가 늘어나자 요역의 담당자를 따로 확보하기가 어려워졌다. 따라서 군사가 바로 요역에 동원되었는데 군사들은 보인으로부터 받은 조역가(助役價)로 사람을 사서 군역을 대신하게 하는 현상이 나타났다. 그 결과 군역을 면하려고 **대립가**(代立價)를 소속된 기관에 납부하면 담당관은 그것을 가지고 공사노비나 유민을 사서 대립하게 하는 **방군수포제**(防軍收布制)가 행해졌다. 이 경우 대립가가 너무 비싸서 도망하는 자가 속출하여 군적이 문란해지고 농촌은 황폐해졌다.

Side Check

◈ 군역의 변천
봉족 → 보법(세조) → 대립제(성종) → 방군수포제(중종) → 균역법(영조) → 호포제(대원군)

(3) 환곡의 부담

당초 구휼을 목적으로 실시되었으나 농민을 상대로 하는 일종의 고리대로 변하여 갔다. 본래 환곡은 춘궁기에 곡식을 대여했다가 추수기에 1할의 이자를 붙여서 회수하는 것이었으나 여러 가지 명목으로 이자가 늘어남으로써 농민에게는 무거운 부담이 되었다. 그리하여 각처에서 유민이 발생하고 도적이 횡행하게 되었다. 임꺽정(林巨正)이 대표적 인물이다.

제3항 경제활동

1. 농 업

(1) 중농정책의 채택

중농정책을 채택한 조선은 농업생산물을 늘리기 위해 토지개발, 수시리설의 확충, 종자개량, 농업기술의 혁신 등에 주력하였다. 건국 초에 **100만결** 정도였던 농지가 15세기 중엽에는 **160만결**로 늘어났다. 향촌의 사림들도 직접 농업경영에 참가하여 생산에 힘쓰고 있었다.

① **수리시설의 확충** : 저수지 또한 수천 개소로 늘어났다.

② **품종개량** : 바람과 가뭄에 강하고 일찍 수확되는 벼품종이 개발되었다.

③ **농업기술의 발달** : 남부의 일부지역에서는 모내기법과 벼·보리의 2모작이 실시되기도 하였다. 또 밑거름과 덧거름을 주는 **시비법**의 발달로 매년 경작할 수 있게 되어 휴경지가 없어졌다.

④ **2년 3작** : 일반적으로 조·보리·콩의 2년 3작이 널리 행하여졌다.

⑤ **특용작물의 재배** : 이외에도 목화재배가 전국적으로 확대되었고, 각종 원예작물과 약초 및 과수의 재배가 널리 보급되었다.

⑥ **농서의 간행** : 『농사직설』(農事直說)과 『금양잡록』(今陽雜錄) 등의 각종 농서가 간행되어 농업기술을 널리 보급시켰다.

(2) 농민의 생활

① **전호** : 농민의 대부분은 전호(佃戶, 소작인)였으며 이주의 자유가 없었다.

② **외거노비** : 독립된 생활을 하고 있어서 천민이었지만 전호와 다를 바 없었다.

③ **농민들의 토지 유리현상** : 고려 말 이래 계속된 농업발전의 결과로 농업생산력이 늘고 노동력이 절감되었으며 또 경영의 규모가 확대되었다. 그러나 이것은 지주에게 유리한 것이었으며, 농민의 생활은 여전히 궁색하였으므로 농민들이 토지에서 유리되는 현상은 중요한 사회문제가 되었다.

(3) 국가의 구호대책

조선정부는 잡곡, 도토리, 나무껍질 등을 가공하여 먹는 방법을 제시한 『**구황촬요**』(救荒撮要)를 보급하여 농민의 최소한의 생활을 보호함으로써 토지에서의 유리를 방지하고자 하였다. 그러나 이것만으로는 농민의 유민화를 막을 수 없어 **호패법**(號牌法), **오가작통법**(五家作統法) 등을 강화하여 더욱 엄격히 통제하고자 하였다. 지주층인 사족들도 향약, 사창제 등을 통하여 농촌사회의 안정을 추구하였다.

2. 수공업

(1) 관영수공업

조선초기의 수공업은 국가의 통제 아래 있는 관영 수공업체제였다. 즉 전국의 전문수공업자인 장인(匠人)들은 중앙과 지방의 각 관청에 소속되어 일정기간 동안 국가가 필요로 하는 물품을 제조하였는데, 이들 장인(匠人)들은 국역으로 의류, 활자, 화약, 무기, 문방구, 그릇 등을 제조하여 납품하였다.

또한 장인들은 일정기간 국역이 끝나면 자유로이 필수품을 제조, 판매하는 대신 세를 내었다.

Side Check

관장(官匠)
관청에 속한 장인을 관장이라 하여 관에 등록된 관장의 수는 경공장 2,800여명과 지방의 감영, 병영, 수영 및 군현에 배속된 외공장 3,500여명 정도였다.

(2) 민영수공업

민영수공업자들은 주문받은 물품을 제작, 공급하였다. 민영수공업자들은 대체로 양반의 사치품을 비롯하여 농민들의 농기구를 주로 생산하였다.

(3) 가내수공업

이 밖에 농가에서 자급자족의 형태로 생활필수품을 만드는 가내수공업이 있었다. 의류로는 무명, 명주, 모시, 삼베 등이 생산되었는데, 특히 목화 재배가 확대 보급되면서 무명 생산이 점차 증가하였다.

3. 상업과 화폐

(1) 시 전

조선은 고려보다도 상업 활동에 대한 통제를 강화하였다.

초기의 상업은 국가통제하에 있는 시전을 중심으로 이루어졌는데 국가는 경시서를 두어 시전을 감독하였다. **경시서**는 도량형 검사, 물가조절 및 상업을 통제하였다. 정부는 시전으로부터 국가수요의 물품을 공급받았고 종로 변에 시전을 설치하여 상인들에게 빌려주고 점포세와 상세를 거두었다. 시전상인들은 관청에 물품을 공급하는 대신 특정상품에 대한 독점판매권을 획득하였다.

(2) 육의전(六矣廛)

이들 시전 가운데 점차로 **명주, 종이, 어물, 모시, 삼베, 무명**을 파는 점포가 가장 번성하였는데 이를 육의전(六矣廛)이라고 하였다. 이들은 독점판매권인 금난전권(禁難廛權)을 가지고 있었고, 또 이들의 불법적인 상행위를 통제하기 위하여 경시서를 두었다.

(3) 장시(場市)

지방의 일부 도시에도 시전이 있었으나, 주로 **보부상**(褓負商)이라는 행상들이 대개 5일마다 열리는 장시를 통하여 농산물, 수공업제품, 수산물, 약재 등을 비롯한 생활필수품을 유통시켰다. 15세기 후반부터 전라도에서 시작된 장시는 16세기 중엽에 이르러 전국적으로 확산되었다.

(4) 조선초기의 상업개관

15세기 상업은 정부의 통제정책, 교통, 운송수단의 미비, 화폐유통의 부진, 유교적인 검약생활로 상업이 극도로 침체했으나 16세기에 이르러서는 농업생산성의 향상과 함께 상공업이 전(前)시기와 비교해서 활발해졌다.

(5) 조선초기의 화폐개관

상업의 전반적인 침체로 화폐사용은 활발하지 못하였다. 당시 화폐로는 **저화**(楮貨)와 **조선통보**(朝鮮通寶)가 있었다. 이들 화폐는 전국적으로 유통되지 못하였고 물품거래의 독자적인 가치교환도 이루어지지 않았다. 오히려 쌀과 무명이 화폐대용으로 애용되었다.

(6) 대외무역

대외무역도 엄격하게 제한되었으며, 주거래 대상은 무명과 식량이었다.

① **중국** : 사신이 왕래할 때에 하는 공무역과 사무역을 허용하였다.

② **일본** : 동래에 설치한 왜관을 중심으로 무역하였다.

③ **여진** : 조공무역과 무역소(경원, 경성)를 통한 교역이 이루어졌다.

④ **동남아시아 지역** : 약간의 무역이 행해졌을 뿐이다.

Focus Diagram

◆ 근세의 사회와 경제

1. **신분구조**
   - 양반 : 문반 · 무반→지배계급으로 통칭
   - 중인 : 중간계층→기술관, 향리, 서리, 서얼
   - 상민 : 농민→출세의 법적 제한(×), 조세 · 역 · 공납의 의무
     공장과 상인→시전상인, 보부상, 수공업
   - 천민
     - 노비
       - 공노비
       - 사노비
         - 입역노비(솔거)
         - 납공노비(외거)
     - 7종천역 — 백정, 광대, 무당, 창기, 역정, 진척, 승려

신분이동	
하향 이동	양반→노비(반역죄) 몰락 양반→중인, 상민
상향 이동	중인, 상민, 노비→군공 양반으로 상승, 일반적인 것은 못됨

2. **법속**
   - 형법
     - 대명률과 경국대전이 기본 골격
     - 중대범죄 : 반역죄, 강상죄(부모, 조상, 주인 모독죄)
     - 연좌법 : 부모, 형제, 처자도 처벌, 갑오개혁 때 폐지
   - 민법
     - 관습법 위주
     - 주자가례를 기본으로 함
     - 종법과 조상의 제사, 노비상속 중시
   - 사법기관
     - 중앙
       - 사헌부 : 관리감찰
       - 의금부 : 특별재판담당
       - 형조 : 일반재판
       - 한성부 : 행정소송, 토지, 가옥
       - 포도청 : 평민들의 치죄담당
       - 장예원 : 노비문서와 소송담당
     - 지방

관찰사와 수령 담당
* 삼법사 : 형조, 한성부, 사헌부

3. 경제정책과 경제구조

- 토지제도
  - 공 전 — 국가가 수조권을 가지는 토지
  - 사 전 — 개인이 수조권을 가지는 토지
    - 과전
    - 공신전
    - 별사전
    - 공하전 · 늠전
    - 학전
    - 사원전
    - 내수사전

과전법의 변천

이유 : 토지세습으로 관료들에게 줄 토지부족

직전법(세조) → 관수관급제(성종) →

직전법폐지(명종) → 지주 · 전호

- 조세제도
  - 전 세
    - 수확의 1/10(최고 30두)→세종 때 전분 6등, 연분 9등
    - 법에 따라 최고 20두~최저 4두
  - 공 납
    - 관청과 왕실의 수요 충당, 수납과정의 폐단(족징, 인징)
    - 진상의 부담
  - 역
    - 군역 : 정남이 교대로 번상
    - 요역 : 경작 토지 8결마다 1인을 차출, 1년 중 동원일수 6일간으로 규정, 그러나 수시로 징발
- 조세운반(조운제도)
  - 조 창 — 전국 각지의 강가, 해안가에 둔 조세창고
  - 경 창 — 각지의 조창의 물건을 서울의 용산, 마포의 창고로 운송
  - 잉류 — 평안도, 함경도는 경창으로 보내지 않고 자체 소비

4. 경제활동

경제활동	
농 업	개간사업과 수리시설 확충, 농업기술(2년 3작, 모내기, 시비법)
농 민	전호(거주이전 자유없다), 토지에서 유리, 구황활요, 농민통제 강화
관영수공업	관장들이 국역으로 제조
민간수공업	사장제, 도시에서 성장
가내수공업	농촌에서 제조–면직물, 농기구
상 업	중앙–시전(관상), 6의전 지방–장시(5일장, 전국확산), 보부상(관허행상)

제4절 근세문화의 발달

Digest

◈ 발달배경

1. 조선 초기에는 민족적이면서 실용적인 성격의 학문이 발달하여 다른 시기보다 민족문화가 크게 발달하였다. 당시의 집권층은 민생안정과 부국강병을 위하여 과학기술과 실용적 학문을 중시하고 민족 문화의 발달에 노력하였으며, 우리의 문자인 한글을 창제하여 민족 문화의 기반을 넓히고 더욱 발전할 수 있는 터전을 닦았다.
2. 15세기 문화 : 15세기 문화를 주도한 관학파 계열의 관료와 학자는 성리학을 지도이념으로 내세웠으나, 성리학 이외의 학문과 사상이라도 중앙집권체제의 강화나 민생 안정과 부국강병에 도움이 되는 것은 어느 정도 받아들였다. 이로써 민족적이면서 자주적인 성격의 민족 문화가 크게 발전할 수 있었다.

제 1 항　민족문화의 발달

1. 한글의 창제

(1) 한글의 반포

① **창제 동기** : 우리 나라는 일찍부터 한자를 써 오면서 이두나 향찰을 사용하였으나 우리말을 자유롭게 표현할 수 없었다. 이 점에서 조선초기의 훈민정음의 창제는 민족문화사상 가장 커다란 업적으로 평가되며 당시의 왕성한 민족적 자각과 전통문화를 고양하려는 시도, 그리고 세종의 민중애와 도덕적 교화 등의 정책 속에서 그 작업이 진행되었다.

② **한글의 반포** : 세종은 집현전 학자들인 신숙주 · 성삼문 · 최항 · 정인지 · 박팽

년 등과 더불어 오랫동안 음운과 문자에 관한 연구를 거듭하여 훈민정음 창제에 성공하여 이를 반포하였다(1446).

(2) 한글서적의 보급

훈민정음의 완성과 동시에 그 보급에 힘써서 『**용비어천가**』, 『**월인천강지곡**』 등 시가와 많은 서적을 번역·출판하였다. 또한 불경언해와 농서 그리고 병서도 한글로 편찬하였다.

(3) 훈민정음의 활용

서리들도 훈민정음을 익혀 행정실무에 이용하게 하고 서리시험에 훈민정음으로 시험을 치르게 하였으며 이로써 한문을 알지 못하는 일반 백성들도 문자생활을 누릴 수 있는 길이 트였을 뿐 아니라 민족문화의 기반이 더욱 확고해졌다.

2. 사서의 편찬

(1) 목 적

① **건국 초기** : 건국 초기에는 왕조개창을 정당화하고, 성리학적 통치규범을 정착시키는 것이 시급한 과제였다. 정도전의 『**고려국사**』(高麗國史)와 권근의 『**동국사략**』(東國史略)은 바로 그러한 성격을 지닌 대표적인 역사서이다.

② **15세기 중엽 이후** : 성리학적 대의명분보다는 민족적 자각과 왕실과 국가의 위신을 높이며 문화를 향상시키는 방향에서 역사편찬이 시도되었다. 이 시기의 대표저서로는 기전체 형식의 『**고려사**』(高麗史)와 편년체 형식으로 만들어진 『**고려사절요**』(高麗史節要)가 세종~문종 연간에 편찬되었고, 성종 때에는 통사로서 편년체 형식의 『**동국통감**』(東國通鑑)이 간행되었다.

책이름	저자	연대	개 요
고려국사(高麗國史)	정도전	태조	37권 편년체(부전)
동국사략(東國史略)	권 근	태종	개국 이후 고려까지 편년체로
고려사(高麗史)	김종서	문종	고려왕조의 역사를 기전체로
고려사절요(高麗史節要)	김종서	문종	고려왕조의 역사를 편년체로
국조보감(國朝寶鑑)	신숙주	세종	실록의 별쇄본
동국통감(東國通鑑)	서거정	성종	고조선~고려말까지 편년체로

③ **16세기 사학** : 사림의 존화주의적, 왕도주의적 정치의식과 문화의식을 반영하는 새로운 사서가 편찬되었는데, 유교문화와 대립되는 고유문화는 이단시되었다. 단군조선이 부정되고 기자를 더 높이 숭상한 이이의 『**기자실기**』(箕子實記), 『**동국통감**』을 전면 부정하고 새롭게 편찬한 『**동사찬요**』(東史纂要) 및 박상의 『**동국사략**』(東國史略) 등이 대표적인 저서이다.

Side Check

◈ 동국사략(東國史略)
1. 권근의 동국사략(15C) : 성리학적 대의명분을 합리화한 역사서
2. 박상의 동국사략(16C) : 사림의 통사로 동국통감을 비판
3. 현채의 동국사략(한말) : 한말의 대표적 국사 교과서

(2) 왕조실록

① **실록의 편찬** : 실록은 태종 때부터 태조실록이 편찬된 이래 24대 철종에 이르기까지 빠짐없이 편찬되었다. 춘추관의 실록청이 주관하였고 날짜별로 그날의 중요사건을 낱낱이 기록하고 있어 조선사 연구의 기본자료가 되고 있다.

② **편찬 방법** : 왕의 사후에 새로 계승한 신왕이 명령을 내려 춘추관 내에 **실록청**(實錄廳)을 두고 사관(史官)의 **사초**(史草)를 기준으로 의정부등록(議政府登錄)·승정원일기(承政院日記)·비변사등록(備邊司謄錄)·일성록(日省錄)·시정가(時政記) 등을 참조로 편년체로 서술하였다.

③ **관리** : 일단 완료된 실록의 정본(正本)은 **춘추관**에 그리고 충주·성주·전주 등 3곳에 필사본을 만들어 만일의 사태를 대비하였다.

㊟ **5대 사고(광해군)** : 태백산 사고(현존), 정족산 사고(현존), 마니산 사고, 적상산 사고, 묘향산 사고

④ 조선왕조실록은 세계에서 자랑할 만한 기록 문화 유산이다.

3. 지리서와 윤리서

(1) 지리서의 편찬동기

중앙집권과 **국방강화**를 위해서 국토의 자연환경과 인문지리에 관한 정확한 지식이 요청되었다. 이에 각종 지도 및 지리서가 제작・편찬되었다.

① 지리서

책이름	연대	편저자	내 용
경상도지리지	세종 6년 (1424)	하 연	경상도지방의 인문지리서이다.
신찬팔도지리지	세종 14년 (1432)	윤회・신색・맹사성	인문지리서, 전국 8도의 지리・역사・정치・사회・경제・산업・군사・교통 등을 수록, 현재 전하지 않음
세종실록지리지	단종 2년 (1454)	윤 회	각 도의 연혁・고적・산물・시세 등을 상세히 기록, 단군신화 수록
동국여지승람	성종 12년 (1481)	노사신・강희맹	팔도지리지를 보완한 최대의 인문지리지, 군・현의 연혁, 지세・인물・풍속・성씨・고적・산물・교통 등을 자세히 수록, 당시 국토에 대한 인문지리적 지식수준을 크게 높여줌. 단군신화 수록
신증동국여지승람	중종 25년 (1530)	이 행	동국여지승람을 증보한 지리서를 만들었다.

② 지 도

㉠ **혼일강리역대국도지도** : 중국・일본 등 외국의 자료를 수집하여 태종 때 제작한 지도로서 현존 동양 최고의 세계지도이다. 우리나라를 사실보다 크게 그리는 등 진취적 세계관이 반영되었다. 이 지도의 필사본은 일본에 현존하고 있다.

㉡ **팔도도** : 세종 때에 만든 전국 지도이다.

㉢ **동국지도** : 세조 때 과학기구인 **인지의**(印地儀)를 이용해 제작한 실측 지도로서 압록강 이북까지도 상세하게 기록하고 있어 북방에 대한 관심을 반영했다.

㉣ **조선방역지도** : 16C 중엽에 편찬되어 현존하고 있다.

㉤ **팔도지도** : 태종 때 만든 전국지도로 내용이 비교적 정확하다.

(2) 윤리서

유교적인 질서확립 차원에서 각종 윤리서와 의례서가 편찬되었다.

Side Check

◈ 조선왕조의 윤리·의례집

서적명	연대	편찬자	주요 내용
효행록	세종 10년 (1428)	설순	여말의 권부 등이 편찬한 것을 재간행, 효행에 관한 기록 수록
삼강행실도	세종 13년 (1431)	설순	중국과 한국의 충신, 효자, 열녀의 덕행을 그림을 그려 해설함
국조오례의	세종~성종	신숙주	길(吉)·흉(凶)·가(嘉)·빈(賓)·군례(軍禮)의 5례를 정리
이륜행실도	16세기		연장자와 연소자, 친구 사이에서 지켜야 할 윤리를 강조
동몽수지	16세기		어린이가 지켜야 할 예절을 기록한 윤리서

4. 경국대전의 완성

조선왕조에 들어와 통치규범을 성문화하여 독자적인 법전을 편찬하려는 노력이 시작되었다. 조선왕조의 법전은 성종 때 이르러 일단 완성되는데 **경국대전**의 반포가 그것이다. 이 법전은 이후 조선왕조 500여년의 기본 통치규범이 되었다.

Side Check

◈ 조선왕조의 법전 일람표

책이름	연대	편찬자	주요 내용
조선경국전	태조 3년 (1394)	정도전	조선왕조의 정강·정책을 밝힌 최초의 법전
경제육전	태조 6년 (1397)	조준·하륜 등	여말·선초의 각종 조례를 정리
경국대전	성종 2년 (1472)	최항·노사신 등	조선의 정치·사회의 골격을 구축한 조선의 기본 법전
속대전	영조 20년 (1744)	김재로 등	경제육전을 수정·보완
대전통편	정조 8년 (1784)	김치인 등	경국대전 이래 여러 번 수정·보완되었으나 정조 때 대대적인 수정·보완이 이루어짐
대전회통	고종 2년 (1865)	조두순 등	세도정치로 법질서가 문란, 대원군 집권하에 새롭게 법전 정리
육전조례	고종 4년 (1867)	조두순 등	

5. 과학기술

(1) 과학기술의 발달배경

선초에는 민생안정을 위하여 과학기술학을 장려하였고 철학사조도 **격물치지**(格物致知)를 존중하는 경험적 학풍이 지배적이었다. 또한 정부의 의지도 적극적이었으며 이에 조선사회에서는 전통적인 기술문화를 계승하고 서역 및 중국의 과학기술도 적극 수용하여 많은 업적을 남겼다.

(2) 활자·인쇄 분야

국가적인 편찬사업이 활발해지면서 계미자(태종), 갑인자(세종), 병진자(세종) 등의 정교한 활자가 만들어져 일찍부터 발달한 목판, 금속활자 문화를 계승 발전시켰으며 이는 또한 교육을 진흥시키고 문화를 촉진하는데 기여하였다.

① **계미자** : 태종 3년(1403) **주자소**를 설치하고 동활자인 「계미자」를 주조하

였다.

② **갑인자** : 세종 16년(1434) 갑인자를 만들었다.

활자명	주조 연대	재 료
계미자(癸未字)	태종 3년(1403)	동(銅)
경자자(庚子字)	세종 2년(1420)	〃
갑인자(甲寅字)	세종 16년(1434)	〃
병진자(丙辰字)	세종 18년(1436)	연(鉛, 납)
을해자(乙亥字)	세조 1년(1455)	동(銅)
을유자(乙酉字)	세조 11년(1465)	〃
갑진자(甲辰字)	성종 15년(1484)	〃
계축자(癸丑字)	성종 24년(1493)	〃
병자자(丙子字)	중종 11년(1516)	〃
훈련도감자(訓鍊都監字)	선조 말	목(木)
임진자(壬辰字)	영조 48년(1772)	동(銅)
생생자(生生字)	정조 16년(1792)	목(木)
정리자(整理字)	정조 19년(1795)	동(銅)
춘추강자(春秋鋼字)	정조 21년(1797)	철(鐵)

(3) 제지술의 발달

제지술의 발달도 인쇄문화를 발전시키는 데 중요한 기여를 하였다.

세종 때에는 종이를 전문적으로 생산하는 관청으로서 **조지서**를 설치하고 다양한 종이를 대량으로 생산하였다. 그리하여 수많은 서적을 인쇄할 수 있게 되었다.

(4) 천문, 측량, 수학의 발달

농업진흥의 관심이 측량기술과 천문학에 자극을 가져왔다.

① **천문기구의 발명** : 혼의·간의 등 천체관측 기구와 해시계, 물시계 등 시간측량 기구를 제작하였으며, 세계 최초의 강우측량 기구로 이천, 장영실 등이 **측우기**(1441)를 발명하는 등 이 시기 과학기술을 크게 꽃피웠다. 또한, 토지측량기구인 **인지의**와 **규형**이 제작되어 토지측량·지도제작에 이용되었다.

② **수학의 발달** : 천문·역법에 대한 관심이 증대됨과 함께 토지측량·조세수입의 산정 등의 필요에 따라 발달되었으며 **상명산법**과 아라비아수학의 영향을 받

은 **산학계몽** 등의 교재가 있었다. 산학은 주로 호조에서 교육하였고 중인계급의 자제가 입학하였다.

(5) 역 서

역법도 우리 현실에 맞게 재구성되어 세종 때 **칠정산**(七政算)이라는 새로운 달력이 만들어졌는데, 이것은 우리 역사상 최초의 한양 기준의 역법이다. 원의 수시력·명의 대통력·아라비아의 회회력을 참고하여 칠정산내편과 칠정산외편이 만들어졌다.

(6) 군 사

국방강화와 군의 현대화를 위해 고려말부터 개발되었던 화약무기들을 대량으로 제조·보급하였다. 문종 때에는 지금의 로켓포와 비슷한 화차와 화포가 주로 제작되었다. 또 함선의 보강을 위해 **태종** 때에 **거북선**이 만들어지고 작고 날쌘 비거도선이 제작되어 수군의 전투력을 크게 향상시켰다.

(7) 과학기술의 쇠퇴

이처럼 15세기의 눈부신 과학기술 발달은 계속 이어지지 못하고 16세기에는 기술을 천시하는 풍조가 만연하여 쇠퇴하였다.

6. 과학서적

(1) 농 서

① **농사직설**(세종, 정초) : 농부들의 실제 경험을 토대로 우리나라 풍토에 맞는 씨앗의 저장법, 토질의 개량법, 모내기법 등 농업기술을 이론적으로 정리하였다.

② **사시찬요**(세조, 강희맹) : 계절에 따른 농업기술을 저술한 것

③ **농산축목서**(세조, 신숙주) : 농업 목축에 관한 것

④ **금양잡록**(성종, 강희맹) : 금양(시흥)에서 직접 경험한 것과 들은 것을 토대로 기술

(2) 병 서

① **병서의 간행** : 외적의 침입에 대비하여 국방을 강화하기 위해 많은 병서가 간행되었다.

② 이 시기에 간행된 병서

서명	연대	저자	내 용
진도	태조	정도전	특수한 전술 및 부대 편성방법 · 요동수복운동
병장도설	세종	집현전	교련 지침과 화포의 제작 · 사용법 · 전쟁사 요약
역대병요	세종	집현전	역대의 병법과 전쟁 일화를 수록
총통등록	세종		화약 무기의 제작과 그 사용법을 정리
동국병감	문종		한무제의 고조선 침략~고려말까지 중국과의 항쟁사를 개관한 전사(戰史)

(3) 의 서

의학도 15세기에 비약적으로 발달하는데 그 두드러진 특징은 우리 풍토에 알맞은 약재와 치료방법을 정리한 의서들이 나와 종래 중국 번역판의 부실함을 해소하였다.

의서명	연대	편찬자	주요 내용
향약제생집성방(鄕藥濟生集成方)	태조 7년	김희선	김희선이 지은 한약간이방을 기초로 약방문을 기록(현존하지 않음)
향약채집월령(鄕藥採集月令)	세종 13년	유효통 · 노중례	약용식물을 한글로 적은 의학서
향약집성방(鄕藥集成方)	세종 15년	유효통 · 노중례	향약제생집성방을 기초로 우리나라 풍토에 맞는 약재와 치료법을 개발 · 정리하여 만든 의서
태산요록(胎山要錄)	세종 16년	노중례	부녀의 태산에 대해 적은 의서
신주무원록(新註無冤錄)	세종 20년	최치운 · 변효문 · 김황 · 이세형	이송의 무원록(無冤錄)이란 법의학에 새로 주를 달아 편찬한 일종의 법의학서
의방유취(醫方類聚)	세종 27년	김순의 · 최윤	당 · 송 · 원 · 명의 의서를 종합, 분류별로 수록한 동양의서의 집대성으로 일종의 의학백과사전
동의보감(東醫寶鑑)	광해군 2년	허준	조선의학의 집대성(集大成)

① **향약집성방** : 세종 15년(1443) 유효통, 노중례가 편찬, 경험을 토대로 하여 우리 풍토에 알맞은 약재와 치료방법을 개발, 정리한 의약서이다.

② **의방유취** : 세종 27년 중국의 역대 의서를 종합 편찬한 일종의 **의학백과사전**이다. 이로써 15세기에는 조선 의약학의 자주적 체계가 마련되어 민족 의학이 더욱 발전할 수 있었다.

제 2 항 성리학의 발달

1. 성리학의 두 흐름

(1) 조선초기의 유학

여말 신진사대부의 대열 속에는 새 왕조의 개창을 둘러싼 두 갈래의 흐름이 있었다.

① **관학파**(훈구파) : 그 하나는 **사장**(詞章)을 중시하면서 현실의 정치 · 경제에 보다 관심이 많은 관학파(官學派)의 학풍으로 15세기의 각종 정책과 제도, 그리고 민족문화 창달에 이바지하였다. 특히 정도전과 권근(權近) 등은 성리학을 정치 지도이념으로 정착시키는 동시에 개혁과 통치질서의 근간을 마련하여 부국강병과 중앙집권체제의 강화에 노력하였다.

② **사학파**(사림파) : 또 하나는 **경학**(經學)을 중시하여 유교의 기본적인 정치철학의 추구에 주력했던 사학파의 학풍이다. 이 두 학파 간에는 실제로 학문의 경향과 현실정치에 대응하는 방법상에 현격한 차이가 있었다.

(2) 관학파 성리학

① **새 왕조 개창의 지지** : 새 왕조의 개창과 지배체제의 정비에 공이 많았던 신진사대부들로서 정도전, 권근에서 정인지, 신숙주, 서거정으로 이어졌다.

② **사상정책** : 관학파 성리학자들은 불교의 사회적 폐단이 많이 시정된 15세기 초엽 이후로 성리학만을 크게 내세우지 않고 불교, 도교, 풍수사상, 민간신앙 등

여러 사상들에 대해서도 관대한 정책을 썼다.

③ **관학파의 형성** : 특히 세종, 세조에 의해 개성이 강한 관학의 학풍이 확립되었다. 이들은 나중에 훈구파(勳舊派)라 하여 세조 이전의 학파와 구별되었다. 훈구파는 성균관(成均館)과 집현전(集賢殿)을 통해 양성되어 수준 높은 근세문화를 창조하였다.

(3) 사림파 성리학

① **역성혁명의 거부** : 조선왕조의 개창을 둘러싸고 성리학 자체의 명분에 보다 충실하려는 일부 사대부들이 왕조의 교체가 유교적 윤리와 맞지 않는다고 생각하여 역성혁명(易姓革命)에의 참여를 거부하고 향촌에 내려가 교육과 향촌건설에 주력하였다.

② **사림파(士林派)의 형성** : 이들은 대체로 정몽주(鄭夢周), 길재(吉再)의 학통에서 그 연원을 삼고 김숙자(金叔滋)-김종직(金宗直)-김굉필(金宏弼)로 그 학통이 이어지면서 영남을 중심으로 이른바 사림파를 형성하였다. 곧이어 그 세력이 기호(충청, 경기)지방에까지 확대되었다.

③ **16세기 이후의 사상계** : 이들 사림파는 16세기 이후의 사상계를 성리학 중심으로 이끌었다. 이들은 유교의 왕도정치사상을 체득하여 성리학의 전통사상과 유교적 이상정치를 추구하였다. 그래서 성리학은 차츰 실리적인 경제나 정책대안보다 중국 중심의 세계관과 관념적인 이기론을 중심으로 발전하는 경향을 띠기 시작하였다.

2. 성리학의 융성

(1) 발달배경

15세기 말부터 중앙의 관학(훈구)세력과 지방의 유림(사림)세력간에 정치적·경제적 갈등이 일어나고 있었다. 여기에 국제적인 긴장도 크게 완화되어 평화의 분위기가 오랫동안 지속되었으며 이러한 분위기 속에서 심오한 철학적·학문적 논쟁이 피어날 수 있었다.

(2) 철학적 이론과 학문적 논쟁

16세기에 이르러 철학적 조류는 크게 두 계통으로 나뉘어졌는데, 하나는 서경덕(徐敬德)을 중심으로 경험적 세계를 중요시하는 **주기론**(主氣論)이고, 다른 하나는 이언적(李彦迪)을 선구자로 하여 원리적 문제를 중요시하는 **주리론**(主理論)이다.

(3) 이 황

이황(李滉)은 **주리론**을 집대성한 학자로서 『주자서절요』, 『성학십도』 등을 지어 주자의 **이기이원론**(理氣二元論)을 더욱 발전시키고 주리철학을 확립하였다. 그의 사상은 임진왜란 이후 **일본 성리학계**에도 큰 영향을 주었다.

(4) 이 이

이이(李珥)는 **주기론**(主氣論)의 입장에서 관념적 도덕세계를 중요시함과 동시에 경험적 현실세계를 존중하는 새로운 철학체계를 수립하였다. 그의 주요 저서로는 『성학집요』, 『동호문답』 등이 있으며 **현실문제의 개혁**에 과감한 주장을 하였다.

Side Check

◈ 주리파와 주기파의 비교

1. 주기파(主氣派)

① 특색 : 경험적 세계를 중시하였으며 사물의 법칙성을 객관적으로 파악하려고 하였다. 기(氣)를 중요시하였고, 정치 · 경제 · 국방의 개혁 등 현실적인 문제에의 참여를 주장하였다. 대부분 불우한 정치인들로서 뒤에 동인, 북인들에게 영향을 주었으며 한편 성리학자들로부터 이단시되기도 하였다.

② 대표적 학자 : 김시습의 영향을 받아 서경덕이 선구자로 등장하고 이이가 주기철학을 대성하였다. 이이의 학풍은 조헌, 김장생에게 계승되어 **기호학파**를 형성하였다.

③ 영향 : 주기파 성리학은 중상적 실학사상과 개화사상에 영향을 주었다.

2. 주리파(主理派)

① 특색 : 도덕적 윤리에 대한 인식과 그 실천을 중요시하여 신분질서를 유지하는 도덕규범 확립에 크게 기여하였는데, 대체르 향촌에서 중소지주적 경제기반을 가진,

생활이 비교적 안정된 사림에 의해 주도되었다. 불교의 화엄철학의 영향을 받았으며, 사회규범을 중시하여 삼강오륜의 윤리도덕을 강조하였다.
② 대표적 학자 : 이언적이 선구자이며 이황이 주리철학을 대성하였다. 이황의 학풍은 유성룡 · 김성일 등에 계승되어 **영남학파**를 형성하였다.
③ 영향 : 위정척사사상과 일본 성리학 발전에 절대적인 영향을 끼쳤다.

◈ 성학십도와 성학집요의 차이점
① **성학십도** : 군주 스스로가 성학을 따를 것을 제시하였다.
② **성학집요** : 현명한 신하가 성학을 군주에게 가르쳐 그 기질을 변화시켜야 한다고 주장하였다.

(5) 성리학의 발달 결과

조선초기의 성리학은 16세기에 이르러 더욱 발전되어 심오한 철학이 성립되었고 왕도적 정치철학을 확립하여 정치활성화에 공헌했으나 지나친 도덕주의로 인하여 현실적인 부국강병을 소홀히 하였다.

3. 예학과 보학의 발달

(1) 예학(禮學)

양반사회의 도덕윤리를 중시하였고 명분 중심의 가치를 강조하였고, 특히 상장제례에 대한 예학이 이기론과 함께 크게 발달하였다. 가정의례는 주자가 가르친 가례(家禮) · 의례문제(儀禮問題)를 모범으로 하였는데 **김장생** 때에 이론화되었으며 그 후 김집, **정구** 등이 하나의 학문으로 발전시키면서 이에 관한 많은 저술들이 나타났다.

㊟ 김장생 : 『가례집람』(家禮輯覽)

(2) 예학의 영향

예학은 가족과 종족 상호간의 상장제례의 의식을 바로잡고, 유교주의적 가족제도를 확립하는데 기여한 점도 있으나 지나치게 형식에 사로잡힌 점도 있고 사림간의 정쟁의 구실을 제공하는 폐단도 있었다.

(3) 보학(譜學)의 발달

사림들은 친족공동체의 유대를 통해서 문벌을 형성하고 양반으로서의 신분적 우위성을 유지하려 하였다. 이러한 필요에 의해 족보(族譜)를 만들어 종족내력을 기록하고 그것을 암기하는 것을 필수적인 교양으로 생각하였다. 그래서 보학이 특히 존중되었다.

(4) 보학의 기능

족보를 통해 안으로는 종족내부의 결속을 강화하고 종가와 방계를 구별하여 위계를 정하였으며, 밖으로는 다른 종족이나 하급신분에 대해 문벌의 권위를 과시할 수 있었다.

㊟ 원래 중국 남・북조시대에 문벌을 중시하는 풍조에서 비롯된 것으로, 우리나라도 고려말부터 시작되어 조선중기 이후 양반문벌이 강화되면서 발달하였다.

제 3 항 종교와 민간신앙

1. 불 교

(1) 조선시대의 종교

조선시대는 불교, 도교, 풍수지리설, 도참사상 등의 민간신앙이 서민생활과 밀착되어 국가발전과 국민생활에 많은 영향을 끼쳤다.

(2) 조선초기의 민간신앙

선초에는 민간신앙의 지나친 미신을 막으면서 종묘사직, 문묘, 서낭, 명산, 대천 등의 제사규범을 유교적으로 개편하려 하였다. 민간신앙을 국가신앙으로, 즉 삼신(환인, 환웅, 단군)숭배를 흡수하여 구월산 삼성단을 세우고 제사를 지냈다.

(3) 불교 억제책

불교에 대한 정책적 탄압으로 **도첩제**(度牒制)를 실시하여 인위적으로 승려수를 제한하였고 세종 때에는 선교양종 36본산(禪敎兩宗三十六本山)을 두어 불교를 대폭 정리하였다.

① **태조** : 억불정책의 일환으로 **도첩제를 실시**하였다. 그러나 개인적으로는 흥천사를 짓고 **내원당**을 두어 불교에 심취하였다.

Side Check

◈ 도첩제
도첩제의 기원은 고려시대에 승려의 질적 향상을 위해 발급한 출가허가증제도에서 비롯되었다. 이 제도가 조선시대로 오면서 승려의 수를 억제하기 위한 수단으로 변질되었다. 즉, 태조 때에는 포 100~200필, 세조 때에는 본산의 시험에 합격한 후 30필을 바치면 도첩을 발급하였다.

② **태종** : **도첩제의 강화**와 242개의 사찰을 남기고 나머지는 정리하였으며, 사원에 주던 전지와 노비를 몰수하였다.

③ **세종** : **선교양종**으로 통합하고 36본산만 인정하였으며, 사원의 토지와 노비를 제한하였다. 말년에는 궁중에 **내불당**을 두고 불교를 신봉하였다.

④ **세조** : 원각사(圓覺寺)를 짓고 **간경도감**을 두어 한글로 불경을 번역하는 등 불교를 장려하였다.

⑤ **성종** : 유교주의 통치를 확립하기 위해 **도첩제를 폐지**하여 출가를 일체 금하였다.

⑥ **중종** : 승과를 폐지하고 승려들의 사회적 신분을 격하시켰다.

⑦ **명종** : 문정왕후의 지원 아래 일시적인 불교 회복 정책이 펼쳐진 결과, 보우(普雨)가 중용되고 승과가 부활되기도 하였다.

(4) 민간의 불교

조선시대의 불교는 국가 지도이념으로서의 지위는 잃었지만, 신앙의 대상으로 민간사회에서는 여전히 신봉되었으며 국가와 개인의 안녕과 평화를 기원하는 종교기능을 가지고 있었고, 사회적 기반을 유지할 수 있었다.

2. 민간신앙

(1) 도 교

도교 역시 크게 위축되어 사원이 정리되고 행사도 줄어들었다. 그러나 제천행사가 국가의 권위를 높이는 점이 인정되어 **소격서**를 설치하고, 참성단에서 일월성신에 제사 지내는 초제가 시행되었다.

특히 마니산 초제(醮祭)는 도교와 민간신앙이 결합하여 민족의식을 높이는 기능을 하였다.

(2) 풍수지리설과 도참사상

풍수지리설과 도참사상은 조선 초기에 매우 중요시되었다. 조선의 수도 결정은 풍수사상에 입각한 것이며 민간의 묘자리나 주택자리도 모두 이 사상에 영향을 받은 것이었다. 이러한 풍수사상은 16세기로 내려가면서 도참이 강조되어 예언사상으로 나아갔으며 양반사대부를 중심으로 묘지쟁탈전인 **산송문제**(山訟問題)가 16세기 이후부터 많이 발생하였다.

(3) 기타 민간신앙

이 밖에도 무격신앙, 산신사상, 삼신숭배, 촌락제 등도 민간사회에 널리 퍼져 있었으며 농촌사회에서는 세시풍속과 민간신앙을 통해 자아의식을 고양시켜 갔으며 소박한 무용과 음악 등의 정서생활을 즐겼다.

제 4 항 문학과 예술

1. 문 학

(1) 15세기 한문학

선초의 문학은 주로 **한문학**이 그 주류를 이루었다. 한문학이 발달하면서 서거정(徐居正)이 우리의 자주적 문화유산을 정리하는 차원에서 역대 시가들을 모아 편집한 『**동문선**』(東門選)을 간행하였다.

Side Check

◈ 『동문선』의 서문

"우리나라의 글은 송이나 원의 글이 아니요, 한 · 당의 글도 아니며, 곧 우리나라의 글입니다. 마땅히 중국 역대의 문과 나란히 천지의 사이에 행(行)하게 하여야 합니다……저희들은 높으신 위촉을 받아 삼국시대부터 당대(當代)에 이르기까지 사(辭) · 부(賦) · 시(詩) · 문(文) 등 여러 가지의 문체를 수집하여……1백30권을 편성하여 올린 바, 『東門選』이라고 이름을 내리셨습니다"라고 하여 자주적인 정신을 표방했다.

(2) 16세기의 문학

사림들이 **경학**에 치중하여 문학은 자연 쇠퇴하고 말았다. 이 시기의 문학형식은 시조, 가사, 패설, 소설 등 다양하였으나 주제가 유교찬양 일색이거나 은둔적인 생활의 즐거움 혹은 도학자의 위선을 풍자한 것 등이었다.

(3) 설화문학

설화문학은 고려시대 신진사대부들의 패관문학이 계승되어 역사, 전설, 풍습, 신앙 등이 담겨 있어 민족문학으로서 높은 가치를 가진다.

① **김시습** : 김시습의 『**금오신화**』(金鰲新話)는 중국의 전등신화의 형식을 본뜬

우리나라 최초의 소설형식으로 씌어진 설화문학이다.

② **어숙권, 임제** : 어숙권은 『패관잡기』에서 문벌제도와 적서차별의 모순을, 임제는 풍자적이고 우화적인 시와 산문을 썼다.

(4) 시조문학

① **15세기의 시조문학** : 15세기의 시조는 크게 두 가지 경향을 띠는데 하나는, 중앙의 고급관료들의 시조로서 새 왕조 개창의 정당성과 새 사회에 대한 희망과 정열이 담겨 있으며 김종서(金宗瑞)와 남이(南怡)의 작품들이 뛰어났다. 또 하나는, 주로 유교적 충절을 읊은 시조로서 사림들이 즐겨 지었으며 대표 시가로서는 길재(吉再)와 원천석(元天錫)이 있다.

② **16세기의 시조문학** : 16세기에 이르면 시조는 더욱 더 발달하였는데 그 중에서도 황진이의 시조는 인간 본연의 순수한 감정을 꾸밈없이 노래하였고 윤선도의 시조는 자연을 벗삼는 은둔적인 삶의 기쁨을 노래하고 있다.

(5) 악장문학과 가사문학

악장문학으로는 『용비어천가』, 『월인천강지곡』이 대표적이다. 이 악장문학은 16세기로 가면 가사문학으로 발전하였다. 가사문학의 작가로는 송순과 정철(관동별곡, 사미인곡), 박인로 등이 뛰어났다.

(6) 여류문인

여류시인들도 이 시기에 배출되었는데, 대표 여류시인으로서는 신사임당, 허난설헌, 황진이 등이 있다.

2. 건 축

(1) 15세기의 건축

고려시대의 건축이 사원중심의 건축인데 반해, 조선초기의 건축은 궁궐과 관아, 성곽과 성문 그리고 학교 건축이 대종을 이루었다.

① **조선초기의 건축 특색** : 대체로 전대에 비해 규모가 작고 검소하면서 건물 자체의 균형 뿐만 아니라 주위의 환경과 조화를 이루는 아름다움을 지녔다.

② **대표적인 건물** : 서울의 숭례문(崇禮門, 남대문), 창덕궁(昌德宮)의 돈화문(敦化門), 개성의 남대문(南大門), 해인사의 경판고(經板庫) 등을 꼽을 수 있다.

③ **정원** : 조선의 궁궐 내에 있던 정원도 전혀 인공을 가하지 않은 자연 그대로를 살린 것이 특징으로 창덕궁, 창경궁, 비원이 대표적이다.

④ **불교와 관련된 건축** : 무위사 극락전, 해인사의 장경판전(팔만대장경 보관), 원각사지 10층 석탑(세조) 등이 있다.

(2) 16세기의 건축

① 16세기에 이르러서는 서원 건축이 주종을 이루었다. 경주의 옥산서원, 안동의 도산서원 등은 당시 서원의 대표격이었다.

② 서원 건축은 주택, 사원, 정자의 건축양식이 배합되어 독특한 아름다움을 지녔다.

3. 공 예

(1) 특 색

공예는 상류층의 사치품 뿐만 아니라 의식주에 필요한 생필품이 각각 발달하였다. 사대부의 경우는 문방구와 서민들의 그릇, 대죽그릇, 놋그릇 등이 있었다.

(2) 도자기 공예

① **분청사기**(粉靑沙器) : 15세기에는 회청색의 분청사기가 발달하였다. 분청사기와 옹기그릇은 전국의 자기소, 도기소에서 제작 보급되었는데 **광주 분원**이 유명하다.

② **백자**(白磁) : 16세기에 들어서면 청자기법은 사양화되고 세련된 백자가 크게 유행하였는데 백자는 청자보다 깨끗하고 담백 검소한 아름다움을 풍겼으며 소박하고 서민적, 실용적이었다.

③ **목공예** : 장롱, 궤, 문갑 같은 목공예가 **실용성**과 **예술성**을 잘 조화시킨 자연미를 최대한으로 살리면서 공예품을 만들어 냈다.

④ **화각공예** : 이 밖에 화각공예와 대그릇, 자개그릇 공예가 발달하였다.

Side Check

◈ 고려 이후의 자기 발전과정

순수청자(10~11C) → 음・양각청자(11C) → 상감청자(12C~) → 분청사기(15C) →

백자(16C~) ─ 청화백자 / 철사백자 / 진사백자

◈ 건축규모의 제한

1. 세종 때(1431) 신분에 따른 건축규모를 정하여 법령에 위반하면 헐어냄
2. 이 법령은 임진왜란 후에는 유명무실하게 되었으나, 건축규모 규제령은 말기까지 계속되어 대전회통(大典會通)에도 명시되어 있음

4. 그림과 글씨

(1) 15세기의 그림

① **특징** : 15세기의 그림은 주로 도화서에 소속된 전문화가인 화원과 문인들에 의해 그려졌으며, 이 시대의 발랄한 시대 분위기와 **진취적인 기상**이 화폭에 담겨져 있고 인물과 산수를 씩씩하고 낭만적으로 묘사하고 있는 것이 특징이다.

② 대표적 화가

㉠ **안견** : 중국과 우리나라의 역대 화풍을 깊이 연구하여 독자적인 경지를 개척하였으며 대표작인 『**몽유도원도**』는 도원이라는 이상세계를 그려낸 것으로 웅장한 구도와 씩씩한 필치로 높이 평가된다.

㉡ **강희안** : 『**고사관수도**』를 그렸으며 간결하고 호방한 필치로 자연속에 파묻혀 깊은 사색에 빠진 인간의 내면세계를 잘 표현한 것으로 유명하다.

㉢ **영향** : 15세기의 그림들은 일본 무로마치시대의 미술에 큰 영향을 주었다.

(2) 16세기의 그림

① **특징** : 16세기의 그림은 자연 속에서 **서정적인 아름다움**을 추구하려는 경향이 나타났는데, 특히 사군자에 뛰어난 화가가 배출되었다.

② 대표적 화가

㉠ **이암** : 동물의 모습을 잘 묘사한 문인화가이다.

㉡ **신사임당** : 섬세하고 정교한 여성적인 필치로써 꽃과 나비, 오리 등을 잘 그려 이름이 높았다.

㉢ **이상좌** : 노비 출신으로 전문화원이었던 이상좌는 인물화, 산수화에 능하였고 대표작으로는 **송하보월도**가 있다. 송하보월도는 바위틈에 뿌리박고 모진 비바람을 이겨내고 있는 늙은 소나무를 통하여 강인한 정신과 굳센 기개를 표현하였다.

㉣ **삼절** : 이정, 황집중, 어몽룡은 각각 대·포도·매화를 잘 그려 삼절로 일컬어졌다.

Side Check

◈ 조선전기의 그림

화가	호	연대	작 품
강희안(姜希顔)	인재(仁齋)	세종	고사관수도 : 양반 출신
안견(安堅)	현동자(玄洞子)	세종	몽유도원도(夢遊桃園圖) : 화원 출신
최경(崔涇)	근재(謹齋)	세종	산수인물화 유명 : 화원 출신
이상좌(李上佐)	학포(學圃)	명종	송하보월도(松下步月圖) : 노비 출신의 화원
신사임당(申師任堂)	사임당(師任堂)	명종	자리도(紫鯉圖)

(3) 서 예

서예는 대체로 중국 명필가의 영향을 받았던 바 안평대군은 조맹부체, 양사언과 한호는 왕희지체 및 초서와 해서에 능하였다.

Side Check

◈ 조선전기의 4대 서예가

서예가	호	연대	비 고
안평대군(安平大君)	매죽헌(梅竹軒)	세종	송설체(松雪體)로 유명
김구(金絿)	자암(自庵)	중종	왕희지의 인수체(仁壽體)
양사언(楊士彦)	봉래(蓬萊)	선조	초서(草書)
한호(韓濩)	석봉(石峰)	선조	석봉천자문(石峰千字文)이 유명

5. 음악과 무용

(1) 음 악

① **궁중음악** : 음악은 궁중의 제례행사에 필수적이기 때문에 많은 음악이 있었다. 조선의 대표적인 궁중음악은 아악(雅樂)으로 전한다. 그 뒤 국악을 비롯한 동양음악을 이론적으로 정리한 『**악학궤범**』(樂學軌範 : 조선 성종, 성현)이 편찬되어 조선의 궁중음악을 집대성하였다.

② **속악의 발달** : 16세기 중엽 이후로는 서민사회에도 음악이 널리 보급 유행하였다. 즉 당악(唐樂), 향악(鄕樂) 등의 속악으로 발달하고 가사, 시조, 가곡 외에 지방의 민요들에 곡을 붙여 널리 애송되었다.

(2) 무용과 연극

① **무용** : 궁중에서는 나례춤·처용무 등을 민간에서는 농악무·무당춤·승무 등의 민속무용을 즐겼다.

② **연극** : 산대(山臺)놀이라는 고려시대부터 전해내려 오는 탈춤과 꼭두각시놀음인 인형극이 유행하였다. 이 당시의 연극은 주로 지배층의 억압에 눌린 서민들의 애환과 양반의 풍자, 파계승을 조소하는 것들이 연출되었다.

(3) 굿

무속과 관련하여 촌락제, 별신굿, 가정굿 등이 다양하게 분화·발전되었다. 이것은 탈춤, 민속무에도 영향을 미쳤다.

Side Check

◈ 건축과 예술의 발달

구분	15세기	16세기
건축	궁궐, 학교, 성곽, 성문 중심	서원 중심(주택+정자+사원)
공예	분청사기(실용성과 예술성)	백자(선비의 고상한 취향)
그림	독자적 화풍(진취적 · 낭만적)	사군자 유행, 서정적 아름다움
음악	아악이 궁중음악으로 발전	당악과 향악을 속악으로 발달시킴

Focus Diagram

◆ 근세문화의 발달

1. 성리학의 끼친 영향

정치	조선의 정치이념, 향촌사회의 지도이념
외교	중국 중심의 화이론적 세계관
사상	성리학 이외의 학문 · 사상배격
경제	지배층 중심의 지주 · 전호제
사회	반상구분의 가부장적 가족제도

2. 성리학파의 변화와 영향

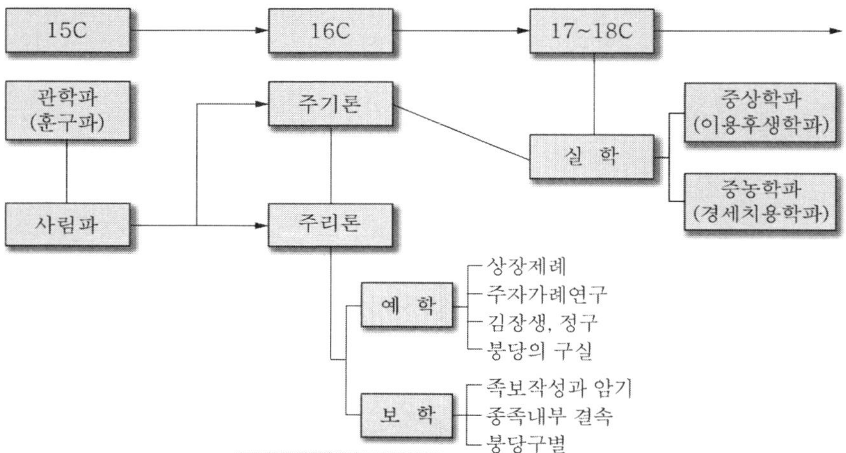

3. 문화적 특징

- 15세기의 조선문화
  - 성리학의 경제적 기능 중시
  - 사장 중심
  - 역사학은 민족적 자각과 국가위신 고취
  - 미술은 씩씩하고 낭만적인 산수 · 인물화
- 16세기의 조선문화
  - 성리학의 경학적 기능 중시→관념적 이기론 발달
  - 역사학은 존화주의적, 왕도주의적 정치 · 문화의식 반영
  - 미술은 자연 속에서 아름다움, 개성있는 화풍

4. 편찬동기(의도)

서적	편찬동기
역사서적	정치의 거울
지도 · 지리서적	정치와 군사적 목적
법 전	통치규범의 확립
윤리 의례집	유교적 질서 확립
병 서	국방의 강화

역 사

시기	내용
15C	「동국사략」(권근) 편년체 「고려국사」(정도전) 편년체 「고려사」(정인지) 기전체 「고려사절요」(정인지) 편년체 「삼국사절요」(서거정) 편년체 「동국통감」(서거정) 편년체
16C	「동사찬요」, 「표제음주동국사략」, 「기자실기」

법 전

시기	내용
15C	「조선경국전」 태조 「경제문감」 태조 「경제육전」 태조 「속육전」 태종 「육전등록」 세종 「경국대전」 성종
18C	「속대전」 영조 「대전통편」 정조
19C	「대전회통」 고종 「육전조례」 고종

지도 · 지리

구분	내용
지도	「혼일강리도」-동양최고 「팔도지도」-전국지도 「팔도도」-인지의 사용
지리서	「팔도지리서」(세종) 「동국여지승람」(성종) 「신증동국여지승람」(중종) 읍지 발간
윤리서	「삼강행실도」 · 「효행록」 · 「오례의」 · 「국조오례의」

농서 · 의서

구분	내용
농서	「농사직설」(세종-촌노들의 경험에 기초) 「금양잡록」(성종-농법소개 「구황촬요」(명종-구황책) 「농가집성」(효종-위의 책을 종합)
의서	「향약집성방」(세종) 「의방유취」(세종-동양최대) 「동의보감」(광해군)

5. 문학과 예술활동

- **15세기 문학**
  - 자주적 문화의식
  - 동문선(서거정) :한문학, 자주적 정신
  - 금오신화(김시습) : 최초의 한문소설
- **16세기 문학**
  - 사대적 문화의식, 경학위주로 문학 저조
  - 도학자의 위선 풍자, 문학의 형식 및 주제 다양화
- **15세기 그림**
  - 진취적, 발랄한 15세기 반영
  - 문인 화가 : 강희안 「고사관수도」
  - 도화서 화가 : 안견 「몽유도원도」
- **16세기 그림**
  - 서정적인 아름다움과 개성있는 화풍
  - 신사임당
  - 이상좌(노비출신)-「송하보월도」 등 인물화, 산수화
- **서 예**
  - 조맹부체(안평대군), 왕희지체, 석봉천자문
- **15세기 건축**
  - 규모가 작고 검소, 궁궐, 성문, 성곽, 학교 건축 중심
  - 숭례문, 돈화문, 개성 남대문, 해인사 경판고
- **16세기 건축**
  - 서원건축(옥산, 도산서원)→주택 · 정자 · 사원 건축 융합
- **공 예**
  - 분청사기(15세기)→백자(16세기)
  - 목공예(실용 예술성의 조화), 화각공예

제6장

근대사회의 태동

야공도(김득신)

단원개관

1. 조선후기 사회의 변화는 근대사회의 태동과 흐름을 같이하는 것이었다. 양반 중심의 사회구조는 이 시기에 그 모순을 크게 드러내었다. 지배층은 구조적 모순에서 비롯된 위기상황을 미봉적 대책으로 모면해 보려 하였지만, 농민을 중심으로 한 민중은 기존의 사회질서와 가치관을 거부하고 새로운 질서를 모색하기에 이르렀다.
2. 이 시기에 서양에서는 근대국가와 시민사회가 성장하고 있었다. 근대 이후 서양세력의 동양침략은 조선을 비롯한 동양사회에 위협적 요소가 되었다. 이에 대하여 동양각국은 내부적 취약성으로 인하여 처음에는 새로운 상황에 능동적으로 대처하지 못하였지만, 점차 근대사회로의 움직임을 보여 갔다. 조선사회에서도 18세기를 전후하여 민중의 의식이 보다 성숙해져 각 방면에서 변혁이 추구되고 있었다.

최근출제경향

출제빈도가 매우 높은 단원으로서 양 난 이후 사회의 변동과 농민의식의 성장, 사회현실 타개를 위한 노력 등에서 비교적 많이 출제되었다.

근대적인 요소의 특징과 함께 근대사회로의 변화에 있어 주체적인 역량에서도 출제된 바가 있다.

최근에는 조선후기 경제구조와 사회변화를 묻는 문제와 조선후기에 등장한 부농의 성격, 농업의 변화, 대동법, 실학자의 개혁론에 관하여 집중적으로 출제되었다.

우리나라	연 대	다른 나라
(1608) 경기도에서 대동법 실시	1600	(1600) 영국, 동인도회사 설립
(1623) 인조반정		
(1636) 병자호란		(1687) 뉴턴, 만유인력 발견
		(1689) 청 · 러, 네르친스크조약 체결
(1712) 백두산정계비 건립	1700	(1716) 청, 강희자전 간행
(1725) 탕평책 실시		
(1750) 균역법 실시		(1765) 와트, 증기기관 완성
(1776) 규장각 설치		(1789) 프랑스 혁명, 인권선언
(1801) 공노비 해방	1800	
(1811) 홍경래의 난		(1840) 아편전쟁
(1860) 동학 창시		
(1862) 임술농민봉기		

제1절　근대사회로의 지향

Digest

1. **근대의 세계** : 서양의 근대사회는 르네상스에서 싹이 돋아나 시민혁명과 산업혁명에 의해 성숙되었다. 근대화 과정에서 서양세계의 팽창은 위협을 안겨 주었다. 서양열강의 도전에 직면한 아시아 여러 나라는 근대화를 서둘러야 하였다.
2. **한국 근대사회의 태동** : 조선사회도 외부의 압력을 받는 가운데 19세기 후반에 근대 사회로 탈바꿈하였다. 그러나 근대사회를 지향하는 움직임은 이미 그 이전부터 내부에서 태동하고 있었다. 18세기를 전후하여 사회의 모순이 크게 드러나는 가운데 민중의 경제력이 향상되어 마침내 이들을 중심으로 새로운 질서를 추구하는 움직임이 전개되었다.

제 1 항　근대의 세계

1. 서양의 근대

(1) 근대의식의 성장

근대사회로의 이행은 동양보다는 서양이 앞섰다. 서양사회에서는 **르네상스와 종교개혁**으로 근대의식이 성장하여 갔다. 그러한 움직임은 정치에도 영향을 끼쳐 국왕을 중심으로 중앙집권체제를 추구하여 근대 국민국가의 모습을 갖추어 갔다.

(2) 절대왕정(16~18세기)

절대왕정은 **상공업**을 장려하고 **식민지** 획득에 힘써 국력을 증강시켰다. 절대왕정은 17세기에 절정에 이르렀는데, 대표적인 절대군주는 영국의 엘리자베스 1세와 프랑스의 루이 14세였다. 그러나 그 정치는 매우 전제적이었고, 사회에는 봉건적 잔재가 아직 남아 있었다.

(3) 시민혁명과 산업혁명(18세기 후반)

17세기 중엽 이래 시민계급이 중심이 되어 시민혁명과 산업혁명을 일으켜 절대왕정을 무너뜨리고 사회의 봉건적 잔재를 제거함으로써 참된 근대국가와 자유로운 **시민사회**를 건설하는 동시에 자본주의를 성립시켰다. 특히 나폴레옹의 유럽 지배는 유럽전역에 자유주의를 확산시켜 시민사회를 성숙시켰고 민족의식을 일깨웠다.

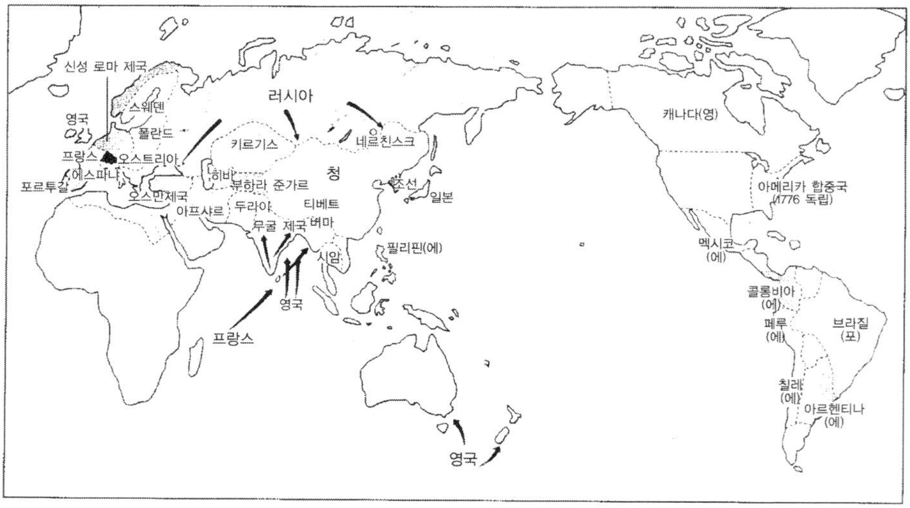

17, 18세기 세계지도

(4) 근대문화의 융성

시민사회가 성립됨에 따라 근대문화가 융성하였다. 특히, 자연과학은 산업화와 함께 현저하게 발달하였다. 그리하여 계속적인 발명과 기술의 혁신으로 생산력이 비약적으로 증대되었고, 지속적인 경제성장이 가능해졌다.

2. 동양의 근대

(1) 서양열강의 아시아 진출

① **열강의 후진지역 침략** : 산업혁명이 확산되면서 **자본주의**가 발달하게 되자 국력을 증강시킨 서양의 열강들은 후진지역으로의 진출을 꾀하였다.

② **아시아의 전통왕조의 약화** : 그 동안 번영을 자랑하였던 청을 비롯한 아시아의 전통왕조들은 내부적인 취약성으로 인해 점차 쇠약해져서 새로운 상황에 능동적으로 대처하지 못하였다.

③ **아시아의 식민지 · 반식민지화** : 서양열강의 아시아 침략은 전에 볼 수 없었던 위협으로서, 아시아 대부분의 지역을 식민지 또는 반식민지로 만들어 **원료의 공급지**와 **상품시장**으로 확보하려는 것이었다.

(2) 아시아의 대응

① **민족운동 · 개화운동** : 열강의 도전에 직면하여 아시아 여러 나라는 각기 나라를 지키기 위한 민족운동과 함께 개혁을 통하여 자강을 달성하려는 개화운동을 추진하였다. 중국에서의 **태평천국운동**과 **양무운동**, 일본에서의 **메이지유신**, 인도에서의 **세포이항쟁**과 **스와라지운동** 등은 그러한 움직임이었다.

② **동양 근대화의 문제점** : 아시아 여러 나라들은 식민지로 전락하면서도 근대적 제도의 도입과 산업화를 추진하였다. 그러나 그것은 진정한 근대화의 길이 아니라, **식민지 체제**로의 **편입과정**이었기 때문에 동양의 근대화는 여러 면에서 문제점을 지니고 있었다.

제 2 항 한국 근대사회의 태동

1. 농민의 각성

(1) 양반사회의 동요

① 16세기 이후 양반사회의 분열

㉠ **왕권의 약화** : 16C 이후 여러 차례에 걸친 사화는 왕권의 약화를 초래함과 동시에 양반관료의 정치적 실권의 장악을 가져오게 되었다.

㉡ **정쟁의 계속** : 이에 따라 양반계층은 자체 분열을 거듭하게 되었으며 정쟁이 계속되었다.

② 16세기 양반 관료의 보수화

㉠ **사회 · 경제적 기반의 장악** : 지배계층으로서의 양반관료들은 정치적 특권을 이용하여 사회 · 경제적 기반을 다져나갔다.

㉡ **양반관료의 보수화** : 양반관료들이 내세운 성리학은 이황계열의 이기론을 중심으로 철저히 관념세계로 빠져들어 갔으며 점차 보수화되었다.

③ 사회 · 경제적 모순 격화

㉠ **방군수포제의 공식화** : 방군수포제(≒군적수포제)를 공식화함으로써 양반과 상민의 구분을 확실히 하였으며 농민의 부담 또한 가중되었다.

㉡ **과전법의 폐지** : 지배체제가 약화되면서 과전법은 16세기 후반에 폐지되었고 상업과 수공업의 통제 및 부역의 동원 또한 실효를 거두지 못하였다.

㉢ **토지겸병의 확대** : 토지겸병과 농장의 확대는 국가재정을 위축시켰으며 농촌경제를 악화시켜 농민의 몰락을 촉진하였고 환곡제는 오히려 농민의 궁핍화를 초래하였다.

㉣ **농민의 몰락** : 수탈과 무거운 군역을 피해 유랑하는 농민이 늘어나 농민층의 토지이탈은 더욱 더 가중되었다. 충청도 단양지방의 경우에는 1454년

235호였던 양민 호(戶)가 1577년에는 40여 호로 격감하였고 많은 수가 상업으로 전업하거나 유랑민이 되었다.

Side Check

◈ 군적수포제(軍籍收布制)
현역 복무를 면해 주는 대신 병역의무자에게서 포를 징수하는 방군수포 현상은 불법적 행위였을 뿐 아니라, 그 값이 너무 비싸 오히려 정부가 그 값을 공식으로 정한 것이 군적수포제이다. 즉, 중종 때(1541) 나라에서 군포를 수납하고 현역 복무를 면제해 주는 군적수포제가 실시되었는데, 이로 인하여 양반은 군포 부담에서 제외되고 상민 신분만이 부담하게 되어 군포의 부담은 양반과 상민의 신분을 구분짓는 기준이 되었다.

④ 양난 이후의 조선사회의 변화

㉠ **지배체제의 동요** : 양난은 지배체제를 크게 동요시켰고 지배층으로서의 양반의 권위를 추락시키는 계기가 되었다.

㉡ **정쟁의 가속화** : 그럼에도 불구하고 양반계층에서는 백성들의 생활문제와는 거리가 먼 정쟁만 더욱 치열해져 갔다.

㉢ **농민의 자구책** : 정부의 정책적 혜택을 크게 기대할 수 없게 된 백성들은 영농기술개발과 경영합리화 등을 통해 자신들의 생활조건을 개선해 나갔다.

㉣ **민중의식의 성장** : 신장된 경제력을 통해 생활의 안정과 여유를 가지게 된 일부 농민들은 서당교육을 통해서 교양을 쌓아갔으며, 한편 한글이 민간에 크게 보급되고 한글소설이 나타나면서 양반을 풍자하거나 사회의 모순을 비판하고 이상적인 사회를 그려냄으로써 서민의 의식수준을 높여 주었다.

㉤ **장시의 발달** : 조선후기에는 각지에 장시가 발달하였는데 장시는 교역의 역할뿐 아니라 농촌사회의 정보교환과 오락장소의 구실을 하였으며 **사회의식**을 키우는 장이 되기도 하였다. 또한 판소리, 타령, 잡가 등을 통해 양반중심사회의 모순과 지배질서의 문란에 대하여 **비판적**인 자세를 보여 주었다.

(2) 농민의 각성

① **조선후기의 피지배층** : 조선사회에 있어서 피지배층은 정치적으로 지배권력에 예속되었고 신분적으로 양반계층의 지배를 받았다. 상인, 공장, 노비 등도 포함되었지만 대다수는 **농민**이었다.

Side Check

◈ 농민의 실태
1. **중소지주** : 자기가 소유한 토지를 타인에게 대여하여 소작제로 운영, 몰락양반이나 중간계층과 연결되었으나 그 수는 많지 않았음
2. **자영농** : 농민의 대다수→자영농이나 소작농
3. **소작농** : 영세한 토지소유자이거나 토지가 없는 농민, 다른 사람의 토지를 빌려 경작하고 그 수익의 일부로서 살아가는 사람들

② **지배체제의 모순 노출** : 농민은 국가에 대하여 전세, 공물, 역의 의무를 부담하였으며 이들의 효율적인 수취를 위해 이동을 억제하고 **호패법**으로 인구동향을 파악하였다. 그러나 이러한 상황은 16세기에 흔들리기 시작하였고 17세기에 이르러 모순이 격화되기 시작하였다.

Side Check

◈ 호패법(號牌法)
1. **호패** : 16세 이상의 남자가 차고 다니던 신분증명서로 현재의 주민등록증과 같은 것이다.
2. **목적** : 인정의 수 파악, 직업·계급을 분명히 하여 신분을 증명하기 위한 것이었으나 진정한 의도는 군역·요역을 부과하기 위한 근거로 삼아 백성들의 유동을 방지하고 농민을 토지에 묶어 두어 조세수취를 용이하게 하려는 데 있었다.

③ **17세기 이후의 미봉책** : 양난 후에는 지배체제가 크게 동요하여 국가재정의 파탄과 관료기강의 문란을 초래하였고 농촌사회는 황폐되어 갔다. 이에 정부는 **대동법**과 **균역법**을 실시하였으나 근본적인 대책이 되기에는 미진하였다.

④ **농민운동의 전개** : 지배권력의 독선과 탐관오리의 부패에 시달리던 농민의

불만은, 19세기에 들어와 민란으로 터지기 시작하고 1860년대로 가면 민란이 전국적이고 동시다발적 성격으로 확산, 심화되었다.

⑤ **실학자들의 개혁사상 제시** : 재야의 진보지식인층은 계속되는 실정과 민란을 타개하기 위해 민생안정을 위한 여러 시책을 펴나갔다. 그러나 이들 대부분의 지식층은 권력의 외곽에 있었기 때문에 이들의 주장이 정책수립에 별다른 영향을 미치지 못하였다.

(3) 부농층과 임노동자

① 농민층의 분화현상

㉠ **농민의 계층분화** : 시련이 거듭되면서 농민들은 자구책을 강구하지 않을 수 없었고 일부는 경영형부농으로 부상하고, 나머지는 상공업으로 생업을 영위하거나 도시나 광산의 임노동자가 되어 갔다.

㉡ **경영형부농의 대두** : 부농층은 자작농과 일부 소작농층에서 나왔다. 이들은 자신이 농업을 직접 경영하면서 그 규모가 가족노동으로 불충분하여 임금을 주고 노동자를 고용하여 경영하는 부농으로 성장하였으며 이들의 경영목적도 이윤이 목적이므로 **상품작물**(목화, 담배, 고추, 인삼, 채소)등 다양한 작물을 경작하였다.

㉢ **경영형부농의 신분상승** : 이들은 막대한 재력을 바탕으로 **공명첩(空名帖)**이나 **족보(族譜)**를 사서 양반으로 신분상승하였다. 부의 축적을 통해 신분을 사서 군역의 부담을 면하게 된 이들은 한걸음 더 나아가 향촌사회에서 그 영향력을 키워갔다.

② 임노동자의 등장

㉠ **등장** : 일부의 농민들이 부농층으로 성장해 가고 있을 때, 대다수의 농민들은 오히려 토지에서 밀려나 대체로 임노동자가 되었다.

㉡ **정부의 임노동자 고용** : 16C 중엽 이래로 부역제가 해이해져 궁궐이나 각 관청에서 필요한 노동력의 충당을 위해 점차 임노동자를 고용해야만 하였다.

㉢ **부농층의 임노동자 고용** : 농업경영방법의 개선으로 경작지를 확장하고 상품작물을 재배하던 부농층도 노동자를 1년간 계약하여 품삯을 주었다. 이러

한 현상으로 빈부의 격차는 날로 심해져 갔다.

(4) 중간계층의 성장

16세기 이후 사회변동이 심화되는 가운데 중간층인 서얼과 중인들도 이전시기보다 비중이 높아져 갔다. 그러나 성리학적 명분론으로 **사회활동에 제한**을 받았다.

① 서얼의 신분상승 운동

㉠ **납속에 의한 상승** : 서얼에 대한 차별은 임진왜란 이후 완화되기 시작하였다. 전란으로 재정적 타격을 받은 정부가 납속책(納贖策)이라고 하여 돈을 받고 신분상승을 공공연히 허용하여 중인들도 관직으로 나아갔다.

㉡ **상소운동** : 영·정조 때의 개혁분위기에 편승하여 더욱 적극적으로 신분상승을 시도하였다. 수차례에 걸쳐 상소운동을 폈고, 중요한 직책에 나아가고자 하였다. 그리하여 정조 때에는 유득공, 이덕무, 박제가 등 서얼 출신들이 **규장각 검서관**으로 기용되기도 하였다.

② 중인의 신분상승운동

㉠ **중인의 요직등용의 한계** : 중인은 요직에 오를 수 있도록 법제적으로 보장되어 있었으나 양반지배체제가 강화되면서 법전의 규정은 거의 지켜지지 않았다.

㉡ **소청운동** : 조선후기에 이르러 경제변동에 부응하면서 재력을 축적하고, 문화활동을 통하여 지식수준도 높아져서, 철종 때 대규모의 소청운동을 전개하였다.

③ **중간계층의 사회적 공헌** : 중인들은 주로 잡직에 많이 진출하였는데 그 중에서도 역관은 대청 외교활동에 참여하여 신문물 수용에 주도적 역할을 하였다. 이들 중간계층의 활동은 농민의 주체적 움직임과 조선후기 변동에서 주목되는 현상이었다.

④ **신분상승운동의 의의** : 중인들의 노력은 비록 성공하지는 못하였으나, 이를 통해 전문직으로서의 그들의 역할이 중요함을 부각시켰으며 성리학적 가치체계에 도전하여 새로운 사회의 수립을 추구하였다는데 의의를 찾아볼 수 있다.

2. 근대사회로의 움직임

(1) 근대사회의 성격

① **근대사회의 맹아적 요소** : 농민의식이 향상되고, 그들의 역량이 증대되면서 조선후기에는 정치, 경제, 사회, 문화의 모든 부분에서 커다란 변동이 일어나고 있었다. 그것은 근대사회를 지향하는 움직임이었다.

② **조선후기 사회의 성격** : 근대사회에서는 민주화, 산업화, 합리화, 과학화 등이 추구된다. 조선후기 사회도 이와 같은 경향이 서서히 나타나 근대사회로의 이행을 준비하고 있었다.

(2) 근대사회로의 움직임

① 근대화의 지표

㉠ **경제적인 면** : 농업에서 영농기술의 개발과 경영의 합리화를 통해 농업생산력이 급증하여 사회변동의 토대가 마련되었고, 상업분야에서도 **독점대자본가**(공인자본 → 도고)가 나타나고 있었다.

㉡ **사회적인 면** : 봉건적 신분제도가 붕괴되는 가운데 서얼, 노비도 점차 신분적 속박에서 벗어나고 있었다.

㉢ **사상적인 면** : 진보적인 사상으로 **실학(實學)**이 연구되고 **천주교**(天主教)가 중국으로부터 전래되기 시작하여 성리학적 지배질서에 커다란 타격을 주었다. 또한 동학(東學)이 창시되어 농민층을 중심으로 현실개혁의 사회운동을 전개하였다.

㉣ **정치적인 면** : 정치는 여전히 변화하는 사회를 수용하지 못하고 모순을 격화시키다가 기형적인 정치형태인 **세도정치**로 이어져 각 사회층으로부터 저항을 받게 되어 민란으로 분출되었다. 그러나 이러한 새로운 변화에 힘입은 세력도 봉건정치를 타도할 만큼 성숙하지 못하였다.

② **조선후기 사회 변화의 특징** : 조선후기 사회의 변화는 **자율적, 주체적**으로 이룩되었다는데 그 특징을 찾아볼 수 있다. 즉 스스로의 **내재적 역량**에 의하여

개항, 개척기반을 마련하였고 상업자본이 개항 이후 민족자본의 토대를 이루었다.

Side Check

1. 신분제 동요의 원인

원 인	방 법
합법적	① 납속책, ② 속량, ③ 관노비 해방, ④ 군공, ⑤ 대구속신(代口贖身), ⑥ 노비공파법, ⑦ 노량처소생종모법(奴良妻所生從母法)
비합법적	① 모속(冒屬, 冒稱兩班), ② 노비의 도망, ③ 족보위조(換交易祖), ④ 유생사칭, ⑤ 투탁(投託), ⑥ 통혼

2. **노량처소생종모법(奴良妻所生從母法)** : 지금까지의 종모법이 모의 신분과는 무관하게 일천즉천법(一賤卽賤法)을 적용한데 반해, 영조 때 실시한 이 제도는 모의 신분에 따라서 양・천이 결정되었다. 즉, 모가 양인이면 양인이 되도록 한 것이다.
3. **대구속신(代口贖身)** : 노비가 양민이 될 때, 다른 사람을 대신 노비로 보충하는 것
4. **투탁(投託)** : 천민이 양인의 족보에 비밀리에 끼워 넣기

제2절 제도의 개편과 정치변화

Digest

1. **제도의 개편** : 조선왕조의 통치질서는 양난을 겪으면서 크게 동요되어 갔다. 그러한 속에서 농민들은 핍박을 견디지 못하여 농촌에서 이탈하는 현상이 두드러졌다. 이는 지배 체제의 유지를 어렵게 하였다. 이에, 당시의 지배층은 나름대로 변화에 대처하고자 비변사의 기능을 강화하고 수취체제를 개편하였다. 그리고 붕당정치를 통하여 자신들의 지위를 강화하고자 하였다.
2. **정치의 변화** : 붕당정치는 17세기 후반 이래로 변질되어 정치적 균형관계가 깨지면서 마침내 일당전제화를 가져왔다. 이러한 상황에서 국왕에 의해 정계개편이 시도되고 개혁이 추구되기도 하였지만, 특정 붕당의 세력이 비대해진 정국에서는 그것도 한계가 있었다.

제 1 항　통치체제의 개편

1. 지배체제의 모순

(1) 양반사회의 모순

조선왕조의 통치질서는 16세기 중엽 이래로 해이해지더니, 왜란과 호란을 겪으면서 한층 더 동요되어 갔다. 양반사회가 안고 있던 모순이 크게 드러난 것이다. 그것은 조선왕조가 가지고 있던 구조적인 모순으로서, 크게 보아서 **신분제도**와 **토지제도**에서 비롯되었다.

〈지배체제의 구조적 모순〉

신분제도의 폐단	조선사회는 양반 · 중인 · 상민 · 천민의 4신분으로 구성된 사회로서 각 계층간의 이동은 원칙적으로 허용되지 않았다. 1. 양반층 : 소수, 각종 특권 독점, 양난 이후 가부장적 가족제도와 성리학적 가치규범에 의해 양반들의 권위는 보다 강화 2. 다른 계층들 : 열심히 일을 해도 제대로 인정을 받지 못하였고 인간의 존엄성을 존중받지 못함, 대외전쟁에서 농민 · 노비 등이 힘을 다하여 국난을 극복하였으나 그들의 처지는 개선되지 않음 → 민중들의 불만 고조
토지제도의 모순	양반관료의 경제적 기반이었던 직전법이 16세기 중엽에 폐지되었으나, 이 시기를 전후하여 토지생산성의 향상과 토지사유관념이 확산되면서 토지소유는 양반지주 중심으로 더욱 편중되어 갔다. 1. 양반지주들에 의한 토지집적현상 : 토지소유관계에서 지주전호제를 강화 2. 농촌사회의 분화 : 소수의 양반지주와 토지를 잃은 소작농, 즉 전호로 전락한 다수의 농민으로 분화

(2) 농민생활의 궁핍과 농토이탈

① **농민부담의 가중** : 농민들의 경제적 고통은 부세제도가 잘못 운영되는 속에서 보다 가중되었다. 농민들은 국가에 대하여 **전세, 공납, 역**의 부담을 지고 있었는데, 부담이 무거웠을 뿐만 아니라 징수과정에서도 불법적 행위가 자행되어 농민들의 삶을 매우 어렵게 하였다.

② **농민의 자구책** : 농민들은 일정한 거주지를 가지지 못한 채 유랑하는 경우가 많았으며, 결국 노비가 되거나 도적이 되는 경우도 있었다. 농민들은 자신들의 삶을 개선하기 위해 스스로 방안을 강구해야만 하였다.

(3) 위기의식의 대두

농토로부터 농민의 이탈이 심해지자, 마침내 위정자들도 이를 심각한 문제로 받아들였다. 농민의 이탈은 명분상으로 민생을 안정시켜야 한다는 유교의 왕도정치론에 어긋날 뿐만 아니라, 현실적으로도 국가의 재정기반을 위태롭게 하였기 때문이었다.

2. 비변사(備邊司)의 기능 강화

(1) 배 경

16세기 이후 통치질서의 문란과 두 차례의 양난을 겪으면서 사회내부의 모순과 갈등이 크게 드러나자 조선은 양반지배체제를 유지하는 한편 정치, 군사, 경제 등 여러 면에서 급변하는 사회변화에 능동적으로 대처하려 하였다. 그리하여 비변사(備邊司)라는 **문·무합좌기구**가 탄생, 의정부를 대신하였고 초기에는 국방문제, 후기에는 정무까지 합의·결정하게 되었다.

(2) 비변사 설치

원래 비변사는 중종 때(1510) 삼포왜란을 계기로 왜구와 여진족의 침입에 대비하여 임시적으로 설치된 것으로 초기에는 지변사재상(知邊司宰相)을 중심으로 군무를 협의하는 임시기구였다가 점차 국방의 중요성이 가중되면서 1555년 을묘왜변을 계기로 상설기구화 되었다.

(3) 비변사의 구성원

임진왜란 이후 전·현직 정승을 비롯하여 공조를 제외한 5조의 판서와 참판, 각 군영 대장 대제학, 강화 유수 등 국가의 중요 관원들로 확대되었다.

(4) 비변사 기능의 강화

비변사는 임진왜란을 계기로 문무고관들의 합의기관으로 확대되고 명실상부하게 국방 뿐만 아니라 외교, 내정까지 전담하여 의정부와 6조의 기능을 대신하였고 이 기구의 결정을 왕권도 어찌하지 못하였다.

(5) 비변사 기능의 확대 결과

① **왕권의 약화** : 비변사 기능의 확대 결과는 의정부와 6조의 기능을 유명무실하게 만들었고 왕권의 현저한 약화를 가져왔다.

② **대원군 때 폐지** : 비변사는 19세기 후반까지 지속되어 오다가 고종 2년 대원군에 의해 폐지되었다.

Side Check

◈ 4유수관

서울의 외곽지역에 위치한 도시들로 북으로는 개성, 동쪽으로는 강화도, 남쪽으로는 수원, 서쪽으로는 광주이며 이 지역의 지방관을 유수(留守)라고 하였다.

◈ 3사의 언론 기능 변질과 전랑의 권한 강화

1. 3사의 언론 기능도 변질되어 3사는 각 붕당의 이해관계를 대변하기도 하였다. 3사는 공론을 반영하기보다는 상대 세력에 대한 비판을 통하여 자기 세력의 유지와 상대 세력의 견제에 앞장서고 있었다.
2. 이조와 병조의 전랑들도 중하급 관원들에 대한 인사권과 자기 후임자를 스스로 추천할 수 있는 권한을 행사하면서 자기 세력을 확대하고 상대 세력을 몰아내는데 앞장섰다.

3. 5군영과 속오군

(1) 중앙군사제도의 개편

15세기의 부병제가 대립제의 양성화, 방군수포제 등으로 모병제(募兵制)로 변화되어 5위제는 왜란 이전에도 기능을 발휘하지 못하였고, 왜란 중에 사실상 중앙군인 5위가 붕괴되는 등 군제체계상에 혼란이 일어났고 군대의 질도 떨어져 군사제도의 개편작업이 추진되었다.

(2) 5군영(五軍營)의 설치

① **훈련도감(訓練都監, 1594)** : 임진왜란 과정에서 훈련도감을 설치하였다. 훈련도감은 명나라 척계광의 병서인 「기효신서」(紀效新書)에 따라 포수(砲手), 살수(殺手), 사수(射手)로 나누어 삼수병으로 편제하였고 이들은 급료를 받으면서 근무하는 직업군인으로 상비군의 성격을 띤 것이다. 이후 훈련도감은 중앙군의 핵심이 되었다.

② **어영청(御營廳)** : 인조반정 후에 이괄의 난을 계기로 편성(인조 2년 : 1624)되었고 효종 3년(1652)에는 **북벌운동**의 중추기관이 되었다. 부대는 기(騎)・보(步)병으로 구성되며, 지방향군이 교대로 번상하였다.

㊟ 1624년 어영군으로 창설되었으나 1652년 어영청으로 바뀌면서 강화되었다.

③ **총융청(摠戎廳)** : 인조 2년(1624)에 경기 일대의 방어를 목적으로 설치한 군영이다. 수원・광주・양주・장단의 5영을 모태로 발족하였으나, 서인정권의 군사적 기반을 제공하는 기능을 지니고 있었다.

④ **수어청(守禦廳)** : 정묘호란 후 방비의 필요성에 따라 남한산성을 수축하고 이의 수비를 전담하였다(1626). 그 장은 광주 유수(廣州留守)가 겸직하였고, 경기도 일대의 속오군으로 편성하였다.

⑤ **금위영(禁衛營)** : 숙종 때 기・보병 중심의 군사로 수도방위를 전담하였다. 이로써 조선후기의 중앙군단이 완성되었다(1682).

Side Check

◈ 5군영의 성격

1. **임기응변적 설치** : 농민이 번상하는 경우도 있었고 용병으로 구성되는 경우도 있었다.
2. **용병제의 도입** : 16C 중엽 이래로 진전되고 있던 신분제의 동요와 부역제의 해이, 그리고 수취체제의 변동은 번상병제의 운영을 어렵게 하고 결국 용병제를 도입하게 되었다.

3. 종래의 의무병제, 농병일치제 → 용병제, 상비군제로 변화

(3) 지방군사제도의 개편

① **지방군 개편의 배경** : 15세기의 진관체제가 무너지면서 유사시에 필요한 방어처에 동원되는 **제승방략체제**(制勝方略體制)로 바뀌었다가 왜란 중에 별로 실효를 거두지 못하자, 왜란 이루 다시 진관체제를 복구하면서 **속오군체제**(束伍軍體制)를 가미하였다.

② **속오군체제** : 위로는 양반, 아래로는 노비에 이르기까지 모두 속오군으로 편제하고 속오법에 따른 훈련으로 국난에 대비하였다.

4. 전세제도의 개편

(1) 수취체제 개편의 배경

① 전란 후의 상황

㉠ **지배체제의 모순 대두** : 양반 중심의 지배체제는 두 차례의 전란으로 그 모순을 드러내어 여러 가지 개혁의 방향을 제시했으나 실효를 거두지 못하였다.

㉡ **지배계층의 벌열화** : 지배계급으로서의 양반계층은 벌열화, 귀족화되어 마침내 붕당정치는 변질되고, 정국은 비생산적인 정치적 대립과 갈등을 빚게 되었다.

② 피지배층의 저항

㉠ **피지배층의 불만** : 지배층은 민생문제에 대한 문제점이나 정책적 대안을 무시하고 당리당략에 입각한 예송논쟁(禮訟論爭)이나 세자책봉문제와 같은 사소한 일에만 연연하게 되자 백성들의 생존은 날로 어렵게 되고 이것을 이용한 중간 갈취세력이 창궐하였으며 피지배층의 불만 또한 누적되어 갔다.

㉡ **피지배층의 대항** : 정부의 정책적 배려가 미흡하자 피지배층은 농업생산력을 높이고 상공업을 발전시켜 가면서 스스로 생활조건을 개선해 나갔다. 그

러나 그 혜택은 일부에 국한되었고 대부분의 농민은 소작농이었다. 그래서 그들은 **항조**(抗組), **거세**(拒稅), **민란**(民亂) 등을 통하여 지배권력에 대항해 나갔다.

Side Check

1. **항조(抗組)** : 봉건체제 아래에서 수탈당하던 소작농들이 소작료를 감하시키고 나아가 농민적 토지소유를 쟁취하려는 것이다.
2. **거세(拒稅)** : 지대납부 거부운동

③ **지배계층의 수취체제 개편** : 피지배층의 불만이 높아지면서 이에 대한 정책적 대안이 요구되었다. 그 결과 전세제도·공납제도·군역제도 등의 개편이 이루어졌다.

(2) 전세제도의 개편

① 개간사업의 추진

㉠ **토지 결수의 감소** : 전국의 토지 결수는 왜란 직전의 150만결에서 왜란 직후에는 30만결로 격감되었는데, 그것은 경작지의 황폐와 토지대장의 소실에 따른 결과였다. 정부는 경작지를 확충하는 한편, 양전사업(量田事業)을 실시하였다.

㉡ **모든 계층에게 농지개간 허용** : 농지개간은 신분 여하에 관계없이 개간자에게는 개간지의 소유권과 함께 3년간의 면세혜택이 주어졌다. 따라서 재력이 있는 사람은 누구나 개간을 통하여 소유지를 확대할 수 있었다. 왕실·정부기관·양반은 물론 상민·노비 등 사회의 모든 계층이 개간에 참여하였다.

② 양전사업의 추진

㉠ **은결의 적발** : 정부는 농토의 확대와 더불어 전세를 확보하기 위하여 양전사업을 서둘렀다. 그 결과 양안(量案)에서 빠진 은결을 찾아내어 다시 양안에 올려놓는 방식이 주효하여 광해군 때의 54만결이 인조 때에 이르러 120

만결로 늘어났고, 숙종 때에는 140만결, 정조 때에는 최고 145만결까지 증가되기에 이르렀다.

㉡ **면세지의 확대** : 토지 결수의 증가에도 불구하고 여전히 궁방전, 관둔전 등 면세지가 확대되었기 때문에 국가의 수입은 늘어나지 않았다.

③ 영정법의 실시

㉠ **전세제도 개혁의 필요성** : 15세기에 제정된 전분 6등법과 연분 9등법은 매우 번잡스러운 것이어서 당시에도 제대로 운용되지 못하였으며, 16세기에 이르러서는 거의 무시된 채 최저율의 세액이 적용되어 정부로서는 전세제도의 개혁을 단행하지 않으면 안 되었다.

㉡ **영정법(永定法 : 1635, 인조 13)**

ⓐ 전란 후 농지가 황폐되고 농민이 궁핍해지는 상황 속에서 정부는 이러한 관행을 법제적으로 확정시켜 전세를 **풍흉에 관계없이 1결당 미곡 4두**로 고정시켰는데 이를 **영정법**(永定法)이라 한다.

ⓑ 토지측량의 편의를 도모하기 위해 종래에 사용되던 토지측량방식인 수등이척법(隨等異尺法)은 동일한 자로 토지를 측량하는 **양척동일법**(量尺同一法)으로 바뀜으로써 토지측량의 편의를 도모하였다.

㉢ **영정법의 실시 결과** : 전세제도의 개편으로 전세율이 종래보다 다소 낮아진 것은 사실이나, 농민의 대다수를 차지하는 전호들에게는 크게 도움이 되지 못하였다. 전세 외에 여러 가지의 세(수수료, 운송비, 자연 소모에 대한 보충비 등)가 추가징수되었기 때문에 오히려 조세의 부담은 증가되어 실제 납부액은 법정세액의 몇 배가 되기도 하였다.

5. 공납제도의 개편

(1) 공납제도의 문제점

① **공납제도의 모순** : 조선의 공납은 농민의 생산물량을 기준으로 한 과세가 아니라, 호(戶)를 단위로 징수하였으며 고을에 따라서는 생산되지 않는 물품도

과세되는 경우가 있었다.

② **방납(防納)의 폐단** : 호조는 공물의 수급을 대행해 줄 방납업자를 통하여 수취하였다. 그러나 이들 방납업자는 공물을 대납하면서 시가보다 높은 값을 받아 농민들의 부담을 가중시켰다.

(2) 대동법의 시행

① **대동법의 내용** : 부족한 국가재정을 보완하고 농민의 부담을 경감시키기 위한 개혁론이 이미 16세기 조광조 · 이이 · 유성룡에 의해 제기되었으며, 몇 차례에 걸친 부분적 실시의 성과를 토대로 나타난 것이 대동법(大同法)이었다. 대동법이란 종전의 일반 민호에 토산물을 부과 · 징수하던 공납을 **토지 결수에 따라 쌀(米), 삼베나 무명(布), 동전(錢)으로 납입하게 하는 제도**이다. 정부에서는 필요한 물품을 공인(貢人)을 지정하여 조달하게 하였으며, 그 값을 대동미(大同米)로 지불하였다.

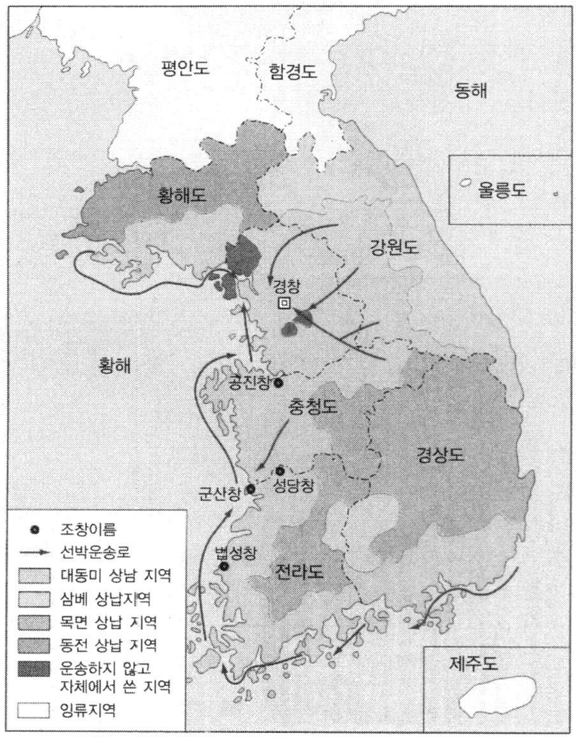

대동세의 징수와 운송

② **시행과정**

㉠ 광해군 1년(1608) 이원익의 주장으로 **선혜청**(宣惠廳)을 설치하고 경기도에서 먼저 시험적으로 실시한 후,

㉡ 인조 2년(1624) 조익의 주장으로 강원 · 충청 · 전라도에서 실시하였으나 최

명길의 반대로 실패하였다.

㉢ 17세기 중엽에는 김육의 주장에 따라 1결마다 12두로 경감시켜 충청도, 전라도에서 실시하였다.

㉣ 18세기 초 숙종 때에 평안도와 함경도를 제외한 전국에 실시되었고 쌀 대신에 돈과 삼베도 받았다.

③ 시행결과

㉠ **농민의 부담 감소** : 우선 무엇보다도 농민의 부담이 줄어들었다. 1결당 대동미 12두를 납부하면 되었기 때문에 과중한 부담이 줄어들었다.

㉡ **조세의 금납화 축진** : 대동법의 실시로 조세의 금납화를 촉진하였다. 종래의 현물징수가 포목, 미곡 또는 돈의 징수로 대체됨으로써 조세의 금납화가 이루어져 화폐의 전국적 유통을 가능하게 하는 촉진 역할을 하였다.

㉢ **국가재정의 회복** : 국가재정 사정의 일시적 회복을 가져 왔다.

㉣ **상공업의 촉진** : 공인자본의 축적을 가져왔고 수공업과 상업을 크게 자극하였다. 공인은 자본의 축적에 성공하여 이들 자본으로 거대 독점상인인 도고(都賈)로 성장하게 되었다.

㉤ **상업도시의 발전** : 대동미를 수취하고 있기 때문에 자연히 쌀의 집산지가 상업도시로 발전하였다. 이 때 발전한 도시로 **삼랑진, 강경, 원산** 등이 있다.

㉥ **진상, 별공의 존속** : 대동법이 실시되어 전세화되었지만 공납의 현물징수가 완전히 사라진 것이 아니고 진상, 별공의 잔재가 여전히 존속하였다. 또한 지방관아에서 필요에 따라 수시로 토산물을 징수하였다.

㉦ **양반사회의 몰락 촉진** : 장기적으로 보았을 때 대동법의 실시는 양반사회의 몰락을 촉진하였다.

㉧ 그러나 시일이 지나면서 지주에게 부과된 대동세가 소작농에서 전가되는가 하면, 행정기강이 흔들리면서 수령 및 아전의 농민수탈이 다시 가속되었다.

Side Check

◈ 대동미의 용도
1. 상납미(봄철 징수) : 경창으로 상납하여 중앙 관아의 공물구입비로 사용
2. 유치미(가을철 징수) : 각 고을에 비치하여 지방 관아의 경비로 사용
3. 초기에는 지방 관아의 재정이 확충되었지만 시일이 지날수록 상납미가 많아져 지방 관아의 재정은 악화되어 갔다. 그리하여 수령 및 아전들의 농민수탈이 다시 가혹해져 가는 원인이 되었다.

6. 군역제도의 개편

(1) 개편의 필요성

① **군포징수의 폐단** : 5군영의 성립으로 용병제가 제도화되자 양인 장정들의 대부분은 1년에 2필의 군포를 내는 **납포군(納布軍)**으로 바뀌었는데 이들에게서 징수하는 군포수입은 모두가 5군영의 군사비로 쓰이는 것이 아니라 일반경상비로 쓰이는 경우가 많았으며 군포징수의 기관도 단일관청에 의해 통일적으로 이루어지는 것이 아니라 5군영과 정부의 중앙기관, 그리고 지방의 감영이나 병영에서도 독자적으로 징수하여 농민들은 이중 삼중으로 부담하게 되었다.

② **수납과정상의 폐단** : 군포의 수납과정에서 실무를 담당하는 수령, 아전의 농간까지 겹쳐 백골징포, 황구첨정, 인징, 족징 등의 폐단이 자행되었다.

Side Check

◈ 군포의 폐단
1. 백골징포 : 죽은 장정에게 부과
2. 황구첨정 : 어린아이에게 부과
3. 인징 : 유망자의 부담을 이웃에게 전가
4. 족징 : 유망자의 부담을 친척에게 전가

③ **농민들의 저항** : 군역의 폐단이 날로 심해지면서 납속에 의한 양반수가 증

가되었다. 이로 인해 가난한 농민들에게 부담이 집중되어 농민들은 유망이나 피역(避役)으로써 저항하였다.

(2) 균역법의 시행(영조, 1750)

군역의 폐단이 날로 심해지면서, 군역의 폐단을 시정하자는 양역변통론(良役變通論)이 대두되었고 그 결과 균역법(均役法)이 시행되었다.

① **양역변통론(良役變通論)** : 극한 상황에 다다른 군역의 폐단을 해결해 보려는 논의로, 진보적 지식인들에 의해 제기되었다.

㉠ **농병일치론** : 유형원의 주장. 농민에게 제도적으로 일정한 토지를 지급할 것(공전제)을 전제로, 농병일치론의 환원을 주장하였다. 이는 토지개혁을 전제로 하므로 실현되기 어려웠다.

㉡ **호포론(戶布論)** : 양반층에게도 군포를 부담시키자는 주장으로 영조와 일부 관료들이 시도하였으나 대다수 양반들이 반상의 구별이 없어진다고 하여 반대하였다.

② **균역법의 내용** : 12개월마다 군포 2필을 1필로 반감하였다(포 1필은 쌀 6~12斗).

③ **군포수입의 보충책**

㉠ 면역된 일부 상류층도 **선무군관**(選武軍官)이라 하여 1필을 부과하였다.

㉡ 지주에게 1결마다 2斗의 **결작미**(結作米)를 부과하였다.

㉢ 궁방, 아문이 개별적으로 징수하던 **어장세 · 염전세 · 선박세**를 균역청에서 징수하였다.

(3) 균역법 실시의 결과

① **농민의 부담 경감** : 군포 부담이 절반으로 줄어들게 되자, 한때 농민의 부담은 가벼워졌고, 농민의 피역저항도 다소 진정되었다.

② **폐단의 재발생** : 그러나 토지에 부과되는 결작의 부담이 소작농민에게 돌아가고 정부의 장정수 책정이 급격히 많아짐으로써 농민의 부담은 다시 가중되었으며 인징, 족징 등의 폐단이 나타나게 되었다.

③ **농민의 저항** : 19세기 세도정치가 시작되면서 정치기강이 문란해지자 군역의 폐단은 그 해결의 실마리를 찾지 못하고 전국적인 농민의 저항을 불러일으켰다.

Side Check

◈ 전세제도의 변천

과 전 법	→ 연분 9등법	→ 영 정 법
1결당 30두 (수확량의 $\frac{1}{10}$)	1결당 20두~4두 (풍 · 흉 기준)	1결당 4두 (고정적)
<여말(공양왕)>	<조선전기(세종)>	<조선후기(인조)>

◈ 공납제도의 변천

공 납	→ 방 납	→ 대 동 법
1. 상공 · 별공 · 진상 2. 군 · 현 단위로 징수 3. 현물(특산물) 징수	1. 공납 증가 2. 서리 · 상인 등 대납 3. 방납의 폐단 4. 현물(특산물) 징수	1. 대동미 징수(1결당 12두) 2. 공인의 등장 3. 지주부담 증가 4. 별공 · 진상 존속
<초기>	<중기>	<후기>

◈ 군역제도의 변천

양인개병제	→ 방군수포제	→ 균 역 법
1. 수공업자 · 상인 · 노비는 군역 면제 2. 15C말 이후 대립제 성행 →군역 기피현상	1. 16개월에 군포 2필 (대립제 양성화) 2. 농민부담 증가 3. 군대의 질 저하	1. 12개월에 군포 1필 2. 선무군관포, 결작세, 어세, 염세, 선세 3. 어느 정도 군역 평준화
<초기>	<중기>	<후기>

□**선무군관** : 군포 1필을 내는 선무군관은 양반층은 아니나 양반행세를 하였는데 이들은 대체로 지방의 토호나 부유한 집안의 자제들이었다. 평상시에 군포를 내면서 무예를 익히다 전쟁시 소집되어 군졸을 지휘하기도 하였다.

◈ 조선후기 농민의 부담

1. 전정 : 전세(4두), 삼수미세(2.2두), 대동미(12두), 결작(2두)→20.2두
2. 군정 : 군포 1필(=쌀 6~12두)
3. 환곡 : 모곡 $\frac{1}{10}$

제 2 항 정국의 변화와 탕평책

1. 붕당정치의 전개

(1) 붕당정치(朋黨政治)의 발달

① **붕당 발생의 배경** : 조선시대의 정치권력은 기본적으로 국왕에게 있었으나 안으로는 사회적 모순이 심화되고 외침의 위협이 증대되는 상황속에서 비변사 기능의 확대·강화는 상대적으로 왕권의 약화를 가져오게 되었으며 지배계층으로서의 양반층은 16세기 말 이래로 **붕당**을 형성하여 정치를 주도하면서 17세기에는 병권까지 장악하여 권력의 기반을 굳혀갔다.

② **붕당의 원인** : 양반은 입신양명(立身揚名)을 위해 중앙관리로 진출하는 것을 최대의 영예로 생각하였기 때문에 과거(科擧)에 열을 올렸다. 그러나 양반의 수는 계속 증가하는 반면에 관직의 수는 제한되어 있었기 때문에 관직쟁탈이 심했고 지연, 학연적 끈에 따라 집단적인 관심사로 정쟁의 요인이 되었다.

③ **붕당 발생의 계기** : **이조전랑**(吏曹銓郞)직 문제를 놓고 동인 김효원(金孝元)과 서인 심의겸(沈義謙)의 대립에서 동서분당이 시작되었다.

(2) 붕당정치의 전개

① **동인과 서인의 대립** : 초기의 붕당정치는 동인과 서인의 대립에서 비롯되었는데 동인은 다시 북인과 남인으로 나뉘었으며 왜란을 겪고 난 뒤 광해군 때에는 북인이 집권하였다.

② **인조반정과 서인의 집권**

㉠ **인조반정(1623)** : 서인이 주도한 인조반정으로 북인정권은 몰락하게 되고 이후의 정권은 서인이 우세한 가운데 남인이 참여하는 양상으로 전개되었다.

㉡ **서인의 집권** : 서인정권은 전제와 독재를 스스로 경계하고 남인의 진출을 허용하여 비판세력을 공존하게 하는 붕당정치를 실현시켜 이후 한동안 서

인과 남인의 공존관계가 유지될 수 있었다.

㉢ **서인의 군사력 강화** : 서인정권은 후금과의 항쟁속에서 국방력 강화에 주력하여 어영청, 총융청, 수어청 등의 새로운 군영을 설치하였는데 이는 후에 서인정권의 권력기반이 되었다.

㉣ **남인의 진출** : 서인이 주도하는 정국에서도 남인은 꾸준히 진출하였는데 남인들은 서인정권이 추구한 북벌운동의 무모함을 비판하면서 예송논쟁을 일으켜 서인들과 정치적으로 대립하였다.

2. 붕당정치의 변질

(1) 예송논쟁

예론을 중심으로 한 붕당간의 대립은 예의(禮義)문제가 사회질서의 기본적인 규범이 되었던 당시에 있어 붕당정치의 필연적인 결과였으며 예송논쟁에서는 처음에는 서인, 뒤에는 남인의 주장이 받아들여짐으로써 남인이 우세해졌다. 집권한 남인은 상대당인 서인에 대한 처벌과정에서 강경파와 온건파로 나뉘었는데 온건파의 우세로 서인에 대한 극단적인 탄압은 행해지지 않았으며 따라서 상대세력의 공존을 인정하는 붕당정치의 원칙이 비교적 잘 지켜졌다.

Side Check

◈ 예송논쟁

구 분	서 인	남 인	
1차 예송(기해)	기년설(만 1년)	삼년설(만 2년)	서인이 주도
2차 예송(갑인)	대공설(9개월)	기년설(만 1년)	남인이 주도

(2) 서인의 재집권

이른바 **경신환국**(庚申換局)에 의해 서인정권이 다시 집권하고 남인을 정치적으로 배제시키기 시작하였다. 서인은 자체내에서 세자책봉문제를 놓고 주류파인 노론과 비주류파인 소론으로 분열되었으며 권력은 노론이 쥐었다.

Side Check

◈ 경신환국(庚申換局)
조선 현종 때 남인과 서인의 1차 예송논쟁(남인-3년설, 서인-1년설)에 서인이 승리하였다. 그러나 효종비가 죽자 효종의 계모인 조대비의 복상문제(남인-1년설, 서인-9개월설)논쟁에서 남인이 승리하였다. 다시 숙종 때 수세에 몰린 서인이 남인의 허수·허적이 신왕 옹립을 꿈꾼다는 역모사건을 고발함에 따라 남인을 숙청, 다시 서인이 재집권한 사건이다.

(3) 일당전제화의 추세

이로부터 붕당정치는 붕괴되고 상대세력을 인정하지 않는 서인 단독의 일당독재체제가 굳혀졌고 정적에 대한 무자비한 숙청이 자행되었다. 또한, 외척의 정치적 비중이 높아지고 정쟁의 초점이 왕위계승문제로 확대되는 등 붕당정치가 비정상적으로 운영되었다.

Side Check

◈ 기사환국(己巳換局)
장희빈 소생의 균을 둘러싸고 이에 반대한 서인의 핵심 측근들이 축출되고 남인이 대거 등용되었던 사건이다.

◈ 갑술환국(甲戌換局)
말년에 숙종이 기사환국 때 폐위된 민비를 복위하고 민비폐위사건에 직접적으로 연루되었던 장희빈이 사사(賜死)받고 같이 공모하였던 남인들이 대거 몰락한 사건이다.

(4) 붕당정치 변질의 결과

① **정권의 독점** : 정권은 몇몇 벌열(閥閱)가문에 의해 독점되었고 공론에 의하기보다는 개인이나 가문의 이익을 우선하는 경향이 현저하였다.

② **양반계층의 분화** : 권력의 핵심층은 벌열양반(閥閱兩班)으로, 정치에서 배제된 잔반(殘班)이 거듭하여 양산되었다.

③ **서원의 남설과 변질** : 중앙의 정쟁에서 패배한 사림들은 정계에서 배제되어 지방 세력화되어 서원을 중점으로 지역을 장악하였다.

Side Check

◈ 각 붕당의 성향

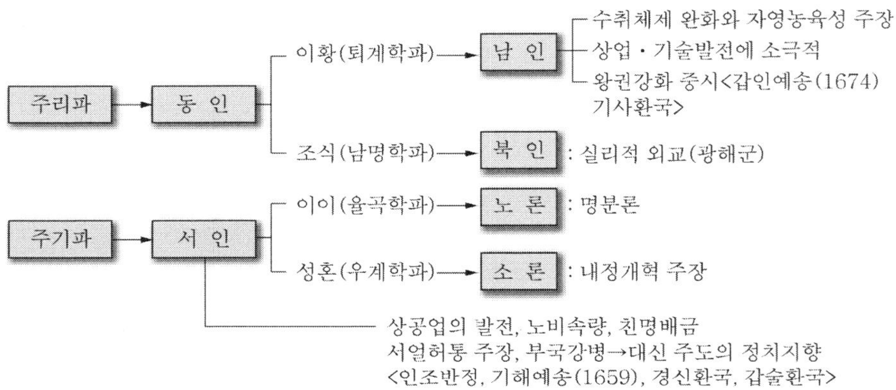

3. 탕평론의 대두

(1) 붕당정치의 문제점

붕당정치는 학연과 지연을 매개로 의식과 정치이념을 같이 하는 사람들끼리 붕당을 이루고 언론을 통해 국왕의 신임을 얻어 국정을 주관하는 정치형태를 말하는데 이러한 붕당정치가 변질되어 극단적인 정쟁과 **일당전제화**의 추세가 나타나자 세력균형 위에서 안정될 수 있었던 왕권 자체가 불안하게 되어 이러한 문제를 해결하기 위한 방안으로서 탕평론(蕩平論)이 제기되었다.

(2) 탕평론의 대두

탕평론의 본질은 **왕권**(王權)과 **신권**(臣權)이 균형을 이루고 붕당 상호간에 조화를 이루는데 있었다. 각 당인들은 힘의 균형을 이루고 공존하는 것이 가능하였으나 경신환국 이후 서인의 일당독재가 감행됨으로써 이러한 균형이 깨어지고 정치적 불안정을 타개하기 위한 고육지책으로 왕권이 이들 당인들을 타율적으로 규율함으로써 정치안정을 이루어야 했다. 이러한 요청에서 국왕주도의 **탕평론**(蕩平論)이 나타났다.

(3) 탕평책의 시초

숙종 때 능력 중심과 고른 등용으로 붕당 사이의 화합을 촉구하는 탕평책이 처음으로 제기되었는데 숙종이 말년에 장희빈 사건을 계기로 노론을 대거 등용함으로써 숙종의 탕평책은 명목상에 지나지 않았으며 결국 노론의 장기집권의 실마리를 제공하였다.

(4) 탕평(蕩平)의 의미

탕평은 서경에서 나온 말로 임금의 정치가 한쪽으로 편들지 않고 사심이 없으며, 당을 이루지도 않는 상태에 이르는 것을 의미한다.

4. 영조의 탕평책

(1) 탕평책의 실시

옛 서인의 소장파였던 소론의 지지를 받던 경종이 타계하고 그의 뒤를 이어 영조가 즉위하였다. 영조는 노론에 의해 왕위에 등극하였지만 즉위하자마자 탕평의 교서를 발표하여 정국을 수습하려 하였으나 이러한 정책도 편당적인 조치에 그치는 등 일관성이 없어 정국의 불안을 초래하였다.

영조는 붕당 사이의 균형관계를 조성할 수 있는 힘은 왕권에 있다고 보아 노론과 소론을 조정하면서 일련의 군제개혁과 경제개혁을 단행하여 왕권의 기반을 구축하여 갔으며 탕평파를 육성, 그들로 하여금 정국을 주도하게 하여 이로써 치열하던 정쟁은 어느 정도 억제되었다

(2) 영조 탕평책의 한계

탕평책은 붕당정치의 폐단을 근본적으로 해결한 것이 아니었으며, 이인좌의 난과 나주괘서(羅州掛書)사건을 계기로 소론은 거의 몰락하고 노론이 우세를 점하였다. 또 사도세자의 죽음을 둘러싸고 노론과 소론의 일부와 남인이 찬바람을 맞아 정계에서 추방당하기 시작하였다.

(3) 영조의 치적

① **왕권 강화** : 당인들이 장악한 병권(兵權)을 병조에 예속시키고, 붕당의 소굴이었던 서원을 300여개로 정리하였다.

② **민생안정책** : **균역법**을 실시하여 군역제도의 폐단을 없애고 민의상달을 위한 신문고제도를 부활하였으며, **노비공감법**(奴婢貢減法)을 실시하고, 가혹한 형벌을 폐지하고 사형수에 대한 삼심제를 엄격하게 시행하였으며 **기로과**(耆老科)를 설치하였다. 이러한 조치로 왕권은 강화되었으며 민생안정에도 많은 기여를 하였다.

Side Check

◈ 영조 때의 서적편찬

서적	내용
동국문헌비고	우리나라의 제도, 문물을 총망라한 한국학 백과사전
속오례의	국조오례의를 보완한 의례집
속대전	교정, 조례를 모아 법전을 재정리한 법령집
속병장도설	무예법을 재정리한 병서
무원록	관리의 행정지침서

5. 정조의 탕평책

(1) 탕평책의 실시

노론은 사도세자사건을 계기로 시파와 벽파로 나뉘었는데, 벽파의 압력속에서 세손때부터 그 지위가 불안하였던 정조는 즉위 후 벽파를 물리치고 시파를 관직에 고루 기용하면서 탕평책을 내세워 왕권의 확립을 꾀하였다.

Side Check

◈ 시파와 벽파

시 파	벽 파
1. 영조의 덕이 없음을 비난 2. 사도세자를 동정 3. 노론의 일부와 불우했던 남인, 소론계통	1. 사도세자의 건실하지 못함을 비판 2. 영조를 지지 3. 노론 강경파

(2) 규장각 설치

연산군 이래 제 구실을 하지 못하였던 홍문관이 폐지되고 새로운 국왕직속의 학술 및 정책연구기관인 규장각을 설치하였다. 규장각은 조선전기의 홍문관과 유사하며 제학(提學 : 1~2품(品))·직제학·대교·검서관 등으로 구성되었다. 규장각은 본래 역대 국왕의 글과 책을 수집, 보관하기 위한 곳이었으나, 실제로는 진보적 학자들을 모아 붕당의 비대화를 막는 등 왕권을 강화하기 위한 정치적 목적으로 활용되었다. 그리하여 박제가, 유득공, 정약용 등이 정치에 참여하기에 이르렀다.

(3) 제도정비

군제를 개편하여 기존 5군영에다 장용영(壯勇營)이라는 특별친위부대를 두어 왕권의 군사적 기반을 강화하였으며, 형벌제도를 대폭 정비·완화하여 흠휼지전(欽恤之典-죄를 저지른 사람에 대하여 신중하게 심의하라는 의미)을 규정하였다. 아울러 붕당의 비대화를 막고 자신의 권력과 정책을 뒷받침하기 위하여 신진 인물이나 중·하급관리 중에서 유능한 인사를 재교육하는 초계문신 제도를 실시하였다.

(4) 서적의 편찬

대 전 통 편	정조 때까지의 법전을 재정비
동 문 휘 고	외교문서를 정리한 묶음집
규 장 전 운	한글의 음운을 정리하였던 책
탁 지 지	호조의 사례 기록
국 조 보 감	세조 때 편찬된 4대보감 이후, 역대 국조보감을 합본한 것
문 헌 비 고	국초 이래 홍문관과 예문관의 문장을 모은 것

(5) 한 계

양반세력의 균형을 꾀하려는 탕평론의 제창과 관직의 안배만으로는 지배체제의 모순을 시정하기가 어려웠다. 더구나 탕평론 자체가 전제적 통치체제를 유지, 강화하기 위한 것이었기 때문에 근본적인 모순의 시정을 기대할 수는 없었다. 따라서 문물정비와 함께 절대왕정을 누린 정조도 붕당 사이의 융화나 붕당 자체의 해체에는 이르지 못하였다.

제3항 정치질서의 파탄

1. 세도정치의 전개

(1) 세도정치의 출현

① 발단 : 외척 가문에 의해 국정이 독점되는 정치형태인 세도정치는 정조가 세손(世孫)으로 있었을 때 좌의정 홍인한이 세손을 제거하려 하다가 실패하자 이를 **홍국영**이 단죄함으로써 정조의 신임을 받고 도승지 자리에 취임, 권력을 독점하면서 시작되었다. 홍국영은 여동생을 정조의 희빈으로 들여 인척관계를 유지했으나 희빈의 죽음으로 그 꿈은 무산되고 정조의 견제로 4년만에 몰락하였다.

② **세도정치의 성격** : 세도정치는 일당전제가 아닌 특정가문이 권력을 독점하

는 정치형태로서 정권의 사회적 기반이 결여되었을 뿐 아니라 사익을 위하여 정국이 유린되었으므로 붕당정치의 완전한 파탄을 의미하는 것이다.

(2) 세도정치의 전개

정조가 갑작스레 승하하고 어린 세자 순조가 11세의 나이로 즉위하자 순조의 외척인 김조순이 대신 정치하기 시작하면서 비롯되어 철종 때까지 3대에 걸쳐 약 60년간 지속되었다. 이들은 비변사와 훈련도감을 거의 독점적으로 장악하여 정권유지의 토대로 삼았다.

① **1차 안동 김씨** : 김조순 일파가 중앙과 지방의 요직을 독점하고 권세를 부렸다.

〈세도정치의 구분〉

구 분	시 기	세도가
세도정치 시작	정조	홍국영
1차 안동 김씨	순조	김조순
풍양 조씨	헌종	조만영
2차 안동 김씨	철종	김문근

② **풍양 조씨** : 순조 말 세자 호(旲)가 정무를 대리하였고, 조만영이 그의 딸을 세자비로 들임으로써 안동 김씨와 다투었다. 그 후 세자가 죽고 순조의 손자 헌종이 즉위하면서 조씨 일문이 정권을 좌지우지 하였다.

③ **2차 안동 김씨** : 헌종이 후사가 없어 증손 철종이 왕위를 계승하였고 철종비로 김문근의 딸이 간택되어 정권은 다시 안동 김씨에게로 넘어갔다.

2. 세도정치의 폐단

(1) 정치기강의 문란

왕권을 배제시킨 세도정치는 견제없는 부도덕정권으로서 부정과 부패를 일삼았는데 특히 인사관리에서 그 극에 달하였다.

① **과거제의 문란** : 조선시대에 관리가 될 수 있는 중요한 통로는 과거제에 있었다. 그런데 세도정치하에서 정치기강이 극도로 해이해지면서 시험장에서의 부정 합격자의 남발 등 온갖 비리가 성행하였다.

② **매관매직(賣官賣職)의 성행** : 과거제의 문란과 함께 관직의 매매도 성행하였

다. 세도 가문은 고위관직을 독점하고 공공연히 관직을 팔았다. 관료들은 그 지위를 지키기 위하여 세도가의 비위를 맞추기에 급급하였다.

(2) 수령 · 아전들의 백성수탈

① **농민수탈** : 관직을 산 수령들은 백성을 착취하여 관직매수에 들인 돈을 벌충했으며 이와 같은 관료들의 부정에 편승하여 아전들의 농간 또한 미치지 않은 데가 없었다. 탐관오리들은 법에도 없는 각종 세금을 마음대로 거두어 들였는데, 무고한 백성들을 잡아다가 죄명을 씌워 재물을 약탈한 다음에야 풀어주기도 하였다.

② **상공업자 수탈** : 이 시기에 새로이 성장한 상공업자들도 수탈의 대상이 되었다. 잉여생산물의 거의 모두를 빼앗겨, 지금까지 비교적 순조로운 성장을 보였던 상품화폐경제도 이 시기에는 그 성장이 둔화되었다.

(3) 세도정치의 결과

① 사회적 압제, 경제적 수탈, 사상적 경색 등의 상황이 정치적 문란과 어우러지는 속에서 세도정권은 역사발전을 저해하는 요인이 되었다.

② 왕권은 추락되고 **매관매직**이 성행하는 등 정치기강의 혼란을 초래한 결과, **삼정**(三政)이 극도로 문란해졌으며 농촌경제가 파탄되어 전국 각지에서 **민란**이 일어났다.

제 4 항 대외관계의 변화

1. 청과의 관계

(1) 호란 이후의 청과의 관계

① **북벌정책의 추진** : 호란 이후 조선의 청에 대한 적개심은 오랫동안 남아 있었고, 청에게 당한 치욕을 씻고자 하여 북벌정책이 추진되기도 하였다.

② **북학론의 대두** : 북벌정책이 추진되는 가운데 표면상으로는 사신들이 자주 왕래하여 정치적 관계가 지속되었는데 17세기 말에서 18세기에 이르는 시기에 청에서는 국력이 신장되고 문물이 크게 일어나 이에 조선에서는 청을 배척하는 대신 우리에게 이로운 것을 받아들이자는 북학론이 대두되었다.

(2) 청과의 국경문제

① **국경 교섭** : 청은 17세기 말 숙종 때 국경문제를 확정짓자고 제의하여 조선의 박권과 청의 목극등(穆克登)이 백두산 일대를 답사하고 **정계비**(白頭山定界碑)를 세웠다(1712).

② **간도의 귀속문제** : 정계비에 동쪽 방면의 경계선이 애매하여 비문의 토문강에 대한 해석을 둘러싸고 조선과 청 사이에 간도의 귀속문제에 대한 분쟁이 일어났다.

Side Check

> ◈ 백두산정계비
>
> 숙종 38년 청의 목극등과 조선의 박권이 청·조 국경을 백두산 일대를 근거로 하여 경계를 확정지었다. 비문에는 다음과 같이 기록되어 있었다.
>
> '西爲鴨綠, 東爲土門, 故於分水嶺上…',
>
> '동쪽으로 土門을 경계로 한다'는 글귀 중에서 土門이 만주 송화강인지 두만강인지 밝혀지지 않아 외교적 마찰이 있어왔다. 1909년 일본·청 간의 간도협약에서 일제가 안봉선 철도부설권을 얻는 대신 간도를 청국에 양보함으로써 간도지역의 영토를 상실하였다.

2. 일본과의 관계

(1) 기유약조(己酉約條, 1609)

임진난 이후 광해군 때 도쿠가와막부(德川莫府)는 조선의 교린정책의 기조하에서 제한된 조공무역을 할 것을 요청하고 조선은 1609년에 이를 허용하였다. 세사미두는 100석, 세견선은 200척으로 제한하였고 대마도(對馬島) 도주에게 도서(圖書)를 만들어 주어 조선에 오는 일본인은 이 도서를 사용한 서계(書契)를 휴대토록 하였으며 부산포만 개방하였다.

(2) 통신사 파견

일본은 조선을 문화의 선진국으로 여겨, 조선사절의 파견을 부탁해왔다. 그들은 조선의 사절을 맞이함으로써 정치적 권위를 세우고자 하였다. 이에 조선을 통신사를 순조 11년까지 모두 12회 정도 파견하였다. 통신사는 조선의 선진문화를 일본에 전파하는 구실도 하였다.

(3) 울릉도 · 독도문제

동해상의 울릉도와 독도는 삼국시대 이래로 우리나라 영토였다. 그러나 일본 어민들이 자주 이곳을 침범하자, 숙종 때 동래의 어민인 안용복이 이들을 축출하고, 일본에 건너가서 울릉도가 조선영토임을 확인시킨 일도 있었다. 그 후 정부에서는 울릉도 개척을 위해 주민의 이주를 장려하였고, 울릉도를 군으로 승격시켜 독도까지 관할하게 하였다

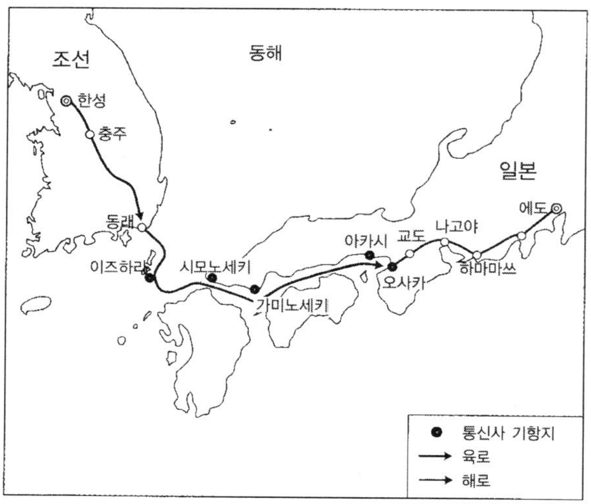

통신사의 행로

Focus Diagram

◆ 근대사회로의 지향 및 제도의 개편과 정치변화

1. 사회변화와 서민의식의 성장
   - 계 기
     - 양반관료의 보수화(관념철학의심취 · 군적수포제 실시)
     - 토지의 집중화, 환곡제의 폐단, 농민의 몰락
     - 전란의 영향
   - 중간계층
     - 서얼 : 서얼의 신분상승운동(상소, 납속책), 전문직을 담당
     - 중인 : 역량에 따라 출세가 보장되어 있었으나 규정대로 지켜지지 않음
   - 농민의 분화
     - 경영형부농 : 양반신분 취득과 향촌에서 영향력 확대
     - 임노동자 : 토지이탈로 임노동자화

2. 근대사회로의 이행

역사상에서 정의되는 근대사회의 성격
- 정치면 - 국민의 참정권이 전제가 되는 사회
- 사회면 - 각 계층이 평등한 사회
- 경제면 - 자본주의사회의 성립
- 사상면 - 과학적이고 논리적인 사고에 바탕을 둔 합리화의 추구

우리 역사에서의 근대사회로의 지표
- 경영형부농과 도고의 성장(자본주의적 맹아)
- 서얼차별 완화, 농민의식의 성장, 노비의 점진적 해방
- 실학, 천주교, 동학 등 학계, 종교계의 새로운 움직임
- 붕당정치 변질→근대지향적인 이행을 정치권이 수렴하지 못함

3. 제도개편

<정치면>

의정부 6조체계 → 비변사 6조체제
- 임시기구 (삼포왜란)
- 상설기구 (을묘왜변 후)
- 합의기구 (임진왜란)

<군사면>

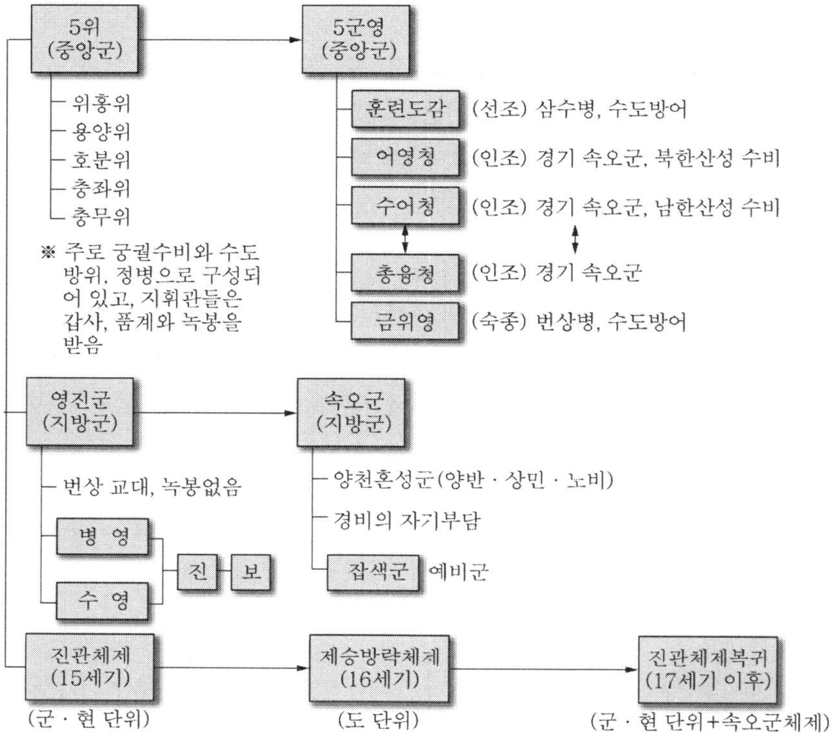

4. 붕당정치의 흐름

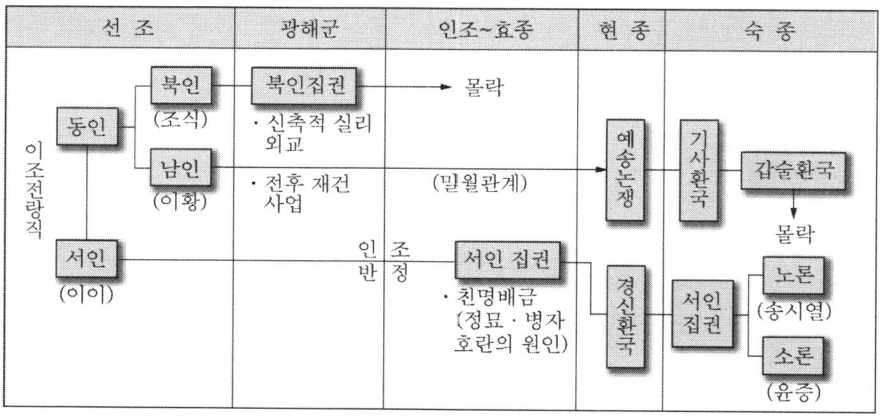

5. 붕당정치의 성향

당 파		성 향	
동인	북 인	· 실리적 외교추진 · 현실에 대한 적극적 개혁방안 모색	
	남 인	· 수취체제 완화와 자영농 육성주장 · 상공업에 대해서는 소극적 · 왕권강화 · 정책비판	경세치용학파
서인	노 론	· 상공업의 발전, 노비제 비판, 서얼의 지위향상, 부국강병 중시 · 노론은 성리학적 세계관+명분론 유지+보수적	이용후생학파
	소 론	· 소론은 내정개혁 주장	

6. 탕평책

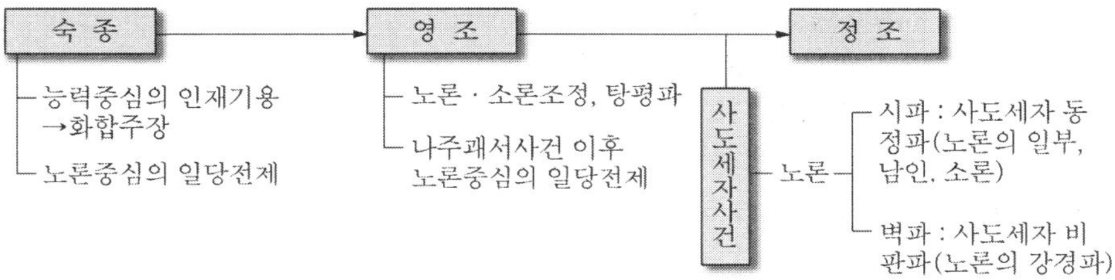

7. 세도정치→왕권의 명문화, 유교적 양반관료정치의 허구화

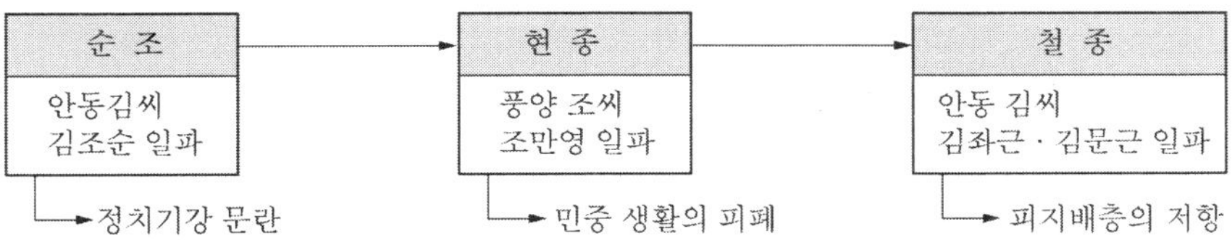

8. 백두산 정계비(숙종 38년, 1712)

> …西爲鴨綠 東爲土門 故於分水嶺上…
> …서쪽으로 압록강, 동쪽으로는 토문강으로서 경계를 나눈다…

제3절 경제구조의 변화와 사회변동

Digest

1. **조선후기 사회모순의 심화** : 조선후기 위정자들은 지배체제의 모순이 크게 드러나는 속에서 통치질서를 개편하고 수취체제를 조정하여 붕당정치를 전개하였다. 그러나 붕당정치가 17세기 후반 이래로 변질되어 가면서 위정자들이 정치를 잘 이끌지 못해 사회모순은 보다 심화되어 갔고 그것은 농촌사회를 더욱 어렵게 하였다. 그리하여 어려움을 벗어나려는 움직임이 여러 곳에서 나타났다.
2. **경제구조의 변화와 사회변동** : 생산력의 발달과 생산양식의 변화는 사회구조의 변동을 불가피하게 하였다. 18세기 이후 농민이 중심이 된 피지배층은 경제성장과 사회변동에서 나름대로 역할을 하였다. 이 시기의 민중은 탐관오리와 포악한 지주에게 여러모로 시달림을 당하였고, 무능한 정부에 더 이상 희망을 가질 수 없었다. 그리하여 그들은 자신들의 삶에 부닥치는 어려움을 스스로 해결하고자 하였다.

제 1 항 생산력의 증대

1. 경제의 활성화

(1) 제도개편의 한계성

정치제도 및 수취제도의 개편은 어느 정도 정치질서와 민생안정에 기여하였으나 궁극적으로 양반중심의 지배체제의 확립을 목적으로 한 것이었으므로 한계성을 지니고 있었다.

(2) 조선후기의 경제변화

① **피지배층의 역할** : 피지배층은 지배체제의 제약을 무릅쓰고, 경제성장과 사

회변동에 있어서 나름대로의 역할을 하여 그 원동력이 되었다.

② **피지배층의 노력** : 전쟁피해 복구, 황폐한 농토를 다시 개간하고 수리시설을 복구, 영농방법 개선과 새로운 작물재배 등을 하였으며 농촌을 떠난 농민의 일부가 도시로 모여들면서 도시의 상권이 확대되고 자유로운 활동이 추구되었다.

(3) 경제활성화의 의의

경제의 활성화는 새로운 경제체제로의 발전을 지향하는 움직임이었다. 뿐만 아니라 산업활동의 진전에 따른 경제변화는 경제문제 자체에서 그치는 것이 아니라, 조선후기 사회의 변동을 촉진시키는 요인으로 작용하였다.

2. 농업생산력의 증대

(1) 농업의 발전

조선후기의 농업은 커다란 진전과 변화를 보였다. 그것은 생산력의 증대와 경영방법의 변화를 수반하였기 때문이었다. 이렇게 경제활성화는 농촌에서 비롯되었다.

① **개간사업** : 임진왜란 후 농토가 150만결에서 54만결로 감축되자 지배층은 위기를 인식하게 되었고, 이에 따라 정부는 개간장려책으로 농경지의 확충에 나섰으나, 그것은 지주나 관리들의 토지겸병과 지주제를 확대시켰을 뿐 농민의 생활에 도움을 주지 못했다.

② **농법의 개량** : 농법의 개량은 수전농업이나 밭농사에서 모두 진행되었다. 수전농업에서는 직파법(直播法)이 이앙법(移秧法 : 모내기법)으로, 밭농사에서는 농종법이 견종법(猬種法 : 밭고랑으로 심는 법)으로 개선되어 농업생산력은 커졌고 노동력은 절감되었다.

㉠ **이앙법의 보급** : 15세기에 이앙법에 대한 소개가 「농사직설」을 통해 언급되고 있었으나 실제 농촌에서 보편화된 것은 17세기 이후였다.

㉡ **이모작의 확산** : 이모작의 전국적 보급으로 1년에 쌀과 보리를 경작할 수 있었고 보리는 소작료에서 배제되었기 때문에 농민의 소득증대나 식량대용

에 크게 기여하였다. 따라서 소작농들은 보리 농사를 선호하였다.

㉢ **시비법의 개발** : 생산성을 향상하기 위해 지력이 보호되어야 하는데 인위적으로 비료를 주어 지력을 보호하고 계속해서 작물을 심을 수 있게 되었다. 조선후기에 이르러 퇴비, 분뇨, 석회 등 거름의 종류가 개발되었고, 양도 많아지고 거름을 주는 방법도 개선되었다.

㉣ **농기구의 개량** : 18세기 이후 철제수공업의 발달에 힘입어 쟁기, 써레, 쇠스랑, 호미 등 다양한 농기구가 제작·사용되었고, 소를 이용한 쟁기질이 보편화됨으로써 농업생산력이 한층 증대되었다.

③ **수리시설의 발달** : 수리시설을 확충하여 크고 작은 저수지를 수천 개씩 만들어 가뭄에 대비하였다.

④ **상품작물의 재배** : 18세기 이후, 주곡으로 자리잡은 쌀의 상품화가 활발해지면서, 크게 늘어난 수요를 감당하기 위해 밭을 논으로 바꾸는 현상도 활발해졌다. 쌀은 장시에서 가장 많이 거래된 물품이었다. 그러나 농민들은 미곡의 단작에만 국한하지 않고 담배(17C초 일본에서 전래), 인삼(18C 이후) 등 상품작물을 재배하였고 서울근교에서는 채소재배와 목화, 약재, 고추, 토마토, 호박, 피마자 등도 인기있는 작물로서 많이 경작되어 농민들의 소득을 향상시켰다. 면화는 당시 서민들이 가장 많이 사용한 옷감원료로서 수요가 많았으며, 삼남지방과 황해도에서 집중적으로 재배되었다.

⑤ **구황식물(救荒植物)** : 고구마는 1793년에 조엄이 일본에서 들여왔고, 감자는 19세기 헌종 때 청에서 마령서가 전래하였다. 고구마에 대한 재배저서는 「감저보」(甘藷譜 : 강필리), 「감저신보」(甘藷新譜 : 김장순), 「종저보」(種藷譜 : 서유구) 등이 있다.

(2) 각종 농서의 편찬

신속의 「농가집성」(農家集成), 홍만선의 「산림경제」(山林經濟), 유중림의 「증보산림경제」(增補山林經濟), 서유구의 「임원경제지」(林園經濟志) 등이 있다.

3. 농업경영의 변화

(1) 광작(廣作)의 대두

이앙법의 보급으로 노동력을 덜게 된 농민들은 경지면적을 넓히기 시작하였다. 그리하여 축적에 성공한 농민들은 토지를 구매하여 광작을 할 수 있었는데 이에 따라 농민 1인당 경작할 수 있는 면적은 종래보다 약 5배로 늘어났고 단위면적당 경작 노동력도 80% 가량 감소되었다.

(2) 광작의 영향

농민층의 계층분화를 촉진하였다. 농업경영의 다양화로 광작을 성공시킨 부농들과 여전히 소작을 해야만 살 수 있는 농민들로 크게 분화되었다. 대부분의 농토를 소작주고 일부 농토만 직영하던 지주들은, 광작이 가능해지면서 소작지를 회수하여 노비를 늘리거나 머슴을 고용하여 직영하였다. 이 때문에 소작농민들은 소작지를 잃거나, 소작지를 얻기가 더욱 어려워졌다. 따라서, 그들은 더 이상 농사를 지을 수 없게 되었다.

양반관료, 토호, 상인들은 상품화폐경제가 발달하면서 가난한 농민들의 토지를 헐값에 매입·축적해 갔고, 따라서 다수의 농민들은 농토에서 유리되어 상공업에 종사하거나 임노동자가 되었다. 그리하여 이 시기에 광산, 포구 등에는 새로운 도시가 형성되기도 하였다. 황해도의 수안, 충청도의 강경, 함경도의 원산 등이 그러한 곳이었다.

4. 지대(地代)의 변화

(1) 배 경

농업경영상의 이와 같은 변동은 지주권의 약화와 전호권의 성장, 상품화폐경제의 발달과 병행하여 지대에도 커다란 변화를 가져왔다.

(2) 지대의 변화

① **타조법(打租法)** : 수확량의 1/2이 종대 소작료 수취의 관행이었으며 이러한 소작관계는 자주에게 유리하고 소작농은 종자, 비료, 농기구까지도 자신이 부담하는 것으로 되어 경작농민에게는 불리하였다.

② **도조법(賭租法)** : 도조법은 농사의 풍작과 흉작에 관계없이 해마다 정해진 일정지대액을 납부하는 것으로 이 지대율은 수확량의 1/3로 소작인에게 유리하였다. 특히 도지권(賭地權)을 가진 농민은 보다 자유로운 관계를 가지면서 축적을 할 수 있었다.

㉭ **도지권** : 소작지에 대한 영구경작권을 일컫는다. 이 권리는 타인에게 매매, 양도, 전대가 가능했다. 또한 영농방법과 농작물의 선택까지도 자유로이 할 수 있었으며, 계약된 도지 이외의 생산량은 자기소유로 할 수 있어서 생산의욕을 더욱 높였다.

(3) 지주전호제의 변동

① **지대의 금납화(金納化)** : 18세기 말 이후로는 상품화폐경제가 급속도로 진전되면서 소작료의 납부형태도 금납제로 이행되어 갔다. 이 같은 움직임들은 소작농의 농업경영을 보다 자유롭게 해주는 기반이 되었다.

② **부유한 평민층의 지주화** : 이 시기에는 부유한 평민층이 지주가 되는 경우도 적지 않았다. 이러한 경우에는 지주와 전호의 신분이 같았으므로 인신적 지배를 강요할 수 없었다. 그리하여 지주와 전호의 관계는 비교적 자유로운 관계를 유지하게 되어, 결과적으로 생산의욕을 높였다.

5. 민영수공업의 발달

(1) 관영수공업의 쇠퇴

부역제에 토대를 둔 종래의 관영수공업은 쇠퇴하고, 민영수공업이 성장하여 갔다. 무기나 자기의 제조분야에서는 여전히 관영수공업이 중심을 이루었지만, 이들도 점차 민간수공업으로 전환하고 있었다.

(2) 사장(私匠)의 대두

이는 부역제의 변동과 상품화폐경제의 진전에서 비롯된 것으로서, 즉 서울의 경공장과 지방의 외공장 등의 수공업자들은 모두 각 관아에 등록되어 일정기간 노동력을 징발당하였으나 16세기를 전후하여 일정기간의 국역이 끝나 여력이 있으면 시장생산을 인정하게 되는 사장이 대두하게 되었다.

(3) 민간수공업자의 활동

16세기 이후 공장들은 가급적 등록을 기피하였고, 정부도 재정사정의 악화로 관영수공업을 유지하기 어렵게 되었다. 18세기 말에 마침내 장인의 등록안이 폐지되고 수공업자들은 장인세를 부담하는 민간수공업자로서 자유롭게 제품생산활동에 전념할 수 있게 되었다. 대동법의 실시로 인한 관수품의 증대는 이들의 발전을 자극하였다. 민간수공업자의 작업장은 흔히 점(店)으로 불렸는데 철점(철기수공업체), 사기점(사기 수공업체) 등이 있었다.

(4) 농촌수공업의 발달

농촌의 수공업은 자급자족을 하기 위한 제조였으나 차츰 상품으로 생산하는 경우가 많아졌고, 수공업을 전문적으로 하는 농가도 늘었다. 이는 가내공업으로 주로 옷감과 그릇 종류를 생산하였다.

(5) 선대제도

공인이나 상인들은 우월한 자본력(원료, 자금)으로 민영수공업자를 고용하여 주문생산을 하였다. 특히 종이, 화폐, 철물 등의 제조분야에서 선대제가 일반적이었다.

(6) 독립 자영수공업자(獨立自營手工業者)

18세기 후반에 이르러, 독자적으로 상품을 계획하고 생산, 판매하는 독립 수공업자가 성장하였다. 주로 놋그릇, 농기구, 모자, 장도(粧刀) 분야에서 두드러졌다.

6. 광산의 개발

(1) 초기의 광업정책

초기의 광업은 주로 호조에서 광산을 채굴하고 금광, 은광, 동광을 관리하였고 사적인 광산경영은 통제되었다. 국가가 필요한 수요를 일률적으로 광산지역에 있는 수령들에게 하달하면 농민들이 부역동원되어 채취하였는데, 이 방식은 많은 무리와 폐단을 일으켰다.

(2) 사채(私採)의 허용

광업은 국가가 경영하였으나 16세기 이래로 농민들이 광산에 부역으로 동원되는 것을 거부하기 시작하자, 17세기(효종 때)에는 점차 사채(私採)를 허용하면서 세금을 징수하는 정책으로 전환하였다(設店收稅制). 특히, 청나라와의 무역에서 은(銀)의 수요가 늘어나자 17세기 말에는 70여개 소의 은광이 개발되었다.

㉾ **설점수세제(設店收稅制)** : 국가가 비용을 대어 광산지역에 제련장과 부대시설을 포함한 점(店)을 설치하고 그 경영은 민간에게 맡기는 방식이었다.

(3) 잠채(潛採)의 성행

18세기 중엽 농민들이 광산에 모여들어 농업에 지장을 주자 국가는 이를 금지하였다. 그러나 광산채취가 돈벌이가 잘되므로 상인이나 농민들이 몰래 광산을 개발하는 잠채가 성행하였다.

(4) 광산경영의 분업화

조선후기에는 덕대(德大)가 대개 상인물주로부터 자본을 조달받아 채굴업자인 혈주(穴主)와 채굴노동자·제련노동자 등을 고용하여 광산을 경영하였다. 이 때 작업과정은 굴진·운반·분쇄·제련 등의 과정이 분업화 되어 있었다.

제 2 항 시장권의 확대

1. 공인(貢人)의 활동

(1) 조선초기의 상업

① 조선왕조는 중농정책을 내세워 수공업과 광업 뿐만 아니라 상업에 대해서도 초기부터 정부가 적극적으로 관여하여 그 활동을 규제하였다.

② 상업활동은 왕실이나 관청에 필요한 물품을 조달하는 시전상인의 활동 외에는 거의 보잘 것이 없었다.

(2) 조선후기 상업계의 변화

① **상업발달의 배경** : 17세기 이래로 농업생산력이 증대되고 수공업생산이 활발해지면서 상품의 유통이 활성화되어 갔다.

② **부세 및 소작료의 금납화** : 이 시기 이후 널리 확산된 부세 및 소작료의 금납화는 상품화폐경제의 진전을 보다 촉진시켰다.

③ **농민의 계층분화** : 조선후기에는 인구의 자연증가 뿐만 아니라 농민의 계층분화가 심화되어 농촌으로부터 유리된 인구의 도시유입으로 상업활동이 더욱 활발해졌다.

(3) 공인의 활동

조선후기 상업활동의 주역은 공인(貢人)과 사상(私商)이었다. 그 중에서도 처음에는 공인들이 상업활동을 주도하였다.

① **공인(貢人)** : 대동법이 실시되면서 나타난 어용상인들이었다. 이들은 관청에서 공가(貢價)를 미리 받아 필요한 물품을 사서 납부하였다.

② **활동** : 이들은 관청별로 또는 물품의 종목별로 공동출자를 해서 계를 조직하고 상권을 독점하였으며, 납품할 물자를 수공업자에게 위탁하여 수공업이 성장

을 뒷받침하기도 하였다.

③ **도고** : 공인들은 서울의 시전 뿐만 아니라 지방의 장시를 중심으로 활동하였고, 특정물품을 대량으로 취급하는 까닭에 독점적 도매상인인 도고(都賈)로 성장할 수 있었다.

2. 사상의 대두

(1) 사상의 등장

① 서울을 비롯한 각 지방의 도시에 사상(私商)이 나타난 것은 17세기 초이다.

② 도시 근교의 농어민, 소규모 생산자, 군졸 등이 직접 생산한 채소, 과일, 수공업 제품 등을 행상으로 판매하면서부터였다.

③ 농촌에서 도시로 유입된 인구의 일부가 상업으로 삶을 이어 가고자 하여 시전에서 물건을 떼어다가 파는 중도아(中都兒)가 되기도 하였다.

④ 17세기 후반 이후에 이르러서 사상들은 보다 적극적으로 상행위를 벌여 종루, 이현, 칠패 등에 근거지를 마련하고, 종래의 시전과 대립하기도 하였다.

(2) 사상의 성장

① **시전상인의 금난전권** : 사상의 활동이 활발해지면서 일찍부터 사업을 독점해 왔던 시전상인들은 정부에 대해 일정한 부담을 지기도 하고 금난전권을 얻어내어 사상들의 활동을 억압하려 하였다.

Side Check

◈ 금난전권

난전을 금지할 수 있는 금난전권은 본래 상거래행위를 감독하는 경시서의 고유권한이었으나, 조선후기 상권경쟁이 치열해지면서 시전은 정부에 대해 국역의 부담을 지는 대신에 반대급부로서 금난전권을 요구, 이를 취득하였다. 금난전권은 처음에는 육의전에만 허용하였으나, 후에는 많은 시전들이 이를 행사하였다.

② 사상들은 정부와 결탁하여 새로이 점포를 창설하거나, 금난전권이 적용되는

도성을 벗어나 송파 등 지방에서 도성으로 들어오는 길목으로 상권을 확대하면서 상행위를 계속하였다.

③ **금난전권의 철폐** : 18세기 말에는 정부로서도 더 이상 사상의 성장을 막을 수 없었기 때문에 결국 육의전을 제외한 나머지 시전의 금난전권을 철폐하였다(신해통공, 1791).

④ 이로써 사상들의 자유로운 상업활동이 어느 정도 보장되었으며, 그들 중의 일부는 도고로 성장하여 갔다.

(3) 사상의 도고활동

① 사상의 도고활동은 주로 칠패, 송파 등 도성주변에서 이루어졌지만, 개성(송상), 평양(유상), 의주(만상), 동래(내상) 등 지방도시에서도 이루어졌다.

② 이들은 각 지방의 장시와 연결하면서 물화를 교역하고, 각지에 지점을 두어 상권을 확장하기도 하였다.

송상	· 전국에 송방(松房)이라는 지점을 설치하여 활동기반을 강화하였다. · 주로 인삼을 재배, 판매하고 대외무역에도 깊이 관여하여 부를 축적하였다.
경강 상인	· 운송업에 종사하면서 거상으로 나타났다. · 한강을 근거지로 삼아 주로 서남연해안을 오가며 미곡, 소금, 어물 등의 운송과 판매를 장악하고 부를 축적하여 갔다. · 선박의 건조 등 생산분야에까지 진출하였다.

3. 장시의 발달

(1) 장시의 확대

① **장시의 개설** : 15세기 말, 남부지방에서 개설되기 시작한 장시는 18세기 중엽에 이르러서는 전국에 1천여 개소가 개설되었다.→조선후기 사상 성장의 토대

② **장시의 기능** : 지방민의 교역장소로, 인근의 농민, 수공업자, 상인들이 일정한 날짜에 일정한 장소에 모여 물건을 교환하였는데, 보통 5일마다 열렸다.

③ **지역적 시장권** : 장시는 인근의 장시와 연계하여 하나의 지역적 시장권을

형성하는 것이 보통이었다.

④ **전국적 유통망의 연결** : 18세기 말에는 장시 중에서도 광주의 송파장, 은진의 강경장, 덕원의 원산장, 창원의 마산포장 등은 전국적인 유통망을 연결하는 상업의 중심지로 발돋움하였다.

(2) 보부상(褓負商)의 활동

① 농촌의 장시를 하나의 유통망으로 연계시킨 상인은 보부상이었다.

② 이들은 생산자와 소비자를 이어주는데 큰 역할을 한 행상으로서, 장날의 차이를 이용하여 지역안의 시장권에서 또는 전국적인 장시를 무대로 하여 활동하였다.

③ 그들은 자신들의 이익을 지키고 단결을 굳게하기 위하여 보부상단이라는 조합을 이루고 있었다.

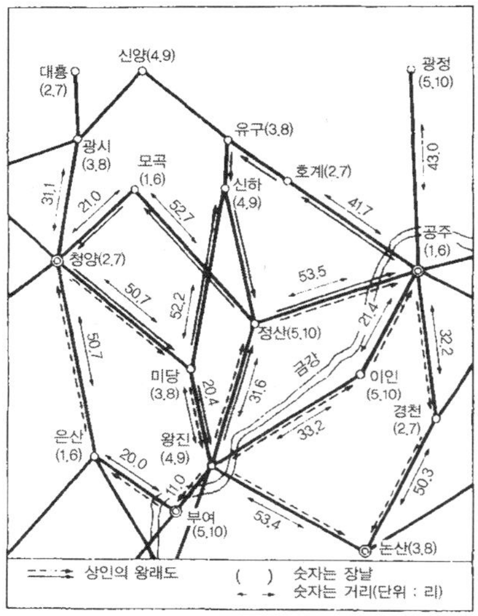

장시 구역도

4. 포구에서의 상거래

(1) 새로운 상업중심지

① 수레와 도로가 발달하지 못한 시기였기 때문에 물화의 대부분은 수로를 통하여 운송하였다.

② 종래의 포구는 세곡이나 소작료를 운송하는 기지로서의 역할을 하였으나, 18세기에 이르러 상거래가 활발해지면서 상업의 중심지로 성장하였다.

(2) 포구에서의 상거래

① **상품유통의 거점** : 연해안이나 큰 강 유역에는 포구가 형성되어 있었는데, 처음에는 가까이에 있는 포구 간에 또는 인근의 장시와 연계하면서 상거래가 이루어졌다.

Side Check

◈ 포구 간의 유통

18세기 이전에는 큰 포구를 상품유통의 거점으로 하여 큰 포구와 큰 포구, 또는 큰 포구와 그 주위의 장시를 연결하는 형태였다. 그러나 18세기 말 이래로는 작은 포구도 상품유통의 거점으로 변해갔다. 포구에서의 상품유통이 활발해지면서 세력가들은 포구 주인권을 행사하여 상품유통을 장악하기도 하였다.

② **전국적 상업기지화** : 선상(船商)의 활동이 두드러지면서 전국 각지의 포구가 하나의 유통권을 형성하여 갔다. 특히, 칠성포, 강경포, 원산포 등의 포구에서는 장시가 열리기도 하였다.

(3) 포구를 거점으로 한 상인

① **선상(船商)** : 선박을 이용해서 각 지방의 물품을 구입하여 포구에서 처분하였는데, 운송업에 종사하다가 거상으로 자라난 경강상인은 대표적인 선상이었다. 그들은 한강을 근거지로 하여 주로 서남연해안을 오가며, 미곡, 소금, 어물 등을 거래하였다.

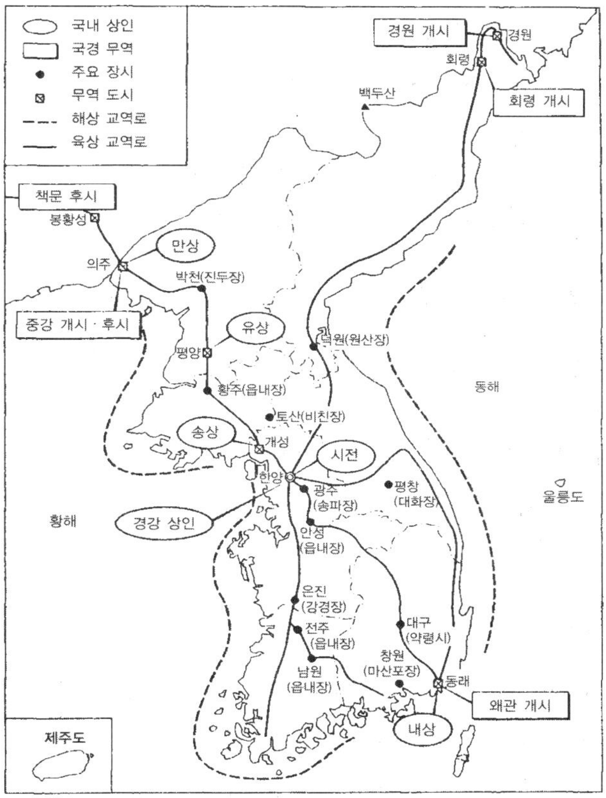

조선후기의 상업과 무역활동

② **객주, 여각** : 객주나 여각은 각 지방의 선상들이 물화를 싣고 포구에 들어오면 그 상품의 매매를 중개하고 부수적으로 운송, 보관, 숙박, 금융 등의 영업도 하였다. 객주와 여각은 지방의 큰 장시에도 있었다.

5. 대외무역

(1) 청과의 무역

17세기 중엽부터 청과의 무역이 활발해지면서 국경지대를 중심으로 하여 공적인 무역과 사적인 무역이 이루어졌다.

① **공무역(公貿易)** : 중강개시 · 회령개시 · 경원개시

② **사무역(私貿易)** : 중강후시 · 책문후시 · 회동관후시 · 단련사후시

③ **교역품**

㉠ **수입품** : 비단 · 모자 · 약재 · 말 · 문방구

㉡ **수출품** : 은 · 가죽 · 종이 · 무명 · 인삼

(2) 일본과의 무역

① **수출** : 17세기 이후로 일본과의 관계가 정상화되면서 동래에 있는 왜관개시를 중심으로 조공무역이 이루어졌다. 수출품으로는 인삼, 쌀, 무명 등이 있었으며 청에서 들여온 물품을 일본에 재수출하는 중계무역을 담당하기도 하였다.

② **수입** : 일본으로부터 은 · 구리 · 황 · 후추를 수입하였는데 이 중에서 은을 청에 다시 수출함으로써 중간이득을 취하기도 하였다.

(3) 영 향

대외무역이 활발해지면서, 상인들은 막대한 부를 축적할 수 있었으나 수입품 중에는 사치품이 많았고 수출품 중에는 은과 인삼이 큰 비중을 차지하고 있어 국가재정과 민생에 여러 가지 문제점을 던져주기도 하였다.

(4) 국제무역상

국제무역에서 두드러진 활동을 보인 상인들은 의주의 만상과 동래의 내상이었으며, 개성의 송상은 양자를 중계하여 큰 이득을 남기기도 하였다.

6. 화폐의 보급

(1) 상평통보의 전국적 유통

18세기 후반에 들어와 상공업의 발달과 조세의 금납화가 촉진되면서 숙종 때 발행한 상평통보(常平通寶 3차)가 전국적인 화폐로서 유통되기 시작하였다.

① **1차 주조** : 인조(1633) 때 상평통보를 발행하였지만 유통이 원활하지 못하였다.

② **2차 주조** : 효종(1649) 때 김육의 주장으로 재차 상평통보를 주조하였는데 서울 및 지방 일부에서 유통되기 시작하였다.

③ **3차 주조** : 숙종 때인 1678년에 허적의 주장으로 주전도감에서 세 번째로 화폐가 주조되었고 전국적으로 유통이 이루어졌다.

(2) 전황(錢荒)의 문제

화폐의 보급은 상품의 유통을 촉진시키는데 크게 기여하였으나 또 다른 사회문제를 일으켰다. 화폐를 저장수단으로만 여겨 일단 들어온 화폐를 수집함으로써 시중에 화폐가 부족하게 된 것이다. 이로써 그 부족분을 메꾸기 위해 화폐를 계속 발행하여도 화폐가 부족하였다. 이러한 현상을 전황(錢荒)이라고 하여 실학자 이익(李瀷)은 이러한 화폐의 역기능을 들어 폐전론(廢錢論)을 주장하기도 하였다.

제 3 항 사회구조의 변동

1. 양반의 계층분화

(1) 조선사회의 신분제

① 조선사회의 신분제는 법제적으로는 양천제를 표방하고 있었지만, 실제로는 양반, 중인, 상민, 천민의 네 계층으로 분화되어 있었다.

② 조선시대의 사회생활에서 기본적 가치관이었던 성리학은 이러한 신분제를 합리화시켜 주었다.

(2) 신분제의 동요

① **계층의 분화** : 경제구조의 변동으로 부농층과 임노동층, 그리고 상업자본가와 독립수공업자 등 새로운 계층이 나타나서 마침내 신분제의 동요를 가져왔다.

② **신분의 상승** : 경제적으로 여유가 생긴 일부 농민들은 납속 등의 방법을 통해 양반으로 상승하였고 중인들도 전문직을 담당하거나 관직으로 진출하기도 하였다. 이로써 16세기 이후 구축되어 온 양반-중인-상민-노비의 신분구조가 상당한 변화를 겪기 시작하였다.

(3) 양반층의 분화와 증가

① **양반층의 분화** : 양반층도 관직의 계속적인 독점에 따라 벌열화되고 명문귀족화되었고 이 대열에서 이탈한 양반들은 지방으로 내려가 지역의 실력자로서 향반이 되었다. 그리고 아주 몰락하여 정치적·경제적으로 쇠잔한 잔반들도 대거 있었다.

② **양반 수의 증가** : 양반의 질적인 계층화에도 불구하고 19세기에 그 수는 엄청나게 늘어나 전체인구의 70%에 육박할 정도의 기현상이 연출되었다. 상대적으로 상민이나 노비의 수가 급격히 줄어들어 봉건조선의 존립기반을 흔들었다. 이

러한 현상은 부를 축적한 상인이나 농민 혹은 수공업자가 신분을 돈으로 삼으로써 일어났다.

③ 몰락한 양반들은 서당의 훈장이 되어 생계를 유지하거나, 심한 경우에는 농업이나 상공업 등 생업에 직접 종사해야 하였다. 그들은 이름만 양반이었을 뿐이지 사회적, 경제적 처지는 평민과 거의 다름이 없었다.

2. 신분상승운동

(1) 신분제의 변화

① 조선후기 신분제의 변화에서 나타난 특징적인 현상은 양반층 인구의 급격한 증가였다.

② 양반계층의 자기도태현상이 심화되는 속에서도 양반의 인구는 줄어들지 않고 오히려 점차 늘어났고, 상민과 노비의 인구가 줄어드는 경향을 보였다.

③ 양반인구의 수적인 증가는 양반계층 자체의 양적 팽창에도 한 요인이 있었지만, 그보다는 하층민의 신분상승으로 인한 결과였다.

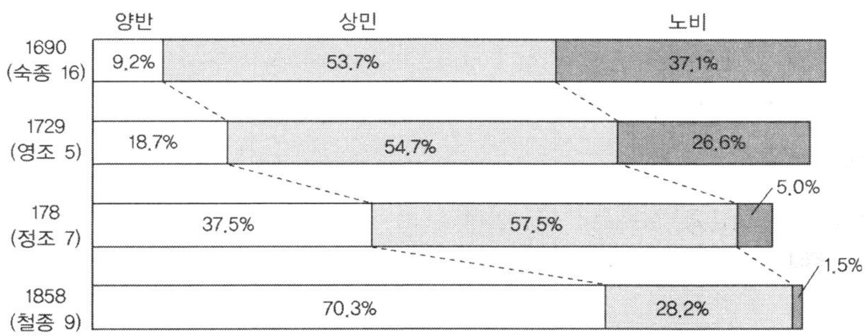

조선후기의 신분별 인구변동(대구지방)

(2) 양반인구의 증가

① **합법적 방법** : 양난을 겪으면서 정부는 난국을 극복하기 위한 필요에서 신분상승의 기회를 합법화해주었다. 전투에서 공을 세우거나(戰功), 재물을 나라에 바쳤을 때(納票策) 정부는 벼슬을 주고 양반신분을 인정하였던 것이다. 이러한

조치는 결과적으로 기존의 신분제를 문란하게 하였다.

② **불법적 방법** : 부를 축적한 농민들은 그 재력을 바탕으로 양반의 족보를 사거나 위조하는 방법으로 양반의 신분을 얻었다. 그리하여 양반의 수가 크게 증가하였고, 그것은 양반신분의 사회적 권위 자체를 떨어뜨리는 작용을 하였다.

③ **양반으로 신분상승하려는 이유**

㉠ 부농층이 양반신분을 얻게 되면 자신과 자손의 군역부담을 면할 수 있었다.

㉡ 양반지배층의 수탈을 피하고 부를 축적하는 과정에서 편의를 얻을 수 있었으며, 향촌사회에서 나름대로 행세할 수 있었다.

(3) 노비인구의 감소

① 노비의 수는 이 시기에 오면서 급격히 감소하고 있었다. 그 까닭은 가혹한 삶의 조건을 견디지 못한 노비들이 도망하는 경우가 많았기 때문이다.

② 전쟁에 참여하여 공을 세우거나, 국가에 곡식을 바쳐 상민이 되는 경우도 있었다.

(4) 노비의 해방

정부에서는 상민이 줄어들게 되면 국가재정상 불리하고, 국방상으로도 지장이 있었기 때문에 상민의 증대를 위하여 노비를 서서히 풀어주는 정책을 취하였다.

① **공노비 해방(순조, 1801)** : 19세기 초에는 국가가 소유하고 있던 6만여 명의 노비를 해방시켜 주었다.

② **사노비 해방(고종, 1894)** : 갑오개혁 때 나머지의 공노비를 포함한 모든 노비를 해방시켰다.

(5) 신분제 변화의 결과

견고하기만 하던 신분제가 이완되면서 신분간의 상하이동이 가능해졌고, 그것은 시간이 흐를수록 심화되었다.

3. 중간계층의 성장

(1) 중간계층의 불만

① **서얼** : 본래 양반의 소생이면서도 성리학적 명분론에 의해 적통이 아니었기 때문에 사회활동에서 각종 제한이 많았다.

② **중인** : 기술직이나 행정실무를 담당하는 등 중인들은 그 역할이 크면서도 고급관료로 진출할 수 있는 길은 제한되어 있었다. 따라서 그들 역시 현실에 불만이 컸다.

(2) 서얼의 신분상승운동

① **관직진출** : 서얼에 대한 차별은 임진왜란을 계기로 완화되기 시작하였다. 전란으로 재정적 타격을 받은 정부가 납속책을 실시하자, 서얼들은 이를 이용하여 관직에 나아갈 수 있었다.

② **상소운동** : 영·정조 때의 개혁분위기에 편승하여 더욱 적극적으로 신분상승을 시도하였다. 정조 때에는 이덕무, 박제가 등 서얼출신들이 규장각 검서관에 기용되기도 하였다.

(3) 중인의 신분상승운동

① 본래 중인은 그 역량이 뛰어날 경우에는 요직에도 오를 수 있도록 법제적으로 보장되어 있었으나, 양반중심의 지배체제가 강화되면서 법전의 규정은 거의 지켜지지 않았다.

② 중인들은 일찍부터 불만을 품어 왔는데, 조선후기에 이르러 경제변동에 부응하여 재력을 축적하고 전문적 지식을 쌓는 등 축적된 역량을 바탕으로 19세기 중엽에는 대규모의 소청운동을 전개하였다.

③ 중인층의 노력은 비록 성공하지는 못하였으나, 이를 통하여 전문직으로서의 그들의 존재를 부각시켰다.

4. 향촌사회의 재편

(1) 조선후기 향촌사회의 변화

① 조선후기 사회구조의 변동은 향촌사회의 모습도 크게 변모시켰다.

② 농민층 내부에서 계층분화가 두드러지게 이루어졌을 뿐 아니라 향촌질서도 새로운 방향을 모색하고 있었다.

③ 양반사회의 모순이 크게 드러나는 속에서 지배층의 분열은 중앙에서 뿐만 아니라 지방에서도 전개되고 있었다.

(2) 사족(士族)의 향촌지배

① **사족** : 향촌사회에서 지주로서 농민을 지배하고 있던 계층으로 향반(鄕班) 또는 토반(土班)으로 불려졌다.

② **향촌사회의 지배권** : 16세기 이래 향촌사회의 지배권을 확보하기 위해 **향안**을 만들어 사족세력의 결속을 강화하고, **향회**를 통해 향촌사회의 여론을 주도하면서 농민들에게 유교적인 향약을 강요하였다.

(3) 부농층의 도전

① **부농층의 대두** : 조선후기 경제구조의 변화속에서 경제력을 확보한 부농층이 대두하였다. 그들은 사족들의 향촌지배권에 도전하면서 기존의 향촌질서를 무너뜨리고자 하였다.

② 사족들은 왜란과 호란을 겪으면서 그들의 경제적 기반이었던 많은 토지를 상실하였다.

③ 향촌사회에서 새로운 세력으로 등장한 부농층은 관권과 결탁하여 성장의 기반을 굳건히 하였다.

④ 부농층은 향안에 참여하는가 하면, 향촌을 이끌고 있던 향회를 장악하고자 하였다.

(4) 향촌사회의 동요

① **향리의 농민수탈** : 농민에 대한 수탈은 이 시기에 부세가 토지를 중심으로 집중되고, 또 공동납제(共同納制)가 강화되는 부세정책에 의해 가중되었는데, 이 역시 향촌사회의 질서를 동요시켰다.

② **농민의 궁핍화** : 이 시기에는 부세의 부담의무가 있었던 상민인구가 크게 감소하고 있었다. 이에 정부는 일정량의 부세를 안정적으로 확보하기 위한 방편으로 전세, 군포, 환곡 등을 공동납의 형태로 촌락에 부과하였다. 이는 농민의 궁핍화를 가속화시켰고, 결과적으로 농민층의 불만만 고조시켰다.

제 4 항 사회변혁의 움직임

1. 사회불안의 고조

(1) 지배체제의 모순

① 지배체제의 모순은 19세기에 이르러 극도로 심화되어, 조선사회는 이제 정치, 경제, 사회, 사상 등 모든 면에서 기존체제를 청산해야 할 단계에 이르렀다.

② 지배층과 농민층의 갈등이 날로 깊어졌기 때문이다.

(2) 세도정치와 농촌경제의 파탄

① 수령과 향리들은 온갖 수단을 동원하여 축재에 열을 올렸다. 일반농민들의 피해는 말할 것도 없고 부농이나 상인, 수공업자들도 수탈의 대상이 되었다.

② 정부에서는 수시로 암행어사를 파견하여 수령이나 향리들의 부정과 비리를 적발하기도 하였지만, 체제적 모순에서 비롯된 근본적인 부조리를 일시적인 조치로 시정할 수는 없었다.

③ 농민들의 생활은 더욱 궁핍해져 갔다.

(3) 재난과 질병의 만연

이 시기에 빈번하게 발생한 재난과 질병은 농민들의 고통을 더욱 부채질하였다. 1820년에는 전국적으로 큰 수재를 겪었다. 이듬해에는 중국을 통해 유입된 콜레라가 만연하여 전국민을 공포속에 몰아넣었고, 그 뒤 수 년 동안 가뭄이 계속되었다. 따라서 전국 곳곳에서 기민과 유민이 속출하였고, 수십만 명의 사망자가 발생하였다.

(4) 도적의 출몰

이러한 상황에서 각지에 도적이 출몰하였다. 그러한 무리 중에는 무기를 휴대한 화적이나 수적도 있었다. 그들은 집단화하는 경향을 띠기도 하였다.

㉲ 이 당시의 도적무리

1. 화적-토호나 부상들을 공격
2. 수적-배를 타고 왕래하면서 약탈
3. 서강단(西江團)-서울지역
4. 폐사군단(廢四郡團)-평양지역
5. 유단(流團)-유민
6. 채단(彩團)-광대

(5) 이양선의 출몰

밖으로부터는 서양세력이 접근해 와, 연해안에서는 이양선이 빈번히 나타나 위기의식을 더욱 고조시켰다.

Side Check

◈ 이양선(異樣船)

이양선이란 서양식 상선이나 군함을 가리키는데, 18세기 이전에는 거의 표류에 의한 불가피한 접근이었으나, 18세기 후반 이래 이양선의 출몰은 정탐, 측량, 통상을 목적으로 한 계획적이며 의도적인 접근이었다. 조선에 처음으로 문호개방과 교역을 정식으로 요구한 이양선은 1832년 황해도 몽금포 앞바다에 나타난 영국상선 암허스트호였다.

2. 예언사상의 유행

(1) 유교적 지배논리의 허구

사회, 정치적 변동이 격심하였던 조선후기에는 유교사상이 더 이상 사회운영원리로 작용하지 못하였고 실생활과는 동떨어진 채 관념적인 방향으로 흘러가고 있었다.

(2) 예언사상의 유행

사회가 변동하고, 기존의 가치질서가 무너지는 속에서 정감록(鄭鑑錄) 등 비기, 도참사상 등에 의한 예언사상이 유행하였다. 즉, 말세의 도래, 왕조의 교체, 변란의 예고 등 근거없는 낭설이 비기, 도참설을 빌어 나돌았다. 이러한 예언사상의 현실 부정적 성격은 농민의 항거운동에 혁명적 기운을 조장하였다.

(3) 무격신앙의 성행

불안과 학대에 시달리게 된 피지배층 사회에서 개인적 · 구복적 성격의 무격신앙이 성행하였다. 이것은 굿을 통하여 사람들의 한을 풀어주고 미래에 대한 희망을 가지게도 하였다.

(4) 미륵신앙

현세에서 얻지 못하는 복락을 미륵신앙에서 해결하려는 움직임도 나타났으며 심지어는 살아있는 미륵불을 자처하면서 서민대중을 현혹하는 무리도 나타났다. 미륵신앙은 일찍부터 왕조말기의 반란세력에 의해 변혁사상에 이용되어 왔다.

(5) 민간신앙의 의의

이러한 민간신앙은 사회의 불안 속에서 더욱 번성할 수밖에 없었으며, 피지배층의 정신적 피난처이기도 하였다.

3. 서학과 동학

(1) 천주교의 전파

① **전래** : 천주교는 17세기 베이징을 왕래하는 사신들에 의해 우리나라에 소개되었다. 당시에는 종교적 측면보다 학문적 측면에서 수용하기 시작하여 서학(西學)이라고 하였다.

② **천주교의 신앙활동** : 학문적 대상의 천주교가 종교임을 알기 시작한 것은 18세기 후반부터였다. 이승훈이 베이징에서 세례를 받고 귀국하여 권철신·이벽 등과 함께 종교활동을 하였다. 그래서 서울, 내포, 전주 등에도 신앙공동체조직이 만들어졌다.

㊟ **천주교 신앙운동의 특징** : 선교사의 전교에 의해서가 아니라 학문적 연구와 자율적 구도활동을 통해서 전개되었다는 점에서 특이하다.

③ **천주교의 탄압** : 천주교의 유포에 대하여, 정부는 처음에는 방관하는 자세를 취하였다. 그러나 천주교가 조상에 대한 제사를 부정하고 평등사상을 유포하는 등 현실세계를 부정하고 신분질서를 어지럽히자 천주교를 사교(邪敎)로 규정하고 금령을 내렸다(1785).

④ **천주교 박해**

㉠ **신해박해(1791, 진산사건)** : 전라도 진산에서 윤지충, 권상연 등이 위패(神主)를 소각한 사건이 알려지자 이들을 사형에 처하였다. 이 사건은 우리나라 교회사에서 최초의 순교로 기록되어 진다.

㉡ **신유박해(1801)** : 순조가 즉위하고 천주교에 적대적인 노론 벽파가 정적인 남인들 가운데 천주교신자가 많음을 알고 이를 이용해 대탄압을 감행하여 이가환, 정약종, 이승훈, 중국인 신부 주문모가 사형을 당하고 정약용, 정약전 등이 유형에 처해졌다. 이 신유박해의 사실을 소상하게 적어 프랑스의 응징을 내용으로 하는 백서(帛書)가 발각되어 백서를 쓴 황사영(黃嗣永)이 전격 처형되었다(**황사영 백서사건**).

㉢ **조선교구 성립** : 안동 김씨의 세도하에 탄압이 주춤하자 신도 정하상(丁夏祥)의 노력으로 조선교구(1831)가 성립되고 프랑스 신부 모방(1836), 샤스탕(1837), 앙베르(1838) 등이 몰래 입국해 선교하였다.

㉣ **기해박해(1839)** : 헌종 때 벽파인 풍양 조씨가 정하상 등 신도 400여 명과 서양인 신부를 잡아 처형하는 사건이 발생하고 조직적으로 천주교신자를 색출, 처형하기 위해 **5가작통법**이나 **척사윤음**까지 반포하여 천주교에 대한 박해가 극에 달했다.

㉤ **병인박해(1866) → 병인양요 발생**

⑤ **천주교의 교세 확장** : 이러한 박해속에서도 천주교의 교세는 더욱 확대되었는데 그 이유는 세도정치로 말미암아 사회가 혼란해지고, 민생이 어려워짐에 따라 모든 인간은 천주 앞에 평등하다는 사상과 현실에서의 시달림에서 벗어나 영생할 수 있다는 내세적 교리가 사람들에게 공감을 불러 일으켰기 때문이다.

Side Check

◈ 천주교 발전과정

구 분	연 도	인 명
최초 소개자	선조-광해군	이수광
최초 세례자	정조 8년	이승훈
최초 순교자	정조 15년	윤지충
최초의 중국신부	정조 19년	주문모
최초의 외국신부 순교자	순조 1년	주문모
최초의 서양인 신부	헌종 2년	모방
한국의 최초 신부	헌종 11년	김대건

◈ 천주교의 특징

1. **유교적 인륜부정** : 평등한 인간관계 주장
2. **가부장적 질서부정** : 전례(典禮)문제 야기
3. **평등사상** : 기존의 신분질서 부정
4. **천주교왕국 건설** : 조선왕조 부정

(2) 동학의 발생

① **배경** : 정치적 부패와 경제파탄이 대다수 농민들에게 불안한 심정을 가지도록 했고 농민을 위한 새로운 사상이 절실히 요구되고 있었으며, 천주교의 확산도 민족종교의 탄생을 부채질하였다.

② **창시(1860)** : 동학을 창시한 교주는 경주 출신인 최제우(崔濟愚)였다. 그는 기존의 성리학과 부패한 불교를 부정했을 뿐만 아니라 천주교도 배격하였다. 그래서 이름도 서학에 반대한다는 의미에서 동학(東學)이라고 하였다.

③ **동학의 교리 및 사상**

㉠ **종합적인 성격** : 동학의 성격은 전통적인 민족신앙을 바탕으로 유교, 불교, 도교, 천주교의 교리까지도 수용한 종합적인 성격을 지녔다.

㉡ 동학은 그 철학적인 바탕을 **주기론**(主氣論)에 두었고 관념론을 배격하였다. 종교적으로 동학은 샤머니즘과 도교에 가까워 부적과 주술을 사용하였다.

㉢ **동학의 사회사상** : 동학은 모든 사람이 평등하다는 시천주(侍天主)와 **인내천**(人乃天) 사상을 강조하였다. 그래서 양반과 상민을 차별하지 않고, 노비제도를 없애며, 여성과 어린이의 인격을 존중하는 사회를 추구하였다.

④ **동학의 확산과 탄압** : 국가는 동학을 혹세무민(惑世誣民)이라고 규정하고 교주 최제우를 처형하였다(1864). 그러나 2대 교주 최시형(崔時亨)이 보은으로 거점을 옮기고 교단을 조직하고 『**동경대전**』(東經大全) 및 『**용담유사**』(龍潭遺詞)를 펴내어 교리를 정리하는 한편, 교단조직을 정비해 나감으로써 교세가 급속하게 확장되었다.

㊟ 동학에서는 한울님(天主)을 모시는 일과 '弓弓乙乙'의 부적 휴대를 중시하였고, 인내천사상에 의해 인간의 평등과 존엄, 그리고 주술에 의한 광제창생(廣濟蒼生)과 불로장생(不老長生)을 내세웠다.

4. 농민의 동태

(1) 세도정치의 폐해

① 세도정치로 인해 정치가 혼란해지고 삼정이 크게 문란해지면서 농촌사회가 극도로 피폐해졌다.

② 국가기강이 해이해진 틈을 타서 탐관오리들은 권력을 남용하여 사리사욕을 채우기에 바빴고 횡포를 일삼았다. 이 속에서 농민들은 더욱 궁핍해졌다.

(2) 농민의 몰락

① 가난에 찌들리고 빚에 몰린 농민들은 마침내 파산하여 고향을 떠나 유리걸식하거나, 세금을 피하여 산간벽지로 들어가 화전민이 되기도 하였다.

② 아예 국경을 넘어 간도나 연해주로 삶의 터전을 옮기기도 하였다.

③ 도시나 포구 또는 광산촌과 수공업촌 같은 곳으로 흘러들어가 품팔이로 생계를 꾸려야 하였다.

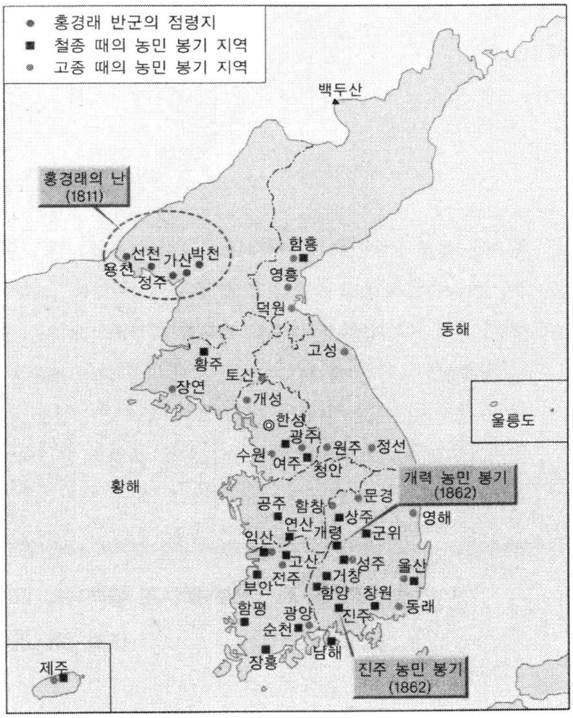

19세기의 농민봉기

(3) 농민의 대응방안

① **공동대응방안 강구** : 현실의 어려움에 대처하기 위하여 공동으로 대응방안을 모색하기도 하였다. 그리하여 농촌에서는 계와 두레가 성행하였다.

㉠ **계** : 경제적 어려움을 공동으로 타개하기 위한 조직으로서, 군포계, 제언계,

농구계 등이 있었다.

㉡ **두레 :** 두레는 농민들이 농경의 힘든 노동을 함께 나누면서 유대관계를 돈독하게 하였다.

② **농민의 항거** : 사회가 동요하는 가운데 농민들의 사회의식은 보다 성장해 갔다. 즉 그들은 자신들의 운명은 자신들이 스스로 개척하는 것 뿐이라는 사실을 터득하였다. 따라서 농민들은 소청이나 벽서 등 이제까지의 소극적인 움직임에서 벗어나 사회모순에 보다 적극적으로 대응하고자 하였다.

Side Check

◈ 삼정의 문란

1. 전정의 문란
① 진결징세 : 황폐한 땅에 징세
② 은결징세 : 토지대장에 기록되지 않은 땅에서 징세
③ 백지징세 : 공지에 징세
④ 도결징세 : 정액 이상의 세를 거두는 것

2. 군정의 문란
① 족징 : 도망자의 체납분을 친족에게 징수
② 인징 : 도망자의 체납분을 이웃에게 징수
③ 황구첨정 : 어린이를 장정으로 취급하여 징수
④ 강년채 : 60세 이상의 면제자에게 나이를 줄여 징수
⑤ 백골징포 : 죽은 자에게 군포를 부과하는 것

3. 환곡의 문란
① 늑대 : 필요이상의 미곡을 강제로 대여
② 반작 : 허위장부를 만들어 대여량을 줄이고 회수량을 줄이는 것
③ 가분 : 저장분을 대여하고 그 이자를 착복
④ 허류 : 재고가 없는데 있는 것처럼 꾸미는 것
⑤ 탄정 : 흉년에 강제로 징수하여 감한 부분을 사취
⑥ 분석 : 미곡에 겨를 섞어서 늘려 대여
⑦ 반백 : 쌀에다 톱밥이나 겨를 섞어 1가마를 2가마로 늘리는 것

4. **국가의 대책** : 국가는 암행어사를 파견하여 지방관들의 비리를 적발하여 처벌하였

으나 불편부당하고 철저하지 못해 미봉책에 불과하였다. 삼정의 문란을 근본적으로 시정하기 위한 전담기구인 삼정이정청을 구상하였으나 정적의 반대로 실행하지 못하였다.

5. 홍경래의 난

(1) 민란으로 발전

농민들은 항조 또는 거세 등의 방법을 통하여 지배체제에 항거하였다. 농민들의 집단적인 항거는 마침내 이른바 민란으로 발전하였다.

(2) 홍경래(洪景來)의 난(1811)

평북 가산에서 몰락양반인 홍경래를 중심으로 영세농, 중소 상인, 광산노동자 등이 합세하여 일으킨 봉기로 정치기강의 쇄신, 탐관오리의 척결 등을 외치며 난을 일으켰으나 5개월 만에 평정되었다. 그러나 이 난은 조선후기의 위기상황을 표현하는 민란이었다.

6. 전국적인 농민봉기

(1) 배 경

평안도에서 홍경래의 난이 실패한 이후, 사회불안은 더욱 심해졌다. 민중의 집단적 저항이 진압되었다고는 하지만, 그 원인이었던 사회의 모순은 전혀 시정되지 않았다. 지배층의 부정과 탐학은 오히려 더 심해지고 있었다.

(2) 임술농민봉기(1862)

① **발생** : 농민들은 19세기 중엽에 이르러서는 전국적으로 봉기하였다. 농민들의 항거는 **진주민란**을 계기로 하여 북쪽의 함흥에서부터 남쪽의 제주에 이르기

까지 전국에 걸쳐 일어났다.

② **결과** : 이 때의 농민항거도 결국은 진압되고 말았지만, 근본적인 대책이 강구되지 않는 한 민중의 동요는 계속될 수밖에 없었다.

③ **정부의 대책** : 정부는 **삼정이정청**을 설치하여 삼정의 문란을 시정한다고 약속했지만 그것은 제대로 실현되지 못하였다. 당면한 시대적 과제는 수취체제와 지주전호제가 가지는 모순을 해결해야 하는 것이었다.

(3) 농민들의 개혁방향

농민들이 지향하였던 사회개혁의 방향은 농민들이 토지를 소유하는 것이었다. 그런데 정부로서는 양반지주들의 이해를 뒤덮는 지주제를 개혁할 만한 능력이 없었고, 농민들로서도 그것은 변혁시킬만한 역량이 부족하였다.

(4) 농민봉기의 의의

농민들의 봉기는 농민들이 사회의 모순을 자율적으로, 그리고 보다 적극적으로 변혁시키려 하였다는 점에서 그 의의가 매우 크다.

Focus Diagram

◆ 경제구조의 변화와 사회변동

1. 경제생활의 안정

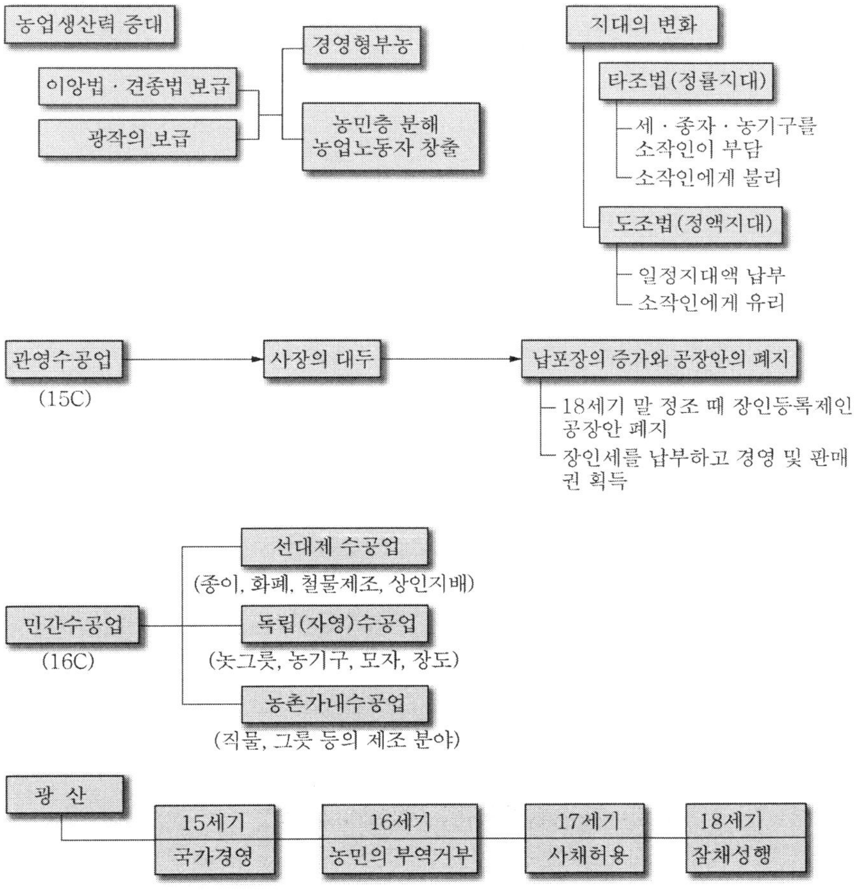

상업－자유상인활동

- 15C **시전상인**
  - ① 관수품의 무상납부(군역 대신)
  - ② 금난전권－시전, 6의전
  - ③ 보부상－관허행상단(지방상권장악)
  - ④ 장시발생－지방정기시장
- 18C **자유상업**
  - ① 상업인구 증가와 기타 산업의 발달
  - ② 금난전권 폐지－상업활동의 법적 보장
  - ③ 난전 번창(이현, 칠패, 종루)
  - ④ 공인 활동(관청 결탁, 어용상인)
  - ⑤ 지방사상 발달
  - ⑥ 도고 성장

＊ 18세기 상인들

- **관 상**
  - **중 앙** — 시전상인, 공인
  - **지 방** — 보부상(장시)
- **사 상**
  - **서 울** — 난전(이현, 칠패, 종루)
  - **지 방** — 강상, 송상, 내상, 만상 / 객주, 여각, 거간
- **도 고** — 시전, 공인, 객주, 지방상인 중 거대자본을 가지고 있는 독점 상인→상인층의 계층분화 촉진

대외무역

- (공무역) 15C

개시(공무역)	중강개시, 회령개시, 왜관개시
후시(사무역)	책문후시, 중강후시

- (사무역) 18C
  - 청 ← 만상: 은·인삼·가죽·종이
  - 청 → 만상: 비단·약재·말·문방구
  - 만상 ← 송상: 은·인삼
  - 송상 ↔ 내상
  - 내상 ← 일본: 은·구리·후추
  - 내상 → 일본: 인삼·쌀·무명

2. 신분제도의 변천도

15세기 신분구조
양인－천인

→

16세기 신분구조
양반－중인－상민－노비

→

19세기 신분구조	
양반	수적으로 증가
중인	신분 상승
상민	신분을 사서 상승
노비	수의 격감, 양인화

양반의 증가 원인	· 자연증가 · 납속에 의한 합법적 방법 · 족보위조, 유생사칭, 통혼

3. 사회불안의 고조와 농민항거

- 사회불안 고조
  - 양반지배체제 동요 → 위기의식 고조
    - ① 지배계층과 농민의 갈등
    - ② 예언사상의 유행(비기, 참위설)
    - ③ 도적의 횡행과 이양선 출몰
    - ④ 삼정의 문란
      - 홍경래의 난(1811)
      - 임술민란(1862)→전국 확산

4. 종교계의 변화

- 천주교의 수용 → 천주교의 박해
  - 신유박해 (1801)
  - 기해박해 (1839)
  - 제사의식무시 / 평등사상 / 내세적 구원관
- 천주교의 수용
  - 학문의 일부－18C 이후의 남인파
  - 신앙공동체－이벽, 이가환, 이승훈, 권철신, 정약종 등 신앙의 차원
  - 구세복음, 평등사상
  - 1785년 교회운동 : 김범우 사건

- 동학의 발생
  - 창 시 － 최제우(1860)
  - 성 격 － 종합적 성격(민족신앙 바탕+유 · 불 · 선+천주교 교리 흡수)
  - 철학면 － 주기론적 사상
  - 종교면 － 샤머니즘과 도교에 가까움 → 부적과 주술 중시
  - 사회사상면 － 평등 · 인도주의 → 반봉건, 반외세

제4절 문화의 새 기운

Digest

1. **성리학의 한계성** : 사회구조의 모순이 크게 드러나고, 변혁의 움직임이 일어나고 있는 속에서 양반들의 가치규범인 성리학은 더욱 경직되어 갔다. 현실문제의 해결 능력을 상실한 성리학은 기존의 사회체제를 고수하기 위한 보수적 가치관으로 굳어져 갔다.
2. **사회개혁론의 대두** : 재야지식인 사회에서는 성리학의 사상적 한계성을 비판하면서, 아울러 학문의 사회적 기능을 강조하였다. 양명학의 수용과 실학의 연구가 그러한 움직임이었다. 특히, 실학운동은 조선후기사회의 문제점을 개혁하고 민족의 긍지를 내세우려는 것으로 현실을 철저히 인식하고자 하였고, 민중의 이해를 대변하고자 하였다.
3. **문학과 예술의 새경향** : 이러한 움직임 속에서 서민들도 문화활동에 적극적으로 참여하여 문학작품과 예술작품에 자신들의 감정을 솔직하게 표현하고자 하였다. 문화계에도 근대사회를 지향하는 새로운 기운이 감돌고 있었던 것이다.

제 1 항 사상과 학문의 동향

1. 성리학적 질서의 강화

(1) 지배층의 보수반동

양반사회의 모순이 드러나는 가운데에서도 지배층은 사회변화의 움직임을 외면하고, 오히려 자신들의 지위를 공고히 하고자 하였다. 그들은 중앙에서는 붕당정치를 통하여 지배층의 결속을 꾀하면서 유교적인 향약을 강요하여 지배신분으로서의 특권을 계속 유지하고자 하였다.

(2) 성리학의 성격

성리학은 우주만물의 존재와 생성을 밝히려는 관념적 학문이며, 우주와 자연의 질서를 인간의 도덕규범과 관련시켜 그 실현을 요구하는 실천적 학문으로서 성리학적 인간관계는 충효를 핵심내용으로 하는 수직적 질서를 바탕으로 하고 있다.

(3) 성리학의 질서

성리학의 핵심논리이며 규율인 삼강오륜은 임금과 신하, 아버지와 아들, 지아비와 지어미 그리고 주인과 노비, 양반과 상민의 **종적(縱的) 지배질서**를 말한다.

(4) 성리학적 기능의 상실

성리학적 지배질서는 후기에 이르러 더욱 강조되었지만 양난과 그 이후의 사회변화에 대한 무력감이 드러나 이제 현실의 문제를 더 이상 해결할 능력도 의사도 없게 되었다.

(5) 배타성

성리학은 다른 사관이나 학설 등을 일체 허용하지 않는 편협성과 경직성을 가지고 있었기 때문에 전체 사회구성원을 교화하거나 이끄는데 결함을 가지고 있었다.

Side Check

◈ 명분론

사람은 모두가 자신의 사회적 분수, 즉 명분이 있다 하여 양반과 상민, 임금과 신하, 아버지와 아들은 엄격히 구분되어야 한다는 것이다. 성리학에서는 이같은 명분론을 사회질서의 기본 이론으로 내세워 지배질서의 편성에 우선적으로 적용하였다.

2. 성리학의 발달

(1) 성리학 연구의 학통

성리학은 지배층의 이론적 도구이며, 사상적 무기로서 정국의 흐름과 밀접하게 관련되어 연구가 진행되었다.

성리학적 질서가 강조되면서 성리학 자체의 학문적 연구도 활발해졌다. 17세기에 이르러 붕당정치가 나름대로 실시되었는데 붕당인들은 그들의 붕당이 정통성을 가질 수 있도록 학연에 유의하면서 학문적 토대를 굳혀 나갔다. 그리하여 영남학파가 주로 동인계열을, 기호학파가 주로 서인계열을 이끌었다.

(2) 영남학파(嶺南學派)

당초에는 동인이 정국을 주도하였다. 따라서 영남학파가 정계에 대거 진출하였고 동인은 그 내부에서 남인(南人)과 북인(北人)으로 갈라졌다.

① **남인계열** : 처음에는 남인계열이 중용되었는데, 이들은 이황의 학통을 내세워 정계보다는 향촌사회에서 영향력이 컸다.

② **북인계열** : 광해군이 즉위하면서 북인계열이 실권을 장악하였다. 그런데 북인계열은 대체로 영남학파 중에서도 서경덕과 조식의 학통을 이었으며, 특히 **절의를 중시**하였다. 그리하여 정인홍, 곽재우와 같은 의병장이 많이 나왔다.

Side Check

◈ 정여립의 모반사건

동인에 속했던 정여립이 대동계를 조직하여 반역을 도모하였다가 사전에 발각되어 그는 자결하고 동인은 큰 타격을 입은 반면, 서인 정철이 정권을 잡는 계기가 된 사건이다. 이 때 정철은 정여립의 친구가 동인에 많다는 이유로 가혹하게 처벌하여 동인의 미움을 샀고 그 후 정철이 세자책봉 건의로 왕의 노여움을 사자 그 처벌을 놓고 동인이 강경파(북인)와 온건파(남인)로 분당되었다.

(3) 기호학파(畿湖學派)

서인에 의해 **인조반정**이 성공함으로써 정계의 주도권은 북인에서 서인으로 넘어갔다. 서인의 집권은 다시 붕당의 분화를 가져왔다. 보수와 혁신, 강경과 온건 그리고 노장세력과 신진세력간의 갈등이 나타났다. 그리하여 노론(老論)과 소론(小論)이라는 붕당이 생겨났다.

① **노론** : **송시열**을 중심으로 하는 노론은 이이의 학통을 정통으로 이었다고 자부하였다.

② **소론** : 같은 기호학파에 속하면서도 소장층의 **윤증**을 중심으로 한 소론은 성혼의 사상을 바탕으로 이황의 학설도 일부 수용하였으며 심지어는 이이에 대하여 비판적이기도 하였다. 소론은 사문난적으로 몰린 윤휴의 주장을 변호하고 두둔하기도 했으며 양명학에도 깊은 관심을 보였다.

㊟ **인조반정** : 광해군과 대북파가 영창대군을 죽이고 인목대비를 서궁에 유폐하는 패륜을 자행하자 서인(김유, 이귀, 이괄, 김좌정)이 이들을 추방하고 능양군을 추대하였다.

(4) 노론의 분열

18세기에 이르러 주기론을 고집하는 충청도지방의 노론과 주리론을 포괄적으로 이해하고자 한 서울지방의 노론 사이에 논쟁이 벌어지기도 하였다.

① **주기론의 발전** : 주기론은 그 후 한원진, 임성주 등에 의하여 계승되었고, 19세기 중엽의 최한기(崔漢綺)는 주기론과 관련된 경험주의 철학을 높은 수준으로 끌어올렸다.

㊟ **최한기(1803~1879)** : 서양의 과학기술에 대한 지식을 토대로 주기설과 관련된 경험주의 철학을 높은 수준으로 발전시켜 개화철학의 선구가 되었다. 그의 「명남루총서」(明南樓總書)가 유명하다.

② 주리론의 연구와 발전

㉠ **주리론 연구** : 향촌에서 서원과 향약을 통해 그 기반을 굳혀간 남인계열의 영남학파는 학문의 **본원적 연구**에 힘썼다. 이들 영남학파는 그 후 이황의

학설을 정통으로 잇고자 하는 경상도지방의 남인과 이익(李瀷), 정약용(丁若鏞) 등과 같이 주자의 해석에 구어받지 않고 독자적인 철학세계를 구축하고자 한 경기도지방의 남인으로 나뉘어졌다.

㉡ **주리론의 발전** : 주리론은 왜란과 호란을 거치면서 서양세력과 천주교의 도전을 받으면서 기정진을 중심으로 하여 이일원론(理一元論)을 정립하였다. 이는 한말 **위정척사운동**의 철학적 기반을 이루었다.

영 남 학파	남인	· 이황의 학통을 내세웠다. · 정계보다는 향촌사회에서 영향력이 컸다.
	북인	· 영남학파 중에서도 조식의 학통을 이었으며 특히 절의를 중시하였다. · 정인홍, 곽재우와 같은 의병장이 많이 배출되었다.
기 호 학파	노론	· 송시열을 중심으로 하였다. · 이이의 학풍을 정통으로 이었다고 자부하였다.
	소론	· 윤증을 중심으로 하였다. · 성혼의 사상을 바탕으로 이황의 학설에도 호의를 보이는 반면, 이이에 대하여 비판적이기도 하여 성리학 이해에 탄력적이었다.

Side Check

◈ 호락논쟁

인간과 사물의 본성이 다르다는 인물성이론(人物性異論)을 주장한 충청도지역의 호론(湖論)과 인간과 사물의 본성이 같다는 인물성동론(人物性同論)을 주장한 서울・경기지역의 낙론(洛論) 사이의 논쟁으로 호론은 위정척사 사상으로, 낙론은 북학사상으로 이어졌다.

3. 양명학의 수용

(1) 성리학에 대한 비판

① **배경** : 교조화되고 비현실적인 성리학에 대한 비판을 일찍부터 제기되었는데, **윤휴**와 **박세당**이 대표적 인물이었다.

② **윤휴** : 17세기 후반의 윤휴는 사서삼경(四書三經)을 위시한 유교경전에 대해 주자와 다른 견해를 내려 사문난적으로 규탄을 받았다.

Side Check

> ◈ 윤휴의 주장
> "천하의 많은 이치를 어찌하여 주자만 알고 나는 모른단 말인가. 주자가 다시 태어난다 해도 내 학설을 인정하지 않겠지만 공자나 맹자가 다시 태어난다면 내 학설이 승리할 것이다."

③ **박세당** : '사변록'과 노자(老子), 장자(莊子)에 대한 주해서를 써서 도전하다가 당시 학계에서 배척되었다.

④ **정약용** : 주자의 해석에 구애되지 않고 직접 공자, 맹자의 본 뜻을 찾으려고 노력하였다.

(2) 양명학의 수용과 연구

① **양명학의 수용** : 성리학에 대한 비판적 동향은 더 나아가 양명학의 수용으로 나타났다. **지행합일**(知行合一)의 실천성을 중시하는 양명학의 사상체계는 '알았다고 하여도 행하지 않았다면, 그 앎은 진정한 앎이 아니니 앎이 있다면 곧 행함이 있어야 한다'고 주장하였다.

Side Check

> ◈ 양명학(陽明學)
> 양명학은 明왕조 후반에 왕양명(王陽明)이 주장한 유학이론으로 주자학의 〈性卽理〉, 〈格物致知〉설을 반대하여 〈心卽理〉, 〈良知良能〉, 〈知行合一〉설을 주장하였다. 이러한 양명학이 우리나라에 처음 들어온 시기는 16세기 중반, 즉 1558년 심통원(沈通源)이 사은사로 명나라에 갔다가 「양명집」(陽明集)을 구입한데서 비롯되었고 이황이 양명학에 대해 격렬하게 비판하여 제대로 소개되지 않다가 17세기 최명길을 거쳐 18세기에 정제두를 정점으로 학파를 형성하였다.

② 양명학의 연구

㉠ **연구의 주체** : 주로 경기도 지방을 중심으로 하여 소론계열의 학자와 불우한 종친출신 학자들 사이에서 많이 연구되어졌다.

㉡ **강화학파의 형성** : 18세기 초 **정제두**가 양명학에 대한 깊은 이해를 보이면

서부터 학파를 형성하였는데 강화도에 옮겨 살면서 **「존언」**(存言), **「만물일체설」**(萬物一體說) 등을 집필하여 양명학의 학문적 체계를 세웠다. 이로써 정제두를 비롯하여 이광명, 이광사, 이충익 등의 강화학파가 형성되었다.

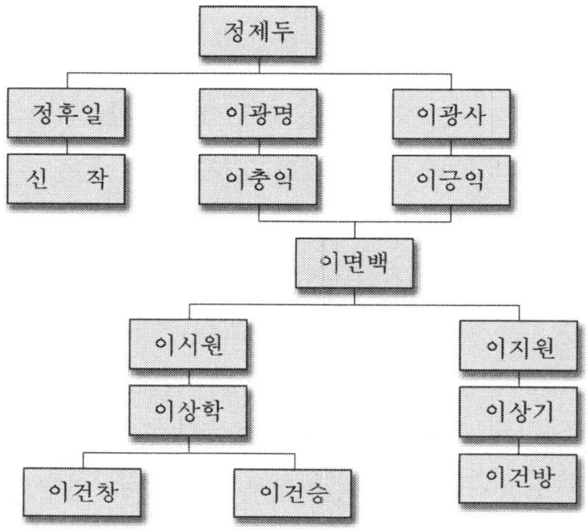

강화학파으 계보

(3) 양명학의 한계

당시의 학자들 중에는 성리학에만 치우친 조선사회에서 이단으로 몰리는 것을 꺼려하여 내색하지 않았지만 속으로는 양명학을 숭상하는 학자가 많았다. 한말 이후의 이건창, 박은식, 정인보 등은 양명학의 영향을 받았다.

4. 국학연구의 확대

(1) 국학에 대한 관심

성리학자들이 중국중심의 세계관 속에서 우리 문화를 중국문화의 일부로만 인식한 결과, 사회변화에 능동적으로 대응하지 못한 것과 달리, 실학자들은 조선후기의 사회를 역사적 현실로서 인식하였으며 민족의 전통과 현실의 당면문제에 깊은 관심이 있었다. 학문 가운데 역사와 지리학, 국어학에 대한 관심이 특히 두드러졌는데 민족의 전통, 즉 우리의 역사, 강토, 언어 등의 연구가 왕성하게 진행되었다.

(2) 역사학의 연구

① **이익** : 체계적인 역사서를 남기지는 않았으나 중국 중심의 역사관을 비판하여 민족에 대한 주체적 자각을 높이는데 이바지하였다.

② **안정복** : 이익의 역사의식을 계승한 안정복은 **「동사강목」**(東史綱目)을 저술하여 한국사의 독자적인 정통론을 체계화하는 데 이바지하였다. 그리고 새로운 역사사실을 치밀하게 고증하여 **고증사학**의 토대를 닦았다.

Side Check

◈ 삼한정통론(三韓正統論)

성리학의 화이사관(華夷史觀)에서는 단군조선을 부정하고 중국인 기자가 우리 역사의 시작이라고 생각하고 있으나 동사강목은 단군조선-기자조선-마한-통일신라-고려-조선으로 보고 있다. 기자조선을 집어 넣고 있는 것으로 보아 완전히 성리학적 사관을 무시한 것이라고 볼 수 없으며, 고구려의 역사나 발해의 역사를 배제하고 있다는 점도 한계로 지적되고 있다.

③ **한치윤** : **「해동역사」**(海東繹史)에서 500여 종의 다양한 외국자료를 이용하여 민족사 인식의 폭을 넓히는 데 이바지하였다.

④ **이긍익** : **「연려실기술」**에서 실증적이고 객관적인 역사서술로서 조선시대의 정치와 문화를 정리하였다.

⑤ **이종휘, 유득공** : 이들은 각각 고구려와 발해사를 연구하였는데 고대사 연구의 시야를 한반도에서 만주지방까지 확대시킴으로써 한반도 중심의 협소한 사관을 극복하는데 힘썼다.

㉠ 이종휘는 그의 저서 **「동사」**(東史)에서 고구려에 큰 비중을 두었다.

㉡ 유득공은 **「발해고」**(渤海考)에서 신라와 발해의 병립시기를 남북국시대(南北國時代)라고 하였다.

(3) 지리학 연구

① **지리서** : 이 시기에 펴낸 지리서로는 유형원의 「여지지」, 이중환의 「택리지」(擇里志), 정약용의 「아방강역고」(我邦疆域考), 김정호의 「대동지지」(大東地志) 등이 유명하다. 특히 「택리지」는 우리나라 각 지방의 자연환경과 인물, 풍습, 인심의 특색 등을 세밀하게 서술하였다.

② **지도제작** : 중국에서 서양식 지도가 전해짐에 따라 정밀하고 과학적인 지도가 많이 제작되었다. 정상기의 『동국지도』는 최초로 100리척을 사용하여 정확하고 과학적인 지도 제작에 공헌하였다. 김정호의 『대동여지도』는 산맥, 하천, 포구, 도로망의 표시가 정밀하고, 거리를 알 수 있도록 10리마다 눈금이 표시되었으며, 목판으로 인쇄되었다.

③ **지도제작의 목적** : 그 이전의 지도는 행정적, 군사적인 목적이 주가 되었으나 후기로 오면서 지도제작의 목적이 산업, 문화방면의 관심이 반영되어 산맥과 하천, 항만, 도로망의 표시가 정밀해진 점이 특색이다.

(4) 국어의 연구

한글에 대한 학문적 연구도 활발하여 음운학과 어휘수집 등에서 큰 성과를 거두었다.

① **음운학** : 음운학에 있어서는 신경준의 「훈민정음운해」, 유희의「언문지」 등이 유명하다.

② **어휘수집** : 이성지의 「재물보」, 권문해의 「대동운부군옥」, 이의봉의 「고금석림」 등이 있다.

③ **문화적 자아의식** : 이들 연구는 한글의 우수성에 대한 인식, 즉 문화적 자아의식의 발현이었다.

(5) 백과사전류의 편찬

일찍이 이수광이 「지봉유설」(芝峰類說)을 지어 문학의 각 영역을 항목별로 나누어 기술한 것이 효시가 되어 그 뒤 이런 류의 서적들이 많이 편찬되고 증보되었다. 이 시기의 백과사전류는 다음과 같다.

서명	저자	시기	내 용
지봉유설	이수광	광해군	천문, 지리, 군사, 관제 등 문화의 각 영역을 25부문으로 나누어 기술
성호사설	이익	영조	천지, 만물, 경사, 인사, 시문의 5개 부문으로 정리
청장관전서	이덕무	정조	이덕무의 시문전집으로, 중국의 역사·풍속·제도 등을 소개
오주연문장전산고	이규경	헌종	우리나라와 중국 등 외국의 고금사물에 대해 고증한 책
동국문헌비고	홍봉한	영조	왕명으로 우리나라 지리, 정치, 경제, 문화를 체계적으로 정리한 한국학 백과사전

제 2 항 사회개혁론의 대두

1. 실학의 대두

(1) 실학의 성격

조선 후기의 학문과 사상에서 나타난 새로운 경향 중에 대표적인 것은 실학의 발달이었다. 실학은 17, 18세기 사회·경제적 변동에 따른 사회 모순의 해결책을 구상하는 과정에서 대두한 학문과 사회 개혁론이었다.

실학운동은 서양에서 전래된 과학적 지식, 청나라의 고증학 등의 영향을 받으면서 보다 깊이 있게, 그리고 폭넓게 전개되었다. 개혁에 관심이 많았던 진보적 지식인들은 현실을 철저히 분석하였고, 비판적이고 실증적인 논리로 자신의 개혁론을 제시하였다.

(2) 실학사상의 발생요인

① **사회체제의 모순** : 16세기부터 변질되기 시작한 조선사회는 양난을 겪으면서 크게 모순이 드러났으나 정치가들이 근본대책 없이 수수방관하자 진보적 지식인들은 국가체제를 재편하고 민생을 안정시킬 수 있는 개혁방안을 제시하게 된 것이다.

② **성리학에 대한 반성** : 성리학이 새로운 변화의 물결을 전혀 타지 못하였고

구태의연한 작풍(作風)을 계속하자 성리학에 대한 반성과 비판이 일기 시작했다.

③ **경제적 발전** : 전란의 피해복구 과정에서 피지배층은 끊임없는 노력으로 경제적 발전을 추구하였는데, 이와 같은 발전을 촉진하고 대변하는 사상으로서 실학사상이 나타났던 것이다.

④ **신분의 변동** : 조선후기의 신분변동도 실학을 유발하는 하나의 요인이 되었다. 정권에서 소외된 양반층의 경제적 몰락과 피지배층의 신분상승으로 나타났는데, 이러한 현실에 직면하여 실학자들은 몰락한 양반층의 생계대책과 서민층의 생존문제에 주목하게 되었다.

⑤ **서학의 전래** : 17세기 이래 중국에서 간행된 각종 서학서적들이 조선에 전래되어 과학적이고 합리적인 사상을 전하였다.

⑥ **고증학의 영향** : 청나라의 고증학(考證學)도 실학사상의 형성에 일정한 영향을 주었다. 즉, 실사구시(實事求是)를 내세워 학문연구방법을 강조하였다.

Side Check

◈ 실학의 선구자

1. **정여립** : '천하는 공물(公物)'이라고 주장하고 왕조교체를 꿈꾸면서 성리학적 통치질서에 도전하다가 처형되었다.
2. **정인홍** : 광해군 때의 인물로 정통성리학을 비판하여 성균관 유생들의 반발을 샀다. 즉 그는 성리학 이외의 사상을 폭넓게 수용하여 정신문화와 물질문화를 균형있게 발전시켜 부국강병과 민생안정을 달성해 보고자 하였던 것이다.
3. **이수광** : 청나라의 문물을 체득하여 서양문물에 눈을 떴다. 그의 「지봉유설」은 천문지리, 관제, 곤충 및 천주실의 등을 싣고 있다.
4. **한백겸** : 고증학적 연구를 통해 「동국지리지」(東國地理志)를 남겼던 그는 토지소유의 지나친 편중을 개탄하고 농민들이 균등하게 토지를 소유할 수 있기를 기대하는 한편, 민생의 안정과 국가재정의 확충을 위하여 대동법의 확대실시를 추진하기도 하였다.
5. **김육** : 인조~효종 때의 사람으로 대동법과 청의 시헌력을 도입하였다.

2. 농업 중심의 개혁사상

(1) 중농학파의 사상

실학자들의 학문적 관심은 먼저 농촌문제에 쏠렸다. 실학자들은 농촌경제의 안정을 추구하여, 농민층의 입장에서 토지제도, 조세제도, 군사제도, 교육제도 등의 폐단을 시정하려 하였다. 이러한 이유로 **경세치용학파**(經世致用學派)라고도 한다. 특히 중농학파는 토지제도의 합리적인 개선에 최대의 관심을 보였다.

(2) 대표적 중농학자

① 유형원(柳馨遠 : 1622~1673) : 실학의 체계화

㉠ **출신** : 일평생 재야학자로 있으면서 정치, 군사, 경제, 문화에 걸친 개혁안을 체계적으로 제시하였으며, **「반계수록」**(磻溪隧錄)을 비롯한 많은 저술을 남겼다.

㉡ **개혁사상** : 반계수록에서 그는 **균전론**(均田論)을 주장하여 관리, 선비, 농민들에게 차등있게 토지를 재분배함으로써 자영농을 육성할 것을 주장하였다. 또 자영농을 바탕으로 **농병일치**(農兵一致)의 군사제도와 **사농일치**(士農一致)의 교육제도확립을 주장하였으며 문벌숭상, 적서차별, 교육제도 등을 능력위주의 출세를 방해하는 것으로 보았고 노비세습제의 가혹성을 비판하였다.

② 이익(李瀷 : 1681~1763) : 학파의 성립

㉠ **출신** : 호는 성호(星湖)이고 몰락한 남인 가정에서 태어나 경기도 광주군 첨성촌에 은거하며 실학연구에 전념하여 **「성호사설」**(星湖僿說), **「곽우록」** 등의 많은 저서를 남기고 제자를 길러 **성호학파**를 형성하였다.

㉡ **개혁사상** : 이익은 토지개혁안으로서 **한전론**(限田論)의 실시를 주장하였다. 즉, 한 가정의 생활을 유지하는데 필요한 토지는 영업전으로 세습할 수도 있도록 하고 그 밖의 토지는 매매를 허용하여 점진적인 토지소유의 평등을

이루자고 주장하였다. 그 외에 그의 사회개혁안으로서는 이른바 **6두론**(六蠹論)이라고 하여 나라에 없어야 할 폐단을 지적하기도 하였다(노비제도, 과거제도, 양반문벌제도, 사치와 미신숭배, 승려, 게으름). 또한 경제제도의 개혁안으로 고리대와 화폐의 무용성을 주장하고 사창제도의 신설을 통해 고리대를 근절하고자 주장했다.

㉢ **성호학파(星湖學派)** : 이익의 영향을 받은 실학자는 안정복(安鼎福), 이긍익(李肯翊), 이가환(李家煥), 한치윤(韓致奫), 정상기(鄭尙驥), 신경준(申景濬), 정약용(丁若鏞) 등이다.

③ 정약용(丁若鏞 : 1762~1836) : 집대성

㉠ **출신** : 호는 다산(茶山)이고, 정조 때 경기도 남양주군의 남인 가정에서 태어났다. 한때 관직생활을 하였으나 신유박해 때 천주교와의 친밀성 때문에 전라도 강진에서 18년간 귀양살이를 하였다. 그는 귀양살이에서 학문에 전념하여 500여권에 달하는 저술을 남겼는데 오늘날 전해지는 저서가 「**여유당전서**」(與猶堂全書)이다.

㉡ **개혁사상** : 「**목민심서**」(牧民心書), 「**흠흠신서**」(欽欽新書), 「**경세유표**」(經世遺表)의 3부작과 「탕론」, 「원목」, 「전론」등의 논설에 그의 개혁사상이 집약되어 있다. 토지제도는 「전론」에서 **여전제**(閭田制)와 정전제(井田制)를 주장하였다. 여전제는 한 마을을 단위로 토지를 집단화하여 공동경작하고, 그 수확량을 노동량에 따라 공동분배하는 일종의 공동농장제도이다. 또 「전론」에서 농민생활의 안정을 토대로 향촌단위의 방위체제를 강화하자고 주장하였다. 「탕론」(蕩論)에서 통치자는 민을 위해 존립해야 한다고 주장하였고, 말년에 국가가 토지를 사들여 농민에게 나누어 주어 자영농을 육성하고 지주의 땅은 병작농민에게 소작하는 **정전제**를 주장하였다.

Side Check

◈ 정약용의 저술

1. **목민심서** : "감사(監司)·수령(守令)을 나라의 큰 도적, 향리는 굶주린 솔개"라고 비유하고 수령이 목민관(牧民官)으로서 지켜야 할 치민(治民)의 도리를 논술한 저

서
2. **경세유표** : 중앙정치제도의 폐해를 지적하고 개혁의 의견을 기술한 저서
3. **흠흠신서** : 치옥(治獄)에 대한 주의와 규범을 말한 저서
4. **탕론** : 은의 탕왕이 하의 걸왕을 무찌른 고사를 들어 민(民)이 근본임을 밝힌 논설로 존 로크의 사회계약론에서 보여주는 시민혁명사상이 깃들어 있다.
5. **원목** : 백성을 다스리는 통치자에게 대한 이론을 편 논설(통치자는 백성을 위하여 있는 것이다.)
6. **전론(田論)** : 제반토지를 비판하고 여전제(閭田制)및 정전제(井田制)의 실시를 주장한 논설

④ 기타 : **박세당**(朴世堂)은 농사전반에 걸친 해설서인 **「색경」**(穡經)을, **홍만선**(洪萬選)은 농업기술을 중심으로 섭생, 구급치료법 등에 관한 **「산림경제」**를, **서유구**(徐有榘)는 농업을 비롯한 임업, 어업 등 산업전반에 관한 지식을 모은 **「임원경제지」**(林園經濟志)를 저술하였다.

3. 상공업 중심의 개혁사상

(1) 중상학파의 사상

18세기 후반에 이르러, 국내상공업의 발달과 청나라 문화의 영향으로 새로운 경향을 보인 실학자들이 나타났다. 이 학파는 청의 문화와 청을 통한 서양근대문명의 영향을 받았으므로 **북학파**(北學派)라고도 하며, 농업, 상공업의 진흥과 기술 혁신이라는 주장의 내용으로 볼 때, **이용후생학파**(利用厚生學派)라고도 불렀다. 이들은 사농공상(士農工商)의 신분적 차별의 철폐를 주장하였고 상업적 농업을 설명하면서도 각종 토지개혁론을 제시하기도 했다. 그리고 이들은 주로 정권에 깊숙이 관계를 맺고 있던 노론 집권층에서 다수 배출되었다.

(2) 대표적 중상학자

① 유수원(柳壽垣 : 1694~1755)

㉠ **출신** : 호는 농암이며, 소론가정에서 태어났다. 그는 **「우서」**(迂書)를 지어 중국과 우리나라의 문물을 비교하면서 정치, 사회, 경제, 문화전반에 걸친

개혁안을 제시하였다.

㉡ **개혁사상** : 그는 농업의 전문화, 상업화, 기술의 혁신을 통해 생산력을 증강해야 한다고 하였다. 그러나 농업 뿐만 아니라 상공업을 진흥시켜 나라 살림을 튼튼히 해야 한다고 주장하였다. 그러기 위해서 사, 농, 공, 상의 직업적 평등화와 전문화가 이루어져야 한다고 강조하였다. 또 상공업의 진흥을 위한 방안으로 상인간의 합자를 통한 경영규모의 확대와 상인이 생산자를 고용하여 생산에서 판매까지 주관할 것, 대상인은 지역발전에 이바지할 것 등을 주장하였다.

② 홍대용(洪大容 : 1731~1783)

㉠ **출신** : 호는 담헌(湛軒)이며, 노론가정에서 태어났다. 청나라에 왕래하면서 얻은 경험을 토대로 「임하경륜」(林下經綸), 「의산문답」(毉山問答) 및 「연기」를 저술하였다.

㉡ **개혁사상** : 「임하경륜」에서 토지제도론인 **균전론**(均田論)을, 기술문화의 혁신과 신분제도의 철폐, 성리학의 극복이 부국강병의 근본이라고 주장하였다. 『의산문답』에서는 지구의 1일 1주 **회전설(地轉說)**을 내세워 천동설인 성리학적 세계관을 부정하였다.

③ 박지원(朴趾源 : 1737~1805)

㉠ **출신** : 호는 연암(燕巖), 노론출신으로 북학사상을 한층 더 발전시켰다. 청을 다녀온 후 「**열하일기**」(熱河日記)를 남겼으며, 이미 「양반전」(兩班傳)을 써서 실학자의 면모를 보였고 「과농소초」(농업생산력을 높이는 문제), 「한민명전의」(限民名田議 : 농업관계 저술)등에서 **한전론**을 주장하였다.

㉡ **개혁사상** : 청나라에 건너가서 생산과 유통의 중요성을 실감한 다음부터는 상공업 진흥에 보다 관심을 기울였다. 즉, 수레와 선박의 이용이나 화폐유통의 필요성을 강조하였으며, 이와 병행하여 양반문벌제도의 비생산성을 비판하였다.

④ 박제가(朴齊家 : 1750~1815)

㉠ **출신** : 호는 초정(楚亭), 서울 양반가문의 서자로 태어나 규장각 검서관으

로 봉직했는데 세 번이나 청에 다녀온 넓은 안목으로 부국강병을 위한 개혁안을 제시하였다. 그의 저서 **「북학의」**(北學議)가 유명하다.

Side Check

◈ 북학의

「북학의」는 시대가 당면한 제반문제의 개혁을 항목별로 언급하였는데, 내편에는 거선・성벽・궁실・도로・교량・서화가 언급되고 있으며, 외편에는 농잠・과거・財富 등을 논급하였고, "비단 옷을 입어야 女工이 산다.", "소비를 모르면 생산을 못한다."고 하여 생산촉진은 소비의 활성화에 있다고 결론내렸다. 그 외에도 그는 국내상업장려와 해외통상론 및 국외무역의 확대, 청의 기술도입 등 중상주의론을 주장했고, 서양 선교사를 초빙하고자 주장하였다.

ⓛ **개혁사상** : 「북학의」에서 상공업 발전을 위한 방안으로서 청과의 통상 강화, 절검보다는 소비를 권장하여 생산을 자극시킬 것, 소비와 생산관계를 우물물에 비유하고 소비는 생산을 촉진한다고 보았다. 또 양반의 상업종사, 청의 기술도입, 세계무역에의 참여, 서양인을 초빙하여 천문, 지리, 유리제조 등의 기술을 습득할 것을 주장하였다.

⑤ **중상적 실학사상의 의의와 영향** : 북학파의 개혁사상은 농업에만 치우친 유교적 이상국가론에서 탈피하여 부국강병을 위한 보다 적극적인 방안을 제시하였다는 점에서 의의가 크다. 그 사상은 19세기 박규수(朴珪壽), 김옥균(金玉均) 등 개화사상가들에게 영향을 줌으로써 우리나라 근대사상 형성에 큰 족적을 남겼다.

4. 실학의 역사적 의의

(1) 학문영역의 확대

18세기를 전후하여 성리학적 질서를 극복하려는 움직임으로 정치, 경제, 과학, 철학, 지리, 역사 등 다방면의 연구가 진행되었다. 실학은 개혁적인 사상임과 동시에 민족주체성의 확립을 목표로 한 종합적인 학문체계였다.

① **민족주의적 성격** : 실학자들은 종래의 중국중심주의를 과감히 벗어던지고

우리 문화에 대한 독자적인 인식을 강조하였다.

② **근대지향적 성격** : 실학자들은 사회체제의 개혁, 생산력의 증대, 각종 제도의 개선과 방안 등을 통해 근대사회를 지향하고 있었다.

③ **피지배층의 처지 대변** : 실학은 피지배층의 처지를 대변하고 옹호하고자 하였다.

(2) 실학의 한계성

실학은 대체로 정치적 실권과 거리가 먼, 몰락한 지식인층의 개혁론으로 이를 지지하고 뒷받침해 줄 광범한 사회적 토대가 미약하였다. 따라서 이들의 주장이 진보적이고 합리적이었다 하더라도 보수세력의 힘에 눌려 역사의 흐름을 바꾸어 놓지 못하고 19세기 말의 근대화를 위한 여러 시책이 마련될 때까지 기다려야만 했다.

제 3 항 문학과 예술의 새경향

1. 서민문화의 대두

(1) 문화활동의 새로운 변화

의식의 확대와 현실에 대한 새로운 인식은 문화계에도 반영되어 종래의 양반 주도에서 일반서민들이 창작하고 향유하는 문학과 예술형태로 부각되기 시작하였다. 특히 역관이나 서리 등 중인층의 문예활동이 활발하였고 상민이나 광대들에 의해 우리의 독특한 문학장르인 판소리가 보급되기도 하였다.

(2) 문학과 예술작품의 새로운 변화현상

① **조선전기** : 전기의 작품들은 성리학적 윤리관을 강조하는 것이었고, 생활의 교양이나 심성수양의 수준이었다. 그림이나 음악 등의 예술에서도 양반들의 교양이나 여가를 위한 것이 대부분이었다.

② **조선후기** : 그러나 17세기 후반으로 나아가면서 인간 감정의 적나라한 묘사, 사회의 부정과 비리를 고발하는 내용이 위주가 되었으며 작품의 주인공 또한 영웅적인 존재로부터 서민적인 인물로 전환되어 갔고 문학의 배경도 현실적 인간세계가 중심이 되었다.

2. 한글소설과 사설시조

(1) 조선후기 문학의 특징

조선후기 문학의 두드러진 특징은 한글로 쓰여진 시나 소설 등이 많이 나타나고 그 형식도 소설이나 사설시조로 바뀌어 갔다.

(2) 한글소설

① **최초의 한글소설** : 17세기의 대표적인 소설로서 허균(許筠)의 **「홍길동전」**(洪吉童傳)이 있으며, 그 내용의 핵심은 적서차별의 철폐와 탐관오리에 대한 응징, 새로운 이상사회의 구현 등으로 되어 있고 당시의 사회상황을 날카롭게 비판하였다.

② **한글소설의 수작** : 최대의 걸작품으로 꼽히는 **「춘향전」**은 원래 판소리 형태를 취하였는데 신분차별의 모순과 이상적인 목민관의 열망, 미래에 대한 열망과 평등에의 요구 등이 문학적으로 잘 짜여 있다.

③ **기타 한글소설** : 봉건 가족제도의 모순과 남녀차별을 고발했던 작품으로 김만중의 「사씨남정기」와 「구운몽」이 있고 작자미상의 「장화홍련전」, 「콩쥐팥쥐전」, 「흥부전」, 「심청전」, 「임경업전」, 「전우치전」 등이 있었다.

(3) 시조문학의 새로운 경향

① **17세기 이전** : 종래의 시조는 사대부들의 기상이나 충절 등이 주제가 되었다.

② **17세기 이후** : 17세기 이후의 시조는 서민들이 중심이 되어 서민들의 생활상이나 남녀사이의 사랑을 내용으로 기탄없는 비유를 통해 현실을 비판하였다. 서민들의 소박한 감정을 사실적으로 묘사하였고 형식도 격식에 구애받지 않는

사설시조로 바뀌었다. 18세기에 편찬된 김천택(金天澤)의 **「청구영언」**(靑丘永言)과 김수장(金壽長)의 **「해동가요」**(海東歌謠)는 역대의 시조와 가사를 모아 문학사 정리에 크게 공헌하였다.

(4) 판소리의 등장

18세기 이래 판소리가 등장하여 서민의 문화생활을 보다 풍요롭게 하였는데 읽는 소설에서 노래와 연기를 기법으로 하는 **공간예술**로 승화시킨 판소리는 춘향가, 심청가, 흥부가, 배비장타령 등 인기있는 판소리작품이 탄생하기도 하였다. 이러한 판소리를 더욱 더 다듬고 예술적 기법을 불어넣은 사람이 19세기 말의 전북 고창 사람 **신재효**(申在孝)였다.

(5) 한문학의 새로운 경향

① **한문소설** : 한문학도 국문학의 발달에 따라 새로운 모습을 보여주었는데 비록 한글로 표시되지는 않았다 하더라도 이 시기의 한문소설은 사회의 부조리를 날카롭게 비판하고 있다.

② **연암 박지원** : 당시의 대표적인 한문소설로는 박지원의 작품들을 들 수 있는데 「양반전」, 「허생전」, 「호질」, 「민옹전」 등을 통해 양반들의 위선적인 생활을 풍자하고 이상적인 사회를 그려냄으로써 자신의 실학정신을 간접적으로 표현하였다.

㊟ 1. 한문학의 4대가 : 이정구, 신흠, 장유, 이식
2. 한시의 4대가 : 이덕무, 유득공, 박제가, 이서구

(6) 시사의 조직과 풍자시인

서민들의 창작활동이 활발해지면서 동인들이 모여 **시사**(詩社)를 조직하여 시 창작활동을 하였으며, 정수동(鄭壽銅), 김삿갓(김병연) 등의 풍자시인이 나오기도 하였다.

Side Check

◈ 시사(詩社)

시사는 시인동우회였다. 중인은 중인끼리, 상민은 상민끼리 시사를 조직하였는데, 대표적인 시사로는 천수경의 옥계시사, 최경흠의 직하시사 등이 있었다. 이들 시사에서는 동인지를 간행하기도 하였다.

3. 예술의 새경향

(1) 회 화

조선전기의 회화는 중국의 화풍을 바탕으로 하여 한국적 특성을 나타내었다. 그러나 조선후기에 들어와서는 더욱 뚜렷한 자아의식을 바탕으로 하여 우리의 자연을 직접 눈으로 보고 사실적으로 그리는 등 화풍의 변화가 나타났다.

① **17세기의 회화** : 16세기의 그림은 자연속에서 서정적인 아름다움을 추구하는 화풍이 특색이다. 이러한 화풍은 17세기에도 널리 유행하였다.

② **18세기 전반의 회화** : 겸재 정선은 이른바 **진경산수화**(眞景山水畵)를 개척하였는데, 이전의 산수화가 우리의 자연이라기보다 중국의 자연을 상상속에서 묘사하는 것에 불과하다고 비판하고 우리의 자연을 그리는데 알맞은 구도와 화법을 창안하였다. 정선의 작품으로는 **인왕제색도**와 **금강전도**를 꼽을 수 있다.

③ **18세기 후반의 회화** : **김홍도**와 **신윤복** 등 풍속화가들은 앞 시기의 산수, 인물도 일색의 화풍을 다소 바꾸었다. 이들은 조선후기의 사회·경제적 변동으로 나타난 새로운 현상들을 긍정적 의미로 이해하여 화폭에 담고자 하였다.

㉠ **김홍도** : 서민을 주인공으로 하여 밭갈이, 추수, 집짓기, 대장간 등 농촌의 생활상을 간결하고 소탈하며 익살맞은 필치로 묘사하였다. **서당도, 씨름도** 등이 걸작으로 손꼽힌다.

㉡ **신윤복** : 주로 도회지 양반의 풍류생활과 부녀자의 풍습, 그리고 남녀간의 애정을 풍자적인 필치로 묘사하였다. 주요 작품으로는 **선유도, 주유도, 주막도** 등이 유명하다. 그의 그림은 섬세하고 세련된 필치가 특색이다.

④ **18세기 말 이후의 회화** : 원근법 등 **서양화법의 영향**을 받아 새로운 화풍이 등장하였는데 강세황과 김수철이 그 장본인들로 **강세황**의 **영통골입구도**가 유명하다.

⑤ **19세기의 회화** : 전체적으로 **복고적인 화풍**이 유행하면서 4군자나 산수인물화가 다시 등장하기 시작했다. 그 중에서 신위, 김정희, 장승업 등은 이 시기를 대표한다.

㉠ **신위(申緯)** : 죽(竹) 그림의 일인자이다.

㉡ **김정희(金正喜)** : '세한도'로 대표되는 산수화는 선비의 정신이 넘치는 높은 이념의 세계를 표현한 것이다.

㉢ **장승업(張承業)** : 노비출신으로 그림솜씨가 대단히 뛰어났는데 그의 대표작으로는 군마도, 수상서금도 등이 있다.

㊟ **조선의 3대 화가** : 안견, 김홍도, 장승업

⑥ **민화의 발달** : 조선후기에는 민화가 발달하였는데 대체로 작가미상으로 소재로는 해, 달, 나무, 꽃, 동물, 농경이나 무속 등의 풍속을 주로 사용했다. 서민의 생활양식과 밀착되어 형성되었기 때문에 그 내용이나 발상 등에는 한국적인 정서가 짙게 담겨져 있다. 정통회화에 비해 묘사의 세련도나 격조는 뒤떨어지지만 익살스럽고 소박한 형태·파격적인 구성·아름다운 색채가 특징적이며, 조선후기 서민층의 성장과 함께 유행했다는데 그 의미를 찾아 볼 수 있다.

(2) 서예의 발달

서예분야도 우리의 정서와 개성을 추구하는 단아한 글씨의 동국진체가 이광사에 의하여 완성되었다. **김정희**는 고금의 필법을 연구하여 추사체(秋史體)를 개발하였고, 오경석 등이 추사체 필법을 계승하였다.

(3) 공예의 발달

도자기 분야에서는 백자가 계속 유행하였는데 흰 바탕에 푸른색깔로 그림을 그려 넣은 **청화백자**(青華白磁)가 새로이 발달하였는데 그 이후의 진사(辰砂), 철사백자(鐵砂白磁)가 유행하였고, 서민들은 옹기를 즐겨 사용하였다. 그리고 조선

후기에는 화각공예, 목공예, 죽공예 등도 발전하였다.

(4) 건축의 발달

① 17세기의 건축 : 금산사의 미륵전, 화엄사의 각황전, 법주사의 팔상전 등

② 18세기의 건축 : 거중기를 사용하여 축조된 수원의 화성은 종래 성곽과는 달리 대포를 배치하여 적을 공격할 수 있도록 건축되었으며 우리나라 전통적인 성곽양식의 장점을 살린 위에 서양식 건축기술을 도입하여 축조한 석성이다. 이 외에도 논산 쌍계사, 부안 개암사, 안성 석남사 같은 사원이 많이 세워졌다.

③ 19세기의 건축 : 경복궁의 근정전과 경회루 등은 그 건축미가 돋보인다.

(5) 조선후기 예술의 경향

예술에 있어서도 조선후기에는 대체로 서민을 주체로 하는 새로운 영역이 개척되고 지배층의 문화는 서서히 퇴조하고 있었다.

제 4 항 과학과 기술의 진전

1. 서양문물의 수용

(1) 자연과학의 발전

조선후기에도 자연과학에 일정한 성과가 있었는데 이는 조선전기의 과학적 성과를 토대로 하여 새로이 서양의 과학기술을 수용하고, 한편 통치의 한 방편으로서 연구되었던 전기와는 달리 조선후기에 있어서는 국민들의 생활문제에 주된 관심을 기울였기 때문이다.

(2) 서양문물과의 접촉

사신으로 간 일행들이 중국에서 천문, 역법, 지리, 수학 등 여러 과학분야에 능통한 천주교 선교사들과 접촉하여 이들로부터 서양의 과학지식과 문물을 받아들

일 수 있었다.

(3) 서양문물의 전래

중국을 통해 들여온 서양 과학기구 및 서적은 천리경, 자명종, 화포, 지도, 천문역법, 천주교 관계의 서적들이었다. 실학자들은 서양문물의 도입에 앞장서 과학과 기술의 보급을 주도하고 천문학, 지리학, 수학 등의 발달에도 기여하였다.

Side Check

◈ 서양인의 입국

1. **벨테브레이(Weltevree : 朴淵)** : 인조 6년(1628) 일본으로 향하던 네덜란드 상선이 표류하여 제주도에 표착한 사람으로 훈련도감에 배치되어 대포의 제작에 종사하였다. 후에 이름도 박연으로 바꾸고 조선여자와 결혼하여 일생을 마쳤다.
2. **하멜(Hamel)** : 효종 4년(1653) 일본으로 향하던 네덜란드 상선이 제주도에 난파, 하멜 등 36명이 서울로 압송되었다. 그 후 10년만에 그 중 8명이 탈출에 성공, 귀국하여 『하멜표류기』를 써서 우리나라를 구럽에 소개했다.

2. 과학의 연구

(1) 과학연구의 방향

① **조선전기** : 조선전기에도 과학에 관심이 컸었다. 그러나 학문적 가치가 충분히 인정되지 못하고 주로 통치의 한 방편으로 연구되어 왔다. 그 때문에 과학과 기술의 연구는 대개 중인층에 의해 주도되었다.

② **조선후기** : 국민의 생활개선을 중요시하여 과학과 기술분야에 깊은 관심을 보인 학자들이 나타났다.

(2) 천문학의 발달

① **이수광** : 천문학에서는 일찍이 이수광이 「지봉유설」에서 일식・월식・벼락・조수의 간만 등에 대하여 언급하였다.

② **지전설** : 김석문, 이익, 홍대용, 정약용 등은 지전설을 내세워 중국 중심의 성리학적 세계관을 비판하는 근거를 마련하였다.

③ **무한 우주론** : 지구가 우주의 중심이 아니라는 무한 우주론을 내놓았는데, 당시로서는 대담한 주장이었다. 이리하여 조선 후기의 천문학은 전통적 우주관에서 벗어나 근대적 우주관으로 접근해갔다.

(3) 지리학의 발달

천문학의 발전과 병행하여 지리학에서도 새로운 기풍이 조성되어 서양지도를 통해서 보다 과학적이고 정밀한 지리학의 지식을 가지게 되었고 실제답사를 통한 지도제작으로 정확성을 기하려 하였다. 한편 중국에서 전래된 **만국지도**는 당시 조선인들의 세계관을 확대시키는 데 기여하였다.

(4) 수학의 발달

최석정과 황윤석은 전통수학을 집대성하고 유클리드 기하학을 설명한 기하원본이 도입되어 수학 역시 근대적 학문으로 발달하였다.

(5) 의학의 발달

종래 한의학의 관념적이던 단점을 극복하여 실증적인 태도에서의 의학이론과 임상의 일치에 주력하였다.

① **17세기 의학** : 허준의 **「동의보감」**(東醫寶鑑)은 우리의 전통의학을 집대성한 것으로 의료지식의 민간보급에 크게 기여하였다. 같은 시기 허임은 「침구경험방」(鍼灸經驗方)을 저술하여 침구술을 집대성하였다.

② **18세기 의학** : 서양의학의 전래로 인체의 해부학적 구조와 생리적 기능에 대한 지식을 얻었고 정약용은 종두법을 연구하여 **「마과회통」**(麻科會通)을 저술하였다.

③ **19세기 의학** : 이러한 의학이 전수되어 **이제마**(李濟馬)는 **「동의수세보원」**(東醫壽世保元)에서 체질의학의 이론으로서 **사상의학**(四象醫學)이라는 독특한 의술을 확립하여 오늘날 한방의 기초이론이 되었다.

3. 기술의 개발

(1) 농업기술 연구

① 배 경

㉠ 조선후기에는 과학의 연구가 연구로서 끝났던 것이 아니라, 현실생활에 적용되고 있었다. 기술의 개발은 농업, 어업, 건축 등의 분야에서 현저했는데, 그 중에서도 가장 돋보였던 것은 농업기술 분야였다.

㉡ 17세기에 이르면서 생산력의 증대가 사회적 과제로 제기되었으므로 농업기술의 개발이 요청되었다. 이에 진보적 지식인들은 특히 농업기술연구에 힘을 기울였다.

② 대표적 농업서적

㉠ **농가집성** : 효종 때 신속이 이전의 농서인 「농사직설」·「금양잡록」·「사시찬요」 주자의 권농문을 합쳐서 만든 것으로 수전농업 중심의 성리학적 농서이다. 이 책은 이앙법의 보급에 큰 공헌을 했으며, 조선후기의 농서를 대표하는 것으로서 곡물의 재배기술을 주로 설명하고 있다.

㉡ **색경** : 이 시기에는 보다 높은 소득을 올릴 수 있는 채소·과수·목축 등에 대해서도 관심이 많았는데 이에 박세당은 「**색경**」에서 곡물재배법 이외에 채소·과수·화초의 재배법과 목축, 양잠기술에 대해서도 소개하였다. 즉, 노동력을 절감할 수 있고, 소득을 증대시킬 수 있는 새로운 농법을 제시하였던 것이다.

㉢ **산림경제(홍만선)** : 농예·의학·구황 등에 관한 농서이다.

㉣ **임원경제지(서유구)** : 농업백과사전

㉤ **과농소초(박지원)** : 농업정책을 제시한 저서이다.

㉥ **해동농서(서호수)** : 정조가 왕명을 내려 서호수가 편찬한 농서로 우리나라 농업을 체계화했다.

Side Check

> ◈ 정약용의 기예론
> 농사를 짓는 기술이 정교하면 차지한 땅이 적어도 소출이 많으며, 그 힘을 적게 들여도 곡식이 충실해진다고 하였다. 따라서 밭을 일구고, 씨 뿌리고, 낫질하며, 키질하고, 방아 찧는 일 모두를 편리하도록 하면, 그 노력이 적게 들면서도 얻는 것이 많다고 하였다.

(2) 어업기술 연구

① **어법** : 어살(魚箭) 설치법 보급

② **어구의 개량** : 면사로 된 어망제조 등

③ **김 양식** : 17세기에 전라도를 중심으로 보급되었다.

④ **냉장선의 등장** : 18세기 후반에는 냉장선이 등장하여 어물유통이 더욱 활발해졌다.

⑤ **정약전** : 흑산도 귀양 중 흑산도 부근에서 자생하고 있는 155종의 해산물에 대한 명칭, 분포, 형태, 습성 등을 연구하여 「**자산어보**」를 남겨 어류학의 신기원을 이룩하였다.

(3) 정약용의 과학기술

① 정약용은 '인간이 다른 동물보다 뛰어난 것은 기술 때문'이라고 보았다. 또 기술은 인간의 노력, 그것도 집단적인 노력에 의해 발달되고, 선진기술을 과감히 수용하는 가운데서 혁신된다고 보았으며 기술의 발달이 인간생활을 풍요롭게 한다고 확신하였다.

② 정약용은 스스로 많은 기계를 제작하거나 설계하였다. 그는 정조가 수원에 행차할 때 한강을 안전하게 건너도록 **주교**를 설계하였다. 또 중국을 통하여 알려진 서양의 축성법을 연구하여, 수원성을 쌓을 때에 거중기를 사용하도록 하였다. 그 밖에 선박의 건조, 총포, 병차의 제조 등에 관해서도 새로운 지식을 보급하였다.

Focus Diagram

◆ 문화의 새기운

1. 성리학

성리학적 질서강화

- 성리학 비판: 윤휴, 박세당
- 성리학비판: 실 학
  - 17세기초~ : 정여립, 정인홍, "천하는 공물"
  - 17세기 후반~18세기초 : 윤증, 박세당, 정약용(天人合一說)
  - 18세기~ : 최한기(주기설 관련 - 「명남루총서」)
- · 양반지배계층의 특권강화
  1. 균적수포제
  2. 서원과 향약 - 향촌지도
  3. 절대적 도덕규범
- 성리학 비판: 양 명 학
  - 지행합일(知行合一)의 실천성
  - 정제두 - 강화학파 : 만물일체설
  - 한말 이건창, 박은식, 정인보에게 영향을 줌

2. 실학

실학의 발생배경

① 통치질서의 와해현상 ② 성리학적 기능의 상실 ③ 서학의 전래
④ 경제적 변화와 발전 ⑤ 조선후기 신분질서의 붕괴 ⑥ 청나라 고증학의 영향

실학사상의 비교

구 분	중 농 학 파	중 상 학 파
학 파	경세치용학파, 성호학파	이용후생학파, 북학파
목 표	자영농 육성	상공업진흥, 기술혁신
신 분	남인계열(농촌선비)	노론계열(도시양반)
차이점	1. 토지분배에 관심 2. 지주제 반대 3. 화폐사용에 부정적	1. 생산력 증대 관심 2. 지주제 관심 3. 화폐사용 강조
영 향	· 한말 애국계몽사상가 · 일제시대 국학자	· 한말 개화사상가(박규수, 김옥균)
공통점	1. 부국강병, 민생안정(목적이 같음) 2. 농업진흥(방법론이 다름) 3. 문벌제도, 자유상공업을 비판	

<table>
<tr><th>구 분</th><th colspan="2">중 농 학 파</th><th colspan="2">중 상 학 파</th></tr>
<tr><td rowspan="4">대표적
실학자</td><td>유형원
(17세기 후반)</td><td>1. 실학의 체계화
2. 「반계수록」
3. 자영농 육성
4. 병농·사농일치</td><td>유수원
(18세기 전반)</td><td>1. 「우서」(중국과 우리와의 문물비교 분류)
2. 상공업 진흥방안 사·농·공·상인 평등화와 전문화
3. 상인간 합작·상인의 생산</td></tr>
<tr><td>이 익
(18세기 전반)</td><td>1. 학파형성
2. 「성호사설」, 「곽우록」
3. 자영농 육성(한전론)
4. 노비, 과거제도, 양반문벌, 사치, 미신숭배 비판</td><td>홍대용
(18세기 후반)</td><td>1. 「임하경륜」-균전제, 「의산문답」-지전설
2. 균전제
3. 부국강병책
4. 지전설(성리학적 세계관 극복)</td></tr>
<tr><td rowspan="2">정약용
(19세기 전반)</td><td rowspan="2">1. 실학의 집대성
2. 여유당 전서(「목민심서」, 「경세유표」, 「흠흠신서」)
3. 자영농 육성(여전제, 정전론)
4. 향촌단위 방위체제, 농업기술개선</td><td>박지원
(18세기 후반)</td><td>1. 「열하일기」, 「과농소초」, 「한민명전의」(한전론)
2. 수레와 선박 이용, 화폐유통 필요성 강조
3. 양반문벌제도의 비생산성 비판</td></tr>
<tr><td>박제가</td><td>1. 「북학의」
2. 청과 통상 강화
3. 소비 강조</td></tr>
<tr><td>한계와
의의</td><td colspan="4">1. 지식인의 공감을 받았음에도 불구하고 국가정책에는 별로 반영되지 않음
2. 부국강병을 위한 적극적인 방안을 제시하였다는 점에서 의의를 찾음</td></tr>
</table>

3. 실학자의 토지제도 개혁안

1. 유형원-균전론	2. 이 익-한전론
3. 정약용-여전론·정전론	4. 서유구-둔전론
5. 홍대용-균전론	6. 박지원-한전론

4. 역사학

시 기	특 징	사 서 명
15세기 초	1. 왕조개창의 정당화 2. 성리학적 대의명분 강조	「고려국사」(정도전) 「동국사략」(권근)
15세기 중엽	1. 민족적 자각, 국가와 왕실의 위엄 2. 문화향상	「고려사」, 「고려사절요」, 「삼국사절요」, 「동국통감」
16, 7세기	1. 사림의 존화주의, 왕도주의적 의식 2. 기자숭상	「동사찬요」, 「표제음주 동국사략」
18~19세기 초	1. 주체성 2. 정통성 3. 실증·객관성-고증사학 토대 4. 민족사의 확대(발해)-만주까지	「동사강목」(강목체) 「발해고」, 「해동역사」, 「연려실기술」(기사본말체)

5. 지리학

구 분	조 선 전 기	조 선 후 기	
제작목적	행정적 · 군사적 목적	경제적 · 문화적 목적	
지도	팔도도–인지의로 측량	정상기	동국지도
		김정호	청구도, 대동여지도
지리서	「동국여지승람」	이중환	택리지
역사지리서	「동국지리지(한백겸)」	신경준	「강계고」
		정약용	「아방강역고」

6. 조선후기의 문학 · 예술의 경향

조선후기의 문학 · 예술의 경향 → 서민문화 대두

- 서민문화 대두
  - 의식의 확대와 현실에 대한 새로운 인식반영
  - 양반중심의 문예활동 비판
  - 한글소설과 사설시조

한글소설의 발생(17세기)
- 「홍길동전」(허균 : 최초), 「춘향전」, 「사씨남정기」

사설시조의 등장(18세기)
- 김천택 「청구영언」, 김수장 「해동가요」

한문학의 발달(18세기)
- 박지원 한문소설(허생전, 호질, 민옹전, 양반전)

서민문학의 발달(19세기)
- 중인, 상민, 천민의 시사(詩社)조직

판소리 발달(19세기)
- 춘향가, 심청가, 흥부가, 배비장타령

구 분	조 선 전 기	조 선 후 기
창작의 주체	양반중심	중인 · 상민의 활발한 활동
내용 · 성격	문학 – 성리학적 윤리관 강조 예술 – 양반들의 교양, 여가	문학 – 인간감정의 적나라한 묘사 사회의 부정과 비리 고발 예술 – 서민들의 생활예술
문학의 주인공	영웅적인 존재	서민적인 인물
문학의 배경	비현실적인 세계	현실적 인간관계

제7장

근대사회의 전개

독립문

단원개관

1. 조선사회는 안으로부터 싹트기 시작한 근대적인 요소를 충분히 발전시키지 못한 채 개항을 하였다. 이로부터 열강의 침략이 잇달았으며, 청・일전쟁, 러・일전쟁을 도발한 일제의 식민지 지배하에 들어가게 되었다.
2. 우리 민족은 제국주의 열강의 침략에 대항하여 위정척사운동, 동학농민운동, 항일의병전쟁 등을 전개하였으며, 한편으로는 갑신정변, 갑오개혁, 독립협회활동, 애국계몽운동 등을 통하여 근대국가의 건설을 위해 노력하였다.
3. 개항 이후 경제면에서는 열강의 경제적 침탈에 대항하여 근대적 경제건설을 위한 노력이 지속되었고, 사회면에서는 양반중심의 신분제도가 폐지되었으며, 근대의식도 보편화되어 갔다. 또 과학기술과 문명시설이 수용되고, 교육운동과 국학운동, 문예활동과 종교활동이 근대적, 민족주의적 성격을 띠고 전개되어 갔다.

최근출제경향

근대사 부분은 시간적으로는 그 기간이 짧지만 다른 시기와 비교하여 유래가 없을 만큼 격동의 시기였고 많은 변화의 시기였던 만큼 까다로운 문제들이 다수 출제되고 있다. 출제빈도가 매우 높은 단원이므로 세부적인 사항까지도 빠짐없이 암기해 두어야 한다. 최근에는 대원군의 정책, 강화도조약, 대한제국, 갑오·을미개혁, 동학농민운동 등에 관하여 깊이 있는 문제들이 출제된 바 있다.

우리나라	연 대	다른 나라
(1860) 동학 창시	1860	(1860) 영・프 연합군, 베이징 점령
(1866) 병인양요		(1868) 일본, 메이지유신
(1871) 신미양요	1870	(1871) 독일의 통일
(1876) 강화도조약 체결, 부산개항		
(1882) 임오군란	1880	(1884) 청·프 전쟁
(1884) 갑신정변		
(1894) 동학농민운동, 갑오개혁	1890	(1894) 청·일 전쟁
(1896) 아관파천, 독립협회 설립		
(1897) 대한제국 성립		(1898) 청, 무술개혁
(1905) 을사조약	1900	(1902) 영・일 동맹
(1907) 국채보상운동, 헤이그특사 파견, 군대 해산		(1904) 러・일 전쟁 (1905) 포츠머스조약 체결
(1910) 국권피탈		(1907) 영・프・러 삼국협상 성립

제1절 근대사회로의 진전

Digest

1. **19세기 중엽의 역사적 상황** : 조선의 전통사회는 그대로 유지될 수 없는 상황에 놓이게 되었다. 안으로는 부패, 무능한 양반지배체제에 반대하는 민중세력이 성장해가고 있었으며, 밖으로는 일본과 서구열강의 침략세력이 밀려오고 있었다.
2. **대원군의 통상수교거부정책** : 이러한 때에 집권한 흥선대원군은 전제왕권을 강화하고 통상수교를 거부하여 당면한 위기를 극복하려 하였으나, 그가 물러난 후 마침내 나라의 문호가 개방되었다.
3. **문호의 개방** : 문호의 개방은 열강의 침략을 수반하는 것이었으므로, 조선은 결국 이들 열강의 침략 경쟁의 무대가 되었다.

제 1 항 제국주의시대의 세계

1. 제국주의시대

19세기 말부터 20세기 초에 걸쳐 제국주의시대가 전개되었으며, 이 시기에 제국주의 열강들은 후진지역이나 약소국가들을 지배하기 위해서 경쟁적으로 침략을 자행하였다.

(1) 제국주의의 성립배경

① **자본주의의 발달** : 영국에서 시작된 산업혁명은 19세기 중엽을 전후하여 유럽의 주요 국가와 미국 등에 확산되었으며, 19세기 후반에 이르러서는 자본주의가 고도로 발달하게 되었다. 독점자본주의, 금융자본주의에 도달한 선진 자본주의국가들은 국내에 축적된 잉여자본의 투자시장을 확보하기 위하여 새로운 식민

지를 필요로 하게 되었다.

② **민족주의의 고조** : 이탈리아의 통일과 독일의 통일로 고조된 민족주의는 이후 배타적이며 침략적인 성격의 민족주의로 변질되었다.

(2) 제국주의시대의 전개

자본주의의 현저한 발전과 강렬한 민족주의를 바탕으로 유럽 열강을 비롯한 강대국들은 1870년대부터 후진지역을 침략하여 식민지로 만들었다. 이로써 제국주의 시대가 전개되었다. 대표적인 제국주의국가들은 영국, 프랑스, 독일, 러시아, 미국, 일본 등이었으며, 이들 제국주의 열강 간의 대립으로 제1차 세계대전이 일어났다(1914).

2. 제국주의 열강의 침략

(1) 제국주의 열강의 침략대상

제국주의 열강의 침략대상이 된 지역은 아프리카, 아시아, 태평양 등이었다. 제국주의시대에 아프리카 대부분은 유럽 열강의 식민지로 전락되었고, 일부 국가를 제외한 아시아의 대부분 지역도 제국주의 열강의 식민지 또는 반식민지가 되었다.

(2) 아프리카의 분할

① **파쇼다 사건(1898)** : 영국은 종단정책을 실시하여 남쪽의 케이프식민지와 북쪽의 이집트를 연결하려고 노력하였으며, 프랑스는 횡단정책을 실시하여 알제리와 마다가스카르 섬을 연결하여 식민지를 확대시키는 과정에서 발생한 충돌을 말한다.

② **아프리카의 식민지화 경쟁** : 독일, 이탈리아, 벨기에 등도 아프리카의 식민지화 경쟁에 뛰어들었으며, 20세기 초에는 라이베리아와 에티오피아를 제외한 모든 아프리카지역이 유럽 열강에 점령되고 말았다.

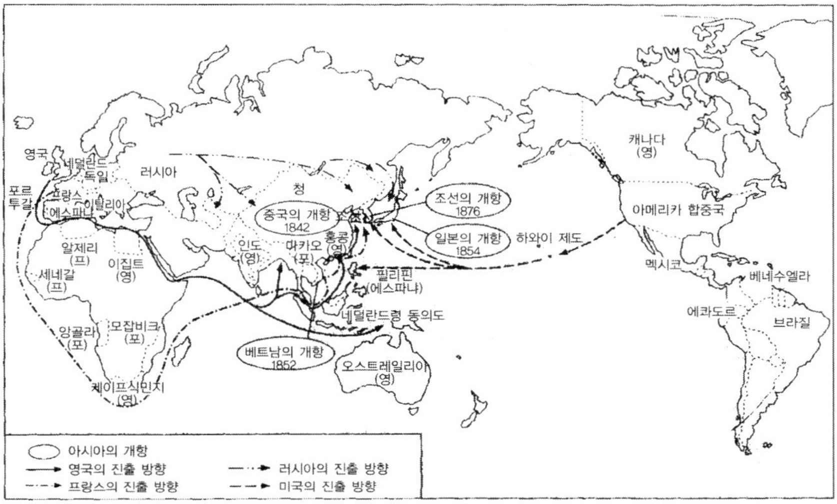

제국주의 열강의 침략

(3) 열강의 아시아 침략

① 식민지화 : 인도와 그 주변 일대(영국), 인도차이나반도(프랑스), 인도네시아(네덜란드), 필리핀(미국)

② 반식민지화 : 중국(서구 열강, 일본), 오스만제국

(4) 태평양의 분할

열강의 영토분할은 태평양에도 미쳐 20세기 초까지 태평양의 대다수 섬들은 미국, 영국, 프랑스, 독일 등에 의하여 분할 점령되었다.

제2항 국제관계의 확대

1. 흥선대원군의 정치(1863~1873)

(1) 대원군의 등장

고종은 12세의 나이로 철종의 뒤를 이어 조선의 제25대 임금으로 즉위하였고

(1863), 고종의 생부인 흥선대원군(興宣大院君) 이하응(李昰應)이 정권을 장악하였다.

(2) 흥선대원군의 정책방향

대원군 집권 당시 안으로는 세도정치에 의한 국정의 혼란과 삼정의 문란에 의한 민생의 파탄으로 민란이 자주 일어났으며, 밖으로는 서양세력이 중국과 일본의 문호를 개방시키고 조선으로 몰려오는 상황이었다.

① **왕권강화정책** : 대내적으로는 국가의 기강을 바로잡기 위하여 왕권강화정책을 추진하였다.

② **통상수교거부정책** : 대외적으로는 외세의 침투를 물리치기 위하여 서양세력의 통상수교요구를 거부하였다.

(3) 대원군의 내정개혁

① **인재 등용** : 먼저 안동 김씨 일족을 몰아내고 당파와 신분을 가리지 않고 능력에 따라 인재를 등용하였는데 이는 붕당정치와 세도정치의 폐단을 제거하면서 그의 정치적 기반을 강화하여 **전제왕권을 강화**하려는 의도였다.

② 정치기구의 재정비

㉠ **의정부의 강화** : 문무고관의 합의체로서 주요 정무를 총괄해 오던 비변사를 축소, 격하시키고 **의정부**와 **삼군부**(신영, 남영, 마병소)의 기능을 부활하여 정치와 군사의 업무를 분리시켰다.

㉡ **법전정비** : 『대전회통』(大典會通)과 『육전조례』(六典條例)를 간행하여 법질서를 확립하였다.

③ **삼정의 개혁** : 대원군은 집권 초에 문란해진 삼정을 바로 잡고 농민생활의 안정을 꾀하는 획기적 개혁을 감행하였다.

㉠ **전정의 개혁** : 은결을 색출하고, 토호들의 토지겸병을 금지하는 한편, 부분적인 양전사업을 실시하였다.

㉡ **군정의 개혁** : 종래 상민에게만 부과하였던 군포를 양반에게까지 확대, 징수하는 **호포제**(戶布制)를 실시하였다.

㉢ **환곡의 개혁** : 가장 폐단이 심했던 환곡제를 **사창제**(社倉制)로 전환하여 농민들의 부담을 경감시켰다.

④ **서원철폐** : 국가재정을 좀 먹고 붕당의 근거지로서 백성을 수탈해 온 서원을 대폭 정리하여 600여 개소를 철폐하고 47개소만 남겨 놓았다.

⑤ **경복궁 중건** : 실추된 왕실의 위엄을 회복하기 위해 임진왜란 때 불타버린 경복궁을 중건하였다. 여기에 소요되는 기금을 마련하기 위해 **원납전**(강제기금)과 **당백전**(악화)을 만들어 경제질서를 혼란시켰고, 양반의 묘지림까지 벌목하고 백성들을 토목공사장에 징발하여 양반과 백성들로부터 원성을 듣기도 하였다.

(4) 대원군 개혁정치의 의의와 한계점

대원군의 대내적인 왕권강화정책은 전통적인 통치체제를 재정비하여 국가기강을 바로잡고 양반지배층의 부당한 억압과 수탈을 금지시켜 민생을 안정시키는데 기여하였다. 그러나 그것은 전통체제 내에서의 개혁정책이라는 한계성을 지니는 것이었다.

2. 병인양요와 신미양요

(1) 통상수교거부정책의 배경

① **서세동점(西勢東漸)** : 서양세력은 18세기 후반부터 탐험과 측량을 구실로 우리나라에 접근해 왔으며, 19세기 이후로는 조선에 직접 통상을 요구해 왔다.

② **최초의 통상요구** : 우리나라에 최초로 통상을 요구해 온 나라는 영국으로서 상선 **로드암허스트**(Load Amherst)호가 통상을 요구하다 거절당하였고, 프랑스 함대의 제독 세실(Cecil)이 기해박해 때 프랑스인 신부의 처형에 대한 책임과 통상을 요구해 왔다.

③ **위기의식의 확산** : 대원군이 집권하기 이전부터 의주, 동래 등지를 통하여 서양상품이 불법유입되고 있었으며, 영·프 연합군의 베이징 점령(1860), 러시아의 연해주 획득(1860) 등의 사건으로 충격과 위기의식을 초래하게 되었다.

④ **열강의 통상요구 거절** : 이에 대원군은 외세의 침투를 막기 위해서 국방력

을 강화하였으며, 열강의 통상요구를 거절하고, 서양상품의 유입을 엄금하였다.

Side Check

◈ 열강의 조선 접근 일지
1. 순조 32년(1832) : 로드 암허스트(영)
2. 헌종 11년(1845) : 영국 군함 1척 다도해수역 측량
3. 철종 5년(1854) : 러시아 군함 2척 함경도 연안
4. 고종 3년(1866) : 독일 상인(Oppert) 통상요구
5. 고종 3년(1866) : 미국 상선(제너럴셔먼) 대동강유역에서 통상요구

(2) 천주교 탄압과 외세와의 투쟁

① 병인박해(1866)

㉠ **천주교도의 확산** : 철종 이후, 탄압이 완화되자 프랑스 선교사가 국내에 잠입, 선교활동을 하여 천주교도가 나날이 늘고 서양상품도 불법유입되고 있었다.

㉡ **러시아의 남하** : 이 시기에 대원군은 만주로부터 남하해 오는 러시아세력과 잦은 통상 마찰을 빚어왔다.

㉢ **천주교 탄압** : 대원군은 처음에는 천주교에 관대하여 프랑스 선교사의 알선으로 프랑스세력을 끌어들여 러시아세력의 남하를 견제하려 하였으나, 교섭에 실패하고 청에서의 천주교 탄압소식과 유생들의 강력한 탄압 요구에 따라 천주교에 대한 대대적인 탄압을 가하게 되었다.

㉣ **신도의 처형** : 이 병인박해로 9명의 프랑스 신부들과 남종삼 등 수천명의 신도들이 처형당하였다.

② 병인양요(1866)

㉠ **프랑스함대의 강화읍 점령** : 병인박해에서 탈출한 프랑스 신부 리델(Ridel)의 고발로 병인박해가 서양에 알려지자 프랑스는 선교사 살해의 책임을 묻는다는 구실로 로즈(Rose) 지휘하에 7척의 프랑스 함대가 강화읍을 점령 병기와 서적 등을 약탈하고 서울 침공을 준비하였다.

㉡ **프랑스군 격퇴** : 조선정부는 한강연안의 경비를 강화하여 서울로 향하던

프랑스군을 **한성근** 부대가 **문수산성**에서 무찔렀고, **양헌수** 부대는 **정족산성**에서 프랑스군을 격퇴하였는데 이를 병인양요라고 한다.

③ **오페르트(Oppert) 사건(1868)** : 2차에 걸쳐 조선정부에 통상요구를 했지만 거절당한 오페르트는 프랑스 신부 페론(Perron)과 함께 충남 덕산에 있는 대원군의 생부 남연군(南延君)의 무덤을 도굴하는 만행을 저질러 대원군의 통상거부 의지를 더욱 더 강화시켰다.

④ **신미양요(1871)**

㉠ **제너럴셔먼호 사건** : 병인양요가 발생했던 해인 1866년에 미국 상선 제너럴셔먼(General Sherman)호가 대동강을 거슬러 평양 부근에서 통상을 요구하다 평양 군중들의 공격을 받고 전소되는 사건이 발생하였다.

㉡ **어재연의 활약** : 5년 후 이 사실이 미국에 알려지자 사건의 진상규명과 책임문제를 이유로 로저스(Rodgers) 제독이 이끄는 5척의 함대가 강화도로 진격하여 왔다. 조선군은 **광성보**와 **갑곶**에서 수비대장 **어재연**의 분전으로 상륙한 미군을 격퇴시켰다.

⑤ **척화비(斥和碑) 건립** : 대원군은 두 차례의 서양 침입을 막아내어 자신감을 고조시키고 전국 각지에 척화비를 세워 통상수교거부정책을 더욱 강화하였다.

Side Check

> ◈ 척화비문
> "洋夷侵犯 非戰則和 主和賣國 戒我萬年子孫 丙寅作辛未立"이라고 되어 있다(서양 오랑캐가 침범했는데도 싸우지 않고 화친하고자 하는 자는 모두 매국노다. 우리 자손만대에 이를 일깨우게 하노라. 병인년에 만들어 신미년에 세운다).

(3) 통상수교거부정책의 영향

대원군의 통상수교거부정책으로 외세의 침략은 일시적으로는 저지되었으나 문호개방을 가로막아 **근대화를 지연**시키는 결과를 초래하였다.

3. 강화도조약과 개항

(1) 개항의 국내적 배경

① **대원군의 하야** : 통상수교거부정책을 취하고 있던 대원군은 집권 10년만에 최익현을 비롯한 유생들이 고종의 친정(親政) 촉구와 서원정리에 대한 원성, 그리고 경복궁 중건에 따른 경제정책의 실정이 겹쳐 정계퇴진을 요구받게 되었다. 드디어 1873년에 대원군은 물러나고 민씨 일가가 집권하여 새로운 변화를 모색하기 시작하였다.

② **통상개화론의 대두** : 박규수, 오경석, 유홍기(유대치) 등은 당시 조선사회가 문호개방을 위한 내적 준비가 되어 있다고 보지는 않았지만, 열강의 군사적 침략을 피하기 위해서는 개항이 불가피하고 서양의 문물을 받아들여 근대화를 서둘러야 한다고 주장하였다.

③ **해국도지와 영환지략** : 통상개화론자들은 19세기 중엽에 발간되었던 『**해국도지**』(海國圖志)와 『**영환지략**』(瀛環志略)을 소개하면서 개화의 필요성을 역설하였다.

④ **문호개방의 여건마련** : 이러한 **통상개화론자**들의 세력이 대원군정권의 붕괴와 함께 성장하여, 문호개방의 여건을 마련하였다.

(2) 일본의 움직임

일본은 미국과 수교를 맺고(1854), 곧이어 메이지유신(明治維新, 1868)이라는 위로부터의 근대화를 달성한 이후 조선과의 통상을 요구하였지만, 통상수교거부정책을 펴고 있던 조선이 거부하자 강경파인 사이고오다카모리(西鄉隆盛)의 **정한론**(征韓論)이 대두되었다. 그러나 이토오히로부미(伊藤博文) 등 온건파는 일본국력을 더욱 더 신장시킨 다음 조선을 식민지화한다는 정책을 제시하여 멀지 않은 장래에 조선을 식민지화할 것을 표명하였다.

(3) 운요호(雲楊號) 사건(1875)

일본은 조선을 강제 개국하기 위해 조선의 통상수교거부정책을 역이용하여 강화도초지진의 포대가 발포하도록 유도하고 그 책임을 조선정부에게 묻고 조약체결을 강요하였다.

(4) 강화도조약(병자조약, 1876. 1)

1876년 운요호 사건 처리문제를 둘러싸고 신헌과 구로다 사이에 전문 12개조로 된 통상수호조약이 체결되었다.

① 조약의 성격

㉠ 최초의 근대적 조약

㉡ **불평등조약(치외법권 · 해안측량권 · 조차지 설정)** : 개항장에서의 일본인 범죄자를 일본 영사가 재판하는 영사재판권에 의한 **치외법권** 조항을 설정함으로서, 조선에 거주하는 일본인의 불법행위에 대한 조선의 사법권을 배제하였다. 또한 **조차지설정, 해양측량권도** 조선에 대한 주권침해였다.

㉢ **일본의 조선침략을 용이하게 한 조약** : 조선은 자주국으로 일본과 평등한 권리를 갖는다고 규정하였지만, 조선에 대한 청의 종주권을 부인함으로써 일본의 조선침략을 용이하게 하려는 것이었다.

㉣ **경제적 · 군사적 · 정치적 거점 마련** : 조선의 부산 외에 두 항구의 개항, 일본인의 통상활동 허가와 조선 연해와 자유로운 측량을 규정하였는데, 그것은 통상교역의 경제적 목적을 넘어 군사적, 정치적 거점을 마련한 것이었다.

〈제1관〉 조선국은 자주의 나라이며, 일본국과 평등한 권리를 가진다.
〈제2관〉 일본국 정부는 지금부터 15 개월 후 수시로 사신을 조선국 서울에 파견한다.
〈제4관〉 조선국은 부산 외에 두 곳을 개항하고, 일본인이 왕래 통상함을 허가한다.
〈제7관〉 조선국은 일본국의 항해자가 자유로이 해안을 측량하도록 허가한다.
〈제10관〉 일본국 인민이 조선국 지정의 각 항구에 머무르는 동안에 죄를 범한 것이 조선국 인민에게 관계되는 사건일 때에는 모두 일본 관원이 심판한다.

강화도조약의 주요내용

② 조약체결의 결과

㉠ 부산(1876), 원산(1880), 인천(1883), 진남포(1897), 목포(1898), 평양(1898) 군산(1899) 마산이 차례로 개항되었다.

㉡ 일본 공사관이 상주하게 되었다.

㉢ 다른 서방국가들과 수교를 하게 되는 계기가 되었다.

(5) 조·일수호조규부록과 통상장정의 체결(1876. 8)

① **조·일수호조규부록** : 조선 국내에서의 일본 외교관의 여행의 자유, 개항장에서의 일본 거류민의 거주지역 설정(사방 10리), 일본 화폐의 유통 등을 규정하였다.

② 조·일통상장정 : 일본의 수출입 상품에 대한 무과세 및 **양곡의 무제한 유출** 등이 허용되었다.

③ **결과** : 조선에 대한 일본의 경제적 침략의 발판이 용이하게 구축된 반면에, 조선은 국내산업에 대한 보호조치를 거의 취할 수 없게 되었다.

4. 각국과의 조약체결

(1) 조·미수호통상조약(1882)

① **배경** : 신미양요 때 강화도에서 퇴각한 미국은 다시 조선과의 수교에 관심을 가지고 일본에 알선을 요청하였으나 이루어지지 않았다. 이 무렵에 청국의 이홍장은 조선에서의 일본의 독주를 막기 위해 서방 열강을 끌어들이고자 했고, 조선 내의 개화지식인들도 **황쭌셴**(黃遵憲)의 조선책략에서 주장된 바 있는 러시아의 남진을 막기 위한 목적으로 **친중국, 결일본, 연미방**의 외교 전략을 적극 주장하고 나섰다.

② **체결** : 이홍장의 주선으로 미국의 슈펠트(Shufeldt)제독과 통상조약을 맺었다. 전문 14개조로 구성되어 있는 이 조약은 양국 중 한 나라가 제3국의 압박을 받을 경우에 서로 도와주겠다고 규정하였다. 그러나 이 조약도 영사재판에 의한

치외법권, 조차지설정의 승인 및 **최혜국 대우** 등이 규정된 불평등조약이었다.

(2) 각국과의 조약체결

조선은 강화도조약으로 일본에 문호를 개방한 후, 서양 여러 나라에도 문호를 개방하였다. 먼저 미국과 조약을 체결한 이후 이어서 영국(1882), 독일(1882), 러시아(1884), 프랑스(1886) 등 여러 나라와도 외교관계를 맺었다.

Focus Diagram

◆ 근대사회로의 진전

흥선대원군의 집권(1863)

- **내정개혁**
  - 1. 인재의 고른 등용
  - 2. 서원 철폐
  - 3. 경복궁 중건
  - 4. 삼정의 개혁
  - 5. 비변사 폐지
  - 6. 대전회통 편찬
- **통상거부** (쇄국정책)
  - 병인양요(1866)
  - 신미양요(1871)
  - → **척화비**

대원군하야(1873)

강화도조약(1876)

- 1. 자주국, 일본과는 평등한 권리→청의 종주권 부인
- 2. 사신을 수시로 파견
- 3. 부산, 원산, 인천개항→일본의 경제, 군사, 정치적 거점 확보
- 4. 일본인의 범죄는 모두 일본 관원이 심판→치외법권 인정

개화사상

정치	전제군주제→서구식 입헌군주제
경제	봉건적 토지제도→근대적 자본주의
사회	양반중심→국민 평등의 시민사회
문화	전통문화 수호→새로운 근대문화 수용

개화정책

위정척사운동

1860 년대	통상반대운동, 척화주전론 이항로, 기정진
1870 년대	왜양일체론, 개항불가 최익현
1880 년대	조선책략 유포, 정부의 개화시책 반대, 이만손(영남만인소), 홍재학
1890 년대	항일의병운동 유인석, 이소응, 허위

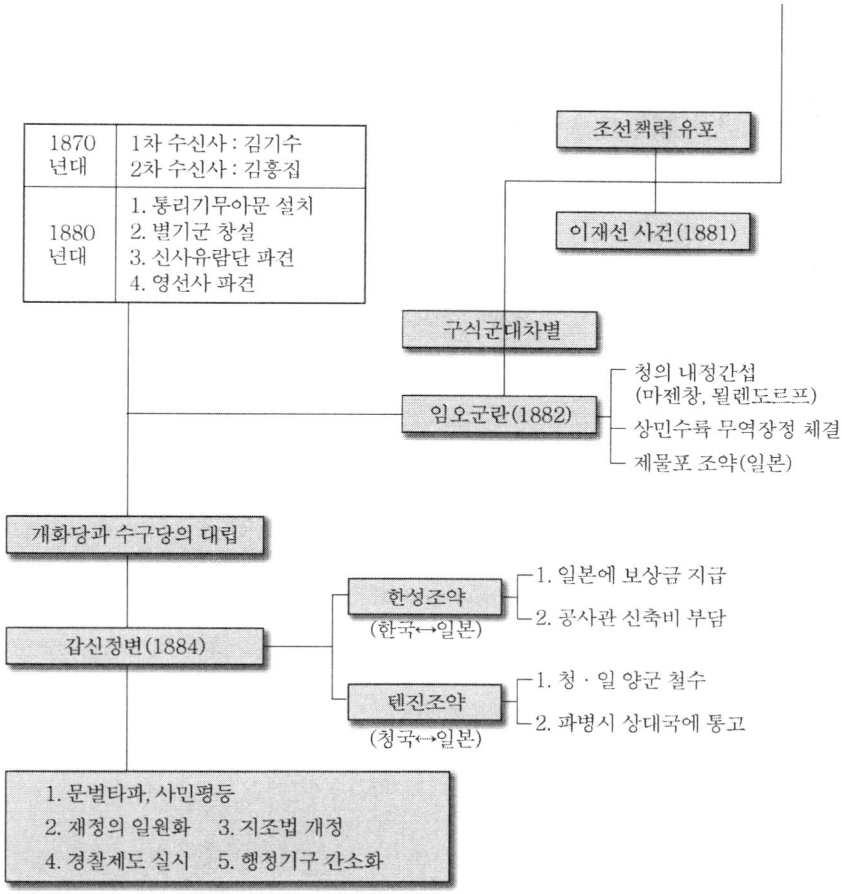

개화파의 형성과 발전

발전단계		연 대	대 표 자
통상개화론적 실학자		19C	박제가 · 이규경 · 최한기 · 강위 등
개화사상가		1860~1870	박규수 · 오경석 · 유홍기 등
개화파 형성		1870년대	김옥균 · 박영효 · 서광범 · 유길준 · 김윤식 등
개화파의 분열	온건개화파 (수구당)	1880년대	김홍집 · 김윤식 · 유길준 · 어윤중 등 청의 양무운동 모방, 점진적 개혁추구, 친청적인 사대당
	급진개화파 (개화당)		김옥균 · 박영효 · 서재필 · 서광범 · 홍영식 등 일의 메이지유신 모방, 급진적 개혁 추구, 반청적인 독립당

제2절 근대의식의 성장과 민족운동의 전개

Digest

1. **근대화의 추진** : 개항 이후, 조선을 둘러싸고 청국과 일본이 침략경쟁을 벌이는 가운데, 정부는 부국강병을 목표로 개화정책을 추진하였다. 이러한 과정에서 임오군란과 갑신정변이 일어났다.
2. **동학농민운동의 전개** : 갑신정변 후 청과 일본의 침략이 더욱 심해졌고, 지배층의 농민에 대한 수탈이 강화되어 갔다. 이에 농민들은 동학의 교세를 바탕으로 반침략·반봉건투쟁을 전개하였으나 실패로 끝나고 말았다.
3. **근대적 개혁의 추진** : 청·일전쟁을 계기로 친일내각이 성립되고, 개화관료들의 주도하에 갑오개혁, 을미개혁이 추진되어, 정치·경제·사회 등 여러 면에서 근대적인 제도가 마련되어 갔다.
4. **독립협회 활동과 대한제국** : 아관파천 후 대한제국이 성립되었으나, 러시아의 내정간섭과 열강의 이권침탈이 심해졌다. 이에 독립협회는 민중을 기반으로 자주국권, 자유민권, 자강개혁운동을 전개하였다.
5. **항일의병전쟁과 애국계몽운동의 전개** : 일제의 침략이 심해지는 속에서 국권수호를 위한 항일의병전쟁과 애국계몽운동이 전개되었다.

제 1 항 근대화의 추진

1. 개화정책의 추진

(1) 개화사상의 발전

Side Check

◈ 개화사상의 발전

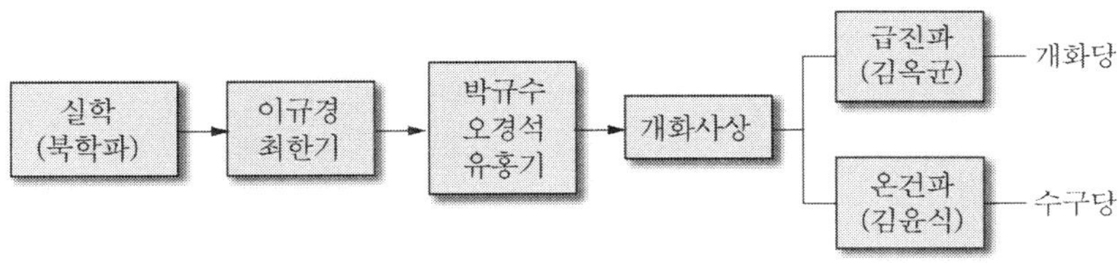

1880년대의 주요 개화론자들은 유홍기, 박영효, 김옥균, 홍영식, 서재필, 서광범 등이었고 이들의 사상은 안으로는 **실학**(특히 북학파)사상을 발전적으로 계승하고, 밖으로는 청에서 진행되고 있던 양무운동(洋務運動)과 일본에서 제기되고 있던 **문명개화론**(후꾸자와 유끼찌의 자유민권운동)의 영향을 받은 사상이었다.

(2) 조선정부의 개화정책 추진

① 수신사의 파견

㉠ **1차 수신사 파견**(1876) : 개항 후 김기수 일행이 파견되어 일본의 정치, 경제, 사회, 문화, 교육 등을 시찰하고 돌아왔고 그 시찰 기간 동안의 내용을 『**일동기유**』(日東紀游)에서 적고 있다.

㉡ **2차 수신사 파견**(1880) : 제2차 수신사로 김홍집이 파견되어 일본의 근대화와 세계정세의 변화상을 알게 되었으며 황쭌센이 쓴 『**조선책략**』을 들여와 유생들의 반발을 사기도 하였다.

② 제도의 개편

정부는 대외관계와 근대문물의 수용을 위하여 개화파 인물들을 정계에 기용하였고, 이들을 중심으로 개화정책을 추진해 나갔다.

㉠ **행정기구의 개편** : 정부는 개혁정책을 추진하기 위한 구심체로서 **통리기무아문**(統理機務衙門)을 설치하고 그 아래 12사를 두어, 외교, 군사, 산업 등의 업무를 담당하게 되었다(1880).

Side Check

◈ 12사(司)

사대사(중국과의 외교)	교린사(일본과의 외교)	군무사(군대통솔)
변정사(변방사무)	통상사(통상·무역)	군물사(병기제조)
기계사(기계제조)	선함사(선박, 함대)	기연사(선박순찰)
어학사(외국어, 언어)	전선사(인선)	이용사(물품조달)

㉡ **군사제도의 개편** : 재래의 5군영을 **무위영**, **장어영**의 2영으로 개편하고 신식군대인 **별기군**을 창설하고 일본인 교관을 채용하여 근대적 군사훈련을 시키고, 사관생도를 양성하였다.

③ 새로운 문물수용

㉠ **신사유람단(紳士遊覽團, 1881)** : 박정양, 어윤중, 홍영식, 조준영, 조병직 등과 윤치호 · 서재필 등의 일부 수행원을 일본에 파견하여 약 3개월 동안 일본정부의 각 부처는 물론이고 각종 산업시설을 둘러보고 돌아와 개화정책의 추진을 뒷받침하였다.

㉡ **영선사(領選使, 1881)** : 청의 실력자 이홍장의 권유로 김윤식을 단장으로 삼아 청나라의 텐진(天津)으로 파견하였다. 주로 무기제조법과 군사훈련법을 배웠으나 정부의 재정 및 근대기술에 대한 기본지식 부족으로 소기의 성과를 달성하지 못하였다. 그렇지만 이를 계기로 서울에 **기기창**(機器廠 : 근대식 무기공장)을 설치하였다.

㉢ **보빙사(報聘使, 1883)** : 답례로 외국을 방문한다는 의미로, 1882년 조·미수

호통상조약 체결에 따라 사절단이 미국을 방문하였다.

2. 위정척사운동의 전개

(1) 위정척사

위정척사(衛正斥邪)란 정학(正學)과 정도(正道)를 지키고 사학(邪學)과 이단을 물리친다는 뜻으로 다시 말해, 성리학을 정통사상으로 신봉했던 조선사회에서 **위정**이란 정학인 성리학을 수호하는 것이고, 척사란 성리학 이외의 모든 종교와 사상을 배격한다는 의미이다. 서구종교, 서양문화가 위정척사의 주요대상이 되었다.

(2) 주도세력

초창기 위정척사운동(1860년대)은 보수적 유생층인 이항로, 기정진 등이 중심을 이루었고, 1870년대 유인석, 최익현 등에 의해 계승되었다.

(3) 위정척사운동의 전개과정

① **통상반대운동 · 척화주전론(1860년대)** : 1860년대에는 서양의 통상요구에 대응하여 통상반대운동으로 전개되었고, 이어서 서양의 무력침략에 대항하여 척화주전론(斥和主戰論)으로 나타나 대원군의 통상수교거부를 강력히 뒷받침하였다.

② **개항반대운동(1870년대)** : 이 시기의 위정척사론은 일본의 강제 개국시점과 때를 맞추어 **왜양일체론**(倭洋一體論), **개항불가론**(開港不可論)을 들어 개항반대운동을 전개하였다.

③ **개화반대운동(1880년대)** : 정부의 개화정책과 조선책략의 유포에 반발하여 이만손의 **영남만인소**(嶺南萬人疏)사건이 전개되었다. 유생인 홍재학도 **만언척사소**(萬言斥邪疏)에서 주화매국자 엄단, 양물 · 양서 폐기, 통리기무아문 폐지 등을 주장하며, 개화반대운동을 전개하였다.

④ **항일의병운동(1890년대 이후)** : 1890년대 이후로는 일본의 침략에 저항하는 항일의병운동으로 계승되었다.

(4) 위정척사운동의 의의

① **반침략 반외세 자주운동** : 일단 문호를 개방하게 되면 일본을 비롯한 열강의 침략을 저지하기 곤란해진다는 **정치적 이유**와 서양의 공산품과 우리의 농산품을 교역하면 경제적 파멸을 초래할 것'이라는 **경제적 이유**로 외국과의 교역 및 개화정책에 반대하였다.

② **봉건적 지배체제의 유지책** : 보수유생층이 주도한 위정척사운동은 반외세적 자주운동의 측면에서만 제시된 것이 아니라 조선왕조의 전제주의적 정치체제, 지주중심의 봉건적 경제체제, 양반중심의 차별적 사회체제, 그리고 성리학적 유일사상체제를 유지하려는 목적도 있었다.

③ **개화시책 추진 저해** : 위정척사운동은 반외세적 자주운동의 측면도 있었으나, 당시 정부의 개화정책 추진에 장애물이 되어 역사의 발전에 역행하는 기능을 하기도 하였다.

3. 임오군란의 발발(1882)

(1) 발 단

① **근원적인 배경** : 대원군 중심의 수구파와 민씨 중심의 개화파의 대립, 그리고 만인소사건과 이재선사건(1881) 등이 갈등의 고리를 이루었다.

② **직접적 배경** : 민씨 정권의 신식군대인 별기군에 대한 우대와 **구식군대의 차별대우**에서 폭발하였다.

Side Check

◈ 이재선(李載善)사건(1881)
1873년에 하야한 대원군은 1876년 이후 민씨 정권이 개화시책을 급속하게 펼치자 유학자들을 중심으로 완강한 반대운동을 펼쳤다. 이러한 정세를 이용하여 대원군은 재집권할 계획의 첫 행동으로서 서장자(庶長子) 이재선을 국왕으로 추대하고 고종을 폐위함과 동시에 서양과 일본의 제거하려 한 사건이다.

(2) 경 과

구식군인들은 대원군에게 도움을 청하고, 정부 고관들의 집을 습격하여 파괴하는 한편, 일본인 교관을 살해하고 일본공사관을 습격하였다. 또한 민중들이 합세한 가운데, 민씨 정권의 고관들을 살해하였다. 이 때 명성황후는 충주로 피난하였다.

(3) 결 과

① **대원군의 재집권** : 임오군란은 대원군의 재집권으로 일단 진정되었으나, 이로 인하여 조선을 둘러싼 청·일 양국간의 대립을 초래하였다.

② **대원군의 압송** : 일본은 조선내의 거류민보호를 내세워 군대파견의 움직임을 보였으며 이에 청은 신속히 군대를 조선에 파견하여, 대원군을 군란의 책임자로 청에 압송해 감으로써 일본의 무력개입의 구실을 없애려 하였다.

③ **제물포조약의 체결(1882. 7)**

㉠ **조약의 내용** : 20일 이내 군란책임자의 처벌, **배상금** 50만원 지급, 조선의 사죄사 파견, 일본상인의 여행범위 확대, 피해자보상, 일본공사관에 경비병 주둔 등을 내용으로 하는 제물포조약을 체결하였다.

㉡ **조약의 의미** : 이 조약을 계기로 일본군이 공사관 경비를 구실로 조선 영내에 주둔할 수 있는 권리를 갖게 되었고 이는 2년 뒤에 일어나는 갑신정변과 밀접한 관계를 맺게 되었다.

(4) 청의 내정간섭

임오군란을 진압한 청군은 조선내정에 적극적인 관여를 하기 시작하였다.

① **고문관 제도** : 묄렌도르프와 마젠창(馬建常)을 고문으로 파견하여 내정과 외교문제에 간여하였고, 위안스카이 등이 지휘하는 군대를 상주시켜 조선군대를 훈련시켰다.

② **경제침략의 강화** : 조선은 1882년 **상민수륙무역장정**(商民水陸貿易章程)의 체결로 청나라 상인의 통상특권을 허용하게 되고, 경제적 침략을 받게 되었다. 청은 이를 통해 일본에 빼앗겼던 상권을 다소 회복하였다.

③ **민씨 일파의 재집권** : 다시 집권하게 된 민씨 일파는 정권을 유지하기 위하여 **친청정책**으로 기울였다.

4. 개화당의 형성과 활동

(1) 개화파의 성립

1880년대로 들어서면서 개화파들이 정계에 진출하여 국가의 개화정책을 뒷받침하고 개혁운동을 추진하였다. 그런데 개화파에는 개화정책을 추진함에 있어서 두 가지의 방법론적 흐름이 있었다.

① **온건개화파(사대당)** : 김홍집, 김윤식, 어윤중 등은 민씨 정권과 결탁하여 청의 **양무운동**을 모델로 삼아 **점진적인 개혁**을 추구했다.

② **급진개화파(개화당)** : 김옥균, 박영효, 홍영식, 서광범 등은 청에 의존하는 정부의 정책에 반발하였다. 이들은 청의 간섭을 물리쳐 자주독립을 이룩하고, 일본의 **메이지유신**을 본받아 **급진적인 개혁**을 추진하려 하였다.

(2) 급진개화파의 개화시책

① **일본시찰** : 임오군란 후 박영효가 일본에 파견될 때 김옥균, 서광범 등도 동행하였다.

② **박문국 설치** : 박문국을 설치하여 한성순보를 간행하였다.

③ **유학생 파견** : 군사와 학술 등을 배우기 위해 일본에 유학생을 파견하였다.

④ **우정국 설치** : 근대적 우편사업을 실시하기 위해 우정국을 설치하였다.

⑤ **차관도입 노력의 실패** : 개화운동을 위한 차관도입에 실패하여 정치자금조달이 어려워졌고, 민씨 일파의 친청정책으로 개화운동이 부진하였다.

Side Check

구 분	온건개화파(사대당)	급진개화파(개화당)
주요인물	김홍집, 김윤식, 어윤중, 민영익 등	김옥균, 박영효, 홍영식, 서광범
대내외관계	청국과 연결, 민씨 정권 지지	일본과 연결, 청의 내정간섭 · 친청사대정책 비판
개혁사상	양무운동의 영향	일본 메이지유신 영향
개혁속도	점진적 개혁 추구	급진적 개혁 추구

5. 갑신정변과 그 의의

(1) 배 경

① **친청세력의 개화당 탄압** : 임오군란 이후 민씨 정권의 요직을 차지한 친청세력은 그들에 반대하는 개화당을 탄압하였다. 이에 친청세력의 압박으로 개화정책의 추진은 물론, 신변의 위험마저 느끼게 된 개화당의 요인들은 민씨 정권을 무너뜨리고 철저한 개화정책을 추진하기 위하여 비상수단을 도모하게 되었다.

② **청군의 철수** : 때마침, 청이 베트남 문제로 프랑스와 전쟁상태로 들어가 조선주둔 청군의 일부가 철수하게 된 것을 기회로 삼아 일본공사의 지원약속을 받고 정변을 계획하였다.

(2) 우정국사건(1884)

개화당은 우정국 개국 축하연을 이용하여 사대당 요인들을 살해하고 김옥균, 박영효를 중심으로 개화당 정부를 수립한 뒤 14개조 개혁정강을 마련하였다. 그 내용은 청에 대한 사대관계 폐지, **인민평등권의 확립**, **지조법의 개혁**, 모든 **재정의 호조 관할**, 내각중심정치의 실시 등이었다.

Side Check

◈ 갑신정변 14개조 개혁정강

1. 청에 잡혀 간 흥선대원군을 곧 돌아오게 하며, 종래 청에 대하여 행하던 조공의 허례를 폐지한다.
2. 문벌을 폐지하여 인민평등의 권리를 세워 능력에 따라 관리를 임명한다.
3. 지조법(地租法)을 개혁하여 관리의 부정을 막고 백성을 보호하며 국가재정을 넉넉하게 한다.
4. 내시부를 없애고 그 중에 우수한 인재를 등용한다.
5. 부정한 관리 중 그 죄가 심한 자는 치죄한다.
6. 각 도의 상환미를 영구히 받지 않는다.
7. 규장각을 폐지한다.
8. 급히 순사를 두어 도둑을 방지한다.
9. 혜상공국(惠商公局)을 혁파한다.
10. 귀양살이를 하고 있는 자와 옥에 갇혀 있는 자는 그 정상을 참작하여 적당히 형을 감한다.
11. 4영을 합하여 1영으로 하되, 영 중에서 장정을 선발하여 근위대를 급히 설치한다.
12. 모든 재정은 호조에서 통할한다.
13. 대신과 참찬은 의정부에 모여 정령을 의결하고 반포한다.
14. 의정부, 6조 외의 모든 불필요한 기관을 없앤다.

(3) 정변실패

후원을 약속한 일본의 배신과 청군의 개입으로 개화당 정권은 3일만에 무너져 정변은 실패로 돌아갔으며, 홍영식·박영교 등은 피살되고 김옥균·박영효 등은 하나부사와 함께 일본으로 망명하였다.

(4) 정변의 결과

① **한성조약의 체결(1884. 11)** : 일본은 자국민의 **피해보상**과 **공사관 신축비** 부담 등을 내용으로 조선의 김홍집과 일본의 이노우에와 한성조약(漢城條約)을 체결하였다.

② **텐진조약 체결(1885 3)** : 청·일 양국은 조선에서 청·일 양국군이 철수할 것, 장차 조선에 파병할 경우 상대국에 미리 알릴 것 등을 내용으로 하는 텐진조

약(天津)을 청국의 이홍장(李鴻章)과 일본의 이등박문(伊藤博文)이 체결하였다. 이 조약으로 일본은 청국과 동등하게 조선에 대한 파병권을 얻었으며, 나중에 청일전쟁이 일어나게 되는 직접적인 요인이 되었다.

Side Check

◈ 한성조약
1. 조선은 국서로서 일본에 변란의 사죄의사를 표명할 것
2. 조선은 일본 거류민 피해자에게 11만원의 위로금을 지불할 것
3. 일본인 이소바야시 대위 살해범을 체포, 처단할 것
4. 일본공사관 신축지 및 신축비 2만원을 지불할 것
5. 일본군은 거류민 보호를 위해 계속 주둔할 것

◈ 텐진조약
1. 청일양국 군대는 4개월 이내에 조선에서 동시 철병할 것
2. 청일양국은 조선국왕의 군대를 교련하여 자위할 수 있게 하되, 외국 무관 1인 내지 수인을 채용하고 두 나라의 무관은 조선에 파견하지 않을 것
3. 장차 조선에서 변란이나 중대사로 두 나라 중 한나라가 출병할 필요가 있을 때는 먼저 문서로서 조회하고 사건이 해결되는 대로 즉시 철병할 것

(5) 실패의 원인

갑신정변을 주도한 개화당은 일본의 군사적 지원을 기대하였으며, 농민들의 토지 문제에 대해서는 구체적인 해결 방안을 제시하지 못하였다. 이러한 이유로 갑신정변은 민중들의 지지를 충분히 받지 못하였으며, 청군의 개입으로 중단되었다.

(6) 영향

청국의 내정간섭이 더욱 강화되고 보수세력의 장기집권이 가능하게 되었다. 또한 개화세력이 도태되어 상당기간 동안 개화운동의 흐름이 약화되어 조선의 자주와 개화에 오히려 부정적인 영향을 끼쳤다.

(7) 갑신정변의 역사적 의의

① **정치면** : 갑신정변은 중국에 대한 전통적인 사대관계를 청산하려 하였고

전제군주제를 **입헌군주제**로 바꾸려는 정치개혁을 최초로 시도하였다.

② **사회면** : **문벌을 폐지**하고 **인민평등권**을 확립하여 봉건적 신분제도를 타파하려 하였다.

③ **근대적 개혁운동의 선구** : 전체적으로 갑신정변은 근대국가 건설을 목표로 하는 최초의 정치개혁운동이었고, 민족운동의 방향을 제시한 우리나라 근대화운동의 선구였다.

제2항 동학농민운동의 전개

1. 농민층의 동요

(1) 열강의 침략경쟁과 국내정세

① **열강의 진출** : 개항 이래, 조선을 둘러싼 열강의 정치, 경제, 군사적 침략경쟁은 **갑신정변** 후에 더욱 가열되었다. 청국과 일본 간의 침략적 대립은 더욱 격화되었을 뿐만 아니라, 러시아와 영국까지도 조선문제로 충돌하게 되었다.

② **국내정세** : 이와 같은 상황하에서도 조선의 지배층은 외세의 침략에 적절한 대응책을 세우지 못한 채 타협과 굴복을 일삼음으로써 당면문제에 대한 해결능력을 보여주지 못하였다. 더구나 개항 이후, 국제적 분쟁으로 인한 배상금 지불과 근대문물의 수용에 필요한 경비지출로 재정은 궁핍해지고 농민에 대한 지배층의 압제와 수탈은 더욱 더 가중되어 민중경제가 도탄에 빠지게 되었다.

(2) 러시아의 남하

① **조 · 러통상조약(朝 · 露通商條約, 1884)** : 청과 러시아의 국경확장으로 러시아는 연해주로 진출, 군항 블라디보스토크를 기점으로 조선으로의 남침기회를 엿보고 있었다. 러시아는 묄렌도르프의 주선으로 조선과 직접 수교하게 되었다.

② **거문도사건(1885)** : 한편, 영국은 러시아의 대조선 남하정책에 대항하고자 거문도를 점령하고 포대를 쌓아 군항(Hamilton)을 만들었다. 2년 뒤 조선의 영토

를 점령하지 않겠다는 러시아의 다짐을 받은 후에야 거문도에서 철수하였다(1887).

③ **조 · 러육로통상조약(朝 · 露陸路通商條約, 1888)** : 청의 외교고문 데니(미국인)의 주선으로 함경감사 조병식과 러시아 공사 베베르간에 체결된 조약으로 경흥을 개방하고 무역의 자유 및 러시아인 자유왕래 등을 마련하려고 했으나 청의 간섭으로 무산되었다.

(3) 한반도 중립화론

갑신정변 이후 청과 일본의 대립이 심화되고, 러시아의 남하를 견제하기 위해 영국이 거문도를 점령하자, 독일인 **부들러**는 조선의 영세 중립화를 조선 정부에 건의하였고, **유길준**도 열강이 보장하는 중립화론을 구상하였다.

(4) 일본의 경제적 침투와 농민의 피폐

① 일본의 경제적 침투

㉠ **일본의 경제적 입지 강화** : 일본의 세력은 정치적인 면에서는 임오군란과 갑신정변을 통하여 크게 약화되었으나, 경제적인 면에서는 오히려 강화되었다.

㉡ **중계무역을 통한 폭리** : 일본상인들은 처음에는 청국상인과 마찬가지로 주로 영국의 면제품을 싸게 구입하여 조선에 비싸게 파는 지역간 중계무역을 취했으나, 점차 자국의 면방직공업 활성화로 일본의 면제품을 조선에 대량 수출하여 폭리를 취하였다.

㉢ **일본의 무역독점** : 당시, 일본에 대한 조선의 수출품은 미곡이 30% 이상을 차지하였는데, 일본정부의 정치적 비호를 받은 일본상인들은 조선농민의 취약점을 이용하여 **입도선매**(立稻先賣)나 **고리대**의 방식으로 폭리를 취하였다.

㉣ **방곡령 선포(1889)** : 함경감사 조병식과 황해도 감사 조병철(趙秉哲)은 일본상인들이 입도선매나 고리대로 곡물을 사들여 폭리를 취하자 미곡의 해외유출을 금하는 방곡령을 내렸다. 이에 조일수호통상장정의 규정에 위배된다는 이유로 배상금만 물고 실효를 거두지 못하였다. 이리하여 농촌경제는 갈수록 피폐해지고 농민들의 일본에 대한 감정이 극도로 고조되었다.

② 농민층의 불만 팽배와 동학의 교세 확장

㉠ **농민층의 불만 증대** : 자본주의 열강의 침탈과 지배층의 착취로 인하여 농촌경제가 파탄에 이르게 되자, 농민층의 불안과 불만이 더욱 팽배하게 되었으며 이러한 전반적인 위기상황 속에서 농촌지식인들과 농민들의 정치·사회의식이 급성장하여 사회변혁의 요구가 증폭되었다.

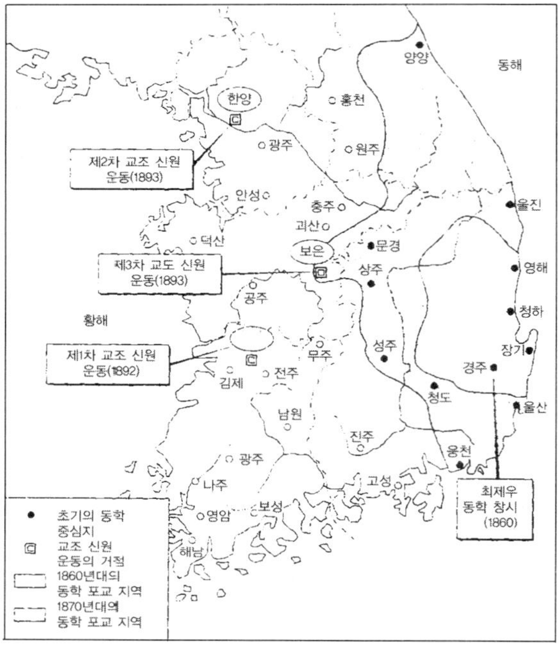

동학의 교세확장

㉡ **동학의 교세확장** : 동학은 서학(西學)에 대항하는 의식을 가지고 성립한 민족종교(1860, 창시자는 경주 출신인 최제우)로서 서양과 일본에 대한 저항의식과 함께 양반사회의 전통적 권위를 부정하였다. 이 무렵 2대 교주 최시형은 교리확립과 교단을 조직화하고 가사집인 『**용담유사**』, 경전인 『**동경대전**』을 편찬 정리하는 일련의 사업으로 교세는 삼남지방을 중심으로 확대되어 갔다.

㉢ **동학의 사회개혁사상 제시** : 동학의 인간평등사상(人乃天)과 사회개혁사상은 새로운 사회로의 변화를 갈망하는 농민의 요구에 부합되었고, 각 지방에 **포**(包), **접**(接), **장**(帳)의 교단을 설치하고 접주(接主)로 하여금 통솔하게 하였다. 그 상위조직으로 각 접주를 통할하는 도접주, 대접주라는 조직구성을 완비한 **포접제** 조직은 대규모 농민세력의 규합을 가능하게 하였다. 그리하여 종래의 산발적이고 분산적이던 민란형태의 농민운동은 보다 대규모적이고 조직적인 농민전쟁의 형태로 바뀌어 갔다.

2. 동학농민군의 봉기

(1) 교조신원운동

동학의 교세가 확장되자, 동학교도들은 삼례와 보은 등지에서 대중집회를 열고, 교조신원운동을 벌여 동학을 공인받으려 하였다.

① **1차 신원운동(삼례집회, 1892)** : 전라도 삼례역에서 수천명의 동학교도가 모여 교조 최제우의 죽음에 대한 신원과 동학에 대한 종교활동 및 탐관오리의 처벌을 요구하였다.

② **2차 신원운동(복합상소, 1893)** : 복합상소가 무산되자 충청도 보은에서 동학교도와 농민이 참가한 대규모의 집회로 발전하여 **척왜양창의**(斥倭洋倡義), **탐관오리의 숙청**을 요구하는 정치적 구호를 내세우더니, 마침내 동학중심의 종교운동을 농민중심의 정치운동으로 전환시켜 갔다.

(2) 동학농민운동의 단계

① 제1기(고부민란)

㉠ **원인** : 전라도 고부군수 조병갑의 황무지에 대한 강제징세, 부친비각 건조비의 강제징수, 만석보의 수세징수 등 가혹한 학정이 농민들을 자극하였다.

㉡ **경과** : 조병갑의 탐학을 고발하는 민원이 전라감사에 의해 거절되자 1894년 1월 고부접

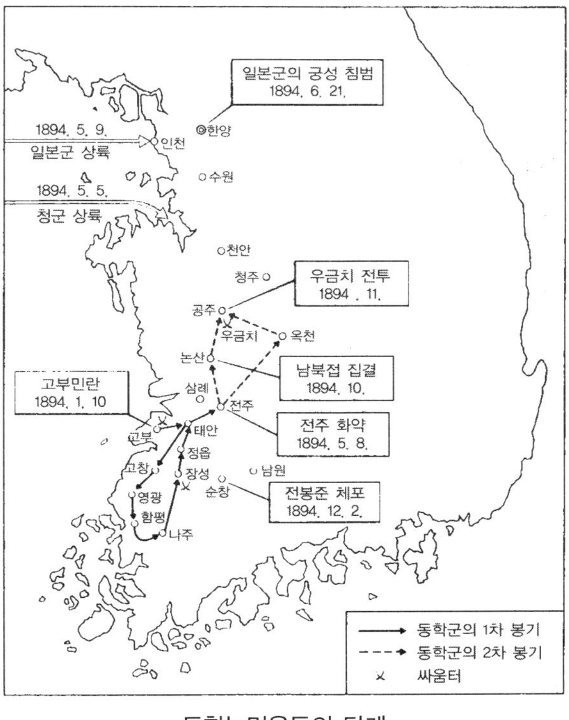

동학농민운동의 단계

주 전봉준이 1천여명의 농민군을 이끌고 관아를 습격하여 군수를 내쫓고 아전들을 징벌한 뒤, 곡식을 농민들에게 나누어 주고 만석보 둑을 허물었다. 그리고 몇 가지 요구사항을 제시하면서 10여일 만에 해산하였다.

② **제2기(동학농민운동의 절정기)** : 정부에서는 조병갑을 징죄하고 안핵사 이용태를 파견하여 사후 처리를 하도록 하였으나, 이용태가 동학을 탄압하자 전봉준, 손화중, 김개남 등의 지도하에 **보국안민**(輔國安民), **제폭구민**(除暴救民)의 기치를 내걸었다. 동학농민군은 고부와 태인에서 봉기하여 **황토현**에서 관군을 물리치고 정읍, 고창, 함평, 장성 등을 공략한 다음 전주를 점령하였다(1894. 4).

③ **제3기(집강소시기)** : 정부는 동학농민군을 무력으로 진압할 능력이 없었으므로 청에 파병을 요청하였다. 정부의 요청으로 청이 군대를 파병(1894. 5.5)하자, 일본도 텐진조약을 구실로 인천에 상륙(1894. 5.9)하였다. 이에 정부는 동학농민군의 요구조건을 들어주겠다고 회유하자, 동학농민군은 정부와 **전주화약**(1894. 5.8)을 맺고 전라도 일대에 **집강소**(執綱所)를 설치하여, 그들이 제시한 **폐정개혁안**(弊政改革案)을 실천에 옮겼다. 그러나 정부는 동학농민군의 개혁요구를 제대로 실천하지 못하였다.

Side Check

◈ 동학 농민군의 4대 강령(1894. 3)

1. 사람과 남의 물건을 해치지 않는다.
2. 충효를 다하며 세상을 구하고 백성을 평안하게 한다.
3. 일본 오랑캐를 몰아내고 나라의 정치를 깨끗이 한다.
4. 군대를 몰아 서울로 들어가 권세가와 귀족을 없앤다.

◈ 폐정개혁 12조

1. 동학도는 정부와의 원한을 씻고 서정에 협력한다.
2. 탐관오리는 그 죄상을 조사하여 엄징한다.
3. 횡포한 부호를 엄징한다.
4. 불량한 유림과 양반의 무리를 징벌한다.
5. 노비문서(奴婢文書)를 소각한다.
6. 7종의 천인 차별을 개선하고 백정이 쓰는 평량갓(平涼笠)은 없앤다.
7. 청상과부의 개가를 허용한다.

8. 무명의 잡세는 일체 폐지한다.
9. 관리채용에는 지벌(地閥)을 타파하고 인재를 등용한다.
10. 왜와 통하는 자는 엄징한다.
11. 공사채를 막론하고 기왕의 것을 무효로 한다.
12. 토지는 평균하여 분작(分作)한다.

〈오지영의 '동학사'〉

④ **제4기** : 일본은 조선에 상륙한 청군을 격퇴하고 6월 21일 궁성을 침범하여 김홍집 친일내각을 조성하였다. 7월에 청·일전쟁이 시작되었으며, 정부가 개혁 약속을 지키지 않음으로써 동학농민군은 다시 한번 봉기하게 되었다. 청·일전쟁에서 승세를 잡은 일본이 내정간섭을 강화하자, 이에 대항하여 동학농민군은 남접, 북접 모두 합세하여 논산(10월)에 집결, 우금치에서 **반외세**를 내걸고 일본군과 혈전을 벌였지만, 패전하고 전봉준 등 지도자들이 순창에서 체포됨으로써 동학농민운동은 실패로 끝났다(1894. 11).

3. 동학농민운동의 성격

(1) 동학농민운동의 성격

① **반봉건적 성격** : 동학농민운동은 노비문서의 소각, 토지의 평균분작 등 봉건제도에 대한 혁신적인 정책을 요구하였다.

② **반침략적 성격** : 왜와 통하는 자는 엄징한다는 조항에서 반침략적 민족운동의 성격을 띠었으며, 일제에 항거한 민족혁명사상의 선구적 역할을 하였다.

(2) 동학농민운동의 영향

동학농민운동은 반봉건적 성격과 반침략적 성격 때문에, 당시의 집권세력과 일본 침략세력의 탄압을 동시에 받아 실패하였으나, 그 영향은 매우 컸다.

① **전통질서의 붕괴 촉진** : 갑오개혁에 영향을 주었다. 즉, 동학농민운동의 반봉건적 성격은 갑오개혁에도 일정한 영향을 끼쳐 성리학적 전통질서의 붕괴를 촉진하였다.

② **의병운동의 활성화** : 동학농민운동의 반침략적 성격은 동학농민군의 잔여세력이 의병운동에 가담하게 되어 구국무장투쟁을 활성화하였다.

③ **청 · 일전쟁 유발** : 청 · 일전쟁은 동학농민군의 진압과정에서 조선에 파병된 청 · 일 양국의 충돌로 발발하였다. 전쟁은 8개월만에 일본의 승리로 끝나 조선에서 청의 세력을 몰아내고 요동반도와 타이완을 할양받았다.

(3) 동학농민운동의 한계성

동학농민운동은 근대사회를 건설하기 위한 구체적인 방안을 제시하지 못한 한계성을 지녔으며 근대무기로 무장한 일본침략군을 물리치기에는 역부족이었다.

제3항 근대적 개혁의 추진

1. 갑오개혁과 을미개혁

(1) 조선정부의 자주적 개혁추진 의지

① **개혁의 필요성** : 조선은 갑신정변과 동학농민운동의 실패로 근대적 개혁을 주체적으로 실시할 기회를 잃었으나, 개항 이래로 누적된 여러 가지의 모순과 농민의 요구들을 해결하기 위해서 불가피하게 대대적인 개혁이 필요하였다.

② **온건개화파의 자주적 개혁추진** : 갑신정변에 가담하지 않았던 김홍집 등 온건개화파들은 국정전반에 걸친 개혁의 필요성을 느껴 국왕의 명으로 **교정청**(校正廳)을 설치하고 자주적인 개혁을 추진하고자 하였다.

Side Check

◈ 교정청

일본정부가 조선에 내정개혁안을 제출하였을 때, 조선정부는 일본군대의 철수를 우선 문제로 내세웠으며, 1894년 6월 왕명으로 교정청을 설치하고, 당상(堂上) 15명과 낭청(郎廳) 2명을 임명하여 자주적으로 개혁을 실시하려 하였다.

(2) 개혁의 배경

① **일본의 내정개혁 강요** : 일본은 동학군 및 청군과 일전을 끝내는 시점에서, 조선에서의 내란을 예방하기 위해서는 내정개혁이 불가피하다고 주장하였다.

② **조선침략의 발판 마련** : 그러나 일본의 진정한 의도는 일본군의 조선 주둔의 명분을 찾고 나아가서 청과의 전쟁 구실을 만들어 청의 세력을 조선에서 물리친 후 조선에 대한 내정간섭을 통하여 경제적 이권 탈취는 물론 조선침략의 발판을 닦는데 있었다.

(3) 갑오개혁(제1차 개혁)

① **제1차 김홍집내각(1894.7.27~1894.12.17)** : 일본측의 내정개혁 강요와 조선측의 자주적인 개혁의 주장이 팽팽하게 맞선 가운데 일본은 군대를 동원 경복궁을 점령하여 제1차 김홍집내각을 성립시키고 **군국기무처**를 설치하였다.

② **군국기무처(軍國機務處)의 설치** : 이 기구는 고종의 재가를 받음이 없이 여러 관제, 행정을 비롯한 군정과 그 외의 정무를 심의 결정한 **초정부적인 회의기관**으로서 개혁을 주도하였다. 당시 일본은 이권침탈에 힘쓰고, 개혁내용에 대해서는 방관적인 자세를 취했으므로 개혁은 사실상 군국기무처의 주도하에 추진되었다.

(4) 제2차 개혁

일본은 청일전쟁에서 승세를 잡게 되자, 조선에 대하여 적극적인 간섭정책을 취하였다.

① **연립내각의 성립(1894.12.17~1895.7.7)** : 제2차 개혁에서 **군국기무처가 폐지**되고 김홍집, 박영효의 연립내각(친일내각)이 성립되면서 제2차 개혁이 추진되었다. 고종은 문무백관을 거느리고 종묘에 나가 독립서고문을 바치고 홍범 14조를 반포하였다.

② **독립서고문(獨立誓告文)** : 국왕이 나라의 자주독립을 선포한 일종의 **독립선언문**이었다.

③ **홍범 14조(洪範14條)** : 홍범 14조는 자주권, 행정, 재정, 교육, 관리임용, 민

권보장의 내용을 규정한 국정개혁의 기본강령이며 자주독립을 내외에 선포한 최초의 선언이었다.

④ **제2차 개혁의 중단** : 러시아를 주축으로 한 독일, 프랑스의 대일본 견제 심리가 작용하여 일본은 위축되었다. 갑오개혁의 핵심인물인 박영효가 민씨 일파에 의해 제거되어 개혁은 중단되고, 제2차 김홍집내각은 붕괴되었다.

⑤ **제3차 김홍집내각의 성립** : 박영효가 실각한 후 이완용, 이범진 등이 기용된 온건개화파와 친러파의 연립내각(친러내각)이 성립되었다.

(5) 을미개혁(제3차 개혁)

① **을미사변의 발생**(1895) : 명성황후(민비)가 신흥 러시아세력을 이용하여 일본세력을 몰아내려고 기도하자 일본은 비상수단으로 **명성황후 시해사건**을 일으켰다.

② **을미개혁의 추진** : 일본은 친러파를 축출하고 김홍집, 유길준 등을 중심으로 친일내각(제4차 김홍집내각)을 성립시켜 **을미개혁**을 추진하였다.

③ 을미개혁의 내용

㉠ 태양력의 사용
㉡ 종두법의 시행
㉢ 소학교령 반포
㉣ 우편사무 실시
㉤ 건양 연호 사용
㉥ 서울의 친위대와 지방에 진위대 설치
㉦ 단발령 공포

④ 을미개혁의 영향

㉠ **의병의 발생** : 명성황후 시해로 울븐에 쌓여있던 유생층과 농민들이 **단발령**을 계기로 각지에서 의병을 일으켰다.

㉡ **아관파천** : 이러한 소용돌이 속에서 친러파가 고종을 러시아 공사관으로 피신시켰던 아관파천(俄館播遷)으로 인해 친러내각이 구성되고 러시아를 비롯하여 서구 열강들이 조선에서의 각종 이권을 약탈해 갔다.

Side Check

◈ 갑오·을미개혁의 내용

제1차 개혁 (1894.7.27~1894.12.17)	제2차 개혁 (1894.12.17~1895.7.7)	제3차 개혁 (1895.8.24~1896.2)
군국기무처 중심의 개혁 • 2부와 8아문 • 과거제 폐지 • 노비제 폐지, 조혼 금지 • 은본위제도, 조세금납제	박영효 주도의 개혁 • 홍범 14조 발표 • 지방행정구역-23부 • 한성사범학교, 외국어 학교 • 사법부 설치 • 훈련대 설치	을미개혁 • 소학교 설치 • 연호-건양(建陽) • 단발령 • 태양력 사용, 우편사무 개시 • 친위대, 진위대 설치

2. 개혁의 내용과 의의

갑오·을미개혁은 대체로 일본 제국주의세력에 의하여 강요된 면도 있으나 봉건적 전통질서를 타파하는 근대적 개혁이었음에 틀림없고, 나아가 개화파 인사들과 동학농민층의 의지가 반영된, 민족의 내부에서 일어난 근대화의 노력이기도 하였다.

◈ 홍범 14조

1. 청에 의존하는 생각을 버리고 자주 독립의 기초를 세운다.
2. 왕실 전범(典範)을 제정하여 왕위 계승의 법칙과 종친과 외척과의 구별을 명확히 한다.
3. 임금은 각 대신과 의논하여 정사를 행하고, 종실(宗室), 외척의 내정 간섭을 용납하지 않는다.
4. 왕실 사무와 국정 사무를 나누어 서로 혼동하지 않는다.
5. 의정부(議政府) 및 각 아문(衙門)의 직무, 권한을 명백히 규정한다.
6. 납세는 법으로 정하고 함부로 세금을 징수하지 아니한다.
7. 조세의 징수와 경비 지출은 모두 탁지아문(度支衙門)의 관할에 속한다.
8. 왕실의 경비는 솔선하여 절약하고, 이로써 각 아문과 지방관의 모범이 되게 한다.
9. 왕실과 관부(官府)의 1년 회계를 예정하여 재정의 기초를 확립한다.
10. 지방 제도를 개정하여 지방 관리의 직권을 제한한다.

11. 총명한 젊은이들을 파견하여 외국의 학술, 기예를 견습시킨다.
12. 장교를 교육하고 징병을 실시하여 군제의 근본을 확립한다.
13. 민법, 형법을 제정하여 인민의 생명과 재산을 보전한다.
14. 문벌을 가리지 않고 인재 등용의 길을 넓힌다.

(1) 정치면에서의 개혁

① **왕실과 정부 사무의 분리** : 개국연호를 사용(청의 종주국 부인)하고 왕실과 정부의 사무를 분리함으로써 국왕의 전제권을 제한하였다.

② **과거제의 폐지** : 과거제를 폐지하고, 신분의 구별없이 인재를 등용하는 새로운 **관리임용제도**를 실시하였다.

③ **사법과 행정의 분리** : 사법권을 행정권에서 분리시켜 국민의 체포와 구금, 재판의 업무는 경찰관과 사법관만이 담당하도록 하는 한편 지방관의 권한을 대폭 축소시켜, 사법권과 군사권을 배제하고 행정권만을 행사하도록 하였다.

(2) 경제면에서의 개혁

① **재정의 일원화** : 재정에 관한 모든 사무를 **탁지부**에서 관장하도록 하여 재정을 일원화하였으며 왕실과 정부의 재정을 분리하여 국가재정을 정비하는 데 역점을 두었다.

② **은본위 화폐제도 채택** : 은본위 화폐제도를 채택하고 **조세의 금납제도**를 시행하였다.

③ **도량형의 통일** : 도량형을 개정, 통일하였다.

(3) 사회면에서의 개혁

① **신분제의 철폐** : 신분제를 철폐하여 양반과 평민의 계급을 타파하였고 **공사노비제도를 폐지**하였으며 인신매매 행위를 금지하였다.

② **봉건적인 폐습타파** : 조혼의 금지, 과부재가 허용, 고문과 연좌법의 폐지 등을 실시하여 봉건적인 폐습을 타파하였다.

(4) 군사면에서의 개혁

군사면에서의 개혁은 소홀하였는데, 이는 일본이 조선의 군사력 강화나 군제개혁을 꺼려했기 때문이었다. 개혁과정에서 훈련대의 창설・확충과 사관양성소 설치 등이 한때 시도되기도 했으나, 큰 성과를 거두지는 못하였다.

3. 갑오・을미개혁의 의의와 한계

(1) 갑오・을미개혁의 의의

갑오・을미개혁은 봉건적인 통치 체제와 차별적인 신분제도를 혁파하고 여러 가지 근대적인 제도를 수용하여 조선을 근대 국가 체제로 발전시키려 한 개혁 운동이었다. 또한 갑신정변, 동학농민운동에 이르기까지 여러 개혁 운동의 개혁 정책과 의지가 반영되어 진행된 개혁이었다.

(2) 갑오・을미개혁의 한계

토지 제도의 개혁과 같은 민중들의 요구를 제대로 반영하지 못하였으며, 조선의 군사력이 강화되는 것을 꺼린 일본의 간섭으로 군사 면에서의 개혁이 이루어지지 못하였다. 또한 개혁의 주도 세력이 일본에 의존함에 따라 개혁 추진 과정에서 민중들의 지지를 받지 못하였다.

제 4 항 독립협회활동과 대한제국

1. 독립협회의 창립 배경

① 아관파천 : 아관파천에 의하여 김홍집의 친일내각이 무너지고 친러파 정권이 성립되어 일본의 침략세력은 일단 견제되었다. 그러나 러시아를 비롯한 열강의 이권침탈은 더욱 심해졌고 집권층은 친러적인 성향을 드러냈다.

② **열강의 이권 침탈** : 아관파천 후 조선으로 급속히 접근해 온 러시아는 각종 이권을 빼앗아 갔고 구미 각국과 일본도 제국주의국가 간의 미묘한 세력을 이용하여 조선의 철도, 광산 등의 이권을 나누어 가졌다.

Side Check

◈ 아관파천 후 열강들의 각종 이권 침탈

국 가	이 권 내 용
러시아	경원·종성의 광산 채굴권, 울릉도·압록강 유역 삼림채벌권(1896)
미 국	경인철도 부설권, 운산 금광채굴권, 서울 전기·수도시설권(1896)
프랑스	경의철도 부설권(1896)
독 일	강원도 당현 금광채굴권(1897)
일 본	경인철도 부설권(1897), 직산 금광채굴권(1897), 경부철도 부설권(1898)
영 국	평안도 은산 금광채굴권(1900)

(2) 독립협회(獨立協會)의 창립(1896)

① **창립** : 갑신정변의 주동자로서 미국에 망명하였던 서재필이 귀국하여 국민의 힘으로 완전한 자주독립국가를 수립하고자 독립신문을 창간하고, 독립협회를 창립하였다.

② **조직** : 독립협회는 서재필, 윤치호, 이상재, 남궁억 등의 진보적 지식인들이 지도부를 형성하였고, 도시서민층이 주요 구성원을 이루었다. 그리고 학생, 노동자, 여성 및 천민 등 광범한 사회계층의 지지를 받았다.

③ **독립협회의 사상적 조류**

㉠ **서구 시민사상의 도입·수용** : 서재필, 윤치호, 이승만

㉡ **개신유학** : 남궁억, 정교

㉢ **이상의 두 계열을 합친 사상** : 이상재

(3) 독립협회의 활동

① **독립문의 건립** : 자주독립의식을 고취하기 위해 국민의 성금으로 사대의 상징이었던 모화관(慕華館)과 영은문(迎恩門)을 독립관과 독립문으로 바꾸었다.

② **독립신문 발간** : 영문과 국문으로 된 우리나라 최초의 민간신문인 독립신문(獨立新聞)을 발간하여 민중을 계몽하고 민족의식을 고취시켰다.

③ **자주민권사상 고취** : 강연회와 토론회의 개최, 신문과 잡지의 발간을 통하여 근대적 지식과 국권, 민권사상을 고취시켜 민중을 계도하였다.

2. 국권 · 민권운동의 전개

(1) 독립협회의 국권 · 민권운동의 전개

① **만민공동회(萬民共同會, 1898)** : 독립협회는 1898년 10월 15일 종로에서 최초의 근대적 민중대회인 **만민공동회**를 열었다. 만여명의 시민, 학생들이 모여 종로광장에서 열린 만민공동회에서는 러시아의 침략정책을 규탄하고, 대한의 자주독립권을 지키자는 내용의 결의안을 채택하여 이를 정부에 건의하였다.

② **자주국권운동 전개** : 독립협회는 수시로 만민공동회를 개최하여 외국의 내정간섭과 이권 요구 및 토지조차 요구 등에 대항하여 국권과 국익을 수호하려는 자주국권운동을 전개하였다.

③ **자유민권운동 전개** : 나라의 자주독립과 부강은 국민의 권리신장이 이루어져야만 가능하다고 주장하였다. 즉, 국민의 신체 자유, 재산권, 언론 · 출판 · 집회 · 결사의 자유 등을 확보하려는 운동을 전개하여 상당한 성과를 거두었다.

④ **국민참정운동 · 국정개혁운동 전개** : 독립협회는 전국 각지에 **지회**를 설치하고 4천여명의 회원을 가진 민중의 대표기관으로 성장하여, 의회설립에 의한 국민참정운동과 국정개혁운동을 본격적으로 전개하였다. 독립협회는 이 같은 활동을 통하여 보수적 내각을 퇴진시키고, 박정양의 진보적 내각을 수립하게 하는 데 성공하였다. 그리고 만민공동회에 정부대신들을 합석시켜 **관민공동회**를 열고 헌의 6조를 결의하여 국왕의 재가를 얻었다. 나아가 관선의원과 민선의원을 같은 수로 **의회식 중추원** 관제를 반포하게 하여 역사상 최초로 국회가 설립될 단계에까지 이르렀다.

Side Check

◈ 헌의 6조(獻議6條)
1. 외국인에게 의지하지 말 것
2. 외국과의 이권에 관한 계약과 조약은 각 대신과 중추원 의장이 합동 날인하여 시행할 것
3. 국가재정은 탁지부에서 전관하고, 예산과 결산은 국민에게 공포할 것
4. 중대 범죄를 공판하되, 피고의 인권을 존중할 것
5. 칙임관(勅任官)을 임명할 때에는 정부에 그 뜻을 물어서 중의에 따를 것
6. 정해진 규정을 실천할 것

(2) 독립협회의 해산(1899)

그러나 보수세력은 고종에게 독립협회가 왕정을 폐지하고 **공화정**(共和政)을 세우려고 한다고 모함하여, 박정양내각과 독립협회를 해산시켰다. 이에 시민들은 50여 일간 만민공동회를 수차례 개최하고 독립협회의 부활, 개혁파 내각의 수립, 의회식 중추원의 설치 등을 요구하면서 투쟁을 벌였다. 그러나 정부는 군부대신 민영기의 사주하에 **황국협회**(皇國協會)를 이용, 만민공동회를 탄압하였고 병력을 동원하여 민중들의 활동을 봉쇄하였다.

Side Check

◈ 황국협회
이기동, 길영수, 홍종우 등으로 조직된 어용단체로 독립협회에 대하여 테러행위를 자행하였다. 그 후 1899년 상무사(商務社)로 개칭되면서 애국단체로 활약하다가 공진회로 개칭, 일제의 침략에 본격적으로 저항하였다.

3. 독립협회활동의 의의

(1) 자주국권운동

독립협회의 **자주국권사상**은 자주독립의 주권국가를 수립하려는 근대적 민족주

의사상이었다. 그리하여 독립협회는 민중을 배경으로 정부에 압력을 가하여, 열강의 내정간섭과 이권 요구를 물리치는 등 자주국권운동을 전개하였다.

(2) 자유민권의 민주주의 이념 전파

자유민권사상을 통하여 독립협회는 민중에게 민권의식을 고취시키고 민권운동을 전개하여 자유민권의 민주주의 이념을 사회 일반에 전파하였다.

(3) 근대적 민중운동

자강개혁사상을 통하여 독립협회는 과거의 개화세력과 달리 대다수 민중을 개화운동과 결합시켜 근대적 민중운동을 일으켰고, 민중에 의한 자주적인 근대화운동을 전개하였다.

(4) 독립협회 활동의 한계

독립협회는 의회설립을 추진하는 과정에서 하원의 설치에 부정적인 입장을 보이는 등 민중의 정치적 역량을 과소평가하는 경향을 보이기도 하였다. 아울러 외세 배척운동이 주로 러시아에 한정되었으며, 미국·영국·일본에 대해서는 우호적인 태도를 견지하였으며 또한 의병들을 나라의 질서를 어지럽히는 존재로만 생각하여 근대국가 수립을 위한 동반자로 여기지 않았다.

4. 대한제국

(1) 대한제국의 성립(1897)

아관파천 이후, 국정이 외국의 손에 좌지우지되자 독립협회를 중심으로 한 지식인들과 민중들의 요구로 1897년 2월에 고종은 경운궁(慶運宮)으로 환궁하고 동년 10월 12일 연호를 광무(光武), 왕을 황제라 칭하고 국호를 대한제국으로 고쳐 자주국가임을 내외에 선포하였다.

(2) 성립의 배경

안으로는 외세의 간섭을 막고, 자주독립의 근대국가를 세우려는 국민적인 자각과, 밖으로는 러시아의 독점세력을 견제하려는 국제적인 여론의 뒷받침을 받아 성립되었다.

(3) 광무개혁(대한국제 9조)

① **방향** : 갑오·을미개혁의 급진성을 비판하고, 구제도를 바탕으로 새로운 제도를 참작한다는 **구본신참**(舊本新參)을 개혁의 원칙으로 삼았다.

② **내용**(중점 : 경제와 교육)

㉠ **정치면** : 전제황권을 강화하여 독립협회의 정치개혁운동을 탄압하고, 황제권의 무한함을 강조한 **대한국국제**(大韓國國制)를 제정하였다. 대한국국제에서는 대한제국이 전제정치 국가이며 황제권의 무한함을 강조하고 통수권, 입법권, 행정권, 사법권, 외교권 등을 모두 황제의 대권으로 규정하여 **전제군주체제**를 더욱 강화하였다.

㉡ **외교면** : 간도관리사와 블라디보스토크에 통상 사무관을 설치하고 간도의 영토편입을 도모하는 등 자주적 외교를 표방하였다.

㉢ **경제면** : 광무정권은 경제면에서 양전사업과 상공업진흥책을 추진하였다. 양전사업으로 근대적 토지소유권제도라 할 수 있는 **지계**(地契)가 발급되었다. 구체적인 상공업 진흥방안으로 섬유, 철도, 운수, 광업, 금융분야에서의 근대적인 공장과 회사들이 설립되었다. 또 사회간접자본으로서 교육, 통신, 전기, 의료 등 각 분야에서 근대적 시설이 확충되었다.

㉣ **교육면** : **실업교육**이 강조되었고 근대 산업기술을 습득하기 위해 외국에 유학생이 파견되었으며, 각종 실업학교와 기술교육기관도 설립되었다.

Side Check

◈ 대한국국제(大韓國國制, 요약)
제1조 대한국은 세계만국이 공인한 자주독립 제국이다.
제2조 대한국의 정치는 만세불변의 전제정치이다.

제3조 대한국 대황제는 무한한 군권을 누린다.
제5조 대한국 대황제는 육·해군을 통솔한다.
제6조 대한국 대황제는 법률을 제정하여 그 반포와 집행을 명하고, 대사, 특사, 감형, 복권 등을 명한다.
제7조 대한국 대황제는 행정 각 부의 관제를 정하고, 행정상 필요한 칙령을 발한다.
제9조 대한국 대황제는 각 조약체결 국가에 사신을 파견하고, 선전강화 및 제반조약을 체결한다.

(4) 개혁의 한계

대한제국은 경제, 교육, 시설면에서 국력증강을 꾀하였으나, 집권층의 보수적 성향과 열강의 간섭으로 인하여 큰 성과를 거두지 못하였다.

5. 간도와 독도

(1) 간도문제

① **간도의 개척** : 19세기 후반 이후, 한민족은 간도지방으로 이주하여 그곳 황무지를 개척하는 등 생활의 터전을 마련하였다. 그러자 청은 간도 개간사업을 구실로 한민족의 철수를 요구하였고, 이에 간도 귀속문제가 일어났다.

② **간도 귀속문제** : 정부에서는 **백두산정계비**(숙종 38년, 1712)의 토문강이 송화강 상류이므로 간도가 우리 영토임을 주장하고, 간도에 관리를 파견하여 관리하게 하였다.

③ **간도파출소 설치** : 통감부가 설치된 이후에도 일제는 간도에 통감부의 파출소를 두어 이를 관할하였다.

④ **간도협약의 체결(1909)**

㉠ **청·일간의 협약** : 일제는 청과 **간도협약**을 체결하여, 만주의 안봉선 철도 부설권을 받아내는 대가로 간도를 청의 영토로 인정하였다.

㉡ **간도협약의 무효** : 일제가 이와 같이 우리의 외교권을 장악하여 제멋대로 협약을 체결한 것은 **을사조약**(제2차 한일협약, 1905)에 근거를 둔 것인데,

을사조약이 고종황제에 의해 무효임을 선언된 이상 이 조약을 근거로 맺은 간도협약도 무효인 것이다.

(2) 독도문제

울릉도와 독도는 삼국시대에 신라가 우산국을 복속시킨 이래 우리 민족의 영토였다. 그런데 조선 초기부터 일본 어민들이 이곳에 자주 침입하자 조선 정부는 울릉도에 관리를 파견하고 주민을 이주시켰다. 그 뒤 정부는 울릉도를 군으로 승격시키고 독도를 관할하게 하였다. 그러나 일제는 **러·일전쟁 중**에 일방적으로 독도를 자국의 영토에 편입시키는 불법 행위를 자행하였다.

제5항 항일의병전쟁의 전개

1. 항일의병운동의 시작

(1) 발 단

일제의 침략에 대한 가장 적극적인 민족적 저항은 의병전쟁이었는데 최초의 항일의병은 동학농민운동이 실패한 뒤, 일본 침략자들에 의해 자행된 을미사변과 친일 내각에 의하여 강행된 단발령을 계기로 전국 각지에서 일어난 **을미의병**이다. 그 중 유인석, 이소응, 허위 등의 활동이 두드러졌다.

(2) 을미의병(1895)

① **구성원** : 지도부는 위정척사를 주도했던 **유생**들이고 그 구성원은 일반농민과 동학농민군의 잔여세력이었다.

② **활동** : 의병은 관군과 일본군의 공격을 받으면서도 충주를 비롯한 지방의 주요도시를 공격하고, 친일관리와 일본인들을 처단하였다.

Side Check

◈ 주요 의병대장
문석봉(보은), 이소응(춘천), 이춘영(제천), 유인석(충주), 허위(선산), 노응규(진주), 안병찬(홍천)

(3) 해 산

아관파천을 계기로 친일정권이 무너지면서 **단발령이 철회**되고 고종의 **해산권고조칙**이 내려짐에 따라 대부분 종식되었다.

(4) 활빈당의 조직

이 때 해산된 농민들의 일부가 **활빈당**을 조직하여 반봉건·반침략운동을 계속 전개하였다.

2. 의병항전의 확대

(1) 을사조약(乙巳條約, 1905)의 파기 운동

① **조약폐기 상소** : 러·일전쟁을 계기로 일제의 침략이 본격적으로 자행되어 강요에 의한 을사조약이 체결되자, 사회 각계 각층에서는 일제의 침략을 규탄하고 조약폐기를 주장하는 운동이 불길처럼 일어났다. 조병세, 이상설, 안병찬 등은 을사조약에 서명한 대신들의 처벌과 조약폐기를 요구하는 상소운동을 벌였다.

② **자결순국** : 민영환, 조병세는 자결로써 을사조약에 항거하였다. 또한 나철, 오기호 등은 5적 암살단을 조직하여 5적의 집을 불사르고 일진회를 급습하는 등 매국노를 처단하고자 하였다.

③ **항일언론활동** : 장지연은 황성신문에 "**시일야방성대곡**(是日也放聲大哭)"이라는 사설을 게재하고, 을사조약의 전말을 폭로하고 민족적 항쟁을 호소하였다.

Side Check

◈ 을사 5적신(乙巳五賊臣)	
1. 내부대신……이지용	2. 외부대신……박제순
3. 군부대신……이근택	4. 농상부대신……권중현
5. 학부대신……이완용	

(2) 을사의병(1905)

① **을사의병(乙巳義兵)의 촉발** : 을사조약을 계기로 국가의 존립이 위태로워지자 다시 봉기한 의병들은 조약의 폐기와 친일내각의 타도를 내세우고 격렬한 무장항전을 벌였다.

② **의병장의 활동**

㉠ **민종식** : 민종식은 을사조약이 발표된 뒤에 관직을 버리고 의병을 일으켜 **홍주성**을 점령하고 일본군과 맞섰다.

㉡ **최익현** : 전라도 **순창**에 입성, 관군과 대치하게 되자 동족끼리 죽이는 일은 차마 못하겠다고 싸움을 중단하고 포로가 되었다. 결국 쓰시마섬에 끌려가서 순절하였다.

㉢ **신돌석** : **평민**출신 의병장으로, 경상도 영해에 입성하여 관군을 급습하고 평해, 울진 등지에서 활동하였다. 이때부터 평민의병장의 활동이 두드러져서 의병운동의 새로운 양상을 보였다.

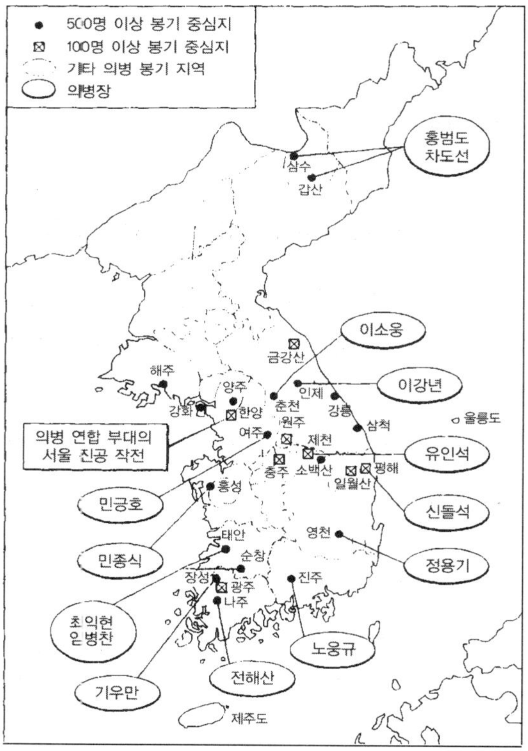

의병의 궐기

㉣ **기타** : 강원도 원주에서 활약한 **원용팔**, 이세영과 안병찬은 홍주, **유인석**은 강원 · 충청에서 활약하였다.

3. 의병전쟁의 전개

(1) 정미의병(1907)

① **군대해산** : **고종황제**의 **강제퇴위**와 **군대해산**을 계기로, 의병의 구국운동은 그 규모와 성격면에서 의병전쟁으로 발전되어 갔다.

② **해산군대의 합류** : 시위대 대대장 박승환의 자결을 시발점으로 하여 일본군과 시가전을 전개하였던 해산군인들이 의병에 합류함으로써 의병의 조직과 화력이 강화되었다. 이 시기의 의병조직과 활동은 전국 각지로 확산되고 간도와 연해주에까지 이르렀다.

③ **의병장** : 평안도 갑산의 **평민의병장 홍범도**, 충청도 홍성의 이인영, 경상도 선산의 허위, 강화도의 유명규, 강원도 원주의 민긍호 등이 활약하였다.

④ **의병의 연합** : 전국 각지의 의병부대가 연합하여 서울진공을 위한 연합전선이 형성되었다. 1908년 총대장 이인영과 군사장 허위가 중심이 되어 1만여명의 의병들이 경기도 양주에 집결하여 서울 근교까지 진격하였으나 일본군의 반격이 심하여 후퇴하였다. 이 때 의병은 서울 주재 각국 영사관에 의병을 국제법상의 교전단체로 승인해 줄 것을 요구하는 서신을 발송하여 스스로 독립군임을 내세웠다.

⑤ **국외의 의병활동** : 홍범도와 이범윤이 지휘하는 간도와 연해주 일대의 의병부대가 국내진공작전을 도모하였으며, 안중근(安重根)은 만주 하얼빈역에서 한국침략의 원흉인 이토히로부미를 사살하였다(1909).

Side Check

◈ 의병전쟁의 4단계

을미의병 단계(1895)	을미사변과 을미개혁 가운데 단발령이 계기 주요 의병장 : 유인석, 이소응, 허위, 문석봉, 이춘영
을사의병 단계(1905)	을사조약의 폐기와 친일내각의 타도 주요 의병장 : 민종식, 최익현, 신돌석
정미의병 단계(1907)	고종의 강제퇴위와 군대해산에 반발하여 의병전쟁이 일어남 : 홍범도, 허위, 유명규, 민긍호
서울진공 단계(1908)	이인영과 허위가 중심이 되어 경기도 양주에서 전국항일의병 1만명이 집결, 서울 진공을 시도

(2) 의병전쟁의 쇠퇴

활발하게 전개되던 의병전쟁은 일본군의 **남한대토벌작전**(南韓大討伐作戰, 1909.9)을 계기로 크게 위축되었다. 그러나 많은 의병들은 간도와 연해주로 옮겨가 독립군이 되어 일제에 강력한 항전을 전개하였으며, 일부 의병들은 국내에 남아 산악지대에서 유격전을 전개하였다.

4. 항일의병전쟁의 의의

(1) 한 계

① **국내적 요인** : 의병전쟁은 전국을 활동범위로 하고, 광범위한 사회계층이 참여하였으나 일본 정규군을 제압하기에는 미흡했고, 봉건적 지배질서를 고집하는 양반 유생층의 지도노선으로 결속이 강화되지 못하였다.

② **국외적 요인** : 열강의 침략전쟁이 보편화되었고 외교권이 상실된 국제적인 고립상태에서 의병전쟁이 전개됨으로써 국제적 지원도 기대할 수 없었다.

(2) 적극적 의의

① **대표적인 구국운동** : 집권층의 부패와 무능, 그리고 외세의 침략으로 국가

와 민족이 위기에 처해 있을 때 일어난 **구국운동**의 대표적인 형태였고, 민족의 강인한 정신을 표출했다는 점에서 중요한 의의를 지닌다.

② **항일무장투쟁의 기반** : 의병전쟁은 국권회복을 위한 무장투쟁을 주도하였고, 1920년대와 1930년대의 항일민족운동사에 중대한 기반을 제공하였다.

③ **약소민족의 독립운동사에 기여** : 의병전쟁은 일본 제국주의에 철저하게 항쟁함으로써 세계 약소민족의 독립운동사에 큰 힘을 부여하였다.

제 6 항 애국계몽운동의 전개

1. 애국계몽단체의 활동

(1) 개화자강계열의 구국민족운동

독립협회가 해체된 뒤에, 보수정권의 압제체제가 더욱 강화되고, 열강 특히 일본의 이권침탈이 더욱 격화되어 갔던 시기에도 개화자강계열의 많은 애국단체들이 설립되어 친일단체인 일진회에 대항하면서 구국민족운동을 전개하였다.

① **보안회**(1904) : 원세성, 송수만 등이 조직한 보안회는 러 · 일전쟁을 도발한 일제가 토지약탈을 목적으로 **황무지개척권**을 요구하자 이를 결사 반대하는 운동을 벌여 결국 일본의 계획을 무산시켰다. 그러나 일본의 압력으로 해산되었다.

② **헌정연구회**(1905) : 독립협회계열의 이준, 윤효정 등이 조직한 정치적 계몽단체로 민중계몽과 민족 독립정신 고취와 **입헌정체**의 수립을 목적으로 설립되어, 일진회의 반민족적인 행위를 규탄하다가 해산되고 말았다. 1906년에 대한자강회로 발전하였다.

(2) 1905년 이후 개화자강계열의 애국계몽운동

초기 개화자강계열의 민족운동은 그 후 **애국계몽운동**, 즉 국권회복운동을 위한 **실력양성운동**으로 전개되었다. 주도 세력은 서울과 지방의 지식인, 관료, 개혁적 유학자들이었으며, 사상적으로는 사회진화론의 영향을 받았다. 이때의 주요단체는 대한자강회, 대한협회 그리고 신민회였다.

① **대한자강회**(1906) : 장지연, 윤치호, 윤효정 등이 주도가 되어 설립한 단체로 이전의 **헌정연구회**가 그 모체가 되었다. 대한자강회는 교육과 산업을 진흥시켜 독립의 기초를 만들 것을 목적으로 하고 월보의 간행과 연설회의 개최 등을 통하여 국권회복을 위한 실력양성운동을 전개하였다. 개화자강계열의 민족운동은 을사조약을 계기로 국정개혁을 위한 헌정연구로부터 시작하여 **국권회복**을 위한 자강운동으로 전환되었다. 일제가 헤이그특사 파견을 구실로 고종황제의 퇴위를 강요하자, 이에 대해 격렬한 반대시위를 주도하다가 강제로 해체되었다.

② **대한협회**(1907) : 대한협회는 대한자강회를 계승하여 교육의 보급, 산업의 개발, 민권의 신장, 행정의 개선을 강령으로 내걸고 대한자강회와 유사한 실력양성운동을 전개하였다. 그러나 일제의 탄압으로 그 흐름은 비밀결사단체인 신민회로 이어졌다.

③ 신민회(1907)

㉠ **성격** : 신민회는 사회 각계 각층의 인사들을 망라하여 조직한 **비밀결사단체**였다.

㉡ **목표** : 국권을 회복하고 **공화정체의 근대국민국가를 건설**하는 것이었다. 이를 위하여 신민회는 무장독립투쟁의 필요성을 제기하며, 국외에 독립운동기지를 건설하고자 하였다. 이러한 신민회의 노력으로 건설된 독립운동기지가 남만주의 삼원보였다.

㉢ **조직** : 이 조직의 주도적 인물은 안창호, 양기탁, 이동녕, 이동휘, 신채호 등이며, 민족교육의 추진(평양 : 대성학교, 정주 : 오산학교), 민족산업의 육성(평양 : 자기회사, 출판 : 태극서관)을 전개하였다.

㉣ **결과** : 신민회는 일제가 날조한 **105인 사건**으로 인하여 그 조직이 와해되고 말았다.

Side Check

◈ 105인 사건
안중근의 사촌동생 안명근이 조선총독 데라우치를 사살하려다 사전에 발각되었는데, 일제는 배일 기독교세력과 신민회의 항일운동을 탄압할 목적으로 총독암살 음모를 꾸몄다고 날조하여 600여 명을 투옥하고 105인을 재판에 회부하였다.

◈ 사회 진화론
다윈이 주장한 생물학적 진화론을 인간 사회와 국제 관계에 적용한 사회 이론으로, 양육강식과 적자생존의 국제 사회에서 제국주의 열강의 약소국 지배를 정당화하는 논리로 이용되었다.

2. 교육운동과 언론활동

(1) 교육활동

① **교육단체의 설립** : 사회 · 정치단체와 긴밀한 관련을 가지고 이갑이 조직한 서북학회, 이광종의 기호흥학회 등이 설립되었다.

② **구국운동단체** : 이들은 교육을 통한 향토발전과 민족의 실력양성을 통한 국권회복에 목표를 두고 신교육의 보급에 힘썼으며 사실상 정치와 교육을 연결시킨 구국운동단체였다.

③ **전국적 학회** : 이밖에도 1913년 미국 로스앤젤레스에서 안창호 등이 조직한 **흥사단**과 김윤식이 조직한 **대동학회**는 전국적인 것이었다.

(2) 언론활동

신문	기간	내용
한성순보(漢城旬報)	1883~1884	김옥균, 박영효, 유길준 등 개화당의 노력으로 박문국(博文局)에서 발간한 순보이며 우리나라 최초의 신문이다. 갑신정변을 계기로 폐간되었다.
독립신문(獨立新聞)	1896~1898	서재필 등이 중심이 되어 간행된 최초의 근대적 일간신문이다. 한글과 영문으로 된 독립협회의 기관지로 서구 근대사상과 학문의 소개, 그리고 독립과 민권신장에 크게 기여하였다.
황성신문(皇城新聞)	1898~1910	남궁억 등에 의해 창간된 국한문 혼용으로 장지연의 시일야방성대곡이 유명하며 일본의 침략과 국민의 주권옹호에 주의를 환기시켰다.
제국신문(帝國新聞)	1898~1910	이종일 등이 발간한 중류 이하의 서민층과 부녀자를 대상으로 계몽활동을 폈던 순한글신문이다.
대한매일신보(大韓每日申報)	1905~1910	영국인 베델(Bethell)과 양기탁(梁起鐸)이 공동 발행한 한글신문으로서 일본의 검열을 받지 않아 일본의 한국침략을 폭로하고 영문판(The Korean Daily News)을 발간하여 외국에 알리는 등 국권수호를 위해 적지 않은 공헌을 하였다.
만세보(萬歲報)	1906~1910	손병희, 오세창의 천도교 기관지
국민신보(國民新報)	1906	친일단체 일진회의 기관지로 주로 일본의 조선침략을 정당화하는 여론조작에 이용되었다.
대한민보(大韓民報)	1909	대한협회 기관지
경남일보(慶南日報)	1909	우리나라 최초의 지방신문이다.
대한신보(大韓新報)	1910	조선총독부가 발행한 국한문 기관지
경향신문(京鄉新聞)	1906	천주교 계통의 기관지

Side Check

◈ 친일신문

1. 국민신문(이용구 : 일진회 기관지)
2. 대한신문(이인직 : 이완용내각 기관지)
3. 법정신문(이완용)
4. 경성일보(통감부와 총독부의 기관지)
5. 대한신보(조선총독부 기관지)

3. 애국계몽운동의 의의

(1) 역사적 의의

① **민족독립운동의 이념제시** : 국권회복과 동시에 근대적 국민국가 건설을 목표로 내세워 당시의 민족적 과제에 충실하고 근대사의 발전방향에 합치되는 민족운동의 이념을 제시하였다.

② **민족독립운동의 올바른 전략제시** : 신민회는 국내에서의 문화적, 경제적 실력양성과 더불어 국외에서의 독립군 기지건설에 의한 군사력 양성을 목표로 하였다. 이것은 적절한 기회에 일제로부터 독립을 쟁취하려는 **독립전쟁론**에 의거한 것이다.

③ **민족독립운동의 기반구축** : 근대적 민족교육과 독립운동의 인재양성은 장기적인 민족독립운동의 기반을 구축하였다.

(2) 애국계몽운동의 한계

애국계몽운동은 일반대중에게 민족의식이나 애국심을 고취하는데 어느 정도 기여하였으나, 일제에 의하여 정치적, 군사적으로 예속된 상태에서 전개되었기 때문에, 항일투쟁의 성과면에서 한계성을 지닐 수밖에 없었다. 따라서 신민회가 해산된 후 무력투쟁만이 국권회복의 유일한 방법이라 깨달은 일부 애국적 지식인이 점차 의병전쟁에 합류하기도 하였다.

Side Check

◈ 단체간의 대립관계
1. 독립협회↔황국협회
2. 보안회↔유신회
3. 헌정연구회↔일진회

◈ 경제적 구국운동
1. 방곡령 반포(1889)

2. 독립협회의 이권수호운동(1896~98)→절영도 조차요구 저지 및 한·러은행의 폐쇄 등
3. 보안회의 일본 황무지개척권 요구 저지(1904)
4. 국채보상운동(1907)

Focus Diagram

◆ 근대의식의 성장과 민족운동의 전개

1. 동학농민운동

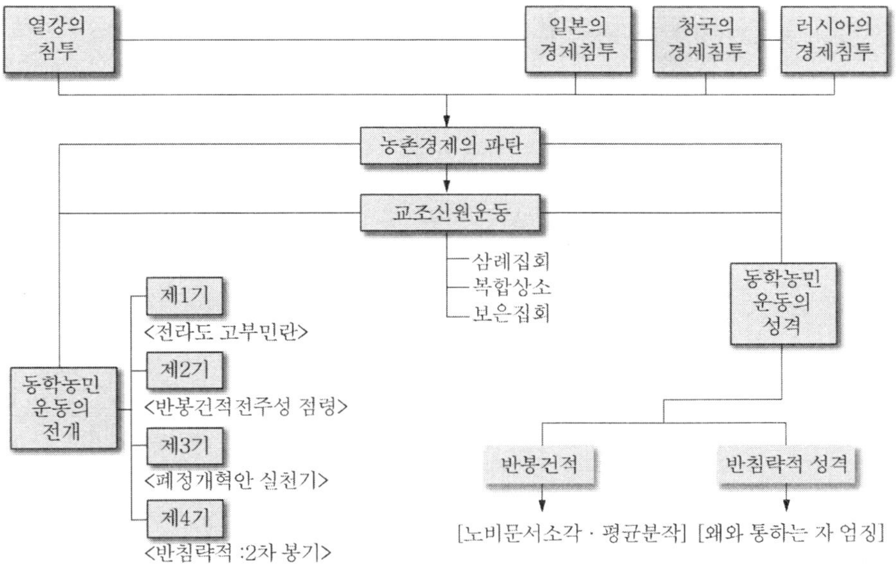

2. 갑오 1차 개혁 → 갑오 2차 개혁 → 갑오 3차 개혁

갑오 1차 개혁 <군국기무처 중심>
- 의정부와 8아문
- 과거제 폐지
- 노비제 폐지, 조혼금지
- 은본위제, 조세금납제

갑오 2차 개혁 <박영효 주도>
- 홍범 14조 발표
- 지방행정구역-23부
- 한성사범, 외국어학교
- 훈련대 설치

갑오 3차 개혁 <을미개혁>
- 소학교 설치
- 연호 : 건양
- 단발령
- 태양력 사용
- 우편 사무 개시

3. 항일의병과 독립협회

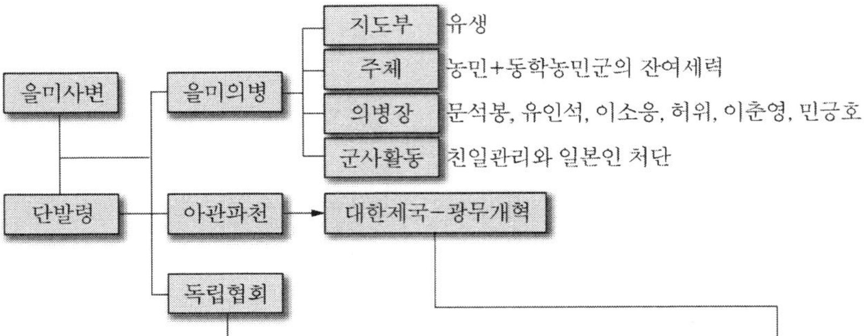

지도부	서재필, 윤치호, 이상재, 남궁억	
구성원	도시시민층, 부녀자, 천민, 노동자	
독립협회 활동	자주국권 운동	① 독립문, 독립관 개수, ② 외국의 내정간섭, 이권요구 철회 요구
	자유민권 운동	신체권, 재산권, 언론·출판·집회·결사자유를 촉구
	국민참정 국정개혁	만민공동회, 헌의 6조, 중추원 관제의 반포
해산	보수세력의 음모－왕정 폐지하고 공화정 실시→황국협회	

원칙	구본신참(舊本新參)
정치면	대한국국제 제정(1899)
	① 전제정치 국가 ② 황제권의 무한함 ③ 입법·사법·행정·외교
경제면	① 양전사업→지계(근대적 토지소유권 제도) ② 상공업 진흥책→근대 공장, 회사, 실업학교, 교통, 통신, 전기 등 근대시설 확충

4. 애국계몽운동의 맥락

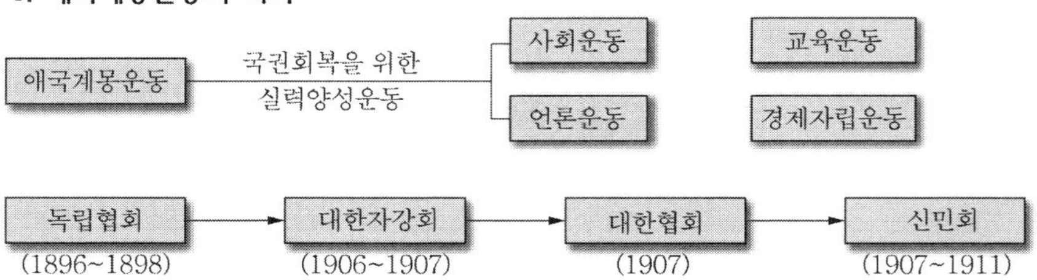

제3절 근대의 경제와 사회

Digest

1. **개항 이후 열강의 경제적 침탈** : 개항 후, 외국상품의 수입과 미곡의 유출로 농촌경제는 물론, 상업도 심한 타격을 받았다. 청·일전쟁 이후, 일본은 무역독점, 이권탈취, 금융지배, 차관제공, 토지약탈 등의 수법으로 한국의 경제를 잠식해 갔다.
2. **경제적 구국운동의 전개** : 이에 대응하여 우리 민족은 방곡령 시행, 상권수호운동, 이권수호운동, 국채보상운동 등 경제적 침탈을 저지하려는 운동을 전개하였다. 각종의 근대적 회사와 공장, 은행 등을 설립하여 민족자본에 의한 근대적 경제체제를 이룩하려는 노력을 기울였다.
3. **개항 이후의 사회적 변화** : 갑신정변, 갑오개혁, 을미개혁을 통하여 양반 중심의 신분제도가 법제상 완전히 폐지되었다. 독립협회의 자유민권운동에 의하여 사회일반에 민주주의사상이 전파되었고, 한말의 애국계몽운동에 의하여 국민평등의 근대의식이 점차로 보편화되어 근대사회로 진전되어 갔다.

제1항 개항 이후 열강에 의한 경제침탈

1. 일본상인의 무역독점

(1) 개항의 여파

외국의 상품은 개항 이전부터 청을 통하여 수입되었으나 부산, 원산, 인천이 강화도조약 이후 일본에 의해 개항되고 관세장벽이 전혀 없는 상태에서 외국상품이 무제한 수입됐다. 이에 대처하지 못했던 낙후한 봉건경제는 심각한 타격을 입게 되었다.

(2) 일본상인의 무역독점과정

① **개항 초기** : 1876년 당시 일본상인들의 활동범위는 개항장 10리 이내로 제한되었고 조선상인이 개항장 주변에 가서 무역을 행하는 거류지무역 형태였다. 이 시기의 일본상인들은 대부분 쓰시마섬과 규슈지방 출신으로, 몰락상인과 불평무사층이 많았는데 이들은 일확천금을 노리는 전형적인 모험상인들로서, 일본정부의 정책적인 지원을 받으면서 약탈적인 무역활동을 일삼았다.

② **중계무역** : 이들 일본상인들은 상하이 등지에서 매입한 영국제 면직물을 고가로 조선에 판매하고 그 이익금으로 조선의 곡물, 귀금속을 반출해가는 중계무역 형태로 막대한 이익을 취하였다.

③ **임오군란 이후에 활동** : 임오군란 후 조선에서의 영향력이 증대되었던 청나라가 상권을 장악하기 시작하자, 조선의 상권을 놓고 청·일 양국 상인의 치열한 경쟁이 벌어졌다.

④ **1880년대의 활동** : 일본상인들은 거류지무역에서 내지(內地)무역으로 확대해갔고 무역방식도 단순한 중계무역에서 곡물수매에 주력하였다. 그 결과 조선내의 곡물가격이 폭등현상을 빚어 도시빈민층과 빈농층의 생계에 큰 타격을 주었다.

⑤ **1894년 이후의 활동** : 일본은 숙적 청국을 무력으로 패퇴시킴과 동시에 조선 토착상인의 반발을 물리치고 조선시장을 완전 독점 지배하기에 이르렀다.

2. 제국주의 열강의 경제침탈

(1) 열강의 경제침탈

청·일전쟁 이후, 조선에 대한 열강의 경제적 침탈은 한층 더 강화되어 이권탈취, 금융지배, 차관제공 등의 양상을 띤 제국주의적 경제침탈단계에 들어섰다.

(2) 열강의 이권탈취

열강의 이권탈취는 아관파천 시기부터 두드러져, 러시아와 일본을 비롯한 열강은 **철도부설권, 광산채굴권, 삼림채벌권** 등 이권을 빼앗아 갔다.

(3) 금융지배

① 외국금융기관의 조선 침투는 개항 직후부터 시작되었다.

② 일본은행은 은행업무 외에 세관업무, 화폐정리업무 등을 장악하며, 일본의 경제적 침략의 첨병역할을 하였다. 특히 일본인 재정고문 메가다는 화폐정리를 주도하여, 국내의 중소상공업자들에게 큰 타격을 주었다.

(4) 일본의 차관제공

① 일본의 조선에 대한 차관제공도 그 침략전쟁이 본격화됨에 따라 적극성을 띠었다.

② 청 · 일전쟁 이후, 조선에 대한 내정간섭을 시작한 일본은 조선의 재정적인 어려움을 틈타서 내정간섭과 이권획득을 목적으로 차관을 제의하여 실현시켰다.

③ 러 · 일전쟁 이후에는 대한제국의 화폐정리와 시설개선의 명목으로 차관을 강요하였다.

④ 일본의 **차관제공정책**은 대한제국을 재정적으로 일본에 완전히 예속시키려는 것이었다.

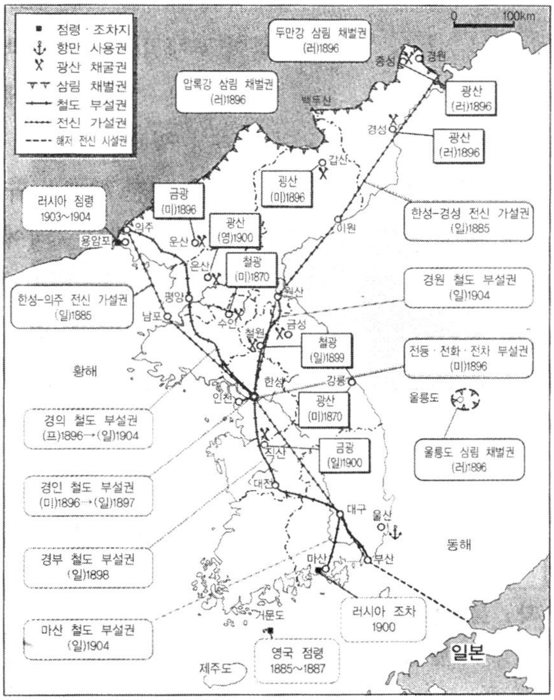

열강의 이권침탈

3. 일본의 토지약탈

(1) 개항 직후의 토지약탈

처음에 일본상인들은 개항장 안에 토지를 임대해 쓰다가 점차 내지로 진출하면서 조선농민들에게 돈을 빌려 주고 못 갚으면 토지를 차압해 들어가는 수법으로 점차 토지소유를 확대해 갔다.

(2) 1894년 단계의 토지약탈

청·일전쟁 이후 일본의 대자본은 전주, 군산, 나주일대에 토지를 사들여 대규모 농장을 경영하기에 이르렀다.

(3) 1904년 단계의 토지약탈

일본의 토지약탈은 러·일전쟁(1904)을 계기로 본격화되었는데 철도부지와 군용지의 확보를 구실로 대규모의 토지를 점거하였다. 국유지는 무상으로, 사유지는 조선정부가 소유자로부터 사들여 제공하게 하였다. 그들은 군용에 필요한 지역을 거의 무제한 차지하였고, 군용지를 핑계로 주둔지 근처의 토지를 대량으로 약탈하기도 하였다. 또 일본은 조선의 황무지개간과 역둔토(驛屯土)의 수용으로 그 소유권 약탈을 획책하였다.

(4) 1910년 단계의 토지약탈

국권상실 무렵 일본인이 조선에서 소유한 토지는 1억 5천만 평(전 경작지의 40%)에 이르렀다. 이것은 조선의 식민지화를 위한 기초작업이었다.

제2항 경제적 구국운동의 전개

1. 경제적 침탈저지운동

외세의 경제적 침탈에 대응하여, 독립협회의 이권수호운동, 보안회 등의 황무지개간권반대운동, 국채보상운동 등의 저항운동이 일어났다.

(1) 방곡령의 시행(1889)

① **목적** : 방곡령의 시행은 일본상인의 농촌시장 침투와 지나친 곡물반출을 막기 위하여 내린 조치였다.

② **경과** : 개항 이후, 곡물의 일본유출이 늘어나면서 곡물가격의 폭등현상이 나타났고, 여기에 흉년이 겹쳐 함경도, 황해도 등지의 지방관들은 **방곡령**을 내리게 되었다.

③ **결과** : 일본측은 방곡령을 실시하기 1개월 전에 지방관이 일본영사관에 통고해야 한다는 조·일 통상장정의 규정을 구실로 결국 방곡령을 철회하도록 하였고 조선정부는 일본에 배상금까지 지불하게 되었다.

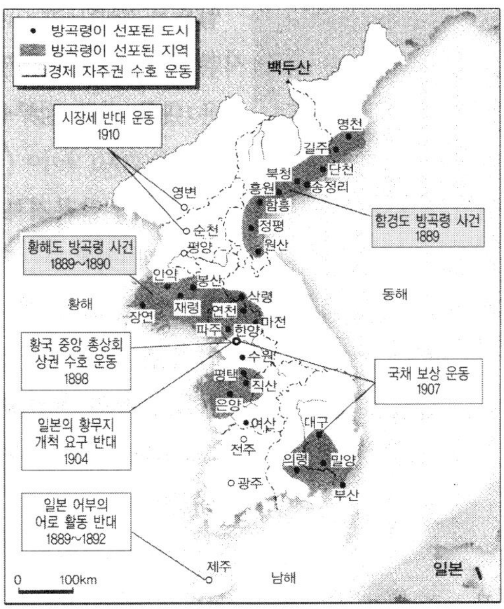

경제 자주권 수호운동

(2) 서울상인의 상권수호운동

외국상인의 활동범위가 개항초기의 개항장 10리 내에서, 1880년대에 이르러 개항장 100리까지 확대됨으로써 상인들간의 상권침탈경쟁이 치열해졌다. 서울의 경우, 청국상인들은 남대문로와 수표교 일대를 중심으로, 일본상인들은 충무로 일대를 중심으로 도심을 향하여 조선의 상권을 잠식해 갔다.

이에 반발하여 수천 명의 서울상인들은 철시하고 외국상점들의 서울퇴거를 요구하였으며, 그 뒤에도 철시한 서울상인들과 시민 수천명이 1주일 동안 격렬하게 상권수호시위를 벌였다. 그 후 시전상인들은 **황국중앙총상회**를 조직하여, 외국인의 불법적인 내륙상업활동을 엄단할 것을 요구하며 상권수호운동을 전개하였다.

(3) 독립협회의 이권수호운동의 전개

열강의 이권탈취에 저항하여 **이권수호운동**이 전개되었다. 먼저, 러일전쟁 당시 러시아가 절영도(지금의 영도)의 조차를 요구하자 독립협회는 그 요구를 철회시켰고 서울에 설치된 러시아의 한러은행도 폐쇄시켰다. 그 외에도 러시아의 목포, 증남포(진남포) 부근의 도서에 대한 매도요구를 강력하게 저지시키는 한편 프랑스, 독일 등의 이권요구도 좌절시켰다.

(4) 황무지개간권 반대운동(1904)

① **보안회 활동** : 1904년 2월 일본이 조선정부에 **황무지개간권의 양도**를 요구하자 보안회를 중심으로 한 조선민중은 결사반대투쟁을 벌였다.

② **과정** : 일부 민간실업인과 관리들은 **농광회사(農鑛會社)**를 설립하여 황무지를 우리 손으로 개간할 것을 주장하였다.

③ **결과** : 보안회는 가두집회를 연일 개최하고 일본의 음모를 규탄, 철회운동을 전개하여 황무지개간권 요구를 좌절시켰다.

(5) 국채보상운동(1907)

① **목적** : 일제의 차관제공에 의한 예속화 정책에 저항하여 국채보상운동이 일어나게 되었다.

② **대일차관 보상문제** : 일제는 통감부 설치 후, 그들의 식민지시설을 갖추기 위하여 시설개간 등의 명목을 내세워 일본으로부터 거액의 차관을 들여오게 하였는데 1907년까지 들여온 차관총액은 대한제국의 1년 예산과 맞먹는 1,300만원에 달하였다. 이에 국민의 힘으로 국채를 갚고, 국권을 지키려는 국채보상운동이 대구에서 시작되어 전국으로 확산되었다.

③ **전개과정** : 1907년 김광제, 서상돈 등의 발의로 대구에서 시작되어 전국적으로 확산되었다. 국채보상기성회를 중심으로 전국애국계몽 단체와 황성신문, 대한매일신보, 제국신문, 만세보 등 언론기관이 모금운동에 참여하였다. 특히 **대한매일신보**는 한규설을 소장으로 한 국채보상지원금총합소를 설치하기도 하였다.

④ **결과** : 일제의 통감부는 언론기관에 압력을 가하는 한편, 이 모금운동에서 회계를 담당했던 **양기탁**을 의연금횡령죄로 투옥하는 등 간교한 탄압을 함으로써 이 거족적인 경제구국운동을 좌절시켰다(1908).

2. 근대적 상업자본의 성장

(1) 상업자본의 변모

조선후기의 전통사회 내부에서 자본주의적 요소가 미처 제자리를 잡기도 전에 문호가 개방되어 외국자본주의의 침탈에 대한 저항운동이 일어났으며, 한편 자본주의적 근대경제를 건설하려는 움직임도 계속되어 개항 이전에 일부 형성되었던 상업자본은 외국자본주의의 침략 앞에서 여러 가지로 변모해 갔다.

① **시전** : 서울의 시전상인은 특권상인으로서 전통적인 상업체제를 유지하려 하였으나 외국상인들이 도시로 침투해 옴에 따라 그들과의 항쟁과정에서 근대적 상인으로 변모해 갔다. 그들은 **황국중앙총상회**를 조직하여 상권수호운동과 근대적 생산공장 경영에 투자하였다.

② **송상** : 개성상인은 원래 **인삼재배업**을 전담하면서 대외무역을 주도해 왔으나, 일본상인들의 대거 진출로 큰 타격을 받았다.

③ **경강상인** : 주로 수도권을 배경으로 전국의 **세곡운반**과 **창고업**을 담당하면서 막대한 부를 축적하여 왔으나 증기선을 바탕으로 한 일본상인들의 개입으로 큰 타격을 입었다.

④ **객주, 여각, 보부상** : 이들은 개항 이후 크게 활기를 띠었다. 초창기 개항장과 내지를 연결해 주는 중간상인으로서 이득을 누렸으나 일본상인의 내지진출로 타격을 받았다. 일본자본 축적에 성공한 상인들은 **상회사**(商會社)를 설립하기도 하였다.

(2) 근대회사의 설립과정

① **배경** : 개항 이후 외국상인의 침투, 무역확대 과정에서의 상업자본의 성장, 개화사상가들에 의한 외국회사들이 설립되었다.

② **상회사의 설립** : 1880년대 초기부터 대동상회, 장통회사 등의 상회사가 나타나기 시작하여 갑오개혁 시기에 와서는 전국에 회사가 40여개에 달하였다. 초기의 회사는 대부분 **동업자조합**의 성격을 가졌으나 점차 근대적 형태의 주식회사도 설립되었다.

③ **민족자본의 토대** : 1890년대 후기로 들어서면, 대한제국의 식산흥업정책에 힘입어 내국인의 기업활동이 더욱 활발해졌다. 그래서 대한협동우선회사(1900), 인천윤선주식회사(1900), 이운사(1899), 통운사(1901), 부하철도회사(1898), 대한철도회사(1899), 해서철광회사(1900), 수안금광합자회사(1903) 등을 설립하여 민족자본의 토대를 굳히고자 노력하였다.

3. 산업자본과 금융자본

(1) 근대적 산업자본의 성장

개항 이전에 발달했던 유기공업과 야철공업이 서울에 조선유기상회라는 합자회사로 설립되었고 민족자본에 의한 대한직조공장, 종로직조사 등이 세워져 발동기를 이용한 생산활동을 전개하였다. 이후 연초공장, 사기공장 등이 설립되었다.

(2) 근대 금융자본의 성장

우리나라에 최초로 설립된 금융기관으로는 심상훈에 의해 설립한 조선은행이 있었다. 이 은행은 관료자본이 중심이 된 민간은행이었으나, 곧 폐지되었다. 이어서 1897년 김종한(金宗漢)이 설립한 한성은행, 1899년 대한천리은행 등의 민간은행이 설립되기도 하였다. 그러나 1905년 일제가 실시한 화폐정리사업을 계기로 모두 몰락하여 금융은 사실상 일제에 의해 장악되었다.

(3) 근대적 경제건설운동

문호개방 이후 상업자본, 금융자본 등 여러 방면에서 전개된 민족의 근대적 경제건설을 위한 운동은 일제의 정치적 압력과 경제적 침탈에 의하여 좌절되었다.

제 3 항 개항 이후의 사회적 변화

1. 평등사회로의 이행

조선 후기에 진행된 신분질서의 동요는 개항을 전후하여 더욱 가속화되었다. 개항을 전후한 시기에 서양 문물이 빠르게 유입되었고 개항 이후에 정부가 개화정책을 추진하면서 전문기술을 갖춘 중인들이 점차 주요 관직으로 진출하게 되었다. 개항 무렵에는 국내외적 상황을 잘 이해하고 이에 적극적으로 대응하려고 하였던 중인계층이 두각을 나타냈다. 특히 역관 오경석과 의관 유홍기는 북학파 실학자인 박지원의 손자 박규수와 함께 개화사상 전파와 개화파 형성에 중요한 역할을 담당하였다.

(1) 갑신정변

① **배경** : 문호개방 이후 열강의 침략에 의해 전통적 사회체제는 큰 위기를 맞게 되었고 이러한 위기상황을 맞아 개화사상을 수용하고 있던 일부 선각적인 양반·중인출신들이 **위로부터의 사회개혁**을 추진하였다.

② **경과** : 개화당 정부는 14개조의 개혁정강에서 문벌의 폐지, 인민평등권의 확립, 지조법(地租法)의 개정, 행정기구의 개편 등을 내걸고 근대사회의 건설을 위한 대개혁을 단행하려 하였다.

③ **결과** : 수구세력의 방해와 청의 무력개입으로 실패하고 말았으며 당시의 민중들도 개화당의 개혁의지를 이해하지 못하고 오히려 이들을 적대시하였다. 그러나 이는 우리 역사상 국민평등의 근대사회를 추구한 첫 시도였다는 점에서 중요한 의미를 갖는다.

(2) 동학농민운동

① **배경** : 양반 중심의 신분제도와 봉건적 수취체제에 불만을 가진 농민의 저항운동은 인간평등과 사회변혁에 기초한 동학사상과 결합하여 동학농민운동으로 발전하였다.

② **경과** : 동학농민군은 12개조의 폐정개혁안에서 탐관오리의 처단, 노비문서의 소각, 토지의 평균분작 등을 내세웠으며 **집강소**를 설치하여 차별적 신분제도를 타파하고, 농민을 위한 토지개혁을 단행하여 새로운 사회를 만들고자 하였다.

③ **결과** : 동학농민운동은 비록 실패로 끝났지만 양반 중심의 전통적 신분제 사회를 붕괴시키는데 크게 기여하였다.

(3) 갑오개혁과 을미개혁

① **배경** : 갑신정변과 동학농민운동은 수구세력의 방해와 외국의 무력에 의하여 좌절된 뒤에 신분차별이 없는 평등한 사회를 추구하려는 노력은 갑오개혁과 을미개혁으로 이어졌다.

② **경과** : 갑오개혁과 을미개혁은 정치, 경제, 사회 등 국정의 모든 분야에 걸친 개혁이었으며 신분제를 폐지하고, 공사노비제도의 혁파, 인신매매를 금지하였다. 또한 조혼의 금지, 과부의 재가 허용, 고문과 연좌법의 폐지 등을 실시하여 봉건적인 폐습을 타파하였다.

③ **결과** : 갑오개혁과 을미개혁은 일본의 영향하에서 그들의 침략을 위한 체제개편의 성격이 있음을 부정할 수는 없으나 실제로 이러한 개혁은 조선의 개화관료들에 의하여 갑신정변과 동학농민운동의 기반위에서 추진되었으며 이로써 차별적인 신분제도가 폐지되고 **근대적 평등사회의 기틀이 마련**되었다.

2. 사회의식의 변화

(1) 개혁의 한계성

차별적 신분제도가 폐지되었다고 하여 곧바로 평등사회가 이루어지는 것은 아니며 동학농민운동과 갑신정변, 갑오·을미개혁에서도 구체적인 제도의 마련이 없었고 민중과 유리되는 등 여러 가지 한계성도 가지고 있었다.

(2) 독립협회의 대두

독립협회운동은 이러한 문제점을 발전적으로 보완하면서 추진되었는데 근대적 지식과 **국권·민권사상**으로 **민중**을 **계몽**하였다.

① **근대 민중운동의 전개** : 민중계몽운동에 의하여 민중의 근대적 정치, 사회의식이 높아졌고 높아진 민중의식을 바탕으로 하여 근대적 민중운동이 발생하였다.

② **근대 개혁사상의 정착** : 독립협회와 민중은 국권수호운동과 민권보장운동을 전개했을 뿐만 아니라 의회설립에 의한 국민참정운동까지 벌이게 되었으며, 이러한 활동에 의하여 제한된 범위나마 자유민권에 입각한 민주주의사상과 근대적 민족주의사상이 보급되었고, 민중에 바탕을 둔 자주적 근대 개혁사상이 정착되었다.

③ **사회의식의 변화** : 만민공동회에서 **시전상인**이 회장으로 선출되고, 관민공동회에서 **백정**이 연사로 나서며, 상인들이 독립협회운동에 동조하기 위해 철시하는 등의 현상은 사회의식의 변화와 함께 사회 자체가 변화되고 있음을 단적으로 보여주고 있는 것이다.

◈ 백정 박성춘의 관민 공동회 연설문(1898)

나는 대한의 가장 천한 사람이고 무지몰각합니다. 그러나 충군 애국의 뜻은 대강 알고 있습니다. 이에, 이국편민(利國便民)의 길인즉, 관민이 합심한 연후에야 가하다고 생각합니다. 저 차일에 비유하건대, 한 개의 장대로 받친즉 역부족이나, 많은 장대를 합한즉 그 힘이 공고합니다. 원컨대, 관민이 합심하여 우리 황제의 성덕에 보답하고, 국운(國運)이 만만세 이어지게 합시다.

(3) 애국계몽운동으로의 계승

독립협회운동의 맥은 대한제국 말기에 애국계몽운동으로 계승되었는데, 일제의 보호국 체제하에서 적극적인 정치투쟁을 전개하지는 못했지만 사회·교육운동, 산업개발운동, 언론활동 등을 폭넓게 추진하여, 민중의 근대의식과 민족의식을 고양시켰다.

애국계몽운동은 일제의 보호국 체제하에서 적극적인 정치투쟁으로 전개되지는 못했지만, 민주주의사상을 한 단계 진전시켰다. 19세기 말에 독립협회는 민주주의 실현과 국민국가의 건설을 목표로 활동하였으나, 이를 공개적으로 거론하지는 못하였다. 그러나 20세기 초에는 애국계몽운동가들이 민주공화정체의 우월성과 국민국가건설의 필요성을 공개적으로 주장할 만큼 상당한 사회의식의 변화를 보여 주었다.

Side Check

◈ 자유민권운동과 사회의식의 성장

① 독립협회의 계몽활동 : 민중운동전개(자주국권·자유민권·자강개혁운동)
② 애국계몽운동 : 민중의 근대의식과 민족의식 고취
③ 평민·천민의 활동 : 독립협회, 의병활동을 통해 민족의식을 가진 사회적 존재로 성장
④ 여성의 사회활동 : 여성단체 조직, 교육계·의료계·종교계 등에 활발히 진출

◈ 국외 이주동포들의 생활

만주 지역	• 19세기 후반 : 궁핍한 농민들이 생활터전을 찾아 이주 • 20세기 초 : 의병, 애국계몽운동가들이 독립운동의 근거지를 만들기 위해 이주
연해주 지역	• 19세기 후반 : 러시아가 변방개척을 위해 조선인들의 이주 장려 • 20세기 : 한인 집단촌 형성, 국권 회복을 위한 무장 투쟁의 중심지로 발전
미주 지역	• 20세기 초 : 하와이, 미국 서해안, 멕시코, 쿠바 등지로 이주→사탕수수·채소농장에 취업 • 대한인 국민회 조직 : 독립운동 지원

제4절 근대문화의 발달

Digest

1. **근대문명의 수용** : 개항 이후 서양의 과학기술을 받아들여, 부국강병을 도모하려는 노력이 시도되었다. 전신·전화·전등이 가설되고, 기차와 전차가 개통되었으며, 새로운 의술과 건축술이 도입되었다.
2. **근대교육과 국학연구** : 근대학교들이 설립되어 민족주의교육이 실시되었으며, 국권회복을 위한 자각에서 국학운동이 크게 일어나, 민족주의 역사학의 기초가 마련되었고, 한글전용, 국·한문병용으로 문체의 변혁도 일어났다.
3. **문예와 종교의 새경향** : 1900년대의 한국문학은 신문학의 풍조가 일어나, 신소설이 등장하고 근대시의 형식이 개척되었다. 예술면에서는 서양의 음악·회화가 소개되었고, 신극운동도 일어났다. 종교면에서는 크리스트교가 보급되어 근대의술과 근대교육을 진흥시켰고, 동학·대종교 등이 민족종교로 정착되어 민족의식을 고취시켰다.

제 1 항 근대문명의 수용

1. 과학기술의 수용

(1) 수용배경

서양 과학기술은 17세기 이후부터 실학자들에 의해 싹트기 시작하였다. 개항 이후 우리의 정신문화는 지키고 서양의 과학기술은 수용한다는 **동도서기**(東道西器)가 개화의 목표로 설정되고 그에 따라 개화시책이 추진되었다.

(2) 수용과정

① 1870년대 : 흥선대원군의 집권기로, 서양의 침략에 대응하기 위하여 **무기제조술**에 많은 관심을 기울였다.

② 1880년대 : 양잠, 방직, 제지, 광산 등에 관한 기계를 도입하고 외국의 기술자를 초빙하는 등 **서양기술의 도입**에 노력했다.

③ 1890년대 : 교육제도의 근본적인 개혁을 통해 서양 과학기술을 접목시키고자 했다. 이에 조선정부는 유학생들의 해외파견이나 근대 교육시설에 힘을 썼다. 그로 인해, **근대적인 기술교육기관**인 경성의학교, 철도학교, 광업학교 등이 설립되었다.

(3) 과학기술 진흥정책의 결과

기술교육의 향상을 위한 정책은 재정의 곤란으로 많은 시행착오가 있었지만, 국권이 피탈되기 전까지 꾸준히 계속되어 어느 정도의 성과를 거두었다.

2. 근대시설의 수용

(1) 계 기

개항 이후, 신사유람단과 영선사의 청국파견으로 인해 근대 과학문물과 기술을 도입하여 교통, 통신, 전기, 의료, 건축, 산업 등 각 분야에 새로운 시설을 만들고 생활양식은 변모하게 되었다.

(2) 근대문물과 시설

<table>
<tr><th colspan="3">각종시설</th><th>연 대</th><th>내 용</th></tr>
<tr><td rowspan="4">통신시설</td><td colspan="2">우편</td><td>1895~1900</td><td>갑신정변으로 중단되었던 우정국이 을미개혁 이후 다시 운영되었고 만국우편연합에 가입하였다.</td></tr>
<tr><td colspan="2">전신</td><td>1885</td><td>서울~인천(청나라)</td></tr>
<tr><td colspan="2" rowspan="2">전화</td><td>1893</td><td>덕수궁</td></tr>
<tr><td>1902</td><td>서울시내 민가</td></tr>
<tr><td>인쇄</td><td colspan="2">박문국</td><td>1883</td><td>근대적 인쇄술 도입, 신문발행(한성순보), 새로운 지식확대 기여</td></tr>
<tr><td>출판</td><td colspan="2">광인사</td><td>1884</td><td>최초의 민간출판사, 근대기술에 관한 서적 출판</td></tr>
<tr><td>화폐</td><td colspan="2">전환국</td><td>1883</td><td>화폐주조</td></tr>
<tr><td>무기제조</td><td colspan="2">기기창</td><td>1883</td><td>청나라 톈진(天津)의 군수공장 모방, 설립</td></tr>
<tr><td rowspan="5">의료기관</td><td colspan="2">광혜원</td><td>1885</td><td>선교사 알렌과 조선정부와의 공동출자로 개원(우리나라 최초의 근대식 병원)</td></tr>
<tr><td colspan="2">광제원</td><td>1889</td><td>정부출자의 신식 의료기관</td></tr>
<tr><td colspan="2">대한의원</td><td>1907</td><td>신식 의료양성기관으로 의학부, 약학부, 산파과, 간호과 등을 부설</td></tr>
<tr><td colspan="2">자혜병원</td><td>1907</td><td>진주, 청주, 함흥 등 10여 곳</td></tr>
<tr><td colspan="2">세브란스</td><td>1904</td><td>미국인 에비슨과 세브란스(Severance)가 세브란스병원을 설립하였다.</td></tr>
<tr><td rowspan="4">교통기관</td><td rowspan="3">철도</td><td>경인선</td><td>1899</td><td>일본에 의해 가설된 우리나라 최초의 철도</td></tr>
<tr><td>경부선</td><td>1905</td><td>러일전쟁 중 일본의 군사적 목적으로 부설</td></tr>
<tr><td>경의선</td><td>1905</td><td>러일전쟁 중 일본의 군사적 목적으로 부설</td></tr>
<tr><td>전차</td><td>서대문
청량리</td><td>1898</td><td>미국인 콜브란과 황실이 합작으로 만든 한성전기회사가 발전소를 설립하고 전차를 운행</td></tr>
<tr><td rowspan="3">근대건축</td><td colspan="2">독립문</td><td>1896</td><td>프랑스의 개선문을 모방</td></tr>
<tr><td colspan="2">덕수궁 석조전</td><td>1909</td><td>1900~1909년에 걸쳐 프랑스인의 설계로 완성된 르네상스식 건축양식</td></tr>
<tr><td colspan="2">명동성당</td><td>1898</td><td>중세 고딕양식</td></tr>
</table>

(3) 근대적 시설의 의의와 문제점

① 문호개방 이후로 각 분야에 걸쳐 마련된 근대적 시설은 민중들의 사회・경제적 생활개선에 이바지하였고, 생활양식도 변모하게 되었다.

② 그러나 이러한 문명시설은 외세의 이권 또는 **침략목적과 관련**되어 있다는

데에 문제점이 있었다.

제2항 근대교육과 국학연구

1. 근대교육의 발전

(1) 근대교육의 실시

① **시작** : 근대교육은 1880년대부터 시작되었고, 1895년 교육입국조서가 반포되면서 근대적인 교육이 급속하게 발전하였다.

② **원산학사(元山學舍, 1883)** : 함경도 덕원부사 정현석이 원산학사를 세워 근대학문과 무술을 가르쳤다. 따라서 이 학교는 우리나라 **최초의 근대적 사립학교**이다.

③ **동문학(同文學)** : 1883년 조선정부는 청국의 외교고문으로 활약한 바 있는 독일인 묄렌도르프를 강사로 초빙하여 영어강습기관을 만들고 영어를 가르쳤다.

④ **육영공원(育英公院, 1886)** : 1886년 정부는 최초의 근대식 학교인 육영공원을 세우고 미국인 교사 **헐버트, 길모어**(W. Gilmore) 등을 채용하여 상류층의 자제들을 뽑아 영어, 역사, 지리학, 정치학 등 각종 근대학문을 교육하였으나 1894년에 폐교되었다.

(2) 근대적 교육제도

① **교육입국조서 반포(1895)** : 갑오개혁에 의해 근대적 교육제도가 마련되었고 국가의 부강이 국민의 교육에 달려 있다는 내용의 **교육입국조서**가 반포되었다.

② 학교의 설립

㉠ 교육입국조서에 따라 정부는 **소학교, 중학교, 사범학교** 등의 학교를 세웠다. 사립학교는 선교사들이 세운 학교와 애국계몽운동을 추진하고 있던 민족운동가들이 세운 학교가 있었다.

㉡ **각종 교육단체** : 대한제국 말기에 이르러 근대학교의 설립으로 민족주의교

육이 크게 발흥했다. 신민회 등 정치, 사회단체와 서북학회(李甲), 호남학회(李採), 기호홍학회(李光鍾), 영남교육회(張志潤), 관동학회(南宮檍) 등 많은 학회가 교육운동에 밑거름이 되었다.

Side Check

◈ 교육입국조서(1895)

교육은 실로 국가를 보존하는 근본이다. (중략) 이제 짐이 교육의 강령을 보이니, 헛된 이름을 물리치고 실용을 취하도록 하여라. (중략) 이 세 가지(덕・체・지)는 교육의 기강이니라. 짐은 정부에 명하여 학교를 널리 세우고 인재를 양성하며 그대들 신민의 학식으로써 국가 중흥의 대공을 찬성케 하련다. (중략) 왕실의 안전은 그대들 신민들의 교육에 있고, 국가의 부강도 그대들 신민의 교육에 있다.

교 명	연 대	설 립 자	계 열
배재학당	1885	아펜젤러(Appenzeller)	감리교 계열
이화학당	1886	스크랜튼(Scranton)	감리교 계열
경신학교	1886	언더우드(Underwood)	장로교 계열
경신여학교	1887	엘러스(Allose)	장로교 계열
숭실학교	1897	베이드(Baid)	장로교 계열
배화학당	1898	미국 남감리회	감리교 계열
보성학교	1905	이용익	서 울
양정학교	1905	엄주익	〃
휘문학교	1905	민영휘	〃
진명여학교	1906	엄귀비	〃
숙명여학교	1906	엄귀비	〃
서전서숙	1907	이상설	북간도
명동학교	1907	김약연	〃
오산학교	1907	이승훈	정 주
대성학교	1907	안창호	평 양
신흥학교	1907	이시영	서간도
동덕여학교	1908	조동식	서 울

Side Check

◈ 학회 활동

학 회	대 표 자	활 동
서북학회	이갑, 양기탁, 안창호	서북학보, 협성학교 설립, 최초의 학회임
서우학회	정운복	애국·계몽활동
함흥학회	이 휴	애국·계몽활동
영남학회	장지연	대한자강회, 애국·교육·계몽
기호학회	이광종	기호학보, 기호학교 설립
호남학회	이 채	호남학보, 애국·교육·계몽
관동학회	남궁억	황성신문, 애국·계몽
대동학회	김윤식	대한전수학교, 애국·계몽
여자교육회	진학신	애국·계몽·교육
함북흥학회	이동휘	서우학회 +함흥학회를 1906년 합친 학회

2. 국학연구의 진전

(1) 국학연구의 진전

을사조약 이후, 일제의 침탈로부터 국권을 회복하려는 국민들의 자각은 국사와 국어를 연구하여 민족의식을 고취시키려는 국학운동으로 나타났다.

(2) 국사연구

장지연, 신채호, 박은식 등은 역사상 외국의 침략에 대항하여 승리한 민족의 영웅들의 전기를 써서 널리 보급시킴으로써 일본의 침략에 직면한 국민들의 사기를 진작시키고 애국심을 불러일으키는 데 한몫 하였다. 특히, **신채호**(申采浩)는 **「독사신론」**(讀史新論)을 저술하여 민족주의 역사학의 연구방향을 제시하였다. 한편, 최남선은 박은식과 함께 **조선광문회**(朝鮮光文會)를 만들어 민족고전을 정리, 간행하였다.

Side Check

◈ 사학자와 사관

사학자	내 용
장지연(偉庵)	조국의 정신과 민족의 주체성을 강조하였고 「백두산정계비고」, 「대한강역고」, 「대한최근사」 등을 저술하였다.
신채호(申采浩)	「독사신론」을 써서 왜곡되어 가고 있던 한국사를 옳게 정립하고자 노력하였고 「조선상고사」, 「조선사연구초」, 「을지문덕전」, 「이태리건국 3천년사」 등의 저서가 있다.
현 채(白堂)	「유년필독」, 「동국사략」을 저술하였고 「월남망국사」를 번역하였다.
박은식(白岩)	"나라는 형(形)이요, 역사는 신(神)이다. 신이 멸망하지 않으면 형도 되살아 날 수 있다"고 주장하면서, "지금 우리에게는 백(魄)은 죽었으나 혼(魂)만 죽지 않는다면 나라는 곧 다시 일어날 수 있다."고 강조하였다. 그의 저서로는 「한국통사」, 「한국독립운동지혈사」, 「안중근전」, 「연개소문전」 등이 있다.
최남선(六堂)	「아시조선」, 「조선역사」, 「고사통」, 「조선독립운동사」 등의 저술이 있고 불함문화론을 주장하였다.
황 현(梅泉)	「매천야록」에서 한말 비운의 역사를 다루었고 일제에 의해 합방이 되자 이를 개탄하여 자살하였다.

(3) 국어연구

① **유길준** : 유길준은 그의 기행문 「서유견문」(西遊見聞)을 저술하여 국한문 혼용체의 발단을 제공하였으며, 우리나라 최초의 국어문법서인 「대한문전」(大韓文典)을 저술하였다.

② **지석영** : 학부(學部)내에 국문연구소를 설치케 하였으며 문법책으로 「자전석요」(字典釋要)를 저술하였다.

③ **이봉운** : 1897년 문법책인 「국문정리」를 저술하였다.

④ **주시경** : 1908년 「국어문전음학」, 1910년 「국어문법」, 1914년 「말의 소리」를 저술하였다.

⑤ **최광옥** : 국문학자로서 「대한문전」(大韓文典)의 간행에 참여하였다.

(4) 국학운동의 의의

국학운동은 일제의 보호국체제라는 정치적으로 어려운 상황속에서 전개되었던 만큼, 학문적인 깊이에 있어서는 일정한 한계성을 가질 수 밖에 없었으나 한편 시대적 요청에 부응하여 애국계몽운동의 노선에 따라, 사회일반에 **근대의식**과 **민족의식**을 심어주는데 크게 기여하였다.

제3항 문예와 종교의 새경향

1. 문학의 새경향

(1) 신소설의 등장

고전문학에서 신문학으로 옮겨가는 새토운 풍조가 나타났고, 순한글로 쓰인 신소설이 등장하였다.

① **신소설(新小說)의 특징** : 그 주체들이 아직 구소설의 틀 속에서 크게 벗어나지 못하였다. 그러나 **언문일치**의 문장을 사용하였으며, 봉건적인 윤리도덕의 배격과 미신타파를 주장하는 등 자주독립과 계몽문학의 선두에 섰다.

② **대표적인 신소설** : 이인직(李人稙)의 **「혈의 누」**(血의 淚)·「치악산」(雉岳山), 이해조(李海朝)의 「자유종」(自由鐘), 최찬식(崔瓚植)의 「안의 성」(雁의 聲)·「추월색」(秋月色) 등이 있다.

(2) 신체시의 등장

시 분야에서도 새로운 형식이 시도되고 있었는데, 1908년 최남선은 **'해에게서 소년에게'**라는 시를 발표하여 근대시의 효시가 되었다.

(3) 외국인의 저서

저 자	저 서
헐버트(Hulbert)	「한국통사」(The History of Korea), 「한국최근사」(The Passing of Korea)
그리피스(Griffis)	「은둔의 나라, 한국」(Corea, The Hermit Nation)
맥켄지(McKenzie)	「한국의 비극」(The Tragedy of Korea)
그라젠제프(Gradjanzev)	「근대한국」(Modern Korea)
게일(Gale)	「한국인의 역사」(The History of Korean People)

2. 예술계의 변화

(1) 음 악

① 크리스트교가 수용되어 찬송가가 불려지면서 서양의 근대음악이 소개되었다.

② **창가의 유행** : 서양식 악곡에 맞추어 부르는 신식노래인 창가가 유행하였는데 독립가, 권학가, 애국가 등이 유명하였다. 그 중에서도 애국가는 국민 사이에 널리 애창되어 민족의식을 높이는데 크게 이바지하였다.

(2) 연 극

① **민속가면극** : 양반사회에서 천시되었던 민속가면극이 민중들 사이에서 유행하였다.

② **신극운동** : 우리나라 최초의 서양식 극장인 **원각사**가 세워졌고, 「은세계」·「치악산」 등의 작품이 공연되었다.

(3) 미 술

미술가들이 직업인으로서 위치를 굳혀 갔으며, 서양의 화풍이 소개되어 서양식 유화가 그려지기 시작하였다.

3. 종교운동의 새 국면

(1) 천주교

1886년 朝·佛수호통상조약 이후로 천주교가 종교의 자유를 얻은 뒤 고아원·양로원을 설치, 운영하였고 교육과 언론을 통해서 애국계몽운동의 대열에 참여하기도 하였다.

(2) 개신교

1890년대로 들어서면서 개신교가 대거 수용되었다. 이들은 한글의 보급, 미신타파, 근대문명의 소개 등 문화면에서 적지 않은 업적을 남겼다. 1884년 **알렌**(Allen)에 의하여 장로교가 전래되었고, 1885년 **아펜젤러**(Appenzeller)에 의해 감리교가 전래되었다.

(3) 천도교

개항 이후, 농민층을 기반으로 하여 민중종교로 성장하였던 동학은 1890년대에 동학농민군을 조직하여 반봉건·반외세운동을 전개하였다. 그러나 동학이 일제에 의해 탄압을 받아 그 외세가 위축되었고, 동학교도인 이용구가 시천교를 만들어 동학을 친일종교로 매도하려 하자, 손병희(孫秉熙) 등이 동학을 천도교(天道敎)로 개명하고 민족의식을 강조하는 종교로 발전시켜 나갔다. 만세보라는 민족신문을 발간하여 민족의식을 고취시키기도 하였다.

(4) 유 교

위정척사운동의 중심체였던 유교는 시대의 흐름에 역행한다는 비판을 받게 되자 박은식 등 유학자들은 **유교구신론**(儒敎求新論)을 주장하기도 하였다.

(5) 불 교

개화기 불교도 불교의 자주성 회복과 근대화를 위한 운동을 추진하였다. 이 시기에 대표적 운동가는 한용운(韓龍雲)으로서 그의 **불교유신론**(佛教有神論)이 유명하였다.

(6) 대종교

나철, 오기호 등은 단군신앙을 발전시켜 대종교(大倧教)를 창시하였다(1909). 대종교는 보수적 성격을 지니고 있었으나 민족적 입장을 강조하는 종교활동을 벌였다. 간도, 연해주 등지에서의 **해외항일운동과 밀접한 관계**를 가지면서 성장하였다.

Focus Diagram

◆ 근대의 경제와 사회와 근대문화의 발달

1. 일본 및 열강의 경제적 침탈

일본상인의 상권 독점
- 개항 초기: 거류지 중심의 약탈적 중계무역(영국의 면제품)
- 1890년대: 조선 곡물의 대량 징발→일본으로 수출
- 청·일전쟁 후: 청국 상인의 상권까지 일본상인 독점, 서민·상인 큰 타격

각국의 침탈내용

국 명	침탈내용
미국	① 경인선 부설권(1896), ② 운산 금광채굴권, ③ 서울 전차부설권
영국	은산 금광채굴권 획득(1900)
프랑스	경의선 부설권의 획득(1896)
러시아	① 경원·종성 광산채굴권(1896), ② 압록강·울릉도 삼림채벌권

일본의 토지 침탈
- ① 초기 : 개항장 내 토지 이용→개항장의 토지 차압→토지소유 확대
- ② 청·일전쟁 이후 : 일본의 대자본가→전주, 군산, 나주에다 대규모농장 경영
- ③ 러·일전쟁 이후 : 철도 부지 중 일부를 무상으로 약탈, 군용지 무상으로 약탈, 황무지 개간과 역둔토 수용

2. 우리 민족의 대응

방곡령 반포 (함경감사-1889) → 독립협회 이권수호운동 (아관파천 후 열강침탈) → 황무지 개간권 반대운동 (보안회-1904) → 국채보상 운동 (국채보상기성회-1907)

토착자본의 대응
- 시전상인→황국중앙총상회 조직
- 경강상인→증기선 도입(수송수단의 근대화)

근대자본의 형성
- 동업자조합→ 주식회사
- 해운, 철도, 광업회사 설립
- 조선, 한성, 천일은행

3. 근대사회로의 지표

근대적 사회로의 전환
- 갑신정변－위로부터의 급진개혁
- 동학농민운동－봉건적 위계질서 거부
- 갑오 · 을미개혁
  - 신분제 폐지
  - 평등사회의식
  - → 민중과 유리(遊離)
- 독립협회－민중에 바탕을 둔 자주적 근대개혁 운동
- 애국계몽운동
  - 근대의식
  - 민족의식

4. 근대시설의 수용

부국강병의 수단으로서 과학기술 수용

동도서기론－근본적인 수용이 되지 못함

종류	연대	내 용
기기창	1883	신식무기 제조
전환국	1883	화폐 주조
박문국	1883	한성순보 발간(격주간)
우정국	1884	우정업무 담당
광혜원	1885	근대식 병원 : 알렌
전신	1885	서울~인천, 서울~의주
전화	1888	궁중안에 설치
전차	1888	한성 전기회사
철도	1889	경인선 개통
건축	명동성당(1898) 덕수궁 석조전(1909)	

5. 근대교육

교 명	연 대	설 립 자
원산학사	1883	덕원 주민
동문학	1883	외아문－영어교습소
육영공원	1886	근대식 공립학교
배재학당	1885	아펜젤러 선교사
이화학당	1886	스크랜튼 선교사
숭실학교	1897	베이드 : 평양
대성, 오산학교	1907	안창호 · 이승훈
진명여학교	1907	엄귀비
숙명여학교	1907	엄귀비

6. 계몽 사학자

사학자	저 서
장지연	「백두산 정계비고」, 「유교연원」
신채호	「독사신론」, 「조선상고사」, 「조선사연구초」, 「을지문덕전」, 「이태리 건국 삼걸전」
박은식	「한국통사」, 「한국독립운동지혈사」, 「안중근전」
최남선	「조선광문회」, 「조선역사」, 「아시조선」, 「고사통」

7. 예술 영역

구분			
신소설	이인직	「혈의누」 「귀의성」	언문일치 순 한글 계몽문학
	이해조	「자유종」	
신체시	최남선	「해에게서 소년에게」→근대시	
번역물	「성경」, 「천로역정」, 「이솝이야기」, 「로빈슨 표류기」		
음악	독립가, 권학가, 애국가		
연극	최초의 연극공연 : 은세계, 치악산		
천주교	선교 자유		
개신교	교육, 의술		
유교	유교 구신론(박은식)		
불교	불교 유신론(한용운)		

제8장

민족의 독립운동

탑골(파고다)공원의 부조

단원개관

1. 19세기 후반 제국주의 열강의 침탈이 강화되어 가는 가운데 근대 국민국가의 수립을 추구하던 우리나라는 20세기 초 무력을 앞세운 일제의 침략으로 나라를 강점당하였다. 이로 인해 다수의 민족지도자들이 체포·투옥되었고, 민족의 생존권마저 침해당하였다.
2. 우리 민족은 이와 같은 민족적 위기를 극복하기 위하여 독립운동을 다양하게 전개하였다. 즉, 무장독립투쟁, 민족 실력양성운동, 독립외교활동 등 여러 가지 방략을 세워 줄기차게 일제에 대항하였다.
3. 특히, 3·1운동 이후에는 대한민국 임시정부를 중심으로 독립운동이 보다 체계화, 활성화되었다. 제2차 세계대전 중에는 일본과 독일에 선전포고하였고, 한국광복군은 연합군과 함께 일본에 대항하여 싸웠다. 그리하여 우리 민족은 1945년 광복을 맞이할 수 있었다.

최근출제경향

민족의 독립운동은 출제비중이 높은 단원이다. 일제 식민지정책의 내용과 시기별 변화도 자주 출제되고 있으며 이에 대한 우리 민족의 독립투쟁과 시기별 대응방식에 대한 문제가 매우 빈도 높게 출제되고 있다. 그 외에도 토지조사사업, 1910년대의 국내 항일비밀결사, 애국지사들의 활동내용에 관하여 묻고 있다. 최근에는 민족주의 사학자, 신민회에 관한 문제가 출제되었다.

우리나라	연대	다른 나라
(1910) 국권 피탈	1910	(1911) 중국, 신해혁명
(1914) 대한광복군정부 수립		(1914) 제1차 세계대전 발발
(1919) 3·1운동, 대한민국 임시정부 수립		(1919) 중국, 5·4운동
(1920) 봉오동전투, 청산리대첩	1920	(1920) 국제연맹 창설
(1926) 6·10만세운동		
(1927) 신간회·근우회 조직		(1927) 중국, 국민당 정부 수립
(1929) 광주 학생항일운동		(1929) 세계 경제공황
(1932) 이봉창·윤봉길의사 의거	1930	(1931) 만주사변
		(1937) 중·일전쟁
(1940) 한국광복군 창설	1940	(1941) 태평양전쟁 발발
(1945) 8·15광복	1945	(1945) 일제의 패망

제1절 민족운동의 동향

Digest

1. **제국주의 정책** : 19세기 후반에 제국주의 서구열강은 원료공급지와 상품시장을 확보하고 국내의 잉여자본을 해외에 투자하기 위해 아시아, 아프리카 등 후진지역을 식민지화 하는 침략을 강행하였다. 이와 같은 열강의 식민지 확보경쟁은 결국 상호 이해관계가 대립함으로써 충돌하게 되었고, 그 결과 제1차 세계대전이 일어났다.
2. **약소민족의 시련** : 대전 이후 세계평화를 위한 민족자결주의가 제창되고 국제연맹이 탄생되었으나, 전승국들의 이해관계로 일부 약소민족만이 해방될 수 있었다.
3. **제2차 세계대전** : 1929년에 경제공황이 일어나고, 이를 수습하는 과정에서 경제기반이 약했던 이탈리아, 독일, 일본에서 전체주의가 등장하였고, 이들의 침략으로 제2차 세계대전이 일어났다.

제1항 세계의 민족운동

1. 약소민족의 시련

(1) 파리강화회의

1919년 1월부터 제1차 세계대전의 뒤처리를 위하여 전승국들의 강화회의가 파리에서 개최되었다. 이 강화회의의 기본원칙은 미국 대통령 윌슨이 제창한 14개조의 평화원칙이었다. 그 중에서도 **민족자결주의**원칙은 식민지 상태에서 해방과 독립을 열망하는 약소민족들에게 큰 희망을 안겨 주었다.

(2) 민족자결주의

① **윌슨의 민족자결주의원칙** : 전승국의 식민지에는 적용되지 않았고, 패전국

이나 러시아의 지배하에 있었던 일부 약소민족에게만 적용되었다.

② **약소민족의 시련** : 필리핀과 인도 등의 전승국의 식민지는 해방과 독립을 달성하지 못하였다. 이에 식민지 지배하에 있었던 대다수의 약소민족들은 계속해서 시련을 겪게 되었다.

(3) 공산주의 세력확장

1917년 11월혁명으로 공산주의 체제를 확립한 소련은 코민테른을 결성하여(1919) 반제국주의 민족운동 및 약소민족의 독립운동과 연계를 꾀하면서 공산주의 세력을 침투시키려고 하였다.

2. 아시아 각국의 민족운동

(1) 중국의 민족운동

① **5·4 운동** : 1919년에 대규모의 민족운동인 5·4 운동이 일어났다. 이는 베이징 대학생들이 중심이 되어 일본의 **21개조 요구 철폐, 친일관리의 파면**을 요구하는 대대적인 시위로 시작되어 곧 전국으로 퍼졌다. 각계 각층의 중국인이 적극 호응한 5·4 운동은 반제국주의, 반군벌, 국권회복을 위한 민족운동으로 그 역사적 의의가 컸다.

② **제1차 국공합작** : 쑨원의 국민당은 중국 공산당과 제휴하여 제1차 국공합작을 이룩하였으나(1924) 1927년 결렬되었다.

③ **장제스의 중국 통일** : 장제스가 북벌을 단행하여 난징에 국민정부를 수립하고 이어서 베이징의 군벌정부를 타도하여 중국 통일을 달성하였다.

(2) 인도의 민족운동

간디를 중심으로 완전한 자치를 내세우고 비폭력, 불복종의 민족운동을 활발하게 전개하였다. 이어서 완전한 독립을 요구하는 민족운동도 대두하여 그 후 꾸준히 계속되었다.

(3) 터키의 근대화운동

① **오스만제국** : 제1차 세계대전에서 패배한 오스만제국은 전후에 많은 영토를 상실하고 소국으로 전락하였다.

② **터키공화국 성립** : 케말 파샤는 오스만제국의 술탄을 퇴위시키고 새로운 터키 공화국의 초대 대통령이 되었다. 그는 대대적인 작업을 추진하여 근대국가로의 발전을 이룩하였다.

(4) 기타 국가들의 독립운동

① **이란, 이라크** : 영국의 지배에서 벗어나 독립국가로 성장하였다.

② **동남아시아 각국** : 식민지 지배로부터 벗어나려는 민족독립운동이 꾸준히 전개되었다. 그러나 이들 나라의 독립은 제2차 세계대전 이후까지 기다리지 않으면 안 되었다.

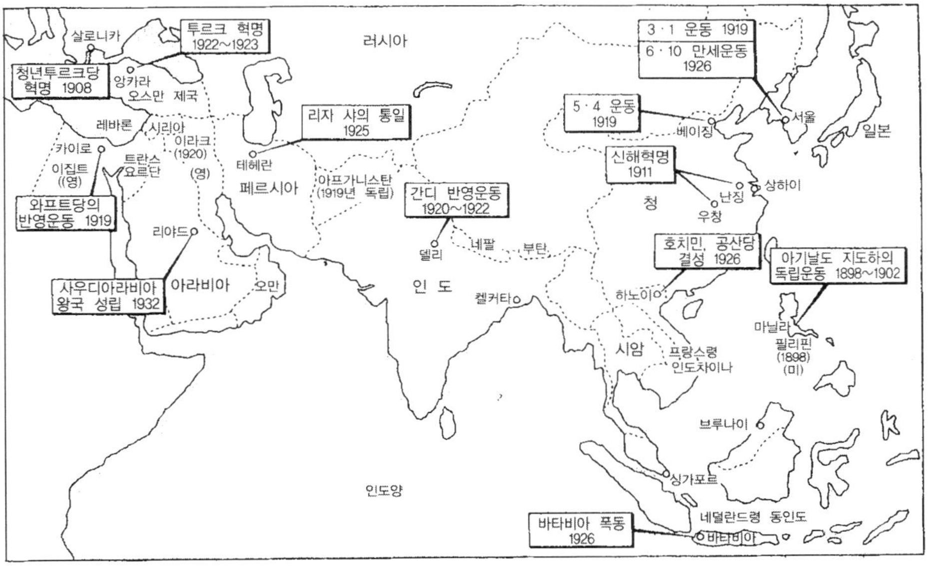

아시아의 민족운동

제 2 항 한국의 민족운동

1. 민족운동의 특수성

(1) 일제의 가혹한 식민통치

일제는 세계사에서 그 유례를 찾아볼 수 없을 만큼 철저하고 악랄한 방법으로 우리 민족을 억압, 수탈하였다. 이로 인하여 우리 민족은 생존권까지 위협을 받았으나, 이에 굴하지 않고 독립을 쟁취하기 위하여 거족적으로 항일민족운동을 전개하였다.

(2) 국제정세의 불리함

20세기 초의 국제정세는 우리에게 유리하지 않았다. 즉 민족운동은 미국, 영국 등 열강이 우리의 독립 노력을 외면하는 범세계적 제국주의 체제하에서 외롭게 추진되었다. 따라서 우리 민족의 독립운동은 다른 어떤 민족의 독립운동보다도 힘겹고 험난한 것이었다.

〈가쓰라 · 태프트 밀약 내용〉

첫째, 일본은 필리핀에 대하여 하등의 침략적 의도를 품지 않으며, 미국의 필리핀 지배를 확인한다.
둘째, 극동의 평화를 위해 미 · 영 · 일 삼국은 실질적인 동맹 관계를 확보한다.
셋째, 러 · 일 전쟁의 원인이 된 한국은 일본이 지배할 것을 승인한다.

〈제2차 영 · 일 동맹 내용〉

영국은, 일본이 한국에서 가지고 있는 이익을 옹호, 증진하기 위해 필요하다고 인정하는 지도, 통제 및 보호의 조치를 한국에서 행하는 권리를 승인한다.

미국과 영국이 일본의 한국지배를 인정한 내용

2. 항일운동의 전개

(1) 3 · 1운동 이전

① **국외** : 1910년 주권을 탈취당한 후 의병을 중심으로 한 우리 민족의 항일 무장 세력은 만주와 연해주로 이동하여 **독립운동기지** 건설과 독립전쟁 준비에 주력하였다.

② **국내** : 국내의 민족지도자들은 일제의 감시와 탄압을 피하여 비밀결사를 조직하고, 교육 · 종교 · 문화 · 산업 등 각계에서 일제와 직접, 간접으로 싸웠다.

(2) 3 · 1운동 이후

① 국 외

㉠ **대한민국 임시정부수립**(1919.4) : 중국 상하이에 대한민국 임시정부가 수립되어 우리의 민족운동을 조직화하고 체계화함으로써 항일독립운동은 본격화되었다.

㉡ **외교활동과 독립전쟁의 전개** : 임시정부를 중심으로 민족지도자들은 독립 쟁취를 위한 국제 **외교활동**을 전개하였으며, 만주와 연해주에 근거를 두고 있던 항일무장부대는 일제를 한반도에서 축출하기 위하여 본격적으로 **독립전쟁**을 전개하였다.

② **국내** : 강력한 일본 제국주의 세력의 민족말살정책에 대항하여 민족문화를 보존, 수호하는 한편, 민족의 역량을 배양하기 위하여 **민족실력양성운동**을 전개하였다.

제2절 민족의 시련

Digest

1. **국권의 피탈** : 20세기에 들어와 일제의 침략이 본격화되면서 우리 민족은 정치, 경제, 사회, 문화의 각 방면에서 자주권을 침탈당하였다.
2. **무단통치** : 일제는 우리 민족의 항거를 무력으로 탄압하면서 우리의 주권을 침탈하는 각종 조약을 강요하더니 끝내는 국권마저 강탈하여 식민지로 만들었다. 그리고 식민통치기관으로 조선총독부를 설치하고, 강력한 군사력을 배경으로 세계에서 그 유례가 없는 무단통치를 자행하였다.
3. **문화통치** : 무단통치에 대하여 우리 민족이 거족적으로 항거하자, 일제는 식민통치방식을 바꾸어 우리 민족을 이간, 분열시키려 하였다.
4. **민족말살정치** : 이어서 보다 강압적으로 민족을 탄압하여 한민족의 문화와 전통을 말살시키고자 하였다. 또, 일제는 대륙침략을 강화하면서 한반도를 병참기지로 만들어 갔는데, 이로 인해 우리 민족은 인적·물적 자원을 수탈당하여 민족의 생존권까지 위협을 받았다.

제 1 항 국권피탈과 민족의 수난

1. 국권의 피탈

(1) 러 · 일전쟁(1904~1905)

① 전쟁의 배경

㉠ 러시아의 한반도 조차 기도 : 러시아는 군항 블라디보스토크와 여순(旅順)을 연결하는 해군기지를 획득하기 위해 마산(馬山)과 목포(木浦) 등을 기지화하려다가 일본의 반대로 실패하였다(1898).

㉡ **제1차 영 · 일동맹(1902)** : 일본은 당시 최강국인 영국과 보조를 맞추어 러시아의 남진정책에 대항하는 영 · 일동맹을 체결하였다. 동맹의 주요 내용은 일본이 영국의 중국 이권을 승인하고 영국이 일본의 한반도 이권을 승인한다는 것이었다.

㉢ **용암포(龍岩浦) 사건(1903)** : 러시아가 서해안의 군사기지를 얻고자 압록강 어구의 용암포 조차를 시도하다가 일본의 방해로 좌절되었다.

Side Check

> ◈ 의화단 사건
> 1900년(광무 4년) 청에서 의화단이라는 백련교도의 비밀결사단체가 외세침략에 대한 민족적 반항운동으로 난을 일으켰다. 그리하여 열국(列國)은 이 난을 진압하기 위하여 공동으로 출병, 난을 진압하기에 이르렀는데 러시아는 난이 진압된 이후에도 남아서 만주를 영원히 지배하려 하였다.

② **러시아와 일본의 협상 결렬** : 만주와 한반도를 둘러싼 러 · 일 양국의 이권 경쟁은 날로 첨예화되어 갔으며, 그런 시점에서 러시아는 일본에게 38°선 **분할** 점령을 요구하였으나, 이에 대해 일본은 **압록강**을 전후하여 만주의 이권은 러시아가, 한반도의 이권은 일본이 차지한다고 주장하여 협상이 전개되었으나 결렬되었다.

③ **러 · 일전쟁의 개시(1904.2)** : 일본은 협상이 결렬되자 러시아에 습격을 가해 전쟁을 시작하였다. 울릉도해전에서 러시아의 발틱함대를 격파한 일본은 전쟁의 주도권을 잡았으며, 1905년에 러시아에서 발발한 페테르스부르크 혁명으로 전쟁은 조기 종료되었다.

(2) 한 · 일의정서(1904. 2)의 체결

① **과정** : 러일전쟁이 일어날 무렵, 대한제국은 양국간의 전쟁에 말려들지 않으려고 **국외중립**을 선언하였다. 그러나 일본은 재빨리 대규모의 병력을 한국에 투입하여 전국의 군사적 요지를 점령한 후 한 · 일의정서(韓 · 日議定書)를 조선 정부에 강요하였다.

② **결과** : 일본은 조선에서의 일본군 **군사기지 사용권**, 러시아와 조선이 맺은 각종 조약과 군사기지 사용권의 무효화, 일본의 동의없이 제3국과 조약체결 불가 그리고 일본의 조선영토 개척권의 인정을 요구하는 권리를 강요하였다.

(3) 제1차 한 · 일협약(1904. 8)-고문정치(顧問政治)의 시작

① **과정** : 일본은 러시아의 무적함대인 발틱함대를 기습, 완파하고 육전에서 일본의 우위권이 확실시되자 재차 조선정부에 대해 조약을 강요하기 시작하였다.

② **결과** : 외교와 재정분야에 일본이 추천하는 일본인 고문을 두도록 하였다. 그러나 실제로는 협약에도 없는 군부, 내부, 학부, 궁내부 등 각 부에도 일본인 고문을 두어 한국의 내정을 마음대로 간섭하였다.

(4) 제2차 한 · 일협약(을사조약, 1905. 11)-통감정치(統監政治)의 시작

① **과정** : 일제는 러 · 일전쟁 승리 후, 보다 노골적으로 식민지화 정책을 강행하였다. 일본은 러일전쟁을 전후하여 **영국**(1902년 1월 : 제1차 영일동맹, 1905년 8월 : 제2차 영일동맹), **미국**(1905년 7월 : 가쓰라—태프트 밀약), **러시아**(1905년 9월 : 포츠머스 조약—일본의 조선에서의 독점권을 국제적으로 승인) 등과 조약을 맺고 한국에 대한 일본의 독점지배를 획득하였다. 참정대신 한규설과 탁지부대신 민영기는 이 조약에 끝까지 반대하였다.

㊟ **을사오적신** : 박제순(외부), 이지용(내브), 이근택(군부), 이완용(학부), 권중현(농상공부)

② **결과** : 일본이 대한제국의 **외교권을 박탈**하여 영 · 미 · 프 · 독 등의 재외공관이 철수되었고 보다 강도 높은 내정간섭기구인 통감부(초대 통감으로 이등박문〈伊藤博文〉 부임)를 설치하여 내정까지 간섭하였다.

③ 거국적 반대운동

㉠ **고종황제** : 고종황제는 자신이 조약체결을 거부하였으며 서명날인을 하지 않았음을 들어 국내외에 조약의 무효를 선언하였으며, 헤이그 특사를 파견하여 조약의 무효를 거듭 밝혔다(1907).

㉡ **언론** : 언론은 일제의 통제에도 불구하고 선봉에 나서 국민의 여론을 환기

시켰고 특히, 장지연은 황성신문에 「시일야방성대곡」이라는 글을 실어 을사 조약의 부당성을 지적하고 일제를 규탄하였다.

㉢ **분사(憤死)** : 민영환, 조병세, 홍만식, 이한응, 전봉학, 이상철 등이 자결로써 항쟁하였다.

㉣ **의병** : 민종식(충청도 홍성), 최익현 · 임병찬(전라도 순창), 신돌석(경상도 영해), 유인석(강원도 강릉) 등이 봉기하였다.

Side Check

◈ 을사조약 전문 5조

1. 일본의 외무성은 한국의 외국사무 일체를 관리 지휘하며, 외국에 있는 한국인의 이익은 일본의 외무관이 보호한다.
2. 일본정부는 한국이 외국과 맺은 모든 조약의 시행을 대행하고, 한국은 일본정부를 통하지 않고는 어떠한 국제적 조약이나 약속을 맺을 수 없다.
3. 일본정부는 대표자로 통감을 서울에 두되, 통감은 오직 외교를 관리하고, 한국의 각 항구를 비롯하여 일본이 필요로 하는 지역에 이사관을 두어 일체 사무를 관장한다.
4. 일본과 한국과의 사이에 현존하는 모든 조약 및 약속은 이 조약에 위반하지 않는 한 그 효력을 유지한다.
5. 일본은 한국 황실의 안녕과 존엄을 유지할 것을 보증한다.

(5) 한 · 일신협약(정미 7조약, 1907. 7)-차관정치(次官政治)

① **과정** : 통감부를 설치하여 대한제국의 내정권을 장악한 일제는 대규모의 일본군을 한반도에 파병하여 우리 민족의 저항을 무자비하게 탄압하였으며 헤이그 특사(이준, 이위종, 이상설)를 파견을 구실로 **고종황제를 강제로 퇴위**시켰다. 그리고 순종을 옹립하여 연호를 융희로 고쳤으며 더욱 더 강도 높은 내정간섭을 시작하기 위해 새로운 조약을 체결하고자 하였다.

② **결과** : 이 조약으로 일본은 대한제국 중앙정부 조직표에 차관제를 도입하여 그 차관에 일본인 관리를 둠으로써 사실상의 정책결정과 행정의 실권은 일본인의 손에 넘어갔고 소위 **차관정치**가 시작되었다.

Side Check

◈ 정미 7조약의 전문

1. 한국정부는 시정개선에 있어서 통감(統監)의 지휘를 받는다.
2. 한국정부의 법령제정과 중요한 행정상의 처분은 미리 통감의 승인을 받는다.
3. 한국의 사법사무는 일반 행정사무와 구별한다.
4. 한국 고등관리의 임명은 통감의 동의에 의한다.
5. 한국정부는 통감이 추천하는 일인을 한국관리로 채용한다.
6. 한국정부는 통감의 승인없이 외국인을 한국관리로 채용하지 않는다.
7. 1904년 8월 27일에 조인된 한·일협약 제1항을 폐지한다.

(6) 대한제국 군대의 해산(1907.8)

일본은 한·일신협약의 여세를 몰아 고종황제의 퇴위와 한·일신협약의 체결 후 조선인의 저항을 미연에 봉쇄하기 위한 정책의 일환으로 순종을 협박하여 8천여 명 정도 남아 있던 대한제국 정부군을 일본의 자유로운 행동을 제약한다는 이유로 해산하였다. 군대가 해산되는 날 시위대 1대대장인 박성환은 자결하고, 군대해산에 반대하여 봉기한 대한제국군의 저항을 무력으로 진압하였다.

(7) 기유각서(己酉覺書, 1909)

일본은 조선내에서의 언론, 집회, 결사, 출판의 자유를 유린하고 마침내 **사법권과 감옥사무를 박탈**하는 기유각서를 통해 일본의 손으로 넘어가 한국재판소가 폐지되고 통감부에 사법청이 설치되었다. 이렇게 됨으로써 대한제국은 사실상 일본의 속국이 되었다.

(8) 경찰권의 박탈(1910.6)

정치·군사·사법·외교권을 강탈한 일본은 소네를 데라우치 통감으로 바꾸고, 이어 경찰권을 강탈한 후, 총독부를 세워 헌병경찰제도를 실시하였다.

(9) 일본의 국가강점(한일합병, 1910.8)

일본은 한국의 유력신문인 황성신문, 대한민보, 대한매일신보를 강제 폐간시키고 학부대신 이완용과 친일정치단체 일진회(一進會)를 시켜 '국가강점문서'를 작성하게 하고 도장을 찍게 함으로써 500여 년간의 조선정부는 마침내 국권마저 강탈당하였다.

Side Check

◈ 일본의 조선 국권피탈 과정
제1차 영일동맹(1902)→한일의정서(1904.2)→제1차 한・일협약(1904.8)→가쓰라・태프트 밀약(1905.7)→제2차 영일동맹(1905.8)→포츠머스 강화조약(1905.9)→제2차 한・일협약(1905.11)→한・일신협약(1907.7)→기유각서(1909)→국가강점(한일합병, 1910.8.29)

2. 조선총독부(朝鮮總督府, 1910~1945)

국권강탈 이후 일제는 식민통치의 중추기관으로 조선총독부를 설치하여 한민족에 대한 정치적 탄압과 경제적 착취를 자행하였다. 그리하여 일본군 현역대장이 조선총독으로 임명되어 식민통치의 전권을 장악하였다.

(1) 조선총독의 권한

조선총독은 일본내각의 통제를 받지 않고 일본국왕에 직속되어 입법, 행정, 사법 및 군대통수권까지 장악한 절대권력을 행사하였다. 막강한 권한이 총독에게 부여된 것은 우리의 독립운동을 철저하게 탄압하려는 데에 그 목적이 있었다.

(2) 조선총독부의 조직

① **총독부** : 총독 밑에 정무총감(행정담당)과 경무총장(치안담당)이 있었으며, 정무총감 밑에 국을 두어 정무를 분담하였다. 그리고 총독부의 관리는 거의 일본인이 차지하였다.

② **중추원(中樞院)** : 자문기관으로 중추원을 두어 친일계 조선 유력인사를 정치에 참여시키는 형식을 취하였으나, 실권은 없고 다만 일본의 지배를 합리화시키는 회유술책이었으며, 3・1운동 때까지 10년간 한번도 소집되지 않았다. 1920

년 이후 증원되어 식민통치에 필요한 각종 자료수집기구로 활용되었다.

3. 헌병경찰통치

(1) 무단통치의 실시

1910년 이후, 국권이 강탈되면서 일본군 2개 사단과 2만여명의 헌병경찰 및 헌병보조요원 등 강력한 헌병경찰통치로, 저항하는 조선민중을 탄압하였고 1910년부터 1918년까지 계속되었는데 이를 **무단통치**라고 한다.

(2) 헌병경찰의 조직

헌병사령관이 조선총독 산하의 경무총장이 되고 각 도의 헌병대장들이 경무부장이 되어 치안을 담당하였다.

(3) 헌병경찰의 주요임무

이들은 경찰임무를 대행하는 것 이외에. 독립운동가를 색출, 처단하는 일을 주요 임무로 삼았다. 또한 헌병경찰에게는 **즉결처분권**이 있어 우리 민족에게 마음대로 태형을 가하였으며, 재판없이 구류에 처하거나 무거운 벌금이 부과되었다. 이와 같은 일제의 헌병경찰통치로 인하여 언론, 집회, 출판, 결사의 자유를 박탈당하였고, 민족지도자들은 체포, 투옥, 학살당하였다. 일제는 이른바 **105인 사건**과 같은 조작 사건을 이용, 비밀항일단체의 발본색원에 혈안이 되어 독립운동을 말살하려 하였다.

Side Check

◈ 105인 사건

일제는 1910년 12월, 평안도를 중심으로 해 배일 기독교세력과 신민회의 항일운동을 탄압하기 위해 총독암살 음모를 꾸몄다고 날조하여 600여 명의 민족지도자를 투옥하였는데, 이 가운데 안명근 등 중심인물 105인을 기소한 사건이다. 이 사건으로 신민회는 해체되었다.

4. 식민지 지배정책의 변화

(1) 문화통치의 배경

우리 민족은 일제의 강력한 식민통치에 대항하여 거족적인 3·1운동을 전개하였다. 일제는 이 운동을 잔인하게 진압한 후 국제여론을 무마하기 위해 종래의 탄압 일변도에서 회유개량정책을 실시하기 시작하였다.

(2) 문화통치(1919~1936)의 본질

① **총독의 임용** : 종전에는 무관(육군대장)을 임명하였으나 문관도 임명할 수 있도록 법률을 일부 수정하였다. 그러나 식민통치가 종료될 때까지 단 1명도 문관이 조선총독으로 부임한 적이 없었다.

② **보통경찰제의 실시** : 일본은 종래의 헌병경찰제를 보통경찰제로 바꾸었으나 보다 간교한 수법으로 탄압과 통제를 병용하였다. 즉 경찰의 수와 장비, 그 유지비는 3·1운동 이전보다 크게 증가되었다.

③ **조선일보(1920. 3)와 동아일보(1920. 4) 창간의 허용** : 일본은 조선의 민족지로서 조선일보와 동아일보의 창간을 허용하였다. 그러나 이들 신문이 식민지 지배에 저해가 되지 않도록 검열제도를 철저하게 실시하여 민족지로서의 기능을 원천봉쇄하였다.

④ **회사령의 폐지** : 일본은 조선의 민족자본가들이 회사를 설립하는 것을 허용하지 않았던 회사령(허가제)을 폐지하고 **계출제**(신고제)로 전환하였다. 이는 일본의 독점자본이 한국에 침입하는데 있어서 오히려 방해가 되기 때문이었다.

⑤ **문화통치의 의도** : 전반적으로 일본의 문화통치는 **기만정책에 불과**하였고 그 본질은 우리 민족을 이간 분열시키고, 민족의 근대의식 성장을 오도하며, 초급의 학문과 기술교육만을 허용하여 일제의 식민지 지배에 도움이 될 인간을 양성하기 위한 것이었다.

Side Check

◈ 조선회사령(朝鮮會社令, 1910~1920)
민족자본의 산업화를 차단하기 위해 회사 설립에 허가제를 실시하여 자본형성을 견제하였다. 그러나 일본자본의 고도화로 식민지로의 투자유인이 확산되자 1920년 이후부터 정책을 바꾸어 식민지에다 많은 일본인의 자본을 유입시키기 위해 회사령을 철폐하였다.

5. 민족말살통치

(1) 경제공황의 여파

1920년대 말 전세계를 강타했던 경제공황으로 제국주의 간의 대립이 격화되자 일본은 본토와 식민지를 연결하는 경제블록을 형성하고 식민지의 저렴한 노동력과 자원을 철저하게 수탈하였다.

(2) 조선의 대륙병참기지화

일제는 만주를 점령하고(1931) **중·일전쟁**을 도발하여(1937) 본격적인 대륙침략을 강행하면서 조선의 북부지역이 전략적으로 중요시되었다. 그리하여 일본은 원산, 흥남, 청진 그리고 남포 등을 중심으로 항만과 공장시설을 개척하여 대륙침략의 병참기지로 삼았다.

(3) 강대국의 묵인

1930년대 후반기의 영국과 미국은 유럽지역에서 파시스트 침공에 대응하기에 여념이 없었기 때문에 동아시아에서 일본의 팽창을 거의 묵인하는 것으로 대응하였다. 그러나 일본과 미국 간의 긴장이 고조되어 1941년 일본의 진주만 공습을 계기로 태평양전쟁(太平洋戰爭)이 발발하였다.

(4) 일제의 황국신민화의 강요와 인적, 물적 수탈

일제는 태평양전쟁을 도발한 후, 전쟁수행을 위해 한국의 인적·물적 자원 수탈에 광분하였다.

① **황국신민화 강요** : 일본은 우리 민족에게 내선일체(內鮮一體), 일선동조론(日鮮同祖論) 그리고 황국신민화(皇國臣民化)를 강요하고 우리 글과 역사를 배우지 못하도록 하였다.

② **일본식 성명 강요(창씨개명)** : 일제는 황국신민화정책의 일환으로 황국신민서사암송, 신사참배, 궁성요배, 정오묵도를 강압적으로 실시하였고, 심지어 일본식 성명으로 바꾸도록 강요하였다. 이를 거부하는 사람에 대해서는 투옥, 살상까지도 서슴치 않았으며, 순응하지 않는 종교계통의 학교는 폐쇄되었다.

③ **국가총동원령** : 태평양전쟁 이후, 일본은 조선에 **국가총동원령**(國家總動員令)을 내리고 학도병(學徒兵), 징병(徵兵) 또는 징용(徵用) 등을 통하여 조선의 많은 젊은이들을 전쟁으로 내몰아 갔고, 조선의 여자들을 위안부(정신대)로 강제동원하여 수많은 사람이 목숨을 잃었다.

Side Check

◈ 일제의 민족말살정책과 강제징발 현황

1. 지원병제(志願兵制, 1938)
2. 한글교육 금지(1938)
3. 신사참배(神社參拜)의 강요(1938)
4. 일본식 성명 강요(창씨개명, 1939)
5. 징병제도(徵兵制度, 1943)
6. 징용제도(徵用制度, 1944)
7. 여자정신대(女子挺身隊, 1944)

제 2 항 경제약탈

1. 토지의 약탈

(1) 일본의 경제적 침투

개항 이후, 우리나라는 일본 자본주의의 침략을 극복하기 위해서 노력하였으나 일본의 통신, 교통 등 시설의 점유·확대와 화폐금융의 침식 등 경제적 침투를 막지 못하고 국권을 침탈당하였다. 국권침탈 후, 각종 산업은 일제의 식민지 경제체제로 개편되었다.

(2) 토지조사사업(1912~1918)

농업부문에서 단행된 토지조사사업은 식민지 경제체제의 핵심적인 것으로서 그 목적은 전국적인 토지약탈에 있었다.

① **토지조사사업의 실시** : 일제는 가장 먼저 농업부문에서 전국적인 토지점탈을 전개하였다. 국권강탈 이전에 이미 우리나라에서 일본인의 토지소유를 인정하는 법령을 제정한 바 있었던 일제는 1912~1918년 시기에 **토지조사령**(土地調査令)을 발표하고 근대적 토지소유권이 인정되는 토지제도를 확립한다는 명분 아래 막대한 자금과 인원을 동원하여 전국적인 토지조사사업을 벌였다.

② **토지소유권의 수탈** : 복잡한 서류와 **기한부 신고제**의 번거로움으로 신고를 기피하거나 기회를 놓친 개인소유의 농토나 관공서의 토지는 거의 조선총독부의 소유가 되고 말았다. 또, 농민들 중에는 일제의 시책에 협조하지 않겠다는 민족감정 때문에 신고를 고의적으로 기피하여 신고되지 않은 토지가 많았다.

③ **농민의 몰락** : 일제는 미신고 토지는 물론 공공기관 소유의 토지, 마을이나 문중의 토지와 산림, 초원, 황무지 등도 도두 조선총독부의 소유로 만들었다. 이렇게 불법점유한 토지가 전 농토의 40% 이상을 차지하였다. 이렇게 탈취한 토지는 동양척식주식회사(東洋拓植株式會社, 1908) 등에 넘겨주고 이주해 오는 일본인에게 저렴하게 공급하였다. 결과적으로 조선농민은 지주에게 유리한 **기한부소작농**으로 전락하여 갔으며 생활기반이 취약한 농민들은 일본인의 고리대에 신음하게 되었다. 또 대대로 경작해 오던 토지를 버리고 화전민이 되거나, 만주, 연해주 등으로 이주해야만 하였다.

Side Check

◈ 동양척식주식회사

1천만원의 총자금으로 조선의 경제를 독점하기 위해 일본이 서울에 세운 국책회사로, 전국에 많은 토지를 소유하여 5할 이상의 소작료와 2할 이상의 고리(高利)를 받아 농민을 착취함으로써 우리 민족의 고혈을 짜는 무서운 착취기구였다.

2. 산업의 침탈

(1) 일제의 식민지 경제정책

① **이중착취의 경제** : 일본의 식민지 경제정책은 우리나라의 미곡과 각종 원료를 헐값으로 구매하고 일본에서 만든 제품을 들여와 비싼 값으로 파는 전형적인 이중착취정책이었다.

② **산업의 통제** : 조선의 산업경제권을 **금융조합, 농공은행** 등을 통해 통제하였다. 허가제인 **회사령**을 통해 민족기업을 억압하였으며, 허가조건을 위반할 때에는 총독이 사업의 금지와 기업의 해산을 명할 수 있게 규정하였다.

(2) 산업의 독점

조선총독부는 농업부문의 토지조사사업 이외에도 임업, 어업, 광업 등 산업 전반에 걸쳐 철저한 착취정책을 폈다. 따라서 조선의 민족자본은 위축되고 경제발전의 길이 막히게 되었다.

① **공업 분야** : 1920년대 중반에는 일본인이 자본투자가 경공업에서 **중공업** 분야(부전강 수력발전소, 흥남 질소비료공장)로 옮겨졌으며 특히, 1930년대에는 군수물자를 공급하는 **병참기지**가 되어 일본인의 중공업투자가 더욱 증가하게 되었다.

② **임업 분야** : **산림령**(1910)에 따른 임야조사사업이 실시되어 막대한 국·공유림과 소유주가 불명확한 산림이 총독부 소관이 되었다. 그 결과 전 산림의 50% 이상이 조선총독부와 일본인에게 점탈되었다.

③ **어업 분야** : 일찍부터 한국어장에 침투해 온 일본어민은, 1910년 이후 한국에 이주하여 한국의 어장을 독점하였다. 총독부는 **어업령**을 공포하여 일본어민의 성장을 지원하고 우리 어민의 활동을 억압하였다. 그리하여 빼앗긴 어업권의 회복과 그 수호를 위한 어민의 항쟁이 전국 어장을 중심으로 치열하게 일어나기도 하였다.

④ **광업 분야** : 전국의 광산자원이 세밀하게 조사되어 일본인 재벌에게 넘겨

졌다. 조선인이 경영하는 광산은 일본인 광산주에 비해 1/5에 불과하였다.

⑤ 기타 : 그 외에도 조선총독부는 철도, 항만, 통신, 항공, 도로 등을 독점 경영하였고, 주요 수입원인 담배, 인삼, 소금 등을 전매하였다.

민족별 연해어업 상황(1918)

(최근 조선사정요람, 1920)

	한국	일본
출어 어선 수	39,000	14,118
출어 인원	272,077	74,349
1척당 어획고(원)	376	1,289
1인당 어획고(원)	54	245

민족별 가동 광구 수 및 광업생산액

(단위 : 1,000원)

연 도	한 국 인			일 본 인			기타 외국인		
	광구 수	광업 생산액		광구 수	광업 생산액		광구 수	광업 생산액	
			(%)			(%)			(%)
1911	90	296	4.8	103	1,401	22.6	14	4,488	72.6
1912	82	181	2.7	94	1,683	24.7	18	4,949	72.6
1913	104	276	3.4	150	1,934	23.7	30	5,987	73.0
1914	84	313	3.7	195	1,783	20.9	22	6,425	75.4
1915	108	384	3.7	182	2,820	26.8	19	7,311	69.5
1916	172	1,042	7.4	290	3,622	25.7	16	9,413	66.9
1917	144	857	5.1	404	7,615	44.7	15	8,584	50.2
1918	94	299	1.0	434	24,673	80.1	6	5,865	18.9
1919	36	78	0.3	287	19,767	77.8	5	5,568	21.9
1920	23	89	0.3	150	19,337	80.0	5	4,777	19.7

자료 : 조선총독부 통계연보

3. 식량의 수탈

(1) 경제적 수탈의 강화

제 1차 세계대전에 참전하여 자본주의의 기반을 급속하게 키울 수 있었던 일제는 고도성장을 위하여 우리나라에 대한 경제적 수탈을 보다 강화하였다.

(2) 산미증식계획

① **계획의 수립** : 일제는 공업화 추진에 따라 일본내에서 생산이 부족하게 된 식량을 한반도에서 착취하려는 산미증식계획을 세워 이를 우리 농촌에 강요하였다. 1920년부터 15년 계획으로 추진된 **식량증식계획**은 무리한 계획이었기 때문에 계획했던 증산량을 달성하지 못한 채 중단되고 말았다.

② **미곡 수탈의 강행** : 일제의 미곡 수탈은 목표대로 수행되어 일제는 증산량보다 훨씬 초과한 양을 수탈해 갔다.

쌀 생산량과 수출량

(단위 : 만석)

연도	생산량 (지수)	수출량 (지수)	국내 소비량 (1인당)
1912~1916 평균	1,230 (100)	106 (100)	1,124 (0,72석)
1917~1921 평균	1,410 (115)	220 (208)	1,190 (0,69석)
1922~1926 평균	1,450 (118)	434 (411)	1,016 (0,59석)
1927~1931 평균	1,580 (128)	661 (626)	819 (0,50석)
1932~1936 평균	1,700 (138)	876 (829)	824 (0,40석)

③ **농민의 피폐** : 대다수의 우리 농민은 기아 선상에서 허덕이다가 만주로 이주하거나 화전민으로 전락하였으며, 뿐만 아니라 증산에 투입된 수리조합비, 비료대금, 곡물운반비 등도 부담하게 되어 이중으로 고통을 받았다.

4. 대륙침략과 총동원령

(1) 세계 경제공황

① **미국** : 제1차 세계대전 이후 미국의 산업은 기술의 발달, 기업의 합리화로 생산력이 증가하였다. 그러나 상품의 구매력이 생산량을 따라가지 못하자 공급과잉 현상을 초래하였고, 1929년 뉴욕의 증권시장에서 주가가 갑자기 폭락하여 **경제공황**이 일어났다. 이 공황은 급속도로 세계 각국에 파급되어 경제파탄이 초래

되었다.

② **일본** : 경제기반이 약했던 일본도 큰 타격을 받아 도시실업자가 증가하고 농촌경제가 붕괴되어 파업과 소작쟁의가 빈번히 일어나 사회불안이 증대되었고, 정부에 대한 불신은 나날이 높아 갔다.

(2) 병참기지화 정책

① **만주사변(1931)** : 일본 군부는 정변을 일으켜 실권을 장악하고 경제공황의 타개책으로 대륙침략을 감행하여 만주사변을 일으켰다. 그리고 우리나라를 대륙침략의 병참기지로 삼고 경제적 수탈을 강화하였다.

② **공업원료 증산정책** : 1930년대에 일제는 산미증식계획이 어려움에 부딪히자, 공업원료 증산정책으로 방향을 전환하여 면화의 재배와 면양의 사육을 시도하는, 이른바 **남면북양정책**을 수립, 이를 우리 농촌에 강요하였다.

③ **중화학공업 육성** : 일제는 침략전쟁을 위해 발전소를 건립하고 군수공장을 세웠으며, 광산을 개발하고, 금속·기계·중화학공업을 육성하였다.

(3) 총동원령

중·일전쟁(1937)을 일으켜 대륙침략을 본격화한 일제는 국가 **총동원령**을 내리고(1938), 한국에서 인적·물적자원의 수탈을 강화하였다.

① **물적 자원 수탈** : 일제는 군량 확보를 위하여 중단되었던 산미증식계획을 재개하고, 목표량을 각도에 할당하였으며, 이것을 다시 부·군·읍·면을 거쳐 각 마을, 각 개인에게까지 할당하였다. 또 소비규제를 목적으로 **식량배급제도**를 실시하였고, 더 나아가 **미곡공출제도**도 시행하였다. 그리고 총독부는 일본군의 군수품을 충당하기 위하여 각종 **가축증식계획**을 수립하여 가축의 수탈도 강화하였다.

② **인적 자원 수탈** : 우리나라의 청·장년과 부녀자까지 일본, 중국, 동남아시아, 사할린 등지로 강제동원하여 전쟁에 투입하거나 노역에 종사하게 하였다.

Focus Diagram

◆ 민족의 시련

1. 국권피탈의 과정

- 러 · 일 전쟁(1904)
- ↓ 한일의정서(1904. 2)
  - ① 황무지개척권 요구
  - ② 군사기지시설
- ↓ 제1차 한일협약(1904. 8)
  - ① 고문정치(스티븐스, 메가다)
  - ② 식민지 계획안 확정
- ↓ 제2차 한일협약(1905)
  - ① 통감정치
  - ② 외교권 박탈
- ↓ 한 · 일신협약(1907)
  - ① 정미 7조약
  - ② 차관정치
  - ③ 군대해산
- ↓ 기유각서(1909)
  - ① 사법권 박탈
  - ② 감옥사무권 박탈
- ↓ 국권피탈(1910)

- 을미의병(1895)
  - ① 의병항쟁 시작
  - ② 유생들의 주도
  - ③ 유인석, 이소응, 허위, 이춘영
- ↓ 을사의병(1905)
  - ① 순국
  - ② 상소
  - ③ 장지연 :시일야방성대곡
  - ④ 민종식, 신돌석, 유인석, 최익현
- ↓ 정미의병(1907)
  - ① 고종강제퇴위, 군대해산
  - ② 군인+의병 : 조직화

2. 식민통치의 변천 과정

- 1910~1919
  - 통치형태 — 무단통치, 헌병경찰제도
  - 경제착취 — 토지조사사업(1912~1918)
  - 국제정세 — 제국주의
- 1919~1931
  - 통치형태 — 문화통치
  - 경제착취 — 산미증식계획(1920~1933)
  - 국제정세 — 제국주의
- 1931~1945
  - 통치형태 — 민족말살정치
  - 경제착취 — 병참기지화정책(1930년대 이후)
  - 국제정세 — 전체주의

3. 일제의 경제약탈

- **민족자본 억압정치**
  - 회사령(1910) : 민족기업 성장 억압
  - 산림령(1911) : 총독부가 다량의 임야 수탈
  - 어업, 광업 침탈
  - 철도, 도로, 항만, 통신, 항공 독점
- **토지의 약탈 토지조사사업(1912~18)**
  - 농민의 영구경작권→기한부계약에 의한 소작제화
  - 농민의 이농화→만주 이주, 화전민, 노동자화
- **식량의 수탈 산미증식계획(1920~33)**
  - 일본국민의 식량조달
  - 자국산 쌀은 미국에 수출
  - 만주산 잡곡을 조선인에 공급
- **대륙침략을 위한 병참기지화정책(1930)** — **38이북 군수사업 / 38이남 미작지대** (남면북양정책) → **1937년 중 · 일 전쟁 이후 가속화**
  - ① 수풍수력발전소
  - ② 흥남비료공장
  - ③ 원산항개발
  - ④ 무산철광개발

제3절 독립운동의 전개

Digest

1. **1910년대 국내의 독립운동** : 우리 민족은 일제에게 국권을 강탈당한 후, 국내에서는 항일결사를 조직하여 일제에 대항하였고, 국외에서는 독립운동기지를 건설하여 독립전쟁의 기반을 다져나갔다. 이러한 가운데 무수한 애국지사들은 자신을 희생하면서 일제의 침략에 저항하였다.
2. **3·1 운동** : 이와 같은 민족의 의지가 하나로 결집되어 폭발한 것이 3·1운동이었다. 3·1운동은 전 민족이 참여한 대규모의 독립운동이었으며, 그 때까지의 민족독립운동을 새로운 단계로 전환시킨 중요한 분기점이 되었다.
3. **대한민국 임시정부 수립** : 3·1운동 직후 최초의 민주공화제 정부인 대한민국 임시정부가 수립되어 독립운동의 구심점이 되었다.
4. **학생항일운동과 항일독립전쟁** : 만주와 연해주에서는 독립군이 조직되어 무장독립전쟁을 전개함으로써 우리 민족의 자주독립에 대한 의지와 열의를 세계에 떨쳤다. 또, 국내에서는 6·10만세운동과 광주학생항일운동이 잇따라 일어났고, 나아가 수많은 독립투사들이 일제요인과 친일파의 처단, 식민통치기관 파괴 등의 활동을 전개하였다.

제1항 3·1 운동

1. 비밀결사의 조직과 활동

(1) 1910년대 국내외 독립운동

① **국외의 독립운동** : 을사조약을 전후하여 국내의 의병들은 일본의 침략에 계속 저항하였으나, 일본의 탄압으로 국외에 독립운동기지를 건설하면서 무장투쟁을 계속했다.

② **국내의 독립운동** : 국내에서는 일본의 탄압이 거세어지자 지하로 숨어 **비밀결사운동**을 조직적으로 전개하기 시작하였다.

(2) 대표적 국내 비밀결사단체

① **대한광복회(大韓光復會, 1915)** : 1910년대 항일결사 중에서 가장 활발한 활동을 전개하였다.

㉠ **조직** : 대한광복회는 군대식 조직으로 **박상진**이 총사령, **김좌진**이 부사령이었으며, 각 도를 비롯하여 만주에도 지부를 설치하였다.

㉡ **활동목표** : 만주에 독립군기지를 만들고, 그 곳에 사관학교를 설립하여 독립군을 양성하는 데 있었다.

㉢ **활동** : 군자금을 마련하기 위해 각지의 부호에게 의연금을 납부하게 하였으며, 친일파를 색출하여 처단하기도 하였다. 그러나 밀고자에 의하여 조직이 일제에 발각되고 총사령 박상진을 비롯한 많은 단원이 체포됨으로써 활동이 중단되었다.

② **독립의군부(獨立義軍府, 1912)** : 고종의 밀지를 받은 **임병찬**이 유생과 의병 출신을 결합하여 전국적 조직을 갖추고 국권회복운동을 전개하였으며, 복벽주의를 표방하였고 총독부에 국권반환청구서를 발송하였다.

③ **조선국권회복단(朝鮮國權回復團, 1915)** : 1915년 경북의 유생들이 **시회**(詩會)를 가장하여 조직한 비밀결사로 지도부는 윤상태, 서상일, 이시영 등이 있었고 단군을 받들면서 국권회복운동을 전개하였다.

④ **조선국민회(朝鮮國民會, 1914)** : 평양 숭실학교 학생과 기독교 청년들이 중심이 되어 조직한 것으로 애국계몽과 민족의 실력양성을 목적으로 활동하다가 1918년에 해산되었다.

⑤ **자진회(自進會, 1915)** : 함남 단천에서 자립을 위한 교육을 목표로 결성되었으나 곧 해산되었다.

⑥ **송죽회(여성단체)** : 평양 숭의 여학교의 교사와 학생들이 결성하였다.

2. 3·1운동의 태동

(1) 국제적 배경

1914~1918 사이의 제1차 세계대전에서 영·미를 주축으로 하는 연합군이 승리함으로써 1919년 파리에서 베르사이유 강화조약이 체결되었다. 이 때 미국의 윌슨대통령이 '**민족자결주의**(民族自決主義)'를 주창하여 많은 식민지, 반식민지 국가의 민중들에게 독립의 희망을 불어넣었다. 우리 민족도 예외가 아니어서 **신한청년당**의 김규식이 민족대표로 파리에 파견되기도 하였다.

(2) 무오독립선언(戊午獨立宣言)

만주 길림성에서는 **중광단**의 지도하에 1919년 2월에 민족지도자 39명의 연명으로 독립선언서를 발표하여 무장투쟁에 의한 완전독립의 쟁취를 촉구하였다.

(3) 2·8독립선언(二·八獨立宣言)

1919년 2월 8일 일본 동경에서 우리 유학생들이 독립을 요구하는 선언서와 결의문을 선포하고, 이를 일본정부에 통고한 뒤 시위를 전개하였다.

Side Check

◈ 2·8독립선언
일본에 유학한 한국 학생들이 1919년 2월 8일 동경에 모여 독립선언식을 거행하고 이광수가 기초한 독립선언문과 결의문을 발표하였다. 이 선언식에 남녀 학생 400여 명이 참석하였고, 최팔용, 윤창석, 김도연, 백관수 등 11명이 재일본 동경 조선청년독립단 대표로서 서명하였다.

(4) 고종 독살설

1919년 2월 26일에 고종이 승하했는데, 고종의 죽음이 일본의 독살에 의한 것이라는 소문이 나돌아 국민들을 분노케 하였다. 민족지도자들은 3월 3일 인산 이틀 전에 전국 시위를 준비하기 시작했다.

(5) 거족적 독립운동의 준비

국권피탈 후 기회를 노리고 있던 국내외 민족지도자들은 학생들의 독립시위운동이 일어나자 독립시위항쟁을 구체화하였다.

3. 3·1독립선언

거족적인 만세시위운동을 계획하면서 서로 연락을 취하고 있던 종교계의 대표들이 앞장서서 마침내 1919년 3·1운동을 일으켰다.

(1) 독립선언서 발표

손병희, 이승훈, 한용운 등 민족대표 33인의 이름으로 독립선언서를 발표하고 독립을 국내외에 선포하였다.

(2) 전국적인 만세시위 전개

서울 파고다공원에 모였던 각급 학교 학생들과 애국시민들이 시가지로 나가 만세운동을 벌였고 거의 같은 시기에 지방의 주요 도시에서도 만세시위를 전개하였다.

(3) 일제의 탄압

이에 크게 당황한 일제는 본토의 육·해군을 동원하여 무차별 총격을 가해 살상하고 체포·투옥하는 등 만행은 극에 달하였다.

Side Check

◈ 3·1운동의 피해 실상

정주, 사천, 맹산, 수원, 남원, 합천 등지에서는 일본 군경의 총격으로 수십 명의 사상자를 내었으며, 경기도 화성 제암리에서는 전 주민들을 교회에 집합시키고 불을 질러 학살하였다. 또 시위에 참가했던 사람을 무차별 연행하여 투옥하고 갖은 고문으로 죽음에 이르게까지 하였다. 유관순의 순국은 이를 잘 대변해 주고 있다. 3·1운동 당시

> 만세시위에 참가한 인원은 총 2,023,098명이었고 피살당한 사람은 7,509명, 부상자는 15,961명, 체포된 사람은 46,948명이었고, 헐리고 불탄 민가가 715호, 교회가 47개소, 학교가 2개소였다.

4. 3·1운동의 확산

(1) 국내의 3단계 확산과정

서울에서 시작된 3·1운동은 전국으로 급속하게 확산, 파급되었는데, 확산되는 과정에서 대체로 3단계의 양상을 띠었다.

① **1단계** : 민족대표들이 독립선언서를 제작, 배포함으로써 만세 시위 운동을 점화한 단계로, 이 때의 독립운동의 방향은 **비폭력주의**였다.

② **2단계** : 학생, 상인, 노동자층이 참가함으로써 시위운동이 도시로 확산된 단계이다. **학생**들이 주도적 역할을 하였고, 상인, 노동자들이 만세시위, 파업, 운동자금 제공 등의 방법으로 적극 호응한 시기였다.

③ **3단계** : 만세시위운동이 주요 도시로부터 전국의 농촌 각지로 확산된 단계이다. 농민들이 시위에 적극적으로 참가함으로써 시위 규모가 크게 확대되어 가는 한편, 시위 군중들은 면사무소, 헌병주재소, 토지회사, 친일지주 등을 습격하였다. 이렇듯 비폭력주의가 **무력적인 저항운동**으로 변모하여 간 시기였다.

(2) 국외에서의 만세시위

국내 각 지방으로 파급되던 3·1운동은 즉시 국외로 확산되었다. 만주와 연해주지방에서 격렬한 시위가 일어났다.

① **만주** : 용정을 비롯하여 북간도와 남만주지방 곳곳에 시위가 일어났다.

② **연해주** : 블라디보스토크에서 교민들이 만세시위를 벌였다.

③ **미국** : 하와이, 미국, 멕시코 등 교민 대표가 미국 필라델피아에 모아 독립선언식을 거행하고 시가행진을 전개하였다.

④ **일본** : 도쿄 유학생들은 국내의 3·1운동 봉기 소식을 듣자 곧 만세시위를 전개하였으며, 오사카의 동포들도 뒤이어 시위를 벌였다.

5. 3 · 1운동의 의의

(1) 독립운동의 분수령

3 · 1운동은 독립운동의 분수령으로서 우리에게 독립할 수 있다는 희망과 자신감을 불어 넣어 주었다.

(2) 전세계에 독립의지 표명

이 운동을 통해 민족의 슬기와 독립의 의지를 전세계에 천명하였다.

(3) 제3세계 독립운동의 선구

3 · 1운동은 중국(1919.5.4), 인도(간디의 스와라지운동) 및 중동지역의 회교도들이 반제국주의 운동을 일으키게 하는 선구 역할을 하였다.

(4) 조직적인 독립운동의 계기

나아가 3 · 1운동은 민족독립운동을 국내외의 거족적인 항쟁으로 유도하여, 보다 체계적이고 조직적인 독립운동으로 발전시켰다.

(5) 임시정부 수립의 계기

이 운동을 계기로 1919년 4월 상해에서 대한민국 임시정부가 수립되었다. 이 임시정부는 최초로 민주공화제의 정부를 세웠다는 점에 커다란 역사적 의의가 있다.

(6) 문화통치로의 전환

일제는 종래의 통치체제인 탄압 일변도의 무단통치에서 기만과 술책을 병행하는 문화통치로 전환하는 계기를 만들었다.

제 2 항 대한민국 임시정부의 수립과 활동

1. 임시정부의 수립

(1) 임시정부의 수립

3·1운동 결과로 국내외 각지에서 임시정부가 수립되었다. 일제의 감시로 상호 연락이 어려웠기 때문에 여러 지역에 별개의 임시정부들이 수립되었다. 국내에서는 한성정부(1919.4.23), 중국 상하이에서는 대한민국 임시정부(1919.4), 연해주에서는 대한국민의회(1919.3.21) 그리고 만주에서는 군정부(북로군정서)가 잇따라 설립되었다. 이 밖에도 조선민국임시정부, 신한민국정부 등이 있었으나, 이 정부들은 실제적인 정부부서를 갖추고 있지 않았다.

(2) 통일정부 수립운동

여러 개의 정부가 각지에 수립되자, 민족지도자들은 이들을 통합하여 단일정부를 수립하고 보다 조직적이고 체계적인 독립운동을 위하여 통일정부 수립운동을 전개하였다.

Side Check

◈ 국내외의 임시정부

1. **한성정부(1919년 4월 23일)** : 국내에서는 13도 국민대표명의로 이승만을 집정관 총재로 하고 이동휘를 국무총리로 하는 한성임시정부수립을 선포하였으며 후에 정통정부로 인정받았다.
2. **대한국민의회(1919년 2월)** : 연해주에서는 블라디보스토크의 한족회 중앙총회가 개편되어 대한국민의회가 되었고 3·1운동 직후 1919년 3월 21일에는 손병희를 대통령으로 하고 각료명단까지 발표했으나 상하이 대한민국 임시정부에 통합되었다.
3. **만주의 군정부** : 만주의 군정부는 원래 3·1운동을 기점으로 조직된 정의단을 간도의 군사정부라는 의미로 군정부라고 칭하였다. 이 정부의 정식 명칭은 북로군정서(1920)라 하고 김좌진이 지도하였다. 이들은 독립군의 양성, 교민자치와 교

육, 납세의 의무까지 관장하였다. 서간도 지역에서는 서로군정서(이청천)가 조직되었다.

2. 임시정부의 통합

(1) 임시정부의 수립

정부통합운동은 민족지도자들에 의하여 성사되었는데, 국내에서 수립된 **한성정부**를 계승하고, 대한국민의회를 흡수하여 상하이에 통합정부인 **대한민국 임시정부**를 수립하였다.

(2) 임시정부의 체제

임시정부는 민주주의에 입각한 근대적 헌법을 갖추고, 이승만을 대통령으로 추대하였다. 그리고 입법기관인 임시 **의정원**(의장 : 이동녕), 행정기관인 **국무원**(국무원 : 이승만, 내무총장 : 안창호), 사법기관인 **법원**으로 구성된 3권분립이 뚜렷한 **민주공화제정부**(民主共和制政府)로 출범하였다.

(3) 임시정부 헌정지도체제의 변천

① 1차 개헌(1919년) : 대통령 지도체제(대통령 : 이승만, 부통령 : 이동휘)

② 2차 개헌(1925년) : 국무령 중심의 내각책임지도체제, 법원에 관한 조항 삭제

③ 3차 개헌(1927년) : 국무위원 중심의 집단 지도체제

④ 4차 개헌(1940년) : 주석 중심제인 주석 지도체제(김구)

⑤ 5차 개헌(1944년) : 주석 · 부주석 지도체제, 심판원의 규정을 두어 사법권에 관한 조항을 다시 살림

Side Check

◈ 임시헌법 58개조의 내용

1. 대한민국은 민주공화국이다.
2. 정부는 의회제도의 형식을 취하고, 독립된 사법제도를 실시한다.

3. 임시정부는 국회인 의정원(議政院)과 정부인 국무원(國務院)으로 이원화하여 구성하고 임시대통령제로 한다.
4. 종교와 양심의 자유를 보장하고, 언론·출판·집회·청원의 자유를 보장한다.
5. 귀족의 특권을 폐지한다.
6. 상비군은 해체하고 국민군을 둔다.
7. 인민의 권리와 의무 조항 등

3. 임시정부(1919.4~1945.8)의 활동

(1) 역 할

임시정부는 국내외의 독립운동을 보다 조직적이고 효과적으로 추진하는 중추기관의 역할을 담당해 나갔다.

(2) 시 련

임시정부는 처음에는 국내의 독립운동단체로부터 동조를 얻지 못하였고 일본의 중국침략으로 인해 여러 번 기지를 옮기는 등 시련이 많았다. 그러나 김구(金九) 등의 노력으로 조직이 정비, 유지되어 조국광복을 위하여 끝까지 항전을 계속하여 많은 독립운동단체로부터 정통성으로 인정받았다.

(3) 각종 시책

임시정부의 연통제와 교통국 조직은 국내외를 연결하는 **비밀행정조직망**이었다.

① **연통제(聯通制)** : 임시정부는 국내외를 연결하는 비밀행정조직으로서의 연통제를 구축하였다. 연통제는 임시정부의 지방행정기관으로 국내의 각 도, 군, 면에 독판, 군감, 면감을 두어 정부문서와 명령전달, 군자금의 송부, 정보 보고 등의 업무를 담당하였다.

② **교통국** : 통신기관인 교통국 또한 비밀행정조직망으로서 정보의 수집, 분석, 교환, 연락의 업무를 관장하였다.

③ **군자금 조달** : 임시정부는 군자금을 **애국공채** 발행이나 국민의 **의연금**으로 마련하였다. 국내외에서 수합된 자금은 연통제나 교통국의 조직망에 의해 임시정

부에 전달되었으며, 만주의 **이륭양행**이나 부산의 **백산상회**를 통하여 전달되기도 하였다.

Side Check

> ◈ 이륭양행 · 백산상회
> 만주 안동현에 있던 이륭양행은 임시정부의 교통국의 안동지부를 설치하고 국내의 정보를 수집하고 군자금을 전달하는 일은 맡았다. 백산상회는 백산 안희제가 부산에 설립한 회사로 국내의 독립운동단체의 연락처 구실을 하였고 군자금 전달의 역할을 담당하였다.

④ **군사활동**

㉠ **군사활동의 한계** : 임시정부는 수립 직후 군사에 관한 법령을 제정하여 군사활동을 전개하려 하였으나, 중국 영토 내에서 직접 군사활동을 하는데는 많은 제약이 있었다.

㉡ **육군무관학교의 설립** : 상하이에 육군무관학교를 설립하여 독립전쟁을 수행할 초급지휘관 양성에 노력하였다.

㉢ **임시정부 직할군대** : 만주의 무장독립군을 임시정부의 직할군대로 개편하여 **광복군사령부, 광복군총영, 육군 주만 참의부** 등이 결성되었다.

㉣ **광복군 창설** : 임시정부가 직접 무장부대를 편성하여 항전을 주도적으로 전개한 것은 광복군이 창설된 이후였다.

⑤ **외교활동** : **김규식**을 외교총장으로 임명하여 파리강화회의로 보냈다든가, 국제연맹과 워싱턴회의에 우리 민족의 독립 열망을 전달하는 운동도 전개하였으며 **조소앙**(趙素昻)을 국제 공산당대회에 보내는 등 조선독립을 기회 있을 때마다 촉구했다. 또한 미국에 구미위원부를 두어 **이승만**을 중심으로 외교활동을 전개하여 국제적으로 한국의 독립문제를 제기하였다.

⑥ **문화활동** : 기관지로 **독립신문**(獨立新聞)을 간행, 배포하고 **사료편찬소**(史料編纂所)를 개설하여 한·일 관계의 사료집을 간행함으로써 안으로는 민족의 독립의식을 고취시키고 밖으로는 한국의 자주성과 민족문화의 우월성을 인식시켰다.

⑦ **한인 애국단** : 1926년 김구가 상해에서 조직, 1930년대에 이봉창, 윤봉길 등이 활동하였다.

4. 한인애국단의 활약

(1) 한인애국단의 조직(1926)

① **배경** : 1920년대 후반부터 일제의 집요한 감시와 탄압, 그리고 자금과 인력의 부족으로 임시정부의 활동은 점차 침체되어 갔다. 더욱이 일제의 만주침략으로 사기가 극도로 저하되자, 난국을 타개하기 위한 획기적인 방안이 있어야 했다.

② **조직** : 임시정부의 김구는 항일 무력단체인 **한인애국단**을 조직하고, 한민족에게 희망과 용기를 불어넣을 방안을 실행에 옮겼다.

(2) 한인애국단의 활약

① **이봉창 의거(1932)** : 일본 국왕 폭살기도 사건이었다. 비록 실패로 끝났지만 우리 민족에게는 희망을 주고 일제에게는 두려움을 안겨주었다. 이 사건을 계기로 일제는 이른바 **상하이사변**을 일으켰다.

② **윤봉길 의거(1932)**

㉠ **경과** : 침략전쟁에서 승리한 일제가 상하이 홍커우공원에서 전승 축하식을 거행하자 한인애국단에서는 윤봉길을 보내어 식장을 폭파하게 하였다.

㉡ **의의** : 한국의 독립운동에 냉담했던 중국인들에게 큰 감명을 주었다. 중국의 장제스는 "중국의 1억 인구가 해내지 못한 일을 한국의 한 청년이 해내었다"고 감탄하였으며, 이후 대한민국 임시정부에 대한 지원을 강화하였다. 이것이 계기가 되어 중국정부가 중국영토 내에서 우리 민족의 **무장독립활동**을 승인함으로써 한국광복군이 탄생될 수 있었던 것이다.

Side Check

◈ 대한민국 임시정부의 침체

1. 국민대표회의 소집(1923)

구 분	주 장	인 물
창조파	임시정부 해체, 새로운 정부수립 주장, 무력항쟁 강조	김규식, 박은식 등
개조파	임시정부의 개혁과 존속 주장, 실력 양성을 우선으로 하면서 자치운동과 외교활동 강조	안창호 등
현상유지파	임시정부를 그대로 유지하자고 주장	이동녕, 김구 등

2. 대한민국 임시정부 내 독립노선 갈등

독립 노선	핵심 주장	대표 인물
외교 독립론	독립을 위해서는 외교활동을 통해 강대국의 도움을 받아야 함	이승만
무장 투쟁론	적극적인 무장투쟁만이 독립을 쟁취하는 최선의 방법임	이동휘
실력 양성론	교육과 산업의 발전을 통한 민족 실력양성으로 독립 준비	안창호

제 3 항 학생항일운동

1. 6 · 10만세운동(1926)

1920년대에 이르러 민족주의계와 사회주의계의 대립 속에서, 독립운동은 그 진로 모색에 어려움이 있었다. 이러한 때에 6 · 10만세운동이 일어났다.

6 · 10만세운동 때의 격문

> 조선 민중아 !
> 우리의 철천지 원수는 자본 · 제국주의
> 일본이다.
> 이천만 동포야 ! 죽음을 각오하고 싸우자 !
> 만세 만세 조선 독립 만세.

(1) 배 경

6·10만세운동은 3·1운동에서 중추적 역할을 하였던 학생들을 중심으로 전개되었는데, 이 사건의 밑바탕에는 일제의 **수탈정책**과 **식민지교육**에 대한 반발이 깔려 있었다.

(2) 추진과정 및 전개

순종의 인산일을 기회로 학생과 사회주의자가 따로 시위를 계획하였다. 그러나 사회주의 측 계획이 발각되어 대대적인 공산당원의 검거로 실패하였고, 학생 측은 예정대로 순종의 인산 당일, 일제의 삼엄한 경비 속에서 격문을 살포하고 독립운동을 외침으로써 대규모 군중시위를 주도하였다(1926.6.10).

(3) 결 과

6·10만세운동은 각급 학교에 연쇄반응을 일으켜 확대되어 갔다. 이로 인해 전국의 수많은 학생들과 사회주의 계열의 단체들이 일경의 탄압을 받았으나 민족운동의 새로운 활력을 불어 넣었다.

2. 광주학생항일운동(1929.11~1930.3)

3·1운동 이후 활발하게 전개된 해외민족운동과 국내의 항일투쟁은 청년 학생들에게 민족자주의식을 불러일으키게 했고, 6·10만세운동을 계기로 학생 스스로가 민족독립투쟁의 선도적 존재임을 자각하게 하였다.

(1) 배 경

6·10만세운동 직후부터 각급 학교의 항일결사조직은 식민지 차별교육에 항의하는 **동맹휴학**(同盟休學) 등의 투쟁을 계속하였고 민족유일당운동으로 조직된 **신간회**(新幹會)의 활동으로 국민들의 자각이 높아갔다.

(2) 전 개

전라도 광주에서 일본인 남학생이 조선인 여학생을 희롱한 사건을 계기로 한일 학생들간에 충돌이 일어났다. 이에 일본 경찰이 한국 학생들을 대거 투옥·탄압하자 광주의 모든 학생들이 독서회를 주축으로 식민지 탄압정치 반대, 식민지 교육의 철폐, 치안유지법 반대 등을 주장하며 궐기하였고 전국적 규모의 항일투쟁으로 확대되었다(1929).

전국 194개의 각급 학교 학생 5만 4천여명이 참가함으로써 3·1운동 이후 최대의 민족운동으로 발전하였다. 이 운동은 신간회가 지도하며 조직화하였다.

동맹휴학 건수

연도	건수
1920	20
1922	52
1926	55
1927	72
1928	83
1929	78
1930	107
1931	102

광주학생항일운동 때의 격문

"학생, 대중이여 궐기하라 !
검거된 학생은 우리 손으로 탈환하자.
언론·결사·집회·출판의 자유를 획득하라.
식민지 교육 제도를 철폐하라.
조선인 본위의 교육 제도를 확립하라."
"용감한 학생, 대중이여 !
최후까지 우리의 슬로건을 지지하라.
그리고 궐기하라.
전사여 힘차게 싸워라."

(3) 결 과

3·1 운동 이후에도 민족의 독립항쟁은 6·10만세운동, 광주학생항일운동으로 계승되었고, 특히 학생들이 독립투쟁의 주역으로 바뀌어 가면서 전국적인 규모로 발전하였다. 특히 만주에까지 확산되어 이 지역의 민족학교 학생들도 참가하였고, 일본에 유학한 한국학생들도 궐기하였다. 한편, 신간회는 조사단을 파견하여 민중대회를 계획·지원하다 일제의 탄압으로 해체되었다.

제 4 항 항일독립전쟁

1. 독립운동기지의 건설

국외의 애국지사들은 국내독립운동과 연결하면서 각지에 독립운동기지를 건설하고, 그 곳에 살던 우리 동포사회를 중심으로 독립운동을 전개하였다. 국외독립운동의 선구적 임무를 담당한 단체는 신민회였다.

(1) 신민회(新民會) 의 활동(1907~1911)

① **국외독립운동의 선구** : 안창호 · 양기탁 · 이동녕 등이 조직한 비밀결사단체로 실력배양으로 구국을 달성하고자 교육 · 문화 · 산업에 치중하였고, 국내에서의 활동에 제약을 받게 되자 국외의 **독립운동기지** 건설에 선구적 역할을 담당하였다.

② **민족의 실력양성** : 신민회는 민족의 실력을 양성하기 위한 시책으로 민족교육기관(대성학교-안창호, 오산학교-이승훈)과 민족기업(평양 도자기회사, 대구 태극서관)에 역점을 두어 활동하였다. 그러나 1911년 12월 소위 **105인 사건**으로 간부들이 모두 검거된 결과 그 활동이 중지되고 말았다.

(2) 독립운동기지의 설정

국외 독립운동기지는 주로 간도와 연해주 등지의 한인 사회를 거점으로 하면서, 자립경제의 토대를 바탕으로 근대적 민족교육사업과 군사훈련을 강화하여 무장독립운동을 수행하려는 것이었다.

① **대표기지** : 독립운동기지 중에서도 가장 유명한 곳이 이회영, 이상룡 등이 설치한 남만주의 **삼원보**(三源堡)와 그 교육단체기관으로 서전서숙, 신흥학교(新興學校)가 있었다. 또 이상설, 이승희 등이 설치한 밀산부의 **한흥동** 및 그 군사교육기관으로 신흥무관학교(新興武官學校)가 있었으며, 블라디보스토크의 신한촌이 있었다.

② **대한광복군정부(1914)** : 이상설과 이동휘를 정·부통령(正·副統領)으로 하는 대한광복군정부가 연해주의 블라디보스토크에 수립되어 무장항일운동의 터전이 마련하였을 뿐만 아니라 임시정부의 길을 열어 놓았다.

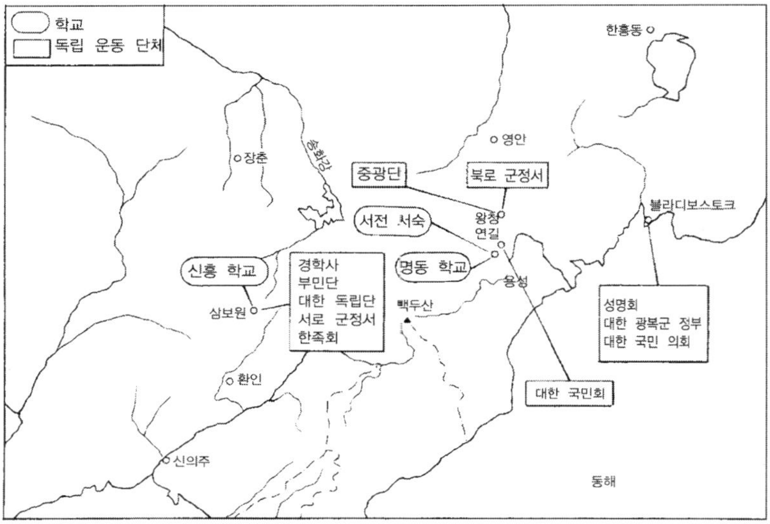

만주와 연해주의 독립 운동 기지

③ **신한청년당(新韓靑年黨, 1918)** : 여운형·김구 등이 신한청년당을 중국에다 건설하고 김규식(金奎植)을 파리평화회담에 파견하기도 하였다.

④ **독립투사들의 망명** : 중국·일본·미국·유럽 등지에도 독립투사들이 망명하여, 그 곳의 한인동포사회를 중심으로 독립운동을 추진하였다.

예 시베리아(이상설), 미국(이승만, 안창호)

2. 국내 무장항일투쟁

3·1운동 이후 무장항일투쟁의 본거지는 만주와 연해주가 그 중심이 되었으나, 국내에서도 독립군부대가 결성되어 일본 군경과 치열한 전투를 전개하였다. 이들 독립군부대는 일제의 식민통치기관 파괴, 일본군경과의 교전, 친일파 처단, 군자금 모금 등 무장항일투쟁을 전개하였다.

(1) 보합단(普合團, 1919, 김중량)

평안북도 의주의 동암산을 근거지로 활동하였으며 군자금을 모집하여 임시정부에 보내는 것과 친일파 숙청에 힘쓴 단체이다.

(2) 천마산대(天魔山隊, 1919, 최시흥)

평안북도 천마산을 근거지로 유격전을 펼쳐 상당한 전과를 거두었다. 특히 이 단체는 만주에 설치된 광복군사령부와 긴밀하게 협조하였다. 이후 일본의 추격을 받아 만주로 이동, 대한통의부(大韓統義府)에 편입되었다.

(3) 구월산대(九月山隊, 1920, 이명서)

황해도 구월산을 근거지로 무장항일운동을 전개하였다.

(4) 의용단(1919, 홍석운)

1919년 평양에서 홍석운·김동혁 등이 조직하여 일본 경찰서나 관공서를 습격하였다.

3. 애국지사들의 항일의거

애국지사들은 독립단체에 소속되어 특명을 받고 의거를 일으키기도 하였으나, 개인적 판단으로 거사한 경우도 있었다. 그 중에서도 김원봉이 조직한 **의열단**(1919)과 김구가 중심이 되어 조직한 **한인애국단**(1926)의 활동이 가장 두드러졌다.

Side Check

◈ 조선 혁명 선언
김원봉의 요청으로 신채호가 작성한 것이다. 신채호는 준비론, 외교론의 한계를 비판하면서, 민중의 직접 혁명을 통한 독립의 쟁취를 주장하고, 그러기 위해서는 애국지사들의 의열 활동이 필요하다고 주장하였다. 이것은 의열단의 활동 지침이 된 것이다.

(1) 국내에서의 애국지사들의 활동

애국지사	시기	소속단체	활 약
강우규	1919	·	1919년 9월 2일, 3대 총독 사이토에게 폭탄, 투척실패
김익상	1921	의열단	총독부에 폭탄을 투척, 1922년 상해에서 다나카 대장을 저격하였다.
김상옥	1923	의열단	종로 경찰서 투척, 자결
나석주	1926	의열단	식산은행과 동양척식주식회사에 폭탄 투척
이봉창	1932	애국단	1932년 1월 8일, 일본 천황에게 폭탄 투척 실패
윤봉길	1932	애국단	1932년 4월 29일, 상하이 홍커우(虹口)공원에서 시라카와 육군대장 등 수명을 폭사케 함

(2) 국외에서의 애국지사들의 활동

타이완에서 일본왕족을 죽인 조명하와 일본에 건너가 일본국왕을 죽이려 하였던 김지섭의 거사는 국제적으로 한국독립의 의기를 드높였다.

4. 독립군의 항일전쟁

(1) 비폭력운동에 대한 한계 자각

거족적인 3·1운동은 독립운동의 분수령이 되었다. 이를 계기로 민족주의자들은 조선의 광복을 달성하기 위해서는 무장독립전쟁의 조직적인 전개가 급선무임을 자각하게 되었다.

(2) 항일무장단체의 결성

1920년대를 전후하여 많은 항일무장단체가 결성되었다.

지 역	단 체 명
만주지역	대한독립단(홍범도, 유인석-봉오동전투) 서로군정서(이상룡, 이청천) 북로군정서(김좌진, 이범석-청산리전투) 대한독립군, 대한독립군비단, 의군부, 광복단 광한단, 광복군사령부, 대한통의부, 광정단, 태극단, 광복군총영
연해주	혈성단, 경비대, 신민단
미국	국민군단, 비행사 양성소, 소년병 학교

(3) 무장독립군의 항전

독립군이 무장력을 갖추고 한국·만주 국경을 오가며 일제의 군경과 항전이 활발해지자, 국내의 많은 청년, 학생, 지식인들이 만주나 연해주로 건너가 독립군에 합세하였고, 대한제국 시기의 의병들도 여기에 가담하여 독립군의 군세는 나날이 강성해 갔다.

5. 봉오동·청산리전투

1920년대에 들어와 만주와 연해주에는 수많은 독립군부대가 활동하고 있었다. 이 가운데 가장 눈부신 전과를 올린 것은 대한독립군(홍범도)이 거둔 봉오동 전투와 북로군정서군(김좌진)이 거둔 청산리대첩이었다.

(1) 봉오동전투(1920. 6)

홍범도가 지도하는 **대한독립군**은 독립군 진지를 기습해 온 일본군 1개 대대 병력을 최진동의 **군무도독부군**(軍務都督府軍), 안무의 **국민회군**과 합세하여 봉오동으로 유인, 포위 공격하여 대승을 거두었다.

(2) 청산리대첩(1920. 10)

김좌진(金佐鎭)이 지도하는 **북로군정서군**(北路軍政署軍)을 비롯한 대한독립군, 국민회독립군 등 여러 독립군부대는 일본군 대부대를 맞아 6일간 10여 차례 전투에서 대파하여 빛나는 전과를 올렸다.

Side Check

◈ 청산리대첩의 전과
청산리대첩의 전과는 자료마다 달라서 정확히 밝힐 수 없다. 대한민국 임시정부의 발표는 일본군 사망 1,254명, 박은식의 「한국독립운동지혈사」에서는 약 2,000명, 이 전투에 참전하였던 이범석의 「우등불」에서는 사상자를 3,300명이라 기록하고 있다.

(3) 경신대참변(간도참변, 1920)

봉오동·청산리전투의 패배로 큰 타격을 받은 일본군은 독립군은 물론 만주에 사는 조선인을 무차별 학살한 간도참변(間島慘變)을 일으켰다.

Side Check

◈ 간도참변
간도지방에서 일본군에 의해 학살된 조선인은 훈춘현에서 242명, 연길현에서 1,124명, 화룡현에서 572명, 왕청현에서 347명, 영안현에서 17명, 그 밖의 현에서 804명이나 희생되었다.

6. 독립전쟁의 시련

(1) 자유시참변(自由市慘變, 1921)

항일독립군의 청산리대첩 등 일련의 승리를 계기로 일본군은 만주의 조선인 독립군운동기지에 대대적인 파괴공작을 자행하기 시작하였다. 이에 독립군은 각지로 분산하여 대오를 재정비하였고, 그 중 4,000여명 규모의 주력부대가 밀산부에 집결, 서일을 총재로 하는 **대한독립군단**을 조직한 뒤 소련 영내로 이동하였다. 그곳에서 한국인의 민족운동을 지원한다고 하는 적색군(소련군)에 속아 자유시로 이동하였고 적색군을 도와 내전에 참전하였다. 그러나 적색군은 내전에 승리한 후 독립군의 무장을 강제로 해체하려 하였고, 이에 저항하는 독립군을 공격함으로써 무수한 사상자를 낸 **자유시참변**을 야기하였다.

(2) 독립군의 정비

① **통합운동의 추진** : 독립군은 자유시참변 등의 시련에도 굴하지 않고 조직을 재정비하면서 역량을 강화하여 통합운동을 추진하였다.

② **참의부의 성립(1924)** : 백광운, 최석순, 윤세용 등이 **압록강** 건너편 지역의 임시정부 직할하에 육군주만참의부를 조직하였다.

③ **정의부의 성립(1925)** : 이청천과 오동천 등이 길림(吉林)과 봉천(奉天)을

중심으로 한 **남만주**에서 정의부를 조직하였는데, 3부 중 가장 조직규모가 큰 단체가 되었다.

④ **신민부의 성립(1925)** : 김좌진 등이 **북만주** 일대에서 자유시참변 이후 소련 영토에서 되돌아온 독립군을 중심으로 신민부를 조직하였다.

⑤ **독립군의 통합** : 만주의 여러 독립군은 각각 참의부 · 정의부 · 신민부의 삼부로 재편성되었으며 각기 그곳 한민족의 자치를 집행하는 민주적 **민정기관**을 두고 **입헌정치조직**까지 갖추었으며 독립군의 훈련과 작전을 맡은 **군정기관**도 구비하였다.

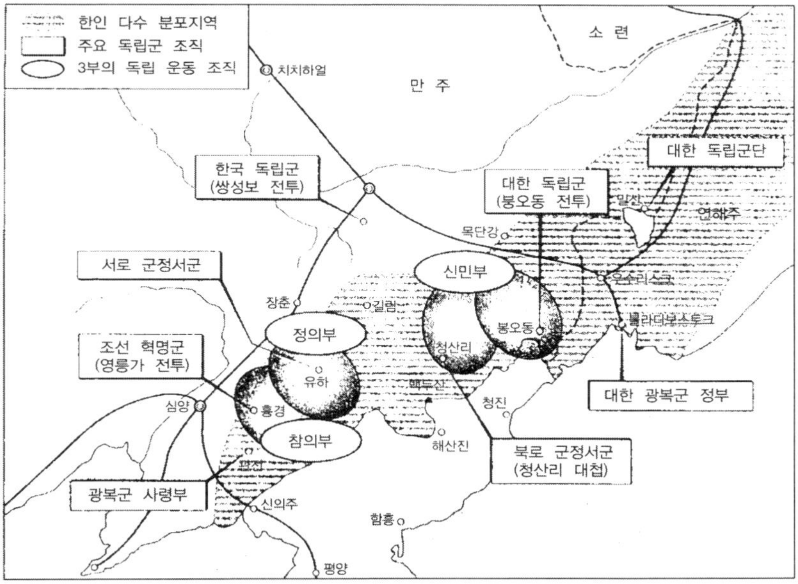

무장독립군의 대일항전

(3) 미쓰야협정(三矢協定, 1925.6)

일본은 당시 동삼성(요령성, 길림성, 흑룡강성)의 지배자 만주군벌 장작림(張作霖)과 협약을 맺었다. 일제와 만주군벌이 공동으로 독립군을 소탕하고 체포된 독립군을 일본측에 인도한다는 내용의 미쓰야협정(三矢協定, 1925)이 체결되어 만주지역의 독립군은 큰 타격을 받았다.

> **미쓰야 협정 내용(1925.6.11)**
>
> 만주에 있는 한국 독립군을 근절시키기 위하여 중국의 봉천성 경무처장 우진과 조선 총독부 경무국장 미쓰야 사이에 맺어진 협정이다. 그 주요 내용은 다음과 같다.
> (1) 한국인의 무기 휴대와 한국 내 침입을 엄금하며, 위반자는 검거하여 일본 경찰에 인도한다.
> (2) 재만 한인 단체를 해산시키고 무장을 해제하며, 무기와 탄약을 몰수한다.
> (3) 일제가 지명하는 독립 운동 지도자를 체포하여 일본 경찰에 인도한다.
> (4) 한국인 취체의 실황을 상호 통보한다.

(4) 3부의 통합운동

민족운동전선의 통일을 위한 민족유일당운동이 1926년 북경에서 시작되어 만주에서는 3부의 통합운동이 추진되었는데 완전한 통합은 이루지 못하였다. **혁신의회**(1928)와 **국민부**(1929)로 재정비되었으며, 혁신의회는 한국독립당으로 국민부는 조선혁명당으로 발전하였다.

(5) 만주사변과 한·중 연합군의 편성

① **만주사변** : 일제가 만보산사건을 배후조정하고 1931년에 만주사변을 일으켜 부의(傳義)를 맹주로 하는 만주제국을 건설, 무장항일독립군의 근거지 파괴에 나서자 한국독립군과 조선혁명군은 중국군과 연합작전을 전개함으로써 일본군에 대항하였다.

② **한·중연합군 편성** : 지청천이 인솔하는 **한국독립군**(韓國獨立軍)은 중국호로군과 합세하여 쌍성보, 대전자 등지에서 일·만연합군과 전투를 벌여 대승을 거두었으며, 양세봉이 지휘한 **조선혁명군**(朝鮮革命軍)은 중국의용군과 연합하여 흥경성, 영릉가전투에서 일본군을 크게 격파하였다.

③ **만주독립군의 쇠퇴** : 중·일전쟁(1937)이 발발한 이후, 독립군의 대부분은 임시정부의 요청으로 중국 본토로 이동하여 한국광복군 창설에 참여하였으며, 일부는 만주에 잔류하여 **중국항일군**(中國抗日軍)과 같이 **항일연군**(抗日聯軍)을 편성하여 항전을 계속하였다.

Side Check

◈ 대한민국 임시정부의 조직 강화

① 한국 독립당 결성(1940) : 대한민국 임시 정부의 충칭 이동→한국 독립당 조직(김구의 한국 국민당, 조소앙의 한국 독립당, 지청천의 조선혁명단통합) 김구를 위원장으로 단결 강화

② 건국 강령 발표(1941) : 조소앙의 '삼균주의'(균권, 균산, 균학) 수용→ 새로운 민주주의 확립과 사회계급의 타파, 경제적 균등주의의 실현 주창

7. 한국광복군의 창설

(1) 조선의용대(1938.10)

좌익계열의 김원봉(金元鳳)의 조선민족혁명당 쪽에서는 **조선의용대**(朝鮮義勇隊)를 편성하고, 중국 각지에서 일본 관동군을 수차례 공격하여 전과를 올렸다.

(2) 광복군의 창설

상하이 임시정부의 주석 김구와 지청천 등이 신흥무관학교 출신의 독립군과 중국에서 독립운동을 하는 청년들을 모아 **충칭**(重慶)에서 광복군을 결성하였다(1940). 전쟁이 격화되면서 임시정부계의 한국광복군은 조선의용대를 통합하여 대일항전을 벌였다.

(3) 조선독립동맹의 조선의용군(1942)

연안을 중심으로 독자적인 활동을 벌이고 있던 **조선독립동맹** 계열의 조선의용군은 화북, 만주지역을 담당하고 있던 중국공산당 만주성위팔로군(中國共產黨 滿洲省委八路軍)으로 편입되어 대일항전을 벌였다.

8. 대일선전포고와 한국광복군의 활약

(1) 광복군의 참전

태평양전쟁(1941)이 일어나자, 임시정부는 즉각적인 활동을 펴, 대일·대독 선전포고문을 발표하고 미국이 주도하는 연합군의 일원으로서 미얀마, 인도전선에까지 파견되어 영국군과의 연합작전을 수행하기도 하였다.

(2) 광복군의 활동

직접 전투에 참가하는 것 외에도 포로심문, 암호문 번역과 선전전단의 작성, 회유방송 등의 심리전에 참가하였다.

(3) 국내진입계획의 좌절

한국광복군은 조국의 광복을 우리 손으로 쟁취하기 위해서는 직접 국내무장해제를 담당해야 함을 자각하고 지청천을 총사령관으로 제2지대장 이범석을 중심으로 **국내정진군**을 편성하고 미국의 도움으로 비행대도 편성하였다. 그러나 1945년 8월 일본의 무조건 항복으로 한국광복군이 그 해 9월에 계획하고 있던 국내진입계획은 무산되고 말았다.

Side Check

◈ 한국광복군 선언문(1940)

대한민국 임시정부는 대한민국 원년(1919)에 정부가 공포한 군사 조직법에 의거하여 중화민국 총통 장제스 원수의 특별 허락으로 중화민국 영토 내에서 광복군을 조직하고 대한민국 22년 9월 17일 한국광복군 총사령부를 창설함을 이에 선언한다. (중략) 공동의 적인 일본 제국주의자들을 타도하기 위하여 연합군의 일원으로 항전을 계속한다. (중략) 우리 민족의 확고한 독립 정신은 불명예스러운 노예 생활에서 벗어나기 위하여 무자비한 압박자에 대한 영웅적 항쟁을 계속하여 왔다. (중략) 우리들은 한·중연합 전선에서 우리 스스로의 부단한 투쟁을 감행하여 동아시아를 비롯한 아시아 민중들의 자유와 평등을 쟁취할 것을 약속하는 바이다.

Focus Diagram

◆ 독립운동의 전개

1. 3·1운동

3·1운동

- **국외적 배경**
  - 베르사이유 체제
  - 윌슨의 민족자결주의
  - 동경 2·8독립선언
  - 만주 무오선언
- **3·1운동의 영향**
  - ① 대한민국 임시정부 수립－민주공화제
  - ② 무단통치 →문화통치
  - ③ 외국의 민족운동에 선구적 역할을 함 (중국의 5·4운동, 인도의 스와라지 운동)
- **국내적 배경**
  - 고종의 독살설
  - 국내운동의 침체에 대한 반성
  - 동경 2·8독립선언에 충격
  - 국제정세에 유리함

2. 상해임시정부의 수립

체 제

입법	임시의정원(이동녕)
행정	국무원 (총리－이승만)
사법	법원(2차 삭제) 5차 부활)

국내연결	연통제 실시, 군자금조달(부산 백산상회)

헌정 변천일기

1차 개헌	2차 개헌	3차 개헌	4차 개헌	5차 개헌
대통령제 1919	국무령제 1925	국무위원제 1927	주석중심제 1940	주석 부주석제 1944

3. 1920~30년대 국내외 무장독립투쟁

보합단	
김중량	1919

천마산대	
최시중	1919

구월산대	
이명서	1920

6·10만세	
좌익계열 중심	
1926.	6. 10

광주학생운동 (1929)

의열단(1919)	애국단(1932)
김익상(1921) 총독부 폭탄투척	이봉창(1932) 히로히토 폭탄 시도
김상옥(1923) 종로경찰서 폭탄	윤봉길(1932) 홍커우공원 의거
김지섭(1924) 궁성니주비시 폭탄	
나석주(1926) 식산은행과 동양척식회사 폭탄	

- 참의부(1924), 정의부(1925), 신민부(1925)
  - 국민부－조선혁명군
  - 혁신의회－한국독립군

봉오동전투	청산리대첩
대한독립군 (1920. 6)	북로군정서 (1920. 9)

- 간도참변(경신참변) (1920)
- 자유시참변(1921) 무장해제
- 조선민족혁명단－김원봉 조선의용대 (1938)
- 광복군 창설(1940)

제4절 사회 · 경제적 민족운동

Digest

1. **민족유일당운동** : 우리 민족의 사회 · 경제적 민족운동은 1920년대 초에 사회주의 사상이 유입되어 청년, 지식층 간에 확산됨으로써 새로운 국면을 맞이하게 되었다. 사회주의 사상의 유입은 한때 사회 · 경제 저항운동에 활기를 불어넣어 주었으나, 민족주의와 사회주의 진영 간의 대립과 갈등으로 인해 민족의 역량이 분산되는 결과를 초래하였다. 그리하여 이를 극복하기 위한 민족유일당운동이 전개되어 신간회와 근우회의 탄생을 보게 되었다.
2. **사회 · 경제적 민족운동** : 일제의 경제침탈로 우리 농민의 생활은 파탄에 이르렀고, 일제 독점자본의 침투로 민족자본은 크게 억압당하였다. 그리하여 우리 농민과 노동자들은 소작쟁의, 노동쟁의를 통하여 일제에 항거하였다. 이들 쟁의는 단순한 경제적 투쟁을 넘어 항일민족운동의 일환으로 전개되었다. 사회 · 경제적 민족운동은 국산품 애용운동과 일본상품 불매운동으로까지 확대되었다.

제 1 항 사회적 민족운동의 전개

1. 사회주의 사상의 유입

(1) 배 경

3 · 1운동 이후 국외에서는 대한민국 임시정부가 수립되고 무장항일운동이 활발해짐으로써 민족운동이 고조되었으며, 국내에서는 민족의 역량을 배양하여 일제를 몰아내려는 민족실력양성운동이 각 방면에서 일어났다.

(2) 사회주의 운동의 대두

이 무렵 국내외에서 사회주의 운동이 대두하기 시작하였다. 러시아혁명에 성공한 레닌이 세계적화의 한 수단으로 약소민족의 독립운동을 지원하겠다고 하자, 일부 민족지도자들도 사회주의와 연결하여 독립운동을 추진하려는 움직임을 보였다.

(3) 사회주의 사상의 유입

1920년대 초에 상해의 고려공산당(高麗共産黨, 1920), 노령의 이르크츠트 공산당, 일본의 무정부주의 사상서클 등이 국내로 들어와 사회주의 사상이 유입되고 조선공산당(朝鮮共産黨, 1925)이 결성되는 등 항일운동사에서 새로운 국면이 전개되었다. 주로 청년 지식층 간에 사회주의 사상을 받아들인 시민들이 많았는데, 이들에 의하여 농민운동, 노동운동, 청년운동 등 사회운동이 매우 활발하게 전개되었다.

(4) 단일화된 민족운동 추진

사회주의 계열과 민족주의 계열 간의 내부갈등은 민족독립운동에 중요한 분화 국면을 야기하였다. 이에 이 상황을 극복하기 위해 민족주의 진영과 사회주의 진영이 이념과 책략을 초월하여 통합으로써 통일된 운동을 추구하였다. 이리하여 신간회(新幹會)가 결성되었다.

2. 청년운동

(1) 청년운동 단체

① **표면적 성격** : 1920년대 초에 전국의 청년운동 단체는 100여 개가 되었으며, 이들 청년운동 단체들은 표면적으로는 청년의 품성도야, 지식의 계발, 체육 장려, 단체훈련 강화 등을 내세웠고, 풍속의 개량과 미신 타파 등을 통하여 사회 개선을 추구하였다.

② **실제적 성격** : 이들 단체들은 실제로는 민족의 생활과 역량을 향상시킴으로써 자주독립의 기초를 이룩하여 하였다.

(2) 청년단체의 활동

청년단체들은 강연회, 토론회 등을 개최하고 학교, 강습소, 야학 등을 설치, 운영하여 지식의 향상을 꾀하였으며 운동회, 조기회 등을 통하여 심신의 단련을 도모하였다. 또, 단연회, 금주회, 저축조합 등을 결성하여 사회교화와 생활개선을 꾀하였다.

(3) 조선청년총동맹(1924)

청년운동은 민족주의 계열과 사회주의 계열로 나뉘었다. 그래서 이들의 두 갈래를 통합하기 위해 조선청년총동맹(朝鮮靑年總同盟)이 결성되었다.

3. 여성운동

(1) 여성들의 항일독립운동 참여

① **여성들의 독립운동 참여** : 3·1운동을 비롯한 국내외 항일독립운동에서 여성들의 목숨을 건 참여와 희생의 경험은 이들의 정치적, 사회적 의식을 획기적으로 계발시키는 계기가 되었다.

② **여성교육 계몽운동** : 민족실력양성운동에서 사회개조와 신문화 건설에 여성들의 역할이 요구되자, 이들은 스스로의 힘으로 이를 성취하기 위해서는 여성의 계몽과 교육이 무엇보다 선결조건임을 자각하였다. 그리하여 문맹퇴치, 구습타파, 생활개선의 실현을 위한 **여성교육 계몽운동**이 활발히 전개되었다.

(2) 여성단체

1920년대 초 전국적으로 여자청년회, 부인회 등 수많은 단체가 결성되어 활동을 시작하였다.

① **여성 계몽운동 중심 단체** : 조선여자교육회, 조선여자청년회 등

② **종교계통 단체** : 조선여자기독교 청년회

③ **지방의 여성단체** : 야학, 강연회 등을 통한 문맹퇴치, 풍습개량, 지식계발을

목적으로 하는 단체들이 조직되었다.

④ **여성 직업단체** : 1920년대 후반에 여성의 지위 향상을 취지로 조직되어 여성에 대한 기술교육, 저축 장려, 부업 알선 등을 실시하였으므로 보다 많은 여성들이 사회활동에 참여하게 되었다.

⑤ **근우회 결성(1927)** : **사회주의 계열**의 여성단체가 조직되어 활동을 하게 되면서 민족주의 계열의 여성운동과 대립, 갈등을 보이다가 양측이 통합하여 근우회를 결성하였다.

Side Check

근우회(槿友會, 1927)
신간회의 조직과 비슷한 시기에 여성계의 유일당운동으로 김활란(金活蘭)이 중심이 되어 근우회가 결성되었다. 이 단체는 여성노동자의 권익옹호와 새생활개선을 그 행동강령으로 하였으나 1930년대 초에 신간회와 함께 해체되고 말았다.

4. 소년운동

(1) 소년운동 전개

① **천도교소년회** : 소년운동은 천도교청년회가 소년부를 설치함으로써 본격화되었으며, 그 후 천도교소년회로 독립하여 **어린이 날**을 제정하고 기념행사를 거행함으로써 소년운동의 물결은 전국적으로 확산되었다(1922).

② **전국 확산** : 소년운동 단체가 전국 각 지방에 조직되어 1925년에는 220여개에 이르렀다.

(2) 체계적인 소년 운동

전국적 조직체로서 **조선소년연합회**가 조직되어 체계적인 소년운동이 전개되었다. 특히 방정환과 조철호 등은 소년운동을 통해 어린이들에게 용기와 애국심을 북돋워 주었다.

> 어린이날 선전문
>
> ○ 어린이는 어른보다 더 새로운 사람입니다.
> ○ 어린이를 결코 윽박지르지 마시오.
> ○ 어린이를 어른보다 더 높이 대접하시오.
> ○ 어린이의 생활을 항상 즐겁게 해 주십시오.
> ○ 어린이는 항상 칭찬해 가며 기르십시오.
> ○ 어린이의 몸을 자주 주의해 보십시오.
> ○ 어린이에게 잡지를 자주 읽히십시오.

(3) 소년운동의 분열과 중단

지도자들 사이에 사상과 이념의 대립으로 소년운동도 분열되었다. 중·일전쟁 발발 후에는 일제가 한국의 청소년운동을 일체 금지하고 단체를 해산함으로써 청소년운동은 중단되고 말았다.

5. 민족유일당운동

(1) 독립운동의 분열 극복

민족유일당운동은 민족주의 진영과 사회주의 진영이 이념을 초월하여 단일화된 민족운동을 강력하게 추진하려는 것이었다.

(2) 신간회 결성

① **신간회의 발족** : 신간회는 회장 **이상재**를 비롯하여 조병옥, 안재홍 등 지식인 30여 명의 발기로 서울에서 발족(1927)하였으며, 각지에 200여 개의 지회, 분회를 설치함으로써 전국적인 규모로 발전하였다.

② **활동** : 신간회는 **민족의 단결**과 **정치적, 경제적 각성을 촉구**하고 **기회주의자를 배격**하는 것을 기본 강령으로 내세우고, **광주학생운동**에 조사단을 파견하는 등 민족운동을 전개하였다.

Side Check

> ◈ 신간회
> 1. 3대 강령
> ① 정치적 · 경제적 각성의 촉구 ② 단결을 공고히 함
> ③ 기회주의 배격
> 2. 주 장
> ① 한국어의 교수 ② 한국인 착취기관의 철폐
> ③ 이민정책의 반대 ④ 한국인 본위의 교육 실시
> ⑤ 한국인에 대한 특별취체법의 철폐 ⑥ 과학 사상 연구의 자유 보장

(3) 근우회 결성

근우회는 김활란 등이 중심이 되어 여성계의 민족유일당으로 조직되었고, 여성 노동자의 권익옹호와 새생활개선을 행동강령으로 하였다.

(4) 신간회 · 근우회의 해체

두 단체는 일제의 교묘한 탄압과 내부의 이념 대립, 그리고 코민테른의 지시를 받은 사회주의 계열의 책동에 의해 1930년대 초에 해체되고 말았다.

제 2 항 경제적 저항운동의 전개

1. 민족기업의 육성

(1) 민족기업 활동 고조

3 · 1운동 이후, 민족운동의 열기 속에서 민족산업을 육성하여 경제적 자립을 도모하려는 움직임이 고조되어 갔다.

(2) 민족기업의 특징

민족기업의 활동은 큰 회사의 설립보다는 오히려 소규모 공장의 건설에서 두

드러졌다. 순수한 한국인만으로 운영되었으며, 한국인의 기호에 맞게 내구성이 강하고 무게 있는 제품을 만들어 시장에 내놓았다.

(3) 민족기업의 유형

① **지주 출신** : 지주 출신의 기업인이 지주와 상인의 자본을 모아 대규모의 공장을 세운 것인데 **경성방직주식회사**가 대표적이었다.

② **서민 출신** : 서민 출신의 상인들이 자본을 모아 새로운 기업분야를 개척한 것인데 평양 메리야스공장 및 양말공장, 그리고 고무신공장들이 대표적이었다.

(4) 금융업

금융업계에도 한국인의 진출이 활발하였다. 3·1운동 이후 설립된 민족계열은 행으로는 경남합동은행, 삼남은행 등이 있었다.

(5) 민족기업의 위축

1930년대에 들어와 민족기업은 일제의 교묘한 탄압으로 해체되거나, 일본인 기업에 흡수, 통합되는 경우가 많았다. 따라서 이 시기에 있어서 민족기업의 활동은 1920년대에 비하여 크게 위축되지 않을 수 없었다.

2. 물산장려운동(1922)

(1) 전개 배경

1920년대에 민족기업이 일시 활기를 띠어갈 때, 민족운동의 일환으로서 전개된 것이 물산장려운동이었다.

(2) 성 격

'내 살림 내 것으로'라는 구호를 내세우고 전개된 물산장려운동은 민족산업을 육성함으로써 민족경제의 자립을 기하려는 민족운동이었다.

(3) 전개과정

물산장려운동은 1922년 **평양**에서 조만식, 김동원이 중심이 되어 조선물산장려회가 조직됨으로써 활기를 띠게 되었는데 일본상품을 배격하고 국산품을 애용하여 근검저축, 생활개선, 금주 · 금연운동 등을 추진하였다.

(4) 결 과

물산장려운동은 학생들의 **자작회**와 함께 전국으로 확산되었으나, 이 운동도 일제의 탄압으로 큰 성과를 거둘 수 없었다.

Side Check

◈ 물산 장려회 궐기문
내 살림 내 것으로
보아라, 우리의 먹고 입고 쓰는 것이 거의 다 우리의 손으로 만든 것이 아니었다.
이것이 제일 세상에 무섭고 위태한 일인 줄은 오늘에야 우리는 깨달았다.
피가 있고 눈물이 있는 형제자매들아, 우리가 서로 붙잡고 서로 의지하여 살고서 볼 일이다.
입어라, 조선 사람이 짠 것을
먹어라, 조선 사람이 만든 것을
써라, 조선 사람이 지은 것은
조선 사람, 조선 것

3. 농민운동

(1) 배 경

토지를 빼앗긴 조선의 농민은 수확량의 50% 이상을 일본인 지주에게 내어야 했을 뿐만 아니라 온갖 세금과 비료대금까지 부담해야 했으므로 농민들의 생존투쟁이 자주 일어났다.

(2) 성 격

특히, 일본인 지주와 일부 조선인 지주에 대항하여 일어난 **소작쟁의**는 일제의 수탈행위에 항거하는 **항밀민족운동**의 성격을 띠었을 뿐만 아니라 농민계급의 지주층에 대한 **계급운동**이기도 하였다.

(3) 소작쟁의의 발전

소작쟁의는 1919년에 처음으로 발생한 이래 매년 그 횟수가 증가하였다. 전국적인 농민조직(전농)은 **조선농민총동맹**(朝鮮農民總同盟)의 결성이 그 효시였다(1927). 이 후, 전국 각지에 수많은 농민 조합이 결성됨으로써 소작쟁의는 보다 조직적으로 전개되어 갔다.

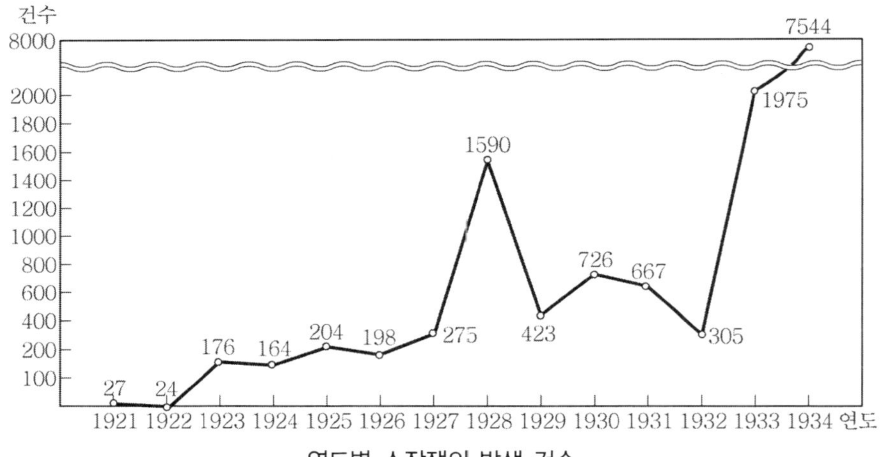

연도별 소작쟁의 발생 건수

Side Check

◈ 암태도 소작쟁의(1923)

전남 무안군(현재 신안군) 암태도에서 지주 문재철의 고율 소작료 착취에 맞서 일어난 쟁의로 일본 경찰이 농민들을 체포하자 반일운동의 성격을 띠면서 전개되었다.

4. 노동운동

(1) 발생원인 및 그 성격

① **원인** : 일제의 공업화정책으로 1931년 14만명에서 1943년 73만명으로 노동자 수가 급증하였으나 값싼 임금과 장기간의 노동, 열악한 노동조건에 대한 임금인상, 처우개선 등의 **노동쟁의**가 일어나게 되었다.

② **성격** : 쟁의가 주로 발생한 공장은 대부분 일본인이 경영하는 공장이었기에 **반제**(反帝), **반일**(反日)투쟁의 성격이 강하였다.

(2) 노동쟁의의 전개과정

① **절정** : 노동쟁의는 1930년대에 격증하여 **1931년**에 절정에 달하였다.

② **원산총파업** : 1929년 원산의 제네스트(Genest : 총파업), 1930년 서울의 제네스트와 같은 대규모 노동쟁의와 조그마한 노동쟁의가 전국 곳곳에서 빈번하게 발생하였다.

③ **일제의 탄압** : 노동쟁의는 1920년 노동공제회, 1922년에 그 후신인 조선노동연맹이 조직되면서 더욱 적극성을 띠었고 일제는 소위 **치안유지법**(治安維持法)으로 더욱 가혹한 탄압을 가하였다.

(3) 백정들의 형평운동

① **형평운동의 배경** : 천대를 받아오던 백정들은 갑오개혁에 의해 법제적으로 권리를 인정받았으나, 사회적으로는 오랜 관습 속에서 계속 차별을 받고 있었다.

② **조선형평사** : 1923년 백정 이학찬은 진주에서 조선형평사를 창립하고(1923), 평등한 대우를 요구하는 형평운동을 전개하였다.

③ 초기에는 백정의 지위 향상 운동으로 출발했으나, 1928년 제6회 대회를 계기로 민족운동, 계급운동의 성격을 띠게 되었다.

제 3 항 국외 이주동포의 활동과 시련

1. 만주 이주동포

(1) 우리 민족의 만주 이주

우리 민족이 만주지역으로 이주하기 시작한 것은 19세기 후반부터였다. 처음에는 국내의 정치적, 경제적, 사회적 모순으로 궁핍하게 된 농민들이 생활터전을 찾아 국외로 이주하였다. 그러나 20세기에 들어와 일제의 침략이 가속화되자 확고한 민족의식을 가진 사람들이 항일운동을 전개하기 위하여 많이 건너갔다.

(2) 만주 이주민들의 생활

만주 이주민들은 지식수준이 상당히 높았으며 경제적 여유도 있어 국권회복운동의 지도자적 역할을 하였다.

① **이주민의 항일의식** : 이주 동포들은 현지 토착민들로부터 핍박을 받으면서도 황무지를 개간하여 생활 근거지를 마련하고, 수많은 민족학교를 설립하여 항일의식과 애국심을 고취하였다.

② **무장항일운동 준비** : 항일운동단체를 결성하고 군사훈련을 실시하여 무장항일운동을 준비하였다.

(3) 이주동포의 수난

① **3 · 1운동 이후의 항일전 전개** : 3 · 1운동 이후에는 독립군을 편성하여 국경을 넘나들면서 일본 군경과 치열한 항일전을 전개하였으나, 일제의 가혹한 탄압과 중국 군벌의 이해 부족으로 많은 어려움을 겪었다.

② **간도참변** : 일본군 대부대가 만주로 출병하여 독립운동기지를 초토화하면서 무차별 학살하는 간도참변에 의해 많은 동포들이 피살되었다(1920).

③ **1930년대 이주동포의 활동** : 1930년대에 들어와 우리 동포들은 일제의 본격

적인 대륙침략으로 근거지를 상실하면서 갖은 수난을 당하여, 만주에 있던 무장 부대의 활동은 점차 약화되어 갔다.

2. 연해주 이주동포

(1) 민족운동의 터전 마련

① **러시아의 이주 장려** : 러시아는 변방개척을 위하여 처음에는 한국인의 연해주 이주를 허용하고 토지를 제공하기도 하여 이 곳 동포들의 삶은 만주 이주동포보다 좋은 조건이었다. 그리하여 많은 동포들이 정착하게 되어 민족운동을 추진할 수 있는 기반이 조성되었다.

② **한인 집단촌의 형성** : 1905년 이후 이주 한인들이 급증하여 여러 곳에 한인 집단촌이 형성되었으며, 많은 민족단체들과 학교가 설립되었다.

③ **국외 의병운동의 중심지** : 국내에서의 의병운동에 호응하여 의병활동을 전개함으로써 국외 의병운동의 중심지가 되었으며, 1910년에는 이곳에 연해주 의병의 통합체인 13도 의군이 결성되었다.

④ **대한광복군정부 결성(1914)** : 블라디보스토크에서 민족지도자들이 모여 대한광복군정부를 결성하였다.

⑤ **대한국민의회 조직** : 3 · 1운동 때에는 대한국민의회를 조직하여 손병희를 대통령으로 하는 정부를 수립하였다.

(2) 연해주 한인단체들의 수난

① **민족운동의 약화** : 1920년대 초에 시베리아 내전이 종식되고 볼셰비키가 정권을 장악한 후 한국인의 무장활동을 금지하고 **무장해제**를 강요함으로써 연해주에서의 민족운동은 약화되었다.

② **중앙아시아로 강제이주** : 1937년에는 연해주의 한인들이 소련 당국에 의해 중앙아시아로 강제이주되었고, 그 과정에서 수많은 한인들이 희생되고 재산을 잃어버렸다.

3. 일본 이주동포

(1) 시대적 배경

19세기말 일본으로 건너간 한인은 학문을 배우기 위한 **유학생**들이 주종을 이루었다. 일제가 우리 주권을 강탈하고 경제적 수탈을 강화하자, 생활터전을 상실한 농민들이 일본으로 건너가 산업노동자로 취업함으로써 그 수가 증가하였다.

(2) 일본 이주동포들의 참변

① **민족차별** : 우리 동포들은 일제의 자본가에게 착취당하면서 열악한 노동환경에서 고생을 하였으며, 일본인의 민족차별로 온갖 수모를 당해야 했다.

② **관동대학살(1923.9)** : 1923년 일본 관동지방에서 발생한 지진으로 인명과 재산상에 큰 피해를 입어 일본내 민심이 흉흉해졌다. 이 때 사회불안의 원인을 한국인의 탓으로 돌려 이로 인해 재일동포 6000여명이 일본인에게 학살당하는 대참사가 발생하였다.

4. 미주 이주동포

(1) 한인들의 미주 이민생활

한인들의 미주 이민은 20세기 초부터 시작되었다. 이주민들은 주로 남자들이었으며 농민출신이 많았다. 이들은 대부분 하와이로 이주하여 사탕수수 농장에 고용되었으며, 미국 서해안으로 이주한 사람들은 철도공사장, 채소농장 등에서 일하였다. 특히, 멕시코, 쿠바로 이주 한 사람들은 노예와 같은 생활을 하며 착취당하였다.

(2) 독립운동에 참여

이주민들은 어려운 생활 속에서도 민족의식이 투철하여 애국단체를 결성하고 독립운동 자금을 거두어 국내로 송금하는 일이 많았다. 뿐만 아니라, 신문사를 설립하고 신문과 잡지를 발행하여 애국심을 고취하였다.

① **대한인국민회 조직** : 1910년에는 통합단체인 **대한인국민회**를 조직하여 항일운동을 전개하였다. 이 단체는 미국 조야에 일제의 야만성을 폭로, 규탄하고 한국의 독립을 주장하는 외교활동도 활발히 전개하였다.

② **대한민국 임시정부 지원** : 1919년 대한민국 임시정부가 수립된 이후에는 각종 의연금을 거두어 임시정부에 송금하였으며, 임시정부의 외교기관인 **구미위원부의 활동**을 적극 지원하였다.

③ **태평양 전쟁 참전** : 제2차 세계대전 때에는 군사활동도 전개하여 **한인군**을 편성하였고, 많은 한인 청년들이 미국군에 자원 입대하여 태평양 전쟁에서 일본군과 싸웠다.

Focus Diagram

◆ 사회 · 경제적 민족운동

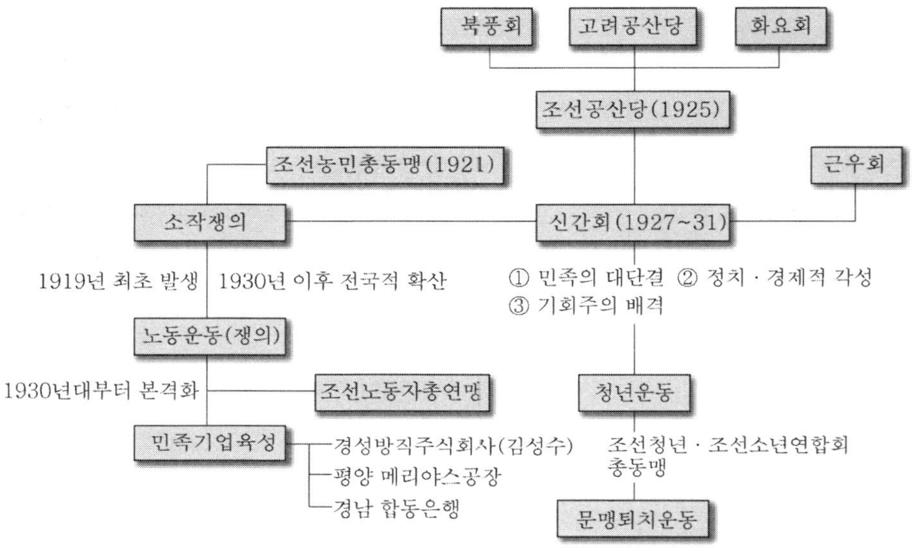

제5절 민족문화 수호운동

Digest

1. **민족문화 수호운동** : 일제하의 민족 수난기에 전개된 민족문화 수호운동은, 무력투쟁이나 정치, 외교투쟁과 마찬가지로 중요한 민족운동의 하나였다.
2. **국학연구 활동** : 민족지도자들은 국학연구에 힘써 민족의식을 고취하였고, 민족문화의 전통을 수호하려 하였다. 일제의 의도적인 민족사 왜곡에 대항하여 올바른 민족사연구에 심혈을 기울였으며, 문예활동면에서도 민족의식이 강력한 작품들을 통하여 애국심을 북돋우는 데 힘썼다.
3. **교육 · 종교활동** : 교육에서도 민족지도자들은 민족의식의 앙양과 교육기회의 확대를 위하여 여러모로 노력하였다. 그리고 종교분야에서는 천도교와 대종교의 지도자들이 민족정기의 선양에 힘썼고, 기독교나 불교도 근대의식의 고취에 앞장섰다.

제 1 항 식민지 문화정책

1. 우민화 교육과 언론정책

(1) 우민화 교육

① **식민 초기의 교육정책** : 일제는 교육에서도 황국신민화를 꾀하여 우리말 대신 일본어를 배우도록 강요하였고 각급 학교교과서는 일본침략의 정당성을 날조된 교과내용으로 편찬되었다. 그리고 민족주의 교육기관에 대한 감독을 한층 더 강화하고 식민지 통치에 유리한 초등교육에 중점을 두어 식민지통치에 유용한 하급기술 인력의 양성만을 꾀하였다.

② **중 · 일전쟁 이후의 식민지 교육정책** : 일제는 30년대 후반으로 갈수록 내선

일체(內鮮一體), **황국신민화**(皇國臣民化), **일선동조론**(日鮮同祖論)과 같은 내용으로 역사를 왜곡하고 이에 항거하는 조선인 교사, 학생들은 투옥되고 학교는 폐교되었다.

(2) 언론정책

① **언론의 탄압** : 한국인의 언론, 집회, 결사의 자유는 말할 것도 없이 박탈되었고 일제에 항거하는 신문은 모두 폐간조치되었다. 3·1운동 후 소위 문화통치에 의해 발행이 허용된 조선, 동아일보도 기사의 삭제, 정간, 폐간 등으로 온갖 박해를 받았다.

2. 한국사의 왜곡과 종교탄압

(1) 한국사의 왜곡

① **단군조선의 부정** : 우리의 민족사도 일제의 식민통치를 합리화하기 위한 방향으로 왜곡되어갔다. 특히 민족사의 근원이 되는 **고대사 부분의 왜곡**이 가장 심하여 단군조선이 부정되었다.

② **식민사관의 대두** : 한국사의 타율성과 정체성이 강조되어, 한국사의 자율성과 독창성 등이 완전히 외면당하였다.

Side Check

◈ 일본의 한국사 왜곡

타율성론	한국사는 외세의 간섭과 압력에 의해 타율적으로 전개→임나 일본부설, 만선(滿鮮)사관
정체성론	한국사는 사회·경제 구조에서 내적 발전 없이 전근대 단계에 정체→봉건 사회 결여론
당파성론	한국사의 오랜 당파 싸움은 민족성에 기인

(2) 종교활동의 탄압

종교활동 또한 탄압을 당하였는데 일제의 크리스트교세력 분쇄음모에 의해 소위 안악사건, 105인사건이 날조되었고, 3·1운동 이후에는 많은 교회지도자들이 독립운동에 가담한 혐의로 체포·투옥되었다. 특히, 1930년대 후반 이후에는 신사참배가 강요되었으며, 이를 반대하는 종교계통의 학교는 폐쇄되고, 기독교지도자들은 투옥되었다. 불교의 경우 사찰령, 승려법이 제정되어 많은 탄압을 받았고 천도교와 대종교 등의 민족종교는 일제의 간섭이 특히 심하여 활동의 자유가 제한되었다.

제2항 국학운동의 전개

1. 한글보급운동

(1) 조선어연구회(1921)

3·1운동 이후, 이윤재, 최현배 등은 국문연구소의 전통을 이어 조선어연구회(朝鮮語硏究會)를 조직하고 동인지 「한글」을 발행하는 등 국어연구에 박차를 가했다.

(2) 조선어학회(1931)

조선어연구회가 확대 발전하여 결성된 조선어학회(朝鮮語學會)는 1932년 한글맞춤법통일안의 제정, 표준어의 제정, 외래어표기법통일운동을 전개하였고, 1929년 가갸날(한글날)을 제정하는 등 한글대중화에 크게 기여하였다. 1929년부터 「우리말 큰사전」의 편찬에 들어가 1941년 일부 원고가 완성되었으나 일제의 탄압으로 중단되었다.

(3) 조선어학회사건(1942)

일제는 조선어학회를 독립운동단체로 지목하고 「우리말 큰사전」 편찬의 원고 카드를 몰수하고 이윤재, 최현배, 김윤경, 이희승 등 33명의 회원을 체포, 투옥하였다. 그 중 이윤재, 한증 등은 고문으로 옥사했다. 이로써 이 단체는 해산되었다. 이와 같은 한글보급운동은 항일운동인 동시에 민족문화수호의 측면에서 중요한 의의를 가진다.

2. 한국사의 연구

(1) 배 경

일제의 의해 우리 민족사가 심각하게 왜곡되고 부정적으로 부각되자, 민족주의 사학자들은 한민족의 기원을 밝히고 우리 문화의 우수성과 한국사의 주체적 발전을 강조하는 일련의 연구활동을 개시하였다.

(2) 민족주의 사학자들의 연구활동

① **박은식(朴殷植)** : 상하이에서 『한국통사』(韓國通史)를 저술하여 근대 이후 일본의 조선침략과정을 밝혔으며 『한국독립운동지혈사』(韓國獨立運動之血史)에서는 일제의 침략에 대항하여 투쟁한 한민족의 독립운동을 서술하였다. 특히 그의 역사관은 **'혼'**(魂)**사상**이 민족사의 핵심임을 강조했다.

② **신채호(申采浩)** : 『조선사연구초』(朝鮮史研究草), 『조선상고사』(朝鮮上古史) 등을 저술하여 민족주의 주체사학의 기반을 확립하였다. 그의 사관의 핵심은 **'낭가**(郎家)**사상'**이었다.

③ 그 밖에 신채호의 민족사관을 계승한 정인보(鄭寅普)는 **'얼'**을 지키기를 강조하는 입장에서 『조선사연구』(朝鮮史研究) 등의 저술을 통하여 식민사관에 대항하였고 문일평(文一平)은 **'조선심**(朝鮮心)**'**의 발로로 한국사를 이해하려 했으며, 안재홍, 장도빈 등도 민족주의 역사학을 계승, 발전시켰다.

Side Check

◈ 사회 경제 사학
① 유물 사관에 토대, 세계사의 보편적 발전 법칙에 입각한 한국사의 발전 강조
② **대표적 학자** : 백남운(조선사회경제사, 조선봉건사회경제사)
③ **의의** : 식민 사학의 정체성론 비판, 민족주의 사학의 정신사관 비판

(4) 청구학회와 진단학회

① **청구학회(靑丘學會)** : 일제 어용학자들이 주도하는 조선역사회로서 주로 식민사관(植民史觀)의 정립에 기여했다.

② **진단학회** : 조윤제(趙允濟), 이병도(李丙燾), 손진태(孫晋泰) 등이 진단학회(震檀學會)를 조직(1934)하고 청구학회를 비판대상으로 삼아 한국학연구에 힘썼다.

③ **진단학회의 활동** : 진단학회는 식민사관의 오류를 배격하고 민족사관의 편협성을 극복하고자 하였으며 다방면에 걸친 연구를 통해 근대적 역사관의 수립에 공헌하였으나, 한국 역사학의 방향을 실증사학으로 내몰았다.

Side Check

◈ 일제의 한국문화 왜곡단체
1. **고적조사위원회(1910)** : 관야정(關野貞) 등 일인사학자가 주체가 되어 경주·낙랑 등 각종 문화재를 발굴, 조사하고 목록을 만들어 『한자』(15권)를 편찬하였다.
2. **법전조사국(1912)** : 한국의 관습, 풍습, 의식동향을 연구하였고 3·1운동 이후에는 중추원으로 이관되었다.
3. **조선사편수회** : 한국사를 왜곡 서술하기 위해 총독부내 설치하였는데 『조선사』(朝鮮史 : 37권), 『조선사료총간』(朝鮮史料叢刊) : 21권, 『조선사료전집』(朝鮮史料全集) 등을 간행하였다.
4. **청구학회(1930)** : 한국·만주 등 극동문화를 연구하기 위해 일제관학자가 중심이 되어 조직하였다. 이들은 정체론·반도사관·만선사관 등 식민사관 정립에 혈안이 되었으며 학술지로 청구학총(靑丘學叢)을 발간하였다.

제 3 항 교육운동과 종교활동

1. 조선교육회

(1) 민족교육

일제는 초등교육의 취학에도 조선인을 제한하여 조선인 학생수는 전체 학생수의 1/6에 지나지 않았다. 3·1운동 후 일제식민통치의 변화로 시설 및 취학아동이 다소 늘어났으나 여전히 상급고등학교의 입학자격은 일본인 우선이 철저하게 지켜지는 차별교육이었다. 그래도 우리 민족계열의 교육기관들은 사립학교, 종교계학교, 개량서당, 야학으로서 열악한 교육조건과 싸워야 했다.

(2) 조선교육회의 창설(1920)

한국인 본위의 교육을 요구하는 민족적 요구에 부응하여 한규설, 이상재 등의 민족지도자들은 조선교육회를 조직하였다.

조선교육회는 조선에서의 고등교육기관이 전무함을 이유로 고등교육기관 설립을 조선총독부에 촉구하였다.

2. 민립대학 설립운동

(1) 민립대학 설립운동(1923)

1910년 윤치호(尹致昊)·남궁억(南宮檍) 등이 민립대학 설치를 요구하였으며, 1920년 이상재(李商宰)·장덕수(張德秀) 등이 조선교육협회(1920)를 조직하여 민립대학 건립을 결의하였고 1923년에는 이상재, 이승훈, 조만식 등이 중심이 되어 민립대학기성회를 조직하고 1천만원 기금조성운동을 펴나갔다. 이 기성회는 대학 설립이 한국인의 재력과 노력으로만 이루어져야 한다는 원칙을 세우고, 각지에 지방부 조직을 서둘렀다. 전 민족의 참여를 위하여 100여 개소에 지방조직이 구성되었으며, 만주, 미국, 하와이 등 해외에서도 모금운동이 전개되었다. 이 운동은 많은 사회단체의 후원으로 순조롭게 진행되었으나, 일제의 방해공작으로 중도에서 좌절되었다.

(2) 경성제국대학(京城帝國大學)의 설립

일제는 이 운동에 대항해 민립대학의 설립을 인가하지 않고 1922년 경성제국대학 설치령을 발표하고 경성제국대학을 세운 후(1926), 이를 구실로 민립대학 설립운동을 탄압함으로써 이 운동은 중단되고 말았다. 사실상 경성제국대학의 입학생 중에 조선인은 5% 이내였다.

3. 문맹퇴치운동

(1) 전 개

한말 애국계몽시대를 거치면서 한글의 급속한 보급으로 문맹률이 다소 낮아졌으나 일제가 조선을 식민지화 한 이래로 우민정책(愚民政策)을 취하게 되면서 선각자들에게 문맹문제가 심각하게 제기되기 시작했다. 3·1운동 이전에는 기독교계통의 주일학교와 기독교청년회(Y.M.C.A)가 중심이 되어 한글보급에 힘썼고 1920년대 전국 각지에서 야학(夜學)이 설립되고 민족언론인 조선일보(朝鮮日報)·동아일보(東亞日報)도 이 운동에 적극적으로 나섰다.

(2) 야학의 설립

당시 공립보통학교는 수용능력이 많이 제한되어 있었을 뿐만 아니라 학비가 비싸서 우리 노동자나 농민, 그리고 도시빈민에게는 교육의 기회가 주어질 수 없었다. 그리하여 1920년대에는 각지에 야학이 설립되었는데, 이들 야학은 민족주의색채가 강하여 가르치는 교과목도 조선어중심이었다. 그리고 어느 야학이건 우리말로 수업을 하였고, 우리글을 가장 중요시함으로써 공립학교와는 대조적이었다. 더욱이 이 야학은 미취학아동 뿐만 아니라 성인남녀까지 받아들여 민족교육기관으로서 중요한 몫을 차지하였다. 이에 일제는 민족주의 색채가 강한 야학을 탄압하여 문을 닫게 하였고, 이른바 '1면 1교주의'의 시책을 강행하여 공립보통학교를 증설하였으나, 이에 수용된 한국아동은 학령아동의 5분의 1에 지나지 않았다.

(3) 조선일보의 활동

"아는 것이 힘, 배워야 산다."라는 표어를 내걸고 방학 중에 귀향하는 중등 이상의 남녀학생을 동원하여 전국 각지에서 **문자보급운동**을 전개하여 문맹 퇴치에 힘쓰도록 하였다.

(4) 동아일보의 활동

동아일보는 **브나로드운동**(Vnarod Movement : 민중 속으로)을 전개하여 2천만 동포중 1천 6백만이 문맹자임을 타개하기 위해 우리글을 가르치고 미신타파, 구습제거, 근검절약 등 생활개선을 꾀하려고 하였다.

Side Check

◈ 브나로드 운동
브나로드(Vnarod)라는 말은 원래 러시아어로 '민중 속으로'라는 뜻이다. 동아일보가 전개한 문맹퇴치운동은 민중의 생활개선과 문화생활을 계몽하려는 의도에서 그 어원을 그대로 사용하였던 것이다.

(5) 조선어학회의 강습회

조선어학회도 이 운동에 적극 참여하여 협조를 아끼지 않았다. 문자보급운동에 사용될 교재를 만들었으며, 대부분 사립학교교원으로 있던 조선어학회회원들은 솔선하여 전국을 순회하면서 한글강습회를 열었다.

(6) 결 과

이 운동이 전국적인 민족운동으로 확대되어 가자 조선총독부의 탄압이 가혹해졌고, 결국에는 대규모의 순회강습이나 문맹퇴치운동도 금지한다는 명령이 내려져, 민족교육운동으로서의 문맹퇴치운동은 막을 내리지 않을 수 없게 되었다.

4. 과학 대중화운동

(1) 과학교육의 필요성 대두

① 식민지교육

㉠ 일제의 식민지교육이 한국인을 식민통치에 유용한 하급기술인력으로 양성하는 데 목적을 두었기 때문에 진정한 과학교육은 시행되지 못하였다.

㉡ 고등과학교육기관으로는 경성제국대학 뿐이었고, 이 밖에는 기능인의 양성을 목적으로 하는 전문학교가 고작이었다. 따라서 한국인을 위한 과학교육이 절실하게 요청되었다.

② 3·1운동 이후 세계열강이 부국강병의 수단을 과학기술의 진흥에서 구하였다는 사실을 인식하게 된 민족지도자들은 우리 민족이 살아남을 수 있는 지름길은 과학의 진흥에 있다고 보았다.

③ 이러한 시기에 안창남의 고국방문비행은 우리 민족에게 큰 감명과 충격을 안겨주었다. 그의 비행술은 "우리도 하면 된다"는 자신과 긍지를 온 국민에게 심어 주었다.

④ 동아일보를 비롯한 민족지와 잡지 등에서도 과학의 대중화를 주장하였다.

(2) 과학단체의 설립

① **발명학회와 과학문명보급회 창립(1924)** : 이들 단체는 과학의 중요성을 국민에게 계몽하면서 민립대학과 연구기관의 설립, 외국유학의 장려를 위한 기금적립을 추진하였다.

② **발명학회의 활동과 강제 흡수**

㉠ 과학종합잡지인 과학조선을 창간하고, 과학의 날을 정하여 전국적으로 과학행사를 가졌다.

㉡ 과학지식보급회를 설립하여 생활의 과학화, 과학의 대중화를 주장하였으며, 과학도서의 편찬과 간행, 강연회, 전시회 등의 개최에 노력하였다.

㉢ 주요도시에 지부를 설치하고 조직을 확대해 나갔으나, 1930년대 말 일제의

강요로 일제가 만든 과학단체에 강제로 흡수되고 말았다.

5. 종교활동

(1) 개신교(改新敎)

우리나라의 개신교는 국권피탈 이후 경제, 사회, 교육 등 각 방면에 걸쳐 민족운동을 전개하여 일제의 탄압을 받았다. 일제말기에는 **신사참배운동을 거부**함으로써 그 지도자의 일부가 체포, 투옥당하기도 하였다.

(2) 천주교(天主敎)

① 개화기 이래 전개해 온 고아원, 양로원 등 사회사업을 계속 확대시켜 가면서 **경향**이라는 잡지를 발간, 민중계몽에 이바지하였다.

② 일부 천주교도들은 만주에서 활약하고 있던 항일운동단체인 **의민단**(義民團)을 조직하고 무력투쟁에 나서기도 하였다.

(3) 천도교(天道敎)

동학의 후신인 천도교 지도자들은 **제2의 3·1운동을 계획**하였으며 언론, 출판, 계몽 등 사회운동을 전개하여 민족 문화발달과 수호에 크게 이바지하였다.

> 자주 독립 선언문
>
> 존경하는 천도교인과 민중 여러분!
> 우리 대한은 당당한 자주 독립국이며, 평화를 애호하는 세계의 으뜸 국민임을 재차 선언합니다. 지난 기미년의 독립 만세 운동은 곧 우리의 전통적인 독립의 의지를 만방에 천명한 것이고, 국제 정세의 순리에 병진하는 자유, 정의, 진리의 함성이었습니다. 그럼에도 불구하고, 일본의 무력적인 압박으로 말미암아 우리의 자유와 평등을 주장한 자주 독립 운동은 가슴 아프게도 꺾였습니다. …(중략)… 우리의 독립을 위한 투쟁은 이제부터가 더욱 의미가 있고 중요합니다. 뜻맞는 동지끼리 다시 모여 기미년의 감격을 재현하기 위해 다시 일어나, 끝까지 조국의 독립을 위해 신명을 바칠 것을 결의하고 선언합니다. …(후략)…

(4) 대종교(大倧敎)

1909년 오기호, 나철 등에 의해 조직된 종교단체인 대종교는 1911년 만주의 항일무장단체인 **중광단**(重光團)을 결성하였으며 3·1운동 이후에는 조직을 확대, 개편하여 무장독립전쟁을 전개하였다.

(5) 불교(佛敎)

① 호국불교의 전통을 이어온 불교계도 3·1운동에 참여하였고 한용운 등은 불교 혁신운동을 펼쳐, 한국불교를 일본불교에 통합하려는 총독부의 정책에 맞섰다.

② 박중빈(朴重彬)은 **원불교**(圓佛敎)를 창시(1916)하고 **개간사업과 저축사업**을 전개하여 민족의 자립정신을 일깨웠으며 남녀평등, 허례허식의 폐지 등 **새생활운동**을 전개하였다.

제4항 문예운동

1. 문학활동

(1) 근대문학의 전개

일제의 식민 지배 아래서 우리나라의 근대 문학은 자유로운 활동이 제한되었다. 그러나 그 속에서도 계몽 의식과 자주사상을 고취시키는 문학 활동이 활발하게 전개되었다.

(2) 우리나라 근대문학의 선구

1910년대의 대표적인 작가는 최남선과 이광수이다. 최남선은 새로운 시 형태를 꾀하여 근대시의 발전에 공헌하였으며, 언문일치의 우리말 문장을 확립하는 데 선구적인 역할을 하였다. 이광수는 그의 소설 무정이 계몽기의 신문학을 총결산할 만한 작품이라 평가될 정도로 이 시기의 대표적인 작가였다.

(3) 근대문학의 발전

① 한용운, 신채호, 김소월, 염상섭 등은 전통문학의 바탕 위에서 근대문학으로 승화, 발전시키는 데 심혈을 기울였고 자주독립의 신념을 북돋아 주었다.

② 심훈(沈熏), 이육사(李陸史), 윤동주(尹東柱) 등도 저항의식을 담은 작품을 발표하여 민족의식을 일깨워 주었다.

③ 3·1운동 이후 「창조」(創造, 1919, 김동인-자연주의), 「폐허」(廢墟, 1920, 염상섭-퇴폐주의), 「백조」(白潮, 1922, 박종화-낭만주의) 등의 동인지와 「개벽」(開闢, 1920, 박영희-사실주의), 「조선지광」(朝鮮之光) 등의 종합잡지가 간행되었는데 독립운동의 사실들을 지면에 실음으로써 일제의 탄압을 받았다.

④ 1920년대 중반기에는 신경향파문학(新傾向派文學)이 대두되어 계급적인 리얼리즘문학이 유행하였다.

⑤ 1930년대로 들어서면서 문학분야도 소설, 희곡, 평론, 수필 등 다양해지고 세련미를 갖추게 되었다.

Side Check

◈ 문학 사조의 발전

문학의 사조	자연주의(自然主義)	김동인·전영택 등을 중심으로 1919년 2월 한국 최초의 문예 동인지이며 자연주의 문학지인 『창조』(創造)를 간행, 우상과 권위를 부정
	퇴폐주의(頹廢主義)	염상섭·김억·오상순 등 1920년 7월 『폐허』(廢墟)를 간행하면서 퇴폐·허무를 주제로 한 작품을 발표하였다. 이 사조는 3·1운동 실패에 따른 민족적 실의 절망을 반영하였다.
	낭만주의(浪漫主義)	박종화·이상화 등이 1922년 1월 『백조』(白潮)를 간행하면서 병적인 감상, 꿈세계의 동경, 상징적인 언어를 유미적으로 나열하였다.
	사실주의(寫實主義)	현진건·염상섭 등이 1920년 6월 『개벽』(開闢)을 간행하여 인간생활의 모든 면을 사실적, 객관적으로 묘사하였다.
	프로(KAPF)문학	1920년대 사회주의 사조가 들어오면서 의식화된 시가 발표되었는데 김기진, 박영희 등이 예술운동(藝術運動)을 간행하면서 조직적·전투적 계급의식을 노래하였다.
	순수문학(純粹文學)	1933년 8월, 신경향파(KAPF)문학에 대항하여 이효석 등이 九人會를 조직하여 『문장』(文章)과 『인문평론』(人文評論)을 발간하였다.

2. 민족예술

(1) 음 악

안익태(安益泰)가 애국가를, 홍난파(洪蘭坡)가 봉선화를 작곡하는 등 당시 음악인들은 일제의 억눌린 민족적 감정을 표현하고자 노력하였다.

(2) 미 술

안중식(安中植) 등이 한국의 동양화를 전승, 계승시켰으며, 서양화는 이중섭(李仲燮)과 같은 화가가 배출되었다.

(3) 연 극

토월회(土月會)가 조직된 이래 많은 신극단체들이 결성되었고 연극을 통한 민족 운동을 전개하였다(1923).

Side Check

◈ 토월회
도쿄 유학생들이 조직한 아마추어 연극 단체로 신극 운동을 전개하였다. 남녀평등, 봉건적 유교사상 비판, 일제에 대한 저항을 담은 신극 작품을 공연하였으나 재정난으로 1926년 해체되었다.

(4) 영 화

영화에서는 나운규(羅雲奎)가 아리랑 등의 작품을 통하여 민족의 애환과 저항의식을 고취하였으며, 한국영화의 터전을 마련하였다.

Focus Diagram

◆ 민족문화 수호운동

- 민족문화 수호운동
  - 조선어연구회 (1921)
    - 강습회, 강연회
    - 「한글」=잡지간행
  - 조선어학회 (1931)
    - 한글교재 출간
    - 한글맞춤법통일안
    - 이윤재, 한중 등 33인 투옥
  - 식민사관: 조선사 편수회, 청구학회, 고적조사위원회
    - 민족주의 사학의 발전 / 한국사의 기원 규명 / 한국사의 주체성
    - 박은식 <혼사상>
    - 신채호 <낭가사상>
    - 정인보 <조선의 얼>
    - 문일평 <조선심>
    - 진단학회
  - 기독교: 신사참배 거부운동
  - 천주교: 「경향발간」, 의민단 투쟁
  - 천도교: 제2의 3 · 1운동 계획, 언론 · 출판
  - 대종교: 중광단 결성→3 · 1운동 후 북로 군정서
  - 불교: 한용운, 박중빈(원불교 창시)
  - 문예활동
    - 문 학: 이광수, 최남선
    - 예 술: 안익태, 홍난파, 안중식, 이중섭, 토월회

사학자	저 서
박은식	「한국통사」 「한국독립운동지혈사」
신채호	「독사신론」 「조선사연구초」 「조선상고사」 「조선혁명선언초」
정인보	「조선사연구」
문일평	「한 · 미50년사」
안재홍	「조선상고사감」

제9장

현대사회의 발전

경부고속국도

단원개관

1. 우리 민족은 국내외민족독립운동과 연합군의 승리로 1945년 광복을 맞이하게 되었다. 그러나 한반도에 주둔한 미・소양군의 38도선 분할로 남북이 분단되어 통일된 민족국가를 이루지 못하였다.
2. 강대국간의 동・서냉전의 치열한 경쟁 속에서 우리 민족은 분단된 상태에서 남쪽에서는 대한민국을, 북쪽에서는 공산정권을 각기 수립하였다. 그 과정에서 자유주의세력과 공산주의세력 사이에 치열한 대결을 겪었으며, 공산주의자들의 남침으로 6・25전쟁이 일어났다.
3. 우리나라에서는 이승만정부의 독재에 대항하여 자유민주주의를 수호하기 위한 4・19 혁명이 일어났다. 그러나 5・16군사정변으로 민주주의 발전이 시련을 겪게 되었다. 경제면에서는 산업화가 지속적으로 추진되어 오늘날 선진국의 문턱에 이르게 되었다.

최근출제경향

출제빈도가 그리 높은 편은 아니나 각 시험마다 1~2 문제정도 출제되므로 꼼꼼히 정리해 두어야 한다. 우리나라 헌정사와 토지개혁에 관해 출제가 자주 되고 있으며 농지개혁법의 특징을 묻는 문제가 출제된 바 있다.

우리나라	연 대	다른 나라
(1945) 8・15광복	1945	(1945) 유엔 창설
(1948) 대한민국정부수립, 이승만정부 수립		(1948) 세계인권선언
(1950) 6・25전쟁	1950	(1950) 유엔, 한국에 유엔군 파견
(1953) 휴전협정 조인		
(1960) 4・19혁명, 장면내각 성립	1960	
(1961) 5・16군사정변		(1961) 소련, 유인인공위성 발사
(1963) 박정희정부 수립		
(1972) 7・4남북공동성명, 10월유신	1970	(1972) 닉슨, 중국 방문
		(1975) 베트남전쟁 종식
(1981) 전두환정부 수립	1980	
(1988) 노태우정부 성립, 제24회 서울올림픽대회 개최		(1986) 필리핀, 민주혁명 (1989) 베를린장벽 붕괴
(1991) 남북한 유엔동시가입	1990	(1990) 독일 통일
(1993) 김영삼정부 출범		(1992) 소련연방 해체
(1995) 유엔안보리 비상임이사국으로 피선		(1993) 우루과이라운드 타결
		(1995) 세계무역기구 출범

제1절 현대사회의 성립

Digest

1. **광복** : 1945년 조국의 광복은 우리 민족이 독립을 이룩하기 위해서 국내외에서 줄기차게 전개한 독립운동과 미국, 소련 등 연합군의 일본에 대한 군사적 승리의 결과였다.
2. **남북분단** : 광복직후 미군과 소련군이 한반도에 주둔하여 38도선으로 남북을 분단시켰기 때문에 통일민족국가의 수립은 쉽지 않았다.
3. **군정실시** : 남한에서는 미군에 의하여 군정이 실시되었고, 북한에서는 소련군에 의하여 군정이 실시되었다. 이러한 가운데 모스크바 3상회의에서 한국에 대한 신탁통치가 결의되었으며, 이에 대하여 우리 민족은 반탁운동을 적극적으로 전개하였다.

제1항 현대의 세계

1. 냉전체제

(1) 동 · 서 냉전체제 형성

① 동 · 서진영의 대립

㉠ 제2차 세계대전 이후 유럽세력은 크게 약화되었다.

㉡ 세계는 미국을 중심으로 하는 자유민주주의진영과 소련을 중심으로 하는 공산주의진영으로 나누어졌다.

㉢ 두 진영의 날카로운 대립으로 냉전체제가 형성되었고, 이로써 국제적 대립과 긴장상태가 상당기간 지속되었다.

② 유럽에서의 냉전

㉠ 유럽에서의 냉전은 소련의 베를린봉쇄로 격화되었다. 미국과 서유럽의 자유주의 국가들은 북대서양조약기구(NATO)를 결성하였다.

㉡ 이에 맞서 소련과 동유럽의 공산주의국가들은 바르샤바조약기구(WTO)를 창설하여 나토에 대항하였다.

③ 아시아지역

㉠ 아시아에서도 중국본토가 공산화되는 등 공산주의세력이 확대되어 미국과 소련 사이의 대립이 심해졌다.

㉡ 미국은 동남아시아조약기구(SEATC) 등을 결성하여 집단방위체제를 형성하였다.

(2) 냉전체제의 완화

① 소련의 노력

㉠ 동·서 냉전체제는 스탈린이 죽은 후 소련의 실권자가 된 흐루시초프의 등장으로 약간 누그러지는 듯하였다. 그는 형식적이나마 평화공존을 표방하였고, 미국을 방문하여 미국 대통령 아이젠하워와 정상회담도 가졌다.

㉡ 이러한 가운데 쿠바 위기와 베트남전쟁 등이 발생하여 동·서 냉전체제는 여전히 지속되었다.

② 미국의 노력

㉠ 미국 대통령 닉슨은 공산국가에 대하여 융통성 있게 대처하려는 닉슨독트린을 발표하였다(1969).

㉡ 닉슨은 베트남에서 미군을 철수하고 중국의 유엔가입을 승인하였다. 또 그는 중국을 방문하여 냉전체제의 완화에 이바지하였다.

(3) 냉전체제의 붕괴

① 1980년대에 소련의 실권자인 고르바초프는 개방과 개혁을 내세우고 공산주의체제의 변혁을 추구하였다.

② 동부유럽의 공산체제가 붕괴되고 분단되었던 동독이 서독에게 흡수되는 독일의 통일이 이루어졌다.

③ 이념의 대립이 약화되고 화해의 분위기가 조성되어 마침내 냉전체제는 붕괴되었다.

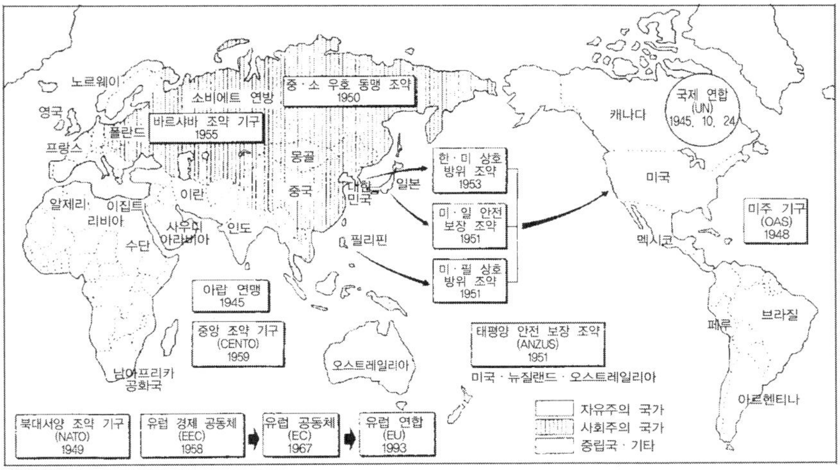

제2차 세계대전 이후의 세계

2. 제 3 세계의 대두

(1) 아시아·아프리카 식민지들의 독립

① 20세기 중반 세계사의 흐름은 아시아·아프리카의 각성과 민족주의의 발전, 그리고 이에 따른 반제국주의와 반식민주의 운동이었다.

② 이러한 흐름 속에서 제2차 세계대전 이후 대다수의 아시아, 아프리카 식민지들은 독립하게 되었다.

(2) 제3세계(제3세력)의 형성

① 아시아, 아프리카의 신생독립국들은 인도네시아의 반둥에서 회의를 개최하고(1955) 비동맹 중립노선의 제3세계 또는 제3세력을 형성하기도 하였다.

② 반둥회의에서는 반식민주의, 민족주의, 평화공존 등의 평화 10원칙을 채택

하였다.

③ 제3세계의 대두는 아시아, 아프리카의 민족적인 각성을 과시하고 자주적인 입장을 표명하였다는 점에서 큰 의의가 있으며 국제연합 내의 세력분포에도 큰 변화를 초래하여 국제정치의 판도에도 영향을 끼쳤다.

(3) 유럽의 통합

① 제2차 세계대전 이후 유럽에서 나타난 중요한 흐름은 유럽통합의 움직임이었다. 이는 1960년대에 이르러 유럽공동체(EC)로 발전하였다.

② 유럽공동체는 영국, 덴마크 등의 가입으로 그 규모가 확대되었으며, 오늘날에는 유럽연합(EU)으로 발전하고 있다.

제 2 항 한국의 현대사회

1. 광복직전의 건국준비활동

(1) 건국준비활동의 배경

국내외에서 민족독립운동을 추진하던 단체들은 제2차 세계대전에서 일제의 패색이 짙어짐을 인식하게 되자 국내의 여운형(呂運亨)과 장덕수(張德秀) 그리고 송진우(宋鎭宇) 등과 임시정부의 김구(金九) 등 국내외의 제 단체들이 건국을 위한 준비작업을 서둘렀다.

(2) 국내외에서의 건국준비활동

① **상하이 임시정부** : 임시정부는 민족주의계열의 독립운동단체들을 통합하여 **한국독립당**(韓國獨立黨)을 결성하고 1941년에 조소앙의 삼균주의를 바탕으로 한 대한민국 건국강령을 제정, 공포하였다. 이 강령은 보통선거를 통한 민주공화국의 수립과 정치·경제·교육의 균등 등을 규정하였다. 또 임시정부는 김원봉의 조선민족혁명당의 조선의용대를 끌어들여 한국광복군(韓國光復軍)을 보강하고

항일전에 적극적으로 뛰어들었다.

② **좌익계열** : 중국의 화북지방에서는 사회주의계열의 독립운동가들이 **조선독립동맹**(朝鮮獨立同盟)을 결성하고 그 밑에 조선의용군(朝鮮義勇軍)을 거느렸다. 이 동맹도 보통선거에 의한 민주공화국의 수립을 건국강령으로 제시하였다.

③ **국내** : 국내에서는 일제의 가혹한 탄압속에서 여운형이 중심이 되어 **조선건국동맹**(朝鮮建國同盟)을 결성하고 과도시기의 치안과 자유로운 경선을 통한 지도자의 선출을 자임하고 활동에 나섰다.

④ **공통점** : 결과적으로 1944~1945년 시기의 국내외 독립운동단체들은 일제의 패망 후에 **민주공화국을 수립**한다는 데 뜻을 같이 하였다.

Side Check

◈ 삼균주의

조소앙이 독립운동의 기본 방략 및 조국 건설의 지침으로 삼기 위하여 체계화한 민족주의적 정치사상이다. 삼균이란 개인과 개인, 민족과 민족, 국가와 국가 간의 완전한 균등을 말하는데, 이는 정치적·경제적·교육적 균등을 실현함으로써 가능하다고 하였다.

조선독립동맹과 조선건국동맹

구 분	조선독립동맹	조선건국동맹
성립배경	1. 1942년 7월 중국 화북지방에서 결성 2. 김두봉, 무정 등 사회주의 인사들이 결성	1. 1944년 국내에서 결성 2. 중도좌파인 여운형을 중심으로 결성
강 령	1. 보통선거에 의한 민주공화국 수립 2. 모든 정치적 자유보장 3. 대기업의 국유화와 토지분배 4. 남녀평등, 의무교육, 8시간 노동제	1. 보통선거에 의한 민주공화국 수립 2. 조선독립을 저해하는 반동세력의 박멸 3. 과도기 치안과 자유경선을 통한 지도자의 선출
활 동	1. 조선의용군을 주력으로 일본군과 격전 2. 국내진공작전 준비	1. 농민동맹결성 2. 반일세력 결집 노력 3. 공출, 징용반대 투쟁

2. 8 · 15광복

(1) 광복의 요인

① **줄기찬 독립운동의 전개** : 민족의 독립운동은 모든 분야에 걸쳐 무장투쟁, 외교활동, 민족문화수호운동, 실력양성 등의 방법으로 줄기차게 전개되었으며 특히 제2차 세계대전 중 대한민국 임시정부는 대일선전포고를 하고 연합국과 함께 참전함으로써 국제적으로 한국의 독립을 보장받았다.

② **일본의 무조건 항복** : 태평양전선에서 연합군은 1943년 미드웨이해전을 승리로 이끌면서 전세를 역전시키고 일본본토 공격이 시작되었다. 1945년 8월 6일 히로시마에 이어 나가사끼에 대한 원폭투하와 1945년 8월 9일 소련의 스탈린이 대일참전을 단행함으로써 일본은 전의를 상실하고 8월 15일 무조건 항복을 선언하였다.

(2) 의 의

1945년 8월 15일 마침내 우리 민족은 일본제국주의 지배하에서 벗어나 광복을 맞이하였다. 우리 민족의 광복은 연합국의 승리가 가져온 결과이기도 하지만, 국내외에서 꾸준히 전개한 독립운동의 결과이기도 하다.

3. 국토의 분단

(1) 한국독립의 국제적 논의

① **카이로(Cairo)회담(1943.11.27)** : 제2차 세계대전 중에 미국, 영국, 중국 등 3국수뇌가 이집트의 카이로에서 한국문제를 논의하고 "적당한 시기에 한국을 해방시키고 독립시킬 것"(…in due course Korea shall become free and independent…)을 선언하였다.

Side Check

◈ 카이로선언의 내용
1. 연합군은 영토확장의 야심이 없다.
2. 일본은 침략전쟁에서 얻은 모든 영토를 포기할 것
3. 미국, 영국, 중국의 3국은 한국의 노예상태에 유의하여 적당한 방법으로 독립을 줄 것이다.
4. 일본의 무조건 항복을 요구한다.

② **얄타(Yalta)비밀회담(1945.2)** : 1945년 2월에 미국의 루즈벨트(R. Roosevelt), 영국의 처칠(Churchill), 그리고 소련의 스탈린(J. Stalin)이 소련의 얄타에서 협정을 체결하였다. 그 협정에서 소련의 대일참전과 **한국의 38도선 분할**을 결정하였다.

③ **포츠담(Potsdam)선언(1945.7.26)** : 1945년 7월 26일에 독일의 포츠담에서 미·영·중·소 4국의 수뇌가 카이로선언의 각 조항을 충실히 이행하기로 함으로써 카이로선언을 재확인하였다.

(2) 국토의 분단

① **소련군의 점령** : 얄타비밀협정에 따라 소련군은 8월 초 38도선 이북지역을 점령하고 일본군의 무장을 해제시켰다. 그리고 곧 평양에 소련군정청이 설치되고 소련군에 의해 군정이 실시되었다.

② **미국의 남한 점령** : 9월에 미국은 일본본토를 점령하고 곧장 인천에 상륙하여 남한내 일본군을 무장 해제시키고 총독부를 대신하여 군정을 실시하였다. 이러한 사실은 우리나라에 민주주의 정치질서와 제도, 서양의 과학정신, 개인주의적 사고방식이 들어오는 계기가 되었다.

③ **분할통치** : 우리 민족은 자주독립국가를 이룩할 수 있는 능력을 가졌음에도 불구하고, 강대국의 이익에 따라 미군과 소련군에 의해 분할통치가 시작되었고 독립을 열망하는 온 국민에게 실망을 안겨 주었다.

(3) 미·소 군정하의 정세

① **군정(軍政)실시** : 얄타회담에 따라 남북한에서는 미군(9월 11일)과 소련군

(8월 20일)에 의해 각각 군정이 실시되었다. 미군정 훈령(訓令)과 태평양 미군총사령관 포고 1호로 시작된 미군정은 아놀드(A. Arnold) 소장을 군정장관으로 임명하였고 소련군은 지스카야코프대장을 군정책임자로 내세웠다.

② **정국의 혼란** : 미군정 하에서의 남한은 해외에 살던 많은 동포들이 귀국하고 망명 생활을 하던 독립투사들도 귀국하여 정치에 참여함으로써 정국은 복잡하게 전개되었다.

㊟ **미군정 당시의 남한내 정당** : 한국민주당(宋鎭宇)·국민당(安在鴻)·조선인민당(呂運亨)·조선공산당(朴憲永)

③ **사회불안의 고조** : 남한내에 존재해 왔던 박헌영(朴憲永) 지도하의 남로당(南勞黨)과 공산주의자들이 공작활동이 활발해지면서 사회불안은 날로 고조되었다.

④ **김일성의 정권장악** : 한편, 북한은 소련군의 지원을 받던 갑산파(甲山波)의 김일성(金日成)이 세력을 급속하게 팽창하여 조선공산당북조선분국(朝鮮共產黨北朝鮮分局)의 현준혁과 민족주의자 조만식을 숙청하거나 여타 좌익계열의 흡수를 통해 독재정권을 구축해 갔다.

㊟ **당시의 북한내의 정파** : 당시의 북한내에서는 조만식 등의 민족주의자, 연안에서 조선독립동맹을 조직하여 활동한 김두봉·무정 등의 연안파, 박헌영 등의 토착 공산주의세력(국내파), 허가이를 중심으로 한 소련파, 김일성을 우두머리로 한만국경지대에서 게릴라전을 벌이다 시베리아로 들어가 2차대전 때 소련군에 편입된 갑산파가 있었다.

Side Check

◈ 미군정하의 일반명령

1. **일반명령 1호(8·15)** : 8월 12일 소련군이 청진으로 남하하자 미국은 38° 선을 긴급 제의하였고 소련은 이에 동의하였다. 극동군사령관 맥아더(MacArther)사령부는 일반명령 1호를 포고하여 38도선 이남은 미군이 접수한다고 공포하였다.
2. **일반명령 2호** : 미군은 서울에 군정청을 설치하고 소위 일반명령 2호를 포고하여 남한내 모든 정치단체는 인정하지 않으며 국외 독립단체도 개인자격으로 입국해야 한다는 골자의 포고문을 발표하였다.

4. 신탁통치문제

(1) 모스크바 3상회의(1945. 12)

국토분단과 미·소 양군의 통치가 실시되는 가운데 모스크바에서 열린 미국, 영국, 소련의 3국외상회의에서 향후 5년간 한반도에 신탁통치(信託統治 : 미국, 영국, 중국, 소련)를 실시한다는 결정과 임시민주정부수립을 위한 미·소공동위원회의 개최를 결의하였다.

① **국내의 파문** : 우리 민족의 역사적 전통과 능력을 무시한 이 결정은 우리 민족을 분노하게 하였다. 곧이어 신탁통치반대 국민총동원위원회가 결성되어 반탁운동이 전국적으로 확산되었다. 이는 제2의 광복운동과 같은 성격을 띠게 되었다.

② **좌익계열의 찬탁노선** : 처음에는 사회주의자들도 반탁운동(反託運動)을 벌였으나 소련의 지령에 따라 곧 찬탁으로 돌아서서 많은 반탁론자에게 빈축과 실망을 샀다.

(2) 미·소공동위원회 개최(1946.3~1947.10)

한국문제가 반탁운동으로 난관에 부딪히자 두 차례에 걸쳐 미·소공동위원회가 서울(덕수궁)에서 개최, 찬·반탁문제를 숙의하였다.

① **1차 회의(1946.3)** : 미국의 아사드와 소련의 스티코프는 덕수궁에서 회의를 열어 신탁통치하의 임시정부수립을 위한 한국내의 정치단체의 참여 범위를 논의했는데 소련측은 반탁운동을 한 정당사회단체는 한국 임시정부수립을 위한 협의대상에서 제외하자는 주장을 하였고 미국측은 이들도 참가하여야 한다는 주장을 함으로써 결국 결렬되었다. 소련의 신탁통치를 지지하는 공산당만을 임시정부수립에 참여시키려는 의도였다.

② **2차 회의(1947.5)** : 미국의 브라운과 소련의 스티코프가 협상을 벌인 2차 회의 역시 소련의 반탁단체제외 주장으로 결렬되었다. 이에 미국은 한국문제를 UN에 제출하여 UN 감시하의 총선으로 유도해갔다.

(3) 좌우합작 운동

① **배경** : 미·소공동위원회가 결렬되고, 남한 단독정부 수립을 주장한 이승만의 정읍발언이 배경이 되었다.

② **목적** : 미 군정청은 자신들의 지지 기반을 강화하기 위하여 중도 세력을 중심으로 정계를 개편하려고 하였다.

• 좌우합작위원회 결성(1946.7) : 중도우익(김규식), 중도좌익(여운형) 중심

• 좌우합작 7원칙 발표(1946.10) : 임시정부 수립, 토지 및 친일파 문제 조정

③ **반응** : 한국독립당은 찬성하였고, 이승만은 조건부로 찬성하였으며 한민당과 조선공산당은 반대 입장을 표명하였다.

④ **결과** : 좌우합작운동의 핵심 인사인 여운형이 피살되자 좌우합작위원회는 구심점을 잃어 활동이 중지되었다.

제2절 대한민국의 수립

Digest

1. **정부수립** : 1945년 민족의 줄기찬 독립운동과 연합군의 승전으로 광복을 맞은 우리민족은 새나라 건설에 매진하게 되었다. 그러나 미군과 소련군의 한반도 진주와 38도선 분할로 남한에는 민족의 정통성을 계승한 대한민국이 수립되었고 북한에는 공산정권이 들어섰다.
2. **대한민국의 정통성** : 1948년에 우리 국민의 총의에 의한 선거로 수립된 대한민국은 역사적으로 대한민국 임시정부의 법통을 계승하였으며, 정치적으로는 자유민주주의를, 경제적으로는 자본주의를 기본으로 삼았다. 그러나 국토분단과 6·25전쟁으로 우리나라는 적지 않은 어려움을 겪게 되었다.

제1항 대한민국의 수립

1. 유엔 한국임시위원단의 활동

(1) 미 · 소의 이견

① 미 · 소공동위원회의 실패로 미국과 소련은 각기 남북한에서 별도의 정부를 세우는데 관심을 가지게 되었다.

② 소련은 북한에서 공산주의자들에 의한 사실상의 정부를 세워 통치체제를 확립하였으며, 이를 남한으로 확대하려고 노력하였다.

③ 광복 이후 공산당을 중심으로 하는 공산주의 활동은 점점 무력투쟁의 양상을 보여주게 되었다.

④ 이승만 등의 정치지도자들은 시급히 독립국가를 수립하여 모든 국민의 열망을 성취해야 한다고 주장했다.

(2) 유엔 한국 임시위원단 구성

① 미 · 소공동위원회의 결렬로 미국과 소련이 한반도에서 통일정부를 수립하는 문제에 관해 의견을 달리하게 되자, 미국은 한반도문제를 유엔에 이관하기로 결정하였다.

② 유엔은 한반도에서 합법적이고 정통성 있는 정부수립을 위해 유엔 한국 임시위원단을 구성하고 선거를 통해 통일된 독립정부를 한반도에서 수립하도록 하였다.

③ 소련은 남한까지도 공산화하려 하였기 때문에 이 제안에 반대하였으며, 유엔 한국 임시위원단이 북한에 들어오는 것조차 거절하였다.

④ 이에 유엔은 우선 선거가 가능한 지역에서만이라도 총선거를 실시하여 정부를 수립하도록 결정하였다.

2. 대한민국 정부수립

(1) 배 경

남북한에서 총선거를 실시하여 통일된 정부를 수립하려는 유엔의 결의는 소련과 공산주의자들이 반대하였기 때문에 남한에서만 선거가 실시될 수밖에 없었다.

(2) 남북협상(南北協商)의 실패

사태가 분리선거로 발전하자 김구(金九), 김규식(金奎植) 등은 통일정부수립을 위해 평양에서 김일성과 회담하였으나, 아무런 성과없이 끝나고 말았다. 김구 암살의 충격이 가시기도 전에 이승만은 전라도 정읍에서 남한만의 단독선거를 통한 정부수립을 주장하였다.

(3) 5 · 10총선거와 대한민국정부의 탄생

① **5 · 10총선거** : 1948년 5월 10일 남한만의 단독선거가 거행되고 제헌국회(制憲國會)가 탄생하였다. 제헌국회는 1948년 5월 21일 제헌의회가 열려 의장에 이승만, 부의장에 신익희를 선출하였다. 곧 헌법을 기초, 공포하고(1948.7.17) 간접선거에 의한 정 · 부통령의 선출을 결정하였다.

Side Check

◈ 제헌국회의 정당별 구성
무소속이 85명, 독립촉성회가 55명, 한민당이 28명, 대동청년당은 12명 등이었으며 김구 주도의 한국독립당은 선거에 불참하였다. 그리고 북한에는 100석이 배정되어 남겨졌다.

② **정부수립** : 국회는 대통령으로 이승만(李承晩), 부통령으로 이시영(李始榮)을 선출하고 대한민국의 성립을 내외에 선포하였다(1948.8.15).

③ **국제연합의 승인** : 대한민국은 파리에서 개최된 제3차 유엔총회(1948.12)에서 한반도에서의 유일한 합법정부임을 공인받았다. 의무교육이 실시되고, 해방

이후 창설된 국방경비대(國防警備隊)를 모체로 국군(國軍)을 창설하고(1948.11), 농지개혁으로 소작제도가 폐지되었다.

3. 건국 초기의 국내정세

(1) 국내정세의 분열

① 남한만의 총선거로 대한민국을 수립한 것은 당시의 국내외 정세상 불가피한 일이었다.

② 소련의 팽창정책과 북한에서 사실상의 공산주의정부가 수립되었다는 것을 고려할 때, 남한에서 자유로운 민주정부를 수립하는 것이 절실히 요구되었다.

③ 통일정부의 수립을 추구하였던 남북협상파는 총선거에 불참하였으며, 공산주의자들은 남한의 공산화를 위해 이들까지도 이용하려 하였다.

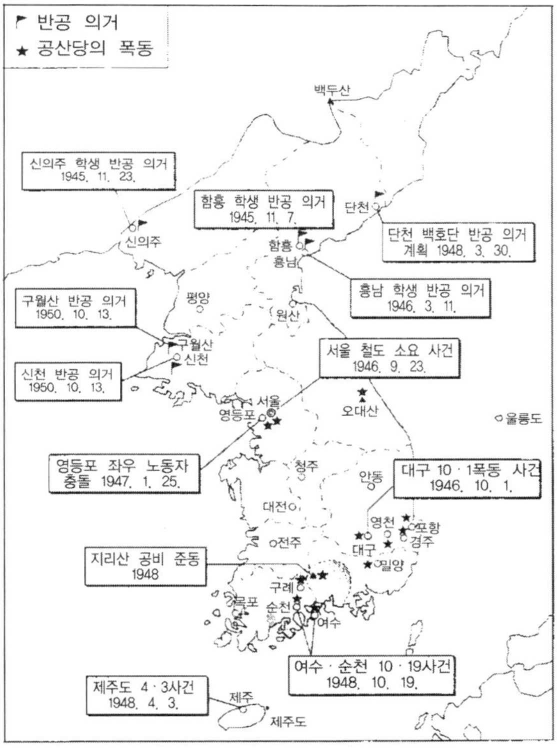

반공의거와 공산폭동

(2) 공산주의자들의 남한 공산화 추진

① 제주도 4 · 3사건(1948)

㉠ 공산주의자들이 남한의 5 · 10총선거를 교란시키기 위하여 일으킨 무장폭동으로서 진압과정에서 무고한 주민들까지도 희생되었다.

㉡ 제주도 일부지역에서는 총선거가 실시되지 못하였다.

② 여수 · 순천 10 · 19사건(1948)

㉠ 이 지역에 주둔하고 있던 군부대내의 일부 좌익세력이 반란을 일으키고, 이 지역에 잠입해 있던 공산주의자들이 여기에 합세하여 일으킨 사건이었다.

㉡ 이 사건은 새로 수립된 대한민국을 전복시키려는 데 의도가 있었다. 결국 국군과 경찰의 토벌로 이 사건은 진압되었으나, 평온과 질서를 되찾기까지는 상당한 기간이 지나야만 하였다.

(3) 대한민국의 발전

① 반민족행위처벌법 제정(1948.9)

㉠ **동기** : 민족정기를 바로잡기 위해서 제헌국회에서는 **친일파를 처벌**하기 위한 반민족행위처벌법을 제정하였다.

㉡ **내용** : 일제시대에 친일행위를 한 사람들을 처벌하고 공민권을 제한하는 것 등이었다.

㉢ **특위 설치** : 이 법을 집행하기 위해서는 국회의원 10명으로 구성된 반민족행위특별조사위원회를 설치하였으며, 친일혐의를 받았던 주요인사들을 조사하였다.

㉣ **결과** : 반공정책을 우선하였던 이승만정부의 소극적인 태도로 인하여 친일파 처단에 소기의 성과를 거두지 못하였다.

② 농지개혁법 제정(1949)

㉠ 농민들에게 토지를 배분해 주기 위하 농지개혁법을 제정하였다.

㉡ 그 원칙은 3정보를 상한으로 하여 그 이상의 농지는 **유상매입, 유상분배**한다는 것이었다.

㉢ 이로써 그때까지 소작농으로 시달렸던 많은 농민들이 자기농토를 가질 수 있게 되었다.

제 2 항 6 · 25전쟁

1. 북한정권의 수립

(1) 인민위원회의 구성

광복 이후 조만식을 중심으로 하는 **평남건국준비위원회**(平南建國準備委員會)가 결성되어 자치활동을 전개하며 북한으로 진주한 소련군을 맞이하였으나 소련군은 이 단체를 인정하지 않고 소련식 소비에트체제를 만들기 위해 공산주의자들을 중심으로 인민위원회(人民委員會)의 구성을 서둘렀다. 1946년 사실상의 사회주의정권인 북조선임시위원회(北朝鮮臨時委員會)가 구성되었고 위원장으로 김일성, 부위원장으로 김두봉(金斗奉)이 선출되었다. 이로써 사실상의 북한만의 단독정부를 수립하였다.

(2) 북한노동당의 창당

북조선 임시위원회는 곧 토지개혁법(무상몰수, 무상분배), 남녀평등법, 산업국유화법을 공포함과 동시에 북조선노동당(北朝鮮勞動黨)을 창당하여 사실상의 국가조직체를 결성하였다.

Side Check

◈ 북한의 정치 세력 변천

구분	활동지역	중심인물	정 당	재 편
연안파	화북지방	김두봉	조선 신민당	북조선 노동당
갑산파	동만주 지역	김일성	북조선 공산당	
남로당	남한 지역	박헌영	남조선 공산당	남조선 노동당

(3) 북조선인민공화국의 탄생

북한은 남한의 단독정부수립이 있자 얼마 안 있어, 즉 1948년 9월 9일을 기해 김일성을 주석으로 하는 북조선인민공화국(北朝鮮人民共和國)이 수립되었다.

(4) 북한정권의 남한교란

① 북한공산주의자들은 남한을 공산화하려고 남침준비작업에 들어갔다. 북한은 소련의 지원을 받아 최신 무기를 갖추는 등 비밀리에 군사력을 강화하였다.

② 남한에서의 정치적 불안을 조성하기 위해 선전활동과 교란작전을 벌여 남한 여러 지역에서 연이어 소요사태를 일으켰으며, 그 결과 사회불안이 고조되기도 하였다.

③ 공산주의자들은 우리 군경의 힘에 밀려 산간에 숨어 들어간 후에도 계속 관공서를 습격하고 양민을 학살하면서 군경과 대치하였다. 그러나 대한민국이 그 기반을 튼튼히 하고 나라의 기틀을 잡아가게 되면서 본격적으로 이들을 진압하게 되었다.

2. 6 · 25전쟁과 공산군의 격퇴

(1) 발 단

① **미군의 철수** : 한국에서의 외국군철수가 유엔에서 결의(1948.12)되어 북한에서는 소련군이, 남한에서는 미군이 1949년 6월에 완전 철수하였다.

② **군사력의 불균형** : 북한은 소련군이 넘겨준 전차 242대, 항공기 211대, 각종 야포, 함정 등 수십척을 제공받았고 보병 10개 사단과 비정규군 수 개 사단을 보유했던 반면에 남한은 보병 8개 사단, 연습기 10대, 경전차 수십 대가 고작이었다.

③ **애치슨라인** : 1950년 1월 미국무장관인 애치슨은 미국의 태평양지역방위선에서 대만과 한국을 제외한다는 방어계획서를 발표하여 북한의 남침을 간접적으로 조장하였다.

(2) 북한의 남침과 격퇴

① **북한의 기습남침** : 겉으로 평화협상을 내걸었던 북한은 1950년 6월 25일 일요일 새벽 4시를 기해 작전명령 제 1호를 내려 일시에 38선을 밀고 내려와 3일만에 서울을 점령하고 3개월만에 낙동강이북지역을 점령하였다.

② **유엔군의 참전** : 북한 공산군의 남침에 대하여 유엔은 즉각적으로 안전보장이사회를 열고, 북한의 남침은 불법이며 평화를 파괴하는 침략행위라고 규정하고 한국에 대한 지원을 결의하였다. 미국을 비롯하여 영국, 프랑스 등 우방 16개국의 군대가 유엔군으로 참전하여 반격을 개시하였다.

③ **인천상륙작전 및 북진** : 국군과 유엔군은 맥아더(MacArther) 유엔군총사령관의 지휘 하에 1950년 9월 15일 새벽에 인천상륙작전을 감행하여 서울을 탈환(9·28)하고 마침내 38도선을 돌파, 평양을 수복(10·20)하였으며, 압록강까지 진격하였다.

④ **중공군의 개입** : 사태가 정반대로 역전되자 소련은 중공에게 북한을 원조할 것을 요청하고 모택동은 '항미원조(抗美援助)'의 명분하에 10월 25일에 한국 내전에 개입, 중공군 100만이 압록강을 넘어왔다. 중공군은 38도선 부근까지 남진하고(1951.1.4 후퇴) 유엔군과 대치하였다.

3. 휴전과 전후 복구

(1) 휴전의 성립

일진일퇴를 거듭하는 가운데 공산군측은 유엔의 소련대표 말리크(Malik)를 통해 휴전을 제의하였다(1951.6). 이에 이승만정부와 국민은 일단 휴전하게 되면 민족분단이 영구화 될 것을 우려하여 북진통일정책(北進統一政策)을 강력히 시도하였으나 1953년 7월 27일 판문점에서 유엔군대표 해리슨과 북한대표 남일 간에 휴전협정이 조인되어 만 3년 1개월에 걸친 전쟁이 휴전되었다.

(2) 전쟁의 피해

세계의 자유와 평화에 중대한 도전이었던 6・25전쟁은 3년간 계속되어 인명과 재산에 막대한 손실을 입혔다. 이 전쟁 기간 중에 사상자는 약 150만에 달하였고 국토는 초토화되었으며 건물, 도로, 공장, 발전소 시설 등 대부분의 산업시설이 파괴되었다. 또한 남북간의 적대감이 팽배해져 향후 대결국면의 비극으로 치닫는 계기가 되었다.

(3) 대한민국의 전후 복구사업

휴전과 동시에 대한민국정부는 황폐화된 국토의 재건과 부흥을 서둘렀다. 특히 미국등 우방이 이를 원조하였다. 복구사업은 국민적 참여와 열의에 의해 급속도로 진행되었고 생산활동도 점차 회복되어 갔다.

(4) 한・미 상호방위조약의 체결

미국과 한・미 상호방위조약을 체결(1953)하여 향후 어떠한 외부의 침략에도 상호협조하고 공동대응한다는 약속이 이루어졌다.

(5) 전쟁의 영향

① 정치적 : 이승만정부의 독재화에 이용되기도 하였다.
② 경제적 : 생존의 조건을 확보하기 위한 경제발전의 의지를 심어 주었다.
③ 사회적 : 격심한 인구이동으로 가족제도와 촌락공동체의식이 약화되었다.
④ 문화적 : 서구의 문화가 무분별하게 침투되어 우리의 전통문화에 역기능적인 영향을 끼치기도 하였다.

제3절 민주주의의 시련과 발전

Digest

1. **4·19혁명과 5·16군사정변** : 6·25전쟁 후 이승만정부의 장기집권획책은 정치적으로는 독재를 가져왔고 사회적으로는 부정·부패를 조성시켰다. 그러나 국민들의 자유와 민주주의에 대한 열망은 4·19혁명으로 이어졌으며, 그 결과로 이승만정부가 무너지게 되었다. 이를 계기로 민주당의 장면내각이 성립되었으나 안정을 이룩하기도 전에 5·16군사정변이 일어나 군정이 실시되었다.
2. **박정희정부** : 군정에 이어서 성립된 박정희정부는 경제성장과 국력신장을 위하여 적극 노력하였다. 이에 따라 경제는 급속하게 성장할 수 있었고, 산업화와 도시화가 이루어져 사회모습도 크게 변하였다.
3. **민주화 운동** : 유신체제의 성립으로 박정희정부는 민주헌정체제에서 이탈하였고 이에 대한 국민들의 저항과 민주화 요구가 강하게 나타나게 되었다. 유신체제에서 비롯된 권위주의적 통치체제는 결국 6월 민주항쟁으로 무너져 갔다.

제 1 항 4·19혁명과 민주주의의 성장

1. 이승만정부

(1) 반공제일주의

이승만대통령이 이끈 이승만정부는 반공제일주의 노선을 견지하면서 대한민국 체제유지를 위한 적극적인 외교를 유지하였다. 전란 중에 이승만은 공산침략을 막고 반공포로들을 석방하는 등 과감한 반공정책을 폈으나 장기집권을 위한 편법을 동원함으로써 사회혼란을 부채질하였다.

㉾ **반공포로 석방(1953.6.18)** : 이승만대통령은 휴전 직전에 2만 7천명의 반공포로를

석방하였다.

(2) 자유당정권의 장기집권 기도

① **발췌개헌안 통과(拔萃改憲案, 1952.5)** : 1950년 제2대 국회 내에서 남북협상파들이 무소속으로 다수 진출하여 전체 210석 중 129석을 차지하게 되자 이승만은 재선 가능성이 희박함을 알고 국회를 통한 간접선거를 피하기 위해 계엄령을 선포하여 국회를 탄압하면서 **대통령직선제**를 골자로 한 개헌안을 통과시켰다.

② **사사오입개헌안 통과(1954.11.29)** : 이승만정권은 이기붕을 기용하여 초대 대통령에 한하여 **중임제한을 철폐**하여 사실상 종신 대통령을 가능하게 하는 사사오입개헌안을 날치기로 통과시켰다. 그 후에도 2·4파동, 3·15부정선거 등을 감행하여 정권연장을 획책하였다.

③ **국가보안법 개정(國家保安法改正)** : 재야와 혁신야당인 진보당(進步黨)을 탄압하기 위해 진보당 및 일부 재야가 간첩단들에 의해 사주되었다고 하여 조봉암 등의 다수의 야당인사를 사형에 처하였고, 공안정국을 유도한 후에 국가보안법을 개정(1958.2.4 波動)하여 독재정권을 유지하는데 이용하였다.

Side Check

> ◈ 진보당 사건
> 1958년 1월 이승만정부가 조봉암을 비롯한 진보당의 간부들을 북한의 간첩들과 내통하고 북한의 통일 방안을 주장하였다는 혐의로 구속한 사건. 조봉암은 사형선고를 받고 1959년 7월 처형되었다.

(3) 부정부패의 만연

이승만의 자유당정권은 장기집권을 추구하면서 독재정치를 강화하였으며, 이러한 가운데 부정과 부패가 심화되었다.

2. 4 · 19혁명

(1) 발 생

1960년 정 · 부통령 선거가 자유당의 치밀한 사전계획 아래 심한 부정선거로 치러지자 이에 격분한 학생과 시민들이 독재정권 타도와 부정선거를 규탄하는 의거를 일으켰다.

(2) 과 정

4월혁명의 직접적인 도화선은 3 · 15투표 당일 마산에서 부정선거를 규탄하는 시위가 일어남으로써 시작되었다. 이 때 경찰은 시위군중에 발포함으로써 많은 희생자를 낳았고 자유당정권은 마산사건의 배후에 공산주의세력이 개입되었다고 발표하여 사태를 수습하려 했다. 그러나 그 진상이 밝혀지자 국민들의 항의가 전국적으로 확대되었으며 4월 19일 학생들이 대규모의 시위를 일으켰고 이어서 시민이 합세함으로써 의거가 본격화되었다.

(3) 결 과

자유당정권은 계엄령을 선포하여 정권을 유지하려 하였으나 마침내 이승만은 대통령직을 사임하였다. 이로써 자유당정권은 붕괴되고, 자유롭고 민주적인 시대 분위기가 조성되었다.

(4) 의 의

4 · 19혁명은 학생과 시민들이 중심이 되어 독재정권을 무너뜨린 민주혁명으로서 우리 민족의 민주역량을 전세계에 보여주었다. 이를 계기로 우리나라의 민주주의는 새롭게 발전할 수 있게 되었다.

Side Check

◈ 3 · 15부정선거
제4대 대통령선거에서 민주당후보 조병옥(趙炳玉)과 자유당후보 이승만이 대결하였으나 조병옥의 사망으로 자동적으로 단독출마 당선되었다. 그런데 이승만은 부통령을 이기붕으로 당선시키기 위해 3 · 15부정선거를 사주하였고 마산선거구에서 발각되자 연일 규탄시위가 일어났으며, 사태진압을 위해 출동한 경찰의 총에 맞은 김주열 군의 시신이 마산 앞바다에서 떠올라 전국을 분노케 하였고 4월 18일에 고려대학생(高麗大學生)은 '부정선거 다시 하자', '민주주의 사수하자', '이승만정부 물러가라' 등의 구호를 외치며 데모하기 시작하였고 4 · 25일 대학교수들의 시국선언문으로 시위는 전국적으로 확산되어 갔다.

3. 장면내각(제2공화국)

(1) 장면내각 수립(1960.9)

4월혁명 후 사태수습을 위하여 허정을 내각수반으로 하는 과도정부가 구성되었으며 과도정부는 **의원내각제**의 개헌을 단행하여 총선거를 실시하였다(1960.7.29). 그 결과 민주당이 압승하고 대통령에 윤보선, 국무총리에 장면으로 하는 새로운 정부를 조직함으로써 장면내각이 수립되었다.

(2) 장면내각의 과제

4월혁명 전후의 정치, 사회적 무질서를 안정시키고 국가안보체제의 확립과 평화통일을 위하여 국력을 신장해야 한다는 과제가 제기되었다. 그러나 집권민주당은 당내 갈등으로 국정수행에 한계를 드러내었고, 자제할 줄 모르는 일부 국민들의 과도한 욕구분출로 사회는 무질서와 혼란에 빠져 장면내각은 정치력을 발휘하는 데 어려움을 겪었다.

제 2 항 5 · 16군사정변과 민주주의의 시련

1. 5 · 16군사정변과 박정희 정부

(1) 5 · 16군사정변

① **군사정변의 발생** : 장면내각은 집권 9개월 만에 박정희소장을 중심으로 한 일부의 군부세력이 군사정변을 일으킴으로써 단명으로 끝나고 말았다(1961).

② **군사정부의 활동** : 5 · 16군사정변 이후, 군사정부는 국가재건최고회의(國家再建最高會議)를 구성하여 혁명공약 6개항을 발표하고 자립경제의 터전을 마련하기 위해 경제개발 5개년계획을 추진하였다. 반공을 국시로 경제재건과 행정능력 및 안정을 강조하면서 정치활동정화법을 제정하여 구정치인의 정치활동을 금지시켰다.

Side Check

◈ **국가재건최고회의(國家再建最高會議)**
군사혁명위원회를 국가재건최고회의로 개칭하고 정군작업(整軍作業)을 하는 한편, 부정축재자를 처벌하고 중앙정보부를 신설하여 증권조작, 화폐개혁, 정치정당 조성 등 공작정치를 펼치기 시작하였다.

(2) 박정희(朴正熙)정부(제3공화국)

① **성립** : 군사정부는 민주공화당(民主共和黨)을 창당하여 새로운 정치세력을 결집시켰다. 곧 대통령체제로 헌정을 바꾸고 국가재건최고회의의 의장인 박정희가 대통령선거에서 당선됨으로써 박정희정부(제3공화국)가 수립되었다(1963.12.7).

② **정책기조** : 정치체제는 강력한 **대통령중심제**와 **단원제**의 권력구조를 바탕으로 하면서 고성장 위주의 경제정책과 중화학공업 개발정책을 밀고 나갔다. 이 과정에서 필요한 자금은 외자도입으로 충당되었다.

㉠ 1차(1962~1966) : 기간산업 확충

㉡ 2차(1967~1971) : 식량의 자급자족

㉢ 3차(1972~1976) : 농촌근대화 · 중화학공업 개발

㉣ 4차(1977~1981) : 100억달러 수출 · 복지사회 건설

㉤ 5차(1982~1986) : 경제안정기반 정책

③ **한 · 일 국교정상화와 장기집권 추구** : 공화당정부는 시민 · 대학생의 6 · 3시위(1964)에 계엄선포로 맞서며 1965년 한 · 일 국교정상화를 강행하였으며 야당과 재야와의 현실의식과 시국관의 차이로 갈등과 대립이 컸다. 또한 1969년 장기집권을 위한 3선개헌(三選改憲)이 이루어지자, 여야간의 갈등이 첨예화되었다.

㉠ **한 · 일협정** : 경제개발에 필요한 자본을 일본으로부터 들여오기 위해 한 · 일 국교정상화를 시도하다 각계의 여론이 비등하자, 1964년 6월 30일에 계엄령을 선포하고 미화 10억달러의 한일관계 정상화기금을 받고 조인하였다.

㉡ **월남전 파병** : 미국은 1958년부터 베트남전에 개입하였는데 전쟁이 장기화되자 한국군장비 현대화와 한국에 대한 경제원조를 조건으로 파병을 요청, 1964년 10월 파병협정을 맺고 1965년에 비전투부대인 비둘기부대 2천명을 파견하였고 1966년 3월에 전투부대인 청룡 · 맹호 · 백호부대 2만명을 파병하였다.

Side Check

◈ 브라운 각서(1960.3.4)

한국군의 베트남 파병 문제와 관련하여 당시 주한 미국 대사였던 브라운이 한국의 외무장관에게 전달한 각서. 미국은 한국군 파병의 대가로 한국군의 현대화, 일부 군수물자의 한국 구매, 한국 기업의 베트남 진출, 한국 상품 수출 지원 등을 약속하였다.

㉢ **3선개헌(三選改憲, 1971)** : 1971년에 예정되어 있던 대통령선거에서 이미 중임을 한 바 있는 박정희후보가 3선을 금지하고 있는 당시 헌법을 고치기 위하여 1969년 10월 집권여당만으로 개헌안을 통과시키고 선거를 단행, 제7대 대통령으로 취임하였다.

2. 유신체제의 등장

(1) 유신헌법의 출현 배경

1970년대로 들어서면서부터 국제정세는 급변하기 시작하였다. 미국은 이른바 닉슨독트린을 선언하고 베트남으로부터 미군을 철수시켰으며, 그 뒤 베트남은 공산화되고 말았다. 또, 미국은 주한미군병력의 감축을 결정하였다.

이러한 시대적 상황 때문에 박정희 정부는 국가안보와 사회질서를 최우선적인 과제로 내세우면서 지속적인 경제성장을 이룩하기 위해서는 강력하고도 안정된 정부가 필요하다는 주장을 내세워 장기집권의 길을 마련하고자 하였다. 이에 박정희는 1972년 10월에 10월유신(十月維新)을 선포하였다.

(2) 유신체제(1972~1979)

① **민주헌정체제 이탈** : 유신체제는 의회주의와 삼권분립의 헌정체제와는 달리 강력한 통치권을 대통령에 부여하는 권위주의 통치체제였다. 그것은 곧 국가행정의 능률을 극대화하고 국력을 집약해서 사회를 조직화한다는 명분으로 개인의 자유와 민주주의 정치활동을 제약한 독재체제였다.

② **종신집권 도모** : 대통령의 권한으로 좌우할 수 있는 통일주체국민회의가 대통령을 선출함으로써 대통령의 종신집권을 가능하게 하였다.

③ **유신체제에 대한 저항** : 유신체제의 권위주의적 경직성은 국민들의 정치의식과는 차이가 있었기 때문에 더 이상 지탱될 수 없었다. 그러므로 유신체제는 사회의 전 영역에 걸쳐서 역기능적 현상을 일으키게 되었고, 그 결과 국내외로부터 격렬한 도전을 받게 되었다. 국내에서는 학원, 언론, 종교, 정계 등 각 분야에서 민주회복과 개헌 및 반체제인사의 석방을 요구하는 반정부운동이 가열되었다. 국외에서는 대미(對美), 대일(對日) 외교관계가 악화되었다.

④ **10·26사태와 유신체제의 몰락(1979)** : 이에 유신정부는 대통령긴급조치라는 강권을 발동하여 탄압하였으나 부마항쟁 등 반정부운동이 가열되었다. 한편, 집권세력 내부에서도 갈등이 생겨 중앙정보부장 김재규(金載圭)에 의하여 대통령

이 피살됨으로써(10·26사태) 유신체제는 몰락하였다.

3. 전두환정부

(1) 배 경

10·26사태로 정치·사회는 한때 심한 혼란상태에 빠지게 되었다. 그것은 오랜 기간동안의 권위주의적 통치가 몰고 온 후유증 때문이기도 하였다. 이에 계엄령이 선포되었고, 통일주체국민회의에서는 최규하를 대통령으로 선출하였다. 이어서 1979년 12월 12일 이른바 신군부세력이 일부 병력을 동원해서 군권을 장악하고 정치적 실권도 장악하였다.

(2) 광주민주화운동

이 시기를 전후해서 민주화를 요구하는 시민과 대학생들의 시위가 거세게 일어났다. 민주화를 열망하는 국민의 요구는 5·18광주민주화운동으로 이어졌다(1980). 이때 민주주의 헌정체제의 회복을 요구하는 시민들과 진압군 사이에 충돌이 일어났으며, 이 과정에서 다수의 무고한 시민들도 살상되어, 국내외에 큰 충격을 안겨 주었다.

(3) 전두환정부의 수립

신군부세력은 국가보위비상대책위원회를 구성하여 국가의 통치권을 장악하였으며, 개헌을 추진해서 7년단임의 대통령을 간접선거로 선출하는 헌법을 공포하였다. 이어서 민주정의당을 조직하고 전두환을 대통령으로 선출하였다(1981).

(4) 전두환정부의 성격

복지사회의 건설, 정의사회구현 등을 통치이념으로 내세워 경제안정과 수출증대에 노력하였으나 민주화운동의 탄압과 인권문제 여러 부정사건 및 비리로 인하여 국민의 지탄을 면치 못하였다. 그리하여 전두환정부의 권위주의적 통치와 강압적 통제에 반대하는 국민적 저항이 전국적으로 일어나, 마침내 1987년의 6월

민주항쟁으로 발전하게 되었다.

Side Check

◈ 국가보위입법회의

광주 민주화운동으로 전국에 계엄이 확대되고(5·17) 계엄을 통제하는 한편, 전두환 국군보안사령관이 주축이 된 군부는 20여명의 각계 인사로 국가보위비상대책위원회를 구성한 뒤 입법활동을 위해 국가보위입법회의를 구성, 입법활동을 재개하는 한편 사회정화를 단행했다.

◈ 6월 민주항쟁 진행과정(1987.6)

사 건	일 자	사건 내용
박종철 고문 치사	1.14	경찰의 고문으로 서울대생 박종철 사망
4·13 호헌조치	4.13	전두환 대통령이 현행 헌법에 의한 차기 대통령 선거 선언
이한열 사망	6.8	시위 중 연세대생 이한열 사망
국민 대회 개최	6.10	야당과 민주 헌법 쟁취 국민운동본부 주최
평화 대행진	6.26	국민평화대행진에 100만 명 이상 참여

제 3 항 민주주의의 발전

1. 노태우정부

(1) 성 립

① **6·29민주화 선언** : 1987년 6월 10일(6월 민주항쟁)을 계기로 국민들의 민주화에 대한 열의가 절정에 달하자 노태우 민정당 대표위원은 개헌논의를 종식시켜 **대통령직선제** 개헌방향으로 확정지었다(6·29선언).

② **개헌안의 확정** : 이에 따라 여야(與野)가 만나 8인정치위원회를 구성하여 합의에 의하여 1987년 9월 17일 개헌안을 확정하였다.

③ **노태우정부의 탄생** : 헌법에 의해 시행된 대통령선거에서 노태우후보가 당

선됨으로써(임기 5년, 단임), 노태우정부가 탄생하였다(1988).

(2) 국정지표와 정책

① **국정지표** : 노태우정부는 국정지표를 민족자존, 민주화합, 균형발전, 통일번영으로 설정하였다.

② **정책** : 지방자치제의 부분적 실시, 제24회 서울올림픽 개최 성공, 동구권 공산주의 국가와 소련·중국 등과의 외교관계를 수립하는 등 이른바 북방정책을 추진하였고, 유엔에도 남북한이 함께 가입하는 등 적극외교를 펼쳤다.

(3) 한계성

오래 지속된 권위주의체제의 후유증과 민주화로의 이행과정에서 일어나는 사회혼란으로 많은 어려움을 겪었다.

2. 김영삼정부

(1) 성 립

① 6월민주항쟁 이후 사회 각 분야의 민주화에 대한 요구는 이를 제도적으로 정착시키기 위한 노력을 필요로 하였다.

② 경제성장을 지속하면서 국민의 삶의 질을 높이려는 기대로 커지게 되었다. 또 통일문제에 대한 국민의 관심도 증대되었다.

③ 이러한 과제들을 안고서 제14대 대통령선거가 실시되었으며, 그 결과 김영삼정부가 출범하게 되었다(1993).

(2) 국정지표와 정책

① **국정지표** : 깨끗한 정부, 튼튼한 경제, 건강한 사회, 통일된 조국건설을 국정지표로 설정하였다.

② **정책** : 공직자의 재산등록, 금융실명제 등을 법제화하였고, 지방자치제를 전면적으로 실시하였다. 또 사회의 누적된 모순을 제기하면서 민주화와 세계화를

위한 개혁을 추진하였다. 그러나 그 뒤 국제경제여건의 악화와 외환부족으로 인해 경제위기를 겪게 되었다.

3. 김대중정부의 출범

(1) 시대적 배경과 출범

이러한 외환위기 속에서 제15대 대통령선거를 실시한 결과, 야당후보의 승리로 김대중정부가 성립되었다(1998). 김대중정부는 출범과 더불어 민주주의와 시장경제의 병행발전을 천명하였다.

(2) 국정지표와 정책

이를 위해 국정전반의 개혁, 경제난국의 극복, 국민화합의 실현, 법과 질서의 수호 등의 국가적 과제를 제시하고, 21세기를 향한 국가발전을 목표로 하였다.

제 4 항 통일을 위한 노력

1. 적극 외교의 추진

우리나라는 통일을 민족의 중요한 과제로 삼고서, 이를 달성하기 위하여 꾸준히 노력해 왔다.

(1) 1960년대

1960년대까지는 북한의 무력도발을 막기 위하여 반공을 강조해 왔다. 또한, 박정희(朴正熙)정부(제3공화국)는 일본과 국교를 정상화(1965)함으로써 한국, 미국, 일본의 3국관계로 새로운 장을 열었고, 베트남에 국군을 파병하고(1965) 한·미행정협정(韓美行政協定)을 1966년에 체결하였다.

(2) 1970년대

경제가 성장되면서 자주국방에 노력하였으며, 70년대에 이르러 세계의 동서진영이 해빙의 무드를 이루자 비동맹국가 및 비적성(非敵性) 공산국가와의 교섭을 통해 실리를 추구하였다. 이는 신장된 국력을 바탕으로 한 적극외교로서 국제사회에서의 공존과 번영을 추구하려는 것이었다.

(3) 1980년대

1980년대는 한층 강화된 대북 자신감과 함께 아시안게임과 서울올림픽을 계기로 북방정책(北方政策)을 추진하게 되었고 헝가리, 폴란드 등 동유럽공산권들과 잇달아 수교하는 결실을 맺게 되었다.

(4) 1990년대

소련 및 중국과도 국교를 맺게 되었으며, 남북한이 유엔에 동시가입하여 국제무대에서 우리나라의 위상이 높아지게 되었다.

2. 북한의 변화

(1) 김일성 독재체제의 강화

① **1950년대** : 6·25전쟁을 거치면서 그를 따르지 않는 세력들을 숙청하여 1인독재 기반을 강화하였고 패전의 책임을 물어 남로당을 비롯한 국내파 공산주의자들을 제거하였다. 이어서 그의 독재체제를 비판한 연안파 공산주의자들도 숙청하였다.

② **1960년대** : 중·소 이념 분쟁으로 사회주의 국가 간에 분열이 일어나자 북한은 자주노선확립을 주장하면서 김일성 독재체제를 더욱 강화하여 유일지배체제를 구축하였다. 김일성의 유일체제가 확립된 이후, 김일성의 아들인 김정일이 3대 혁명 소조운동을 주도하면서 김일성의 후계자로 지목되었다.

③ **1970년대** : 1972년 개정된 사회주의 헌법을 통하여 국가 주석제를 신설하

였고, 김일성은 북한의 최고 기관인 중앙인민위원회를 관장하며, 행정 · 사법 · 입법의 모든 권력을 장악하였다.

④ 1980년대 : 김정일은 조선노동당의 3대 중추기관인 정치국 상무위원회, 비서국, 군사위원회 위원에 선출됨으로써 당을 실질적으로 장악하고 후계체제를 굳혀 나갔다. 1980년대 후반부터 시작된 사회주의권의 개방과 개혁에 대응하여 '우리식 사회주의'라는 새로운 정치이념을 내세움으로써 내적인 폐쇄성을 더욱 강화하였다.

⑤ 1990년대 : 김정일은 국가기관에 대하여 직접적인 지도력을 행사하기 시작하여 국방위원회 위원장에 취임하였고, 1994년 김일성이 사망한 뒤에 권력을 승계하였다.

Side Check

◈ 북한의 우리식 사회주의

1980년대 말에 동유럽 공산정권이 몰락하고, 이어 소련까지 해체되자 북한은 엄청난 충격을 받았다. 이에 북한은 체제유지를 위하여 '우리식대로 살자'는 구호를 대대적으로 내세우면서 이른바 주체사상을 기반으로 형성된 '우리식 사회주의'를 제창하고 있다. 북한은 동유럽 공산정권이 몰락한 이유를 주체사상과 같은 위대한 사상이 없었고, 김일성 부자와 같은 위대한 지도자가 없었기 때문이라고 왜곡하고 있다. 이에 따라 북한은 주민들에게 '우리식 사회주의'의 우월성을 역설하면서 자본주의에 대한 환상을 버릴 것과 김정일을 중심으로 굳게 뭉쳐 주체사상을 구현한 '우리식 사회주의'를 끝까지 지켜 나갈 것 등을 교육시키고 있다.

(2) 김정일 체제의 성립

① 사회주의 헌법 개정(1992) : 주석의 권한을 축소하고, 군사와 관련된 기능과 권한을 국방위원회로 통합하고 김정일이 국방위원장에 취임(1993)하고 권력의 2인자로 등극하였다.

② 김일성의 사망(1994) : 3년간 유훈 통치를 실시하였다.

③ 사회주의 헌법 개정(1998) : 주석직을 폐지하고, 국방위원장의 권한을 강화하였다.

④ **김정일 체제 확립** : 김정일이 국방위원장으로 북한을 통치하고 군부를 통한 사회통제를 시도하였다.

3. 통일정책의 추진

(1) 배 경

1969년 닉슨독트린선언에 의해 주한미군이 감축되자, 정부는 자주국방정책을 펴는 한편, 한반도에서의 평화정책을 위한 대북한 교섭을 추진하기 시작하였다.

(2) 1970년대

① 8 · 15선언(1970) : 남북한이 무력대결을 피하고 선의의 경쟁을 하자는 내용의 8 · 15선언이 제기되었다.

② 남북적십자회담 제의(1971) : 대한적십자사는 북한에 대해서 이산가족찾기를 위한 특별기구, 즉 남북적십자회담을 제의하였다. 북한이 이 제의를 받아들임으로써 남북한적십자회담이 이루어졌고, 평화협상의 길이 최초로 열리게 되었다.

③ 7 · 4공동성명(1972) : 남북한 정부당국은 1972년 7 · 4남북공동성명을 발표하여, **자주통일, 평화통일, 민족적 대단결**의 통일 3대원칙과 협상기구로서 남북조절위원회의 설치에 합의하였다.

④ 6 · 23평화통일선언(1973) : **남북한의 유엔동시가입**과 호혜평등의 원칙하에서 모든 국가에 대한 문호개방을 선언하였다.

⑤ 남북한상호불가침협정 체결제의(1974) : 평화통일 3대 기본원칙에 입각하여 북한에 대한 상호불가침 협정체결을 제안하였다.

⑥ 대북식량원조 제의(1977. 1. 22)

⑦ 남북경제협력협의기구 설치제의(1978. 6. 23)

⑧ 무조건적 대화재개 제의(1979. 1. 19)

(3) 1980년대

1980년대에 이르러, 정부는 남북한 당국자간에 통일논의의 재개를 추진하였으며, 남북적십자회담 외에도 남북총리회담, 남북한 당국의 최고책임자회담, 남북국회회담, 남북체육회담, 남북경제회담 등을 제의하였고, 이러한 노력이 부분적으로 실효를 거두기도 하였다.

① **남북이산가족 고향방문단 및 예술단 교환방문(1985)**

② **민족화합민주통일방안(1988)** : 민족자결의 원칙에 의거 민주적 절차와 평화적 방법으로 민족, 민주, 자유, 복지의 이상을 추구하는 통일국가를 수립하고자 하는 통일방안으로 이를 위해 '남북한 기본관계 잠정협정'체결을 제의하였다.

③ **7 · 7특별선언(1988)** : 각종 통일논의를 포괄적으로 수용해 정부차원의 정책으로 전환한 것으로, 우방의 대북한 비군사물자 교역의 허용, 한국과 중 · 소관계 및 북한과 미 · 일관계 개선을 포함한 6개조로 되어 있다.

④ **한민족공동체통일방안(1989)** : 1989년 9월 11일에 제기된 통일방안으로 **자주 · 평화 · 민주**의 3원칙하에 '남북연합'이라는 과도적 통일체제를 구성하여 남북평의회를 통해 헌법을 작성하고 총선거를 실시, 통일민주공화국을 구성하자는 것이다.

(4) 1990년대

① **남북기본합의서 채택(1991)** : 1990년부터 남북고위급회담이 시작되었고, 1991년 말에는 남북기본합의서를 채택하는 등 남북대화에 중요한 계기가 마련되기도 하였다. 이는 남북한이 상호화해와 불가침을 선언하고 교류와 협력을 하며 핵무기를 개발하지 않는다는 것이었다.

② **3단계 · 3기조 통일정책 마련(1993)** : 정부는 화해 · 협력, 남북연합, 통일국가의 3단계 통일방안과 이를 효율적으로 실천하기 위해 민주적 국민합의, 공존공영, 민족복리의 3대기조를 바탕으로 하는 통일정책을 마련하였다.

③ **민족공동체통일방안 발표(1994)**

㉠ 정부는 민족의 염원인 통일을 조속히 성취하기 위하여 한민족공동체건설을 위한 3단계 통일방안으로서 자주 · 평화 · 민주의 3원칙과 화해 · 협력, 남북연합, 통일국가 완성의 3단계 통일방안을 발표하였다.

㉡ 이것은 한민족공동체통일방안(1989)과 3단계 3기조 통일정책(1993)을 수렴

하여 종합한 것으로 민족공동체통일방안 또는 공동체통일방안이라고도 한다.

(5) 2000년대

① 6 · 15남북공동선언(2000)

1998년 김대중정부의 출범과 함께 남북교류가 진전되었다. 1998년에는 금강산 관광이 시작되었으며, 2000년 6월에는 평양에서 남북정상회담이 이루어졌다. 이 회담에서 남북정상은 6 · 15공동선언을 발표하였다.

Side Check

◈ 6 · 15남북공동선언(2000.6.15)

1. 남과 북은 나라의 통일문제를 그 주인인 우리 민족끼리 서로 힘을 합쳐 자주적으로 해결해 나가기로 하였다.
2. 남과 북은 나라의 통일을 위한 남측의 연합제 안과 북측의 낮은 단계의 연방제 안이 서로 공통성이 있다고 인정하고, 앞으르 이 방향에서 통일을 지향시켜 나가기로 하였다.
3. 남과 북은 올해 8 · 15에 즈음하여 흩어진 가족, 친척 방문단을 교환하며, 장기수 문제를 해결하는 등 인도적 문제를 조속히 풀어 나가기로 하였다.
4. 남과 북은 경제 협력을 통하여 민족 경제를 균형적으로 발전시키고 사회, 문화, 체육, 보건, 환경 등 제반 분야의 협력과 교류를 활성화하여 서로의 신뢰를 다져 나가기로 하였다.
5. 남과 북은 이상과 같은 합의 사항을 조속히 실천에 옮기기 위하여 빠른 시일 안에 당국 사이의 대화를 개최하기로 하였다.

제4절 경제성장과 사회변화

Digest

1. 사회 · 경제적 혼란 : 광복 이후 우리 민족은 국토의 분단과 6 · 25전쟁, 그리고 사회적 혼란 등으로 많은 시련을 겪었다. 특히, 경제적으로는 빈곤의 악순환, 만성적인 인플레이션과 높은 실업률 등으로 어려운 상태에 놓여 있었다.
2. 경제적 발전 : 1960년대부터 정부는 경제개발 5개년계획을 단계적으로 추진하여 지속적인 경제성장을 이룩하였다. 그 결과 1970년대부터 우리나라는 경제적 빈곤에서 벗어날 수 있게 되었으며, 마침내 중진국대열을 넘어서서 선진국 문턱으로 올라서게 되었다.
3. 사회문제 야기 : 높은 경제성장과 함께 우리 사회도 심한 변화과정을 겪었다. 산업화로 인하여 농촌중심 사회가 도시중심 사회로 변모되었으며, 이러한 과정에서 가치관의 혼란을 초래하기도 하였다. 또, 환경문제와 함께 계층간, 노사간의 대립 등 사회문제가 야기되고 있다.

제 1 항 경제발전을 위한 노력

1. 광복 직후의 경제

(1) 미 군정기의 경제

① 광복 후의 경제상황

㉠ 일제의 식민지경제를 다년간 경험한 조선의 경제계는 자본과 기술, 그리고 상품판로면에서 자력적인 경쟁력이 없었다. 광복 후 일본인이 철수하고 일본과의 관계가 단절되자 중공업 뿐만 아니라 경공업 면에서도 큰 타격을 받게 되었다. 게다가 국토가 분단되어 국민경제의 활동범위는 더욱 축소되

었다.

㉡ 광복 후 국토분단은 두 지역의 경제혼란을 가중시켰고, 자원 및 시설이 편재하여 있고, 상호교류가 불가능해짐으로써 국민의 경제활동을 위축시켰다. 뿐만 아니라 많은 북한동포의 월남은 실업을 증대시키고 식량부족을 야기하여 경제혼란을 심화시켰다.

② **미 군정하의 경제상황** : 1946년 9월에 남한에 진주한 미군은 10월에 군정을 실시하면서 자유경제체제를 채택하였다. 이러한 경제방식은 과열된 시장경제와 물자부족으로 수요와 공급이 일그러지기 시작하자 생산활동이 둔화되면서 화폐의 과다발행과 물가상승을 부채질하여 경제는 혼란에 빠지고 말았다.

(2) 정부수립과 경제건설

① 이승만정부(제1공화국)의 경제정책

㉠ 이승만정부는 경제재건을 내걸고 구체적인 경제시책으로서 농업과 공업의 균형발전, 소작제의 철폐, 기업활동의 자유, 사회보장제도 실시, 인플레이션의 극복에 중점을 두었다.

㉡ 정부는 미국과 상호경제협정을 체결하고 농지개혁법을 제정, 실시하여 경제안정시책을 추구하였다. 또한 면방직공업의 육성과 자원개발 등에 역점을 두어 재건을 주도하였다.

Side Check

◈ 농지개혁

1948년 북한이 토지개혁에 착수하여 기존의 국유지 및 일본인지주 소유의 토지 및 조선인 소유의 토지를 모두 국유화하고 이를 농민들에게 무상으로 분급하자 남한도 토지개혁을 서두르지 않을 수 없었다. 1949년 6월 농지개혁법의 공포로 적산농지를 국유로 하고 부재지주, 3정보 이상의 농지를 가진 자 등의 농지를 국가가 유상으로 매수하고 대신 지가증권을 발급하여 5년간 지급하도록 하였다. 기존의 지주들은 이 증권으로 다시 토지를 구매할 수 있었고 기존의 소작인은 토지를 구매할 수 없는 현상이 벌어져 토지개혁 이후, 토지분배문제가 끊임없이 제기되어 왔다.

② **6 · 25전쟁** : 이와 같은 정부의 시책으로 경제는 회복추세를 보이고 미국의

경제원조로 경제안정을 되찾는 듯하였으나 6·25전쟁으로 그 동안의 발전은 허물어지고 말았다.

2. 6·25전쟁과 경제복구

(1) 전쟁피해

생산시설의 42%, 건물의 46%에 달하는 비율이 파괴되었다. 특히 서울·경기지방이 크게 피해를 입었고 섬유공업과 인쇄공업 분야가 큰 타격을 받았다. 또 전시경제로 인해 물자의 극심한 부족과 인플레이션으로 경제는 회복될 기미를 보이지 않고 있었다.

(2) 전후의 경제상황

① **재건사업** : 1953년 7월에 휴전이 되면서 재건사업이 본격화되었다. 미국의 PL 48호와 각종 채권을 발행하여 경제재건자금을 충당하였다.

② **공업화** : 이와 동시에 공업화를 추진하여 다시 섬유공업과 화학공업을 가동시키고 제지, 고무, 유리공업 분야에서도 눈에 띌만한 성과를 거두었다.

③ **생산재산업의 부진** : 50년대 말에는 제분, 제당공업이 급성장하였으나 제철, 제강 및 기계공업과 같은 생산재산업이 부진하였다. 이러한 현상은 낮은 원료충당률과 자본력의 허약함 등 한국경제의 허약성을 드러낸 것이다. 또한 농업분야의 복구가 제대로 이루어지지 않아 문제점이 드러나기도 하였다.

3. 경제개발 5개년계획의 추진

(1) 경제개발계획

경제개발계획은 이승만정부(제1공화국)하에서 먼저 7개년계획이 수립되었고 장면내각(제2공화국)에서는 이 계획을 일부 수정하여 5개년계획안을 작성하여 추진하려고 하였으나 정치불안으로 시행하지 못하다가 박정희정부(제3공화국)에 의해 1962년부터 추진되기 시작했다.

(2) 경제개발계획의 성공적 달성

① **개관** : 정부의 주도로 추진된 경제개발계획은 그 추진과정에서 적지 않은 어려움이 있었다. 당시 우리나라는 자본, 원료, 기술 등을 제대로 구비하지 못하였다. 그러나 이러한 어려움을 딛고서 지속적인 경제개발계획을 성공적으로 추진함으로써 우리 경제는 획기적인 발전을 이룩할 수 있게 되었다. 특히, 수출주도형의 성장전략으로 수출과 국민소득면에서 괄목할 만한 성장세를 나타내었으며, 우리나라는 선진국으로의 발돋움이 가능하게 되었다.

② **경제개발계획의 추이** : 1960년대에 추진된 1, 2차 경제개발 5개년계획에서는 기간간업의 육성과 경공업의 신장에 주력하였다. 1970년대에 추진된 3, 4차 경제개발5개년계획에서는 중화학공업의 육성과 농어촌개발을 위한 새마을운동의 추진에 힘썼다. 이에 따라 광·공업의 비중이 높아졌으며, 공업구조도 경공업 중심에서 중화학공업 중심으로 바뀌었다. 또, 정부는 경제발전과 함께 국토개발을 추진하는 한편, 식량 증산에도 힘을 기울였다. 아울러 산업발달을 뒷받침하기 위한 사회간접자본의 확충으로 경부고속국도를 비롯한 여러 고속도로망을 확충하여 전국을 1일생활권에 속하게 하였다.

③ **농촌의 발전** : 농촌과 도시의 생활수준을 고르게 하기 위한 노력을 기울여, 농촌의 문화수준과 소득도 점차 향상되어 갔다.

4. 오늘날의 한국경제

(1) 신흥공업국으로 부상

경제개발 5개년계획의 계속적인 추진으로 우리나라는 고도성장을 이룩하였고, 세계에서 주목받는 신흥공업국으로 부상하였으며, 국민의 생활수준도 괄목할 정도로 향상되었다.

(2) 경제규모의 확대

① 국민총생산과 무역규모에서 세계의 10위권에 진입하기에 이르렀다.

② **선진국형 산업구조로 전환** : 농림 · 어업의 비중이 크게 낮아지고 제조업과 서비스업의 비중이 크게 높아졌다.

(3) 한국기업의 해외진출

① 미국과 유럽, 멕시코 등지에도 전자산업과 자동차산업이 진출하고 있으며 건설회사는 동남아시아를 비롯하여 중동 · 아프리카에서도 활약하고 있다.

② 우리나라는 세계의 경제성장에 참여하는 주요 경제국가로서의 위치를 차지하게 되었으며, 아시아 · 태평양 경제협력체(APEC)에도 적극 참여하여 미국, 일본 등과 함께 이 지역의 경제협력을 이룩하는데 주도적인 역할을 하고 있다.

(4) 우리 경제의 문제점

① **국내적** : 국민들 사이의 소득격차, 도시 · 농촌간의 격차, 시설투자의 불균형, 노사간의 갈등 등의 문제가 해결되지 않은 상태로 남아 있다.

② **대외적** : 무역의 장벽, 첨단과학기술인력의 부족 등을 극복해야 할 과제가 남아 있다.

제 2 항 사회의 변화

1. 산업화와 도시화

(1) 산업화와 도시화에 따른 문제점

① **산업별 인구구성 비율의 변화** : 1960년대 초까지는 전체 노동인구의 60% 이상이 농업에 종사하였다. 그러나 이제는 15%에도 못미치는 비율이 농업에 종사할 뿐이며, 이에 대신하여 서비스산업, 광 · 공업분야 종사자의 비율이 매우 높

아지고 있다.

② 급속한 도시화의 사회문제

㉠ 농촌중심의 촌락공동체적 생활환경이 무너지고 급격한 도시화가 촉진되었다.

㉡ 도시의 주택문제, 교통문제, 환경문제 등 여러 가지 사회문제를 일으키게 되었다.

㉢ 도시화에 따른 익명성은 이익중심적 인간관계를 변하여 전통적 가치는 단절될 수밖에 없었다.

(2) 정부의 대처방안

① 농촌 새마을운동을 도시에도 정착시키기 위해서 노력하였다.

② 공장 새마을운동으로 작업장 내에서의 바람직한 인간관계를 이룩해서 생산성을 높이려는 움직임도 전개하였다.

③ 급격한 도시화에 따르는 교통문제를 해결하기 위해서 서울 등 대도시에 지하철을 건설하였다.

④ 도시의 주택문제를 해결하기 위해 대규모 아파트단지를 개발하였으며, 장기임대 아파트도 건축하였다.

2. 노동운동

(1) 공업화와 그 결과

사회가 급속하게 산업화함에 따라 노동자의 수도 급격하게 증가하였다. 그런데 산업화과정에서 한때 저임금이 지속되었고 이를 토대로 경제성장에만 치중되어 온 면도 있었다. 이에 노동자들은 보다 나은 대우를 요구하기에 이르렀다. 이러한 요구는 저임금문제의 해결과 노동환경의 개선문제 등으로 표출되었다.

(2) 노동운동의 전개

① **노동운동의 전개** : 노동자의 요구가 구체적이고도 본격적으로 나타나기 시

작한 것은 1970년대부터였으며, 1980년대 말에 이르면서 그것은 더욱 심각한 사회문제로 부각되었다. 당시 기업가들은 해외시장에서의 경쟁력을 유지하고 생산성을 높인다는 명분으로 근로자에 대해 저임금을 강요하였으며, 그러한 사정은 상당기간 계속되었다. 따라서 근로자와 기업가의 관계가 악화될 수밖에 없었다. 근로조건개선에 대한 노동자들의 집단적인 요구에 대해서, 정부는 경제성장과 수출증대를 이룩하려는 의도에서 처음에는 이를 통제하였다. 1980년대 중반기 이전만 해도 노동자의 단체교섭권과 단체행동권을 크게 제한하였다.

② **노동운동의 활성화** : 1987년 이후, 우리 사회에서는 정치적인 민주화와 함께 노동운동도 활성화되었다. 임금의 인상, 노동조건의 개선, 기업가의 경영합리화와 노동자에 대한 인격적 대우 등을 강력하게 주장하는 노동자의 시위가 거세게 일어났다.

(3) 결 과

정부는 저임금문제 등 전반적인 노동문제를 해결하기 위해서 노동관계법을 개정하였으며, 기업가와 노동자의 인간적 관계와 새로운 직업윤리의 정착을 위해 많은 노력을 기울였다. 그 결과 이전과는 다른 노동문화가 정착되고 있고, 노동환경개선도 이루어지고 있으며, 이로 말미암아 생산성도 높아지고 있다.

3. 환경보전운동

(1) 환경문제 대두

① 급속한 산업화에 따라 1970년대 중반기부터 환경문제와 직면하게 되었다. 공장의 폐수와 산업폐기물 등으로 인하여 하천이 오염되고 연·근해도 오염되는 등 심각한 문제가 대두되었다.

② 도시화에 따르는 자동차 배기가스와 난방으로 인한 대기오염까지 유발하고 있다.

③ 농촌에서의 비료와 농약의 과다한 사용은 토지의 산성화까지 초래하는 등 환경문제는 오늘날 전반적으로 심각한 상태에 이르고 있다.

(2) 정부의 해결책

① 정부기구로 환경부를 설치하였으며, 환경오염을 막기 위한 법률을 제정하는 한편, 국민운동으로 환경문제에 대한 경각심을 높이는 데 주력하였다.

② 산업체로 하여금 공해유발을 막을 수 있는 시설을 마련하게 하였으며, 공해에 대한 규제를 강화해 가고 있다.

(3) 국민들의 관심증대

① 환경문제는 국민들의 자연환경보호에 대한 관심을 증대시켰으며, 나아가 하나뿐인 지구를 우리 손으로 보호해야 한다는 생각을 가지게 하였다.

② 그 결과 각종 환경운동단체가 설립되었으며, 국민들의 환경보호운동도 본격적으로 전개되기 시작하였다.

4. 사회보장정책

(1) 소외계층 문제

산업화와 도시화는 소외계층의 문제를 발생시켰다. 노약자 문제, 빈곤층 문제, 그리고 실업자 문제 등이 바로 소외계층의 중요한 문제이다.

(2) 정부의 대책

빈곤가정과 노약자 등에 대해서 최소한의 생활을 누릴 수 있도록 생활보조금을 제공하고 있으며 실업자 문제와 노후생활보장을 위해서 고용보험 및 연금제도 등을 도입하여 실시하고 있다.

(3) 의료보험제도 도입

① 도시와 농촌, 그리고 직장중심의 의료보험체계를 수립하여 국민 모두가 의료혜택을 받을 수 있도록 제도적인 장치를 마련하였다.

② 병약자나 장애인에 대한 사회관심을 환기시키는 계기가 되었으며, 그 결과

소외계층에 대한 국민적인 연대의식이 자리잡기 시작하였다.

5. 올바른 가치관의 정립

(1) 가치관의 혼돈상태

① 사회의 급속한 변화로 전통적 가치가 그 영향력과 설득력을 잃어 가고 있으며, 서구사회의 가치관념이 무비판적으로 받아들여지는 풍조가 생겨나고 있다.

② 근대화가 곧 서구사회를 모방하는 것으로 여긴 사람들은 그들의 잘못된 가치관념까지도 받아들였다.

(2) 전통적 가치관의 붕괴

① **전통적 가치관** : 우리 사회는 인격과 염치를 중하게 여기면서 인간관계에서 예절을 숭상하였다.

② **전통적 가치관의 붕괴** : 산업화와 도시화 때문에 전통적 가치관이 무너지면서 개인중심의 이기주의와 심한 경우에는 집단이기주의까지 나타나고 있다. 그 결과 일부 사람은 기본예절을 무시하고 공중도덕까지 경시하는 풍조가 생겨났다.

③ 오늘날 우리 사회에서는 올바른 가치관의 확립이 무엇보다 절실히 요구되고 있다.

제5절 현대문화의 동향

Digest

1. **광복 이후 문화적 과제** : 광복 이후 우리 민족이 당면한 문화적 과제는 새로운 민족문화를 발전시키는 일이었다. 그러나 정치적, 경제적, 사회적 혼란과 불안정 속에서 민족문화의 진흥은 어려웠다.
2. **가치관의 혼란** : 더욱이 국토가 남북으로 분단된 상황에서 이룩된 우리 문화는 자연히 남북간에 이질적인 문화의 양상을 띨 수밖에 없었다. 뿐만 아니라, 서구문화의 무비판적인 수용은 전통적인 가치관의 혼란을 가져왔다.
3. **민족문화의 발전 노력** : 이러한 여건에서도 우리 민족은 일제식민지의 잔재를 일소하고, 민족문화를 발전시키기 위한 노력을 기울여 왔다. 따라서 교육, 학술, 종교, 문예 등 각 분야에서 민족의 자주성과 독립성을 확립하기 위한 노력이 점차 활성화되고 있다.

제 1 항 교육과 학술활동

1. 교육활동

(1) 교육의 근본이념

대한민국의 헌법에는 의무교육이 규정되어 있고, 교육기본법에는 교육의 근본이념을 홍익인간으로 규정하였다. 널리 인간을 이롭게 한다는 홍익인간의 정신은 우리나라 건국의 이념이며 현재까지 우리 민족을 존속시켜 온 민족정신이며 인류공영이란 민주주의 기본정신과도 맥을 같이 하는 것이었다.

(2) 광복 후 1950년대의 활동

정부는 건국 직후부터 본격적으로 민족교육의 기반을 마련하고자 하였으며, 의무교육제도를 충실하게 시행하기 위해서 많은 노력을 기울였다. 우리의 교육기반은 6·25전쟁으로 흔들렸으나 반공 필승의 신념과 집단안보의식의 이념 고취에 두어졌고, 도의교육, 1인1기교육, 국방교육이 강조되었다. 휴전이 되고 서울로 환도한 이후에는 교육을 재건하기 위해서 많은 노력을 기울였으며, 부서진 교육시설의 복구에 온 힘을 기울였다. 그리고 교육과정도 새롭게 편성하여 전시교육의 성격으로부터 정상적인 민주시민교육으로 옮겨 가게 되었다.

(3) 4월혁명과 5·16군사정변 하의 교육활동

4월혁명 이후 출범한 장면내각은 교육의 중립성 확보, 사도의 확립, 학원정상화 등 교육의 민주화에 힘을 기울였다. 그러나 5·16군사정부는 인간개조운동과 재건 국민운동을 강력히 추진하였다. 교육관계특례법의 제정으로 교육자치제는 폐지되고 정권에 봉사하는 절름발이 교육이 지속되었다.

(4) 박정희(제3공화국)시대의 교육활동

박정희정부에서 교육자치제가 부활되었으나 교육의 중앙통제와 관료의 통제는 여전히 존재하였다. 이 시기에 국민교육헌장이 선포되었는데, 이는 우리 사회의 교육이 나아가야 할 방향을 밝힌 것으로 민족적 정통성과 현대의 과학정신, 그리고 실사구시가 우리 교육의 지향목표임을 밝히고 있다.

정부는 그 당시 어린 학생들에까지 행하여졌던 과외공부를 없애기 위해서 중학교무시험진학제도를 실시하였다. 그리고 대학의 질적 수준을 높이기 위해서 대학입학예비고사와 학사자격고시를 시행하기도 하였다, 이에 비례해서 초, 중등교육시설이 크게 확충되었고 국민의 높은 교육열로 교육인구가 크게 증대되었다.

(5) 1970년대 교육활동

1970년대에는 안보교육과 함께 새마을교육이 실시되었다. 교육문제를 연구하기 위해서 한국교육개발원이 설립되었으며, 사회교육을 확대하기 위해서 방송통신교육도 실시되었다. 또 이 시기에 우리나라의 정신문화와 전통적 가치를 연구하고 바람직한 민족사회의 미래를 밝히기 위해서 한국정신문화연구원이 발족되었다.

(6) 1980년대 교육활동

정부는 입시과외의 폐해를 줄이기 위해 힘썼다.

(7) 1990년대 교육활동

21세기의 정보화, 세계화 시대에 능동적으로 대처할 수 있는 인간을 육성하기 위한 교육개혁을 추진하고 있다.

2. 학술연구활동

(1) 광복 후 학술활동의 과제

광복 이후 학계에 부여된 과제는 식민사관의 청산과 전통문화에 대한 새로운 인식기반을 마련하는 것이었다.

(2) 광복에서 1950년대까지

① **광복에서 1950년대까지** : 일제의 의해 왜곡된 국사학, 국어학, 국문학 등 전통문화의 기반을 새로이 마련하는 것이었다. 이 일을 추진하는 과정에서 전통문화에 대한 새로운 인식이 다져지고 학문적으로도 많은 성과를 거두었다.

② **휴전 이후** : 학술연구는 많은 학회와 연구소를 중심으로 활성화되었다.

(3) 1960년대

이 시기로 오면 한국학연구가 고조되어 많은 학술연구단체가 결성되었으며, 이를 중심으로 학문분야가 개척되었다. 이는 우리 것에 대한 올바른 연구를 통해서 독자적인 학문체계를 수립함과 동시에, 현실상황을 사실적으로 파악하려는 실사구시적인 학문연구에 토대를 둔 것이었다.

(4) 1970년대 이후

이 시기는 광복 이후의 연구성과를 정리함과 동시에 새롭게 연구결과를 평가하고 새로운 연구방법으로 문제를 극복해 가려는 연구경향을 보여 주었다. 새로운 연구방법이 도입되었고, 연구범위도 확대되었으며, 연구방향도 재정립되었다. 또, 국사편찬위원회를 중심으로 하여 사료의 수집·정리 및 한국사의 연구와 사서편찬활동이 활발하게 이루어졌고, 한국정신문화연구원에서 한국민족문화대백과사전을 출간하는 등 한국학의 총체적인 연구가 점차 그 자리를 다지게 되었다.

(5) 과학분야

대학 등 고등교육기관의 보급과 해외유학생의 증가로 많은 인재를 확보하게 되었으며, 한국과학기술원 등 각종 연구기관이 설립되고 첨단과학분야까지 비약적인 발전을 이루게 되었다. 최근에는 산학협동이 활발하게 이루어지고 있으며, 그 결과 민간연구소의 연구활동도 두드러지게 나타나 세계수준의 과학적인 연구업적이 이루어지는 등 비약적인 발전이 거듭되고 있다.

제 2 항 종교생활과 문예활동

1. 종교활동

(1) 종교의 자유와 기능

우리나라 헌법에는 종교의 자유를 명시하고 있다. 즉 모든 국민은 신앙의 자유를 가지며 종교는 정치로부터 분리된다고 여기고 있다.

한편, 광복 이후 종교계는 우리 민족의 정신적 지주로서 사회발전에 크게 기여하였다. 우리 사회가 점차 산업화, 도시화됨에 따라 인간의 소외와 가치관의 혼돈이 일어나게 되었는데, 종교는 이러한 문제점을 극복하는 데 구심적인 기능을 수행하게 되었다.

(2) 불교계

1970년대에 들어 우리나라 불교계는 일대 혁신을 가져왔는데 승려의 자질향상, 교육의 쇄신, 포교의 다양화 등을 추진하였다. 세계불교연합회를 창설함으로써 한국불교의 위상을 드높였다. 또한 현대산업사회에 적응할 수 있는 종교활동을 전개하고 있다.

(3) 크리스트교계

광복 이후 우리나라의 기독교계는 비약적인 발전을 가져와 오히려 불교신도와 맞먹을 정도로 급성장하였다.

① **개신교** : 장로교와 감리교 그리고 침례교, 예수교선교회 등 많은 교단이 혼잡되어 있는 한국 교단은 통일을 모색하면서 독재와 부정부패 규탄운동을 전개하였다.

② **천주교** : 우리나라 교회사에서 전례없는 탄압의 역사가 있었으나 현재는 꾸준한 발전을 계속하여 왔으며 정의사회구현을 위해 인권이 유린당하고 탄압받는 많은 이들에게 교회의 임무를 성실히 수행하고 있다. 특히, 교황의 방한, 103위 순교자의 시성 등으로 획기적으로 발전하였다.

(4) 기타 종교계

민족종교인 천도교와 대종교도 그 나름대로 교권을 확립하였고 원불교도 꾸준히 교세를 확장하였다.

(5) 종교계의 역할

우리나라의 종교는 광복 이후 민족의 갈망과 아픔에 동참하면서, 급변하는 사회에서 윤리적 가치관의 확립에 기여하였다.

2. 문예활동

(1) 광복직후~1950년대

광복 후 문화계는 일제시대부터 지속되었던 우익계와 좌익계의 문화색채가 국토의 분단과 함께 확연하게 드러나기 시작했다. 조선문화건설 중앙협의회가 좌익계에 의해 설립되자 우익계는 전국문화단체 총연합회를 발족시켜 사상논쟁이 가열되었다. 좌익과 우익은 문학에서 뿐만 아니라 예술계 전반에 걸쳐 심각하게 대립하고 있었다. 공산주의의 선전·선동활동을 앞장섰던 좌익계 문화예술 인사들 중에는 6·25전쟁이 일어나기 전에 이미 북한으로 월북한 경우도 있었으며, 또 공산주의 사상의 선전을 위하여 지하활동에 참여하기도 하였다.

6·25전쟁 중에 문화·예술계는 극심한 수난을 겪었다. 공산당이 지배하는 지역에서는 많은 납북 문화·예술인들은 아직도 그 생사조차 알려지지 않고 있는 실정이다. 전쟁의 어려움 속에서도 자유와 민주주의의 가치를 절감하였던 수많은 자유주의적 문인들은 직접 종군활동에 참여하는 등 공산주의와 맞서 싸웠다.

(2) 1960년대

문화계는 1960년대에 들어서면서 새로운 도약의 단계로 활약했다. 국립극장 및 드라마센터 등이 건립되고 각 대학에 예술 분야의 전공학과가 많이 설치되었으며, 우리 문화에 대한 자각이 조금씩 일기 시작했다. 전쟁의 피해를 조망하면서 전쟁 중에 소시민들의 삶을 주제로 하는 문학예술작품이 출간되었으며, 인간의 가치와 삶을 작품의 주제로 삼아 그것을 다룬 예술활동이 활발해지기도 하였다. 문학 뿐만 아니라 예술분야에서도 이러한 모습이 나타났다.

(3) 1970년대

사회의식과 역사의식이 높아지면서 민중의 생활현실을 형상화한 문학운동이 전개되었고 대립보다는 통일을 주제로 한 예술과 영화, 대중가요 등의 대중문화도 사회의 성장과 더불어 성숙되어 갔다. 정부는 문화활동을 적극적으로 지원하기 위해서 세종문화회관을 건립하였고, 문예진흥원, 예술의 전당 등을 세웠다. 우리 문화에 대한 높은 인식은 전통문화에 대한 새로운 해석과 그것의 발전적 계승을 위한 노력을 활발하게 하였다.

한편, 문화계도 1970년대 후반부터 민주화의 열풍에 휩쓸려 들어가 새로운 역사의식과 사회의식이 강조되었으며, 민중의 삶을 문화의 주제로 삼아서 그들의 현실적인 한계를 극복해 보려는 실천적인 문화운동이 일어나기도 하였다. 이른바 민중문화운동이나 민족문화운동으로 불렸던 문화운동이 그것이었다. 이러한 운동은 시민의 자유와 기본권 회복, 민족통일을 문화운동의 주요 과제로 삼고 있었다.

(4) 1980년대

경제발전으로 시민생활에 여유가 생기게 되었고, 그 결과 대중예술로서의 영화, 가요 등 다양한 성격의 대중문화가 크게 발전하였다.

제 3 항 체육의 발전과 올림픽의 개최

1. 체육의 진흥

(1) 일제하의 체육

손기정선수 등 많은 선수들이 세계대회에서 우수한 성과를 올려 민족에게 용기를 주었으며 많은 사람들의 관심을 불러 모았으나, 일제의 민족차별정책으로 제대로 체육활동이 이루어지지 못하였다.

(2) 광복 이후의 체육

학교체육을 정비・강화하고, 전국체육대회, 전국소년체육대회 등을 통해 체력의 향상과 스포츠정신의 고취에 힘쓰고 국제무대에 진출하여 민족의 우수성을 세계에 과시하였다.

(3) 1980년대 이후의 체육

체육진흥법에 따라 사회체육이 권장됨으로써 국민들은 여러 가지 운동을 통해 체육의 생활화에 힘쓰고 있다. 프로야구, 프로축구, 민속씨름 등의 체육경기는 많은 사람들의 관심 속에 날로 발전을 거듭하고 있다.

2. 올림픽의 개최

(1) 아시아 경기대회(1986)

1986년에는 제10회 아시아경기대회가 서울에서 열렸다. 이 경기대회에서 우리는 중국에 이어 종합순위 2위를 차지하였으며 그 뒤 베이징 아시아경기대회에도 계속 2위를 차지함으로써 체육강국의 모습을 과시하기도 하였다.

(2) 제24회 하계올림픽 개최(1988)

① **규모와 성과** : 올림픽역사상 최대 규모인 160개국의 14,000여명의 선수가 참가하였고 우리나라는 4위를 차지하였다.

② **의의** : 세계평화를 위한 인류의 이상실현에 기여하였고, 세계속의 한국으로서의 국제적 지위를 확고히 하는 계기가 되었다. 우리나라는 이를 계기로 북방외교를 적극적으로 추진하게 되었으며, 국력을 내외에 과시하게 되었다.

(3) 민족의 저력 과시

① 1936년 베를린올림픽의 마라톤경기에서 손기정선수가 우승하였다.

② 1992년 바르셀로나올림픽의 마라톤경기에서 황영조선수가 우승하였다. 이는 민간외교로서 큰 몫을 하였다고 할 것이다.

제4항 세계 속의 한국

(1) 역사공부의 당위성

우리가 우리의 역사를 공부하는 이유는 단순히 지난날을 되돌아보려는 것만은 아니다. 그보다는 지난날을 되돌아봄으로써 오늘의 우리 현실을 올바로 자리매김하려는 것이며, 그것을 바탕으로 세계를 향하여 보다 적극적인 삶을 전개하는 데에 있다.

(2) 역사공부의 접근 방법

① 지난날의 역사 속에서 우리 민족의 단결과 발전에 도움이 되었던 이념과 가치, 전통 그리고 구체적인 사건과 사회활동 등을 찾아야 하며, 그것을 소중하게 여기는 마음을 가질 수 있어야 한다. 그러한 것들을 통해서 오늘 우리가 이룩해야 할 단결과 발전의 새 가능성을 열어갈 수 있기 때문이다.

② 국난의 어려움 속에서도 굴하지 않고 굳건하게 국가와 민족을 지켜온 역사를 소중하게 간직하면서 그 정신을 오늘에도 새롭게 가다듬어야 한다. 불굴의 민족의지야말로 민족통일을 이룩하고 우리가 세계 속으로 나아갈 수 있는 정신적 바탕이 될 수 있다.

③ 인내의 고통을 감내하면서도 묵묵히 창조와 헌신을 다했던 조상들의 얼을 귀중하게 여길 수 있어야 한다. 파괴보다는 건설을, 분열보다는 화합을 소중하게 여겨야 하고, 헌신과 책임을 다함으로써 명예로운 민족구성원의 의무를 다하는 것이 얼마나 소중한가를 알아야 하기 때문이다.

④ 열린 마음으로 다 함께 손을 잡고 세계 속으로 나아가려는 진취적인 기상을 가다듬을 수 있어야 한다. 닫힌 마음으로는 오늘의 세계를 앞장 서 나갈 수 없다. 민족문화 세계문화를 어울리게 하는. 그리고 그러한 어울림을 통해서 세계 속에서 우리 민족의 정당한 몫을 차지할 스 있는 의지가 중요하기 때문이다.

〈부 록〉 국사 분류사

1. 정치체제의 변천

시기	국가	중앙정치제도	지방행정조직	군사제도
연맹왕국		• 군장 중에서 왕 추대(고구려의 제가회의)	• 군장의 부족통치(부여의 사출도)	• 군장세력이 독자적으로 군사지휘
삼국시대	고구려	• 제가회의 (귀족회의)	• 5부(욕살)→성(성주) • 3경(국내성, 평양성, 한성)	• 군사조직은 지방행정조직과 일원화(신라의 군주)→삼국은 지방장관의 군사적 성격이 강한 사회
	백 제	• 정사암(귀족회의) • 6좌평(고이왕)→22부(성왕)	• 5방(방령)→군(군장) • 22담로(특수행정구역)	
	신 라	• 화백(귀족회의) • 병부 등 10부(군사중시)	• 5주(군주)→군(당주) • 2소경(중원경, 동원경)	
남북국시대	통일신라	• 상대등 약화, 시중권한 강화 • 집사부 등 14부(신문왕)→왕권 강화	• 9주(총관→도독)→군(태수)→현(현령)→촌(촌주), 향, 부곡 • 5소경(중앙집권 강화)	• 중앙(9서당)→민족 융합 • 지방(10정)→한주에는 2정 설치
	발해	• 정당성(합의제)→6부(충, 인, 의, 지, 예, 신부) • 선조성 • 중대성	• 15부(도독)→62주→현→촌 • 5경(특수행정구역)	• 중앙(10위)→전제왕권 기반
고려시대	전 기	• 도병마사와 식목도감(합의제)→도평의사사(귀족연합정치) • 중서문하성(정책수립, 심사) • 상서성(집행)→6부	• 정비과정(호족자치→12목→4도호부 8목→5도 양계) • 5도(안찰사)→부·목·군·현→촌, 향, 소, 부곡 • 양계(병마사)→진	• 중앙(2군 6위)→정치적 성격, 직업군인 • 지방 : 5도(주현군)→치안과 노동, 양계(주진군)→국방담당 • 특수군 : 광군(거란 대비), 별무반(여진 정벌),

		(이, 병, 호, 형, 예, 공부) • 대성 : 간쟁과 서경권	속현이 다수, 향리 세력 강함→지방자치질서 안정	삼별초(대몽 항전) • 군사회의(중방)→무신정권(최고권력기구)
	무신 정권기	• 무신정권기구(중방→도방→교정도감→정방)		
조선 시대	전 기	• 의정부(합의제)→6조 • 승정원, 의금부(왕권 강화) • 사간원, 사헌부, 홍문관 : 3사(왕권 견제)	• 8도(관찰사)→부·목·군·현→면·리·통	• 원칙 : 양인개병, 농병일치 • 중앙(5위)→갑사, 특수병(직업군인), 정병 • 지방(영진군)→정병 • 특수군(잡색군)→예비군
	후기	• 비변사강화(의정부와 왕권의 약화)	중앙집권과 지방자치의 조화→모든 군과 현에 지방관 파견, 향리지위 격하	• 중앙(5군영)→붕당의 기반, 임기응변 설치 • 지방(속오군)→양, 천 혼성군
근대		• 개항 후 개화추진기구(통리기무아문과 12사) • 갑오개혁(의정부, 궁내부, 8아문)	• 갑오개혁 후(23부)→지방관의 사법권, 군사권 분리 • 대한제국(13도)	개항 후 : 중앙(2영) 지방(진위대) • 신식군대(별기군)

2. 경제제도와 발전

구분	토지제도	조세제도	경제생활		
			농업	상업	수공업
고대	◎ 기본개념→왕토사상(토지공유제) ◎ 통일신라 • 녹읍(조, 공납, 요역)→귀족경제 • 관료전(수조권만)→왕권 강화 • 정전(농민에 지급)→국가의 농민지배력 강화 • 녹읍 부활→왕권	• 고구려 : 조(호세), 세(인두세)→곡식, 베 • 백제 : 조(곡식), 세(곡식, 포) • 신라 : 조(조세), 용(인두세), 조(호세)	• 신석기 농경시작 • 청동기 벼농사 시작 • 철기 철제농기구 • 삼한 벼농사 (저수지) • 신라 우경 장려	• 신라 동시 설치 • 통일신라 서시, 남시 설치	• 백제 칠지도, 금동대향로 • 통일신라 나전칠기, 목판인쇄술(다라니경)

	약화				
고려	• 역분전(태조)→공신 우대 • 시정전시과(경종)→관등과 인품을 참작하여 지급 • 개정전시과(목종)→관등에 따라 지급 • 경정전시과(문종)→현직자만 지급, 공음전(귀족 우대)	• 전세 : 민전(1/10), 공전(1/4), 사전(1/2) • 공납(호세) : 상공, 별공 • 역(인두세) : 정남(16~60세)의 노동력 • 잡세 : 어장세, 염전세, 선박세	• 우경에 의한 심경법 • 2년 3작의 윤작법 • 5곡과 채소 재배 • 시비법 개발 • 목화전래(공민왕)	• 시전 중심→물가조절(경시서) • 화폐 : 건원중보, 활구, 해동통보→유통 부진	• 관청수공업(도자기, 무기 등) • 가내수공업(자급자족) • 소(수공업) • 사원수공업(제지, 직포)
조선 전기	• 과전법(공양왕)→사대부의 경제기반 • 직전법(세조)→현직만 지급 • 관수관급제(성종)→국가의 토지지배권 강화	• 전세 : 수확의 1/10→연분 9등법(20두~4두) • 공납(호세) : 상공, 별공, 진상→방납 폐단(16C) • 군역 : 양인개병, 농병일치→방군수포제(16C)	• 모내기법(이앙법)→이모작 보급 • 시비법 발달→휴경 극복 • 과수, 원예 작물	• 시전 중심→물가조절(경시서) • 보부상(장시) • 화폐 : 조선통보→유통 부진	• 관영수공업(화약, 무기 등 납품) • 가내수공업(면포 생산)
조선 후기	◎ 토지개혁론(실학자) • 유형원(균전론) 토지의 신분별 차등분배 • 이익(한전론) 영업전 이외 토지 매매 허용 • 정약용(여전론) 마을 단위 공동농장제도 • 홍대용(균전제) • 박지원(한전제)	• 영정법(4두)→지주유리, 전호불리 • 대동법(12두)→전세화(지주불리, 농민유리), 공인 등장(상공업의 발달), 조세 금납화(화폐 유통) • 균역법(1년에 1필)→지방상류층, 지주(결작부과)→양반지주 불리, 농민 유리	• 이앙법의 보편화→광작(농민계층분화) • 견종법 보급 • 상품작물(담배, 인삼) • 구황작물(고구마, 감자)	• 도고→상인계층분화 • 난전→종루, 이현, 칠패 • 사상→송상, 경상, 만상, 내상, 유상, • 객주, 여각 • 화폐→상평통보→전황	• 민영수공업(선대제 중심) • 독립수공업(일부)
근대	• 동학→토지 평균분배 • 대한제국→지계발급 • 일제→토지조사사업 • 해방 후 농지개혁→남한(유상매수,	• 갑신정변 : 지조법 개혁 • 동학 : 무명잡세 폐지 • 갑오개혁 : 조세 법정주의 • 독립협회 : 예산, 결산의 공표		• 근대적 상업자본(상회사, 황국중앙총상회) • 금융자본(조선은행)	• 산업자본(야철공업, 면직공업) • 일제강점기(물산장려운동)

	유상분배) 북한(무상몰수, 무상분배)				

3. 사회신분제도 및 사회성격

<table>
<tr><th>시기</th><th colspan="2">신분제도</th><th colspan="2">사회성격</th></tr>
<tr><td rowspan="4">선사
시대</td><td>구
석
기</td><td>무리사회, 이동사회, 평등사회</td><td colspan="2">• 가족단위 무리생활</td></tr>
<tr><td>신
석
기</td><td>부족사회, 평등사회</td><td colspan="2">• 씨족집단→족외혼→부족형성</td></tr>
<tr><td>청
동
기</td><td>계급과 사유재산제의 발생</td><td colspan="2">• 계급발생→군장사회→국가성립(고조선)</td></tr>
<tr><td>철
기</td><td>군장들에 의한 연맹왕국의 성립</td><td colspan="2">• 부족연맹제→군장의 부족 지배</td></tr>
<tr><td rowspan="3">고대
사회</td><td colspan="2" rowspan="3">◎ 신분제도의 마련
• 성격 : 엄격한 신분사회→친족의 사회적 위치에 따라 신분 결정 : 친족공동체 사회
◎ 신분제도
• 귀족 : 왕족, 귀족(특권 독점)
• 평민 : 생산 종사, 조세 부담
• 천민 : 노비, 향, 부곡민</td><td>신
라</td><td>• 법률 : 지배층 특권유지(살인자, 반역자, 패전자 엄벌)
• 골품제도 : 엄격한 신분제도
• 화백 : 국왕과 귀족간 권력조절
• 화랑 : 계급간 갈등의 조절, 완화</td></tr>
<tr><td>통
일
신
라</td><td>• 중대 : 전제왕권 강화(신문왕)
• 하대 : 진골귀족의 왕위쟁탈전, 6두품의 반신라적 경향, 지방세력의 성장(호족, 해상세력)</td></tr>
<tr><td>발
해</td><td>• 지배층 : 고구려계, 일부 말갈인
• 피지배층 : 말갈인</td></tr>
<tr><td>중세
사회</td><td colspan="2">◎ 신분제도의 재편성(중간계층의 대두)
◎ 성격 : 능력존중의 개방사회로 발전
◎ 신분제도
• 귀족 : 왕족, 문무고위관리
• 중류층 : 서리, 남반, 향리, 하급장교
• 양인 : 농, 상, 공(조세부담), 향, 소, 부곡
• 천민 : 노비, 화척, 진척, 재인</td><td colspan="2">◎ 법률 : 관습법 중심(71조형률, 보조법률)
◎ 귀족지배체제의 변화
초기[호족→자주적]⇒중기[문벌귀족(음서와 공음전)→보수적→이자겸의 난, 묘청의 난]⇒무신정권기[무신(중방, 도방, 교정도감, 정방, 삼별초)→무단통치]⇒원 간섭기[권문세족(음서제와 대농장, 도평의사사)→보수적]⇒말기[신진사대부(지방향리, 성리학자, 과거로 진출)]→개혁적</td></tr>
</table>

근세 사회	◎ 양반관료제 사회 • 성격 : 능력중심의 개방사회(과거 중시) ◎ 신분제도(원칙 : 양천제) • 양인 양반 : 문반과 무반→사족(士族)으로 확대(16세기) 중인 : 기술관, 서리, 향리, 서얼 상민 : 농민(우대), 상인·공장(군역면제, 국역의무) • 천민 : 공·사노비, 백정, 무당, 창기	◎ 법률 : 형법(경국대전의 형전, 대명률), 민법(관습법) ◎ 훈구파와 사림파 • 훈구파 : 혁명파계열, 사장 중시, 성리학 이외 사상 수용, 중앙집권, 단군 중시, 15세기 민족문화 주도 • 사림파 : 온건파 계열, 경학 중시, 성리학 이외 사상 배척, 향촌자치, 기자 중시, 16세기 이후 사상계 지배
근대 태동	◎ 신분제도의 문란 • 양반의 증가 : 분화(벌열양반, 향반, 잔반) • 중인의 지위 향상 : 서얼 등의 규장각 등용 • 상민의 감소 : 부농, 거상의 신분상승(납속책, 족보위조 등)→군역면제 • 노비의 감소 : 공노비 해방→재정상·국방상 목적	◎ 사회불안의 고조 • 신분제 동요 : 양반의 증가, 상민·노비의 감소 • 삼정의 문란 : 농민의 몰락 • 서민의식 향상 : 농업과 상공업발달, 서당·한글소설 보급, 장시의 확대, 판소리 보급→소청, 벽서, 민란으로 저항
근대 사회	◎ 평등사회로의 이행 • 갑신정변 : 문벌폐지, 인민평등권 확립 • 동학 : 노비문서소각, 과부재가 허용 • 갑오개혁 : 신분제도의 폐지 • 독립협회 : 민중의식 성장 • 애국계몽운동 : 근대사상의 보편화	◎ 근대의 사회세력의 성격 • 개화사상 : 근대적 평등사회 추구 • 위정척사 : 성리학의 전통질서 수호 • 동학 : 반봉건, 반침략의 민족, 민중운동 • 독립협회 : 근대적 민중운동 전개 • 의병과 애국계몽운동 : 국권수호를 위한 구국민족운동

4. 사상의 발전

시기		유학사상	불교사상	도가사상
삼국	고구려	• 태학 : 국립대학(유학)→귀족자제 • 경당 : 지방(유학+무술)→평민자제	• 수용 : 소수림왕→삼론종	• 수용 : 연개소문→불교억압, 사신도(강서고분)
	백제	• 5경박사 등→일본전파	• 수용 : 침류왕→율종 발달	• 사택지적비, 금동대향로
	신라	• 세속 5계 : 유·불·도교 • 임신서기석 : 유교학습	• 공인 : 법흥왕→불교식 왕명, 원광(세속5계), 계율종	• 세속5계 : 유교, 불교, 도교의 융합
남북국	통일	◎ 유교정치이념 수용	◎5교 9산의 발달	• 4산비문(최치원) :

	신라	• 국학(신문왕), 독서삼품과(원성왕)→왕권강화 • 6두품 : 유학 연구(최치원 시무 10조)	• 중대 : 원효(종파 융합, 불교대중화), 의상(화엄종) • 하대 : 선종 발달(호족과 6두품 옹호)→고려 건국	유교, 불교, 선교(도교) • 풍수지리설(도선) : 도참 사상과 결부→송악길지설(신라정부 권위 약화)
	발해	• 국자감 : 유학 교육	• 고구려 계승 : 불상, 석등	• 정효공주 묘지
고려	전기	• 광종 : 과거제도→왕권강화 ◎ 유교 정치이념 채택 • 성종 : 최승로의 시무 28조→문벌귀족지배체제 • 중기 : 9재학당(최충) 등 사학 12도 발달	• 태조 : 훈요 10조(연등회, 팔관회 중시) • 광종 : 의통과 제관(천태종 연구) • 중기 : 천태종(의천)→교관겸수(교선일치)	도관(예종) : 국가의 안녕, 왕실의 번영 기원→교단성립 미비(민간 확산 못함)
	후기	◎ 성리학의 수용 : 충렬왕 때 안향→신진사대부 발전 • 영향 : 초기(실천적 기능 강조), 철학적 유학 발달, 새로운 국가 지도이념 부상(불교비판)	• 무신정권기 : 조계종(지눌)→돈오점수, 정혜쌍수(선교일치)→혜심(유불일치설) • 원 간섭기 : 세속화 • 말기 : 사대부의 배불론→정도전(불씨잡변)	
조선	전기	◎유교주의국가 확립 • 15세기 : 훈구파(사장 중심, 성리학 이외 사상 수용), 사림파(경학 중심, 성리학 이외 사상 배척) • 16세기 : 이기론 발달 [주리론(이황)→도덕과 대의명분→영남학파, 주기론(이이)→경험과 현실중시→기호학파]	◎ 숭유억불정책 • 태조 : 도첩제(승려 제한) • 태종 : 사원토지, 노비 몰수(재정기반 확대) • 세종 : 선·교 양종 통합 • 세조 : 원각사, 간경도감(불경번역) • 성종 : 도첩제 폐지→불교 억압⇒민간신앙화	• 15세기 : 소격서(마니산 초제) →민간신앙과 연결 →민족의식 고취 • 16세기 : 조광조의 개혁 →불교와 도교행사 폐지 →기묘사화로 실패
	후기	◎ 양명학 수용 : 소론 연구→강화학파(정제두) ◎ 실학사상 등장 • 중농학파 : 토지제도 개혁→유형원(균전제), 이익(한전제), 정약용	17세기 사원건축 : 화엄사, 각황전, 금산사 미륵전, 법주사 팔상전(목조 5층)	

		(여전제) • 중상학파 : 상공업 발달→수레와 선박 이용 확대(박지원, 박제가), 소비강조(박제가)		

5. 역사서 및 교육 · 문화의 발전

<table>
<tr><th>시기</th><th colspan="2">역사서</th><th colspan="2">교육 · 문화</th></tr>
<tr><td rowspan="6">고대</td><td colspan="2">국력번성기 때 국력과시를 위하여 편찬</td><td>고구려</td><td>태학(유학), 경당(유학과 무술)</td></tr>
<tr><td>고구려</td><td>유기→신집 5권(영양왕, 7세기)</td><td>백제</td><td>5경박사 등, 사택지적비(도교)</td></tr>
<tr><td>백제</td><td>서기(고흥, 4세기, 근초고왕)</td><td>신라</td><td>화랑(유학 교육), 임신서기석(유교)</td></tr>
<tr><td rowspan="3">신라</td><td rowspan="3">국사(거칠부, 6세기, 진흥왕)</td><td>통일신라</td><td>강수(외교문서), 설총(이두정리, 화왕계) 김대문(화랑세기, 고승전, 한산기→주체적 문화 인식), 최치원(시무 10조)</td></tr>
<tr><td rowspan="2">발해</td><td rowspan="2">주자감(유교 교육), 빈공과(당)에 다수합격</td></tr>
<tr></tr>
<tr><td>중세</td><td colspan="2">• 초기 : 7대실록, 고금록(박인량)→편년체
• 중기 : 삼국사기(김부식)→유교사관, 신라 중심 저술
• 무신정권기
해동고승전(각훈)→불교사
동명왕편(이규보)→고구려 전통 강조⇒자주적 사관
• 자주성 시련기
삼국유사(일연)→불교사관, 단군신화 수록
제왕운기(이승휴)→단군신화 수록⇒자주적 사관
• 말기 : 사략(이제현)→정통과 대의명분 강조⇒성리학적 사관</td><td colspan="2">• 태조 : 개경과 서경에 학교 설립
• 광종 : 과거제도 시행(무과 없음)
• 성종 : 국자감(유학과 기술학), 향교(지방), 박사 파견(12목)
• 중기 : 사학 발달(최충의 9재학당 등 12도 발달)→관학의 쇠퇴
• 관학 진흥책 : 서적포(숙종), 7재와 양현고(예종), 경사 6학(인종, 신분에 따라), 섬학전과 대성전(충렬왕)
◎ 음서제도의 발달→문벌귀족사회 강화기반</td></tr>
<tr><td>근세</td><td colspan="2">• 15세기 : 고려국사(정도전), 동국사략(권근)→성리학적 사관(왕조개창의 정당화)
• 15세기 중엽 : 고려사, 고려사절요,</td><td colspan="2">• 교육 : 서당(초등교육)→4학(중앙), 향교(지방)→성균관(국립대학)
• 과거
소과(생진과)→대과(문과)→문반</td></tr>
</table>

	동국통감→자주적 사관 • 16세기 : 기자실기(이이), 동국사략(박상)→존화주의 사관(소중화의식)	무과→무반(문무양반제 확립) 잡과→기술관 • 특별채용 : 문음제(2품 이상)
근대태동	◎ 실학자들의 역사 인식(자주적 사관) • 동사강목(안정복)→한국사정통론 제시, 고증사학 토대마련 • 동사(이종휘)·발해고(유득공)→반도중심의 역사관 탈피→역사인식의 무대를 만주까지 확대 • 해동역사(한치윤)→국사인식의 폭을 확대 • 연려실기술(이긍익)→실증적, 객관적 역사 서술	◎ 서민문학의 발달 • 한글소설 : 홍길동전(서얼차별 철폐), 춘향전(인간평등) 등 • 사설시조 :서민들의 소박한 감정 묘사 • 판소리 : 춘향가, 심청가(신재효 정리) • 시사조직 : 중인, 상민 • 풍자시인 : 정수동, 김삿갓 ◎ 한문소설 : 박지원(실학정신 표현)
근대사회	◎ 식민사관(일제)→조선사편수회, 청구학회(한국사의 정체성, 타율성 강조) ◎ 민족사학 • 박은식(민족의 혼 강조)→한국통사, 한국독립운동지혈사 • 신채호(낭가사상 강조)→조선상고사(역사는 '아'와 '비아'와의 투쟁), 조선사연구초(묘청의 난을 조선역사 1천년래 제1사건으로 파악) • 정인보(조선의 얼 강조)→조선사연구 • 문일평(조선심 강조)→호암집, 한미수교 50년사 ◎ 실증사학→진단학회(고대사의 객관적 연구)	• 교육 : 원산학사(최초 근대교육기관) →근대학문과 무술교육 • 역사 : 근대계몽사학(신채호, 박은식) →영웅전, 외국흥망사(애국심 고취), 조선광문회(최남선, 박은식) →민족고전정리 • 국어 : 국문연구소(지석영, 주시경) →조선어연구회('한글' 간행) →조선어학회(한글맞춤법통일안과 표준어 제정)

[저자 약력]

- 영남대학교 사학과 졸업
- 영남대학교 대학원 사학과 졸업
- 영남대, 계명대, 영산대 강사
- 대구 한교고시학원, 부산 한겨레고시학원, 부산고시학원 강사 역임
- 대학 고시반 특강 강사
- 현, 영산대학교 법경대학 행정학과 교수

한국사의 이해

2013년 2월 20일 중판인쇄
2013년 2월 25일 중판발행

저 자 윤 경 호
발행인 유 성 열
발행처 청목출판사
서울특별시 영등포구 신길로 40길 20
전화 (02) 849-6157(代) · 2820 / 833-6090~1
FAX (02) 849-0817
등록 제318-1994-000090호

파본은 바꾸어 드립니다. 값 28,000원

http : //www.chongmok.co.kr

ISBN 978-89-5565-469-1